高等学校法学系列教材

郑云瑞 华东政法大学民商法学教授,兼任中国法学会保险法学研究会理事、中证中小投资者服务中心第二届和第三届持股行权专家委员会委员、最高人民检察院民事行政案件咨询专家、江苏省无锡市中级人民法院新闻舆论法律咨询专家、上海市第二中级人民法院特邀调解员、上海市杨浦区人民检察院咨询专家委员会委员、深圳国际仲裁院仲裁员、阜新德尔汽车部件股份有限公司和无锡新宏泰电器科技股份有限公司独立董事、中国石化上海石油化工股份有限公司独立监事,曾为新加坡国立大学访问学者、江苏省无锡市中级人民法院副院长、上海市杨浦区人民检察院副检察长、建信人寿保险股份有限公司独立董事,主要从事民法总论、物权法、合同法、公司法、保险法和社会保险法等领域的研究与教学,已经出版的著作有《民法总论》《合同法学》《公司法学》《物权法论》《社会保险法论》《民法物权论》《财产保险法》《再保险法》;译著有《合同法的丰富性:当代合同法理论的分析与批判》《法理学——从古希腊到后现代》(合译);主编《商法》《保险法理论与实务:保险从业人员法律手册》、"21世纪保险法专题丛书"等。

保险法论
（第二版）

郑云瑞 ⊙著

图书在版编目(CIP)数据

保险法论/郑云瑞著. —2版. —北京:北京大学出版社,2024.6
高等学校法学系列教材
ISBN 978-7-301-35059-1

Ⅰ.①保… Ⅱ.①郑… Ⅲ.①保险法—研究—中国—高等学校—教材 Ⅳ.①D922.284.4

中国国家版本馆 CIP 数据核字(2024)第 095279 号

书　　　名	保险法论(第二版) BAOXIANFA LUN (DI-ER BAN)
著作责任者	郑云瑞　著
责 任 编 辑	钱　玥　孙嘉阳
标 准 书 号	ISBN 978-7-301-35059-1
出 版 发 行	北京大学出版社
地　　　址	北京市海淀区成府路 205 号　100871
网　　　址	http://www.pup.cn
新 浪 微 博	@北京大学出版社　@北大出版社法律图书
电 子 邮 箱	编辑部 law@pup.cn　总编室 zpup@pup.cn
电　　　话	邮购部 010-62752015　发行部 010-62750672　编辑部 010-62752027
印 刷 者	北京溢漾印刷有限公司
经 销 者	新华书店 730 毫米×980 毫米　16 开本　24 印张　470 千字 2009 年 7 月第 1 版 2024 年 6 月第 2 版　2024 年 6 月第 1 次印刷
定　　　价	69.00 元

未经许可,不得以任何方式复制或抄袭本书之部分或全部内容。
版权所有,侵权必究
举报电话:010-62752024　电子邮箱:fd@pup.cn
图书如有印装质量问题,请与出版部联系,电话:010-62756370

第 二 版 序

保险法由保险合同法与保险业法构成。保险合同法属于商法范畴,而保险业法则属于行政法范畴,从而保险法是商法和行政法的结合。对保险法的研究主要是从商事角度展开,研究人员基本是民商法学者,研究的主要对象是保险合同法。保险业法研究仅为民商法学者研究保险合同法的副产品,而行政法学者基本不涉及保险业法的研究。我国保险法教材主要聚焦于保险合同法研究,且均冠以《保险法》的名称,但所谓的保险法实际上是保险合同法。保险合同法既是保险法立法的核心内容,也是保险法教材的核心内容。

《保险法论》的初版包括绪论、保险合同法和保险业法,主要是从理论上和规范上全面论述了保险合同法的基本规则,结构较为合理,论述简洁,但还缺乏对保险商事实务和保险审判实务的论述,为此受到读者的批评。本次对教材进行了全面的修订,大幅度地增加了内容,但修订的重点是保险合同法部分。本次修订对初版第二章和第三章在结构和内容上进行了大幅度的调整和修改,区分人身保险与财产保险的不同性质,聚焦保险法理论和实务的重点难点,体现了最新的立法动态和司法审判实践。保险合同由原保险合同和再保险合同构成,再保险是原保险的保障,而原保险则是再保险的根源。对再保险合同的论述是本教材的特色,传统保险法教材主要集中在对原保险合同的论述,对再保险合同的论述基本缺失。本教材对再保险合同进行了全面、详尽的论述,着重介绍了再保险合同种类和再保险合同条款,再保险合同种类涵盖了再保险实务中所有合同类型,再保险合同条款包含了再保险实践中的基本惯例,辅之以大量的国内外再保险司法裁判典型案例,通过对再保险国际间的惯例和司法裁判典型案例的论述,丰富了再保险合同的理论和实践,对我国的再保险理论和实践具有一定的指导意义。

在初版的基础上,《保险法论》(第二版)引入以最高人民法院指导性案例和最高人民法院公报案例为代表的保险合同典型案例,用以解释保险合同法的理论和规则。案例选择遵循的次序为最高人民法院指导性案例和最高人民法院公报案例优先,其次为最高人民法院裁判生效的案件,再次为省、自治区、直辖市高级人民法院发布的参考性案例及裁判生效的案件,最后为中级人民法院裁判生效的案件,基层人民法院裁判生效的案件仅起拾遗补阙的作用。通过典型保险合同实务案例诠释保险合同法理论和规则,将保险合同法理论和规则融入保险合同司法审判实务中,实现了保险法理论和实践的融合,既便利于教师的课堂教学,也便利于学生学习和理解保险合同法基本理论和规则。同时,对保险商事实践和保险合同审判实务也有一定的指导价值。最高人民法院的类案指导制度,明确了判例的法律效力,从而使司法审判机构的保险实务案例成为保险合同法教学的重要内容。

《保险法论》出版后,读者提出了中肯的批评,也给予了恰当的评价。读者针对性地指出了教材缺乏案例,是初版的重大缺陷。本次修订对读者提出的问题逐一进行了回应,弥补了原来的缺陷和不足。特别是大量具有较高权威性和指导性的保险合同实务案例的引入,极大地丰富了教材内容,也增加了教材的可读性、趣味性和实践性。此外,在江苏省无锡市中级人民法院任职时获得的商事审判实践经验和担任建信人寿保险股份有限公司独立董事七年来的履职经历,增加了我对保险业的认识,也加深了对保险法的认知。衷心感谢建信人寿保险股份有限公司给予我参与保险业实践的机会!

这次教材修订立项于2016年,因种种琐事一再延期,修订历时六载。教材修订得到王绪瑾教授给予的无私帮助,在此表示真挚的感谢!案例收集也得到诸多友人的帮助和支持,也一并表示感谢!

郑云瑞

2022年初夏·上海·苏州河畔

目 录

绪 论

第一章　保险法的历史沿革 ……………………………………… (3)
　　第一节　西方保险法的历史发展 …………………………………… (3)
　　第二节　中国保险法的历史沿革 …………………………………… (18)

第一编　保险合同法

第二章　保险合同法基本原则 …………………………………… (33)
　　第一节　最大诚信原则 ……………………………………………… (33)
　　第二节　保险利益原则 ……………………………………………… (49)
　　第三节　近因原则 …………………………………………………… (66)

第三章　保险合同 ………………………………………………… (73)
　　第一节　保险合同的概念和性质 …………………………………… (73)
　　第二节　保险合同的主体 …………………………………………… (103)
　　第三节　保险合同的成立 …………………………………………… (122)
　　第四节　保险合同的生效 …………………………………………… (132)

第四章　保险合同的效力 ………………………………………… (142)
　　第一节　保险人、投保人的义务 …………………………………… (142)
　　第二节　保险合同的变更、中止与复效 …………………………… (177)
　　第三节　保险合同的解除与终止 …………………………………… (182)
　　第四节　保险合同的解释 …………………………………………… (185)

第五章　人身保险合同 …………………………………………… (188)
　　第一节　人寿保险合同通用条款 …………………………………… (188)
　　第二节　受益人的权利 ……………………………………………… (204)
　　第三节　人寿保险合同的质押 ……………………………………… (213)

第六章　财产保险合同 …………………………………………… (217)
　　第一节　损失补偿原则 ………………………………………… (218)
　　第二节　重复保险 ……………………………………………… (223)
　　第三节　保险代位求偿权 ……………………………………… (229)
　　第四节　保险委付制度 ………………………………………… (250)

第七章　再保险合同 …………………………………………… (256)
　　第一节　再保险制度 …………………………………………… (256)
　　第二节　再保险方式 …………………………………………… (274)
　　第三节　再保险合同的种类和合同条款 ……………………… (284)
　　第四节　再保险合同的效力 …………………………………… (312)

第二编　保险业法

第八章　保险组织的监管 ……………………………………… (323)
　　第一节　保险业的组织形式 …………………………………… (323)
　　第二节　保险组织的设立和变更 ……………………………… (330)
　　第三节　保险组织的解散、破产与清算 ……………………… (339)
　　第四节　保险组织的整顿与接管 ……………………………… (343)

第九章　保险经营的监管 ……………………………………… (347)
　　第一节　保险分业经营 ………………………………………… (347)
　　第二节　保险条款和保险费率 ………………………………… (352)
　　第三节　保险资金的运用 ……………………………………… (353)
　　第四节　偿付能力 ……………………………………………… (361)

案例索引表 ……………………………………………………… (372)

法律、法规及司法解释缩略语 ………………………………… (379)

绪 论

第一章 保险法的历史沿革

本章详细介绍了保险业和保险制度的起源和发展历程,通过保险制度的历史演变认识、理解现行的保险制度。保险是生产力发展到一定阶段的产物,最初起源于海上保险,其次是火灾保险和人身保险。在保险发展到一定阶段之后,为进一步分散保险企业所聚集的风险,再保险随之产生。再保险制度与保险制度有较大的差异,再保险制度的有关法律规定主要表现为国际惯例,而保险制度的有关法律规定主要表现为国内法。我国保险法的主要发展时期是在20世纪90年代之后,1995年颁布了《保险法》,2002年进行了第一次修正,是为兑现加入世界贸易组织的承诺而消除相关的法律障碍;2009年进行了一次修订,主要是对保险合同法进行了重大的修改,体现在对投保人和被保险人利益的保护上;2014年第二次修正,主要是对第82条和第85条的修订,即涉及《公司法》条文序号的调整和文字的修改;2015年第三次修正,主要体现在对保险业法的修改,即保险监管制度,拓宽了业务范围和保险资金的运用形式,完善以"偿二代"为核心的偿付能力监管法律制度。

"无风险,则无保险。"风险的客观存在及其危害后果,是保险制度产生和发展的前提条件。保险作为一种非常有效的弥补灾害事故损失的制度和措施,是迄今为止人类所发明的规避风险的最好方式。保险有利于维护社会经济生活的稳定和发展,保障国民安居乐业。随着现代保险业的发展,保险产品品种的增多,更多风险渐次被纳入保险体系,通过保险和再保险予以吸收、分散和消化,标志着人类对抗风险的能力不断提高,意味着人类拥有更大的活动自由。在法律上,保险仅为保险人与投保人之间的一种债权债务关系;在经济上,保险是基于同一危险的多数人所构成的团体,为共同补偿其中少数成员财产损失上的需要有组织、有技术的一种制度安排;在功能上,保险是个人关连与社会关连的协调与融合。

第一节 西方保险法的历史发展

对保险法律制度历史沿革的论述,既有助于深入学习和研究保险法,又有助于准确理解和适用保险法。人类社会早期就存在聚集组织共同体的资金在成员遭受到特定的灾害时,给予经济上援助的活动,从这种最基本的互助组织发展到有确切可查文献的保险,经历了漫长的发展历程。现代保险制度可追溯到合作社式的相互危险承担与商业契约式的保险[①],两者均凭借共同体所聚集的资金承担成员所可能遭遇的危险,且成员一旦遭遇危险产生损害即可获得必要的补偿。

一、保险业的起源和发展

保险是一个历史的经济范畴。保险业的产生需要一定的社会、经济和文化基础,最根本的基础是生产力水平的发展到达一定程度,导致剩余劳动和剩余产品的出现,这是保险和保险业产生和发展的物质基础和经济条件。此外,人类历史与文明的进程表明,对安全的需求是人类社会物质与文化成长最有力的动力之一,人类社会早期通过组成家庭及部落获得安全。然而,伴随人类社会的进步和经济的发展,保险逐渐成为人类对社会安全需求的普遍回应。[②]

(一) 保险的起源

保险最早起源于海上保险,而海上保险是海上贸易的产物。共同海损分摊制度是海上保险的萌芽,船货抵押借款制度(即冒险贷款制度)是海上保险的雏形,意大利是现代海上保险的发源地。欧洲各国经济的发展促进了海上保险的立法,海上保险制度的发展又促进了整个保险业的发展。

1. 海上保险

保险起源于海上保险。海上保险发源于地中海沿岸的船货抵押借款合同(maritime loan),船货抵押借款合同包括船舶抵押借款合同(bottomry bond)和货物抵押借款合同(respondentia bond)两种形式。船货抵押借款合同即为冒险借贷(loan on bottomry)[③],起源于古代希腊的商业习惯(造船、运输和放款)并为古代罗马法所继受。[④]在冒险借贷合同中,债权人承担巨额风险,从而债权人

[①] 参见江朝国:《保险法基础理论》,中国政法大学出版社2002年版,第2页。
[②] 参见[美]肯尼思·布莱克、哈罗德·斯基珀:《人寿保险》(第十二版),洪志忠等译,曾荣秀校订,北京大学出版社1999年版,第35页。
[③] See Warren Freedman, *Freedman's Richards On the Law of Insurance*, 6th edition Volume 1, The Lawyers Cooperative Publishing Company, 1990, p. 5.
[④] 冒险借贷是指在航海开始之前船东或者货主以船舶或者货物作为抵押品向放贷人借款。借贷合同的双方当事人约定,如果船舶或者货物因航海途中遇难造成部分损失或者全部损失,借款人可以根据船舶或者货物的受损程度,免除偿还贷款的一部分或者全部;如果船舶或者货物安全到达目的地,借款人则应在规定的期限内还本付息。

向债务人收取高额的利息。①这种高额利息是借贷合同的债权人对所承担的巨额风险的对价,相当于现代保险合同中的保险费。

13、14世纪,教会确立了在西欧社会的至高无上地位,实行禁欲主义,反对高利贷,颁布禁止利息的法令,冒险借贷活动也随之被禁止。为规避教会的禁令,冒险借贷便以新的形式出现。14世纪后半叶,放贷人与船东或者货主串通,合谋伪装购买船舶或者货物,并与船东或者货主约定,如果船舶或者货主在海上遇难,则由放贷人出资购买,但是手续费必须事先付清;反之,如果船舶或者货物能够安全到达目的地,则前述买卖合同失效,放贷人获得手续费。这种由冒险借贷演变而来的伪装买卖,是最早的海上保险,与之相关的合同是最早的海上保险单。②这是14世纪后半叶意大利以营利为目的的商业契约式保险——海上保险发展的历程。这种商业契约式的保险是地中海沿岸海上贸易及古代文化思想的延续。

随着海上贸易中心的转移,海上保险业务也从意大利扩展到葡萄牙、西班牙、法国、荷兰以及英国。早期的海上保险并非商人的主业,商人将海上保险作为副业来经营,意大利伦巴第(Lombardy)商人基本上垄断了海上保险业务。③直到17世纪初,意大利的伦巴第保险人一直垄断英国海上保险市场。然而,到了英国女王伊丽莎白一世时期,英国规定保险必须由专业人士经营,以保险为副业的伦巴第保险人逐渐为英国专业保险人所取代,英国海上保险开始了由本国人经营管理的历史,才得以逐渐形成了劳合社保险市场和劳合社保险人(Lloyd's Underwriter)。

17世纪末的英法战争重创了英国的保险业,使英国保险人遭受巨大损失,导致许多保险人相继破产。1720年英国成立的伦敦保险公司(London Assurance Corporation)和皇家交易保险公司(Royal Exchange Assurance Corporation)垄断了英国的保险业经营。④根据当时英国保险公司垄断经营法的规定,除个人经营外,不得成立任何其他保险公司。这两家保险公司垄断了当时英国国内的保险市场,这为个人保险业的兴起提供了发展的机会,由此英国个人保险业兴旺发达。当时英国发达的航海业使伦敦成为一个世界航运和贸易中心。

---

① "据考,当时之利息基于事故之频繁,最高可达33.31%。"参见江朝国:《保险法基础理论》,中国政法大学出版社2002年版,第3页。
中国人民银行授权全国银行间同业拆借中心公布,2024年2月20日贷款市场报价利率(LPR)为:1年期LPR为3.45%,5年期以上LPR为3.95%。参见中国人民银行网站,http://www.pbc.gov.cn/zhengcehuobisi/125207/125213/125440/3876551/5242639/index.html,2024年3月6日访问。
② 1384年制作于意大利比萨的保险单,是至今发现的最早的海上保险单。
③ 这些意大利商人利用聚居在英国伦巴第街(Lombardy Street)的代理人为他们经营海上保险业务,这些意大利商人因而被称为"意大利伦巴第商人"。
④ 在英美法系,人身保险与财产保险中的"保险"用词存在差异,前者通常用"assurance",后者则用"insurance"。

劳合社(Lloyd's Underwriters Association)是由英国商人爱德华·劳埃德(Edward Lloyd)于1688年在泰晤士河畔塔街开设的咖啡馆演变发展而来的。17世纪的资产阶级革命为英国资本主义的发展扫清了道路,英国航运业得到了迅速发展。劳埃德咖啡馆临近海关、海军部及港务局等与航海有关的机构,成为经营航运的船东、商人、经纪人、船长、银行及高利贷者经常会晤交换信息的场所。保险人也常在咖啡馆聚集,与投保人接洽保险业务。在船舶出海之前,投保人在承保条上注明要投保的船舶或者货物及投保金额,每个承保人在承保条上注明自己所承保的份额并签名,直到该承保条的份额全部被承保人承保。

劳埃德咖啡店经常为顾客提供保险行情,因而逐渐变成了保险交易场所并成为英国海上保险中心。在劳埃德咖啡店从事保险业务的保险人,均为独立保险人。对特定货物或者船舶,每个保险人仅对保险标的的一部分承保而并非全部,保险标的的全部保险费应由参加承保的全体保险人按比例分配。保险事故一旦发生,则由每个保险人按比例承担保险赔付责任。[①]这些独立参与保险业务经营活动的商人,即为劳合社的保险人。在18世纪,劳合社保险人形成的团体,制定了共同的保险营业规则。英国议会于1871年专门通过了一个法案,批准劳合社成为一个保险社团组织,劳合社则通过向政府注册取得了法人资格,但劳合社的成员仅限于经营海上保险业务。直至1911年,英国议会取消了这个限制,允许劳合社成员可以经营包括水险在内的一切保险业务。在经历了两百多年渐进的发展之后,现在的劳合社团(Corporation of Lloy's)逐步形成。

劳合社是英国最大的保险组织,就组织的性质而言,它不是一个保险公司,而是一个社团组织,更为准确地说是一个保险市场,但仅向成员提供交易场所和有关的服务,本身并不承保业务。所有的保险业务均通过劳合社成员,即劳合社承保人单独进行交易。劳合社仅为劳合社成员提供保险交易场所,并根据劳合社法案和劳合社委员会的规定对成员进行严格管理和控制,包括监督成员的财务状况,为成员处理保险理赔案,签发保单,收集共同海损保证金,出版年度报告、消费者咨询以及犯罪预防的小册子等出版物,进行信息搜集、统计和研究等事务。

[①] 航海人员和商人经常在劳埃德咖啡店集聚,希望通过相互保险,借以分担损失。航海人员在纸片上写明船舶名称、船东(长)的姓名、海员的名单以及航海的目的地等事项,传递给咖啡店内的商人,请求商人对货物或者船舶承保。愿意承保的商人就在纸片上写明承担的保险金额,并在保险金额下方署名,所需的保险金额募集完毕,保险合同即告成立。因此,在英语中保险人及其代理人至今仍然被称为"签名人"或者"署名人"(underwriters)。

劳合社由社员选举产生的理事会负责日常经营管理事务[①]，理事会下设理赔、出版、签单、会计、法律等部门，并在一百多个国家和地区设有办事处。在1994年之前，劳合社的承保人均为自然人，或者称为个人成员（individual member）。个人成员也被称为 names，即以个人财产对在劳合社的出资承担无限责任。20世纪90年代初期爆发的石棉污染责任损失以及伦敦市场超赔分保业务螺旋效应（London Market Excess of Loss Spiral）重创了劳合社的个人成员，导致了许多个人成员破产。伴随原先的个人成员死亡、退出或者转型成有限合伙，劳合社承担无限责任的个人成员占总承保能力的比例不断下降，直到完全消失。

1994年，劳合社允许公司资本进入该市场，出现了公司成员（corporate member），25家公司进入劳合社，成为劳合社会员，独立承保保险业务。1995年，28家公司成为劳合社成员，大幅扩大了劳合社的承保能力。个人成员的数量连年递减，而公司成员的数量逐年递增。公司成员的主要作用是向设立的辛迪加（syndicates）提供承保资金，而不能开展任何其他营业活动。劳合社的承保人按承保险种组成不同规模的组合，即承保辛迪加（underwriting syndicate）。承保辛迪加组合人数不限，少则几十人，多则上千人。每个组合中均设有积极承保人（active underwriter），又称承保代理人（underwriting agent）。承保代理人代表一个组合来接受业务，确定费率。这种组合并非合股关系，每个承保人各自独立承担的风险责任互不影响，没有连带关系。劳合社团的成员分为承保成员（underwriting members）和非承保成员（non-underwriting members）两种，前者是指独立经营的劳埃德保险人，承保成员分别组成许多辛迪加，各承保成员指派一名承保代理人到营业处营业[②]；后者则是指以获得佣金为目的的劳埃德保险经纪人。

劳合社成员的承保业务大体分为四大类，即水险、非水险、航空和汽车保险。劳合社不与保险客户即被保险人直接打交道，而仅接受保险经纪人提供的业务。保险经纪人精通保险法和保险业务，能够向投保人提供符合被保险人需要的保险单。保险客户不能进入劳合社的业务大厅，只能通过保险经纪人安排投保。在接受客户的保险要求后，保险经纪人准备投保单，投保单载明被保险人的姓名、保险标的、保险金额、保险险别和保险期限等内容，保险经纪人持投保单寻找

[①] 劳合社团由共12名成员组成的委员会负责日常管理事务，劳合社团本身并不参与保险经营活动，其管理的事务主要有：第一，严格监督成员的财务及其营业状况；第二，于世界各主要港口设立劳合社的代理人，报告船舶动态，一旦发生海损事件，代理人则代表承保的成员参加公证，甚至直接处理理赔事务；第三，编纂各种保险出版物，如劳合社消息报（Lloyd's List）——报道世界海事新闻、劳合社公证手册（Lloyd's Survey Handbook）——详细规定了公证事务准则、船舶登记簿（lloyd's register）、船长登记簿（register of captains）、船舶动态日报（lloyd's daily index）、损失统计簿（record of losses）。

[②] 针对同一辛迪加的保险人所共同承保的业务，各个保险人之间并不相互承担连带责任，而是按照保险单规定的比例，各自承担相应的保险责任。

到一个合适的辛迪加，并由该辛迪加的承保代理人确定费率，认定自己承保的份额，并签字确认。保险经纪人找到同一辛迪加内的其他成员承保投保单剩下的份额。如果投保单上还有剩余份额，保险经纪人还可以联系其他辛迪加，直到全部保险金额被承保完毕。最后，保险经纪人把投保单送到劳合社的保单签印处。经查验核对，投保单转换成为正式保险单，劳合社盖章签字，保险手续至此履行完毕。

1842年，在英国废除了保险公司垄断经营法之后，各种保险公司便大量涌现出来。1884年，经营海上保险业务的保险公司共同组成了伦敦保险人协会（The Institute of London Underwriters）。实际上，伦敦保险人协会是伦敦海上保险业的同业公会，成员超过100家保险公司（但劳埃德保险人除外），协会共同制定海上保险通用的协会条款以及处理一般事故的共同规则。该"协会条款"通常附于海上保险单之上，成为海上保险单的一部分，具有修改、补充或者限制保单的效力。英国1906年《海上保险法》（Marine Insurance Act 1906）标志着伦敦海上保险基本制度的确立，同时也为世界各国海上保险法的制定提供了蓝本。

2. 火灾保险

保险起源于海上保险，其他类型的保险均晚于海上保险。火灾保险起源于1118年冰岛所设立的Hrepps，中世纪时在德国北部的基尔特非常流行，大多兼营火灾相互救济事业，且偏重于道义上的救助，但仅限于团体成员，并非普通商业意义上的保险。16、17世纪德国北部地区出现了一些相互性的火灾保险团体，这种火灾保险团体与早期合作社式的相互性保险团体不同。合作社式的相互性保险团体对成员提供的帮助仅为团体的附属产品而已，而相互性的火灾保险团体则是以为成员提供帮助为目的成立的。1591年，德国汉堡酿造业创设了火灾互助协会；1676年，汉堡46个协会合并设立了综合火灾金库。综合火灾金库的设立，标志着德国公营火灾保险的开始。此后，德国相继设立了一系列公营火灾保险机构[①]，这些机构的主要目的是使建筑物的所有权人对建筑物不受火灾损毁的利益与国民经济及社会利益相结合。1812年和1819年分别在柏林和莱比锡设立了两家火灾保险股份有限公司，1820年德国出现了规模较大的相互性火灾保险公司。

1666年，英国伦敦大火造成了重大的损失，使人们对火灾给人类所带来的灾害有了更深刻的认识，产生了对火灾保险的需求。[②] 1667年，尼古拉斯·巴蓬（Nicholas Barbon）设立火灾保险局，办理房屋火灾保险事务，标志着私营火灾

[①] 例如，1718年的柏林、1752年的汉诺威、1758年的巴登以及1811年的巴伐利亚等。

[②] 1666年9月1日，英国王室面包师约翰·法理诺疲惫地回到位于伦敦布丁巷（Pudding Lane）的住所时，因疏忽未熄灭面包炉的火苗便上床睡觉。凌晨2点钟，火苗越来越大，燃烧了房间，点燃了附近客栈庭院中的干草堆，大火直冲天空。当时伦敦全部是木质建筑，火借风势，大火燃烧了4天，使4/5的伦敦城变为废墟，造成13200所房屋被毁，包括圣保罗大教堂在内的89座教堂被毁，财产损失达1200多万英镑，20多万人无家可归。

保险业务的开端。1680年,巴蓬与他人合伙共同设立了火灾保险所,从事火灾保险业务。1710年,查尔斯·波维(Charles Povey)设立伦敦保险人公司(Company of London Insurers),①开始接受不动产以外的动产保险业务,营业范围遍布英国各地,是英国历史最悠久的保险公司之一。1714年,英国又出现了联合火险公司(Union Fire Office),根据房屋的建造材料、建筑物的位置、使用目的、财物的种类等来计算保险的费率,这标志着英国保险技术的进步和发展。18世纪之后,不断有新的火险公司相继成立,但由于不断发生不法之徒纵火索赔事件,为阻止纵火事件的发生,政府便对火灾保险课以重税以示惩罚,这一行为直接影响了火灾保险的发展。在1869年英国议会废除重税之后,火灾保险业务才得以快速发展。火灾保险的发展,标志着近代保险业步入比较成熟的发展阶段。

3. 人身保险

近代人身保险制度的形成与海上保险有着密切的联系。②美洲大陆被发现之后,欧洲与美洲之间的海上贸易空前繁荣,随之海上保险也迅速发展。虽然海上保险的对象是船舶与货物,但15世纪的欧洲已经开始了大规模的海上奴隶贸易活动,为避免运输过程中因奴隶生病、死亡而产生财产利益的损失,奴隶贩子为自己的"货物"——被贩卖的奴隶进行海上保险,从而产生了以人的生命和健康为保险标的的保险,与先前以物为保险标的存在根本性的区别。在海上航行中,航海人员同样面临海难、海盗、传染病等各种危害生命和健康的危险。在奴隶保险之后,欧洲出现了对船长、船员等航海人员的人身保险。③到了16世纪,欧洲出现了对旅客的人身保险。

近代人身保险制度起源于基尔特、公典、年金。

(1) 基尔特(guild)制度。基尔特是相同职业的人基于相互扶助的精神所组成的团体,是早期的人寿保险制度。13—16世纪是欧洲基尔特的全盛时期,除了保护职业利益之外,还对会员的死亡、火灾、疾病、失窃等进行救济。后来,基尔特的相互救济职能发生了变化,专门以救济为目的,出现了所谓的保护基尔特(protective guild),从而形成了近似保险的运作模式。

(2) 公典(mount of piety)制度。公典是15世纪后半叶在意大利北部和中部城市出现的一种慈善性质的金融机构,最初的资金来源是接受各种捐赠,后因经营陷入困境也开始吸收资金,存款人在最初一定期间内不计利息,经过一定期间后可以获得数倍于存入资金的本利。这种公典制度对于人寿保险的发展有相当大的影响。

---

① 该公司后改名为"永明火灾保险公司"(The Sun Fires Office)。
② 参见张晓永编著:《人身保险法》,中国人民公安大学出版社2004年版,第2页。
③ 现在所知道的第一份人身保险单是在16世纪末出现的一份船长保险单。See Mike Mead, Paul Sutton and Andy Couchman, *Tolley's Life and Allied Insurance Handbook*, Msc, Tolley, 2002, p. 4.

(3) 年金(annuity)制度。年金始于中世纪,在16、17世纪的英国和荷兰最为盛行。1689年,法国实行一种特殊的年金制度,即联合养老制(tontine annuity)。意大利的洛伦佐·汤迪(Lorenzo Tonti)为应对路易十四在位时法国财政所面临的困难,提出了一种募集公债的方法。为便于募集公债的计算,规定公债本金每年的利息,分配给当年的生存者,政府每年支付等同数额的公债利息。由于每年的生存者不断减少,当年的生存者所收取的利息就不断增加,直到最后一个人死亡,政府停止支付公债利息,而公债本金归政府所有。到了18世纪中叶,一些国家为增加财政收入,纷纷采取这种年金制度。虽然年金制度与保险制度存在重大差异,但其对人寿保险思想的发展和人寿保险技术的提高,产生了深远的影响。

英国是现代人身保险的发源地。[①] 17世纪末到18世纪初,英国设立了数家规模较大的人寿保险机构。1699年,英国设立了第一家人寿保险机构,即孤寡保险社(Society for Solitary and Widows);1720年,英国设立了伦敦保险公司和皇家交易保险公司两家海上保险公司,兼营人寿保险业务;1765年,英国设立的生命与生存公平保险协会(Society for Equitable Assurances on Lives and Survivorships),是无须保险许可证的相互保险公司,是第一家按照现代保险原理运作的保险公司。从18世纪末开始,英国人寿保险有了较大的发展,出现了许多保险公司,而这个时期的投保人主要是贵族等上层社会成员。从19世纪中叶开始,英国人寿保险公司通过保险代理处和设立分支机构将人寿保险业务拓展到普通市民。19世纪50年代,英国保诚保险公司(Prudential Assurance Company)开办了简易人寿保险。由于简易人寿保险只须每周交付少量的保险费,一旦被保险人死亡,保险公司立即支付保险金,尽管保险金的数额不大,但足以支付被保险人的丧葬费用以及维持家庭短期内的基本生活。到了19世纪后期,简易人寿保险吸引了大量的普通市民投保,业务得到了很大的发展,且对其他国家的保险业也产生了很大的影响。但是,到了19世纪末,美国和日本的人寿保险业务先后超过了英国。

(二)保险的发展

进入18世纪,保险业有了较大的发展,主要表现为保险业务范围的不断扩大以及经营技术的进步。在19世纪完成工业革命之后,欧洲国家的经济实力进一步增强,人口迅速增加,逐渐形成了资本主义经济形态,从而以公司为组织形式从事保险业经营的保险人日渐增多,其中又以股份有限公司的组织形式为多数。随着营利保险的渐次发达,相互保险也渐次失去了往日的相互救济色彩。19世纪中叶,伴随资本主义国家经济的飞速发展,保险公司进入了高速发展时

---

① 参见张晓永编著:《人身保险法》,中国人民公安大学出版社2004年版,第5页。

期。但是,保险公司的滥设导致保险市场竞争出现无序状态,从而大量保险公司破产。[①]

到了 19 世纪后半叶,各种新兴的保险业务陆续推出。在海上保险方面,先有河流、港口货物运输保险,后又有铁路、公路等陆上运输保险。到了 19 世纪 70 年代,随着联运提单的广泛使用,出现了对连通风险的保险。此外,仓库、码头、船坞、停车场的风险,货物在加工、制造环节中的风险,先后被纳入海上保险。海上保险的范围延伸到各种内陆运输保险,标志着保险业的发展进入一个崭新的时代。

在火灾保险方面,除了原有的火灾风险之外,爆炸、雷击的风险,消防以及建筑倒塌时间接引起的财物的损害,房屋租赁双方当事人因火灾引起的各种损失以及为防止损失发生所支付的费用等,均可以包括在火灾保险范围之内。此外,地震保险、风暴保险、利益保险等新兴的火灾保险业务在这个时期也得以拓展。

伴随科学技术的飞速发展和社会经济制度的不断变革,人类为共同营造安定的社会经济生活,应对各种新产生的风险,拓展了各种新兴的保险业务,如汽车保险、航空保险、机械保险、伤害保险、责任保险、盗窃保险、保证保险、信用保险等。19 世纪中期之后,由于保险业承担的风险巨大,为分散风险,保持稳健的保险经营策略,再保险已经成为分散保险业风险所不可或缺的制度,在财产保险方面尤为重要。

进入 20 世纪中叶,全益保险或者整批保险(package insurance)非常盛行。多种风险集合经营,既可扩大业务范围,又可发挥大数法则(Law of Large Numbers)的作用[②],使保险业务经营日臻稳健。此外,全益保险可以降低保险经营成本,增加业务收益。现代科学技术突飞猛进,产品创新与发明日新月异,对人类的社会生活产生了深远的影响,一方面提高了人类生活的水平,另一方面

---

① 例如,1860—1885 年之间,美国仅纽约州就有 600 家火险公司先后破产。在 1844—1867 年之间,英国有 230 家保险公司宣告破产。参见〔英〕H. A. L. 科克雷尔、埃德温・格林:《英国保险史(1547—1970)》,邵秋芬、颜鹏飞译,武汉大学出版社 1988 年版,第 72—78 页。

② "大数法则(Law of large numbers;Gesetz der großen Zahlen;Loi des grands nombres)就是假定的事实在反复(n)次里,出现(r)次,而其反复次数愈多时,则(r/n)常接近保持同一数值之确率。如本地区一年间有若干人出生,若干人死亡,台北市一年间有火灾若干次,久之即可求出出生率、死亡率,或火灾发生率。此种确率(偶然率、尽然率或公算率),应用于保险即可作为保险费之计算基础。兹举例以明之:如某城市有房屋一千幢,每幢价值为十万元,而该市一年间被火烧毁之房屋为二幢,其损害额为二十万元,此二十万元之损失,若由一千幢房屋平均分担则得二百元,也就是每幢房屋出钱二百元,即可添补此二十万元之损失,使该被毁房屋之主人,得到补偿。此种情形,用之于保险,则各幢分担之二百元,就是'保险费',被烧毁房屋两户之十万元,就是'保险金',而千分之二的火灾发生率,便是'确率'。千幢房屋之主人全体,便是'危险集团'。至保险费之总额(二十万元)与保险金之总额(二十万元),恰立于均衡之关系,学者称此为'给付与对待给付平准原则'(Prinzip der Gleichheit von Leistung und Gegenleistung),其公式为 $P=wZ$,P 为保险费(Beitrag od. Prämie),Z 为保险金(zu zahlende Summe),w 为事故发生之确率(Wahrscheinlichkeit des Fälligwerdens),乃学者李克斯(W. Lexis)所创。由上述各端,吾人可以看出保险契约并不是纯粹的射幸契约。"郑玉波:《保险法论》,三民书局 1997 年修订版,第 51—52 页。

也给人类带来了巨大的风险。新生事物和各种生产过程所引发的风险极大地增加,使保险进一步扩大,核能责任保险与核能财产保险应运而生。

20世纪末全球经济、金融一体化的快速发展,使得保险公司进一步加快了全球化经营的步伐。20世纪90年代以来,国际保险业开始了又一轮的并购重组,在20世纪最后5年里,全球保险业的并购件数达5114宗,涉及金额达1100亿美元。进入21世纪之后,世界各国保险业之间的竞争加剧,保险业之间的并购所涉及的金额巨大。但是,2008年的世界金融危机导致世界各国保险业的危机四起,美国国际集团(American International Group)在2008年累计亏损约1000亿美元[1],直到2020年一般保险业务才重新恢复承保盈利能力。

2016年年初,安达保险集团(ACE Ltd)(1985年设立)通过现金加股票交易以283亿美元的价格收购竞争对手丘博保险集团(Chubb)(1882年设立),安达保险集团为每股丘博股票支付62.93美元现金,加上0.6019股安达股票,总计价值每股124.13美元,是当时全球最大规模的并购交易之一。

2021年,美国司法部以反垄断为由阻止了美国怡安保险(集团)公司(Aon Corporation)与韦莱韬悦(Willis Towers Watson)之间金额高达300亿美元的合并协议。

二、再保险业的起源和发展

再保险(reinsurance),又称为保险的保险,是整个保险体系中非常重要的一个环节。当直接保险人对承保的巨大风险或者特殊风险不能承受时,就有必要进入再保险市场,将所承担的保险责任部分或者全部转嫁给其他保险人承担,从而进一步分散所承担的风险。再保险对于分散保险经营风险,扩大保险公司的承保能力,稳定保险市场乃至整个国民经济等具有非常重要的作用。再保险业的运行离不开保险业,保险是再保险存在和发展的基础和前提,保险制度也是再保险制度的基础和前提,因而理解保险的基本原理是理解再保险的前提和基础。再保险制度的发展历史,离不开保险制度发展历史。

关于再保险的确切起源,至今仍然是一个谜。在人类社会早期,并没有商业形式的保险存在,人们主要的保险方式是养儿防老,家庭通过联合形成社会来抵御各种自然灾害和社会灾难。分散风险的方法,可以追溯到人类社会早期的商业活动。例如,我国古代商人将风险分散的保险原理运用于长江的货运之中。

到了16世纪,在航海的商人之间日渐形成了保险惯例,随着海上贸易量剧

---

[1] 由于受到雷曼兄弟破产导致的金融海啸引发危机的影响,曾经是全球最大的保险公司的美国国际集团(AIG)严重亏损,2008年第四季度财报显示亏损617亿美元,创造了全球有史以来企业单个季度亏损之最。美国政府承诺动用不良资产救助计划的资金向AIG注资300亿美元,同时将先前400亿美元的优先股转换成为普通股。

增,17世纪出现了第一批职业保险人。这个时期英国的海上贸易特别发达,商人们聚集在伦敦的劳埃德的咖啡店商讨海上贸易事务,劳埃德咖啡店成为人类有史以来第一个室内保险市场。18世纪飞速发展的资本主义与工业革命,产生了许多前所未有的风险。进入19世纪之后,伴随资本主义工商业的快速发展,对保险业的需求增加,非海上保险步入一个新的发展时期,并得到了快速的发展,且保险业成为一个盈利的行业。

直接保险是再保险产生的基础和前提,再保险伴随着直接保险的发展而得以发展。实际上,海上再保险与直接海上保险一样久远,但再保险业的发展却经历了一个曲折的发展过程。再保险最早源于海上保险[①],其次出现在16世纪末的火灾保险,最后出现在19世纪后半叶的人身保险。[②]

再保险的最早记录是1370年意大利的一家保险公司Gustav Cruciger承保了从热那亚到荷兰西卢斯之间的海上保险,其中最后一段航程最为危险,原保险人便将这段航程向第三人作了再保险。原保险人将最危险航程段——从卡迪兹到西卢斯——的保险责任全部转移给第三人,但没有保留自留份额,这与现代意义上的再保险还是存在一些差别。[③]不过,为减少保险人危险的做法毕竟具有再保险性质。

从15世纪末到16世纪初,伴随从欧洲到亚洲和美洲新航线的开辟,海上贸易有了进一步的发展,世界贸易中心从地中海转移到大西洋沿岸国家,保险和再保险也随之传入这些国家和地区,并得到了进一步的发展。然而,直到18世纪,欧洲海上保险市场却仍然主要通过共同保险制度安排巨灾风险。[④]由于英国保险人对再保险缺乏兴趣,共同保险一直是英国分散风险的一种普遍的方式,保险人要分散风险只能求助于西欧大陆国家的再保险市场。1745年英国的《海上保险条例》禁止再保险活动,再保险被认为是一种赌博活动。直到1864年,再保险在英国才合法化,对海上再保险的禁令才得以解除。[⑤]此后,英国再保险业才开始起步,但发展非常缓慢。直到1906年《海上保险法》颁布[⑥],所谓"分散风险"的再保险观念才在英国得以确立。

火灾再保险产生较晚。1666年伦敦大火使成千上万的房屋全部毁于火灾,

---

① "再保险起于何时,尚无记载,但有两点当可确定:(1)再保险因需要而起;(2)起自海上保险。"陈继尧:《再保险——理论与实务》,智胜文化事业有限公司2002年版,第3页。
② 参见郑玉波:《保险法论》,三民书局1997年修订版,第59页。
③ See Golding, *A History of Reinsurance with Sidelights on Insurance*, Sterling Offices Ltd, 1927, p. 20.
④ See R. L. Carter, *Reinsurance*, 3rd edition, Reactions Publishing Group, 1995, p. 15.
⑤ See Carol Boland, *Reinsurance: London Market Practice*, Informa Professional, 1996, p. 2.
⑥ 1906年《海上保险法》(Marine Insurance Act 1906)第9条第1款规定:"海上保险合同中的保险人对其承保的风险有保险利益的,可将有关风险安排再保险。"(The insurer under a contract of marine insurance has an insurable interest in his risk, and may reinsure in respect of it.)

致使许多居民无家可归,造成了英国经济巨大的损失,这在一定程度上刺激了人们的再保险意识,从而使火灾再保险业务有了初步的发展。但是,整个 18 世纪火灾保险的发展,并没有得到再保险的支持,1710 年于伦敦成立的永明保险公司[①],直到 19 世纪中叶才采取再保险方式。[②]再保险业发展受到阻碍的一个重要原因是当时没有专业的再保险公司,保险人将再保险业务分出给其他保险人,实际上意味着保险人将自己的客户介绍给竞争对手,从而限制了再保险业务的发展。1813 年,世界上第一个火灾再保险合同是美国纽约州鹰火灾保险公司(Eagle Fire Insurance Company of New York)与联合保险公司(Union Insurance Company)(The Jersey Bank 的前身)之间订立的,前者承保了后者全部未了的火灾再保险业务。1820 年,第一个完整的合同再保险是巴黎国民保险公司(La Compagnie Nationale d'Assurances de Paris)与布鲁塞尔联合财产保险公司(La Compagnie des Propriétaires Réunis de Bruxelles)之间所订立的再保险合同。1824 年,法国国民保险公司(La Compagnie Nationale d'Assurances)与英国帝国火灾保险公司(Imperial Fire Insurance Company)订立了合同再保险合同。

人寿再保险的产生则更晚[③],第一个人寿再保险合同出现在 19 世纪末的英国。1849 年,苏格兰 17 家人寿保险公司联合签订了人寿再保险协议,规定了人寿保险的费率、自留额和分保限额等,再保险单的条款与原保险单相同,分保额不能超过自留份额。1873 年,英国又制定并颁布了一个补充协议,这个协议统一了英国国内人寿再保险业务的做法。与此同时,欧洲大陆的人寿再保险也逐渐产生,专业再保险公司也开始接受少量的人寿再保险业务。

专业再保险公司最早出现在欧洲大陆。[④]1852 年,德国出现第一家专业再保险公司——科隆再保险公司(Kölnische Rückversicherungs-Gesellschaft);1853 年,德国设立了亚琛再保险公司(Aachener Rückversicherungs-Gesellschaft);1857 年,德国设立了法兰克福再保险公司(Frankfurter Rückversicherungs-Gesellschaft);1862 年,德国设立了马格德堡再保险公司

---

① 永明保险公司规定每张保险单承保的最高限额为 500 英镑。换言之,500 英镑是该公司所能自留的最高限额。

② See R. L. Carter, *Reinsurance*, 3rd edition, Reactions Publishing Group, 1995, p. 16.

③ 最早的人寿保险单是在 1583 年 6 月 18 日由 16 位保险人共同签发的。在人寿保险中,保险金额较大的,通常以共同保险的方式予以处理,这种方式沿袭了很长时期。再者,早期的人寿保险的保险金额不大,因而人寿保险在发展初期并没有再保险的需求。

④ 专业再保险公司先是以由母公司设立子公司的方式出现的。1834 年,德国的 Niederrheinische Güter-Assecuranz Gesellschaft(Wesel)设立子公司 Weseler Rückversicherungs-Verein,专门接受母公司分出的再保险业务。母公司不必担心商业秘密泄露和保险费的外流。

(Magdeburger Rückversicherungs Gesellschaft);1880年,德国又设立了慕尼黑再保险公司(Münchener Rückversicherungs-Gesellschaft)。[①]到1913年,德国的再保险公司分入的再保险业务占世界再保险费总收入的67%,而慕尼黑再保险公司的再保险费收入占世界的再保险费份额36%。1863年,瑞士再保险公司在苏黎世成立。1867年,英国成立了第一家再保险公司(Reinsurance Company, Limited),但仅维持了四年。1871年,英国设立了第二家专业再保险公司(London General Reinsurance)。在19世纪70年代,英国再保险公司历经沧桑,大量的再保险公司在设立之后不久便宣告破产。直到1907年,英国历史最长的再保险公司,即商业综合再保险公司(Mercantile & General)宣告成立。美国专业再保险公司的成立晚于欧洲国家,1890年才出现第一家再保险公司,不久就宣告停业,1909年又成立了第二家再保险公司。1907年,日本设立了东明火灾海上保险公司,是第一家专业再保险公司。此时,再保险已经成为保险公司分散风险所不可或缺的工具,特别是在财产保险方面的表现尤为重要。再保险公司的业务范围,已经由一国扩展到多国,这样使保险人所承保的风险更为分散,从而使保险经营更加稳健。

第一次世界大战之后,英国与欧洲大陆再保险市场的再保险业务锐减,这就直接导致了英国保险公司在国内寻求再保险组织来分散风险,劳合社成为再保险市场的一个新成员,且发挥了越来越大的作用,吸引了美国大量的再保险业务。第二次世界大战之后,伦敦成功地确立了国际再保险市场的核心地位,成为再保险市场的承保能力和再保险专业技术的中心。伴随科学技术不断进步,现代化工业和市场经济的快速发展,20世纪之后各种巨灾不断发生,某些保险标的如大型客机、大型油轮、化工企业、核电站以及通信卫星等危险集中,一旦发生保险事故,损失高达几十亿元甚至几百亿元,任何一个保险公司都难以承担由此产生的巨额损失。巨灾风险的发生为再保险的发展创造了条件,因为巨额保险可能带来的丰厚利润,刺激了保险业承保的欲望,但是基于潜在的巨大危险,保险监管机构的监管规则要求每一单保险业务均应在保险业之间安排再保险,借以分散风险,保障保险公司的偿付能力,稳定保险公司的经营。针对有些巨额保险业务,一个保险公司无力单独承保,需要向世界各地的保险公司安排再保险,且接受再保险的保险公司还需要将该业务再办理转分保,使风险进一步分散到世界各地。再保险通常超越国界,具有国际性的特征,组织和利用世界范围内的

[①] 慕尼黑再保险公司是全球最大的专业再保险公司,在第一次世界大战和第二次世界大战期间因德国战败分别在1916—1923年以及1946—1948年间停止营业。

保险基金,从而有效地分散了风险,保证了保险公司的偿付能力,也稳定了保险公司的经营。[①] 全球范围内的任何一笔大的保险事故,均涉及保险事故发生国以外的其他国家的保险公司,由这些保险公司承担绝大部分保险赔付责任,保险事故发生国的保险公司仅承担少量的赔付。

随着国际再保险的发展,国际性再保险公司也得到了发展,在全球许多重要城市纷纷设立了分支机构或者代理机构,吸纳当地保险公司的再保险业务,逐渐形成了国际再保险中心,如纽约、伦敦、东京、慕尼黑、巴黎、苏黎世、香港等。来自全球各地的再保险业务在这些国际再保险中心成交。再保险需求的增加以及保险业竞争的加剧,使得专业再保险公司应运而生,进一步促进了直接保险和再保险的发展,在全球范围内日渐形成了区域性和全球性的再保险市场。再保险市场的形成,又反过来促进了直接保险和再保险的发展,为保险的发展积累了大量的保险资金,也发展了宝贵的保险技术。

三、保险法的产生和发展

保险法是保险业发展的必然产物。财产保险出现得较早,人身保险出现得较晚,因而在保险制度发展的早期,保险制度的基本内容是财产保险制度。保险法源远流长,早在公元前900年就已见端倪。在爱琴海的罗得岛,活跃的海上贸易造就了世界上最早的罗得海商法(Rhodian Law)。罗得海商法对共同海损(general average)作出规定:"凡因减轻船只载重投弃入海的货物,如为全体利益而损的,应由全体分摊归还。"这是海上保险制度的萌芽。公元前6世纪之后,罗马法对共同海损有了进一步的规定,即在发生紧急情况时,除了为解除共同危险所采取的措施所造成的损害,应当由全体受益人共同分摊之外,还规定了因一般意外事故所造成的损失应由损失方各自承担,对共同海损与单独海损在法律上作了概念上的区分。

意大利的康索拉多海事法条例(Consolato del Mare)是世界上最早的保险法,紧接其后的是法国1266年的亚勒龙法(The Laws of Oleron)。亚勒龙法的商事部分不仅为当时欧洲各国所采用,且还为1807年《法国商法典》所继受。[②] 1369年热那亚的法令包含了保险的法律规范。

现代意义上的保险法始于14世纪。从14世纪开始,伴随海上贸易的繁荣,海上保险业有了较大的发展,沿海贸易发达的国家相继制定了各种的海事法律,

---

① 全球保险公司对美国"9·11"恐怖袭击导致经济损失的保险分摊为百慕大再保险9%、日本再保险9%、欧洲再保险31%、欧洲直接保险15%、美国再保险15%、美国直接保险21%。

② 参见桂裕:《保险法》,三民书局1983年增订初版,第2页。

这些法律包含海上保险内容。① 17世纪之后,欧洲各国保险法日趋完善。1681年,法国《海事敕令》设专章规定海上保险,较为具体、详尽地规定海上保险制度。海上保险制度成为海商法一个重要组成部分,此后,纷纷为世界各国的海商法所效仿。1701年,德国汉堡颁布了《保险及海事条例》。虽然英国的保险业很发达,但缺乏成文的保险立法而以法院形成的判例为主。18世纪的英国法院参照商业保险惯例以及汉堡、安特卫普、阿姆斯特丹的有关法律规定处理保险纠纷案件。② 1774年,英国颁布的《人寿保险法》(The Life Assurance Act 1774)确立了人寿保险基本规则,推动了英国人寿保险制度的发展;其规定投保人对被保险人必须具有保险利益,有效地防止了道德风险的发生,促进了人寿保险的健康发展。

资本主义的进步和科学技术的发展,加上新的危险不断增加,促进了保险制度的发展。保险业务的增加和保险范围的扩大,使危险分散成为必要,同时也可借以增加保险团体的稳定性和安全性,使得19世纪中叶之后出现了保险业相互转嫁危险的再保险制度。20世纪之后,随着保险业的发展,世界各国保险立法渐次形成体系。

法国保险法始见于海上保险制度,陆上保险原本适用《法国民法典》中有关射幸合同的规定。法国从1904年开始制定保险合同法,历时近30年,终于在1930年颁布了《保险合同法》。该法是一部较为完整的陆上保险法典,有一般规定、损害保险、人身保险以及有关程序性的规定。德国保险法同样源于海上保险制度。1908年,德国颁布了《保险合同法》,该法共五章,分别为通则、损害保险、人寿保险、伤害保险以及附则,共194条,经历次修订,直至2008年颁布新的《保险合同法》。

英国是世界上保险业最为发达的国家之一,海上保险特别发达,对世界保险业的影响巨大。虽然英国是不成文法国家,保险法主要以判例法为主,但是成文

---

① 例如,1435年,西班牙巴塞罗那的法律规定了海上保险承保规则和损害赔偿手续。这个法律被誉为世界上最古老的海上保险法典,并成为后世海上保险的立法典范。1468年,威尼斯颁布了法院保证保单实施与防止欺诈的法律。1523年,意大利《佛罗伦萨法令》是一部比较完整的保险条例,规定了标准保单的格式。1556年,法国制定了《海上指导》。同年,西班牙颁布法律,加强对经纪人的管理,确立了保险经纪人制度,禁止经纪人在保险业务中认购保险份额。1563年,比利时颁布了安特卫普法律,规定保险应当按照安特卫普交易所的交易惯例进行,并规定了防止欺诈赌博条款。

② 1756—1778年之间,曼斯菲尔德(Lord Mansfield)法官收集整理了大量的欧洲各国海上保险案例以及保险惯例,编纂了海上保险法草案。曼斯菲尔德法官对海上保险法的种种努力,为日后英国保险立法奠定了坚实的基础。

法在英国保险法的发展过程中,也发挥了重要的作用。① 1906 年《海上保险法》(The Marine Insurance Act 1906)的影响巨大,世界各国海上保险立法几乎都以英国海上保险法为蓝本,且该法所确立的保险法一般原则,也为世界各国保险立法所采纳。此外,1906 年《海上保险法》将劳合社所制定的保单列为标准保险单。2018 年《保险利益法案》(Insurable Interest Bill)仅适用于人身保险。2015 年《英国保险法》(The Insurance Act 2015,UK)是从 1906 年《海上保险法》以来英国保险法最重要的变革,修改涉及的法律包括:1906 年《海上保险法》(The Marine Insurance Act 1906);2010 年《第三人对保险人诉讼法》(The Third Parties(Rights against Insurers) Act 2010);1988 年《道路交通法》(The Road Traffic Act 1988);2012 年《消费者保险(披露与陈述)法》[The Consumer Insurance (Disclosure and Representations) Act 2012];1981 年《道路交通(北爱尔兰)令》[The Road Traffic(North Ireland) Order 1981]。

第二节 中国保险法的历史沿革

人类社会从产生伊始就面临各种自然灾害和意外事故,逐渐形成了应对灾害事故的保险思想和原始形态的保险方法。我国春秋时期的"耕三余一"、汉宣帝的"常平仓制"、隋文帝的"义仓制"等均包含了朴素的保险思想。

一、我国保险业的起源和发展

我国古代商人在长江危险水域运输货物时就采用了一种分散风险办法,即商人把自己的货物分装在数条船上运输,以避免装在同一条船上的货物有遭受全部灭失的风险,这是水险起源的最早实例。这种分散风险方法蕴含着现代保险和风险管理的基本原理。

(一)保险的起源和发展

我国保险起源于 19 世纪初。1805 年,英国商人在广州设立了谏当保安行——中国第一家具有现代保险意义的商业保险机构,专门承保与英国贸易有关的货物运输保险,即财产保险业务。此后,外国人纷纷在华开设保险机构,保险机构的数量渐次增加。

---

① 英国先后颁布的制定法有 1745 年《海上保险法》(The Marine Insurance Act 1745)、1774 年《火灾预防法》(Fires Prevention Metropolis Act 1774)和 1774 年《人寿保险法》(The Life Assurance Act 1774)、1845 年《赌博法》(Gambling Act 1845)、1867 年《保险合同法》(Policies of Insurance Act 1867)、1906 年《海上保险法》(The Marine Insurance Act 1906)、1909 年《保险公司法》(Insurance Company Act 1909)、1930 年《第三人对保险人诉讼法》(The Third Parties〔Rights Against Insurers〕Act 1930)、2015 年《英国保险法》(The Insurance Act 2015,UK)及 2018 年《保险利益法案》(Insurable Interest Bill)等。

戊戌变法运动对民族工商业、航运业和金融业的兴起,具有一定的促进作用,也为民族保险业的兴起提供了有利的条件。在此之前,中国保险市场一直为外国保险公司所垄断,外国公司每年从中国攫取巨额的保险利润,致使中国大量的白银外流。1865年,中国创建了上海义和公司保险行。1875年,规模较大的船舶保险公司——保险招商局成立。[①]在此之后,中国又相继设立了一些保险公司,如1877年的安泰保险公司、1880年的常安保险公司、1882年的上海火烛保险公司和万安保险公司、1899年宜安保险公司等。

从19世纪末到20世纪初,中国民族保险公司有了相当大的发展,不但出现了大量财产保险公司,人寿保险公司也有较大的发展。[②]在近代保险业创立和发展的同时,一些行业自发互助性质的保险组织也纷纷出现。[③]

从1865年到1911年(中华民国成立)之前,民族保险业已经具备一定基础,但是保险公司的资本和规模均不大,在与外国保险公司的竞争中仍然处于劣势。中国保险业的命脉始终被外资保险公司所控制。在20世纪之前,英国保险公司基本上垄断了中国保险市场;20世纪之后,英国、美国、法国、德国、日本和瑞士等国的保险公司共同控制着中国保险市场。从1926年开始,中国保险业出现了一个新的发展势头,中国银行业相继投入到保险业,保险业成为银行金融资本的副业。[④]从1926年到1936年的十年间,中国银行业以雄厚的资金注入保险业,改善了保险业的经营管理,培育了大批的保险专业人才,拓展了保险业务范围,

---

① 保险招商局是国人自办船舶保险的初步尝试,受到了本国商人的热烈欢迎,承保的限额迅速增加,业务发展顺利,打破了外资保险公司在船舶保险和货物运输保险业务上的垄断地位,有力地支持了新兴的民族航运业的发展。由于保险招商局的承保能力非常有限,溢额必须向外国再保险公司安排再保险;但是外国再保险公司拒绝接受全部的溢额,只接受部分溢额。为应对这种情形,轮船招商局成立了仁和水险公司。仁和水险公司仅承保船舶险和运输险,不承保码头、栈房和货物的火灾险,而这些保险业务仍需向外商保险公司投保,数额巨大,支付的保险费较多。
1878年4月17日,轮船招商局又成立了济和船栈保险局,专门承保仁和溢额和轮船招商局的码头、栈房和货物的火灾业务。后来扩大了经营范围,并更名为"济和水火险公司"。
仁和与济和两公司的创设,不但发展了民族的保险业,还增强了轮船招商局同外国航运业的竞争实力。到1886年,仁和与济和两家保险公司合并为仁济和水火险公司。两家保险公司合并之后,资金雄厚,实力大增。外国保险公司鉴于中国民族保险业的发展实力,同意按照较低的费率和保险业的经营惯例,接受和承保中国商人的分保业务。
2017年6月30日,招商局仁和人寿保险股份有限公司获得开业批复,宣告"仁和保险"成功复牌。
② 例如,1894年的福安水火人寿保险公司,1905年的华洋永庆人寿保险公司,1907年的华安人寿保险公司(上海),1909年的上海允康人寿保险公司、上海永宁人寿保险公司以及上海延年人寿保险公司。参见中国保险学会、《中国保险史》编审委员会编:《中国保险史》,中国金融出版社1998年版,第53页。
③ 例如,1905年广州酒米业商人发起组织的联保火险。在开业之初,联保火险纯粹属于同业间的救灾互助,不久便发展成为保险基金的相互保险形式。1907年,上海9家保险公司组成了中国保险史上第一家财产保险同业公会,即"华商火险公会";同年,天津15家鞋店设立了裕善防险会;1909年,北京在思豫堂成立了当行火险会。
④ 1926年12月,东莱银行投资100万元设立了安平水火保险公司。1929年11月,金城银行投资100万元设立了太平水火保险公司。1933年,太平水火保险公司邀请交通、大陆、中南、国华、东莱等银行加盟,增资到500万元,并更名为太平保险公司。1934年4月,太平保险公司设立寿险部,经营人身保险业务。后来,由于受到分业经营的限制,太平保险公司寿险部改组设立太平人寿保险公司。

发展了保险经纪人队伍,并充分利用了银行贷款关系,争取了更多的工商业保险业务,使民族保险业有了进一步的发展。

在全面抗日战争之前,上海是中国保险业的中心。全面抗日战争开始之后,经济中心逐渐西移,以上海为主体加上沿海各省的大批官办和民办企业,向西南地区进行了大规模迁移。这为西南地区保险业的发展提供了物质基础,加上原来设在上海和其他沿海省份的保险机构也陆续迁移到重庆,于是形成了以重庆为中心并辐射整个西南地区的保险市场。

抗日战争胜利之后,中国的政治、经济重心东移,原来迁往重庆的保险公司又纷纷回迁上海,英美等国的保险公司也相继在上海复业。集中在上海的游资,部分流入到保险业,新设的保险公司骤然增多。随着时局的变化,中国沿海地区又成为工商贸易发展的主要基地,金融市场重心由西南又回到了上海,上海又恢复成为全国保险业的中心。截至1947年年初,全国保险业的总分支机构为507家,其中总公司为129家,分公司为378家。[①]1948年,上海的中外保险公司数量高达275家,创造了历史纪录。

中华人民共和国建立之后,以整顿、改造原先的保险机构和保险市场为开端,政府接收了官僚资本保险公司,并批准了一部分私营保险公司复业。当时登记复业的保险公司共有104家,其中民族保险公司63家,外国保险公司41家。1958年外国保险公司全部撤离中国内地,原有的民族保险公司在整顿、改造之中逐渐消退,一些保险公司则将总部迁移到香港等地。复业后的私营保险公司在1951年合并成为公私合营的"太平保险公司",与中国保险公司专门经营香港和海外的保险业务。1949年10月20日,中国人民保险公司在北京成立,统一经营全国各种保险业务。新中国成立后的保险业经历了以下五个发展阶段:

(1) 停止时期。1958年至1979年是保险业国内业务的停止时期。1968年12月中国人民保险公司决定,海外业务对外的分保由民安保险公司办理,寿险业务由中国保险公司办理分保,新加坡、中国香港、中国澳门等国家和地区的保险业务交由中国保险公司香港分公司经营。1972年4月1日起,中国恢复对中国远洋运输公司的船舶保险业务。1973年起,中国人民保险公司开办了来料加工、建筑工程安装、石油开采、钻井平台、油轮的油污及其他保险。同年7月2日,外贸部、财政部发布《关于进出口货物保险问题的通知》。1974年,中国人民保险公司开办国际航线的航空保险业务。

(2) 恢复时期。1979年至1986年是保险业的恢复时期。1979年2月5日,中国人民银行全国分行行长会议作出了恢复国内保险业务的重大决策。到

[①] 参见中国保险学会、《中国保险史》编审委员会编:《中国保险史》,中国金融出版社1998年版,第203页。

1980年12月,中国人民保险公司已在全国28个省、自治区、直辖市恢复了保险公司分支机构。但在这个时期,在我国保险市场只有中国人民保险公司经营财产保险业务,并无真正的保险市场可言。1982年,中国人民保险公司才正式恢复办理人身保险业务。

(3) 平稳发展时期。1986年至1991年是保险业的平稳发展时期。从1986年开始,中国先后设立了新疆生产建设兵团农牧业生产保险公司(1986年)、中国平安保险(集团)股份有限公司(1988年)以及中国太平洋保险公司(1991年)。三家保险公司的设立,开启了中国保险体制改革的序幕,结束了多年来中国保险业由中国人民保险公司独家垄断的局面,既为我国保险业注入了活力,又为保险业的发展构筑了保险市场,积累了宝贵的经验。

(4) 对外开放时期。1992年,中国改革开放出现了崭新的局面,保险业也开始对外开放。1992年美国国际集团(AIG)的子公司美国友邦保险公司(AIA)在上海开设分公司。1994年,日本东京海上火灾保险公司经批准在上海开设了分公司。外资保险公司的进入标志着我国保险市场迈出了国际化的第一步,对我国保险市场的发展产生了深远影响。

(5) 快速发展时期。天安财产保险股份有限公司和大众保险股份有限公司两家区域性保险公司于1995年在上海成立。1996年,中国人民银行批准成立五家中资保险公司,其中三家全国性保险公司总部设在北京,分别为华泰财产保险公司、泰康人寿保险股份有限公司、新华人寿保险股份有限公司,两家区域性保险公司,即总部分别设在西安和深圳的永安保险股份有限公司和华安保险股份有限公司。同年,中国第一家中外合资的寿险公司——中宏人寿保险有限公司在上海成立,第一家获准开业的欧洲保险公司——瑞士丰泰保险集团在上海开始筹备分公司。1997年,丰泰保险(亚洲)有限公司上海分公司正式开业,这标志着我国保险市场加大了改革和开放的力度。1998年,太平洋安泰人寿保险有限公司在上海成立,中国太平洋保险(集团)股份有限公司和荷兰国际集团(ING)各占50%,注册资本金为8亿元人民币。[①]

1996年,根据《保险法》分业经营的规定,中国人民保险公司变更为中国人民保险(集团)公司,下设三家专业保险公司即中保财产保险有限公司、中保人寿保险有限公司、中保再保险有限公司。原有的80多家海外机构将作为独立的经济实体直属中国人民保险(集团)公司,继续经营海外业务。中国人民保险(集团)公司及其三个专业子公司均为独立法人。中国人民保险(集团)公司以控股

---

① 2011年,该公司名称变更为建信人寿保险有限公司,股东变更为中国建设银行股份有限公司、中国人寿保险股份有限公司(台湾)、全国社会保障基金理事会、中国建银投资有限责任公司、上海锦江国际投资管理有限公司和上海华旭投资有限公司。2016年,公司完成股份制改造,变更为建信人寿保险股份有限公司。2020年,公司注册资本达到71亿元人民币。

公司的形式对子公司投资并实施领导、管理和监督职能。

1998年,中国保险监督管理委员会宣告成立,标志着保险业发展和监管进入了新的时期。中国保险监督管理委员会对全国保险市场实行统一监管,在全国设立了31个派出机构,初步建立了全国统一的保险监管组织体系。1998年,国务院撤销中国人民保险(集团)公司,三家子公司分别更名为中国人民保险公司、中国人寿保险公司和中国再保险公司。1999年,国务院保险监督管理机构宣布,原中国人民保险(集团)公司海外资产转给中国保险股份有限公司。2001年,太平保险有限责任公司[①]经国务院保险监督管理机构批准,全面恢复中国境内财产保险业务。

我国保险业进一步拓展了保险范围,保险领域非常广泛,包括从航天工业、路桥建设到水利工程、高科技行业,从汽车保险、农业保险到企业和家庭财产险,从国际贸易合作到雇主责任保险。在特殊风险方面,中国保险业自1974年起开始承保中国民航机队的飞机保险业务,航空险产品已扩展到十几个品种。大亚湾核电站、秦山核电站、田湾核电站等国家重大项目,均由国内保险公司承保。这些保险业务促进了中国航天、航空、核电、石油事业的快速发展。在基础建设方面,中国保险业承保了三峡工程、广州地铁、广深高速、首都机场等数以万计的重大工程,且还为许多大型化工企业、钢铁集团的技术改造、建筑安装工程提供了巨额保险保障。在责任保险方面,保险业最先向机关、企事业单位及个人推出了公众责任保险,此后又陆续向企业推出了产品责任保险、雇主责任保险、职业责任保险等产品。

加入世界贸易组织(WTO)之后,国务院保险监督管理机构公布了"加入WTO中国保险对外承诺"。国务院保险监督管理机构先后批准了德国慕尼黑再保险公司、瑞士再保险公司、美国信诺保险公司、英国标准人寿保险公司、美国利宝互助保险公司和日本财产保险公司等陆续进入中国保险市场。此外,美国ACE集团参股华泰财产保险有限公司,拥有22.13%的股权;荷兰国际集团与北京首创集团宣布在大连成立首创安泰人寿保险有限公司;汇丰集团参股中国平安保险(集团)股份有限公司;美国友邦保险在北京设立分公司等。这表明外资进入中国保险市场的步伐逐步加快。

2003年,中国人民保险公司、中国人寿保险公司和中国再保险公司完成重组改制工作,中国人保和中国人寿先后在境外上市。2004年,中国平安保险(集团)股份有限公司以集团形式整体上市,成为我国第一家境外上市的金融保险集团。

---

① 1929年,太平保险有限公司在上海成立之后,陆续在国内大中城市以及雅加达、新加坡等地区设立分支机构和代理处,成为当时全国名列前茅的华商保险公司。1956年,该公司停办国内业务,作为中国人民保险公司的全资海外子公司专营境外业务。

2004年,经国务院保险监督管理机构批准,中国第一家专业性股份制农业保险公司——上海安信农业保险股份有限公司在上海正式成立。作为探索建立我国政策性农业保险制度的一个试点,上海安信农业保险股份有限公司采取的是"政府财政补贴推动、商业化运作"的经营模式。

2004年,我国开始全面开放再保险业务;开放健康险、团体险和养老金、年金业务;对外资保险公司取消地域限制。允许外国非寿险公司持股51%设立合资公司;允许外国寿险公司设外资占50%的合资企业。

2004年12月加入世贸组织过渡期结束,我国保险市场开始了全面对外开放的新时期。事实上,保险业的开放程度超越了入世承诺。保险市场形成了以国有保险公司和股份制保险公司为主体、政策性保险公司为补充、综合性公司与专业性公司并存、中外保险公司共同发展、市场竞争结构较为合理的新格局。

2013年,前海保险交易中心成立。前海保险交易中心是"深圳保险交易所"的前置性试点创新平台,为全国性的第三方保险交易服务平台,专注于保险销售与售后服务,为保险市场各方提供公平、公正、公开的保险交易、见证、结算及综合风控等技术服务支持。

2016年,上海保险交易所成立,为全国性的保险资产交易平台,是保险资管产品提供发行、转让的平台,客户有寿险公司、产险公司、养老保险公司、保险资管公司、银行等金融机构。

2016年,中保投资有限责任公司由27家保险公司、15家保险资产管理公司以及4家社会资本共46家股东发起设立。同年,由中保投资有限责任公司作为普通合伙人发起设立了中国保险投资基金,基金总规模约为3000亿元,首期1000亿元,存续期限为5—10年,投资期后可发起设立后续基金。初期从整合现有保险资金投资项目入手,新项目融资实行分期募集。基金存续期间,有限合伙人可以向其他合格机构投资者转让基金份额实现退出。

我国保险业取得了长足的发展,原保费收入从1980年的4.6亿元增长到2023年的5.12万亿元,保险深度和保险密度从1980年的0.1%和0.47元增长到2023年的4.07%和3635元,但与发达国家的保险市场仍然存在一定的差距。

2018年,中国银行保险监督管理委员会成立,宣告金融机构分业监管时代的终结,标志着混业监管格局的形成。中国平安保险(集团)股份有限公司、中国人寿保险(集团)公司、中国人民保险集团股份有限公司、中国太平洋保险(集团)股份有限公司、友邦保险控股有限公司、国泰人寿保险有限责任公司、中国太平保险集团有限责任公司、泰康保险集团股份有限公司等保险公司进入《财富》世界500强排行榜,其中中国平安保险(集团)股份有限公司位列第29位、中国人寿保险(集团)公司位列第42位。

2019年,国务院修订了《外资保险公司管理条例》,允许设立外资保险公司。

同年,我国首家外商独资的保险控股公司——安联(中国)保险控股有限公司在上海成立,标志着保险业对外开放的重要里程碑,也将进一步提升上海国际金融中心的能级和竞争力。2020年,友邦人寿保险有限公司在上海成立。2021年,安联保险资产管理有限公司在北京成立。

2023年,在中国银行保险监督管理委员会的基础上,我国组建了国家金融监督管理总局,不再保留中国银行保险监督管理委员会。20世纪80年代我国金融业开始重建,最初的金融混业经营是由中国人民银行统一监管,然后金融监管经历了一行一会(1992年中国证券监督管理委员会成立),一行两会(1998年中国保险监督管理委员会成立),一行三会(2003年中国银行业监督管理委员会成立),一行两会(2018年中国保险监督管理委员会与中国银行业监督管理委员会合并,设立中国银行保险监督管理委员会),到现在的一行一会一总局(中国人民银行、中国证券监督管理委员会和国家金融监督管理总局)的监管格局变化过程。

(二) 再保险的起源和发展

中国再保险业起步较晚。在全面抗日战争之前,中国民族保险公司的再保险基本依赖外国的保险公司,产生这种局面主要有以下两个方面的原因:

(1) 外资保险业强大。外国保险公司长期垄断中国的保险市场,特别是英国保险公司在中国的势力最强,凭借在中国的特权、雄厚的资金以及再保险实力,其能够承保的力量,在火险方面比民族保险公司大10倍,水险方面比民族保险公司大50—60倍。外国保险公司虽然也以固定方式给中国保险公司一些回头再保险,但也只是少量的,既无互惠,也不平等。一些民族保险公司的保险费收入,绝大部分通过再保险方式流到外国。

(2) 民族保险业薄弱。民族保险公司资金短少,实力微薄,经营管理水平较差,未能直接进入国际保险市场,民族保险公司只能在上海寻找英美保险公司作为再保险机构,致使保费大量外流。民族保险公司实际上充当了外国保险公司的买办。

全面抗日战争爆发之后,重庆便成为西南地区的再保险中心。太平洋战争爆发之后,在上海的英美保险公司被日本所接管,日本试图控制上海保险市场,成立由数十家日本保险公司联合投资的东亚保险公司。中国民族保险公司出于民族义愤,拒绝与日本保险公司建立再保险关系,而中国保险公司与英美等国的再保险关系已经中断,唯一的解决办法是中国保险公司联合起来。经过保险业同仁的共同努力,民族再保险集团相继成立。[①] 民族再保险集团的成立,加强了保险

---

① 如1942年的太平分保集团、大上海分保集团、久联分保集团,此后又相继成立了五联、十五联、华商联合分保集团。

业的团结,有效地抵制了日本企图控制中国再保险市场的目的,不仅解决了民族保险业风险分散问题,而且为民族保险业自主发展奠定了基础。特别是在太平洋战争爆发之后,上海、香港等地相继被日本占领,割断了与外国保险公司联系的分保渠道,只有中央信托局产物保险处、中国、太平洋、宝丰等少数几家保险公司与外国再保险公司有联系。虽然前述几家保险公司除了自身保险溢额外,也能接受部分同业再保险,但不能完全解决同业溢额再保险问题。因此,各种形式的再保险组织出现。

1942年,中国保险公司联合太平、宝丰、兴华三家保险公司成立了"四联分保办事处",通过四家公司原有的国外再保险关系,向伦敦再保险市场分出了一个很大的自动分保总额。虽然"四联分保办事处"有很大的分保能力,但由于内部缺乏团结、合作,并没有真正发挥作用,抗战胜利之后即自行宣告解散。

1944年,为反对当时官办保险公司垄断整个再保险市场,中兴、永大、亚兴、永兴、民安等民办保险公司,联合组成了"华联产物保险公司"专营再保险业务,但因参加的保险公司大多为中小公司,业务来源有限,未能到达预期目的,该公司在抗战胜利之后迁往上海并改组为"中国再保险公司"。

在全面抗日战争之后,再保险机构在全面抗日战争期间所建立的再保险集团基础上,有了很大的发展。在当时中国再保险市场上,有三种势力控制再保险业务:一是官僚资本保险公司,如中央信托局产物保险处,是最具代表性的机构,且拥有大量再保险业务。根据当时有关法律的规定,中央信托局不仅办理强制再保险业务,而且还被赋予集中办理再保险业务的特权。1946年在华联产物保险公司的基础上,由中央信托局控股设立了中国再保险公司。中国再保险公司的全部业务均为分入合同再保险和临时再保险。二是民营的再保险集团,有太平、久联、华商联合、大沪和中国等五家。这些再保险集团的建立,有效地解决了民族保险业部分风险的分散问题,增强了各个公司直接承保能力。三是外国保险公司,如美国保险公司凭借国民党政府对美国政治经济的依赖,获得政府部门大量进出口货物运输保险等业务;同时,还接受中国保险公司合同固定再保险、预约分保和临时再保险,赚取了中国大量保费。此外,英国、瑞士等国的再保险公司也从中国再保险市场获得大量的再保险业务。中国保险业长期依赖外国保险公司安排再保险业务,抗日战争之后民族保险公司订立的自留限额仍然很低,各再保险集团的部分公司业务还各自分往国外,列入再保险集团的再保险业务非常有限。

在中华人民共和国成立之后,大部分保险公司资力脆弱,承保能力有限,且大部分原有的再保险集团已经解体,中断了对外再保险关系,保险同业的再保险问题亟待解决。民联分保交换处是1949年国家成立的非赢利性的再保险业务交换处,是由复业的中国保险公司支持和私营保险公司自愿参加所组成的联合再保险组织,旨在扶持并改造私营民族保险公司,属于集中办理私营保险公司再保险交换的服务性机构,并不直接经营保险业务。为彻底打破外国保险公司对我国再保险市场的垄断,建立我国独立的再保险业务,中国人民保险公司于1949年成立,实行"国内业务不办理再保险,国际再保险业务实行国家垄断"的再保险政策。1968年,中国人民保险公司决定海外业务对外的再保险由民安保险公司办理。

在1966年至1976年间,国内保险业中断,再保险业也遭受同样的命运。从1979年起,在国内恢复保险业务之后的一段时间内,只有中国人民保险公司一家保险公司,国内不存在再保险市场的概念。直至20世纪80年代末在深圳、上海两地相继成立中国平安保险(集团)股份有限公司和中国太平洋保险公司两家保险公司,才形成了再保险市场架构的雏形。进入20世纪90年代之后,随着我国保险业的飞速发展,国内再保险市场需求的不断扩大,原来完全垄断模式优势的不断丧失,各种弊端逐渐显现。随着新保险公司的不断设立,由中国人民保险公司独家垄断经营国内再保险市场的局面开始被打破,再保险业务的经营逐渐趋于多元化。

1988年,我国开始实行国内法定再保险,保险公司应将每笔业务的30%向中国人民保险公司办理再保险。在20世纪90年代之后,随着保险公司的增加,法定再保险全面展开。法定再保险的目的在于稳定保险业的经营,提高国内市场的承保能力,防止保费外流。1992年,平安保险公司和太平洋保险公司受权经营国内和国际再保险业务。1995年,《保险法》默许其他商业保险公司可以经营再保险业务,从而使国内再保险市场被垄断的局面彻底被打破,各保险公司的再保险业务均得到了不同程度的发展。2002年,《再保险公司设立规定》规定经国务院保险监督管理机构批准,再保险公司可以经营以下全部或者部分业务:人寿再保险业务,包括中国境内的再保险业务、中国境内的转分保业务及国际再保险业务;非人寿再保险业务,包括中国境内的再保险业务、中国境内的转分保业务及国际再保险业务;同时经营上述两项的全部或部分业务。根据加入世界贸易组织的承诺,国务院保险监督管理机构对法定再保险的比例进行了相应调整,规定自2003年1月1日起逐年降低,直至2006年1月1日取消法定分保。

1996年,中国人民保险公司进行了改革,改革后的中保集团设立了中保再保险有限公司。中保再保险有限公司是新中国成立之后设立的第一家专业的再保险公司,后更名为中国再保险有限公司。2003年,中国再保险有限公司改制为中国再保险(集团)有限公司,再由中国再保险(集团)有限公司发起设立中国财产再保险股份有限公司、中国人寿再保险股份有限公司和中国大地财产保险股份有限公司。中国再保险(集团)有限公司的注册资本为39亿元,对这两家专业再保险子公司分别控股45%和45.1%,代表国家持有子公司股份并依法行使股东权利,同时承担法定分保存续业务、经营非主营业务及其他管理职能。中国财产再保险股份有限公司和中国人寿再保险股份有限公司的设立,改变了财产、人寿混业经营现状,实行国际通行的分业经营模式,防范和化解了经营风险。2007年,中国再保险(集团)有限公司整体改制为中国再保险(集团)股份有限公司,注册资本为361.49亿元。

从2003年开始,慕尼黑再保险公司、瑞士再保险公司、通用科隆再保险集团和劳埃德等国际专业再保险公司,相继陆续进入我国再保险市场。2003年,慕尼黑再保险公司北京分公司和瑞士再保险公司北京分公司在北京成立;2004年,科隆再保险公司上海分公司获准在上海设立。2007年,劳埃德再保险(中国)有限公司在上海设立。①

2016年年初,为配合监管机构再保险登记制度有效实施、加强对再保险市场的非现场监管,中国再保险登记系统正式运行。凡是与中国境内注册的分出公司开展再保险业务的境内、外再保险接受人和再保险经纪人均应在登记系统进行登记,并每季度更新相关信息。2018年年初,国务院保险监督管理机构正式委托上海保险交易所管理中国再保险登记系统,辅助监管机构强化对再保险市场的监管,利用信息技术手段提高监管效率,防范再保险市场风险。

截至2018年年初,中国再保险市场有中国财产再保险有限责任公司、汉诺威再保险股份公司上海分公司、中国人寿再保险有限责任公司、太平再保险(中国)有限公司、瑞士再保险股份有限公司北京分公司、RGA美国再保险公司上海分公司、慕尼黑再保险公司北京分公司、德国通用再保险股份公司上海分公司、前海再保险股份有限公司、法国再保险公司北京分公司、人保再保险股份有限公司等公司。再保险市场主体,极大地扩展了中国再保险市场的吸纳能力。

二、我国保险法的产生和发展

清朝末年,清政府改变了传统的重农抑商政策。1907年,清政府编制了第一部保险法草案——《保险业章程草案》,草案共有七章105条,第一章总则、第二章股份公司、第三章相互保险公会、第四章产物保险、第五章生命保险、第六章罚则、第七章附则。草案对产物保险的定义为"凡投保者指定所有物件向保险者订立契约、缴纳保费、遇有不测之损害,由保险者负其赔偿银数,是为产物保险"。但该草案没有颁布实施。1908年,清朝政府聘请日本保险界和法学界的知名学者志田钾太郎起草完成了《海船法草案》,共有六编263条,其中第三编涉及保险问题,该草案后并入《商律草案》。虽然该草案未能正式颁布施行,但北洋政府颁

---

① 为符合《保险法》规定的保险组织形式,劳合社进入中国市场后摒弃了在其他60多个国家和地区的一贯经营模式,选择以劳合社子公司的形式在中国经营再保险业务,由劳合社市场上的几个辛迪加(若干承保会员组成的承保小组)联合起来成为子公司的出资人。劳合社再保险(中国)有限公司的注册资本为2亿元人民币。

布的《海船法案》《海商法》均以该草案为基础制定。1909年,在志田钾太郎的参与下制定的《大清商律草案》,后经修改更名为《商律草案》,其中第二编第七章为损害保险营业,共50条,分3节,第一节为总则,第二节为火灾保险营业,第三节为运送保险营业;其中第五编为海船律,共11章263条。清朝末年所草拟的保险法规,虽然未能颁布施行,但对民族保险业的兴起和发展起到了一定的促进作用,并为中华民国时期保险立法奠定了基础。

中华民国成立之后,北洋政府法律馆聘请法国人为顾问草拟了《保险契约法草案》,共四章109条,由于北洋政府解体,该草案未能颁布实施。1927年,南京国民政府成立之后,便着手保险法的草拟工作。1928年,国民政府金融管理局制定了《保险条例(草案)》。1929年,国民政府立法院通过了《保险法》,包括总则、损害保险、人身保险三章82条。由于民族保险业的不断发展,保险法不能满足保险业的发展,《保险法》《保险业法》《保险业法施行法》于1937年修订后颁布。修订之后的《保险法》分为四章,第一章总则、第二章损失保险、第三章人事保险、第四章附则,共98条。尽管1929—1937年之间,中国保险立法有很大的发展,但是由于政局不稳定,一直处于战乱之中,这些法律不可能真正地实施。此外,当时外国保险公司占整个保险市场份额的90%以上,且适用其本国法律。因此,这些法律对中国保险业并未产生实际影响。

在中华人民共和国成立之后,保险立法分为三个阶段,即初创阶段、破坏阶段和恢复与发展阶段:

(1) 1949—1958年为初创阶段。在这个阶段,国家先后颁布了一系列保险法律规范:1950年《中国人民保险公司组织条例》、1951年《关于实行国家机关、国营企业、合作社财产强制保险及旅客强制保险的决定》《财产强制保险条例》《船舶强制保险条例》《铁路车辆强制保险条例》《轮船、铁路、飞机三方面旅客意外伤害强制保险条例》和1957年《公民财产自愿保险办法》。

(2) 1958—1978年为破坏阶段。当时的极左思潮的影响认为,在资本主义工商业的社会主义改造基本完成以及农村实行人民公社化之后,国家和集体承担人们的生、老、病、死、残以及一切自然灾害和意外事故所带来的一切风险,保险已经完成历史使命。1958年除了上海等个别地区外,国内保险业务被停办,此后除了少量国外保险业务之外,我国保险事业全部停止。在法律虚无主义思潮盛行的年代,法制建设遭到了极度的破坏,保险立法工作也不例外。

(3) 1978年之后为恢复与发展阶段。1978年以后,国家以经济建设为工作重点,逐渐重视法制建设工作,加强了保险立法工作,展开了保险法的起草工作。1981年公布的《经济合同法》涉及财产保险合同问题,对财产保险合同作出了原则性的规定。这也是中华人民共和国成立之后第一个真正意义上的保险法律,虽然在1949年至1958年之间,我国颁布实施了大量的保险法规,但无一是由国家立法机关制定的。1983年发布的《财产保险合同条例》共五章32条,由总则、保险合同的订立、变更和转让、投保方的义务、保险方的赔偿责任组成。尽管条例的规定相当不完善,但为我国日后保险法的制定积累了一定的经验,奠定了可靠的基础。1985年发布的《保险企业管理暂行条例》共六章24条,该条例对保险的性质、保险公司的注册资本、保险准备金、偿付能力以及再保险等作出了规定。该条例旨在加强对保险公司的管理,维护被保险人的利益,促进保险业的健康发展。《财产保险合同条例》《保险企业暂行条例》的颁布和实施,标志着中国的保险立法向前迈进了一步,为中国保险市场的形成奠定了法律基础。

进入20世纪90年代之后,我国保险立法步入一个新的发展时期,保险法体系初步建立起来。1992年发布的《上海外资保险机构暂行管理办法》重新在上海开放保险市场。同年颁布的《海商法》对海上保险合同的订立、变更、转让、当事人的权利和义务以及海上保险赔偿责任等作出了明确的规定。

1995年颁布的《保险法》共八章152条,由总则、保险合同、保险公司、保险经营规则、保险业的监管、保险代理人和保险经纪人、法律责任以及附则组成,集保险合同法与保险业法于一体。该法的颁布对于我国规范保险活动,调控保险市场的竞争秩序,具有十分重要的意义。《保险法》不仅是所有的保险活动参与者应当遵循的行为规范,是司法审判机关保护被保险人、受益人乃至保险人利益的审判规范,也是保险监督管理机构监管保险业的行为指南。

在《保险法》颁布后,我国保险业的外部环境和内部结构均发生了深刻变化。[1] 2002年,为应对我国加入世贸组织对保险业承诺的要求,全国人大常委会对《保险法》进行了修正,修正内容重在保险业法部分,[2]在放松保险分业经营、拓宽保险基金投资方式[3]、增加保险业的组织形式、加强对保险业的监管等方面取得了明显的突破,一定程度上完善了我国保险法,进一步加强了对被保险人及投保人权益的保护。但是,《保险法》修改主要是针对"保险业法"部分进行的,"保险合同法"部分几乎没有变化。最高人民法院希望通过司法解释来弥补《保险法》中的合同法部分的不足,但由于司法解释不能突破法律的规定,因而诸如

---

[1] 具体表现为:保险业务规模不断扩大,市场的年保费收入从1995年的683亿元增加到2001年的2109亿元;竞争主体不断增加,保险公司从1995年的9家增加到50余家,而且外国保险公司也参与我国保险市场竞争;保险业监管不断加强,成立了专门的监管机构对商业保险实行统一监管;保险公司经营管理水平和自律能力有所提高。由于我国保险市场发生的这些变化,被保险人或受益人的权利意识进一步提高,司法介入保险活动的领域进一步扩大,保险市场对政府监管保险业的基础和方式提出了更高的要求,产生了修改保险法的必要,以满足发展变化了的市场经济生活的需求。

[2] 本次修正共涉及33个条文,内容包括保险业务范围的划分、条款费率监管、偿付能力监管、保险资金运用、强化保险市场主体管理等方面。此次修正为保险业履行加入世贸组织承诺,加强对被保险人利益的保护,强化保险监管,支持保险业改革和发展,促进与国际接轨等提供了法律上的支持。

[3] 修正后的《保险法》将原第104条第3款修改为:"保险公司的资金不得用于设立证券经营机构,不得用于设立保险业以外的企业。"修正后的《保险法》放宽了保险资金的运用渠道,但随着保险业的迅速发展,保费收入激增,保险公司面临着越来越大的经营压力,需要更多元化的投资渠道。

保险利益、说明义务、如实告知义务、合同的订立与履行、理赔等方面的问题,并不能通过司法解释来解决。

　　由于2002年《保险法》修正基本未涉及保险合同法部分,而这部分内容本身存在缺陷较多,恰恰是保险法律关系中产生纠纷最多的领域,2004年国务院保险监督管理机构会同有关部门正式启动《保险法》修订的准备工作,2005年《保险法(修订草案建议稿)》形成。在听取各方意见的基础上,立法机构又修改形成了《保险法(修订草案)》。2009年,《保险法》修订完成。此次《保险法》修订在规则的完善和制度的设计上进一步注重对投保人、被保险人和受益人的保护。2009年《保险法》的修订主要体现在对保险法合同部分的修改,重点涉及投保人如实告知义务和保险人的说明义务、财产保险和人身保险理赔具体规范标准等内容。同时,此次修订也大量涉及保险业法部分。保险业法的完善有利于促进保险公司稳健经营,确保偿付能力,最终体现了保护被保险人利益的目的。2009年《保险法》修订最大的变化是将"人身保险合同"从原来的第三节变为现在的第二节,置于"财产保险合同"之前,体现了从物本位到人本位的转变,反映了我国立法理念的重大变化。

　　2014年《保险法》修正案修改了《保险法》第82条和第85条。2015年修正的《保险法》删除了第132条和第168条,修改的条款涉及第79条、第111条、第116条、第119条、第122条、第124条、第130条、第165条、第169条、第173条、第174条。

第一编　保险合同法

第二章 保险合同法基本原则

最大诚信原则、保险利益原则和近因原则是保险合同法的基本原则,违反最大诚信原则的保险合同无效,符合近因原则是保险人承担保险责任的基础。保险合同法基本原则既适用于人身保险合同和财产保险合同,又适用于原保险合同和再保险合同。

保险法基本原则是保险活动中当事人应遵循的基本准则,有三个层面的含义:一是保险法基本原则是保险合同法和保险业法共同遵循的基本原则,是保险合同法基本原则和保险业法基本原则的上位概念;二是保险合同法基本原则和保险业法基本原则,这两种基本原则是同一层面的,是保险合同和保险业各自应遵循的基本原则,是保险法基本原则的下位概念,保险合同法基本原则是人身保险合同和财产保险合同共同应遵循的基本原则;三是人身保险合同基本原则和财产保险合同基本原则,是保险合同法基本原则的下位概念,是人身保险合同和财产保险合同各自应遵循的基本原则。

保险合同法基本原则是保险法基本原则的核心。保险法基本原则由保险合同法基本原则和保险业法基本原则共同构成。保险合同法基本原则是指人身保险合同和财产保险合同所共同适用的基本原则,而并非人身保险合同或者财产保险合同单独适用的原则。人身保险合同和财产保险合同共同适用的原则有最大诚信原则、保险利益原则和近因原则,其中最大诚信原则也是保险业法的基本原则。[①]

第一节 最大诚信原则

最大诚信原则(utmost good faith or uberrimae fidei)来源于英国著名的 Carter v. Boehm(1766)案,一直被公认为保险合同法应遵循的基本原则[②],且是

[①] "最大诚信原则"作为保险法的基本原则规定在《保险法》的总则中,而"保险利益原则"作为保险合同法的基本原则规定在《保险法》的保险合同总则中,体现了保险合同法基本原则的内在逻辑。

[②] 在 Carter v. Boehm(1766)案中,被保险人在伦敦购买的保险单,以苏门答腊岛的一座英属堡垒(Fort Marlborough)为保险标的,承保危险为该堡垒被敌军占领。当投保的堡垒被法国人占领后,被保险人提出了赔偿请求,但保险人却以投保人事先未能将堡垒可能遭到敌军占领的事实告知保险人而拒绝赔付。在本案中,曼斯菲尔德(Lord Mansfield)法官清晰地阐明了最大诚信原则。See E. R. Hardy Ivamy, *General Principles of Insurance Law*, 6th edition, Butterworths, 1993, p. 136.

最为重要的保险法基本原则。① 例如,在 Re Bradley and Essex and Suffolk Accident Indemnity Society(1912)案中,英国上诉法院法官 Farwell 强调,最大诚信对再保险合同双方当事人均适用。②保险合同订立必须适用最大诚信原则,表现为先合同的披露义务,即投保人在订立合同之前应当披露全部应当知道的重要情况,而重要情况是指可让保险人决定是否承保以及承保条件的情形。

最大诚信原则具有悠久历史,最早滥觞于早期的海上保险,在订立海上保险合同之际,所承保的船舶或者货物与合同订立地之间往往远隔重洋,当事人无从知晓保险标的实际状况。有关被保险船舶或者货物全部信息依赖投保人提供,如果投保人以欺诈手段订立保险合同,保险人利益将受到严重损害,因而海上保险合同的订立要求合同双方当事人应当具备超出普通民商事合同的诚信。1906 年《海上保险法》(Marine Insurance Act 1906)首先从立法上确认了最大诚信原则,具体表现在第 17 条和第 18 条的规定。1906 年《海上保险法》第 17 条规定了保险合同是诚信合同③,第 18 条规定了投保人告知义务。④此后,世界各国保险立法纷纷效仿 1906 年《海上保险法》规定,相继确立了最大诚信原则。

诚实信用原则在我国民商事立法中具有十分重要的地位,是民法和商法的

---

① See Andre McGee, *Modern Law of Insurance*, Butterworths, 2002, p.57.

② "Contracts of insurance are contracts in which uberrima fides is required, not only from the assured, but also from the company assuring."

③ 1906 年《海上保险法》(Marine Insurance Act 1906)第 17 条规定:"海上保险合同是建立在最大诚信原则基础上的合同,如果任何一方当事人不遵守最大诚信原则,另一方当事人可以宣告合同无效。"(A contract of marine insurance is a contract based upon the utmost good faith, and, if the utmost good faith be not observed by either party, the contract may be avoided by the other party.)

④ 1906 年《海上保险法》(Marine Insurance Act 1906)第 18 条规定:"(一)除本条的规定外,在缔结合同之前,被保险人必须向保险人告知其所知的一切重要情况。被保险人视为知道在通常业务过程中所应知晓的每一情况。如果被保险人未履行该项告知义务,保险人即可宣布合同无效。(二)影响谨慎的保险人确定保险费或影响其决定是否接受承保的每一情况,被认为是重要情况。(三)如保险人未问及,对下列情况,被保险人无需告知:(a)减少风险的任何情况;(b)保险人知道或被认为应该知道的情况;保险人应该知晓众所周知的事情以及他在通常业务中应该知晓的一般情况;(c)保险人不要求被保险人告知的情况;(d)由于明文或默示的保证条款,被保险人无需告知的事项。(四)在每一案件中,未告知的任何特别情况是否重要,是一个事实问题。(五)'情况'一语包括送给被保险人的通知和其收到的消息。"((1) Subject to the provisions of this section, the assured must disclose to the insurer, before the contract is concluded, every material circumstance which is known to the assured, and the assured is deemed to know every circumstance which, in the ordinary course of business, ought to be known by him. If the assured fails to make such disclosure, the insurer may avoid the contract. (2) Every circumstances is material which would influence the judgment of a prudent insurer in fixing the premium, or determining whether he will take the risk. (3) In the abence of inquiry the following circumstances need not be disclosed, namely:—(a) Any circumstance which diminishes the risk;(b) Any circumstance which is known or presumed to know matters of common notoriety or knowledge, and matters which an insurer in the ordinary course of his business, as such, ought to know;(c) Any circumstance as to which information is waived by the insurer;(d) Any circumstance which it is superfluous to disclose by reason of any express or implied warranty. (4) Whether any particular circumstance, which is not disclosed, be material or not is, in each case, a question of fact. (5) The term "circumstance" includes any communication made to, or information received by, the assured.)

基本原则,如《民法典》《保险法》《海商法》均规定了诚实信用原则。但是,诚实信用原则在《保险法》上的应用有特殊性,与保险作为防范危险的法律行为特质结合起来,从而发展了诚实信用原则内涵。《保险法》第 5 条关于诚实信用原则的规定,不仅仅是对《民法典》第 7 条规定的诚实信用原则的简单复述,而且为《保险法》的发展和完善提供了广阔空间。该条规定为法院处理保险纠纷时妥当地解释和适用《保险法》提供了法律漏洞填补的空间,为《保险法》司法解释创造了更为有利的条件。《保险法》关于诚实信用原则的规定,提高了诚实信用原则在《保险法》的地位。《保险法》所规定的保险人说明义务与投保人如实告知义务,既体现了诚实信用原则在《保险法》中的核心价值,又将诚实信用原则具体化——将《保险法》总则内容在分则中进一步细化。《保险法》虽然仅规定了诚实信用原则,但保险理论与保险实务均将诚实信用原则解释为最大诚信原则,为保险经营活动和司法审判实务所遵循的基本原则,违反最大诚信原则可能构成缔约过失责任。例如,在江苏省海外企业集团有限公司海上货物运输保险合同纠纷案[①],上海海事法院判决认为,根据《1906 年海上保险法》第 17 条和第 18 条的规定,保险合同的订立应遵循最大诚信原则。被保险人在发出要约、接受新的要约、作出承诺的整个过程中,均应依据最大诚信原则,向保险人如实告知其知道或者在通常业务中应当知道的、可能影响保险人作出是否承保与是否增加保险费决定的任何重要情况。被保险人履行如实告知义务的期限,应从提出投保请求时开始,在双方协商过程中持续,直到保险合同成立时为止。在双方协商期间,被保险人才了解到的重要情况以及从不重要变为重要的情况,被保险人均有如实告知保险人的义务。涉案货运船舶于 1999 年 9 月 12 日开航,同年 10 月 11 日因大量进水而被船员放弃,10 月 14 日在距南非德班港 750 海里处遭遇到强烈暴风雨沉没。在船舶开航一个月后,作为货物买方的江苏外企公司没有通过各种有效途径对货物现状进行必要了解,以至将已面临海损的货物投保,未尽到一个善意被保险人应当承担的恪尽职责合理查询并如实告知的义务。证据证明,1999 年 10 月 14 日 20 点 38 分,江苏外企公司收到法国 S 公司发来的货损传真,虽然已向上海丰泰保险公司投保,但保险合同尚未成立。作为被保险人的江苏外企公司并未遵守最大诚信原则,在保险合同成立前将自己知道的这个足以影响保险合同成立的重要情况告知保险人。江苏外企公司以其投保时不知道发生货损为由,否认自己有如实告知这个情况的义务,理由不能成立。江苏外企公司未能以最大诚信原则订立保险合同,上海丰泰保险公司有权宣布保险合同

[①] 在江苏省海外企业集团有限公司诉丰泰保险(亚洲)有限公司上海分公司海上货物运输保险合同纠纷案(〔2001〕沪海法商初字第 398 号)中,法院裁判摘要认为,被保险人在投保时至保险合同成立前,违反如实告知义务,没有告知保险人足以影响保险人作出是否承保以及如何确定保险费决定的一切重要情况,违反了最大诚信原则,保险人可以此为由宣告保险合同无效(2005 年最高人民法院公报案例)。

无效,且不承担保险赔偿责任。

诚实信用原则具体化,既有利于指导保险法律关系当事人的行为规范,又便利法院判断保险合同当事人行为是否符合法律规范。此外,《保险法》对于危险增加的通知义务、保险事故的通知义务、索赔的协助义务、道德危险不予承保等方面的规定,进一步充实了诚实信用原则的应有内容,使《保险法》的诚实信用原则与最大诚信原则更为接近,内容更为趋同。

最大诚信原则起初是保险人用以约束投保人的工具,保险人经常以投保人破坏最大诚信原则为由,拒绝履行赔付保险金义务。在现代保险合同法中,为保护投保人合法利益,最大诚信原则同时适用于投保人与保险人。例如,在陆永芳保险合同纠纷案中[①],苏州市中级人民法院终审判决认为,当事人应当遵循诚实信用原则,根据合同的性质、目的和交易习惯履行通知、协助、保密等义务。在涉案保险合同履行的前两年是由太仓人寿保险公司业务员上门向陆永芳收取保费,此后到2008年止太仓人寿保险公司委托邮政部门向陆永芳发缴费通知单,陆永芳每年按照缴费通知单的提示向太仓人寿保险公司指定的银行缴纳保费,双方当事人之间已经形成了特定的交易习惯。但是,太仓人寿保险公司并无证据证明其通过邮政部门于2009年向投保人陆永芳送达缴费通知单,2010年则不再向陆永芳发送缴费通知单,从而造成投保人陆永芳二年未能缴费后果的主要责任在于保险人太仓人寿保险公司。保险人单方改变长期形成的交易习惯导致投保人未能及时缴纳保险费的,保险人的行为违反最大诚信原则,无权解除保险合同。

对投保人而言,最大诚信原则体现在如实告知与履行保证方面;对保险人而言,最大诚信原则体现在说明义务、不可抗辩条款、弃权与禁止抗辩方面。

一、告知义务

告知(disclosure)是指在订立保险合同时投保人应当向保险人如实地说明保险标的实际状况,即投保人对保险人承担的披露义务。告知义务(duty of disclosure)则是指在保险合同订立时投保人应将有关保险标的重要情况如实向保险人陈述、申报或者声明义务,以确保保险人能够全面、准确地掌握这些重要事项,正确地认识、评估保险标的危险状况,从而决定是否承保以及承保条件。告知义务的具体行为被称为陈述(representation)或者声明(statement)。

---

① 在陆永芳诉中国人寿保险股份有限公司太仓支公司保险合同纠纷案([2012]太商初字第0480号、[2013]苏中商终字第0067号)中,法院裁判摘要认为,人寿保险合同未约定具体的保费缴纳方式,投保人与保险人之间长期以来形成了较为固定的保费缴纳方式的,应视为双方成就了特定的交易习惯。保险人单方改变交易习惯,违反最大诚信原则,致使投保人未能及时缴纳保费的,不应据此认定保单失效,保险人无权中止合同效力并解除保险合同(2013年最高人民法院公报案例)。

告知制度在立法上的依据,理论上众说纷纭,有诚信说、合意说、担保说和危险测定说等观点。通说采纳了风险估计说,认为作为计算保险费基础风险率的估计,是保险合同成立的前提条件,因而告知制度为保险技术上所不可或缺。风险估计是保险人责任,与投保人无关,由于受制于技术,投保人必须协助保险人,如实说明保险标的重要事实,即要求投保人对保险标的之危险状况向保险人公正、全面、实事求是地说明。《保险法》第16条的如实告知义务,是根据风险估计学说制定的。例如,在江苏省海外企业集团有限公司海上货物运输保险合同纠纷案中,上海海事法院认为,投保人违反如实告知义务。在保险合同缔结的整个过程中,投保人均应依据最大诚信原则,向保险人如实告知自己知道或者在通常业务中应当知道的、可能影响保险人作出是否承保与是否增加保险费决定的任何重要情况。"如实告知"是指全部告知和正确告知;凡对某一重要情况的全部或者部分内容未告知或者错误告知,均属未尽到如实告知义务。投保人履行如实告知义务的期限,应当自提出投保请求时开始,在双方协商过程中持续,直到保险合同成立时为止。在双方协商期间,被保险人才了解到的重要情况以及从不重要变为重要的情况,被保险人均有义务告知保险人。

理论上,告知义务即为如实告知义务,如实告知义务有狭义与广义之分。狭义的如实告知义务仅指在保险合同订立时投保人有义务向保险人说明有关保险标的重要事实。根据《保险法司法解释(二)》第5条和第6条的规定,如实告知的内容是指在订立保险合同时,投保人明知的与保险标的或者被保险人有关的情况,且限于保险人询问的范围和内容。广义的如实告知义务是指投保人不仅在订立保险合同时有如实说明有关保险标的重要事实的义务,且在保险合同生效之后,投保人对风险显著增加以及保险事故的发生,也负有及时通知保险人的义务。此外,广义的如实告知不仅包括投保人或者被保险人如实披露有关保险标的重要事项的义务,还包括保险人的说明义务。例如,在段天国保险合同纠纷案①,南京市江宁区人民法院认为,保险人在订立保险合同时应当向投保人就责任免除条款作明确说明。这种说明义务既是法定义务,也是特别告知义务,这种义务不仅是指经过专业培训而具有从事保险资格的保险人在保险单上提示投保人特别注意,更重要的是对有关免责条款内容作出明确解释,如合同当事人对保险人就保险合同的免责条款是否明确说明发生争议,保险人应当承担举证责任,即保险人还必须提供对有关免责条款内容作出明确解释的相关证据,否则该

---

① 在段天国诉中国人民财产保险股份有限公司南京市分公司保险合同纠纷案(〔2010〕江宁商初字第5号)中,法院裁判摘要认为,根据2002年修正的《保险法》第17条和第18条的规定,订立保险合同时,保险人应当向投保人说明保险合同的条款内容。保险合同中规定有关于保险人责任免除条款的,保险人在订立保险合同时应当向投保人明确说明,未明确说明的,该条款不产生效力。保险人有义务在订立保险合同时向投保人就责任免除条款作出明确说明,既是法定义务,也是特别告知义务(2011年最高人民法院公报案例)。

免责条款不产生效力。国家基本医疗保险是为补偿劳动者因疾病风险造成的经济损失而建立的一项具有福利性的社会保险制度。为控制医疗保险药品费用的支出,国家基本医疗保险限定了药品的使用范围。涉案保险合同是商业性的保险合同,保险人收取的保费金额远高于国家基本医疗保险,投保人对于加入保险的利益期待也远高于国家基本医疗保险。如果按照保险人"医保外用药"不予理赔的主张对争议条款进行解释,就明显降低了保险人的风险,减少了保险人的义务,限制了被保险人的权利。保险人按照商业性保险收取保费,却按照国家基本医疗保险的标准理赔,有违诚信。

从规范内容上看,《保险法》上的告知义务属于广义的告知义务,即投保人的告知义务和保险人的说明义务。投保人的告知义务包括合同订立时的告知义务和合同生效之后的告知义务,《保险法》第 16 条规定了投保人在订立保险合同时的告知义务,第 21 条规定了投保人、被保险人和受益人在保险合同生效之后的告知义务——通知义务。《保险法》第 17 条规定了保险人的告知义务——对格式条款和免责条款的说明义务,但仅规定保险人违反免责条款说明义务的法律后果,这个立法漏洞为保险司法审判实务所弥补。例如,在韩龙梅、刘娜、刘凯、刘元贞、王月兰意外伤害保险合同纠纷案中①,南京市鼓楼区人民法院认为,保险代理人出售"自助式保险卡"时未尽询问和说明义务的,不能认定投保人违反如实告知义务。投保人告知义务范围应当以保险人询问的事项为限,对保险人未询问事项,投保人不负告知义务。保险代理人并未询问过投保人职业,使得投保人没有机会就职业状况履行如实告知义务,因而投保人并未违反如实告知义务。保险人认为投保人违反告知义务主张解除合同,要求免除相应的赔偿责任请求没有事实根据与法律依据。因此,涉案保险合同合法有效。

告知义务虽然是法律所规定的义务,但保险人却不能强制投保人履行告知义务。在投保人违反告知义务时,保险人享有保险合同解除权。

二、保证

保证(warranty)是投保人或者被保险人对保险人承诺在保险期间应当予以遵守的特定事项,担保某种事项的作为或者不作为,或者某种事情的真实性等。保险法中的保证不同于一般法律中的保证②,保证的目的主要在于控制风险。

---

① 在韩龙梅、刘娜、刘凯、刘元贞、王月兰诉阳光人寿保险股份有限公司江苏分公司意外伤害保险合同纠纷案(〔2009〕鼓民二初字第 1079 号)中,法院裁判摘要认为,《保险法》第 17 条规定了保险人的说明义务和投保人的如实告知义务。保险人或者委托代理人出售"自助式保险卡"未尽说明义务,又未对相关事项向投保人提出询问,自行代替投保人激活保险卡形成数据电文形式的电子保险单。在保险合同生效后,保险人以电子保险单内容不准确,投保人违反如实告知义务为由主张解除保险合同的,法院不予支持(2010 年最高人民法院公报案例)。

② See Nicholas Legh-Jones, *MacGillivray on Insurance Law*, 9th edition, Sweet & Maxwell, 1997, p.214.

《保险法》并未规定保证,在保险实务中,保险人通常在保险合同中规定保证事项。

在保险发展早期,保险人不仅利用权利来避免投保人告知不实,而且还在保险单中增加了被称为保证条款的保险惯例。[①]保证可以分为明示保证和默示保证两种形式:

(一) 明示保证

明示保证(express warranty)是指保险人将保证内容以合同条款形式记载于保险单。[②] 明示保证有确认保证和承诺保证之分:

(1) 确认保证。确认保证(promissiory warranty)是指投保人对过去或者现在某一特定事项存在或者不存在的保证。

(2) 承诺保证。承诺保证(affirmative warranty)是指投保人对将来某种特定事项的作为或者不作为所作出的承诺。

确认保证是针对已经发生的特定事项的保证,而承诺保证是针对还未发生的特定事项的保证。投保人违反确认保证和承诺保证的法律后果,存在较大差异。投保人违反确认保证的,保险合同自始无效;投保人违反承诺保证的,从违反之时起保险合同无效。[③]

《保险法》没有关于保证的任何规定,保险实务也没有确认保证和承诺保证之分,但是保险实务存在大量明示保证的规定。[④] 已失效的《机动车辆保险条款》(保监发〔2000〕102号)第5条第7款规定:"下列情况下,不论任何原因造成保险车辆的损失或第三者的经济赔偿责任,保险人均不负责赔偿:……(7)驾驶员饮酒、吸毒、被药物麻醉……"上述规定是一个保证条款,保险人要求投保人或者被保险人保证投保车辆驾驶员不饮酒、吸毒、被药物麻醉,一旦违反前述保证,保险人将拒绝承担保险责任。已失效的《机动车辆保险条款》第25条第1款规定:"被保险人及其驾驶员应当做好保险车辆的维护、保养工作,并按规定检验合格;保险车辆装载必须符合《道路交通管理条例》中有关机动车辆装载的规定,使其保持安全行驶技术状态。"

---

① See Robert Merkin, *Colinvaux's Law of Insurance*, 7th edition, Sweet & Maxwell, 1997, p.143.
② 英国的明示保证有对现在的保证(warranties as to existing facts)和对将来的保证(warranties as to the future)两种形式,前者是指对在订立保险合同时现存的事实和状态的保证,违反该保证的后果是保险费不能返还;后者是指对将来事实或者状态的保证,一般情况下保险费不予返还,但在违反之前的部分损害能够得到补偿。See Robert Merkin, *Colinvaux's Law of Insurance*, 7th edition, Sweet & Maxwell, 1997, p.150.
③ 在英国保险法中,从违反保证义务之时起,保险人免除所有的责任。See Nicholas Legh-Jones, *MacGillivray on Insurance Law*, 9th edition, Sweet & Maxwell, 1997, p.215.
④ 《中国人民保险公司机动车辆保险条款》第22条规定:"被保险人及其驾驶员应当做好保险车辆的维护、保养工作,保险车辆装载必须符合规定,使其保持安全行驶技术状态。被保险人及其驾驶员应根据保险人提出的消除不安全因素和隐患的建议,及时采取相应的措施。"

(二) 默示保证

默示保证(implied warranty)是指保单中没有明文规定,而根据保险习惯,被保险人应当保证某种作为或者不作为。例如,投保人投保盗窃险的,必须保证外出时房门上锁;货物运输保险应当保证经营合法的运输业务。默示保证主要适用于海上保险,海上保险的默示保证主要有三个方面的内容:

(1) 船舶适航性。船舶适航性(warranty of seaworthiness of ship)是指投保船舶构造、设备、性能、人员、给养等均合乎安全标准,并具有适合预定航行能力,如1906年《海上保险法》第39条之规定。船舶适航性要求船舶的船体、船机在设计、结构、性能和状态等方面能够抵御航次中通常出现或者能合理预见的风险,但不要求船舶应当抵御航次中出现的任何风险。例如,在泰州市信诚船务有限公司财产保险合同纠纷案中[1],上海市第一中级人民法院认为,根据保险条款约定,船舶不适航是保险人免责事由。保险人提出了被保险人存在超载及船员失职两大船舶不适航原因,但未能提出充分的证据,从而对被保险人存在船舶不适航原因不予认定。

船舶的适航性不仅有技术方面的要求,而且还有安全管理体系方面的要求,即船舶应当有效地建立并落实安全管理体系。例如,在世嘉有限公司海上保险合同纠纷案中[2],上海海事法院认为,2016年7月涉案船舶因设备老旧在港口国监督检查中被滞留,被建议对船况进行全面检查,在开航前因主机点火故障进厂维修,厂修结束后未经过船级社的检验认证,因而涉案船舶事发时虽持有全套有效的船舶证书,但并不足以证明其船体、轮机和装备等适航——即技术上的不适航。此外,涉案船舶在2016年4月和7月的PSC检查中连续两次被滞留,先后被列为标准风险与高风险船舶,主机故障后缺乏有效应急措施,深层次原因是船舶未有效建立安全管理体系,安全管理方面不适航。国际海事组织制定的《国际船舶安全营运及防止污染管理规则》(ISM规则),是适用于国际航行船舶的强制性国际标准。本案中,船舶实际管理情况不符合ISM规则。因此,涉案船舶在涉案航次开航时在技术方面和安全管理体系方面均不适航,且船舶不适航是导致船舶搁浅的原因。

---

[1] 在泰州市信诚船务有限公司诉都邦财产保险股份有限公司财产保险合同纠纷案(〔2012〕宝民二(商)初字第872号、〔2013〕沪二中民六(商)终字第24号)中,法院裁判摘要认为,"座浅"属于一个冷僻的专业词语,单凭字面意思很难了解该词语的真实含义。保险人作为专业的保险公司,在使用该术语作为免责条款时,至少应在合同条款中予以说明,但合同条款中却没有相关的定义,从而不能认为保险人尽到了告知与说明义务。根据保险条款的约定,船舶不适航是保险人免责理由。

[2] 在世嘉有限公司(Global Eminence Limited)诉中国大地财产保险股份有限公司等海上保险合同纠纷案(〔2019〕沪72民初463号、〔2021〕沪民终359号)中,法院裁判摘要认为,《国际船舶安全营运及防止污染管理规则》(ISM规则)是适用于国际航行船舶的强制性国际标准。被保险船舶在船舶安全管理体系实施方面违反ISM规则,严重影响船舶航行安全,可构成船舶不适航。如果这种不适航与船舶搁浅全损具有直接的因果关系,保险人依法不承担赔偿责任(2022年最高人民法院公报案例)。

（2）不绕航。不绕航（no deviation）是指被保险人船舶必须在经常和习惯航道中航行，没有特殊情况，不得改变航线，如1906年《海上保险法》第46条之规定。船舶一旦发生不合理绕航，会使整个租船合同失效，构成根本违约（fundamental breach），导致海上保险合同终止。例如，在广州辉锐进出口有限公司航次租船合同纠纷案中[1]，最高人民法院再审认为，根据《海商法》第94条的规定，法律仅对航次租船合同中的适航以及绕航问题作出强制性规定，其他合同内容均尊重当事人意思自治，允许合同当事人自行约定。当事人之间权利义务首先应当依据航次租船合同约定，法律规定仅在租船合同没有约定或者没有不同约定时才适用。涉案航次租船合同没有规定当承租人逾期提供货物装船时，出租人有权解除合同；《海商法》也没有规定当承租人延迟装船时出租人享有法定合同解除权；华锦公司不能举证证明自己享有合同解除权，应承担相应的违约责任。

（3）航程合法性。航程合法性（warranty of legality）是指被保险人船舶不得从事非法经营或者载运违禁品。航程合法性最为典型地体现在运输的货物上，如运输货物有走私物品、毒品等违禁品，航程就不具合法性。

默示保证的效力与明示保证的效力相同，1906年《海上保险法》第41条有明确的规定。例如，在健懋国际船务有限公司海上保险合同纠纷案中[2]，福建省高级人民法院认为，由于投保人违反海上保险合同特别约定的义务，涉案事故虽属保险责任，保险人仍有权拒绝赔付。保险人认为投保人违反了保险合同的保证义务，包括明示保证和默示保证。按惯例海上保险主要有三项默示保证，即适航性、不绕航及合法性保证，且涉案保险合同双方已把适航性的默示保证明确为明示保证，该约定也完全符合《海商法》第235条规定。健懋公司在投保前或者开航前没有采取具体保证被拖船舶适航、适拖的手段和措施，违反了合同义务。

三、说明义务

说明义务（obligation to disclose）是指保险人在订立保险合同时向投保人说明保险合同条款内容的义务。《保险法》第17条明确规定了保险人说明义务，即

---

[1] 在广州辉锐进出口有限公司诉香港华锦海运有限公司航次租船合同纠纷案（〔2010〕粤高法民四终字第202号、〔2012〕民申字第28号）中，法院裁判摘要认为，根据《海商法》的规定，航次租船合同适用意思自治原则，当事人有约定的从约定，没有约定的则根据法律规定。合同当事人行使合同解除权应基于法律规定或者合同约定，否则不享有合同解除权。

[2] 在健懋国际船务有限公司诉都邦财产保险股份有限公司、都邦财产保险股份有限公司福建分公司海上保险合同纠纷案（〔2010〕厦海法商初字第52号、〔2011〕闽民终字第169号）中，法院裁判摘要认为，投保人确定本次拖船启航前已获得相关部门颁发的《适拖证书》，应理解为投保人应确定拖船启航前已获得相关部门颁发的有效的《适拖证书》，而不能仅理解为仅提交《适拖证书》即视为完成合同义务。涉案保险合同已经明确约定投保人确定本次拖船启航前已获得相关部门颁发的《适拖证书》，但投保人提交的《适拖证书》为无效证书，且投保人未能证明已完全履行了涉案保险合同的特别约定，未能确保涉案船舶在拖航启航前适航，对保险事故造成的损失，保险人不承担赔偿责任。

保险人应向投保人说明合同条款的内容。保险人说明义务是基于《保险法》的规定,属于法定义务。由于说明义务履行是在保险合同订立之前,说明义务又属于先合同义务。保险人说明义务是《保险法》特有的规定,外国保险法没有规定保险人对保险合同条款的说明义务。例如,在李思佳人身保险合同纠纷案中[①],宜昌市中级人民法院认为,保险合同中规定有关于保险人责任免除条款的,保险人在订立保险合同时应当向投保人明确说明,未明确说明的,该条款不产生效力,对于条款中没有明确说明不赔的保险责任,保险人应当按照保险合同约定承担赔偿责任。

虽然法律仅规定了保险人说明义务,但在保险实务中,保险合同订立通常是由保险代理人和投保人接洽完成,因而保险人说明义务被转嫁给了保险代理人。在保险实务中,保险人说明义务通常是由保险代理人实施的。因此,保险人和保险代理人是说明义务主体。

《保险法》第17条规定的保险人说明义务范围,仅限于格式条款和免除保险人责任条款。法律没有规定保险人对格式条款的说明义务方式,仅规定了保险人对免除保险人责任条款的说明义务方式,即以口头和书面形式向投保人作出说明。《保险法司法解释(二)》第11条又进一步明确规定了对免除保险人责任条款的说明义务履行方式,即保险人说明义务是指保险人在与投保人签订保险合同之前或者签订保险合同之时,对保险合同中所约定的免责条款,除了在保险单上提示投保人注意外,还应当对有关免责条款的概念、内容及其法律后果等,以书面或者口头形式向投保人或者代理人作出解释,以使投保人明了该条款真实含义和法律后果。对免除责任保险人责任条款说明义务的履行,保险人可以是口头的,也可以是书面的。在保险实务中,保险人通常以书面方式履行说明义务。保险人对免责条款未履行说明义务的,该条款不产生法律效力。例如,在魏浩财产保险合同纠纷案中[②],北京市西城区人民法院一审认为,《保险法》对保险人说明义务履行方式并未见明确规范,保险人在履行法定说明义务标准为:主观上保险人应尽最大善意与可能,客观上保险人应为通常商事交易主体可为的行为。保险条款仅为保险人法定说明义务的对象,本身不能证实保险人已经恰当

---

① 在李思佳诉中国人寿保险股份有限公司宜昌西陵区支公司人身保险合同纠纷案〔〔2004〕西民初字第334号〕中,法院裁判摘要认为,根据《保险法》第92条第2款的规定,意外伤害保险属于人身保险,不适用财产保险中的"损失补偿原则"。保险合同中有保险人责任免除条款的,在订立保险合同时,保险人应当向投保人明确说明;未明确说明的,该条款不产生效力,保险公司应当按照合同约定理赔(2006年最高人民法院公报案例)。

② 在魏浩诉中国平安财产保险股份有限公司北京分公司财产保险合同纠纷案〔〔2008〕西民初字第8044号、〔2008〕一中民终字第15250号〕中,法院裁判摘要认为,保险法的司法解释和规范性文件,对保险人明确规定了说明义务的履行方式和标准。如果保险人违背明确说明义务的,保险合同中免除保险责任的条款不产生法律效力,即使依据该条款出现了本可使保险人责任免除的情形,保险人仍然要承担相应的责任。

地履行了说明义务,但依据保险条款中已以黑体字等方式对免责问题进行的标注,表明保险人在主观上具有善意,可视为已经履行了说明义务。北京市第一中级人民法院二审否定了原审判决,认为涉案保险合同条款约定:未依法取得驾驶证、驾驶证审验未合格、依法应当进行体检的未按期体检或体检不合格、驾驶与驾驶证载明的准驾车型不符的机动车的,保险公司不负责补偿。保险人针对格式条款中的免责事项负有向投保人进行说明的义务,即对有关免责条款的概念、内容及其法律后果等,以书面或者口头形式向投保人或者代理人作出解释,以使投保人明了该条款的真实含义和法律后果。保险人仅在保险条款中用黑体字印刷,仅仅是予以提示的一种方式,不能等同于对免责条款的概念、内容及其法律后果所作的解释,没有尽到《保险法》规定的保险人的明确说明义务;被保险人要求支付的补偿款是因发生合同约定的保险事故所致,符合保险合同约定的补偿范围,保险人应予补偿。

《保险法》及司法解释没有规定保险人违反格式条款内容说明义务的法律后果。仅规定了违反免除保险人责任条款说明义务的法律后果,对于免除保险人责任条款之外的其他合同内容说明义务的违反,法律没有规定保险人承担任何法律责任,从而使保险人对合同条款——特别是格式条款的说明义务不能落到实处。例如,在涂奎才通海水域保险合同纠纷案中[①],广西壮族自治区高级人民法院认为,保险人未尽到明确说明义务的,保险合同中的免责条款不发生法律效力。保险人拟定的投保单中书面载明提醒投保人注意阅读保险条款,并非是对保险条款进行说明,仅提醒投保人注意阅读,不可能使投保人真正了解保险条款的内容和法律后果,没有达到法律要求保险人履行说明义务的目的,不能认定保险人履行了说明义务。投保人虽在保险人提供的"投保人声明"一栏签章,不能当然地认定保险人已尽到明确说明义务。保险人对免责或者限责条款的概念、内容、含义、法律后果没有进行明确说明,简单阅读无法达到说明义务所设定的投保人对免责或者限责条款的充分了解,以实现实质的意思自治。保险人未能提供相关的录音、录像、书面文字记录等证据材料,证明自己已经对该条款做到了明确的充分说明。

此外,在保险理赔中,保险人故意隐瞒被保险人可以获得理赔的重要事实,构成保险合同欺诈,保险人的行为违反诚实信用原则,被保险人有权要求撤销

---

① 在涂奎才诉中国大地财产保险股份有限公司柳州中心支公司通海水域保险合同纠纷案(〔2012〕海商初字第1193号、〔2013〕桂民四终字第31号)中,法院裁判摘要认为,依照《保险法》第17条的规定,对保险合同中免除保险人责任的条款,保险人应当履行提示义务和明确说明义务。保险人与投保人为保险合同的当事人,保险人是说明义务主体,投保人是履行说明义务的对象。未以特殊文字、字体等明显标志在保险合同中作出提示,或者投保人未确认保险人已履行明确说明义务的,保险合同中的免责条款不发生法律效力。

案协议。例如,在刘向前保险合同纠纷案中①,宿迁市宿城区人民法院一审认为,一方以欺诈、胁迫的手段使对方在违背真实意思的情况下订立的合同,受害方有权请求法院或者仲裁机构撤销。保险人向被保险人出具的拒赔通知载明的拒赔理由是"上述车辆未投保货险且车辆所载货物超高",但保险人未能提供相应的合同条款依据,双方订立的保险合同中也无任何条款约定车辆所载货物超高属于免赔情形,且根据该合同约定,涉案保险事故属于约定的保险责任范围,故保险人以根本不存在的条款拒赔显然存在欺诈,而被保险人口头同意销案则以保险人为实现欺诈而实施的诱问为基础。被保险人在接到该拒赔通知与保险人达成的销案协议,显然违背了被保险人的真实意思表示,被保险人请求撤销该协议,法院依法予以支持。宿迁市中级人民法院二审认为,合同一方当事人故意告知对方虚假情况,或者故意隐瞒真实情况,诱使对方当事人作出错误意思表示的,其行为构成欺诈。保险人作为专业保险公司,基于工作经验及对保险合同的理解,在明知或者应知涉案保险事故为其赔偿范围之内,在认知能力比较清楚、结果判断比较明确的情况下,对被保险人作出拒赔表示,有违诚实信用原则。在涉案销案协议订立过程中,保险人基于此前的拒赔行为,故意隐瞒被保险人可以获得保险赔偿的重要事实,对被保险人进行错误诱导,致使被保险人误以为将不能从保险公司获得赔偿,并在此基础上作出同意销案的意思表示,该意思表示与被保险人期望获得保险赔偿的真实意思明显不符。因此,保险人的行为构成欺诈,被保险人对销案协议享有撤销权。

四、弃权与禁止抗辩

弃权与禁止抗辩是英美保险合同法的重要制度,是基于衡平法的公平原则所产生的,均为保险人因某种行为导致其丧失对保险责任进行正当抗辩的权利。我国保险法上没有弃权与禁止抗辩概念,但是《保险法》借鉴了英美保险法制度,相关条文体现了弃权与禁止抗辩制度,且我国司法审判机关将弃权与禁止抗辩制度运用于我国保险合同纠纷审判实践。例如,在中国人民财产保险股份有限公司宁波市分公司船舶保险合同纠纷案中②,湖北省高级人民法院终审认为,涉

---

① 在刘向前诉安邦财产保险公司保险合同纠纷案([2011]宿中商终字第0344号)中,法院裁判摘要认为,保险事故发生后,保险公司作为专业理赔机构,基于专业经验及对保险合同的理解,明知或者应知保险事故属于赔偿范围,而在无法律和合同依据的情况下,故意隐瞒被保险人可以获得保险赔偿的重要事实,对被保险人进行诱导,在此基础上双方达成销案协议的,应认定被保险人作出了不真实的意思表示,保险公司的行为违背诚信原则,构成保险合同欺诈。被保险人请求撤销该销案协议,法院应予支持(2013年最高人民法院公报案例)。

② 在中国人民财产保险股份有限公司宁波市分公司诉奉化市顶盛船务有限公司船舶保险合同纠纷案([2006]武海法商字第432号、[2007]鄂民四终字第5号)中,法院裁判摘要认为,在船舶保险合同中,保险人赔付因事故产生的有关费用后,又以涉案事故不属保险合同承保范围,主张被保险人所收赔款为不当得利并请求返还,构成弃权和反言,违反了《保险法》第5条关于诚实信用原则的规定,法院不予支持。

案船舶触碰的不是码头、港口设施和航标,涉案事故并非保险合同项下的保险事故。保险人明知涉案触碰事故不属于保险合同项下的保险事故,却仍支付保险赔偿。被保险人有充分的理由相信,涉案触碰事故不是保险合同项下保险事故的抗辩权,已经为保险人所抛弃,保险人的前述行为已经构成弃权。在支付保险赔偿金后,保险人又致函要求船务公司退回不当得利,其行为构成反言,应予禁止。法院判决适用了最大诚信原则的规定和相关司法解释规定的精神,结合案件的具体案情,借鉴保险法理论中的弃权和禁止反言规则,较好地维护了当事人的合法权益。

(一)弃权

弃权(waiver)是指权利人随意放弃自己所享有的权利。换言之,保险人故意放弃保险合同中的权利,如合同解除权、抗辩权等权利。[1]弃权主体是保险人,而不是投保人或者被保险人。弃权有两个构成要件:

(1)保险人有抛弃权利的意思表示。保险人弃权意思表示既可是明示的,也可以是默示的。明示弃权是指保险人采取法律或者习惯所认可的方式明确表示弃权,默示弃权则是指从保险人行为推出弃权意思表示。在保险实务中,保险人通常以默示方式弃权,即保险人以行为表明弃权。换言之,如果保险人行为有使保险合同继续有效的意思,则保险人行为构成了保险人弃权。保险人的下列行为构成弃权:

一是收取投保人逾期交付的保险费。保险人收取逾期保险费,表明保险人希望继续维持保险合同效力,放弃了合同解除权。

二是接受逾期保险事故通知。投保人、被保险人或者受益人在保险事故发生后,未能及时通知保险人,如果保险人仍然接受逾期通知的,表明保险人放弃相关抗辩权。

三是对投保人违反约定义务的沉默。保险人对投保人违反合同约定义务仍然保持沉默的,有可能构成弃权。

(2)保险人抛弃权利时应知晓权利的存在。保险人知道或者应当知道投保人、被保险人或者受益人违反法律规定或者合同约定而产生合同解除权或者抗辩权的情形,保险人的作为或者不作为构成弃权。如果保险人不知道解除权或者抗辩权的存在,保险人的作为或者不作为,则不构成弃权。

根据《保险法》第16条的规定,投保人违反告知义务的,保险人有解除保险合同的权利。保险人可以任意放弃解除合同的权利,但合同解除权一经保险人

---

[1] 弃权行为在民法上表现为权利失效。"权利失效,是指权利人在一定的期间内不行使权利的行为,使相对人确信其不再行使权利并据此调整自己的行为,权利人再行使权利行为违反诚实信用原则并严重损害相对人的利益,从而宣告权利人丧失权利的制度。"郑云瑞:《民法总论》(第九版),北京大学出版社2021年版,第145页。

明示或者默示放弃之后,就不能再行使。例如,保险人在知晓有解除保险合同权利原因之后,仍然签发保险单或者收取保险费,这就表明保险人放弃了解除合同权利。《保险法》第 16 条明确规定了两种保险人弃权的情形:

(1) 合同的缔结行为。在保险合同订立时,保险人知道投保人或者被保险人没有履行如实告知义务的,保险人仍然与投保人订立保险合同,则保险人订立合同行为本身即构成弃权,《保险法司法解释(二)》第 7 条的规定属于这种情形。

(2) 合同解除权的放弃。在合同生效之后,保险人知道投保人或者被保险人没有履行告知义务的,保险人在知道合同解除事由 30 日内没有行使解除权的,合同解除权消灭,即构成弃权,《保险法司法解释(二)》第 8 条的规定属于这种情形。

保险人弃权的法律后果是丧失了相关权利,这些权利主要是合同解除权和抗辩权。《保险法》第 16 条规定的前述两种情形,均导致保险人合同解除权的丧失。一旦保险事故发生,保险人丧失拒付保险金的抗辩权,仍需承担保险金的赔付责任。例如,在陈家意人身保险合同纠纷案中[①],南平市中级人民法院二审认为,对于投保人未告知患有"甲状腺亢进症"的事实,保险人也有一定过错,涉案的证据尚不足以认定投保人是故意不履行如实告知义务。保险人知道有解除权或者抗辩权,但明示或者默示地放弃权利,构成弃权,其后不得再行主张。即便投保人为故意未履行如实告知义务,保险人在投保人第一次理赔时已经得知其患有"甲状腺亢进症"等疾病,并未进一步对投保人是否隐瞒病史进行审查,是对己方权利的放弃,一审法院据此认定保险人解除权已经过期,并无不当。福建省高级人民法院再审确认了一审、二审的判决,认为保险人知道有解除权,但明示或者默示地放弃权利,构成弃权,解除权消灭。

(二) 禁止抗辩

禁止抗辩(estoppel)是指在知晓投保人或者被保险人违反告知义务、违反条件或者保证,保险人却明示或者默示地向投保人或者被保险人表示保险合同仍然有效,而投保人或者被保险人确实在不知道保险合同有瑕疵的情况下,基于善意进行某种行为,以致损害自己利益的,保险人在诉讼中不得以保险合同无效进行抗辩。根据《保险法》的规定,下列两种情形导致保险人禁止抗辩的产生:

(1) 保险单的交付或者保险费的收取。在订立保险合同时,保险人明知投保人没有履行如实告知义务,仍然交付保险单并收取保险费的,保险人不得解除

---

① 在陈家意诉中国平安人寿保险股份有限公司南平中心支公司人身保险合同纠纷案(〔2014〕延民初字第 1230 号、〔2014〕南民终字第 691 号、〔2015〕闽民申字第 1059 号)中,法院裁判摘要认为,投保人故意未履行如实告知义务,保险人有权解除合同。但保险人未在知道有解除事由之日起 30 日内行使解除权,而是给予赔偿,该赔偿的行为可以视为保险人向投保人作出放弃权利的意思表示,保险人的合同解除权消灭。

保险合同,如《保险法司法解释(二)》第 7 条规定,保险人在保险合同成立后知道或者应当知道投保人未履行如实告知义务,仍然收取保险费,保险人也不得解除合同。发生保险事故的,保险人应承担保险金的给付责任。

(2) 合同解除权的放弃。投保人故意或者重大过失未履行如实告知义务,影响到保险人是否同意承保或者提高保险费率,保险人从知道上述事由之日起 30 日内不行使解除权的,合同解除权消灭。前述合同解除权从合同成立之日起超过 2 年的,合同解除权消灭。保险事故发生的,保险人应承担给付保险金的责任。例如,在何丽红保险合同纠纷案中[①],佛山市顺德区人民法院认为,保险人虽然可以投保人不履行如实告知义务为由解除保险合同并拒绝承担补偿责任,但如果保险人在明知投保人未履行如实告知义务的情况下,不是要求投保人如实告知,而是仍与之订立保险合同,则应视为主动放弃了抗辩权利。保险人前述行为,即属于主动放弃了要求投保人如实告知的权利,构成有法律约束力的弃权行为,从而无权再就该事项继续主张抗辩权利。涉案的投保人向保险人投保"人身意外伤害综合保险"时,对于投保单第三部分告知事项第十一款关于是否向多家保险公司投保等事项的询问,既未填写"是",也未填写"否",即未作回答,也具有故意违反如实告知义务的行为。保险人明知存在前述情形,但既不向投保人作进一步的询问,也未明确要求投保人必须如实回答,而是与投保人签订了涉案"人身意外伤害综合保险合同",并收取了保险费。佛山市中级人民法院维持了原审判决。

弃权与禁止抗辩问题,大多发生在投保人或者被保险人与保险代理人之间。投保人告知保险代理人某种足以影响保险合同订立的事实。[②] 弃权与禁止抗辩之间有因果关系,弃权是原因,而禁止抗辩是弃权的必然结果。弃权和禁止抗辩制度的确立,有效地制止了保险人在保险合同订立过程和履行过程中的弃权行为,从而有效地保护了投保人、保险人和受益人利益,维护了保险市场的健康、有序的发展。弃权和禁止抗辩制度既是最大诚信原则在保险制度的运用,又使最

[①] 在何丽红诉中国人寿保险股份有限公司佛山市顺德支公司、中国人寿保险股份有限公司佛山分公司保险合同纠纷案([2005]顺法民二初字第 48 号、[2005]佛中法民二终字第 817 号)中,法院裁判摘要认为,基于保险合同的特殊性,合同双方当事人应当最大限度地遵守诚实守信原则。投保人依法履行如实告知义务,即为最大限度诚实守信的一项重要内容。如果保险人在明知投保人未履行如实告知义务的情况下,不是进一步要求投保人如实告知,而是仍与之订立保险合同,则应视为主动放弃了抗辩权利,构成弃权行为,无权再以投保人违反如实告知义务为由解除保险合同,而应严格依照保险合同约定承担保险责任(2008 年最高人民法院公报案例)。

[②] 例如,在投保时投保人告诉代理人地下室附设有烟花工厂,但代理人对投保人表示无关紧要,仍然按照普通危险签发保单并收取保费。一旦发生保险事故,保险人代表或者理赔人员调查时发现附设烟花工厂的事实之后,保险人虽然可因危险增加而拒绝给付保险金,但由于代理人先前的表示已经构成了弃权行为,保险人因禁止抗辩而不能免除其给付保险金的责任。又如,在保险合同生效之后,保险标的危险增加,虽经投保人通知代理人,但代理人没有给予适当处理,这种情况也同样构成了弃权与禁止抗辩。

大诚信原则落到实处。例如,在吴艳芝机动车交通事故责任纠纷案中[①],绥化市中级人民法院认为,告知、保证、弃权和禁止抗辩是保险合同中的最大诚信原则的三项基本内容,其中弃权是指保险人清楚地知道投保人存在违反合同的情形,却作出某种行为以表示不加反对甚至同意时,保险人的行为即构成法律上的弃权,导致原有的某项合同权利暂时甚至最终丧失。禁止抗辩是指保险人放弃保险合同中可主张的某种权利之后,便不得再向投保人主张该种权利。涉案交通事故发生后,保险人在理赔环节已经按照保险合同赔付了投保人财产损失。按照前述原则,应视为保险人对保险合同中第8条即"驾驶人员事故发生后在未依法采取措施的情况下驾驶被保险机动车或者遗弃被保险机动车离开事故现场保险公司不负责赔偿"这个免责条款的放弃。保险人主张免责的权利因在财产理赔环节的放弃行为导致最终失权。

五、不可抗辩条款

不可抗辩条款(incontestable clause)是指从人寿保险合同成立时起超过两年的,保险人不得以投保人或者被保险人在投保时违反如实告知义务为由,主张保险合同无效或者拒付保险金。不可抗辩条款是最大诚信原则的具体应用,是最大诚信原则对保险人的基本要求,但对投保人违反最大诚信原则是一个例外。

不可抗辩条款最初并非出于为被保险人、受益人利益考虑,而是保险人缓和信任危机、扩大保险市场的工具。早期保险法理论和判例认为不可抗辩条款是用来化解保险告知义务过于严格的措施,强调保险人在抗辩期满后不能因投保人或者被保险人一方存在故意、过失的误述、隐瞒、欺诈来否定合同效力。不可抗辩条款客观上起到了抑制保险人道德风险的效果,但这仅为不可抗辩条款所附带的效果,并非保险人本意,更不是保险人积极追求的价值目标。缓和信任危机、扩大保险市场是早期不可抗辩条款唯一的价值追求。

不可抗辩条款限制了保险人保险合同解除权,即使投保人在订立保险合同时有违反告知义务的行为,但经过法定期限,保险合同继续有效。不可抗辩条款存在的合理性表现为:

(1)家庭经济保障。保险是一种社会保障工具,着力保护保险金受益人利益,尽可能地维护保险关系存在。人寿保险通常涉及保险受益人生计安排,如果没有一个抗辩权丧失期间的规定,受益人可能会丧失基本生活来源;且人寿保险合同为长期合同,在合同已成立多年后,保险人因投保人违反告知义务而行使解

[①] 在吴艳芝诉中国人民财产保险股份有限公司绥化市分公司、华安财产保险股份有限公司绥化中心支公司机动车交通事故责任纠纷案([2016]黑1202民初字1140号、[2016]黑12民终972号)中,法院裁判摘要认为,保险人的理赔行为构成了对免责条款的弃权,导致保险人丧失抗辩权。

除权,将使被保险人因年老体衰而难以获得新的保险保障。

(2) 交易安全保障。寿险保单可以转让,也可以设定权利质押,成为担保工具。如果在人寿保险合同生效多年后,保险人仍以投保人违反如实告知义务为由解除保险合同,拒付保险金,则质权人利益将得不到保护,寿险保单信用交易安全将无法保证,则寿险保单的金融功能难以实现。通过不可抗辩条款对保险人解除权限制在合理的可抗辩期间内,维护了保险单信用交易的安全性。

不可抗辩条款最早仅适用于以生存或者死亡为保险金给付条件的人寿保险,而不适用于传统人身保险中的健康保险、意外伤害保险。由于人寿保险合同的长期性,不可抗辩条款规定的抗辩期通常为 2 年,恰好可以维护寿险合同的长期有效性。随着保险业发展,不可抗辩条款适用的险种不断扩展,已经适用于健康保险,加强了对被保险人利益保护;但在健康保险中,不可抗辩条款适用范围较人寿保险狭窄。

我国不可抗辩条款源于《保险法》第 16 条第 3 款之规定,即"自合同成立之日起超过二年的,保险人不得解除合同"。不可抗辩条款制度旨在防止保险人滥用合同解除权,有效保护被保险人长期利益。

根据《保险法》第 16 条的规定,在订立保险合同时,保险人对保险标的或者被保险人的有关情况提出询问的,投保人应当如实告知。"应当如实告知"的内容是投保人在保险合同订立时明知与保险标的或者被保险人有关的情况。投保人故意或者因重大过失未履行如实告知义务,足以影响保险人决定是否同意承保或者提高保险费率的,保险人有权解除合同。但自合同成立之日起超过 2 年的,保险人不得解除合同;发生保险事故的,保险人应当承担补偿或者给付保险金的责任。例如,在石良武人身保险合同纠纷案中[1],深圳市福田区人民法院认为,即使投保人在投保时未如实告知可能影响保险人承保的既往病史,在保险合同成立二年后,保险人也不得再以此为由解除合同,从而保险人解除合同行为无效,相关抗辩不成立,依法确定保险人应继续履行涉案保险合同。深圳市中级人民法院终审维持了原审判决。

第二节 保险利益原则

保险利益(insurable interest)是指投保人或者被保险人对保险标的具有利

---

[1] 在石良武诉中国平安人寿保险股份有限公司深圳分公司人身保险合同纠纷案(〔2013〕深福法民一初字第 3357 号、〔2014〕深中法民终字第 203 号)中,法院裁判摘要认为,根据《保险法》第 16 条规定,投保人故意或者因重大过失未履行如实告知义务,足以影响保险人决定是否同意承保或者提高保险费率的,保险人有权解除合同。但是自合同成立之日起超过 2 年的,保险人不得解除合同。

害关系所享有的法律上的利益。①保险利益源于投保人或者被保险人与保险标的之间的利益联系②,体现了投保人或者被保险人对保险标的所具有的法律上承认的利害关系。换言之,保险利益是在保险事故发生时被保险人财产或者人身可能遭受的损失或者失去的利益。例如,在三和贸易有限公司水路运输货物保险合同纠纷案中③,北海海事法院认为,投保人三和公司为其所有的450吨原糖向保险人投保,该原糖所有权是法律承认的三和公司的利益,三和公司对450吨原糖这个保险标的具有保险利益。投保人与保险人以三和公司所有的原糖为保险标的,于1996年5月21日签订的保险协议以及保险人于同年5月31日向投保人签发的保险单,均为双方当事人在平等自愿基础上的真实意思表示,不违反法律强制性规定,合法有效。双方当事人就此450吨原糖形成的保险合同关系对双方均具有约束力。

一、保险利益的立法例

财产上的保险利益是指投保人或者被保险人对特定财产所具有的经济利益,即投保人或者被保险人因保险事故的发生,对保险标的造成的损害所具有的经济利益。人身上的保险利益是指对被保险人的生存、死亡、疾病、伤害所具有的利害关系。在财产保险中,当保险事故发生时,投保人或者被保险人经济利益受到损失,则表明投保人或者被保险人对保险标的具有保险利益;在保险事故发生时,投保人或者被保险人经济利益没有受到损失,则表明投保人或者被保险人对保险标的没有保险利益。④没有保险利益存在,保险合同就没有存在的意义和价值。没有利益,就没有损失;没有损失,就没有保险。因此,在一些情形中,保

---

① 按照字面意思"insurable interest"应当翻译成为"可保险利益",即指投保人或者被保险人对保险标的所具有的利益。我国保险法和保险法理论称之为"保险利益",主要因为保险实务中沿用已久,约定俗成而已。

关于保险利益的概念,我国立法有不同的表述,如《保险法》(1995年)第11条规定:"保险利益是指投保人对保险标的具有的法律上承认的利益。"《保险法》(2009年)第12条规定:"保险利益是指投保人或者被保险人对保险标的具有的法律上承认的利益。"可见,就享有保险利益的主体而言,2009年之后的《保险法》在投保人的基础上增加了被保险人。

② "The simplest form of insurable interest is ownership of the subject-matter insured."(保险利益最简单的形式是保险标的物的所有权)Susan Hodges, *Marine Insurance Law*, Cavendish Publishing Limited, 1996, p.16.

③ 在三和贸易有限公司诉平安保险股份有限公司南宁办事处水路运输货物保险合同纠纷案(〔1999〕海商初字第11号、〔2000〕桂经终第62号)中,法院裁判摘要认为,保险标的是指作为保险对象的财产及其有关利益或者人的寿命和身体。保险利益是指投保人对保险标的具有的法律上承认的利益。根据《保险法》规定,投保人对保险标的不具有保险利益的,该保险合同无效。由于海上运输存在着诸多风险,投保人才向保险人投保的需要,保险业才得以生存和发展。如果保险人不能证明投保人与承运人之间恶意串通或者骗取保险,则其不能以投保人在寻找合格承运人方面存有过错而拒绝理赔(2000年最高人民法院公报案例)。

④ See Robert Merkin, *Colinvaux's Law of Insurance*, 7th edition, Sweet & Maxwell, 1997, p.62.

利益是保险合同的生效条件。

世界各国关于保险利益的立法例,分为概括主义和列举主义两种:

(1) 概括主义的立法例。法律对保险利益给予一种适当的定义,凡是符合定义所规定条件的人,就有保险利益。英美法系国家采取概括主义立法例,如1906年《海上保险法》第5条之规定。[①]

(2) 列举主义的立法例。法律以列举的方式规定各种可以作为保险利益的利益,凡不在列举范围之内的,就不是保险利益。与概括主义立法例相比,列举主义立法例所规定的保险利益范围较小,缺乏灵活性,优点是清楚、严格。大陆法系国家采取列举主义立法例。

我国《保险法》则采纳了折中主义立法例。在保险合同总则中,《保险法》对保险利益采取了概括主义立法例,仅规定了保险利益概念,并没有列举保险利益范围。在人身保险合同中,《保险法》第31条对保险利益则采取了列举主义立法例,列举了投保人对本人、配偶、父母亲、子女、与投保人有抚养、赡养或者扶养关系的家庭其他成员、近亲属以及有劳动关系的劳动者。此外,被保险人同意也视为具有保险利益。例如,在侯秀兰保险合同纠纷案中[②],青岛市中级人民法院二审认为,团体意外伤害保险属于人身保险的性质,人身保险的投保人在保险合同订立时,对被保险人应当具有保险利益,涉案的团体意外伤害保险的投保单中,没有确定的被保险人,投保人对于不确定的被保险人没有保险利益。投保人对保险标的不具有保险利益的,保险合同无效。山东省高级人民法院再审则认为,根据保险合同条款的约定,团体人身保险需有特定的被保险人。投保人为公共交通运营者,乘客随时发生变化,但在保险事故发生时,被保险人被特定化,符合双方之间订立《团体人身保险合同》的本意。2002年修正的《保险法》第53条第2款规定,被保险人同意投保人为其订立合同的,视为投保人对被保险人具有保险利益。法律并未明确要求人身保险合同在订立时投保人和被保险人必须具有保险利益。

---

① 1906年《海上保险法》(Marine Insurance Act 1906)第5条规定:"保险利益的定义:(一)依照本法之规定,凡对于特定海上冒险行为有利害关系的人,有保险利益。(二)一个人于航海有利害关系,特别是当他与该航海或者处于危险之中的保险财产具有法律上或者衡平法的关系,如果保险财产安全或者按时到达,他即能从中获益;如果保险财产灭失、损坏或者被扣押,或者引起有关责任,其利益将受到损害。"(Insurable interest defined. (1) Subject to the provisions of this Act, every person has an insurable interest who is interested in a marine adventure. (2) In particular a person is interested in a marine adventure where he stands in any legal or equitable relation to the adventure or to any insurable property at risk therein, in consequence of which he may benefit by the safety or due arrival of insurable property, or may be prejudiced by its loss, or by damage thereto, or by the detention there of or may incur liability in respect thereof.)

② 在侯秀兰诉中国平安人寿保险股份有限公司青岛分公司保险合同纠纷案(〔2013〕南商初字第20865号、〔2015〕青金商终字第2号、〔2017〕鲁民再112号)中,法院裁判摘要认为,团体意外伤害保险属于人身保险的性质,人身保险的投保人在保险合同订立时,对被保险人应当具有保险利益,被保险人同意投保人为其订立合同的,视为投保人对被保险人具有保险利益。

被保险人在事故发生后向保险人主张赔偿的行为,视为认可投保人的投保行为,应认定双方之间具有保险利益。因此,涉案保险合同有效,侯秀兰乘客作为被保险人可以依据保险合同向保险人主张赔付。

在财产保险合同中,《保险法》却采取了概括主义的立法例,没有进一步对保险利益范围作出界定。

二、保险利益的起源和发展

保险利益来源于海上保险,英国1746年《海上保险法》(Marine Insurance Act 1746)最早确立了保险利益,是保险利益的立法起源。以立法形式要求投保人对于投保的船舶或者货物等财产具有保险利益,是海上保险合同生效的前提条件。

英国1774年《人寿保险法》(the Life Assurance Act 1774)规定投保人对被保险人的生命应当具有可投保利益,确立了保险利益原则在人身保险领域的运用。大陆法系国家立法中均未规定保险利益,而理论却对保险利益制度有系统的研究。保险制度产生于海上贸易,早期通过伪装买卖实现风险转移的目的。双方当事人之间约定的事项具有很大的不确定性,船舶或者货物是否会发生危险事故而无法安全抵达目的地或者危险事故发生时间具有不确定性,保险人是否给付保险金取决于是否发生保险事故,因而具有射幸性。射幸性使保险与赌博有着相似特征,即利益获得取决于偶然事件的发生。赌博因鼓励利己主义和不劳而获,使偶然成为人们行为的主宰,从而破坏正常的社会道德秩序,为一般的社会道德所排斥,有悖公序良俗。保险行为是对保险金的请求权,投保人应证明保险利益的存在,强调约定保险事故发生后受损者才能获得保险金,且保险金数额不得超出实际损失金额,使保险区别于赌博,进而建立了真正意义上的保险,即损失补偿制度。保险利益理论开始发展。

保险利益理论的产生源于将保险和赌博相区别的需要。保险制度是人类作为防范处理危险的方法而产生、存在的,"无风险即无保险"是保险法第一原则。保险制度使得人们在危险事故发生而遭受损失之后能够得到一定补偿,使个人无法承受的某种危害后果由保险团体承担,将危险消化于无形之中。保险利益是保险合同主体与保险合同客体之间存在的某种关系,由于这种关系存在,如果保险合同约定特定保险事故发生,保险合同主体的利益就会受到损失,该保险合同主体可根据保险合同得到补偿。保险利益存在使当事人因保险合同获得的保险补偿具有正当性,从而有效地防止了不当得利发生。保险制度被赋予积极的社会意义,从而具有了强大的生命力。

我国保险立法对人身保险和财产保险的保险利益存在的时间有不同的规定。在人身保险中,《保险法》第31条规定投保人在保险合同订立时对保险标的应当具有保险利益,否则保险合同无效。在财产保险中,《保险法》第12条和第48条则规定被保险人在保险事故发生时对保险标的具有保险利益,保险人就应承担保险责任,不因投保时被保险人对保险标的不具有保险利益而免除保险人的赔付责任。被保险人对保险标的不具有保险利益的,《保险法》仅规定不得向保险人主张保险金,并非保险合同无效。例如,在中国航空技术上海有限公司财产保险合同纠纷案中①,上海市静安区人民法院认为,财产保险合同不以投保人对保险标的具有保险利益为保险合同生效的要件。《保险法》第12条第2款要求被保险人在保险事故发生时应对保险标的具有保险利益;第48条规定保险事故发生时,被保险人对保险标的不具有保险利益则不得向保险人请求赔偿保险金,即保险利益存否必然导致保险合同效力变化。涉案的投保人从事出口贸易,向保险人投保短期出口信用保险,保险标的为投保人在保险期间内所有出口贸易回收货款的利益,而非自具体、特定的进口商处收取货款的利益,从而投保人对保险合同项下的保险标的(回收货款)具有保险利益。投保人与保险人签订的短期出口信用保险综合保险单为双方真实意思表示,真实、有效,投保人以保险合同无效而要求保险人返还保险费的诉讼请求,于法无据。上海市第二中级人民法院维持了原审判决。

三、保险利益的性质和作用

保险利益主要是指投保人或者被保险人对保险标的享有的既得利益,并非对保险标的因保险事故发生可获得保险金额的利益。

(一) 保险利益的性质

关于保险利益的性质有法律权利说和经济关系说两种观点,前者认为作为保险标的的权利均为实体法上的权利,而后者则认为保险利益指被保险人对保险标的所具有的经济利益关系。保险利益的性质主要体现在以下三个方面:

(1) 积极保险利益与消极保险利益。根据保险合同所确保的功能不同,保险利益通常可分为积极保险利益和消极保险利益。积极保险利益是投保人或者被保险人对保险标的原来所享有的利益,这种利益受到损失,可以通过保险获得补偿②,如火灾保险和汽车保险等。消极保险利益是投保人或者被保险人对保险标的原来没有积极利益,只有在保险事故发生之际,对第三人承担损失补偿的

---

① 在中国航空技术上海有限公司诉中国出口信用保险公司上海分公司财产保险合同纠纷案(〔2017〕沪0106民初42967号、〔2018〕沪02民终10680号)中,法院裁判摘要认为,短期出口信用综合险的保险利益是被保险人对保单期限内所有出口贸易回收货款的利益,出口贸易销售合同被认定无效,不必然导致出口信用保险合同无效,投保人无权要求退还保险费。

② 例如,以居住的房屋投保火灾保险,即可保障居住的房屋在发生火灾之前房屋上的利益,即使房屋发生火灾,投保人仍然可以通过保险赔偿损失,重新购买或者建造新的房屋。

不利益,如责任保险等。这种损失补偿责任,投保人可以通过保险转嫁给保险人。①

（2）保险利益与保险合同生效。在一些情况下,保险合同生效以保险利益存在为前提。《保险法》第 12 条和第 31 条明确规定,人身保险合同的投保人在订立保险合同时,应当对被保险人具有保险利益。否则,保险合同无效。但是,在保险标的上所存在的保险利益,情形各不相同,有的是同一保险标的上有若干个不同保险利益,如房屋所有权人将房屋抵押给银行之后,则房屋所有权人和银行对房屋均享有保险利益;有的是若干个保险标的上具有同一性质的利益,投保人可以就若干个不同的保险标的订立一个保险合同。根据《保险法司法解释（二）》第 1 条的规定,财产保险合同的不同投保人可以对同一保险标的分别投保,被保险人可以在各自保险利益范围内依据保险合同行使保险赔付请求权。例如,在中国平安财产保险股份有限公司江苏分公司保险人代位求偿权纠纷案中②,江苏省高级人民法院再审认为,不同主体对于同一保险标的可以具有不同的保险利益,可就同一保险标的投保与保险利益相对应的保险险种,成立不同的保险合同,并在各自的保险利益范围内获得保险保障,从而实现利用保险制度分散各自风险的目的。因发包人和承包人对保险标的具有不同的保险利益,只有分别投保与保险利益相对应的财产保险类别,才能获得相应的保险保障,二者不能相互替代。作为涉案保险标的所有权人,华东制罐公司及华东制罐第二公司对保险标的具有所有权保险利益,是适格的损失保险被保险人,可以投保与所有权保险利益一致的相关财产损失保险。镇江安装公司作为承包人,并非涉案保险标的所有权人,对涉案保险标的不具有所有权保险利益,不是适格的财产损失保险被保险人,但对涉案保险标的具有责任保险利益,如要分散施工过程中可能对发包人的设备造成损失的风险,可以投保也只能投保与责任利益相匹配的相关责任保险,而非损失保险。

（3）保险利益与保险标的。保险标的指保险的对象,如海上保险之货物、房屋火灾保险之房屋、汽车保险之汽车、人身保险之人身。保险标的不仅包括有形的财产和人,还包括无形的责任和权利。在财产保险中,保险标的为投保人对于财产上的现有利益,或者是因财产上的现有利益所产生的期待利益。在人身保险中,保险标的为投保人的人身利益。保险利益则是投保人对订立保险合同的

---

① 例如,运输公司为预防货物在运输途中发生损失而承担赔偿责任,通过订立运输保险合同,将损失补偿责任转嫁给保险公司,由此运输公司避免了承担损失补偿的消极利益。
② 在中国平安财产保险股份有限公司江苏分公司诉江苏镇江安装集团有限公司保险人代位求偿权纠纷案（〔2010〕京商初字第 1822 号、〔2011〕镇商终字第 0133 号、〔2012〕苏商再提字第 0035 号）中,法院裁判摘要认为,因第三者的违约行为给被保险人的保险标的造成损害的,可以认定为属于《保险法》第 60 条规定的"第三者对保险标的的损害"的情形。保险人由此依法向第三者行使代位求偿权的,法院应予支持（最高人民法院指导案例 74 号、2017 年最高人民法院公报案例）。

对象所具有的法律上的利益,即投保人对特定的人或者特定物所具有的利害关系,在一些情形下是保险合同的生效条件。保险利益与保险标的关系密切,保险标的是保险利益的载体,保险利益因保险标的而产生,如果没有保险标的,就不可能产生保险利益。保险利益随保险标的转移而发生转移,一旦保险标的灭失,保险利益将不复存在。

(二)保险利益的作用

保险利益的作用主要表现在以下三个方面:

(1)道德风险的防止。投保人对保险合同标的具有保险利益,即对合同标的之财产或者人身具有法律上的利益。在财产保险中,投保人对合同标的具有保险利益,即使发生保险事故,投保人也不可能获得额外利益,从而能够有效地防止人为保险事故发生。①保险利益也是维持公序良俗所必需。由于保险利益存在,投保人或者被保险人才不希望保险事故的发生,从而只有不希望保险事故发生的人,才能享有投保权利。例如,在武华芬人寿保险合同纠纷案中②,重庆市高级人民法院认为,以死亡为给付保险金条件的保险合同,可能诱发以侵害被保险人生命为对象的道德风险,在被保险人未同意并认可保险金额的情况下订立的保险合同不仅可能会使被保险人之生命陷于危险之中,也有害于公共秩序与善良风俗,《保险法》第 34 条对此予以限制,赋予被保险人以"同意权",该规范属效力性强制性规范,保险合同当事人在订立保险合同时不得违反。涉案的有投资属性的分红型人寿保险合同涉及以被保险人死亡为给付保险金条件的保险责任,未经被保险人同意并认可保险金额,应认定合同无效。

(2)赌博行为的避免。保险虽为射幸行为,但与赌博行为存在本质不同。如果保险不以保险利益存在为前提条件,那么就与赌博没有任何差别。赌博行为有损于公序良俗,为法律所禁止,而保险利益是区分保险和赌博的准则。1774 年《人寿保险法》(the Life Assurance Act 1774)(被誉为"禁止赌博法")通过之前,没有保险利益的规定,赌博与保险没有区别。

(3)损失补偿的限制。损失补偿原则的适用以保险利益的存在为前提,被保险人不可能获得超过保险利益范围的补偿。换言之,保险利益是保险合同所能给予的最大限度的损失补偿。保险利益以既得利益为限度,在财产损失发生时,使被保险人原有利益得以补偿。例如,在佛山市顺德区乐从镇宏景家具厂财

---

① 在财产保险中,如果被保险人对保险标的并没有保险利益,而以他人的房屋投保火灾保险,房屋则随时可能有被纵火的危险。反之,如果被保险人对被投保的房屋有保险利益,即使房屋被火烧毁,被保险人也仅能从保险人获得原有利益的补偿而已,从而被保险人没有纵火的必要。

② 在武华芬诉中国人寿保险股份有限公司重庆市分公司人寿保险合同纠纷案(〔2014〕渝一中法民初字第 00744 号、〔2016〕渝民终 547 号)中,法院裁判摘要认为,有投资属性的分红型人寿保险合同涉及以被保险人死亡为给付保险金条件的保险责任,未经被保险人同意并认可保险金额,应认定合同无效。

产保险合同纠纷案中[①],佛山市中级人民法院认为,"损失补偿原则"是保险法的基本原则。"损失补偿原则"的基本内容包含两个方面:其一,只要发生保证责任范围内的损失,受损失方有权按照有关规定,获得全面而充分的补偿;其二,补偿数额应以实际损失为限,投保人或者受益人不能通过损失补偿而获得更大利益。涉案的保险标的在保险期间发生了约定的保险事故,投保人有权依据相应的保险合同,向保险人请求保险赔偿金。同时,保险标的损害为第三人的侵权行为所致,投保人也可向侵权人主张损害赔偿责任。投保人依法有权选择行使请求权,从而使损失获得全面、充分的赔偿。

四、保险利益的种类

保险利益有人身保险利益和财产保险利益之分,虽然人身保险利益和财产保险利益均以利害关系为内容,但两者之间仍然存在较大的差异。

(一)人身保险利益

人身保险的保险标的是生命与身体,人的生命和身体遭受死亡或者伤害时,必然对投保人以及利害关系相关人产生一定影响。在人身保险中,保险利益是客观存在的。从各国保险立法和惯例可总结出,在下列情形中投保人享有人身上的保险利益:

(1)本人、配偶、子女和父母。投保人对自己生命和身体具有最大利益,从而对自己生命和身体享有保险利益,可以自己生命或者身体为保险标的,指定自己为受益人,与保险人订立人身保险合同。因保险合同产生的利益,投保人生前为财产,死后为遗产。如果投保人在人身保险合同中指定的受益人为配偶、子女或者父母而非本人,在保险事故发生之后,该人身保险合同上的利益应归属于受益人,而不是被保险人遗产。

投保人对配偶、子女和父母具有保险利益。夫妻相互之间负有同居义务,夫妻之间在日常生活中互为代理、互助合作,夫妻之间互有保险利益。父母对未成年人子女有抚养义务,而成年子女对父母有赡养义务,从而子女和父母相互间有保险利益。

(2)与投保人有抚养、赡养或者扶养关系的家庭其他成员、近亲属。由于抚养和赡养关系的存在,一旦遭遇意外,权利主体的生活费将没有来源,权利主体对生活费给付人的生命和身体有一定利害关系,因而具有保险利益。

---

① 在佛山市顺德区乐从镇宏景家具厂诉安邦财产保险股份有限公司广东分公司南海支公司财产保险合同纠纷案(〔2012〕佛南法民二初字第239号、〔2014〕佛中法民二终字第124号)中,法院裁判摘要认为,投保人在保险赔偿不能弥补损失时,可以向侵权人要求损害赔偿,以使损失得到全面而充分的补偿。

(3) 对债务人具有债权上经济利益的债权人。[①] 债务人的生存和死亡,直接关系到债权人债权能否实现,从而债权人对债务人具有保险利益。该保险利益除了债务本身之外,还应包括因债务不履行所产生的其他法律责任。

(4) 基于合同关系产生的权利或者责任的主体。基于有效合同关系产生的利益,也具有保险利益,同时适用于人身保险合同和财产保险合同。但在人身保险合同中,以人的死亡为保险合同标的,应获得被保险人同意并认可保险金额。否则,人身保险合同无效,如《保险法》第34条之规定。在雇佣合同[②]、合伙合同[③]以及保证合同中,一方当事人对另一方当事人具有保险利益。现代各国保险立法,大多数规定了被保险人同意规则,如德国、法国、意大利以及日本等国规定均为如此,美国各州立法也大致相同,仅有少数州为例外规定。

《保险法》第31条明确规定了上述第一种、第二种情形的保险利益以及第四种情形中的劳动关系,但第三种、第四种除劳动关系之外的情形却没有明确规定,而从第31条第2款的规定可以推导出第三种、第四种情形的保险利益。

(二) 财产保险利益

财产保险利益应当是合法利益,一般可以概括为财产权利、合同权利和法律责任三大类,每一类又有若干种具体形态。尽管财产保险利益存在各种具体表现形态,但实际上都可以被归纳为投保人或者被保险人对保险标的具有的现有利益、期待利益和责任利益三种:

(1) 现有利益。现有利益是指投保人或者被保险人对保险标的所享有的现存利益,包括有形财产利益和无形权利。例如,投保人对自己房屋依据所有权所享有的所有人利益,抵押权人对抵押物、质权人对质物、债权人对留置物享有的担保利益,承租人对承租房屋的使用利益,承揽人对承揽工作物享有的占有利益,这些利益均表现为保险利益。例如,在黄春发有限公司海上运输货物保险合同纠纷案中[④],广东省高级人民法院认为,保险利益分为现有利益、期待利益和责任利益。现有利益是指投保人或者被保险人对保险标的所享有的现存利益,包括但不限于投保人或者被保险人对保险标的所有权利益、占有利益、用益物权利益以及担保物权利益等。

(2) 期待利益。期待利益是指投保人或者被保险人在订立保险合同时,尚不存在保险标的的利益,但是基于现有权利将来可以获得的利益。期待利益来源

---

① See Houseman and Davies, *Law of Life Assurance*, Buttworths, 2001, p. 27.
② Ibid.
③ Ibid., p. 29.
④ 在黄春发有限公司诉中国太平洋保险公司广州分公司海上运输货物保险合同纠纷案(〔2000〕广海法重字第1号、〔2001〕粤高法经二终字第147号)中,法院裁判摘要认为,财产保险的投保方应当是被保险财产的所有人或者经营管理人或者是对保险标的有保险利益的人。保险利益是指投保人对保险标的具有法律上承认的利益,有现有利益、期待利益和责任利益。

于现有利益。换言之,没有现有利益,就没有期待利益。合同所产生的利益为期待利益,即当事人通过合同履行而期望实现的权益,表现为当事人在合同正常履行时可以获得的利益。此外,企业所有人对所经营企业的预期利益、货物运输公司对货物安全、及时到达的期待利益等也属于典型的期待利益。这种期待利益必须以现有利益为基础,如果仅是一种空想、希望,在法律上处于不确定状态,则不是期待利益。例如,继承人在被继承人死亡前,对被继承人财产虽然有期待利益,但是还没有保险利益。同样,受遗赠人在遗嘱人死亡前对遗赠物也没有保险利益。例如,在若羌银河油脂工贸有限公司保险合同纠纷案中[①],新疆维吾尔自治区巴音郭楞蒙古自治州中级人民法院认为,财产保险利益分为现有利益和期待利益,期待利益是指投保人在订立保险合同时对保险标的利益尚未存在,但基于现有利益而未来可获得的利益。涉案投保人投保时的棉籽属于现有利益,棉籽经过加工生产出棉短绒属于期待利益,现有利益和期待利益发生保险事故后,保险人均应进行补偿。

(3) 责任利益。责任利益指投保人或者被保险人对保险标的所承担的合同上的责任、侵权损害赔偿责任以及其他依法应当承担的损害赔偿责任。责任利益以损害赔偿为限,损害赔偿责任不仅产生于合同和侵权,还产生于法律的规定。投保人或者被保险人有可能承担民事责任时,就对有可能承担的责任具有保险利益。例如,由于热水器可能存在质量问题而对消费者产生伤害,热水器生产商可能承担损害赔偿责任。热水器生产商对可能承担的损害赔偿责任具有保险利益,可以损害赔偿责任为保险标的投保产品责任险,从而避免了承担侵权损害赔偿责任。例如,在黄春发有限公司海上运输货物保险合同纠纷案中,广东省高级人民法院认为,责任利益是指投保人或者被保险人对于保险标的所承担的合同上的责任、侵权损害赔偿责任以及其他依法应当承担的责任。保险利益的法律责任,应当以被保险人的行为和损害事故之间的法律上的因果关系为基础,可因侵权行为发生,也可因合同行为发生,还可以因法律的规定发生。

凡是具有下列情形之一的,均可以认为具有财产上的保险利益:

(1) 对物享有法律权利的人。凡是对物享有法律上权利的主体,无论这种权利是现在的还是将来的,均可认为具有保险利益,如所有权人、土地使用权人、土地承包经营权人、地役权人、抵押权人、质权人、留置权人等。

(2) 物的保管人。保管人对所保管物品具有保险利益,但仅限于所保管期限内。仓库经营者对所保管货物和运输经营者对所运输货物,可就所保管、运输货物的毁损灭失所应承担的损失赔偿责任投保。

---

① 在若羌银河油脂工贸有限公司诉中华联合财产保险股份有限公司巴州分公司保险合同纠纷案([2016]新28民初2号、[2016]新民终680号)中,法院裁判摘要认为,双方当事人签订的两份保险合同是双方真实意思表示,内容不违反相关法律法规强制性规定,合法有效。

（3）物的占有人。基于占有事实，投保人或者被保险人对占有物具有保险利益。即使占有人对标的物的安全存在没有任何责任，也不影响对标的物的保险利益。例如，无因管理人对于所保管的标的物，也具有保险利益。

（4）合同当事人。基于双方当事人之间订立合同所产生利益，该利益受到损失必将影响一方当事人权益，因而当事人可以就有关合同利益投保。

股东是否对公司财产享有保险利益，理论上存在不同观点，应当根据股东对公司责任的性质来确定。无限责任公司股东与公司关系极为密切，对公司财产应当具有保险利益；有限责任公司和股份有限公司股东，实际利益难以估计，虽然公司财产损失将最终影响股东利益，但股东对公司所承担的责任仅限于出资额，股东无须对公司承担额外责任，对公司财产不应当具有保险利益。[①]《公司法》第2条规定的公司形式仅为股份有限公司和有限责任公司两种，没有无限责任公司，因而我国公司股东对公司财产没有保险利益。

五、保险利益的构成要件

保险利益是指投保人或者被保险人对保险标的具有利害关系而享有的利益。保险利益分为人身保险利益和财产保险利益。人身保险利益是指投保人对被保险人寿命和身体有利害关系。财产保险利益是指投保人或者被保险人对特定财产具有经济利益，因该利益丧失将蒙受金钱上损失。

（一）人身保险利益的构成要件

人身保险的保险利益并不是物而是人格权，不能以金钱估价，因而法律规定的人身保险利益，对被保险人自身而言，以主观价值为准；对第三人而言，以相互间有利害关系为准。人身保险利益要求在投保人与被保险人之间确实存在利害关系，如被保险人生存与否直接影响投保人。换言之，被保险人生存对投保人有利，而被保险人死亡对其不利或者有害，则投保人对被保险人具有保险利益。如果投保人与保险人所订立的人寿保险合同，以被保险人死亡对其有利，而生存对其不利，不但违背了保险利益的宗旨，也违反了公序良俗，该人寿保险合同无效。人身保险利益与财产保险利益存在以下三个方面的区别：

（1）保险利益的经济利益不同。财产保险以标的对投保人或者被保险人所具有的实际价值确定利益，如果没有实际利益，则为法律所禁止；即使有实际利益但超出实际价值或者利益的，超出部分不为法律所认可。人身保险利益则不以经济利益为限，只要有法律上的利益存在，对保险金额的大小，法律没有任何限制。

---

① 参见施文森：《保险法论文》（第一集），三民书局1988年增订版，第28—29页。

(2) 保险利益存在的时间点不同。[1]根据《保险法》第 12 条的规定,在订立保险合同时,财产保险利益没有必要存在,但在损失发生时必须存在。财产保险旨在补偿财产损失,如果没有利益,就没有损失的发生。即使在订立保险合同时有保险利益,而在保险事故发生时,投保人保险利益已经不存在,则没有损失可言。反之,在订立保险合同时,利益虽然不存在,或者没有确定归属,但在保险事故发生时,已确定归属即可。例如,在兴亚损害保险株式会社保险人代位求偿权纠纷案中[2],江苏省高级人民法院认为,根据《保险法》的规定,对于财产保险并不要求投保人对保险标的物具有保险利益,只是要求被保险人在保险事故发生时应具有保险利益。涉案合同条款仅约定由镇江船厂负责办理运输保险,即镇江船厂只是投保人而已,作为投保人完全可以为货物所有人深圳盐田公司办理货物运输保险,该约定并不违反法律规定。保险人关于因投保人对于涉案船舶主机不具有保险利益,合同中约定由其办理的运输保险仅为运输责任险的主张,缺乏事实和法律依据,法院不予支持。

人身保险利益在保险合同订立时必须存在[3],但不必在保险事故发生时仍然存在。在人身保险中,投保人对被保险人在订立保险合同时必须有保险利益,如果没有保险利益,则保险合同无效;如果在合同订立时有保险利益,而后来保险利益不存在,且不具有恶意的,保险合同仍然有效。例如,在王连顺保险合同纠纷案中[4],湖南省永顺县人民法院认为,以可流动人员的身体作为保险标的之人身保险合同,投保人在投保时对保险标的具有保险利益。对人身保险合同,只能根据投保人在投保时是否具有保险利益来确定合同效力,而不能随保险合同成立后的人事变化情况来确定合同效力,以保持合同的稳定性。依法成立的合同,对各方当事人都有约束力,各方当事人必须按照合同的约定享受权利和履行义务。湘西土家族苗族自治州中级人民法院维持了原审判决。

(3) 保险利益的大小的客观标准不同。财产保险利益大小具有客观标准,如果保险金额超过保险标的实际价值,则产生超额保险问题。人身保险中的人

---

[1] See Nicholas Legh-Jones, *MacGillivray on Insurance Law*, 9th edition, Sweet & Maxwell, 1997, p. 15.

[2] 在兴亚损害保险株式会社(Nipponkoa Insurance Company Limited)诉江苏省镇江船厂有限责任公司、镇江通华集装箱货运有限公司保险人代位求偿权纠纷案([2008]镇民三初字第 106 号、[2009]苏民三终字第 0153 号)中,法院裁判摘要认为,涉案船舶主机在运输过程中发生损害的责任人是承运人通华公司,作为该船舶主机所有人的深圳盐田公司有权向造成保险标的损害的通华公司请求赔偿。兴亚保险会社作为该货物的保险人在向被保险人深圳盐田公司实际支付保险赔偿金后,依法有权代位行使向通华公司请求赔偿的权利。

[3] See Robert Merkin, *Colinvaux's Law of Insurace*, 7th edition, Sweet & Maxwell, 1997, p. 68.

[4] 在王连顺诉中国人寿保险公司永顺县支公司保险合同纠纷案([2000]永民再字第 1 号)中,法院裁判摘要认为,根据《保险法》(1995 年)第 51 条的规定,人身保险合同是以人的寿命和身体为保险标的之保险合同。对人身保险合同,只能根据投保人在投保时是否具有保险利益来确定合同效力,不能随保险合同成立后的人事变化情况来否定合同效力(2001 年最高人民法院公报案例)。

寿保险因生命的无价性,仅存在保险利益的有无问题,而不会出现保险利益大小问题,在人寿保险中不会产生超额保险问题。

(二)财产保险利益的构成要件

财产保险利益应当满足以下三个条件:利益必须是投保人或者被保险人有经济上的价值的;利益必须是法律所认可的;利益必须能够用金钱估价或者约定。[1]财产上的保险利益的构成要件有:

(1)合法利益(legal interest)。保险利益必须是法律所认可的利益。凡是非法利益或者以违反法律强制性规定、公序良俗的方式所产生的利益,不论当事人是善意还是恶意,保险合同无效。例如,小偷以偷盗物品投保火险,走私集团以走私物品投保水险,均为法律所禁止。虽然《保险法》对此没有明文规定,但是保险合同是一种法律行为,当然适用法律行为有效的一般规定,如《民法典》第143条之规定。

(2)金钱利益(pecuniary interest)。保险利益必须是可以用金钱来计算的,财产保险以损失补偿为目的,如果损失不能以金钱来计算,即使有损失也无法补偿,保险合同难以认定有效。例如,账簿、借据、相片、信物、纪念品等,虽然对当事人有相当价值,但这种价值无法用金钱来计算,不得成为财产保险合同标的。虽然古董、名人字画等价值连城,但仍可以金钱估价,可以成为财产保险合同标的。保险标的只要能够以金钱计算,不管是现有的还是预期的,均可为财产保险合同标的。

(3)确定利益(definite interest)。无论是现有的还是预期的保险利益,必须是客观上能够确定的,而不是单凭当事人主观上认定。期待利益曾经一度为有些国家的保险法所禁止,然而随着保险技术的日渐完善,期待利益也可准确地计算,从而得到世界各国的普遍承认。我国《保险法》没有明文承认期待保险利益,但司法审判承认确定利益。例如,在常州市瓯潮纺织有限公司、常州市升亮纺织有限公司财产保险合同纠纷案中[2],江苏省高级人民法院再审认为,保险利益的确定并不单纯依据财产所有权的归属,还应根据被保险人在法律上对保险标的是否具有法律上承认的利益,主要表现形式有物权产生的利益、债权产生的利益、现有利益产生的期待利益、特定法律关系产生的利益。基于双方存在的承包经营关系,在承包区域内吴显国等人经营的财产,与瓯潮公司也有一定经济利害关系,属于特定法律关系产生的利益。吴显国等人承包经营的财产也属法律上

---

[1] 参见桂裕:《保险法》,三民书局1983年增订初版,第56页。
[2] 在常州市瓯潮纺织有限公司、常州市升亮纺织有限公司诉永安财产保险股份有限公司常州中心支公司财产保险合同纠纷案(〔2013〕常商终字第131号、〔2014〕苏审二商申字第036号)中,法院裁判摘要认为,保险利益是指投保人或者被保险人对保险标的具有的法律上承认的利益,其他具有法律上承认的与被保险人有经济利害关系的财产可在保险标的范围以内。

承认的与被保险人有经济利害关系的财产,因瓯潮公司具有保险利益而应当成为保险理赔的保险标的。

六、保险利益的主体

在人身保险中如果投保人与受益人为同一人,在财产保险中如果投保人与被保险人为同一人,保险利益的归属问题即保险利益主体就没有必要讨论。但在财产保险中,如果投保人与被保险人为两个不同的人,则保险利益究竟存在于投保人,还是被保险人,或者同时存在于投保人和被保险人,就有必要讨论。同样的问题,也存在于人身保险中。

财产保险以填补损失为目的,因保险事故的发生可以受领保险给付的人,必然也是因保险事故的发生而受到损失的人,被保险人对保险标的物是否遭受损毁应具有利害关系,即被保险人必须对保险标的具有保险利益。换言之,在财产保险中,被保险人是保险利益主体。在人身保险的人寿保险中,被保险人与受益人必然是两个不同的人。在这种情况下,受益人对于被保险人是否具有保险利益,存在两种截然相反的观点,即肯定说与否定说。英美法学者大多主张肯定说,大陆法系学者多数主张否定说。大陆法系学者认为,保险利益不适用于人身保险,主要有以下三个方面的理由[①]:

(1) 特定客体的链接对象。这种特定客体是以有体物或者无体物为关系链接对象。保险利益种类的性质决定保险价值的高低,被保险人的利益在保险价值范围内受到保险合同的保护,而保险利益决定了保险价值的功能在人身保险中却无法发挥作用。虽然在人身保险中也有关系链接对象,但人身价值却无法以金钱价值客观确定。

(2) 有效地避免不当得利。保险利益的功能在于填补被保险人具体的损失或者防止重复保险、超额保险,从而有效地避免不当得利。但在人身保险中,人的生命价值没有客观标准,在保险事故发生之后,即使被保险人或者其他保险补偿请求权人获得多重补偿的情形出现,也不会产生不当得利。

(3) 有效地避免道德风险。从保险利益的概念可以看出,谁有权将保险利益投保,就无须获得他人同意,但是如果将该原则适用于人身保险,主观危险发生可能性的对象是人的生命,极易诱发道德风险。如果第三人对被保险人的生存具有保险利益,而以被保险人生命为保险事故发生的对象,应获得被保险人的书面同意,然后由被保险人指定受益人。有观点认为,只要被保险人同意以生命为保险标的,则投保人是否对被保险人具有保险利益的规定,并没有实质意

[①] 参见梁宇贤:《保险法新论》,瑞兴图书股份有限公司 2001 年修订新版,第 81—82 页。

义。①《保险法》第31条第2款规定的同意原则显然接受了这种理论。

就人身保险中的健康保险、意外伤害保险而言,被保险人通常也是受益人。在多数情况下,被保险人和受益人两者为一体,则有保险利益。但在例外情况下,被保险人与受益人是不同的人,则两者并非一体,投保人未必有保险利益。意外伤害保险的保险事故,包括伤害、致死两种情形,有可能产生道德危险,因而受益人对被保险人应具有保险利益。

七、保险利益存续的时间

保险利益存续时间涉及保险合同效力,人身保险合同和财产保险合同对保险利益存续时间的要求不同。②人身保险合同要求投保人在订立保险合同时享有保险利益,而财产保险合同要求被保险人在保险事故发生时享有保险利益。

(一)人身保险合同存续的时间

为有效地防止道德危险的发生,同时顾及实际状况,人身保险的保险利益是以订立保险合同时存在为必要,而不以保险事故发生时保险利益继续存在为必要。③

人身保险涉及被保险人生命健康安全。在订立人身保险合同时,如果投保人对被保险人没有密切的利益关系,则极容易诱发道德危险的发生,危及被保险人身体健康和生命安全。从保险实务看,投保人在订立保险合同时具有保险利益,在合同订立之后保险利益消灭的情形却不多见。根据《保险法》第12条和第31条的规定,人身保险的投保人在保险合同订立时,对被保险人应当具有保险利益。否则,保险合同无效。例如,在王连顺保险合同纠纷案中,湖南省永顺县人民法院认为,对人身保险合同,只能根据投保人在投保时是否具有保险利益来确定合同效力,即使在保险事故发生时没有保险利益,也不影响保险合同效力,保险人仍然要承担保险金赔付责任。湘西土家族苗族自治州中级人民法院终审维持了原审判决。

(二)财产保险合同存续的时间

对财产保险中保险利益存续时间,主要有四种不同观点:一是在保险合同订立时存在保险利益;二是在保险事故发生时存在保险利益;三是在保险合同订立时和保险事故发生时均存在保险利益;四是在保险合同订立时、保险合同存续期

---

① 参见江朝国:《保险法基础理论》,中国政法大学出版社2002年版,第71—72页。
② 根据1995年和2002年《保险法》的规定,投保人对保险标的应具有保险利益,投保人对保险标的不具有保险利益的,保险合同无效。2009年修订的《保险法》改变了过去《保险法》对保险利益的笼统规定,根据财产保险和人身保险的不同,对保险利益分别作出了不同的规定,使保险利益的规则更符合保险法的原理。
③ 参见梁宇贤:《保险法新论》,瑞兴图书股份有限公司2001年修订新版,第110页。

间、保险事故发生时均存在保险利益。

在财产保险合同中,利益受到损失的是被保险人,保险合同保障对象是被保险人而非投保人。在保险合同成立后,被保险人对保险标的是否具有保险利益,是保险合同效力维持的关键所在。在保险事故发生时,被保险人无保险利益,则无损失,被保险人不得请求保险人赔偿保险金。在合同存续期间,保险利益主体归属的重要性并不大,这个期间保险事故尚未发生,损失还未产生,不涉及保险金请求权。对财产保险合同订立时投保人保险利益的要求,并不是合同效力的关键所在。

财产保险目的在于填补被保险人损失,投保人在订立合同时是否具有保险利益,无关紧要。财产保险利益应在损失发生时存在,而不必在保险合同订立时存在。在订立合同时不要求保险利益的存在,是为便利于保险合同的订立,有助于保险业务的开展。在某些情形下,虽然保险合同已经成立,保险利益却还没有确定,但在损失发生时可以确定的,保险合同仍然有效。①如果合同在订立时投保人有保险利益,在损失发生时投保人却丧失了保险利益,则被保险人丧失了对保险人的保险金赔偿请求权。为此,《保险法》第12条和第48条明确规定,财产保险的被保险人在保险事故发生时,对保险标的应具有保险利益。否则,被保险人不得向保险人请求支付保险金。例如,在泉州鸿圣轻工有限公司国际海上运输货物保险合同纠纷案中②,厦门海事法院认为,投保人对涉案保险标的具有保险利益。涉案货物并未交付收货人,投保人仍为保险标的所有权人。《运输及送货服务合同》及货物承运单表明,投保人作为托运人已将货物交付承运人安排运输。尽管投保人与收货人(买方)使用了FOB价格术语,但该术语的原有内容在实际操作中已发生重大变化(已近乎CIF),涉案货物不论是运输还是保险实际均由投保人自行负责缔约和付费,即涉案货物运抵目的地的风险事实上是由投保人自行承担。福建省高级人民法院终审维持原审判决,认为保险利益是投保人对保险标的具有的法律上承认的利益,只要保险标的在保险事故发生时受损,

---

① 1906年《海上保险法》(Marine Insurance Act 1906)第6条规定:"在保险合同缔结之际,被保险人对保险标的不必有利益关系,但在标的物发生灭失之际,被保险人必须有保险利益……"((1) The assured must be interested in the subject-matter insured at the time of the loss though he need not be interested when the insurance is effected: Provided that where the subject-matter is insured,"lost or not lost." the ssured may recover although he may not have acquired his interest until after the loss unless at the time of effecting the contract of insurance the assured was aware of the loss, and the insurer was not. (2) Where the assured has no interest at the time of the loss, he cannot acquire interest by any act or election after he is aware of the loss.)

② 在泉州鸿圣轻工有限公司诉天安保险股份有限公司浙江省分公司国际海上运输货物保险合同纠纷案([2009]厦海法商初字第518号、[2010]闽民终字第548号)中,法院裁判摘要认为,双方当事人之间订立的国际海运货物保险合同合法有效,双方的权利义务应受《进出口货运险保险协议》、保险单及所附保险条款的约束。

导致投保人或者被保险人的经济利益随之受损,即表明具有保险利益。

八、保险利益的变动

保险利益可能因各种原因发生变化,即保险利益变动。保险利益变动主要有保险利益转移和消灭两种情形。保险利益消灭前文已有介绍,此处仅介绍保险利益转移。在保险合同有效期内,投保人将保险利益转移给第三人,构成保险利益转移。保险利益转移主要有财产继承、财产转让和公司破产三种情形。

（一）财产继承

关于在财产保险中,被继承人死亡之后,保险利益是否存在的问题,各国立法例大多采取转移主义,即保险利益转移给继承人。例如,甲以房屋订立火灾保险合同,在保险合同存续期间,甲死亡,即由儿子乙继承房屋所有权,保险利益也随之转移给乙。《保险法》没有规定保险利益的继承问题,司法解释填补了《保险法》的立法漏洞,即《保险法司法解释（四）》第3条规定,被保险人死亡,继承保险标的之当事人可以主张承继被保险人权利和义务。在人寿保险中,被保险人死亡的,保险金请求权归属问题并不发生变动。

（二）财产转让

在财产保险中,保险利益是否因保险标的转让而转移,世界各国主要有三种不同的立法例:

（1）转移主义的立法例。该立法例认为,从保护受让人利益出发,保险合同继续有效,保险利益随保险标的转让而转移,如法国、德国、日本、瑞士等国立法例。

（2）不动产转让主义的立法例。该立法例认为,保险利益转移仅限于不动产转让,而动产保险利益却不随动产转让而转移,动产转让导致保险合同消灭,如奥地利等国立法例。

（3）同意主义的立法例。该立法例认为,保险利益是否因保险标的转让而转移,取决于保险人同意,如我国1995年和2002年的《保险法》采纳了同意主义立法例。[①]

2009年修订的《保险法》采纳了转移主义立法例。根据《保险法》第49条的规定,保险标的转让的,受让人继受被保险人权利义务。《保险法司法解释（四）》第1条和第5条则进一步规定了受让人对受让标的的权利。例如,在华南产物

---

① 《保险法》（2002年修正）第34条规定:"保险标的的转让应当通知保险人,经保险人同意继续承保后,依法变更合同。但是,货物运输保险合同和另有约定的合同除外。"

保险股份有限公司保险人代位求偿权纠纷案中[①],南京市中级人民法院认为,在货物运输保险中被保险人随保险标的之货物所有权转移而转移,保险利益也随之转移。在人身保险中,基于公序良俗原则,为防止保险利益的投保人通过保险利益的转让获得不法利益,人身保险利益具有不可转让性。

(三)公司破产

投保人一旦宣告破产,所有财产应当转移给债权人,保险利益也随破产财产转移给破产债权人。保险利益转移之后,一旦发生保险事故,投保人的债权人便可获得保险金。投保人因破产而将保险利益转移给第三人,投保人与保险人之间的合同基础已经发生变化。根据《企业破产法》第18条的规定,破产管理人或者保险人认为保险合同已经没有存在的必要,可以行使解除权,保险人应当退还合同解除之后的保险费。

第三节 近因原则

近因原则(proximate cause)是指保险事故发生的原因应当是造成保险事故结果的决定性的、有效的原因。[②]近因原则起源于海上保险,1906年《海上保险法》最早确立了近因原则[③],大多数国家保险法规定了近因原则,但我国《保险法》却未有相关的规定。近因原则经过了从"时空标准"向"效力标准"的转变。"时空标准"认为时间和空间上最接近损失的原因为近因,而"效力标准"则认为只有在导致损失发生的过程中起决定性作用的原因才是近因。

一、近因原则的概念

近因原则是判断保险事故与保险标的损失之间的因果关系,从而确定保险赔偿或者给付责任的基本原则。近因指在风险和损失之间,导致损失发生的最

---

① 在华南产物保险股份有限公司诉南京远方物流集团有限公司保险人代位求偿权纠纷案(〔2007〕宁民五初字第27号、〔2008〕苏民三终字第0086号)中,法院裁判摘要认为,在货物运输保险中,保险标的转移的特殊性以及被保险人的变更并不会导致保险标的危险程度增加,对货物运输保险合同采取了例外的从物主义原则,即保险标的货物所有权发生转移,随之而有的保险利益继续存在,以维持合同的效力。

② "A proximate cause is not the first or the sole cause of the loss;It is the dominant or effective or operative cause."Nicholas Legh-Jones, *MacGillivray on Insurance Law*,9th edition,Sweet & Maxwell,1997, p.451.

③ 1906年《海上保险法》(Marine Insurance Act 1906)第55条规定:"(一)依照本法的规定,除保险单另有约定之外,保险人对于由其承保的危险近因而产生的损失,负赔偿责任,但对于不是由其承保的危险近因所发生的损失,概不负责……"((1) Subject to the provisions of this Act, and unless the policy otherwise provides, the insurer is liable for any loss proximately caused by a peril insured against, but, subject as aforesaid, he is not liable for any loss which is not proximately caused by a peril insured against……)

直接、最有效、起决定作用的原因,而不是时间上或者空间上最近的原因。近因原则发展经历了从"时空标准"到"效力标准"的演变过程。① 1918 年之前确立的时空标准规则,简单直观地从时空距离排除较远原因,认为时空上最接近损失原因是近因,从而形成了"过远的原因不构成近因"和"时间过长的原因不构成近因"两个规则。1918 年 Leyland Shipping Co. Ltd. *v.* Norwich Union Fire Insurance Society Ltd. 案件的判决确立了近因原则的效力标准规则,即损失发生过程中起决定性作用的原因才是近因。

近因原则指保险人承担赔偿责任的范围应限于以承保风险为近因造成的损失。当保险人承保的风险事故是引起保险标的损失的近因时,保险人应承担保险责任。换言之,保险人的保险赔付责任仅限于以保险危险发生为原因,造成保险标的损失为结果,仅在两者之间具有直接的因果关系时,才构成保险人对损失的赔偿责任。

我国《保险法》《海商法》虽然并未规定近因原则,但在处理保险合同纠纷、核定事件发生起因和确定事件责任的归属时,近因原则却是遵循的共同原则,同时适用于财产保险合同和人身保险合同,成为保险合同法的基本原则。近因原则在保险合同司法审判实践被广泛适用,在保险实务中,不仅保险人援引近因原则拒赔,而且被保险人也会以近因为由要求保险人赔付。例如,在刘元侠机动车交通事故责任纠纷案中②,徐州市中级人民法院认为,近因原则是保险法的一项基本原则,所谓近因是指引起保险标的损失的直接的、最有效的、起决定作用的因素,是促使损失结果发生的最有效的或者起决定作用的原因。近因原则既是确定是否属于保险事故的规则,也是衡量免责条款是否产生效力的方法,即只有在免责事由与损失结果之间存在因果关系时,免责条款才会产生效力。涉案事故发生原因与保险人主张的免责事由并非一致,不符合近因原则。根据公安机关作出的事故认定书,驾驶员驾驶机动车上道路行驶,对路面观察疏忽,遇情况判断操作失误是造成交通事故的直接原因。被保险车辆未取得公安机关核发的号牌或者行驶证并非涉案交通事故的发生原因,二者之间不存在因果关系。

---

① 近因原则是由英国 Leyland Shipping Co. Ltd. *v.* Norwich Union Fire Insurance Society Ltd. (1918) A. C. 350 确立的。第一次世界大战期间,Leyland 公司的一艘货船被德国潜艇的鱼雷击中后受损严重,被拖到法国勒阿弗尔港,港口当局担心船舶沉没将导致码头的阻塞,命令船舶停靠在港口防波堤外,在风浪的作用下该船最后沉没。Leyland 公司向保险公司索赔遭拒后诉至法院,审理该案的英国上议院大法官 Lord Shaw 认为,导致船舶沉没的原因包括鱼雷击中和海浪冲击两个方面,但船舶在鱼雷击中后始终没有脱离危险。因此,船舶沉没的近因是鱼雷击中而不是海浪冲击。

② 在刘元侠诉中国人民财产保险股份有限公司徐州市分公司、时林闯、新沂市时集镇人民政府、新沂市宏域物业管理有限公司机动车交通事故责任纠纷案(〔2016〕苏 0381 民初 7204 号、〔2017〕苏 03 民终 2398 号)中,法院裁判摘要认为,在订立合同时,保险人应当在投保单、保险单或者其他保险凭证上对免除保险人责任条款作出足以引起投保人注意的提示,并对保险合同免除保险人责任条款的内容以书面或者口头形式向投保人作出明确说明;未作提示或者明确说明的,该条款不产生效力。

近因原则是国际上保险理赔遵循的基础原则,我国司法审判实践通过对近因原则的适用,在确认保险事故是否属于保险责任范围内的近因引起的基础上,进一步确定保险人对损失是否承担赔付责任。例如,在重庆华伟汽车运输有限公司保险合同纠纷案中①,重庆市第一中级人民法院适用了近因原则来确认保险人承担保险事故的赔偿责任的依据。涉案交通事故发生时,主车与挂车停靠在马路上处于静止状态,三轮摩托车自行撞到了主车的车头部分,三轮摩托车的人车损害与挂车之间没有任何物理力学上的关联。根据保险理赔的近因原则,只有保险事故的发生与损失的形成之间有直接的因果关系,方成立保险责任的承担。该交通事故仅是发生在主车与三轮摩托车之间的保险事故,挂车与该保险事故没有任何事实和法律上的因果关系牵连。因此,交强险保险人永安保险公司不应当就该保险事故承担挂车的交强险赔付责任。

　　保险人对被保险人所遭受损失的补偿责任,仅以承保风险所产生的损失为限。换言之,保险人承保风险的发生与损失结果之间具有因果关系,是保险金给付的前提条件。例如,在荣宝英机动车交通事故责任纠纷案中②,无锡市中级人民法院认为,虽然荣宝英的个人体质状况对损害后果的发生具有一定的影响,但这不是《侵权责任法》等法律规定的过错,荣宝英不应因个人体质状况对交通事故导致的伤残存在一定影响而自负相应责任。从交通事故受害人发生损伤及造成损害后果的因果关系看,涉案交通事故是肇事者王阳驾驶机动车穿越人行横道线时,未尽到安全注意义务碰擦行人荣宝英所致;交通事故造成的损害后果为受害人荣宝英被机动车碰撞、跌倒发生骨折所致,事故责任认定荣宝英对本起事故不负责任,对事故的发生及损害后果的造成均无过错。虽然荣宝英年事已高,但年老骨质疏松仅是事故造成后果的客观因素,并无法律上的因果关系。受害人荣宝英对于损害的发生或者扩大没有过错,不存在减轻或者免除加害人赔偿责任的法定情形。同时,机动车应当遵守文明行车、礼让行人的一般交通规则和社会公德。涉案事故发生在人行横道线上,正常行走的荣宝英对将被机动车碰撞这个事件无法预见,而王阳驾驶机动车在路经人行横道线时未依法减速慢行、

---

　　① 在重庆华伟汽车运输有限公司诉中国人民财产保险股份有限公司重庆市江北支公司保险合同纠纷案(〔2009〕江法民初字第1155号、〔2009〕渝一中法民终字第4046号)中,法院裁判摘要认为,主挂车连接使用时发生交通事故,处于行进状态的,交强险保险人应在主车和挂车保险责任限额之和的范围内承担保险责任;处于静止状态的,主车没有因为挂车的存在增加任何危险性和破坏力,挂车的承保危险也并未实际发生,根据保险理赔的近因原则,不能成立挂车交强险的保险责任承担,作为后位责任险的第三者责任应在前述交强险保险责任范围外承担保险责任。

　　② 在荣宝英诉王阳、永诚财产保险股份有限公司江阴支公司机动车交通事故责任纠纷案(〔2012〕锡滨民初字第1138号、〔2013〕锡民终字第497号)中,法院裁判摘要认为,机动车发生交通事故造成人身伤亡、财产损失的,由保险公司在机动车第三者责任强制保险责任限额范围内予以赔偿。保险公司的免责事由也仅限于受害人故意造成交通事故的情形,即便是投保机动车无责,保险公司也应在交强险无责限额内予以赔偿。因此,受害人符合法律规定的赔偿项目和标准的损失,均属交强险的赔偿范围(最高人民法院指导案例24号)。

避让行人,导致事故发生。因此,依法应当由机动车一方承担事故引发的全部赔偿责任。

近因是一个导致损失结果的有效的、主要的原因。在一个保险事故中,有两个或者两个以上的原因,且各个原因之间的因果关系尚未中断的情况下,最先发生并造成一连串事故的原因,即为近因。近因并非指时间上最接近损失结果的原因,而是指直接促成结果的原因,在效果上有支配力和有效性的原因。例如,在苏克玲财产保险合同纠纷案中,[1]合肥市中级人民法院认为,保险人承担赔偿责任的范围应限于以承保风险为近因造成的损失。保险关系上的近因并非是指在时间上或者空间上与损失最接近的原因,而是指造成损失的最直接、最有效的起主导作用或者支配性作用的原因。近因原则是指危险事故的发生与损失结果的形成,须有直接的后果关系,保险人才对发生的损失承担补偿责任。因投保人未投保涉水险,双方所签订的保险合同中保险责任范围虽有暴雨所致车辆损坏的赔偿条款,却无车辆涉水损坏的赔偿约定。车辆出险当天当时并非暴雨天气,显然出险车辆涉水造成的损失并非暴雨所致。涉案车辆因涉水导致的发动机进水的损坏,属于保险合同约定的责任免除范围。因此,苏克玲要求保险人赔偿涉案车辆损失没有事实和法律依据。

二、近因原则的适用

近因原则旨在确立一种公平合理的保险人归责机制。保险合同是一种射幸合同,保险人和投保人或者被保险人的权利义务取决于不确定事件的发生与否。一旦在保险期间内发生保险事故,被保险人得到的保险金远远超过投保人交付的保险费。近因原则是确定保险中损失原因与损失结果之间关系的原则,对于保险合同双方均有利,既可以防止保险人不当拒赔,逃避合同义务;又可以阻止被保险人不合理的赔偿请求,滥用合同权利。

在风险与保险标的损失的关系中,如果近因属于承保风险,则保险人应当承担赔偿责任;如果近因属于除外风险或者未保风险,则保险人不承担赔偿责任。近因原则适用可以归纳为以下情形:

(1)单一原因。如果保险事故的发生原因属于单一原因,则由保险人承担损失补偿责任。否则,保险人可拒绝承担损失补偿责任。例如,洪水使某食品公司香烟仓库被水浸泡,虽然香烟没有直接被水浸泡,但仓库内的防潮设备因洪水浸泡而失去原有功能,由此导致香烟受潮霉变。根据近因原则,虽然香烟没有直

---

[1] 在苏克玲诉中国人民财产保险股份有限公司合肥市分公司财产保险合同纠纷案(〔2015〕蜀民二初字第 02837 号、〔2016〕皖 01 民终 1062 号)中,法院裁判摘要认为,双方签订的保险合同合法有效,双方应全面履行合同约定的义务。涉事车辆出险当天当时并非暴雨天气,显然出险车辆涉水造成的损失并非暴雨所致;涉事车辆因涉水导致的发动机进水的损坏属于保险合同约定的责任免除范围。

接遭受洪水的浸泡,但与洪水有直接的因果关系,洪水是决定这个因果关系的主要原因,从而保险人对食品公司的损失应承担责任。例如,在邢菊子、郭祥谦人身保险合同纠纷案中①,上海市闵行区人民法院认为,意外伤害是导致被保险人死亡的唯一的、直接的原因,保险人应当承担死亡保险金的赔付责任。当一个损失结果存在数个致损原因时,必须确定引起损失的决定性和有效性的原因,即为保险法上的近因原则。根据保险条款的规定,保险人承保的风险是外来的、突发的、非本意的和非疾病的客观事件致使被保险人身体受到的伤害。保险条款将疾病作为除外责任,然而疾病可以造成意外伤害,意外伤害也可以造成疾病。如果存在两个造成伤害的近因,其中一个属于明示的除外危险如某种疾病,这种情况下则需区别伤害或者死亡是由疾病造成,还是疾病仅加重了其他原因所造成的伤害这两种不同情况。在前一种情况下,保险人不需承担赔偿责任;在第二种情况下,保险人仍需承担赔偿责任,因为疾病仅使被保险人更容易受到意外事故的伤害。如保险人认为被保险人的死亡是由于潜在疾病引起而非意外伤害,应由保险人承担举证责任。否则,其应承担相应的不利后果。上海市第一中级人民法院终审维持了原审判决。

(2) 多种原因同时并存。② 多个原因同时发生,且没有先后顺序之分,并对损失结果的发生有直接的、实质性的影响。原则上,这些原因均为损失的近因。如果没有除外危险规定,那么其中一个原因为被保险事故的近因,则不论其他原因如何,保险人应当承担损失补偿责任。例如,某房屋投保火灾保险,该房屋在一场雷雨中,遭到雷击并同时发生火灾,房屋全部坍塌,保险人应当对全部损失承担赔偿责任。例如,在浙江老板娘食品有限公司老板娘新光大酒店财产保险合同纠纷案中③,宁波市北仑区人民法院认为,在"多因一果"情形中,可以根据"相当因果关系理论"来解决事因与保险事故之间的因果关系。电弧事故并不能独立地引起设备水浸的损失,而台风带来的大雨则是设备水浸必不可少的因素,是保险标的水浸损失最直接、最有效、最主要的原因。根据保险合同的约定,由于

---

① 在邢菊子、郭祥谦诉中国平安财产保险股份有限公司上海市闵行支公司人身保险合同纠纷案([2011]闵民四(商)初字第135号、[2011]沪一中民六(商)终字第193号)中,法院裁判摘要认为,自身患有疾病的被保险人投保意外事故保险,如发生意外事故死亡,且意外事故的发生是由被保险人自身疾病引起,保险人不需理赔。意外事故的发生诱使被保险人发病死亡,造成死亡结果的近因是意外事故,保险人应当理赔。保险人拒绝理赔,应当提供证据证明被保险人死亡属于自身疾病所致。否则,保险人应承担举证不能的不利后果。

② John Lowry, Philip Rawlings, *Insurance Law: Doctrines and Principles*, Bloomsbury Academic, 1999, p. 151.

③ 在浙江老板娘食品有限公司老板娘新光大酒店诉中国平安财产保险股份有限公司宁波市北仑支公司财产保险合同纠纷案([2006]甬仑民二初字第624号)中,法院裁判摘要认为,保险人履行"明确说明"义务是保险合同中的免责条款发生法律效力的前提。对履行"明确说明"与否的判断,不能单加重保险人一方举证责任的单纯方法来解决,而应当综合案情中的诸多客观细节来判定。在"多因一果"情形中,可以根据"相当因果关系理论"来解决事因与保险事故之间的因果关系。

台风直接或间接引起的损失,保险人不承担赔偿责任。电弧事故造成的投保设备直接损失属于保险理赔范围,水浸造成的设备损失不属于保险理赔范围。

在保险合同中包含有除外危险条款的,保险人责任应当根据损失是否具有可分性来确定。如果损失是可区分的,则保险人对承保危险所产生的损失部分承担责任;如果损失是无法区分的,则保险人不承担任何责任。例如,在世嘉有限公司海上保险合同纠纷案中,上海海事法院认为,涉案船舶搁浅全损的事故是由多种原因共同作用所造成的结果,但该多种原因不属于保险人承保的列明风险,或者属于列明不予赔偿的情形,因而保险人无须赔偿。在保险实务中,最为常见的危险是火灾与爆炸,而这两种危险通常结合在一起,如果保险单仅承保火险而未承保爆炸险,保险人会以两个独立的原因造成无法分开的损失为由,拒绝承担责任。但是,如果这样的话,被保险人对火灾所遭受损失的索赔权就被剥夺了,显然有失公平。为弥补这个缺陷,现行海上保险单所添附的各种协会条款将爆炸列入火灾的承保范围。换言之,在海上保险中,对火灾引起的爆炸或者爆炸引起的火灾,保险人均应承担损失补偿责任。

(3) 多种原因连续发生(因果关系的连续)。如果损失发生是两个以上原因造成的,且各个原因之间的因果关系没有中断的情形,最先发生并造成一连串事故的原因即为近因,如有一装载皮革与烟叶的船舶遇到海难,大量海水浸入,导致皮革腐烂,海水虽没有直接浸入烟叶,但皮革腐烂的恶臭使烟叶品质变坏。对于皮革和烟叶,海难是导致损失的近因。海难中海水浸入皮革,致使皮革腐烂,皮革腐烂发出臭气降低了烟叶品质。海难与烟叶损失之间的因果关系并没有中断。例如,在黄华、沈雨晨保险合同纠纷案中[1],上海市长宁区人民法院认为,投保人摔倒,导致脑出血,进而引起死亡,因果关系是连续的,即投保人摔倒与投保人血管破裂具有因果关系,是导致投保人死亡的近因。上海市第一中级人民法院终审维持了原审判决。

如果保险单中有除外危险,而在被承保危险发生之前,除外危险已经发生,则保险人对被承保危险所引起的损失不承担赔偿责任。例如,火灾保险的保险单规定地震为除外危险,因地震引发火灾使建筑物遭受毁损,由于火灾之前就发生了地震,而地震又是火灾保险的除外危险,所以保险人对此建筑物火灾损失不承担损失补偿责任。

(4) 多种原因连续发生(因果关系的中断)。如果危险事故发生与损失结果之间的因果关系,因另有独立新原因介入而中断,而新原因又属于被承保危险,

---

[1] 在黄华、沈雨晨诉天安保险股份有限公司保险合同纠纷案([2002]长民二(商)初字第1041号、[2003]沪一中民三(商)终字第458号)中,法院裁判摘要认为,保险同业公会在其所作出的扩展保险责任的公告下方,刊登当事人的信息且当事人在重大利益问题上未表示有异议,应认定当事人同意同业公会代表自己对社会公众作出扩展保险责任范围的承诺。

保险人应对损失承担责任。反之,由于因果关系中断,保险人对先前原因所引起的损失不承担责任。假如投保人仅投了地震险却未投特别盗窃险,在地震发生之后,部分财产被抢救出来之后,又被盗窃,则保险人对被盗窃财产不承担责任。例如,在无锡永发电镀有限公司财产损失保险合同纠纷案中[①],无锡市锡山区人民法院认为,事故发生路段积水与事故前日无锡地区降雨有直接的因果关系,但该降雨导致隧道中积水的事实与事故当日投保人驾驶员驾驶涉保车辆在积水隧道中涉水行驶的事实间并无必然的、直接的因果关系。投保人的驾驶员在事故当日驾驶涉保车辆涉水行驶的行为成为了一项新干预原因,该新干预原因导致了原有因果链的中断,且该原因是导致涉保车辆发动机进水受损的决定性、有效性的原因。投保人的驾驶员驾驶涉保车辆的涉水行驶行为才是涉案车损发生的近因,而该近因不属于保险人承保风险的范围,从而保险人无须承担损失补偿责任。

[①] 在无锡永发电镀有限公司诉中国人民财产保险股份有限公司无锡市锡山支公司财产损失保险合同纠纷案([2012]锡法商初字第 0595 号)中,法院裁判摘要认为,近因原则是保险当事人处理保险事故,或者法院审理保险赔偿案件,在调查事故发生的原因和确定保险责任的归属时所遵循的原则。按照近因原则,当保险人承保的风险事故是引起保险标的损失的近因时,保险人应负赔偿责任。近因是指造成损失的决定性、有效性的原因。

第三章 保险合同

本章是全书的重点和核心内容,涉及保险法的基本问题。本章介绍了保险合同的概念、主体、成立、生效,其中保险合同的成立与生效是保险合同的核心问题。保险合同的当事人是投保人和保险人,被保险人并非保险合同当事人。保险合同是非要式合同,可以是口头的,也可以是书面的。保险合同的成立条件是投保人和保险人的合意,保险合同成立即告生效。保险费的交付并非合同的生效条件,但保险合同当事人还可以约定以保险费缴付作为合同生效条件。保险合同生效时间涉及合同当事人权利义务,特别是保险人的保险赔付义务。

保险合同是保险法的核心内容,保险法是以保险合同为基础构建的法律制度体系,涉及保险合同的概念与性质、保险合同法基本原则、保险合同主体以及保险合同成立与生效等保险法的基本问题。狭义的保险法仅指保险合同法,即规范保险合同的法律制度体系。

第一节 保险合同的概念和性质

保险合同作为保险法的核心概念,是连接主要保险市场主体的纽带,是确定投保人和保险人之间权利义务关系的依据。在保险实务中,保险合同表现为保险单,保险单是保险合同的书面凭证。保险合同的订立和履行,既要遵循《保险法》的规范,也要遵循《民法典》总则编和合同编的相关规范。

一、保险合同的概念

保险合同(insurance contract)是指投保人与保险人双方约定,投保人以财产或者其他与财产有关的利益或者人身为保险标的[1]向保险人投保并支付保险费,在保险标的发生保险事故之后,保险人向被保险人或者受益人承担给付保险金责任的法律行为。《保险法》第 10 条对保险合同进行了界定[2],即投保人与保

---

[1] 《保险法》(2002 年修正)第 33 条规定:"财产保险合同是以财产及其有关利益为保险标的的保险合同。"第 52 条规定:"人身保险合同是以人的寿命和身体为保险标的的保险合同。"

[2] 《保险法》(2009 年修订)删除了原《保险法》第 33 条和第 52 条,即财产保险合同和人身保险合同的定义。

险人约定保险权利义务的协议。保险合同是投保人与保险人对保险标的、保险金额、保险费、保险期限、保险金的给付等主要事项①，意思表示达成一致的结果。保险合同双方当事人意思表示达成一致的，保险合同成立。如果双方当事人没有其他约定，保险合同自成立时生效。《民法典》第483条规定了合同的成立时间，第136条和第502条规定了合同的生效时间。《民法典》第134条规定了合同（法律行为）的成立要件，即当事人意思表示一致；《民法典》第143条规定了合同（法律行为）的生效要件，即行为主体适格、意思表示真实、不违反法律和行政法规的强制性规定和公序良俗原则。《保险法》第13条也明确规定了保险合同的成立与生效。例如，在上海惠骏物流有限公司财产保险合同纠纷案中②，上海市静安区人民法院认为，保险合同是双方当事人真实意思表示，合法有效，理应恪守。根据保险合同的缔约过程，邮件及微信往来记录均属于合同当事人缔约磋商过程的一部分，在此过程中不能排除其他新要约的作出，因而并不能以此确认各方最终所形成的意思合意。投保单应理解为投保人最后作出的要约，保险人同意承保，保险合同即成立并生效。投保单中载明运输普货车辆的数量为"8"，《自有货运车辆清单》也载明了被保险人名下8部车辆的牌照号，前述文件均经投保人盖章确认后向保险人提交，在该投保单的"特别约定"部分，载明"按协议规定"，且投保人在"投保人声明"部分盖章确认，保险人已向投保人详细介绍了该投保申请书中的各项注意、说明及投保须知，投保人接受前述内容并同意投保。投保人作出的意思表示真实，构成投保人向保险人作出的要约，保险人也没有反对承保，从而保险合同成立且合法有效。误导销售是保险合同纠纷中较为常见的问题。案件判决通过保险合同当事人在缔约过程中形成的各种证据，认定当事人最终达成合意的意思表示，据此合意认定保险人是否需要承担赔偿保险金的责任，明确指出当事人仅以缔约过程中未形成最终合意的单方意思表示主张其保险合同权利的，法院不予支持。

  生效的保险合同对投保人与保险人均具有法律约束力，双方当事人应当根据保险合同约定履行各自义务，除非法律或者当事人有相反规定或者约定，保险人不得提前终止或者解除保险合同，投保人却可以解除保险合同，如《保险法》第

---

① 《保险法》第18条规定了保险合同的主要条款，这些条款属于法律的强制性规定，与《民法典》第470条的任意性规定不同。换言之，保险合同应当包含前述保险合同主要条款，否则，投保人与保险人之间对保险合同的主要条款未能达成一致意思表示，当事人之间缺乏合意，保险合同未能成立。

② 在上海惠骏物流有限公司诉中国平安财产保险股份有限公司上海分公司等财产保险合同纠纷案（〔2020〕沪0106民初10591号、〔2021〕沪74民终368号）中，法院裁判摘要认为，判断保险合同当事人最终合意形成的真实意思表示，应当结合投保单、保险单或其他保险凭证、保险条款等保险合同的组成内容综合判断。依法订入合同并已产生效力的合同内容，对保险合同各方当事人均有法律约束力。当事人仅以缔约过程中未形成最终合意的单方意思表示主张其保险合同权利的，法院不予支持（2023年最高人民法院公报案例）。

15 条之规定,但是海上保险合同除外。①

二、保险合同的性质

保险合同作为一种商事合同,除了具备普通商事合同的一般性质之外,还具有本身的一些特有的性质,主要表现在保险合同的最大诚信性、附合性、诺成性、非要式性、有偿性、非典型双务性等。

(一)保险合同的最大诚信性

保险合同法是普通合同法的组成部分,保险合同是一种特别商事合同,即最大诚信合同(Contracts of Utmost Good Faith)。②在保险合同生效之后,被保险人的特定损失补偿责任转嫁给了保险人,而保险标的物的占有仍然不发生转移,始终由被保险人控制。保险的目的是互助消灾,如果保险导致灾害增加、损失扩大,显然违反了保险制度的宗旨。保险合同作为合同的一种类型,应当遵守《民法典》的有关规定。《民法典》第 7 条规定,权利行使和义务履行应遵守诚信原则,这是所有民商事合同应当遵守的基本原则,而《保险法》则更为强调诚信原则的重要性。由于保险合同所要求的诚信程度远远高于其他民商事合同,保险合同的任何一方当事人违反诚信原则,将导致保险合同无效。③尽管《民法典》第 7 条已经规定了诚信原则,《保险法》第 5 条又作出了同样规定,借以强调诚信原则在保险合同中的重要性,但是,《保险法》第 5 条并未直接规定最大诚信原则,而仅为诚信原则,学理上解释为最大诚信原则,且司法审判实践也承认最大诚信原则。④ 例如,在江苏省海外企业集团有限公司海上货物运输保险合同纠纷案中,上海海事法院认为,保险合同订立应遵循最大诚信原则。在保险合同订立的整个过程,被保险人均应依据最大诚信原则,向保险人如实披露知道或者在通常业务中应当知道的、可能影响保险人作出是否承保以及是否增加保险费决定的任何重要情况。江苏外企公司作为投保人和被保险人并未遵守最大诚信原则,在保险合同成立前未将自己知道的足以影响保险合同成立的重要情况告知保险

---

① 《海商法》的规定与《保险法》存在一定的差异。《海商法》第 226 条规定:"保险责任开始前,被保险人可以要求解除合同,但是应当向保险人支付手续费,保险人应当退还保险费。"第 227 条规定:"除合同另有约定外,保险责任开始后,被保险人和保险人均不得解除合同。根据合同约定在保险责任开始后可以解除合同的,被保险人要求解除合同,保险人有权收取自保险责任开始之日起至合同解除之日止的保险费,剩余部分予以退还;保险人要求解除合同,应当将自合同解除之日起至保险期间届满之日止的保险费退还被保险人。"

② "保险是最大诚信合同,最大诚信合同构成保险法最重要的规则。" Andre McGee, *Modern Law of Insurance*, Butterworths, 2002, p. 57.

③ 参见桂裕:《保险法》,三民书局 1983 年增订初版,第 30 页。

④ 在北大法宝法律数据库的案例与裁判文书中以"最大诚信原则"为检索词,共有 4519 个判例适用了"最大诚信原则",表明了"最大诚信原则"在司法审判实践中的影响力。参见 https://www.pkulaw.com/case/,2020 年 10 月 1 日访问。

人,以投保时不知道发生货损为由,否认自己有如实告知情况的义务,该理由不能成立。江苏外企公司未能以最大诚信原则订立保险合同,上海丰泰保险公司有权宣布保险合同无效,且不承担保险赔偿责任。

保险合同是射幸合同(aleatory contract)而不是对价合同(commutative contract),保险风险是否发生具有很大的不确定性。虽然保险和赌博同属射幸行为,而两者却存在巨大差别。保险以保险利益为标的,在保险利益受到侵害时,由保险人填补被保险人所受到的损失,并非额外增加被保险人利益,因而保险与赌博存在巨大差异。普通民商事合同大多属于交易性质,实行等价交换原则,而保险合同则不然,损益在性质上并不确定。[1]即投保人向保险人交纳保险费,如果不发生保险事故,保险人则不向被保险人支付任何费用;一旦发生保险事故,则保险人必须向被保险人支付数倍于保险费的保险金。保险人支付保险金,有很大的偶然性;被保险人通过交纳较少的保险费,将来有获得数额较大的保险金的可能性。例如,在杨树岭保险合同纠纷案中[2],天津市宝坻区人民法院认为,机动车辆第三者责任险保险合同是射幸合同,保险人是否应当给付保险金,取决于合同成立后偶然事件即交通事故的发生。涉案的杨树岭驾车将院墙撞倒后致母亲死亡,此次交通事故的发生纯属偶然。杨树岭母亲作为涉案交通事故的受害者,和通常情况下与交通事故肇事者无直系血亲或者其他亲属关系的第三者并无不同。在现有法律、法规没有明确规定的情况下,涉案机动车辆第三者责任险保险合同的相关格式化免责条款将被保险人或被保险车辆驾驶人员的家庭成员排除在外,属于人为故意缩小第三者的范围。该格式化免责条款的设定主要是为了保护保险人一方的利益,有悖于设置机动车辆第三者责任险的初衷。涉案机动车辆第三者责任险保险合同是保险人事先拟就的格式合同,提供该格式合同的保险人应当遵守诚信原则。又如,在丁丽霞保险合同纠纷案中[3],松原市宁江区人民区法院一审认为,保险合同为射幸合同,保险人是否承

---

[1] "收益和损失取决于不确定的事件或者具有很大的偶然性。"Robert Merkin, *Colinvaux's Law of Insurance*, 7th edition, Sweet & Maxwell, 1997, p.1.

[2] 在杨树岭诉中国平安财产保险股份有限公司天津市宝坻支公司保险合同纠纷案(〔2006〕宝民初字第1392号、〔2006〕一中民二终字第527号)中,法院裁判摘要认为,根据《保险法》第18条的规定,保险合同中规定有关于保险人责任免除条款的,保险人在订立合同时应当向投保人明确说明,未明确说明的该条款无效。所谓"明确说明"是指保险人在与投保人签订保险合同之前或者签订保险合同之时,对于保险合同所约定的免责条款,除了在保险单上提示投保人注意外,还应当对有关免责条款的概念、内容及其法律后果等以书面或者口头形式向投保人或其代理人作出解释,以使投保人明了该条款的真实含义和法律后果(2007年最高人民法院公报案例)。

[3] 在丁丽霞诉阳光人寿保险股份有限公司松原中心支公司保险合同纠纷案(〔2015〕宁民初字第3272号、〔2016〕吉07民终977号)中,法院裁判摘要认为,保险合同是射幸合同,具有不确定性。射幸合同是指当事人全体或其中的一人取决于不确定的事件,对财产取得利益或者遭受损失的一种相互的协议。保险的本质是危险的分散与转移,而所谓危险具有两方面的特征:其一为危险客观存在,其二为危险是否转化为现实具有不确定性。基于该不确定性,现代保险的基本职能就是转移风险、补偿损失。

保及其如何确定保险费,取决于保险人对承保危险的正确估计和判断,而投保人对相关事项的如实告知,是保险人正确确定保险危险并采取控制措施的重要基础。投保人违反了如实告知义务,法院驳回了诉讼请求。松原市中级人民法院二审认为,保险合同是射幸合同,具有不确定性。对于射幸合同,保险人决定是否承保及如何确定保险费率,全依赖于对保险标的之客观判断。在向保险公司投保时,丁丽霞隐瞒了在多家保险公司同时重复投保相同险种及投保前参加体检确诊为"甲状腺结节"的行为,明显违反了《保险法》的诚实信用原则的规定。根据《保险法》第16条第4款的规定,丁丽霞请求保险公司给付保险金的诉讼请求不予支持,二审维持了原审判决。

保险人主要是根据投保人对保险标的真实情况的告知和保证,决定是否承保以及保险费率。如果投保人欺诈或者故意隐瞒保险标的的真实情况,可能会导致保险人判断失误,甚至可能使保险变成赌博,因而保险合同的诚信程度要求高于其他民商事合同,从而保险合同被称为最大诚信合同。[①] 例如,在神龙汽车有限公司保险合同纠纷案中[②],江苏省高级人民法院认为,保险合同是最大诚信合同,保险人和投保人均应将保险合同所涉及的重要事项向对方作如实说明或者告知。特别是案件所涉分期付款购车保险合同是信用保险合同,保险标的是购车人的如期付款义务,投保人向保险人如实告知购车人的资信状况及履约能力情况,是保险人决定是否承保的先决条件。投保人与保险人在订立保险合同时,故意隐瞒真实情况,未尽投保人的如实告知义务,骗取保险人与之签订保险合同,违反了最大的诚信原则。又如,在李立彬人身保险合同纠纷案中[③],北京市第二中级人民法院认为,保险合同是射幸合同,具有不确定性。射幸合同是指当事人全体或者其中的一人取决于不确定的事件,对财产取得利益或者遭受损失的一种相互的协议。对于射幸合同,保险人决定是否承保及如何确定保险费率,取决于对保险标的之客观判断,仅合同约定的风险事故发生时,保险人才需要根据保险合同约定承担给付保险金的责任;如果风险不发生,则无须支付保险金。

[①] 1906年《海上保险法》(Marine Insurance Act 1906)第17条规定:"海上保险合同是建立在最大诚信基础上的,如果合同任何一方不遵守最大诚信,另一方即可宣告合同无效。"(A contract of marine insurance is a contract based upon the utmost good faith, and, if the utmost good faith be not observed by either party, the contract may be avoided by the other party.)

[②] 在神龙汽车有限公司诉中国平安保险股份有限公司无锡市支公司保险合同纠纷案(〔1999〕锡经初字第287号、〔2000〕苏经终字第43号)中,法院裁判摘要认为,保险合同是最大诚信合同,保险人和投保人均应各自履行说明义务和如实告知义务。在保险合同的有效期内,保险危险增加时,被保险人应尽危险增加通知义务。

[③] 在李立彬诉中国人民健康保险股份有限公司北京市分公司人身保险合同纠纷案(〔2013〕西民初字第08686号、〔2013〕二中民终字第15882号)中,法院裁判摘要认为,保险合同是射幸合同,当保险合同约定的风险事故发生时,保险人根据合同的约定支付保险金;如果风险不发生,则无须支付保险金。在"大数法则"下,为维护每个被保险人的利益,被保险人均应该遵循诚实信用的原则,如实履行告知义务。被保险人违背诚实信用原则未如实履行告知义务的,保险人对于发生的保险事故不承担赔偿责任。

保险合同与普通的商事合同中风险由当事人自己承担有着本质的区别。涉案的李立彬在患有慢性肾功能衰竭尿毒症期、肾性高血压、肾性贫血、双肾多发囊肿，已属患重大疾病的情况下，与保险公司订立保险合同。李立彬投保的已经不再是"不确定事件"，而是确定的重大疾病，是已经发生的致损事件，不属于保险意义上的危险，不构成保险事故。如果李立彬的赔偿请求得到支持，将违背《保险法》的诚实信用原则。

在保险立法中，最大诚信性表现在投保人的告知义务和保险人的说明义务两个方面。例如，在赵彬人身保险合同保险金纠纷案中[①]，上海市第二中级人民法院认为，《保险法》将诚实信用原则确立为保险合同的基本原则，要求保险合同的各方当事人均应遵循此原则，具体体现为保险人的说明义务和投保人的告知义务的两个方面。保险人的说明义务主要涉及合同条款内容的说明、责任免除条款的说明以及对投保人的询问。投保人的告知义务实质是要求投保人应当就保险人询问的事项如实告知保险人本人知道的自身健康状况，在保险人已履行询问义务的情况下，投保人在投保时是否知道自己的健康状况又是争议点的关键。赵彬在投保时已知自己患有眼底黄斑变性，却未告知保险人，违反了告知义务，影响了保险人决定是否同意承保。

1. 投保人的告知义务

投保人的告知义务表现为保险合同订立之前的如实告知义务和保险合同订立之后的风险增加通知义务两个方面：

（1）如实告知义务——保险合同订立之前的先合同义务。如实告知义务是投保人根据最大诚信原则承担的主要义务。投保人向保险人如实披露有关被保险人以及保险标的有关情况，是投保人应尽的法定义务。投保人故意或者因重大过失未履行如实告知义务，影响保险人决定是否同意承保或者提高保险费率的，保险人有权解除保险合同，如《保险法》第16条第2款之规定。例如，在何丽红保险合同纠纷案中，佛山市顺德区人民法院一审认为，投保人依法履行如实告知义务，即是最大限度诚实守信的一项重要内容。如实告知义务是投保人订立保险合同时必须履行的基本义务，投保人是否对保险标的或者被保险人的有关情况作如实说明，直接影响到保险人测定和评估承保风险并决定是否承保，影响到保险人对保险费率的选择。佛山市中级人民法院二审认为，保险合同为射幸合同，保险人是否承保及其如何确定保险费，取决于保险人对承保危险的正确估

[①] 在赵彬诉中国平安保险股份有限公司上海分公司人身保险合同保险金纠纷案（〔2002〕静民二（商）初字第474号、〔2003〕沪二中民三（商）终字第85号）中，法院裁判摘要认为，诚实信用原则作为保险合同的基本原则，在保险合同订立时表现为保险人的说明义务和投保人的如实告知义务。保险人的说明义务主要涉及合同条款内容的说明、责任免除条款的说明以及对投保人的询问。投保人的告知义务是指投保人应当对保险人询问的事项如实告知保险人。

计和判断，而投保人对相关事项的如实告知，是保险人正确确定保险风险并采取控制措施的重要基础。根据诚实信用原则，投保人对保险人在投保单或者风险询问表上列出的询问事项，均应根据自己知道或者应当知道的情况进行如实告知。投保人未履行如实告知义务，保险人能否据此解除保险合同并拒绝承担保险责任，应当以投保人未如实告知的事项是否足以影响保险人对是否承保、如何确定承保条件和保险费率作出正确决定为判断标准。投保人未予如实回答，违反的如实告知义务足以影响保险人决定是否同意承保或者提高保险费率的，保险人有权解除保险合同。涉案保险人通过投保单和《高保额财务问卷》，对投保人是否已经参加或者正在申请其他人身保险进行了询问，但投保人未予如实回答，违反了如实告知义务。保险人有权依据《保险法》第16条第2款的规定，解除与投保人签订的涉案"祥和定期保险合同"，并对保险合同解除前发生的保险事故不承担赔偿或者给付保险金的责任，同时不退还保险费。

(2) 风险增加的通知义务——保险合同生效之后的合同义务。通知义务是保险合同生效之后被保险人根据最大诚信原则承担的义务。保险合同成立之后，保险标的风险程度增加，影响保险人在保险合同订立时对保险标的风险估计的，应当合理地调整保险人风险负担。被保险人应及时通知保险人。否则，因保险标的危险程度增加而发生保险事故的，保险人有权拒绝承担赔偿责任，如《保险法》第52条之规定。根据《保险法司法解释（四）》第4条的规定，"危险程度显著增加"应当综合考虑的因素有：保险标的用途的改变；保险标的使用范围的改变；保险标的所处环境的变化；保险标的因改装等原因引起的变化；保险标的使用人或者管理人的改变；危险程度增加持续的时间；其他可能导致危险程度显著增加的因素。但是，保险标的危险程度增加的危险属于保险合同订立时保险人预见或者应当预见的保险合同承保范围的，则不构成危险程度显著增加。例如，在程春颖机动车交通事故责任纠纷案中①，南京市江宁区人民法院认为，保险合同是双务合同，保险费与保险赔偿金为对价关系，保险人依据投保人告知的情况，评估危险程度而决定是否承保以及收取多少保险费。保险合同订立后，如果危险程度显著增加，保险事故发生的概率超过了保险人在订立保险合同时对事故发生的合理预估，如果仍然按照之前保险合同的约定要求保险人承担保险责任，对保险人显失公平。涉案的车辆以家庭自用名义投保，从事营运活动，车辆的风险显著增加，投保人应当及时通知保险公司，保险公司可以增加保费或

---

① 在程春颖诉张涛、中国人民财产保险股份有限公司南京市分公司机动车交通事故责任纠纷案（〔2016〕苏0115民初5756号）中，法院裁判摘要认为，在合同有效期内，保险标的的危险程度显著增加的，被保险人应当及时通知保险人，保险人可以增加保险费或者解除合同。被保险人未作通知，因保险标的危险程度显著增加而发生的保险事故，保险人不承担赔偿责任。以家庭自用名义投保的车辆从事网约车营运活动，显著增加了车辆的危险程度，被保险人应当及时通知保险公司。被保险人未作通知，因从事网约车营运发生的交通事故，保险公司可以在商业三者险范围内免赔（2017年最高人民法院公报案例）。

者解除合同并返还剩余保费,投保人未通知保险公司而要求保险公司赔偿营运造成的事故损失,显失公平。

  保险人对于保险标的风险状况的了解有赖于投保人的如实告知,在保险合同签订前投保人承担法定的如实告知义务,以使保险人决定是否承保及准确计算保险费率。保险合同作为一种继续性合同,保险标的风险程度处于不断变化之中。如果合同期间保险标的危险程度显著增加,保险事故发生的可能性将会大大增加,保险人给付保险金的概率也会随之增加,从而打破了保险合同双方当事人之间的对价平衡,显然会对保险人产生极其不利的显失公平后果,实质上也有害于其他投保人组成的危险共同体。《保险法》规定了危险增加的通知义务,以使保险人能对危险增加的事实进行评估,从而能作出是否同意承保或者以何种费率承保的判断,以恢复双方的对价平衡。例如,在郑诗琦财产保险合同纠纷案中[①],上海市闵行区人民法院认为,保险人应否承担赔偿责任,需要明确以下三个问题:一是被保险车辆的用途是否改变;二是如果被保险车辆的用途改变,是否因此导致危险程度显著增加;三是危险程度增加的危险是否属于保险人预见或者应当预见的保险合同承保范围。关于被保险车辆的用途是否改变的问题。投保人投保时双方约定的车辆的用途为"非营业个人",而涉案车辆出租于案外人宋某,宋某又将车辆转租于次承租人,使用性质已经转变为以获取租金收益为目的的商业性使用,即为"营运车辆"。关于被保险车辆的用途改变是否导致危险程度显著增加且超出保险人应当预见范围的问题。涉案车辆危险程度的增加体现在以下两个方面:首先,宋某通过网络发布广告,以低价招揽租车用户的方式客观上大幅提高了车辆的出行频率、扩大了出行范围,也相应大幅提高车辆出险的几率;其次,涉案车辆用途的改变同时伴随着车辆管理人与使用人的改变。车辆管理人的改变也足以导致危险几率的提高,而投保人与宋某对危险几率的提高均采取了放任的态度,从而车辆危险程度的增加完全超出了保险人可预见的范围,如果由保险人来承担风险,将违反财产保险合同中的对价平衡的原则,不利于保险业的健康长久稳定发展。

  《保险法》将危险增加的通知义务规定在财产保险合同项下,作为法定义务仅适用于财产保险而不适用于人身保险。实际上,人身保险也涉及危险增加的通知义务,保险人可以通过保险合同约定增加被保险人危险增加的通知义务,但这个通知义务属于约定义务而不是法定义务。

---

  ① 在郑诗琦诉三星财产保险(中国)有限公司财产保险合同纠纷案(〔2019〕沪 0112 民初 18496 号)中,法院裁判摘要认为,被保险人将约定用途为"非营业个人"的被保险车辆出租给他人,并允许承租人通过网络向不特定用户转租,系以获取租金收益为目的的商业性使用,改变了保险标的的用途,且超出保险合同订立时保险人预见或应当预见的保险合同的承保范围,属于《保险法》第 52 条危险程度显著增加的情形(2022 年最高人民法院公报案例)。

2. 保险人的说明义务

保险人说明义务表现为保险人对保险合同条款的说明义务,即对格式条款和免责条款的说明义务。保险人对保险合同条款的说明义务则属于先合同义务,是保险人在订立合同之前根据最大诚信原则应履行的法定义务,即将保险合同条款、所含专业术语及有关文件内容,向投保人陈述、解释清楚,以使投保人准确、清晰地理解保险合同权利与义务。

保险人说明义务体现在格式条款的说明义务和免责条款的提示与说明义务两个方面。保险人采用格式条款的,应当向投保人说明格式条款内容;对保险合同中免除保险人责任的条款,保险人应在投保人、保险单或者其他保险凭证上作出能够引起投保人注意的特别提示,并对免除责任条款的内容以口头方式或者书面方式向投保人作出明确说明。例如,在杨树岭保险合同纠纷案中,天津市第一中级人民法院认为,对于保险合同所约定免责条款的"明确说明",是指保险人与投保人签订保险合同之前或者签订保险合同之时,对于保险合同所约定的免责条款,除了在保险单上提示投保人注意外,还应当对有关免责条款的概念、内容及其法律后果等以书面或者口头形式向投保人或者代理人作出解释,以使投保人明了该条款的真实含义和法律后果。保险合同是专业性较强的合同,涉及专业术语较多。保险人要尽到明确向投保人说明合同中免责条款的义务。否则,该条款无效。涉案保险公司虽然在涉案机动车辆第三者责任险保险合同文本中以黑体字提示了免责条款,但仅是尽到了提醒投保人注意的义务,根据案件事实、证据,不能认定保险公司已经履行了就免责条款的概念、内容及其法律后果等以书面或者口头形式向投保人或其代理人作出解释,以使投保人明了该条款的真实含义和法律后果的明确说明义务。不论涉案机动车辆第三者责任险保险合同中的格式化免责条款关于"保险车辆造成被保险人或其允许的驾驶员及他们的家庭成员人身伤亡,不论在法律上是否应当由被保险人承担赔偿责任,保险人均不负责赔偿"的规定,以及关于"家庭成员包括被保险人的直系血亲和在一起共同生活的其他亲属"的解释是否具有法律依据、是否有效,该格式化免责条款均因保险人未能尽到明确说明的义务而归于无效,该免责条款对被投保人不产生约束力。

在保险纠纷中,保险人不仅要履行说明义务,而且还要对自己履行说明义务承担举证责任。保险人履行说明义务的举证责任,是司法审判实务中一个不可回避的问题。例如,在李思佳人身保险合同纠纷案中,宜昌市中级人民法院认为,保险人认为被保险人获得理赔后仍可能从第三人处获得赔偿,从而"获得额外的不当利益,违反公平原则,引发道德风险",则应在保险免责事项中,明确规定在何种情形下、何种范围内免除自己责任,并对自己尽到这种说明义务负有举证责任。案件涉及的意外伤害医疗保险属于人身保险,法律并不禁止在人身保险中重复投保,重复理赔,保险人不能举证证明自己对投保人明确说明第三人已经赔偿或者理赔是免责事由,而以要求被保险人提供医疗费用单据原件的方法对重复理赔加以控制,没有法律依据,法院不予支持。

(二)保险合同的附合性

保险合同为附合合同(contract of adhesion),保险业务的技术性、保险行业的垄断性导致保险合同事先由保险业制定。投保人仅有是否订立保险合同的自由,而没有对保险合同条款进行自由协商的实质性权利。① 为改变这种对投保人不利的局面,保护投保人合法权益,世界各国通过保险立法规定了保险人的最低责任。为平衡合同当事人之间的关系,立法确立了格式条款的不利解释原则和格式条款的内容控制原则。

(1)格式条款的不利解释原则。保险合同是由保险人单方拟定的,在拟定合同条款时,保险人应选择符合保险合同目的的措辞,用清晰、简洁、明了的语言表达出来,以便投保人能够准确理解。根据《民法典》第498条和《保险法》第30条的规定,在保险合同条款发生疑义时,根据格式合同的解释规则,应当作出不利于保险人的解释。不利解释原则是保险合同司法审判实务中适用较多的合同解释原则。例如,在郑克宝道路交通事故人身损害赔偿纠纷案中②,湖州市长兴县人民法院认为,鉴于徐伟良与保险人就涉案肇事车辆订立了保险合同,故保险人应在保险合同约定的范围内承担赔偿责任。涉案机动车辆第三者责任险免责条款规定,因保险车辆发生意外事故,导致本车上其他人员的人身伤亡或财产损失,不论在法律上是否应当由被保险人承担赔偿责任,保险人均不负责赔偿。鉴于该免责条款为格式条款,且对于该条款中的"本车上其他人员的人身伤亡或财产损失"可能有两种解释,一种解释是仅指车上人员在本车上发生的人身伤亡或财产损失,至于车上人员离开本车后又被本车事故导致的损害结果则不属免责范围;另一种解释是对于车上人员在本车上及离开本车后因本车事故导致的损

---

① 附合合同有助于减少交易成本。"任何一种权利的起始配置都会产生高效率资源配置,也都需要社会交易成本(市场的或非市场的)并影响收入分配,问题的关键在于如何使法律能选择一种成本较低的权利配置形式和实施程序。这样,社会的法律运行、资源配置的进化过程就是以交易成本最低为原则,不断地重新配置权利、调整权利结构和变革实施程序的过程。"〔美〕理查德·A. 波斯纳:《法律的经济分析》,蒋兆康译,中国大百科全书出版社1997年版,第18页。

保险人被赋予草拟合同权,是一种成本较低的权利配置形式。如果法律赋予投保人草拟权,为获得与保险人大致相等的交易能力,投保人不得不收集有关交易的大量信息。为获得这些信息,投保人必须耗费大量的时间和精力,且所获得的信息可能是不充分或者不准确的。此外,在交易过程中,投保人还要同保险人就保险条款逐条进行协商,交易费用高昂。

② 在郑克宝诉徐伟良、中国人民财产保险股份有限公司长兴支公司道路交通事故人身损害赔偿纠纷案(〔2006〕长民一初字第97号、〔2006〕湖民一终字第258号)中,法院裁判摘要认为,机动车辆第三者责任险旨在确保第三者因交通事故受到损害时能从保险人处获取救济,以保护不特定的第三者的利益。"车上人员责任险"是对事故中造成保险车辆上人员的人身伤亡而订立的保险。由于机动车作为交通工具的属性,使得"第三者"和"车上人员"的身份可以因时空条件而进行转化(2008年最高人民法院公报案例)。

害结果保险人均得免责。鉴于双方当事人对此存在争议,对此格式条款依法应当作出不利于格式条款提供者的解释,从而认定不适用该免责条款。湖州市中级人民法院二审认为,郑克宝在涉案交通事故发生时已经从车上人员转化为第三者。不论郑克宝是被动地从涉案保险车辆上"甩出"还是主动从该车上离开,均不能改变在涉案交通事故发生时郑克宝已经不在涉案保险车辆之上的事实,不影响其第三者身份。另外,即使对于涉案机动车辆第三者责任险免责条款所称的"本车上其他人员"可能作出其他解释,也因该条款系格式条款,在存在争议的情况下,应依法作出不利于该格式条款的提供者的解释。因此,案件不适用涉案机动车辆第三者责任险免责条款。又如,在烟台宏辉食品有限公司财产保险合同纠纷案中①,山东省高级人民法院认为,保险人与投保人对合同标的存在争议,应当作出有利于投保人的解释。在保险人不能提供证据证明对保险标的有明确约定的情况下,按照不利解释原则,应当认定保险标的为被保险人厂区内的全部建筑物。最高人民法院再审认为,涉案保险标的物范围应当根据当事人交易背景、综合全案证据加以判定。《财产保险综合险投保单》是重要书证之一,双方当事人对该证据的真实性均无异议,仅对其中涂改部分所证明的内容发生争议。尽管该投保单记载的被保险人证件号码、保险财产项目、投保金额、事故绝对免赔额等部分数字有涂改痕迹,但这些数字内容在投保单的其他地方也进行了明确记载,包括大写的"总保险金额"与小写的"802.37万元",二者完全一致。被保险人在诉讼中承认该份投保单是该公司在空白页上加盖公章交给保险人形成的,该事实表明被保险人并未在该投保单上记载投保的财产是厂区内全部建筑物,应对在空白投保单上盖章的行为承担相应的民事责任。

(2) 格式条款的内容控制原则。保险合同是一种民商事合同,根据合同自由原则,在不违反《民法典》《保险法》强制性规定的前提下,保险人可以任意制定保险合同条款;此时,被保险人就不能以没有阅读保险单或者不了解保险单内容为理由,对保险合同提出异议。但是,在追求社会正义以及实质合同自由原则的理念下,如果保险合同条款内容偏离了一般法律规定,且根据诚信原则对被保险人产生明显不利,那么该条款内容无效。《民法典》第497条规定,具有下列情形的格式条款无效:提供格式条款一方不合理地免除或者减轻其责任、加重对方责任、限制对方主要权利;提供格式条款一方排除对方主要权利。《保险法》第19条同样也规定,具有下列情形的格式条款无效:免除保险人依法应承担的义务或

---

① 在烟台宏辉食品有限公司诉中国平安财产保险股份有限公司莱阳支公司财产保险合同纠纷案(〔2009〕烟商初字第55号、〔2010〕鲁商终字第177号、〔2013〕民提字第121号)中,法院裁判摘要认为,投保单是保险合同的重要组成部分,由保险公司将格式化投保单交由投保人签字或者盖章,投保单上包括了保险标的物、保险金额、免责事由等保险合同的重要内容。投保人应在阅读并填写相应内容后将投保单交付保险公司。如果当事人对保险合同权利义务发生争议,应当依据保险合同和投保单予以确定。

者加重投保人、被保险人责任的;排除投保人、被保险人或者受益人依法享有的权利的。例如,在汪洋财产保险合同纠纷案中①,重庆市万州区人民法院认为,《保险法》确立了保险合同中格式条款的内容控制规则。涉案格式条款约定实质上剥夺了被保险人对《保险法》第 60 条中保险人的保险赔偿请求权与加害人的损害赔偿请求权的选择权,动摇了保险法的核心制度设计,不具有合法性。此外,保险合同免除保险人在驾驶人不负事故责任情况下的赔偿责任的条款,即属于保险合同中的免责条款,可能会引发被保险人故意追求事故责任的道德风险,有违公序良俗原则,对无责任的被保险人显失公平。涉案条款由于缺乏合法性和合理性,且违反公序良俗原则和显失公平,应属无效,保险人应当向被保险人承担保险责任。重庆市第二中级人民法院二审维持了一审判决。

又如,在王玉国保险合同纠纷案中②,淮安市淮安区人民法院一审认为,对双方之间存在的保险合同关系及被保险人所患的主动脉疾病,保险人与被保险人均无异议,只是对被保险人没有采取开胸而是行主动脉夹层覆膜支架隔绝术治疗疾病是否属保险责任范围产生争议。根据江苏省人民医院司法鉴定所法医学鉴定意见书及答复函意见,被保险人所患主动脉夹层疾病属于主动脉疾病,符合康宁终身保险合同约定重大疾病的保险责任范围。但保险合同对于疾病治疗方式的限制,排除了被保险人享有的对疾病治疗方式的选择权。对于被保险人来说,在患有重大疾病时,往往会结合自身身体状况,选择创伤小、死亡率低的治疗方式,而不会想到为确保重大疾病保险金的给付而采取保险人限定的治疗方式。保险人以限定治疗方式来限制被保险人获得理赔的权利,免除自己的保险责任,该条款应认定为无效。随着医学技术的进步,外科手术向微创化发展,保险人以被保险人投保时的治疗方式来限定被保险人患重大疾病时的治疗方式不符合医学发展规律。保险公司不能因为被保险人没有选择合同指定的治疗方式而拒绝理赔。

保险合同附合性提高了交易效率,降低了交易成本,但也产生种种弊端。为保护投保人和被保险人的利益,《民法典》《保险法》从以下四个方面进行了规制:

(1) 附合合同格式条款的效力。《保险法》第 17 条规定了保险人可以将格

---

① 在汪洋诉中国平安财产保险股份有限公司万州中心支公司财产保险合同纠纷案(〔2015〕万法民初字第 00341 号、〔2015〕渝二中法民终字第 00758 号)中,法院裁判摘要认为,《保险法》第 19 条确立了对于保险合同中格式条款的内容控制规则,应根据合法性和合理性原则对格式条款作出效力性评价。

② 在王玉国诉中国人寿保险公司淮安市楚州支公司保险合同纠纷案(〔2012〕淮中商终字第 0244 号)中,法院裁判摘要认为,保险公司以保险合同格式条款限定被保险人患病时的治疗方式,既不符合医疗规律,也违背保险合同签订的目的。被保险人有权根据自身病情选择最佳的治疗方式,而不必受保险合同关于治疗方式的限制。保险公司不能以被保险人没有选择保险合同指定的治疗方式而免除自己的保险责任(2015 年最高人民法院公报案例)。

式条款订入保险合同,且保险人应向投保人说明格式条款内容,但并未规定保险人违反该规定的法律后果。《民法典》第 496 条规定了格式条款提供方对格式条款的说明义务,并进一步明确了违反说明义务的法律后果,即对方当事人可以主张该格式条款不成为合同的内容。一旦出现保险人没有说明格式条款的情形,可以适用《民法典》的前述规定,对投保人进行救济。

与《保险法》第 17 条规定的保险人说明义务形成鲜明对照的是,《保险法》第 16 条规定了投保人的义务以及违反规定的法律后果。例如,在何丽红保险合同纠纷案中,佛山市中级人民法院认为,投保人违反如实告知义务,将直接影响保险人的正确评估和决策,足以影响保险合同的订立。保险人对投保人黄国基是否已经参加或者正在申请其他人身保险进行了询问,但黄国基未予如实回答,违反了如实告知义务。保险人有权解除与黄国基签订的涉案"祥和定期保险合同",并对保险合同解除前发生的保险事故不承担给付保险金的责任,同时不退还保险费。

(2) 附合合同除外责任的效力。保险合同格式条款有除外责任规定的,保险人应当向投保人明确说明该除外责任的内容。保险人没有向投保人明确说明格式条款中的除外责任的,除外责任条款不产生效力。换言之,除外责任的保险事故一旦发生,保险人仍然必须对被保险人承担给付保险金的责任,如《保险法》第 17 条之规定。例如,在海南丰海粮油工业有限公司海上货物运输保险合同纠纷案中[①],最高人民法院再审认为,根据《保险法》的规定,保险合同中规定有关于保险人责任免除条款的,保险人在订立合同时应当向投保人明确说明,未明确说明的,该条款仍然不能产生效力。据此,保险条款中列明的除外责任虽然不在保险人赔偿之列,但是应当以签订保险合同时,保险人已将除外责任条款明确告知被保险人为前提。否则,该除外责任条款不能约束被保险人。涉案的保险条款除外责任中并不包括因承运人的非法行为将整船货物盗卖或者走私造成的保险标的的损失,保险人不能证明在签订保险合同时向投保人说明因承运人的非法行为将整船货物盗卖或者走私造成的损失不属于保险责任范围。保险人应当按照合同约定承担赔偿责任。最高人民法院再审撤销了二审判决,维持了一审判决。

(3) 附合合同的审查。保险合同有关条款内容,应事先由保险监管机构审

---

① 在海南丰海粮油工业有限公司诉中国人民财产保险股份有限公司海南省分公司海上货物运输保险合同纠纷案(〔1996〕海商初字第 096 号、〔1997〕琼经终字第 44 号、〔2003〕民四提字第 5 号)中,法院裁判摘要认为,保险人作为提供格式合同的一方,应当遵循公平原则确定合同的权利和义务,并采取合理方式提请对方注意免除保险人责任的条款。否则,该免责条款无效。在海上运输货物保险合同中,"海洋运输货物保险条款"规定的一切险,除包括平安险和水渍险的各项责任外,还包括被保险货物在运输途中由于外来原因所致的全部或部分损失。在不存在被保险人故意或者过失的情况下,除非被保险货物的损失属于保险合同规定的保险人的除外责任,保险人应当承担运输途中外来原因所致的一切损失(最高人民法院指导案例 52 号、2006 年最高人民法院公报案例)。

查,经审查核准之后方有效。根据《保险法》第 135 条、《人身保险公司保险条款和保险费率管理办法》第 20 条以及《财产保险公司保险条款和保险费率管理办法》第 5 条和第 14 条的规定,保险合同条款应报国务院保险监督管理机构批准或者备案。根据《保险法》第 136 条的规定,保险公司违反法律、行政法规规定使用合同条款的,国务院保险监督管理机构有权责令停止使用,并限期改正;情节严重的,禁止该保险公司在一定期限内申报新的合同条款。例如,在华泰财产保险股份有限公司保险合同纠纷案中[1],北京市高级人民法院认为,保险公司拟定的其他险种的保险条款和保险费率,应当报国务院保险监督管理机构备案。国务院保险监督管理机构北京办事处的函件已说明涉案的保险条款已报当时的保险监督管理机构,即中国人民银行北京市分行备案。

(4) 附合合同的解释。对附合合同条款发生争议的,法院或者仲裁机构应作出对保险人不利的解释。关于附合合同的解释规则,《保险法》第 30 条规定与《民法典》第 498 条规定相同,首先是按通常理解进行解释;如果有两种以上不同解释的,则作出有利于投保人和被保险人的解释,即作出不利于保险人的解释。例如,在段天国保险合同纠纷案中,南京市江宁区人民法院认为,在涉案保险合同争议条款的含义不明确的情况下,应作出对保险公司不利的解释。案件涉及对"保险人按照国家基本医疗保险的标准核定医疗费用的赔偿金额"条款的理解,涉案保险合同是一份商业性的保险合同,保险人收取的保费金额远高于国家基本医疗保险,投保人对加入保险的利益期待也远高于国家基本医疗保险。如果按照保险公司"医保外用药不予理赔"的主张对争议条款进行解释,明显降低了保险公司的风险,减少了保险公司的义务,限制了投保人段天国的权利。保险公司按照商业性保险收取高额的保费,却按照国家基本医疗保险的较低标准理赔,有违诚实信用原则。

(三) 保险合同的诺成性与非要式性

以合同成立时是否必须交付一定的标的物为标准,合同可以分为诺成合同和实践合同。诺成合同是以当事人意思表示一致为成立要件的合同。此外,以合同成立是否应具备一定形式要件为标准,合同可以分为要式合同和非要式合同。要式合同是指按照法律规定的方式所订立的合同。对于一些重要交易,法律规定当事人应当采取特定方式订立合同,如根据《民法典》的规定,建设用地使用权出让合同、地役权合同、居住权合同、抵押合同、质押合同等应当采取书面形

---

[1] 在华泰财产保险股份有限公司诉神龙汽车有限公司、神龙汽车有限公司北京销售服务分公司保险合同纠纷案(〔2001〕高经初字第 180 号、〔2002〕民二终字第 152 号)中,法院裁判摘要认为,根据保险单所载明的内容,保险协议与保险单载明的其他条款共同构成了保险合同的内容。保险协议与保险条款所规定的内容是一种互为补充、相辅相成的关系,且即使出现冲突,因保险单形成在后,是对保险协议的具体化、确定化,也应以保险单所载条款为准。

式。非要式合同则是指法律并未要求当事人按照某种特定方式订立合同,当事人可以采取口头方式,也可以采取书面方式。现代各国民法均以不要式为原则,以要式为例外。除了法律有特别规定之外,合同均为非要式的。根据合同自由原则,当事人有权选择合同形式,但法律有特别规定的除外。保险合同是非要式合同[①],从合同订立方式和成立的一般规定看,《民法典》第 471 条规定合同可以采取要约和承诺方式订立。第 483 条规定承诺生效的时间为合同成立时间,且第 469 条规定合同形式可以采取口头形式、书面形式或者其他形式。从保险合同订立方式和成立要件看,《保险法》第 13 条明确规定保险合同双方当事人意思表示一致的,保险合同宣告成立。前述《保险法》的规定表明保险合同为诺成合同,而不是实践合同,从而保险费的交付或者保单的签发并非保险合同的成立要件。例如,在江苏省海外企业集团有限公司海上货物运输保险合同纠纷案中,上海海事法院认为,保险合同成立的时间,取决于保险承诺到达要约人的时间。涉案事实表明 1999 年 10 月 14 日,江苏外企公司以传真方式向上海丰泰保险公司发出 3 份投保书,向上海丰泰保险公司投保从法国 S 公司进口的 1 万立方米木材,险种为一切险。10 月 14 日下午,上海丰泰保险公司就江苏外企公司投保的业务作了内部出单登记,登记表中记录了投保人名称、投保时间、保险单编号等事项。10 月 18 日,上海丰泰保险公司制作出 3 份保险单。双方当事人均同意依保险单背面条款的约定,适用英国 1906 年《海上保险法》解决纠纷。合同约定的准据法是双方当事人的真实意思表示,不违反我国法律的一般原则和社会公共利益,且为国际私法一般冲突规范所允许,应确认英国 1906 年《海上保险法》为解决涉案保险合同纠纷的准据法。根据英国 1906 年《海上保险法》第 21 条的规定,保险人接受投保单的行为,不仅仅被视为接受要约,同时也被视为作出承诺。只要保险人全盘接受被保险人在投保单中列出的投保条件,无论保险人当时是否出具保险单,均应认为海上保险合同已经成立。

根据《保险法》第 13 条的规定,保险人出具保险单是法律规定的义务,保险单是保险合同的书面证据而已。保险合同成立要件仍然适用普通民商事合同成立规则,投保人向保险人发出订立保险合同的要约,经保险人承诺之后,保险合同成立。但鉴于保险合同的复杂性和非即时性,投保人与保险人之间的权利义务关系,必须通过保险单或者保险凭证加以确定,以便一旦发生争议,可用以证

[①] "严格言之,保险单或者暂保单并非契约,而为经过口头或者书面接洽所缔结契约之一种证据文书而已。按诸保险通例,保险合同,虽事实上皆作成保险单或暂保单,但其效力之发生不系于保险单或者暂保单。"陈云中:《保险学》,五南图书出版公司 1985 年版,第 92 页。
"……保险契约性质上可定位为不要式契约,盖纵采不要式契约,亦因保险人例皆于订约前或订约后签发暂保单或保险单,虽期间久远,亦不至发生权利义务内容混淆之虞……若必待签发暂保单或保险单后保险契约才告成立,常不能切合实际需要,因此宜采不要式契约说为当。"刘宗荣:《保险法》,三民书局 1995 年初版,第 38 页。

明有关当事人之间的权利义务,有利于纠纷的解决。例如,在卫勤俭渔船保险合同纠纷案中①,广州海事法院认为,渔船保险合同成立于保险单或者其他保险单证签发之前。渔船保险合同的内容虽然是由保险单载明,但保险单不等于渔船保险合同。由于渔船保险合同的内容通常是以格式条款记载在保险单上,对同一被保险人的同一条渔船在不同时期的保险来说,除保险期限有所变化,保险合同的其他内容一般不会改变。卫勤俭派人携带保险费到农行营业所投保,是被保险人提出保险要求的行为。农行营业所收下保险费3.7万元并将其存入保险费专户,还代卫勤俭填写了保险期限从1999年5月8日零时起至2000年5月7日24时止的《渔船投保单》,是保险人同意在此期限内承保的行为。双方的意思表示一致,应当认为农行营业所已经代台山保险公司与卫勤俭订立了渔船保险合同。广东省高级人民法院肯定了原审法院对合同效力的认定,认为由于卫勤俭与农行营业所已经就渔船保险一事达成一致的意思表示,特别是卫勤俭已经履行了投保人交纳保险费的义务,且此项费用已经被农行营业所收入保险费账户,农行营业所代理台山保险公司与卫勤俭订立的保险合同依法成立。保险手续仅为对保险合同的一种书面记载,并不能等同于保险合同。保险手续没有完善,不等于保险合同没有成立。换言之,卫勤俭作为投保人,符合意思表示的投保单已经填写出来,保险费已经交纳,投保人在保险合同中的义务已经完成。保险手续应当由保险人或者代理人去完善。

  保险合同的诺成性和非要式性,不仅涉及对《保险法》相关条款的解释与适用问题,在理论上还涉及保险合同成立的性质与效力。从合同法历史发展来看,合同形式经历了一个从要式到非要式的发展过程,古代合同法要求订立合同必须采取法律所规定的形式,否则合同无效。从近代开始,世界各国合同立法渐次采取了非要式合同的形式。在现代社会中,非要式合同已经成为合同法原则。②从我国合同立法来看,也经历了从要式合同到非要式合同的发展过程。1981年公布的《经济合同法》第3条规定经济合同必须采取书面形式,第25条规定保险合同订立应采取保险单或者保险凭证的形式③,表明我国这个时期立法采取严格要式主义。20世纪90年代之后,我国合同立法对合同形式要件的要求发生了变化。1992年公布的《海商法》取消了保险合同的要式主义,第221条明确规

---

  ① 在卫勤俭诉中保财产保险有限公司台山市支公司、中国农业银行台山市支行下川营业所渔船保险合同纠纷案((1999)广海法事字第116号)中,法院裁判摘要认为,保险人或者保险代理人在保险业务操作中掌握主动权,投保单由保险代理人代填写,投保人没有签字盖章这种不规范操作的后果应当由保险人或者保险代理人承担责任,不能由投保人负责(2001年最高人民法院公报案例)。

  ② 在英美法系中,普通法并未要求保险合同必须具备特定的形式,成文法仅要求某些特定的保险,如海上保险、保证保险以及工伤丧葬费用保险等,必须使用书面保险合同。Nicholas Legh-Jones, *MacGillivray on Insurance Law*, 9th edition, Sweet & Maxwell, 1997, p.110.

  ③ 《经济合同法》(1981年)第3条规定:"经济合同,除即时清结者外,应当采用书面形式。"第25条规定:"财产保险合同,采用保险单或保险凭证的形式签订。"

定海上保险合同的成立，即表现为投保人与保险人意思表示一致。合同订立的程序与形式，并不妨碍保险合同成立。同年修改的《经济合同法》也采纳了同样规定。① 前述《海商法》《经济合同法》等法律规定表明，我国立法确认了保险合同为非要式合同。1999年的《合同法》第10条对合同形式以不要式为原则，以要式为例外。

《民法典》第469条仅规定了当事人可自由选择合同形式，体现了民法的意思自治原则，且《保险法》并未规定保险合同应采取书面形式，因而保险合同为不要式合同，可以是口头形式，也可以是书面形式。例如，在中意人寿保险有限公司江苏省分公司保险合同纠纷案中②，南京市中级人民法院认为，保险合同应属非要式合同、诺成合同。投保人提出保险要求，经保险人同意承保，保险合同成立。保险合同的成立是以双方就保险权利义务达成合意为基础，投保单及保险单并非保险合同成立的要件。涉案的中电公司通过中怡公司邀请各家保险公司进行报价的形式选择保险公司，应属要约邀请，中意保险公司通过报价的形式向中电公司发出要约，并于2012年9月29日再次表明要约的有效时间，同年10月9日，中电公司向中意保险公司发出《直付延期服务申请书》，明确由中意保险公司续保，是对中意保险公司要约的承诺，从而双方之间的保险合同已经成立并生效。中电公司与中意保险公司对双方之间的续保已经达成合意，保险合同已经成立并生效。中意保险公司虽尚未向中电公司签发保险单，但并不影响双方之间保险合同的成立和生效。

但是，在《保险法》颁布之后的一段时间，司法审判实践对保险单签发的性质仍有不同的认识。例如，在孙笑人寿保险合同纠纷案中③，广州市天河区人民法院一审认为，双方当事人已就保险合同的条款达成一致意见，符合《保险法》第13条规定，保险合同成立。广州市中级人民法院二审却认为，保险人处于核保阶段，并未作出承诺，保险合同没有成立，保险人不应承担保险赔付责任。该案的生效判决表明被保险人在保险人接受投保单到签发保险单之前，被保险人的相关权利是不受保护的。该案生效判决以保险单的签发作为保险合同的生效依据，明显背离《保险法》第13条规定，严重侵害被保险人利益。

---

① 《经济合同法》第25条修改为："财产保险合同，由投保人提出保险要求，经保险人同意承保，并就合同的条款达成协议后成立。保险人应当及时向投保人签发保险单或者其他保险凭证。"

② 在中意人寿保险有限公司江苏省分公司诉中电电气（南京）光伏有限公司保险合同纠纷案（〔2013〕江宁商初字第350号、〔2014〕宁商终字第1107号）中，法院裁判摘要认为，保险合同的订立采取要约、承诺的方式。保险合同成立是以双方对保险的权利义务达成合意为基础，保险合同的诺成性和非要式性表明成立即告生效。

③ 在孙笑诉信诚人寿保险有限公司人寿保险合同纠纷案（〔2002〕天法经初字第1018号、〔2003〕穗中法民二终字第993号）中，法院裁判摘要认为，投保人与保险人签订投保书后，保险合同仍处于核保阶段，保险人尚未作出核保的承诺，也未出具保单的，视为保险公司尚未作出同意承保的意思表示，保险合同尚未成立。被保险人发生保险事故的，保险人不承担保险责任。

从《保险法》第 13 条规定来看，保险合同的成立要件，是投保人与保险人意思表示一致。保险合同成立之后，保险人才向被保险人签发保险单或者其他保险凭证。合同成立在先，而保险单或者其他保险凭证签发在后，这足以说明保险单并非保险合同成立要件，而是保险合同的书面证据而已。保险合同形式从要式到非要式的立法变迁，说明了立法对被保险人利益的优先保护，从而在保险合同成立到保险单签发之前这段期间内使被保险人利益能够得到切实、有效的保护。例如，在张掖甘州农村合作银行借款担保合同、保险合同纠纷案中[1]，张掖市中级人民法院认为，保险合同是诺成合同、非要式合同。只要保险人对于投保人的投保意愿作出了同意承保的意思表示，保险合同即告成立。保险人签发保险单或者其他保险凭证则是保险人在保险合同成立后所应当履行的法定义务，并非判断保险合同成立与否的依据。涉案的保险代理人将投保人的保险费在什么时间、以什么方式交给保险人，为代理人与保险人之间的约定，对投保人不产生法律效力。涉案的保险人向投保人签发客户告知书之时，应当认为双方对合同条款达成协议，即可认定保险人对投保人的投保要约作出了愿意承保的承诺意思表示，保险合同即告成立。投保人也已向保险代理人缴纳了保险费，履行了其作为投保人在保险合同成立后应负的主要义务。因此，投保人与保险人之间的保险合同成立，保险人应承担保险赔偿责任。

在保险实务中，投保人与保险人经常在达成保险协议，被保险人已经交纳保险费之后，不能及时获得保险人所签发的保险单。如果法律规定保险合同的形式仅为书面合同，在此期间发生保险事故，即使保险人承认双方保险协议的存在，也因保险合同存在形式缺陷而使被保险人利益得不到有效的保护。《保险法》采纳保险合同非要式主义，即使保险人没有及时向被保险人签发保险单，保险人仍然承担保险事故所产生的损失补偿责任，从而使被保险人合法利益得到妥善维护。

我国司法审判实践认为，投保人提交投保单并缴纳了首期保险费，即使在保险人未作出是否承保的意思表示时发生保险事故，被保险人或者受益人请求保险人按照保险合同承担赔偿或者给付保险金的责任，如果符合承保条件的，保险人也应承担保险责任；如果不符合承保条件的，保险人不承担保险责任，但应当退还已经收取的保险费。保险人主张投保人的投保单不符合承保条件的，应承担举证责任。

---

[1] 在张掖甘州农村合作银行诉中国平安财产保险股份有限公司张掖中心支公司、包福荣、包希春、马志清、包希鹏、包希斌、包希军、马浩借款担保合同、保险合同纠纷案（〔2013〕甘民初字第 3447 号、〔2014〕张中民终字第 378 号）中，法院裁判摘要认为，保险合同是诺成合同，只要保险人对于投保人的投保意愿作出了同意承保的意思表示，保险合同即告成立。保险单的签发和保险费的缴付与否，并不影响保险合同的成立。

(四) 保险合同的有偿性与非典型双务性

以当事人双方是否承担相互对待给付义务,合同可以区分为有偿合同和无偿合同。对待给付是指合同当事人一方以付出某种利益为对价交换所获得的利益。投保人以支付保险费为对价,将损失补偿的风险转移给保险人,要求保险人在发生保险事故时承担损失补偿责任。保险费是保险人承担保险责任的对价,也是构成保险合同效力的核心要素。投保人不交纳保险费或者停止交纳保险费,保险人则不承担给付保险金的责任。无论是投保人交纳保险费,还是保险人支付保险金,均以获得相应的对价为条件。因此,保险合同具有有偿性。

保险合同有偿性的意义在于判断保险单赠与行为的法律效力。在一般买卖合同中,当事人约定一方将财产所有权转移给另一方,受让方支付价金的,是有偿的买卖合同;如果出让方在交付标的物之后,表示不收取价金,则为无偿的赠与合同。不论是有偿还是无偿,法律均承认合同效力。保险合同则不然,保险是多数人分摊少数人损失的互助计划,保险费则是保险参与人所负担的分摊份额。保险人是保费资金池的管理人,而不是保费资金的所有人,保险人无权赠与或者免除本来应支付到保险资金池的保险费。如果保险人不收取保险费,就不可能有保险基金,从而没有保险费约定的保险合同不发生法律效力。[①]保险人以保险单为赠与物,该赠与行为无效。[②]特殊情况下也有例外。据报道,2020年新型冠状病毒肺炎疫情期间,保险行业累计向抗疫一线人员捐赠了总计保额11.58万亿元的保险保障,参与捐赠的保险公司有八十多家,且国务院保险监督管理机构积极鼓励保险业赠与各种保险产品,并豁免了一些捐赠保险品种的限制。[③]

由于缺乏对保险合同有偿性的认识,司法审判实践也认为没有保险费约定的保险合同仍然有效,这种观点有悖于保险法基本原理。例如,在黄华、沈雨晨保险合同纠纷案中,法院一审、二审均确认了"上海个人抵押住房综合保险条款"自动扩展到还贷保证保险责任的效力。[④]该案判决违反了保险合同的有偿性,涉

[①] 美国保险法学者 Freedman 认为,保险合同有效的条件为:(1) 通过要约和承诺方式订立;(2) 合同必须符合法定的形式要件,且双方当事人具有订约的行为能力;(3) 支付保险费;(4) 保险合同的目的必须合法且不能违反公共政策;(5) 合同不得显失公平,双方当事人的同意是建立在了解另一方当事人的重大以及相关事实基础上的。See Warren Freedman, *Freedman's Richards On the Law of Insurance*, 6th edition, Volume 1, The Lawyers Co-operative Publishing Company, 1990, pp. 10-11.

[②] 参见桂裕:《保险法》,三民书局1983年增订初版,第30页。"须注意者,保险契约为强制性之有偿契约,要保人必须给付保险费,保险契约中,无给付保险费之约定或约定免除要保人给付保险费义务者,该保险契约全部无效。"刘宗荣:《保险法》,三民书局1995年初版,第34页。

[③] 保险公司实施合法有效的保险捐赠的方法有两种:一是保险公司通过股东大会决议将公司部分盈利以公司全体股东的名义购买保险产品实施捐赠;二是保险公司发动公司员工捐款购买保险产品实施捐赠。公司的盈利和公司员工捐款与保险费资金池没有关联,不会损害其他投保人的利益。

[④] 2001年11月15日,上海市保险同业公会发布公告,在上海地区自2001年11月15日0时起统一实施"上海个人抵押住房综合保险条款"。原持有上海地区各保险公司签发的有关抵押住房保险的有效保单,自动扩展到该条款新增的还贷保证保险责任。各保险公司自扩展相应责任起承担保险责任,原有效保单持有人不到各保险公司办理有关批改及变更手续。

案保险合同(抵押商品住房保险合同是在2000年4月8日签订的)是在上海保险同业公会发布"上海个人抵押住房综合保险条款"之前签订的(上海保险同业公会公告对原抵押商品住房保险合同的保险责任进行了扩展,增加了还贷保证责任内容和相应的责任免除条款),投保人并未支付相应的对价,保险人缺乏承担保险责任的基础。

在保险活动中,真正承担灾害损失赔偿责任的不是保险人,而是未受损失的其他投保人。投保人缴纳保险费所形成的巨额保险基金,由保险人统一管理并用于赔付因保险事故所产生的损失。投保人缴纳保险费是保险分散风险损失功能的社会基础。投保人将所承受的风险损失转移到处于同样风险之中的投保人团体;该风险团体对灾害事故所产生的损失必须共同分担,不能有任何例外(以缴纳保费形式)。处于同类风险中的大量投保人构成风险集团,以缴纳保费形式分摊各自的风险损失,从而将个人风险转化为社会(团体)风险。

合同有单务合同(unilateral contract)和双务合同(bilateral contract)之分。双务合同是指当事人双方互负对待给付义务的合同,一方当事人愿意履行合同所规定义务,是因为期待对方当事人承担对待履行义务。双务合同依对价给付是否适当,可以分为典型双务合同与非典型双务合同。典型双务合同是指合同双方当事人彼此互负对待给付义务的合同,如买卖合同是典型双务合同。非典型双务合同是指合同当事人虽因合同生效而负有给付义务,但其中一方给付义务处于不确定状态的合同。保险合同双方当事人相互负有给付义务,投保人负有交纳保险费的义务,而保险人享有收取保险费的权利;在发生保险事故之后,被保险人或者受益人享有损失补偿请求权,而保险人则承担支付保险金的义务。[1]在保险事故发生之前,保险人承担保险标的受损或者灭失的风险,从而避免了被保险人精神上或者经济上的负担。[2]例如,在订立责任保险合同之后,投保人无须自己准备损失补偿金,从而获得隐性收益。《保险法》第14条采纳了保险合同是双务合同的主张。但是,如果不发生保险事故,保险人则不具有赔付保险金的义务。虽然保险合同属于双务合同,但不能适用合同法上的同时履行抗辩权的规定。换言之,投保人有先交纳保险费的义务,但不能主张同时履行抗辩权。此外,双务合同中的其他抗辩权,如先履行抗辩权、不安抗辩权等,均不得适用。

---

[1] 大多数大陆法系学者认为,保险合同是双务合同。我国大陆和台湾地区的学者对该问题的认识存在分歧,但多数人认为保险合同为双务合同。英美法系认为,投保人给付保险费的义务是确定的,而保险人支付保险金的义务,有很大的偶然性,仅在保险事故发生之后才承担支付保险金的义务。因此,将保险合同视为单务合同。参见陈云中:《保险学》,五南图书出版公司1985年版,第90页。

[2] 参见江朝国:《保险法基础理论》,中国政法大学出版社2002年版,第281页。

三、保险合同的种类

保险合同种类非常多,不同的分类在理论和实践中有不同的意义。根据不同的分类方法,保险合同主要有以下六种分类方式:

(一) 人身保险合同与财产保险合同

以保险合同标的为标准,保险合同可以分为人身保险合同与财产保险合同。人身保险合同与财产保险合同是最为常见的、最为重要的一种分类方法。

1. 人身保险合同

人身保险合同(personal assurance contract)是指以寿命和身体为保险标的之保险合同。[①] 人身保险合同可以再分为人寿保险合同(life assurance contract)、健康保险合同(health insurance contract)和意外伤害保险合同(accident insurance contract)。例如,在赵青、朱玉芳意外伤害保险合同纠纷案中[②],南京市鼓楼区人民法院认为,在被保险人喝酒死亡的过程中,并无证据表明存在外部因素的介入,故被保险人喝酒导致死亡不属于意外身故,保险人无须承担赔付保险金的责任。

人寿保险合同是人身保险合同的主要表现形式,人寿保险合同还有多种不同的分类,主要有以下三种分类方式:

(1) 死亡保险合同、生存保险合同和混合保险合同。按照保险事故的不同,人寿保险合同可以分为死亡保险合同、生存保险合同和混合保险合同。

死亡保险(insurance against death)是指以被保险人死亡为保险事故的保险,可分为终身保险与定期保险。终身保险(whole life insurance)是指从保险合同生效之日起,被保险人无论何时死亡的,保险人均承担保险金的给付义务的保险。终身保险主要有普通终身寿险(ordinary-life insurance)、限期交费终身寿险(limited-payment life insurance)、趸交终身寿险(single premium life insurance)和联合终身寿险(joint life insurance)等。定期保险(term insurance)是指以在一定保险期间内被保险人死亡为给付保险金条件的保险。被保险人在保险合同约定期间内死亡的,保险人承担保险金的给付义务,如果保险期间届满,被保险人仍然生存的,则保险合同终止,保险人没有给付保险金的义务。定期保险主要有变更型定期保险(convertible term insurance)、更新式定期保险(renewable term insurance)和递增或者递减型定期保险(increasing term insurance or

---

① 在英美法系,人身保险表述为"assurance"而不是"insurance"。
② 在赵青、朱玉芳诉中美联泰大都会人寿保险有限公司意外伤害保险合同纠纷案([2016]苏0106民初7397号)中,法院裁判摘要认为,意外伤害是指由于外来的、突发的、非本意的、非疾病的原因导致身体受到伤害的客观事件。饮酒过量有害身体健康属生活常识,被保险人作为完全民事行为能力人,对此完全可以控制、避免,故饮酒过量导致身体损害不是基于外来的、突发的和非本意的因素,不属于意外伤害,被保险人据此申请保险公司支付保险金的,法院不予支持(2017年最高人民法院公报案例)。

decreasing term insurance)等。例如,在王祥玲、周文博人寿保险合同纠纷案中①,新疆维吾尔自治区高级人民法院再审认为,以死亡为给付保险金条件的保险不仅包括单纯的死亡保险,还包括包含死亡为给付保险金条件的保险条款的其他险种。不管是在单纯的以死亡为给付保险金条件的人寿保险,还是包含以死亡为给付保险金条件的生死两全险、意外伤害险等险种,均需要被保险人的同意并认可保险金额。否则,保险合同无效。涉案的国寿福满一生两全保险(分红型)保险合同,是生死两全型保险合同,该合同中涉及被保险人身故的保险金给付条件,应获得被保险人的同意并由其认可保险金额。

生存保险(pure endowment insurance)是指以被保险人在一定期限内生存为保险事故而给付保险金的保险,可再分为纯粹的生存保险和年金保险。混合保险(mixed insurance)是指被保险人在保险期间死亡或者保险期满仍然生存的,保险人均给付保险合同约定的保险金,又称为养老保险(endowment insurance)。例如,在武华芬人寿保险合同纠纷案中,重庆市高级人民法院认为,以死亡为给付保险金条件的合同,未经被保险人同意并认可保险金额的,保险合同无效。涉案保险合同主险部分是典型的两全保险,两全保险是将定期死亡保险和生存保险结合的保险形式,保险合同项下的保险费金额、交费期间、保险期间、保险责任均以被保险人生存状态为确定依据,相互之间具有关联性,生存保险责任与死亡保险责任之间不具有实质独立性。人寿保险中的两全保险,保险标的为被保险人的生命,身故保险金是受益人获得保险保障的主要途径,为典型的"以死亡为给付保险金条件"的保险合同。以死亡为给付保险金条件的保险合同,可能诱发以侵害被保险人生命为对象的道德风险,在被保险人未同意并认可保险金额的情况下订立的保险合同不仅可能会使被保险人之生命陷于危险之中,也有害于公共秩序与善良风俗。法律赋予被保险人以"同意权",该规范属效力性强制性规范,保险合同当事人在订立保险合同时不得违反。

(2)资金保险合同和年金保险合同。按照保险金给付方式的不同,人寿保险合同可以分为资金保险合同和年金保险合同。

资金保险(capital insurance)是指保险事故发生时,保险人向受益人一次性给付全部保险金的保险。一般人寿保险通常采取资金保险。年金保险(annuity insurance)是指以被保险人生存为条件,在终身或者一定期间内,每年给付一定金额的保险。年金保险有终身年金和定期年金之分,前者是指生存期间每年给付保险金的保险;后者是指在一定期间内每年给付保险金的保险。例如,在姜有

---

① 在王祥玲、周文博诉中国人寿保险股份有限公司和田分公司人寿保险合同纠纷案(〔2014〕和中民二终字第 47 号、〔2015〕新民申字第 481 号)中,法院裁判摘要认为,以死亡为保险金给付条件的人寿保险、生死两全险和意外伤害险等保险合同的生效,均应以被保险人的同意和认可保险金额为条件。

生保险合同纠纷案中[①],辽宁省高级人民法院再审认为,投保人(姜有生)未经被保险人(姜震)本人签字同意而为其投保的光大永明富贵双全年金保险,包括身故保险金、生存保险金、意外身故保险金、公共交通意外身故保险金和期满保险金,其中生存保险金和期满保险金并非以死亡为给付保险金条件,故该部分内容不因被保险人未签字同意而无效。保险公司的业务员应熟悉《保险法》的相关法律规定,在签订保险合同前对保险内容向投保人做充分的讲解和说明,在合同签订时应明确告知被保险人处应由本人签字,但实际操作中却同意由投保人代替被保险人签字,应对合同部分内容无效承担主要责任。

（3）普通人寿保险合同和简易人寿保险合同。以经营方法和范围为标准,人寿保险合同可以分为普通人寿保险合同和简易人寿保险合同。

普通人寿保险(ordinary life assurance)是指保险人以普通交易方式所经营的人寿保险。普通人寿保险由人寿保险公司经营,《保险法》规定的人寿保险,属于普通人寿保险的范围。简易人寿保险(industrial assurance)是指保险人以简易方法经营人寿保险,即对被保险人无须进行体检的保险。简易人寿保险以普通自然人为保险对象的,旨在减轻自然人经济生活上的威胁,达到稳定社会目的,简易人寿保险兼有社会保险的性质。

2. 财产保险合同

财产保险合同(property insurance contract)是指以财产或者其他与财产相关的利益为保险标的之保险合同。财产保险的目的是填补投保人或者被保险人的财产损失。按照保险标的的不同,财产保险合同还可以再分为有形财产保险合同与无形财产保险合同两大类:

（1）有形财产保险合同。有形财产保险合同主要包括海上保险合同(marine insurance contract)、火灾保险合同(fire insurance contract)、水灾保险合同(water damage insurance contract)、汽车保险合同(automobile insurance contract)、航空保险合同(aviation insurance contract)、盗窃保险合同(burglary & theft insurance contract)、玻璃保险合同(plate glass insurance contract)、锅炉及机器保险合同(boiler & machinery insurance contract)和内陆运输保险合同(inland transit insurance contract)等。

（2）无形财产保险合同。无形财产保险合同主要包括信用保险合同(credit insurance contract)、保证保险合同(bonds insurance contract)、责任保险

---

① 在姜有生诉光大永明人寿保险有限公司营口中心支公司保险合同纠纷案(〔2014〕营民三终字第00441号、〔2015〕辽审四民申字第101号)中,法院裁判摘要认为,保险合同部分无效,不影响其他部分效力的,其他部分仍然有效。

合同(liability insurance contract)、利益保险合同(interest insurance contract)、权利保险合同(title insurance contract)和营业中断保险合同(business interruption insurance contract)等。

财产保险以保险标的价值为限确定保险金额,在发生保险事故之时,被保险人应得的保险赔偿仅限于补偿保险标的的损失,从而财产保险又称为"损失保险",保险人享有保险代位求偿权。人身保险以生命和身体为保险标的,由于生命和身体的无价性,保险合同当事人可以任意约定保险金额,在保险事故发生时,直接以保险金额向受益人支付保险金而没有超额保险或者复保险发生的可能,从而人身保险又称为"定额保险"①。以死亡为给付保险金条件的人身保险,被保险人同意并认可保险金额是保险合同的生效条件。

(二) 定值保险合同与不定值保险合同

以保险价值是否预先确定为标准,保险合同可以分为定值保险合同与不定值保险合同。

在保险合同中,保险金额的确定应受到保险价值限制。保险金额(insured amount)是指在保险合同中当事人之间所约定的最高赔付金额,保险价值(insurable value)则是指保险标的的价值。②保险金额不得超过保险价值,保险价值是保险人所承担的保险损失补偿责任在法律上的最高限度。《保险法》第55条确认了定值保险合同与不定值保险合同的分类。

(1) 定值保险合同。定值保险合同(valued policy)是指当事人双方在缔约时,事先确定被保险财产的保险价值并在保险单中载明的一种保险合同。③ 在订立保险合同时,投保人与保险人确定保险标的的价值,在保险标的发生全损时,没有必要对保险标的进行估价,直接按照保险合同所规定的保险标的的价值进行全额赔付即可。艺术品、书画、古董等保险标的,价值不易确定,如果当事人事先约定保险标的价值,则可避免产生纠纷。定值保险合同仅在海上保险中广泛使用,主要有两个原因:一是海上保险标的的价值受时间和空间影响较大,保险事故发生之后估计损失在技术上存在较多的困难;二是海上保险标的并不在被保险人控制之下,被保险人不可能故意损毁保险标的而向保险人索取赔偿,因而

---

① "定额保险"是人身保险中的概念,"定值保险"则是财产保险中的概念。两者一字之差,意思相近,内容则相差甚远。

② 保险价值,又称为保险价额,人身保险标的不能以金钱来估价,保险价值仅适用于财产保险合同。

③ 定值保险合同与定额保险合同是两个完全不同的概念,定额保险合同是指当事人预先约定保险金额,一旦发生保险事故,即按照合同约定支付保险金,不得增加或者减少合同所规定的保险金数额。定额保险合同主要适用于人身保险中的人寿保险。参见郑玉波:《保险法论》,三民书局1997年修订版,第53页。

诱发道德危险的可能性极低。例如,在徐海峰财产损失保险合同纠纷案中①,江苏省高级人民法院再审认为,涉案保险合同为定值保险、足额保险,保险价值应以投保人 2010 年 6 月的资产负债表中载明的固定资产账面原值及流动资产账面余额为准。不论被保险财产的实际价值在出险时是否发生变化,均应按双方事先确定的保险价值确定赔偿数额,部分损失的,按比例赔偿。投保人因保险事故造成的固定资产及流动资产的损失,没有超过保险金额,应按实际损失赔偿。法院再审判决确认了一审、二审法院对定值保险合同的认定。

(2) 不定值保险合同。不定值保险合同(unvalued policy)是指当事人在缔约时不事先确定被保险财产价值,而是在合同中载明保险事故发生之后,再估计被保险财产价值,确定应赔偿金额。不定值保险合同仅记载保险金额,保险标的的实际价值待保险事故发生时予以确定,而确定保险标的实际价值通常以市场价格为准。② 如果在保险合同存续期间,保险标的价值下降,一旦发生保险事故,保险人仍然以缔约时的价值为准来计算损失补偿金额,就违背了保险损失补偿原则。③ 在保险实务中,不定值保险合同在海上保险之外的其他财产保险合同采用较多,海上保险合同却很少采用。例如,在沈阳玉龙木制品有限公司财产保险合同纠纷案中④,辽宁省高级人民法院再审认为,保险单上仅记载保险金额,但未记载保险价值,从而涉案财产保险合同为不定值保险合同,双方对保险价值事先没有约定,在发生保险事故后,需要确定保险赔偿金额时,才去确定保险价值。对不定值保险合同,投保人与保险人在订立合同时不确定保险价值,在保险单上只记载保险金额,不记载保险价值。涉案保险合同约定流动资金的保险价值是出险时账面余额,但该项约定仅确定了流动资金保险价值的确定方式,而没有载明具体数额,从而应按保险事故发生时保险标的实际价值确定保险价值,在保险金额范围内按照实际损失予以赔偿。

---

① 在徐海峰诉永安财产保险股份有限公司南通中心支公司财产损失保险合同纠纷案(〔2013〕崇商初字第 0303 号、〔2013〕通中商终字第 0536 号、〔2014〕苏审二商申字第 0355 号)中,法院裁判摘要认为,企业财产保险合同为定值保险还是不定值保险,为足额保险还是不足额保险,以及保险价值如何确定的问题,涉案保险合同为定值保险、足额保险,保险价值应以南通曼妮鞋业有限公司 2010 年 6 月的资产负债表中载明的固定资产账面原值及流动资产账面余额为准。

② 例如,在订立火灾保险合同时,作为保险标的物的别墅价值为 1000 万元,投保人向保险人投保 1000 万元,在火灾发生时,房屋价格普遍下降,保险标的物别墅的价值仅为 800 万元,保险人仅应向被保险人赔付 800 万元。又如,假设上例中,在火灾发生时,房屋价格普遍上涨,保险标的物房屋的价值为 1200 万元,保险人仅应向被保险人赔付 1000 万元。无论是房屋价格上涨还是下跌,标的物灭失的,被保险人均不可能获得意外收益。因此,没有诱发道德风险的可能。

③ 保险人对被保险人的损失补偿金额,不得超过保险标的在保险事故发生时的实际价值总额——实际现金价值,即采纳重置成本减去折旧之后的余额。

④ 在沈阳玉龙木制品有限公司诉中国人民财产保险股份有限公司本溪市分公司财产保险合同纠纷案(〔2009〕经开民初字第 2275 号、〔2010〕沈民五终字第 609 号、〔2016〕辽民再 224 号)中,法院裁判摘要认为,投保人和保险人未约定保险标的之保险价值的,保险标的发生损失时,以保险事故发生时保险标的的实际价值为赔偿计算标准。

(三) 足额保险、不足额保险与超额保险

以保险价值与保险金额之间关系为标准,保险合同可以分为足额保险、不足额保险与超额保险。

(1) 足额保险。足额保险(full insurance)是指在财产保险合同中保险金额等于保险价值,即以全部保险价值投保所订立的保险合同,又称全部保险。足额保险是理想状态的保险,一方面被保险人所具有的保险标的价值得到完全保护,即在保险事故发生时,被保险人所遭受的实际损失完全由保险人予以补偿,符合追求完全填补损失的保险理念;另一方面因计算保险费的保险金额并未超过保险价值,投保人没有支付多余的保险费。

在订立不定值保险合同时,保险人应查明保险标的市场价值,作为确定保险金额的参考依据。在保险事故发生时,如果合同中所规定的保险标的价值与市场价值完全一致,该保险合同为全额保险。如果保险标的全部受损,则表明被保险人所受损失是保险标的全部价值,而由于该保险标的价值与保险金额一致,保险人应将保险金额的全部赔付给被保险人。如果保险标的部分受损,则保险标的实际损失是被保险人所受损失,由于保险金额与保险价值一致,被保险人损失全部由保险人承担。但是,如果在保险事故发生时,保险标的实际价值高于或者低于合同所规定的价值,则该全额保险变为不足额保险或者超过保险。这将影响损失补偿的计算标准,应以保险事故发生时保险标的实际价值,而不是合同所规定的价值(即订立保险合同时保险标的价值)来计算应赔付损失。保险合同由全额保险变为非全额保险,如果是不足额保险,则按保险金额与保险价值之间的比例计算保险人应当给付的保险赔偿数额,被保险人实际损失高于所获得的保险赔偿;如果是超额保险,则保险事故发生时保险标的保险价值低于合同所规定的保险价值,保险人则以保险标的实际价值履行保险赔付义务,被保险人所受实际损失等同于保险损失补偿。定值保险比不定值保险简单些,在缔约时,保险合同当事人双方约定保险价值与保险金额相等,即为足额保险。例如,在陈永夏财产损失保险合同纠纷案中[①],无锡市中级人民法院认为,不足额保险是指保险金额低于保险价值的保险,保险金额与保险价值的高低是判断是否足额保险的标准。投保人和保险人未约定保险标的之保险价值的,以保险事故发生时保险标的实际价值为赔偿计算标准。根据保险条款载明的实际价值确定方式计算,涉案保险合同的保险金额 10 万元,车辆的实际价值应为 56400 元,为足额保险。保险公司应当按足额保险的赔付方法,足额赔付投保人实际损失 39680 元。又

[①] 在陈永夏诉永安财产保险股份有限公司盐城中心支公司财产损失保险合同纠纷案([2015]宜商初字第 01311 号、[2016]苏 02 民终 959 号)中,法院裁判摘要认为,车辆转让本身不影响保险合同效力,除非转让导致车辆用途变更或增加危险程度。保险金额与保险价值的高低是判断是否足额保险的标准,涉案保险合同为足额保险,而不是不足额保险。

如,在徐海峰财产损失保险合同纠纷案中,江苏省高级人民法院再审认为涉案保险合同为足额保险。

(2) 不足额保险。不足额保险(under insurance)是指保险金额低于保险标的之保险价值,又称为"部分保险"。换言之,保险价值高于保险金额,表明被保险人对所投保的标的之价值仅受到部分保险保护。不足额保险既可能发生在合同订立时,也可能发生在合同订立之后,主要有以下两种情形:

一是保险合同订立时的不足额保险。在订立合同时,投保人仅以保险标的之保险价值的一部分投保,因而保险金额低于保险价值。这种情形可能是由于保险标的危险较少,发生全损的可能性非常小,投保人仅将保险价值的一部分投保,以节约保险费开支;也可能由于保险标的危险较大,保险人仅接受部分投保,其余部分由被保险人自己负责,以加强被保险人对保险标的的保护,从而降低保险事故发生的风险。

二是保险合同订立之后的不足额保险。在订立保险合同时,当事人约定保险金额等于保险标的之保险价值,但在合同成立之后,保险标的价值上升,导致保险金额低于保险价值,则该保险合同为不足额保险。《保险法》第55条规定了不足额保险中保险人应承担的保险损失补偿责任的计算规则——比例分担规则。

(3) 超额保险。超额保险(over insurance)是指在保险合同中当事人约定保险金额超过保险标的之保险价值的保险。保险金额根据保险价值确定,且原则上不得超过保险价值。保险价值是保险补偿金额的计算依据,而保险补偿金额又不能超过保险金额。保险金额和保险价值,均影响到保险补偿金额的确定。超额保险的实质意义在于双方当事人约定保险金额超过保险标的本身价值,容易诱发道德危险,而保险本质是为填补被保险人损失,损失范围又仅以被保险人对保险标的所享有的价值为限。超额保险为法律所禁止,这充分体现了保险价值是保险人损失补偿在法律上的最高限额的意义。超额保险的发生,主要有以下两种情形:

一是保险合同订立时的超额保险。在保险合同订立时,当事人的善意或者恶意导致保险金额超过保险价值。所谓善意是指投保人对于保险标的实际价值不甚了解,误以高价投保;保险人也因估价错误或者一时疏忽,形成了超额保险。所谓恶意是指投保人存心欺诈,企图获得不当利益,故意提高保险标的的价值,与保险人订立保险合同之后,损毁保险标的以获得超额补偿。例如,在阜新东达物资贸易经销中心财产保险合同纠纷案中[①],辽宁省高级人民法院再审认为,涉案

---

① 在阜新东达物资贸易经销中心诉中国太平洋财产保险股份有限公司阜新中心支公司财产保险合同纠纷案([2013]海民二初字第140号、[2013]阜民二终字第184号、[2016]辽民再334号)中,法院裁判摘要认为,投标人与保险人未约定保险价值的,保险标的发生损失时,以保险事故发生时保险标的实际价值为赔偿计算标准。保险金额不得超过保险价值。超过保险价值的,超过部分无效,保险人应当退还相应的保险费。

车辆于投保时以新车购置价作为基准,投保险种约定的保险金额明显超出了保险价值,出现超额保险。不论超额保险原因如何,保险金额超过保险价值部分均属无效,保险公司应退还对被保险人超额收取的保费,但被保险人不可以通过超额保险获得超出实际损失的不当利益。新车购置价是保险金额而不是保险价值,旧车发生全损保险事故的,保险赔偿不能大于保险价值,只能赔偿保险事故发生时被保险车辆的实际价值。

二是保险合同订立之后的超额保险。在保险合同订立后,保险标的价值贬值,导致在保险事故发生时,保险金额超过保险标的之保险价值。

超额保险有善意与恶意之分,法律后果也大为不同。各国法律对此规定不一致。《日本商法典》规定,无论投保人是善意还是恶意,保险合同中超过保险价值部分的约定无效。德国、法国、瑞士等国均规定,恶意超额保险,保险合同无效;善意超额保险,保险合同中超过保险价值部分无效。我国《保险法》第 55 条仅规定了超过保险价值部分的约定无效,并没有区分善意或者恶意。例如,在上海鲁海国际物流有限公司财产保险合同纠纷案中[1],上海市第一中级人民法院认为,保险标的物毁损时的实际价值仅在出险时才能确定,而在保险合同签订时又必须以某个标准确定保险金额。如果以保险事故发生后保险标的物的实际价值为衡量标准,判断是否构成超额保险,即使保险金额是以保险标的投保时的实际价值确定,由于保险标的物的价值不可能恒定不变,价值可能自保险合同签订之日起就一直处于减损中,将直接导致几乎所有的财产保险均面临被界定为超额保险的情况,从而保险金额是否大于保险标的物出险时的实际价值,并非判断保险合同是否超额保险的依据。法律禁止超额保险的目的,在于防止投保人从保险中获取不当利益。涉案以新车购置价确定保险合同,保险人在出险时仍然是以出险时保险标的实际价值为限承担保险金给付责任,不会发生投保人从保险事故中获得不当利益的情形。因此,涉案保险合同并不构成法律所禁止的超额保险。

(四)单一保险合同、集合保险合同与总括保险合同

以保险标的数量为分类标准,保险合同可分为单一保险合同、集合保险合同与总括保险合同。

(1)单一保险合同。单一保险合同(single insurance contract)是指以一个保险标的订立的保险合同,又称个别保险合同,是最为常见的保险合同。例如,

---

[1] 在上海鲁海国际物流有限公司诉安诚财产保险有限公司上海分公司财产保险合同纠纷案(〔2009〕长民二(商)初字第 1223 号、〔2010〕沪一中民六(商)终字第 107 号)中,法院裁判摘要认为,保险合同是以合同当事人知情自愿为前提,投保人如已充分了解自己的权利义务,并自愿订立保险合同,应当认为当事人对涉案合同条款已形成合意,且此种合意并未违反法律法规强制性规定,应认定双方对保险金额与保险价值的约定有效。

在杨树岭保险合同纠纷案中,杨树岭与平安保险宝坻支公司的《机动车辆第三者综合责任险》;在郑诗琦财产保险合同纠纷案中,郑诗琦与三星财产保险(中国)有限公司的《机动车综合商业保险保险单》,均为单一保险合同。

(2)集合保险合同。集合保险合同(collective insurance contract)是指以集合数个性质类似保险标的订立的一个保险合同。例如,以仓库内所有存放货物为保险标的订立一个火灾保险合同;或者以被保险人若干船舶订立一个保险合同。例如,在上海惠骏物流有限公司财产保险合同纠纷案中,上海惠骏物流有限公司与中国平安财产保险股份有限公司上海分公司之间的保险合同,保险人承保的保险责任以投保单中载明的8辆承运车辆为限,即为集合保险合同。

(3)总括保险合同。总括保险合同(blanket policy contract)是指没有特定保险标的,仅在一定标准所限定范围内,泛指某种保险利益或者某种保险标的,而投保一定金额的保险合同,俗称统保单。总括保险合同与集合保险合同区别的意义在于保险标的有无交替性。例如,以一个仓库内特定货物的全部为保险标的,订立一个火灾保险合同,是集合保险合同;仓库经营者以某个仓库内所有货物为保险标的,而不一一记载货物种类,则是总括保险合同。例如,在广州珠江电力燃料有限公司货轮公司船舶碰撞损害责任纠纷案中[1],广州海事法院认为,投保人与保险人签订的预约保险合同——《货物运输预约保险合同》,是用于货物运输保险中的一种不定期总括保险合同,保险人自动承保被保险人分批发运的所有货物。保险单中载明的船名、启运地、启运日期与事故航次相同,可以认定该保单承保了涉案货物。

在海上货物保险方面,大多以多数、多种货物为保险标的订立一个保险合同,有预约保险合同(open policy)[2]和流动保险合同(floating policy)[3]两种保险合同形式,两者之间存在较大差异。预约保险合同、流动保险合同与总括保险合

---

[1] 在广州珠江电力燃料有限公司、中国人民财产保险股份有限公司广州市江湾支公司诉中海发展股份有限公司、营口北方船务有限公司货轮公司船舶碰撞损害责任纠纷案(〔2011〕广海法初字第475号、〔2012〕粤高法民四终字第109号)中,法院裁判摘要认为,被保险人作为船载货物权利人,有权向船舶碰撞事故责任人提出索赔,船载货物的保险人依约履行了理赔责任后有权在理赔范围内代位向船舶碰撞事故责任人求偿。

[2] 预约保险合同所使用的保单称为预约保险单,通常以承保条(original slip)签订,不限制总保险金额。当货主以投保通知书向保险公司申报发货资料时,保险公司应当根据预约保险合同签发保险单,以使投保通知书获得法律效力。保单内没有通知保险金额和保险价值的记载,被保险人应在装船时就有关事宜向保险人发出通知,并以申报额作为其保险金额。在发生保险事故时,按照投保人的申报额进行损失补偿。

[3] 流动保险合同所用的保单称为流动保险单,是指一个总保险金额下约定了数次货物运输,保险单内通常记载一般事项,并约定总保险金额,预先交付保险费。每次运输确定之后,被保险人应将船名、航期、货物数量以及保险金额等通知保险公司,每一次运输所确定的保险金额,将从总保险金额中扣除,直到扣减完毕,流动保险单随之终止。保险单终止时,统计货物申报内容及其价值,据以调整已经交纳的保险费,多退少补。在流动保单下,被保险人在每批货物装运时,须立即通知保险公司签发保险证明书,以便向银行办理押汇。

同形式上相似而实质上相差甚远。

（五）单保险合同与复保险合同

以保险人数量为标准，保险合同可以分为单保险合同与复保险合同。

(1) 单保险合同。单保险合同(simple insurance contract)是指投保人就同一保险利益、同一保险事故与一个保险人订立一个保险合同。单一保险合同是典型保险合同，在保险实务中，大多数保险合同为单一保险合同。

(2) 复保险合同。复保险合同(multiple insurance contract)是指投保人就同一保险利益分别与数个保险人订立数个保险合同。[①]复保险可能构成重复保险。重复保险(duplicate insurance)是指投保人对同一保险标的、同一保险利益、同一保险事故分别与两个以上保险人订立保险合同，且保险金额总和超过保险价值的保险。重复保险的投保人应当将重复保险的有关情况通知各保险人，且重复保险的各保险人赔偿保险金的总和不得超过保险价值。除合同另有约定外，各保险人按照其保险金额与保险金额总和的比例承担赔偿保险金的责任。重复保险的投保人可以就保险金额总和超过保险价值的部分，请求各保险人按比例返还保险费。

（六）原保险合同和再保险合同

以承担保险责任顺序为标准，保险合同可以分为原保险合同和再保险合同。

(1) 原保险合同。原保险合同(original insurance contract)是指投保人与保险人之间约定，由投保人向保险人支付保险费，保险人对约定的保险事故所造成的被保险人财产损失或者人身伤害承担赔偿责任，又称为直接保险合同(direct insurance contract)。根据《保险法》第 29 条的规定，在发生保险事故时，不管再保险人多少，承担保险责任大小，均由原保险人向被保险人或者受益人承担责任，而不能要求再保险人承担保险损失补偿责任。

(2) 再保险合同。再保险合同(reinsurance contract)是指保险人以自己所承保危险的一部分或者全部为保险标的，向其他保险人转保所订立的保险合同，又称为分保合同。《保险法》第 28 条规定了再保险。分出保险业务的人，为原保险人，或者称为分出人；接受分出业务的为再保险人，或者称为分入人。再保险合同最早适用于水险和火险中。再保险合同还可以进一步分为合同再保险(treaty reinsurance)、临时再保险(facultative reinsurance)和预约再保险(open cover)。例如，在国泰财产保险有限责任公司江苏分公司苏州营销服务部再保

[①] 学界对复保险存在两种不同的认识。一种观点认为，复保险是指数个保险合同的保险金额的总和并未超过保险价值，而重复保险则是指数个保险合同的保险金额总和超过保险价值。参见袁宗蔚：《保险学——危险与保险》，首都经济贸易大学出版社 2000 年版，第 218—223 页。另一种观点认为，复保险就是重复保险。参见郑玉波：《保险法论》，三民书局 1997 年修订版，第 55—58 页。

险合同纠纷案中[①],陕西省高级人民法院认为,再保险合同是保险人将所承担危险,转嫁给其他保险人保险的合同,是以基础保险合同即原保险合同为基础,由原保险人与再保险人形成的保险合同关系。陕西永安保险公司已经收取了国泰保险苏州服务部交纳的再保险保费,应当承担相应的再保险责任。最高人民法院再审认为,永安保险陕西分公司与国泰保险苏州服务部之间再保险合同的订立过程,反映了当事人的真实意思表示,符合合同法关于要约与承诺的规定,不违反保险业监督管理部门对于再保险业务的规范要求,且没有证据证明与当事人之间的交易习惯相悖,双方之间已经成立再保险合同法律关系,不违反法律、行政法规的强制性规定,合法有效,当事人应当依约履行。此外,太平洋保险中山支公司、国泰保险苏州服务部与广川公司等10家公司之间是财产一切险保险合同关系,永安保险陕西分公司与国泰保险苏州服务部之间是以该财产一切险保额的20%为再保份额的再保险合同关系,两者之间是不同的保险法律关系,再保险接受人与原保险的投保人、被保险人、受益人之间,不存在直接的权利义务关系,不享有原保险合同约定的原保险人的合同权利。

第二节 保险合同的主体

保险合同主体(subject of insurance contract)是享有保险合同权利、承担保险合同义务的自然人、法人或者非法人组织,有保险合同当事人、保险合同关系人和保险合同辅助人。

保险合同有直接保险合同与再保险合同之分,直接保险合同主体与再保险合同主体有一定差异。在直接保险合同中,保险合同主体有保险合同当事人和关系人。保险合同当事人是指订立保险合同,享有合同权利并承担合同义务的投保人和保险人。保险合同关系人——被保险人和保险受益人——是指因保险合同订立而成为与保险合同有利害关系的主体,但并非保险合同当事人。保险辅助人——保险代理人、保险经纪人和保险公估人——是指辅助保险合同订立、保险合同权利行使、保险合同义务履行的主体,但并非保险合同当事人或者关系人。例如,在卫勤俭渔船保险合同纠纷案中,广州海事法院认为农业银行营业所仅为保险人的代理人,不是保险合同当事人,而是保险合同辅助人。

在再保险合同中,合同当事人是原保险人和再保险人。再保险合同主体主要通过再保险市场建立再保险关系,再保险合同的订立和履行离不开再保险经

[①] 在国泰财产保险有限责任公司江苏分公司诉永安财产保险股份有限公司陕西分公司再保险合同纠纷案([2015]西中民四初字第00216号、[2016]陕民终102号、[2016]最高法民申2934号)中,法院裁判摘要认为,当事人之间订立的再保险合同,反映了当事人的真实意思表示,符合《合同法》关于要约与承诺的规定,不违反监管机构对再保险业务的规范要求,且没有证据证明与当事人之间的交易习惯相悖,已经成立再保险合同法律关系,不违反法律、行政法规的强制性规定,再保险合同合法有效。

纪人。再保险经纪人为再保险合同辅助人,并非再保险合同当事人。例如,在国泰财产保险有限责任公司江苏分公司苏州营销服务部再保险合同纠纷案中,最高人民法院认为,涉案再保险业务通过中汇经纪公司联系,中汇经纪公司收取了相应佣金,但中汇经纪公司与永安保险陕西分公司之间为保险代理关系,而涉案诉讼标的为永安保险陕西分公司与国泰保险苏州服务部之间的再保险合同法律关系,两者为不同的法律关系。在涉案再保险法律关系中,中汇经纪公司既不享有权利,也不承担义务。

一、保险合同当事人

保险合同当事人(parties of insurance contract)是指在保险合同或者再保险合同中直接承担合同义务并享有合同权利的主体,包括投保人、保险人和再保险人。保险合同当事人为投保人与保险人,再保险合同当事人为保险人与再保险人。例如,在杨树岭保险合同纠纷案中,天津市宝坻区人民法院一审认为,保险合同是投保人与保险人约定保险权利义务关系的协议。天津市第一中级人民法二审认为,杨树岭(投保人)就其所有的机动车辆向平安保险宝坻支公司(保险人)投保机动车辆第三者责任险,并交纳了相关保险费,双方之间的保险合同关系成立,涉案机动车辆第三者责任险保险合同合法有效,合同双方均应自觉履行。

(一)投保人

投保人(applicant)是指对保险标的具有保险利益,与保险人订立保险合同并负有支付保险费义务的主体。《保险法》第10条规定了投保人的定义,投保人可以是自然人,也可以是法人,还可以是非法人组织。自然人成为投保人应具备下两个条件:

(1)具有完全行为能力。行为能力是自然人或者法人取得权利和承担义务的资格。《民法典》将自然人行为能力分为完全行为能力、限制行为能力和无行为能力。无行为能力人或者限制行为能力人所订立的保险合同无效或者效力待定。

(2)投保人对保险标的应有保险利益。保险利益的载体是保险标的,保险合同所保护的对象并非保险标的本身,而是投保人与保险标的之间所体现出的利益关系,即一旦发生保险事故,投保人所遭受的经济损失,可以通过保险金得到补偿,使投保人财产恢复到保险事故发生之前的状态。同时,保险利益可以有效防止诱发道德危险,制止投保人获得不当利益。

投保人是保险合同权利义务承担的主体。在财产保险中,以投保人与被保险人同为一人为条件,在保险事故发生时,可以请求保险人给付保险金;在人身保险中,投保人与受益人可以是同一人,也可以是两个不同的人。在投保人和被保险人同为一人时,一旦发生保险事故,投保人可以请求保险人给付保险金。投保人的义务是交付保险费,投保人不论是为自己利益订立保险合同,还是为第三人利益订立保险合同,均由投保人承担支付保险费的义务。投保人作为保险合同当事人，是因投保人承担了支付保险费的义务。

关于保险人对保险费是否可以进行强制请求，因人身保险和财产保险而所有不同。人寿保险可以分为资本性保险与非资本性保险，资本性保险具有储蓄与投资性质，储蓄与投资行为必须出于当事人自愿而不得强迫，因而保险费不能以诉讼方式强制执行。非资本性保险中保险事故未必发生，保险费较低，通常为一次性交付。此时在保险实务中，保险合同通常以交付保险费为生效条件。在保险费交付之前，保险合同并未生效，权利义务还没有产生，保险人无从强制要求投保人交付保险费；投保人在第一次交付保险费之后，交付保险费义务已经履行完毕，从而第二次保险费的强制履行问题根本不会出现。财产保险、健康保险和人身意外伤害保险的情形与非资本性保险类似。

（二）保险人

保险人（insurer，assurer）是指与投保人订立保险合同，享有收取保险费的权利，承担赔偿或者给付保险金责任义务的风险经营组织，又称为承保人（underwriter）。根据《民法典》《公司法》《保险法》《外资保险公司管理条例》《保险公司管理规定》等法律法规的规定，保险人应当具备以下三个方面条件：

（1）具备法人资格。保险人的经营状况，不仅关系到保险合同相对人的权益，还影响到全社会安定与利益，世界各国对保险人的组织形式均有严格规定。2009年修订之前的《保险法》规定保险人必须采取股份有限公司或者国有独资公司的形式，2009年修订之后的《保险法》废除了先前的规定，保险公司组织形式只要符合《公司法》规定即可。此外，保险法律法规规定了保险公司的其他组织形式，即相互制、合作制等形式的保险组织。我国以有限责任公司和股份有限公司作为保险公司组织形式为原则，以相互制、合作制等其他组织形式为例外。公司制的保险公司必须具备法人资格，而法人资格的具备必须满足以下条件：依法成立、有必要的财产或者经费、有自己的名称和章程、组织机构和场所、能够独立承担法律责任。

（2）依法设立。保险公司设立实行核准主义原则，即设立保险公司要获得国务院保险监督管理机构的批准。根据《保险法》第67条的规定，经营商业保险业务，应经国务院保险监督管理机构批准；除了按照《保险法》规定设立的经营保险业务的公司，其他公司不得经营商业保险业务。

（3）具有经营保险业务资格。根据《保险法》第95条的规定，我国实行保险分业经营原则，人寿保险业务和财产保险业务不得混业经营。财产保险公司不得经营人寿保险业务，人寿保险公司不得经营财产保险业务。再保险也同样实行分业经营原则，如《再保险公司设立规定》第3条规定："设立再保险公司应经中国保监会批准。依据业务经营范围，再保险公司可以分为人寿再保险公司、非人寿再保险公司和综合再保险公司。"

保险人的权利是请求投保人给付保险费，保险人的义务则是给付保险金。保险人给付保险金的数额因人身保险或者财产保险而有所不同。人身保险中的人寿保险是以人的生命为保险标的,基于生命的无价,在保险事故发生之际,保险人应按照约定保险金额进行全额给付,保险人与投保人之间所约定的保险金额即为保险金。财产保险旨在填补损失,保险金额是保险人给付损失补偿的上限,当事人约定的金额大于损失的,保险补偿的给付应以实际发生的损失为限;当事人约定的金额小于实际损失的,保险补偿原则上以保险金额为限。

(三) 再保险人

世界各国再保险企业的组织形式一般采取公司制,在经营方式上有兼营再保险业务的普通保险公司、专业再保险公司、再保险集团以及专属自营保险公司。

(1) 普通保险公司。在再保险业务发展初期,没有专业再保险公司存在,所有再保险业务由经营直接保险业务的普通保险公司兼营,直接保险业务与再保险业务在经营上没有实质性差别,只是在手续和条件上存在一些不同而已。普通保险公司兼营再保险业务一般是通过互惠分保方式进行的,保险公司将业务以交换方式分出给接受分入业务的保险公司,接受分入业务的保险公司在对等基础上分出自身业务。

普通保险公司通常设立再保险部,对于本公司所承保的业务需要对外进行分保时,通过再保险部对外接洽分保或者进行分保交换。这种保险公司既有分出分保业务,又有分入分保业务,换言之,既是分出公司,又是分入公司,从而避免了分保费单方支出,可以相互抵销分保费,降低了保险成本。从风险分散方面看,保险公司将自身风险责任进行了均衡分散,扩大了风险分散面,降低了自身所承担的风险。世界各国对兼营再保险业务的普通保险公司数量虽然没有确切统计,但数量肯定远远超过专业再保险公司。根据我国《保险法》第 96 条的规定,保险公司可以兼营再保险业务。

(2) 专业再保险公司(professional reinsurance company)。专业再保险公司是在普通保险公司不适应再保险业务发展情形下产生的[①],专业再保险公司避免了普通保险公司兼营再保险业务所引起的种种弊端,因而受到经营直接保

---

① 1842 年世界上第一个专业再保险公司出现,到 1965 年全球约有 200 个专业再保险公司,1985 年专业再保险公司的数目增加到 376 个。全球最大的专业再保险公司是 1880 年成立的德国慕尼黑再保险公司,其次是 1863 年成立的瑞士再保险公司。全球再保险费的收入从 1965 年的 56 亿美元增加到 1984 年的 400 亿美元,其中最大的 15 家专业再保险公司的再保险费收入占 50%。1992 年全球非人寿保险的再保险费收入是 1500 亿美元。

目前全球共有 250 多家专业再保险公司,主要分布在欧美等市场经济发达国家。在第一次世界大战之前,欧洲大陆的再保险公司统治着国际再保险市场。专业再保险公司在全球各地均设有附属公司,广泛经营各种再保险业务,积累了大量的保险资金,同时也形成了宝贵的技术力量,不仅为经营直接业务的保险公司提供了强大的资金支持和高水平的技术服务,还促进了经营直接业务的保险公司改进其经营管理,加快了保险和再保险业务的共同发展。

险业务的保险公司的欢迎。①专业再保险公司只能经营再保险业务,而不能经营直接保险业务,仅与经营直接保险业务的保险公司接触,不会与直接保险业务中的投保人接触,在业务上不存在竞争关系,因而不会对办理直接保险业务的保险公司产生不良后果。经营直接保险业务的保险公司需要办理再保险业务的,一般愿意同专业再保险公司办理分出业务。经营直接保险业务的保险公司与专业保险公司在再保险业务方面的合作,可以通过订立固定分保合同实现,既省时又省力,节约经营成本,还可以得到专业再保险公司的各种协助,有利于促进公司业务发展。此外,经营直接业务的保险公司将分出业务给专业再保险公司时,还可以接入专业再保险公司的转分业务。专业再保险公司所分入的再保险业务遍及全球各地,业务选择标准较高,经营直接业务的保险公司能够从专业再保险公司交换到质量良好的业务。专业再保险公司对业务的各种费用负担较少,盈余较多,从而可以支付给接受分出业务的保险公司较多的再保险佣金。

许多再保险公司与经营直接保险业务的保险公司之间建立了正式分保业务关系。一些保险公司设立了再保险公司,安排再保险业务;另一些保险公司则兼并了再保险公司。统计资料表明,1983年,保险公司拥有60%的再保险公司。②有些再保险公司拥有直接保险公司股份,从而达到密切彼此之间关系的目的,如德国慕尼黑再保险公司与德国最大的直接保险公司——安联保险公司相互参股。从20世纪80年代开始一些再保险公司开始参与经营直接保险业务③,如2003年中国再保险(集团)股份有限公司设立全国性财产保险公司——中国大地财产保险股份有限公司,直接经营财产保险业务。

在1996年之前,我国不存在专业再保险公司,中国人民保险公司进行了改革,改组后的中保集团设立了中保再保险公司,专门从事再保险业务,我国出现了第一家专业再保险公司。该公司于1999年进行了再次改组,正式更名为中国再保险公司,成为一个独立的专业再保险公司。2003年,中国再保险公司又进行改组,实行财产再保险与人身再保险分业经营,成立中国再保险(集团)公司,控股设立中国财产再保险股份有限公司和中国人寿再保险股份有限公司。我国再保险市场上的再保险公司均按照《公司法》规定采取公司制,即有限责任公司或者股份有限公司。

---

① 再保险业务在发展初期是由普通保险公司直接经营业务,随着保险公司之间竞争的加剧,由普通保险公司之间相互办理再保险业务时,接受分出业务的保险公司,可以从分出业务中知晓分出业务的保险公司的客户名称、业务来源等,从而使分出业务的保险公司在竞争中处于不利地位;在这种情形之下,加上再保险业务的扩大,专门从事再保险业务的保险公司,即专业再保险公司便应运而生。专业再保险公司不能办理直接保险业务,只能办理原保险人或者其他再保险人分出的再保险业务。专业再保险公司在接受分入的再保险业务之后,可以向其他公司转分保一部分业务,但一般总额不应超过总保费收入的15%。

② See R. L. Carter, *Reinsurance*, 3rd edtion, Reactions Publishing Group, 1995, p. 43.

③ 例如,1990年的通用再保险公司年报显示,该公司在康涅狄格州拥有四个从事直接保险业务的保险公司。

(3) 再保险集团(reinsurance pool)。再保险集团是由若干保险公司联合组成的再保险组织,这种再保险组织既有国家性的,也有地区性的、跨区域的。再保险集团成员将某类业务的一部分或者全部分入再保险集团,然后在集团成员之间重新分配再保险业务,借以增强集团成员的承保能力和自留额,获得有利的分保条件,增加分入的再保险业务份额。

发展中国家在国内保险市场充分发展之后,渐次开放本国保险市场,并注重再保险业发展。再保险不仅可以分散发展中国家在经济建设中积累起来的巨额风险,还可以使其尽快与国际保险市场接轨,引进先进的保险技术和管理经营理念。再保险集团形式有国家再保险集团①、区域性再保险集团②和承保人集团。③

(4) 专属自营保险公司(captive insurance company)。专属自营保险公司是由非保险类大型工商企业投资设立的专营母公司以及子公司保险业务的保险组织,同时也对外承保并接受分入的再保险业务。专属自营保险公司是 20 世纪 60 年代逐渐发展起来的,其中大部分是在 70 年代末 80 年代初成立的,而且大多数专属自营保险公司为享受免税优惠,在百慕大等地注册。④我国大型企业设立专属自营保险公司的有中海石油保险有限公司、中石油专属财产保险股份有

---

① 一些发展中国家为避免过多地向国外分出分保业务,导致分保费的外流,造成外汇流失,由政府牵头成立再保险集团,集中办理分保业务,强制规定国内保险公司必须向再保险集团分出部分或者全部分保业务,同时,各成员公司均在再保险集团内接受一定份额的分保业务作为回报。

② 区域性的再保险集团是最有影响的再保险集团,是在联合国贸易和发展会议倡导下建立的,旨在减少发展中国家分保业务的外流,建立区域性的再保险市场。发展中国家先后成立了一些区域性的合作再保险集团,如亚洲再保险集团、亚非再保险集团、非洲再保险集团、经济合作组织再保险集团等。

③ 通过区域性的再保险集团,成员国之间以互惠分保方式来分摊风险。再保险集团的各成员国的公司,既是原保险人,又是再保险人。各再保险集团在具体业务经营方式上做法不一,大致有两种经营方式:一是集团内部办理再保险,集团成员国的保险公司将其所承保业务的一部分或者全部转移给集团,然后各成员国的保险公司按照事先约定的比例办理分保,或者临时协商个别业务的分保方法;二是再保险集团专门办理再保险业务,确定集团自留额,各成员国的保险公司按照事先约定的份额办理分保手续。对巨额风险,则由保险集团安排对外分保手续。再保险集团通常委托一个成员公司办理具体经营事宜。由承保人集团组成的再保险集团,通常是由保险人群体协议组成的处理特殊风险的联合体,从而形成一个能够直接承保特殊巨额风险的力量,调动和保证必要的市场容量,分散巨大的风险责任。英国、美国、日本以及其他一些国家纷纷建立起原子能保险集团,我国也形成了类似的组织来承保相应的风险。例如,1997 年 8 月 29 日,由中国人民保险公司牵头,国内 9 家财产险公司成立了中国航天保险联合体,承办国内卫星发射保险业务。1999 年 9 月 3 日,由中国再保险公司、中国人民保险公司、中国太平洋保险公司、中国平安保险公司和华泰保险公司等五家保险公司组成的中国核保险共同体宣告成立。

④ 百慕大是全球最主要的专属自营保险公司的注册地,位于大西洋,是英国最古老的自治殖民地,政治稳定,成为重要的国际避税港。20 世纪 60 年代,百慕大只有数十家离岸保险公司。1961 年,百慕大成立第一家专属自营保险公司。1970 年,百慕大就有了近 120 家离岸保险公司。在 20 世纪 70 年代和 80 年代,离岸保险业有了飞速的发展,到 1979 年百慕大的离岸保险公司数量到达了 753 家,净签单费为 28 亿美元。1993 年,百慕大有 1315 家离岸保险公司,资本公积金为 250 亿美元,资产总额为 588 亿美元,毛保费和纯保费分别为 151 亿美元和 120 亿美元。1995 年又新增 185 家保险公司,毛保费为 234 亿美元,纯保费为 184 亿美元。据百慕大公司登记机构的统计资料显示,截至 1996 年 12 月 31 日,在百慕大注册的离岸保险公司共有 1470 家。全球 2500 家专属自营保险公司半数是在百慕大注册的。See P. T. O'Neill, J. W. Woloniecki, *The Law of Reinsurance in England and Bermuda*, Sweet & Maxwell, 1998, pp. 45-46.

限公司[①]、中国铁路财产保险自保有限公司、中石化保险有限公司、中远海运财产保险自保有限公司等,但大部分专属自营保险公司在香港设立。

专属自营保险公司为母公司承担保险业务主要有两种方式:第一种方式为直接为母公司签发保险单;第二种方式为由商业保险公司向母公司签发保险单,再由专属自营保险公司 100% 分保出面公司(fronting company)承保的业务。[②] 不管是哪种情形,专属自营保险公司由于承担风险能力有限,必须将所承保风险的大部分以分保形式转嫁出去。专属自营保险公司一般通过伦敦和欧洲再保险市场安排再保险。与商业保险公司相比,专属自营保险公司的优势在于以低于成本的价格获得分保业务。20 世纪 70 年代末 80 年代初,一些专属自营保险公司开始办理其他专属自营保险公司分出的分保业务,且在某些情形下接受商业保险公司的分保业务。但是,实践表明专属自营保险公司接受分保业务并不成功。[③]

二、保险合同关系人

保险合同关系人是指因保险合同生效而享受合同利益或者承担某些义务的主体,即被保险人和受益人。例如,在神龙汽车有限公司保险合同纠纷案中,江苏省高级人民法院认为,保险合同双方当事人是投保人锡山经济发展有限公司和保险人平安保险无锡公司,而神龙汽车有限公司作为被保险人和受益人仅为涉案保险合同关系人。

(一)被保险人

被保险人(insured,assured)是指保险事故发生将对其财产或者人身造成损失并有权向保险人要求保险补偿的主体。[④] 在人身保险与财产保险中,被保险人的含义并不相同。在人身保险中,被保险人(assured)是指以生命或者身体为保

[①] 中石油专属财产保险股份有限公司(Captive Insurance Company Limited)是 2013 年由中国石油天然气集团公司(51%)和中国石油天然气股份有限公司(49%)在中国境内发起设立的首家自保公司,注册资本 50 亿元人民币。现中国石油天然气集团有限公司持股 11%,中国石油天然气股份有限公司持股 49%,中国石油集团资本股份有限公司持股 40%。中石油专属财产保险股份有限公司助力中国石油天然气集团公司持续提升风险管控、增强保险保障,按照集团母公司保险集中管理政策和总体安排,公司全面参与集团母公司国内及海外保险业务,拥有了覆盖石油天然气上下游全产业链、国内外全球一体化的全险种服务能力。参见《中石油专属财产保险股份有限公司公司简介》,http://cnpcci.cnpc.com.cn/zsbx/gsjj/common_common.shtml,2020 年 6 月 26 日访问。

[②] 保险公司在无权经营保险业务的国家或者地区展业时,可以委托当地的保险公司以他们自己的名义为其接受直接保险业务或者分保业务,签发保险单,并负责赔付以及相关事宜,然后将全部的责任转嫁给自己,受托接受业务的当地保险公司被称为出面公司。出面公司是原保险人,承担风险的主要目的是将风险转移给再保险人。

[③] See P. T. O'Neill, J. W. Woloniecki, *The Law of Reinsurance in England and Bermuda*, Sweet & Maxwell, 1998, p. 46.

[④] 《保险法》第 12 条规定:"……被保险人是指其财产或者人身受保险合同保障,享有保险金请求权的人……"

险标的之自然人;在财产保险中,被保险人(insured)是指以财产或者与财产相关利益为保险标的之自然人、法人或者非法人组织。被保险人是保险合同关系人,而并非合同当事人。

被保险人应当具备如下三个条件:

(1) 保险事故发生时利益遭受损失。财产保险合同所保障的对象是被保险人财产,被保险人应是保险事故发生之际的受损财产所有权人或者其他权利人,如经营管理人、财产使用人、财产抵押权人、质权人等。人身保险所保障的对象是被保险人的生命或者身体,保险事故一旦发生,则被保险人必然遭受损失。

(2) 损失补偿请求权。被保险人因保险事故发生遭受损失,取得了向保险人请求补偿或者给付保险金的权利,且被保险人可以自行向保险人行使补偿请求权。

(3) 与投保人的同一性。在财产保险中,投保人与被保险人具有同一性。在人身保险中投保人与被保险人则可能不具有同一性。投保人以自己财产或者身体向保险人投保的,投保人与被保险人为同一主体。投保人与被保险人为同一主体时,属于为自己利益的保险合同。在人寿保险中投保人与被保险人不具有同一性的情形下,基于保护被保险人人身安全考虑,在死亡和伤害保险中,通常对被保险人的资格和精神状态加以限制,以防止道德危险发生。

被保险人虽不是保险合同当事人,但却对保险合同效力及当事人、其他关系人的权利义务产生重大影响。根据《保险法》的规定,被保险人与投保人之间不存在保险利益的,人身保险合同无效;被保险人享有保险金请求权,享有人寿保险合同的同意权,享有受益人的指定权等。以上规定均表明被保险人在保险合同中法律地位非常重要。根据《保险法》,被保险人享有如下权利:

(1) 保险金请求权。根据《保险法》第12条的规定,被保险人享有保险金请求权。保险金请求权是被保险人最主要的权利,投保人为被保险人投保的目的在于一旦发生保险事故,被保险人可以获得经济支持,减少遭受的痛苦与不幸。因此,被保险人享有保险金请求权可以满足投保人意愿,以实现订立保险合同的基本目的。

(2) 投保的同意权。根据《保险法》第34条的规定,以死亡为给付保险金条件的合同,应获得被保险人同意并认可保险金额。人寿保险合同中投保人或受益人通过交付少量保险费而可获得数额较大的保险金,容易诱发道德风险,受益人、投保人可能单独或者合谋谋财害命,使被保险人陷于危险之中。为防止道德风险的发生,世界各国法律赋予被保险人对人寿保险合同的同意权,只有父母亲对未成年子女投保人寿保险的为例外情形。

(3) 保单转让和质押的同意权。投保人与被保险人之间一般存在某种特别联系,可能是特定的身份关系,如夫妻关系、父母子女关系,也可能涉及道德、社会公益。保险单一旦转让必然影响到他们之间的"特殊关系",有可能导致保险利益丧失,致使保险合同无效,且还有可能增加道德风险,因而人寿保险合同的转让必须经由被保险人同意。保险单质押的基础是投保人享有的现金价值,而现金价值仅在合同期限内保险事故发生之前才存在,保险事故一旦出现,合同主要权利则由被保险人或者受益人享有,与投保人无关,从而产生了质权与保险金请求权之间的冲突问题。因此,法律赋予被保险人对保险单质押的书面同意权。

(4)受益人指定权。根据《保险法》第39条的规定,投保人和被保险人均享有受益人指定权,但投保人指定受益人时应获得被保险人同意。投保人与被保险人对受益人指定权发生冲突时,被保险人仅享有同意权而不享有指定权,指定权由投保人行使。

投保人和被保险人均享有受益人变更权,受益人变更权相当于变更指定权,是对受益人、受益份额或者受益顺序的改变。投保人行使受益人变更权时应获得被保险人的同意,受益人变更之后应书面通知保险人,保险人在收到变更受益人的通知后,应当在保险单或者其他保险凭证批注或者附贴批单。

(二)受益人

受益人(beneficiary)是指在人身保险合同中被保险人或者投保人指定享有保险金请求权的主体,也称为保险金受领人。《保险法》第18条规定了受益人,投保人、被保险人可以成为受益人。在人身保险合同中,受益人具有非常重要的地位,关系到投保人和被保险人订立合同的目的、道德取向和价值判断,但受益人并非保险合同当事人。例如,在北海华洋海运有限责任公司船舶保险合同纠纷案中[1],厦门海事法院认为,受益人并非合同当事人。以船舶作抵押物向银行贷款而获得资金融通,但船舶航行的风险巨大,商业银行在签订借款合同时,既要求抵押船舶进行保险,又要求船舶抵押人承诺在该船舶的保险合同中将银行特别列为第一受益人,以降低银行的贷款风险,提高银行贷款资金的安全系数。[2]

受益人仅在人身保险合同中才存在,财产保险合同不存在受益人。[3] 有观

---

[1] 在北海华洋海运有限责任公司诉中国人民财产保险股份有限公司北海市分公司船舶保险合同纠纷案([2013]厦海法商初字第255号)中,法院裁判摘要认为,船舶保险中关于第一受益人的特别约定条款应认定为有效,但该第一受益人并非保险法中的受益人,而属于《合同法》第64条规定的当事人约定由债务人向第三人履行债务的第三人。合同法中的第三人的法律地位决定了第一受益人在保险合同纠纷中的诉讼地位,第一受益人不能以原告或者有独立请求权第三人的身份参加保险合同之诉,只能以无独立请求权第三人的身份参加诉讼。

[2] 受益人是人身保险中特有的概念,财产保险中没有受益人的概念。案例中出现的受益人是近年来沿海、内河船舶保险单出现的概念。

[3] 人身保险因保险事故而可以请求保险给付的人,未必因保险事故的发生而遭受损失,因而产生了受益人的概念。相反,在财产保险中,因保险事故发生而可以请求保险人给付保险金的人,通常是保险事故发生后遭受损失的人,保险给付的功能仅仅是填补损失而已,因而不会产生受益人的概念。因此,受益人仅限于人身保险,财产保险中没有受益人。参见刘宗荣:《保险法》,三民书局1995年初版,第60页。

点认为,在财产保险合同中,投保人或者被保险人可以指定受益人。[1]从《保险法》第22条规定来看,受益人应存在于人身保险合同和财产保险合同中,因为第22条属于保险合同总则的规定,适用于所有保险合同。

人身保险受益人应由投保人或者被保险人指定,而不是保险人与投保人或者被保险人与保险人协商。在保险期间内,投保人、被保险人可以变更受益人。在投保人与被保险人为两个不同的主体时,如果两者意见发生矛盾,应由投保人指定,因为投保人始终是保险合同当事人,受益人的决定应取决于投保人一方的意思表示,而不是合同约定,被保险人只有同意权而已,但被保险人可以拒绝同意直到投保人提出的受益人符合被保险人的要求。如果投保人是受益人,该人寿保险合同是自己利益保险合同;如果对是否为自己利益订立合同不明确的,即受益人有疑义时,推定投保人为自己利益订立保险合同;如果投保人指定第三人为受益人,该人寿保险合同是利益第三人保险合同。

对于受益人资格,一般认为没有特别限制,自然人、社团法人、财团法人等均可成为受益人。受益人并非不承担任何法律义务,在某些情形下,受益人也承担一定义务。保险事故发生后,受益人请求保险人给付保险金时,应当向保险人提供所能提供的与确认保险事故的性质、原因、损失程度等有关的证明和资料,如《保险法》第22条之规定。除此之外受益人一般不承担其他义务。为促使当事人全面履行合同,避免引起不必要的纠纷,应该重视受益人权利。受益人权利有保险金请求权(即受益权)和知情权,且知情权是围绕保险金请求权展开的:即有权知道自己成为受益人、自己丧失受益权,有权了解合同当事人及其他关系人基本情况、保险事故性质以及发生原因、时间、地点等基本情况。但是,根据《保险法》第43条的规定,受益人故意造成被保险人死亡、伤残、疾病的,或者故意杀害被保险人未遂的,丧失受益权。

受益权是受益人基于保险合同所产生的权利,是固有权利而不是继受权利。受益人即使是人寿保险合同被保险人的继承人,在保险事故发生时,受益人请求保险人给付保险金的权利也是基于保险合同,而不是基于继承权。但在没有指定受益人的人寿保险合同中,保险金为被保险人遗产,被保险人继承人因继承权取得保险金。如果受益人与被保险人在同一保险事故中死亡,又不能确定死亡先后顺序,则推定受益人死亡在先,保险金作为被保险人遗产由法定继承人按照

---

[1] 例如,投保人甲以自己的货物投保火灾险,指定乙为受益人,应该没有任何法律障碍,甲的行为是为第三人乙设定权利的行为,法律上是允许的。参见郑玉波:《保险法论》,三民书局1997年修订版,第19页。

《民法典》规定继承。例如,在余燕宾、顾云福、朱日凤、翟步芳保险合同纠纷案中①,南京市鼓楼区人民法院一审认为,存在继承关系的受益人与被保险人在同一事件中死亡,根据《保险法》的规定推定受益人死亡在先。受益人与被保险人在同一事件中死亡,且不能确定死亡先后顺序的,推定受益人死亡在先。南京市中级人民法院二审维持了原审判决。

总之,我国保险法理论和司法审判实践,均肯定了被保险人和受益人的保险合同关系人的法律地位。

三、保险合同辅助人

保险事业既是一种商业活动,又是一种关系到社会安定的事业,必须通过某种方式进行大力推广,再加上保险业务涉及专门知识或者技术,在保险合同订立与履行上,除了保险合同当事人和保险合同关系人之外,还有保险合同辅助人。保险合同辅助人有保险代理人、保险经纪人和保险公估人。

(一)直接保险合同辅助人

直接保险合同辅助人有保险代理人、保险经纪人和保险公估人。保险代理人、保险经纪人和保险公估人是介于保险人与投保人之间,专门从事保险业务咨询与招揽、风险管理与安排、价值衡量与评估、损失鉴定与理算等中介服务活动并从中依法获取佣金或者手续费的组织,是保险业发展不可或缺的重要组成部分,在保险市场上的作用具有不可替代性。

1. 保险代理人

保险代理人(insurance agency)是指根据保险人委托,向保险人收取手续费,并在保险人授权范围内代理经营保险业务的主体。《保险法》第117条规定了保险代理人。保险代理是代理的一种,由本人(保险人)、代理人(保险代理人)和第三人(投保人)三方关系构成。保险人与保险代理人既有内部关系,也有外部关系。内部关系旨在确定保险人与保险代理人之间的权利义务关系,通常根据当事人之间的委任合同或者雇佣合同的内容来确定;外部关系则是保险人对保险代理人的授权行为。保险代理人经保险人授权,以保险人身份与作为第三人的投保人订立保险合同,而保险合同则在投保人与保险人之间发生法律效力。例如,在卫勤俭渔船保险合同纠纷案中,广州海事法院认为,农行营业所仅为台山保险公司的代理人,不是保险合同当事人,不直接承担保险合同项下的赔偿责任。

---

① 在余燕宾、顾云福、朱日凤、翟步芳诉中国人寿保险股份有限公司江苏省分公司保险合同纠纷案(〔2012〕鼓商初字第497号、〔2013〕宁商终字第167号)中,法院裁判摘要认为,相互有继承关系的几个人在同一事件中死亡,其中两人还存在被保险人与受益人这一特殊法律关系的情况下,应当适用《保险法》的推定受益人先死亡的规定。

《保险法》对保险代理人仅有原则性规定，关于保险代理的行为规范可适用《民法典》总则编第七章的规定。1997年的《保险代理人管理规定（试行）》详细规定了保险代理人种类，将保险代理人分为专业代理人、兼业代理人和个人代理人，并明确规定保险代理人在保险人授权范围内代理保险业务行为所产生的法律责任，由保险人承担。2001年的《保险代理机构管理规定》、2004年的《保险代理机构管理规定》、2009年的《保险专业代理机构监管规定》（经2013年和2015年两次修订）、2020年的《保险代理人监管规定》等确立了我国保险代理人制度的基本规范。保险代理人具有如下三个方面特征：

（1）以保险人名义进行保险业务活动。保险代理人的职责是代理保险人办理保险业务，如代理销售保险单、代理收取保险费、代理保险人进行保险损失勘查与理赔。保险代理人不能以自己名义代理保险人办理保险业务，否则，代理人自己承担由此产生的法律后果。

（2）在代理权限范围内进行代理活动。[①]基于保险人授权，保险代理人获得了保险代理权，应在保险人授权范围内进行代理活动，超越代理权限的行为对保险人没有约束力。保险代理人行为是一种有偿行为，保险代理人可以向保险人收取一定手续费。在普通民事代理中，代理行为既可以是有偿的，也可以是无偿的。

（3）保险人承担代理行为所产生的法律后果。在代理权限范围内，保险代理人所进行的保险代理行为，应视为保险人自己行为，保险代理行为虽然发生在保险代理人与投保人之间，但保险法律关系却在保险人与投保人之间产生，基于保险法律关系所产生的权利与义务，应由保险人承受。即使保险代理人在行使保险代理权时，实施了侵害他人的行为，虽然未经保险人指示，也应当由保险人承担责任。因此，保险代理人以诈欺方式诱使投保人投保的，保险人不能主张免责。例如，在刘雷交通事故人身损害赔偿纠纷案中[②]，江苏省常熟市人民法院认为，机动车发生交通事故造成人身伤亡、财产损失的，由保险人就事故所产生的损失在第三者责任险的保险责任限额内予以赔偿。保险人在第三者责任险的保险责任限额内所承担的赔偿责任是无过错责任，无论交通事故当事人是否有过

[①] "代理是代理人在代理权限范围内的独立意思表示。独立意思表示是指代理人所实施法律行为，是代理人自己的意思表示，而不是被代理人的意思表示。代理人的独立意思表示是被代理人对代理制度的需要决定的，被代理人需要代理人代为法律行为，可能是因客观原因不能实施法律行为。"郑云瑞：《民法总论》（第九版），北京大学出版社2021年版，第355页。

[②] 在刘雷诉汪维剑、朱开荣、天安保险股份有限公司盐城中心支公司交通事故人身损害赔偿纠纷案（〔2005〕熟民一初字第3195号、〔2008〕苏中民一终字第0640号）中，法院裁判摘要认为，投保人通过保险公司设立的营销部购买机动车第三者责任险，营销部营销人员为侵吞保费，将自己伪造的、内容和形式与真保单一致的假保单填写后，加盖伪造的保险公司业务专用章，通过营销部的销售员在该营销部内销售并交付投保人。作为不知情的善意投保人有理由相信其购买的保险是真实的，保单的内容也并不违反有关法律的规定，营销部的行为在民法上应当视为保险公司的行为。因此，虽然投保人持有的保单是假的，但并不能据此免除保险公司根据保险合同依法应当承担的民事责任（2012年最高人民法院公报案例）。

错,保险人均应予以赔偿。苏 JFR978"新感觉"正三轮载货摩托车的保险单(编号 0500064813)确为假保单,是由刘明星的犯罪行为所造成,而刘明星在使用假保单实施犯罪时,为天安盐城支公司设在响水的营销部的负责人,假保单是通过营销部的销售门市销售的,天安盐城支公司对响水营销部管理不力,该公司在响水营销部销售刘明星伪造的假保单的过程中有明显过错。天安盐城支公司应当承担责任。苏州市中级人民法院二审认为,苏 JFR978 正三轮载货摩托车的保险单(编号 0500064813)是刘明星通过响水营销部的销售员在该营销部内销售的,内容由销售员填写,保单的内容和形式与真保单一致。作为善意相对人的被保险人在保险人的响水营销部购买第三者综合损害责任险,被保险人有理由相信所购买的保险是真实的,保单的内容也并不违反有关法律的规定,响水营销部的行为在民法上应当视为保险人的行为,虽然被保险人持有的保单是假的,但此是由保险人的工作人员利用职务上的行为所致,被保险人无从察知,保险人则应当加强管理监督,故不能据此免除保险人应当承担的民事责任,原审判决保险人在保险限额内承担赔偿责任并无不妥。

2. 保险经纪人

保险经纪人(insurance broker)俗称保险掮客,如《保险法》第 118 条之规定。一方面保险经纪人具有居间性质;另一方面保险经纪人受保险人委托向投保人收取保险费、转交保险单或者代为处理保险理赔案,因而又具有保险人的代理人性质。例如,在国泰财产保险有限责任公司江苏分公司苏州营销服务部再保险合同纠纷案中,最高人民法院认为,永安保险陕西分公司与国泰保险苏州服务部之间的再保险合同是通过中汇经纪公司订立的,中汇经纪公司收取了相应佣金,而涉案的诉讼标的为永安保险陕西分公司与国泰保险苏州服务部之间的再保险合同法律关系,两者为不同的法律关系,中汇经纪公司在涉案法律关系中,并不享有权利也不承担义务。

《保险法》对保险经纪人进行了原则性规定。1998 年的《保险经纪人管理规定(试行)》对保险经纪人作出了详细规定。2001 年的《保险经纪公司管理规定》、2004 年的《保险经纪机构管理规定》、2009 年的《保险经纪机构监管规定》(经 2013 年和 2015 年两次修订)、2018 年的《保险经纪人监管规定》确立了我国保险经纪人制度的基本规范。在西方国家,保险经纪人制度非常盛行,保险经纪人是保险方面的专家,熟悉保险业务和市场,能为投保人提供最为合理、最为有效的保险方案。大多数保险合同是通过保险经纪人订立的。保险经纪人具有如下三个方面特征:

(1) 代投保人向保险人洽商保险合同缔结事务。保险经纪人的任务是代投保人向保险人洽商订立保险合同事宜,但并不代为订立保险合同,保险合同仍然由投保人与保险人自行订立。

(2) 基于投保人利益代为洽商保险合同缔结事宜。保险经纪人在向保险人洽商缔约事宜时,应基于投保人利益且尽善良管理人的注意义务,并在最为优惠的条件下,订立保险合同。因此,保险经纪人是投保人方面的辅助人。

(3) 保险人支付佣金。虽然保险经纪人基于投保人利益向保险人洽商缔约事宜,但并不向投保人收取佣金,而是向承保的保险人收取佣金。

保险经纪人通过向投保人提供保险方案、办理投保手续、代投保人索赔并提供防灾、防损或者风险评估、风险管理等咨询服务,使投保人充分认识到经营中自身存在的风险,并参考保险经纪人提供的专业化保险建议,使风险得到有效的控制和转移,实现以最合理的保险支出获得最大的保险保障,降低经营中的风险管理成本。例如,在浙江省乐清运鸿海运有限公司、虞元飞、叶选美、王高才海上保赔合同纠纷案中[①],厦门海事法院认为,根据国际保险市场的实践做法,保险人与被保险人通常并不直接发生业务联系,而由保险经纪人安排联系。保险经纪人在得到被保险人的指示或者委托后,根据被保险人要求的保险项目和保险金额,选择适当的保险人,在征得保险人同意后,保险经纪人向被保险人发出一份通知单如 Cover Note 或者 Slip 等,告知被保险人关于保险人同意承保以及相应的保险条款,包括保险金额、保险费率、保险责任期间等等。正式保险单则要由保险人另行签发。

3. 保险公估人

保险公估人(public adjustor, appraiser)是指接受保险人或者被保险人委托,办理保险标的或者保险事故评估、勘验、鉴定、估损以及理算等业务并按约定收取报酬的组织,又称为保险公证人。

保险公估人是依法设立,独立从事保险事故评估、鉴定业务且具有从事前述业务法定资格的专业机构。保险公估人是协助保险理赔的第三方,不代表任何一方利益,使保险赔付趋于公平、合理,有利于调停保险当事人之间关于保险理赔方面的矛盾和纠纷。例如,在中国太平洋财产保险股份有限公司北京分公司保险人代位求偿权纠纷案中[②],最高人民法院再审认为,被保险人并没有提供充

[①] 在浙江省乐清运鸿海运有限公司、虞元飞、叶选美、王高才诉达信风险管理及保险服务(香港)有限公司(Marsh(Hong Kong)Limited)、船东责任互保协会(卢森堡)(Shipowners'Mutual Protection and Indemnity Association)(Luxembourg)海上保赔合同纠纷案([2003]厦海法商初字第 217 号)中,法院裁判摘要认为,Cover Note 是告知被保险人关于保险人接受投保以及相应费率等内容的通知单而非保险单本身。Cover Note 依性质和内容应为保险通知单而非保险单。Marsh(Hong Kong)Limited 为保险经纪人,卢森堡互保协会才是真正的保险人,运鸿海运公司因投保行为而成为卢森堡互保协会的会员船东。

[②] 在中国太平洋财产保险股份有限公司北京分公司诉宁夏中钢活性炭有限公司保险人代位求偿权纠纷案([2013]宁商â终字第 38 号、[2015]民申字第 496 号)中,法院裁判摘要认为,保单和批单均加盖有保险人的印章,载有该保险人负责人的签字,保险人应为涉案保险合同的当事人。投保人和保险人已经对涉案保险合同的签订达成合意,并已实际履行,保险费缴纳与否属于保险合同的履行问题,并不影响保险合同的成立与生效。

分证据证明公估报告存在损害合法权益、不应采信的事实,涉案公估报告应当作为认定保险损失的依据。

2000年的《保险公估人管理规定(试行)》、2001年的《保险公估机构管理规定》、2009年的《保险公估机构监管规定》(经2013年和2015年两次修订)以及2018年《保险公估人监管规定》确立了我国保险公估人制度的基本规范。保险公估人可以是合伙企业、有限责任公司或者股份有限公司。保险公估人具有如下三个方面的特征：

(1) 评估、勘验、鉴定以及理赔工作。公估人有两个方面的工作：一是投保之前办理保险标的评估、勘验、鉴定等事项；二是保险事故发生之后办理估损、理算等赔偿等事项。以上两个方面的工作专业性非常强,仅具备专业知识和技术的人员才能胜任。

(2) 评估、鉴定报告。公估人对保险事故的评估、鉴定要有科学依据,以事实和证据作为评估鉴定的基础,遵循评估鉴定程序,运用科学的评估鉴定手段和方法作出评估、鉴定报告,以确保评估、鉴定报告内容的真实、准确、完整。

(3) 费用的收取。保险人和被保险人均可以聘请独立公估人,对保险事故进行评估或者鉴定。换言之,保险公估人既可为保险人工作,也可为被保险人工作,因而既可向被保险人收取费用,也可向保险人收取费用。

保险公估是指评估机构及其评估专业人员接受委托,对保险标的或者保险事故进行评估、勘验、鉴定、估损理算以及相关的风险评估。例如,在福清恒耀房地产开发有限公司财产保险合同纠纷案中[①],最高人民法院再审认为,我国法律并未规定保险公司在理赔过程中必须取得被保险人同意才能委托相应的公估机构,也没有规定公估报告必须经过被保险人的同意才能有效。在保险理赔实务中,保险人与被保险人协商选择保险公估公司,便于双方就损失赔付尽快达成一致,也会使公估报告更具客观性,但共同对公估机构进行选择并非一项法定义务。案件证据表明被保险人配合并积极参与鉴定和公估机构的现场勘察活动,从未表示异议,进一步说明对保险人委托公估机构行为的认可。公估机构对火灾造成的损失进行了检测、鉴定和理算,公估结论是客观公正的。原审两级法院在综合双方证据的基础上,认定公估报告和鉴定意见的效力,事实和法律根据充分,判决结果应予维持。

在保险实务中,保险公估人可以按照不同标准进行多种不同分类:按照业务

[①] 在福清恒耀房地产开发有限公司诉中国人寿财产保险股份有限公司福州市中心支公司财产保险合同纠纷案([2013]榕民初字第388号、[2013]闽民终字第1254号、[2014]民申字第1007号)中,法院裁判摘要认为,法律既没有规定保险人在理赔过程中应当取得被保险人同意,才能委托公估机构进行现场勘察、估损,又没有规定公估报告应当获得被保险人的同意才能有效。因此,公估报告和鉴定意见合法有效。

性质的不同可以分为保险型公估人、技术型公估人、综合型公估人;按照保险公估人执业内容的不同可以分为海上保险公估人、汽车保险公估人、火灾及特种保险公估人;按照委托方的不同可以分为接受保险人委托的保险公估人和接受被保险人委托的保险公估人;按照与委托方关系的不同可以分为雇佣保险公估人与独立保险公估人;但保险公估人最为主要的分类方式是以执业顺序为分类标准,即分为核保公估人与理赔公估人。核保公估人是指从事保险标的价值评估和风险评估的机构。公估人对保险标的上客观存在的风险在保险人承保前进行查勘、鉴定、分析、预测,以便对拟承保标的的性质、条件及风险程度作出准确判断。公估人提供的查勘报告是保险人评估保险标的风险、核算自身承保能力和厘定费率条件的重要参考依据。理赔公估人是指在保险事故发生后,接受委托处理保险标的检验、估损和理算的专业公估人。理赔公估人又分为损失理算师(loss adjuster)、损失鉴定人(loss surveyor)和损失评估人(loss assessor)。

保险代理人、经纪人和公估人,不但与保险合同订立密切相关,还辅助并促进整个保险事业的兴旺发达。国务院保险监督管理机构制定颁布了保险代理人、经纪人和公估人的管理规定,规定执业资格以及有关登记事宜,规范保险代理人、经纪人和公估人的行为等。

(二) 再保险合同辅助人

再保险经纪人(reinsurance broker)大约在19世纪初期出现,为原保险人和再保险人之间订立再保险合同进行介绍、沟通、协调。再保险理论和实践未能形成一个公认的再保险经纪人定义。[1]再保险业发展离不开再保险经纪人活动,分保业务的分出与分入通常是通过再保险经纪人的活动。通过再保险经纪人安排再保险交易,是因为再保险经纪人具有独特的作用,并能够为分出公司和分入公司提供高水准服务。

再保险经纪人是分出公司与分入公司的中间人,目的在于促进再保险交易的成功,一旦分出公司与分入公司之间出现纠纷,及时进行调解以避免冲突的加剧。再保险经纪人不仅了解国际再保险市场需求,还有能力帮助分出公司安排分保业务,促成分出公司与分入公司之间的交易。再保险经纪人可以为再保险公司拓展分保业务,虽然再保险公司也可直接获得分保业务,但通过再保险经纪人可以减少不必要的麻烦。再保险经纪人不断地增进经营直接保险业务的保险公司与再保险公司之间的相互沟通与交流,从而使分出公司增加了分保对象,分入公司业务范围扩展到全球各个再保险市场。

再保险经纪人在再保险市场上具有举足轻重的地位,世界各国再保险经纪人的地位和作用不一。在英国再保险市场,再保险业务必须完全由再保险经纪

---

[1] See R. L. Carter, *Reinsurance*, 3rd edition, Reactions Publishing Group, 1995, p.51.

人来安排,且劳合社的规则规定,如果再保险业务不通过劳合社经纪人安排,再保险公司不得接受分保。英国较大的直接保险公司通过经纪人安排国内和国外部分再保险业务。一些较小的保险公司则完全由经纪人安排再保险;另一些则交由专业再保险公司安排再保险。荷兰经纪人安排绝大部分再保险业务。德国虽然拥有许多大型再保险公司,但分出人倾向于直接与再保险人进行交易。澳大利亚再保险经纪人与国际再保险经纪人同专业再保险公司代表对再保险业务进行激烈的竞争。日本保险公司通过伦敦经纪人安排分出分保业务和分入分保业务。美国再保险市场略微有些复杂,将保险公司分为本州、外州和外国三种,虽然从20世纪80年代中期以来,安排到外国的再保险业务量逐渐减少,到1992年仅有61%的常规再保险业务仍然由本州和外州再保险公司吸纳。

保险经纪公司可以分为综合性经纪公司、特殊险别经纪公司、专业再保险经纪公司。综合性经纪公司规模较大,人员众多,与再保险公司关系密切,分支机构遍布全球各地,从事水险、火险、船舶保险、航空保险、意外保险、责任保险以及汽车保险等各种保险的再保险业务经纪活动。由于这种经纪公司规模庞大,控制了再保险市场的大部分业务来源,某些经纪公司自行设立保险公司或者再保险公司经营保险或者再保险业务,这种现象在20世纪70年代非常盛行,但后果则是从事保险、再保险业务经营活动的公司,因经营不善导致严重亏损,发生了财务危机,从而造成了经纪公司的整体财务困难。

特殊险别经纪公司对某些特殊险别具有专长,如产品责任保险、海上钻探设备保险、超额再保险、渔业保险、拖曳保险、农作物或者家畜保险等再保险。特殊险别经纪公司必须具备相当的专业知识,专业知识的程度应与特定的再保险相当。否则,经纪公司无法从事这种再保险业务的经纪活动。例如,在中国人民财产保险股份有限公司广东省分公司再保险合同纠纷案中[①],广州市天河区人民法院审理确认了在再保险缔约过程中再保险经纪人的作用,事实如下:

2012年12月7日14时14分,中国人民财产保险股份有限公司广东省分公司向上海万利保险经纪有限公司发送再保险分出问询电子邮件。该邮件附有包括华锋微线电子(惠州)工业有限公司保险项目在内的明细信息,其中该保险项目的保险期间为2013年1月2日至2014年1月1日,险种包括财产一切险(保额为625000000元、保费为135000元)、财产险项下营业中断险(保额为127000000元、保费为45720元)、机器损坏险(保额为225744000元、保费为

[①] 在中国人民财产保险股份有限公司广东省分公司诉中国人寿财产保险股份有限公司广州分公司、中国人寿财产保险股份有限公司广东省分公司再保险合同纠纷案([2015]穗天法金民初字第4511号、[2017]粤01民终10971号)中,法院裁判摘要认为,原保险合同与再保险合同为相互独立的两个不同的合同,根据《保险法》第28条的相关规定,在再保险接受人提出要求的情况下,再保险分出人应当将自负责任及原保险的有关情况书面告知再保险接受人,否则再保险分出人并不负有相应义务。

60950元)、机损项下营业中断险(保额为127000000元、保费为45720元)。

2012年12月7日14时37分,万利公司向人民财险广东分公司发出电子邮件,要求人民财险广东分公司告知包括华锋公司保险项目在内的需分出的份额及出单手续费及税金。

2012年12月7日14时52分,人民财险广东分公司向万利公司发出电子邮件,告知万利公司包括华锋公司保险项目在内的需安排分出的份额为40%,手续费为25%(含税)。

2012年12月25日15时03分,万利公司向中国人寿财产保险股份有限公司广东省分公司发出包括华锋公司保险项目在内的再保险询问电子邮件。该邮件所附Reinsurance Placing Slip载明:(1) 华锋公司原保险项目的保险期间为2013年1月2日至2014年1月1日,险种包括财产一切险(保额为625000000元、保费为101250元)、财产险项下营业中断险(保额为127000000元、保费为34290元)、机器损坏险(保额为225744000元、保费为45712.50元)、机损项下营业中断险(保额为127000000元、保费为34290元);(2) 分出份额为40%,再保险手续费(含税)为15%。

2012年12月27日14时02分,万利公司就包括华锋公司保险项目在内的再保险事项向人寿财险广东分公司发出电子邮件。该邮件所附Reinsurance Placing Slip载明:(1) 华锋公司保险项目的保险期间为2013年1月2日至2014年1月1日,险种包括财产一切险(保额为625000000元、保费为81000元)、财产险项下营业中断险(保额为127000000元、保费为27432元)、机器损坏险(保额为225744000元、保费为36570元)、机损项下营业中断险(保额为127000000元、保费为27432元);(2) 分出份额为40%。

2012年12月27日20时03分,人寿财险广东分公司向万利公司发出电子邮件,就华锋公司等保险项目的再保险分出份额作出答复。该邮件所附Placing Slip载明:(1) 华锋公司原保险项目的保险期间为2013年1月2日至2014年1月1日,险种包括财产一切险(保额为625000000元、保费为81000元)、财产险项下营业中断险(保额为127000000元、保费为27432)、机器损坏险(保额为225744000元、保费为36570元)、机损项下营业中断险(保额为127000000元、保费为27432元);(2) 人寿财险广州分公司接受40%的份额并签章确认。

2012年12月28日9时52分,万利公司通过电子邮件告知人民财险广东分公司,人寿财险广东分公司已确认接受包括华锋公司保险项目在内的40%的份额。

2012年12月28日11时23分,人民财险广东分公司向万利公司发出电子邮件,明确分出给人寿财险广东分公司的包括华锋公司保险项目在内的份额为30%,分保手续费(含税)为25%。

2012年12月28日18时12分,万利公司向人寿财险广东分公司发出电子邮件,确认包括华锋公司保险项目在内的分出份额为30%。

2012年12月31日10时45分,人民财险广东分公司向万利公司发出电子邮件,要求万利公司、人寿财险广东分公司确认分保比例及分保手续费比例并签字盖章。该邮件所附华锋公司保险项目Closing Instruction(最终确认单)载明,华锋公司原保险项目的保险期间为2013年1月2日至2014年1月1日,险种包括财产一切险(保额为615000000元、保费为133455元、保险费率为0.0217%)、财产险项下营业中断险(保额为93000000元、保费为35340、保险费率为0.038%)、机器损坏险(保额为221696000元、保费为60966.40元、保险费率为0.0275%)、机损项下营业中断险(保额为93000000元、保费为35340元、保险费率为0.038%)。

2012年12月31日14时20分,万利公司向人寿财险广东分公司发出电子邮件,告知人寿财险广东分公司华锋公司保险项目最终承保价格比之前分保slip略高,分入人寿财险广东分公司的份额为30%,并要求人寿财险广东分公司盖章确认。该邮件所附华锋公司保险项目Closing Instruction载明,华锋公司原保险项目的保险期间为2013年1月2日至2014年1月1日,险种包括财产一切险(保额为615000000元、保费为80073元、保险费率为0.01302%)、财产险项下营业中断险(保额为2012年12月31日14时20分,万利公司向人寿财险广东分公司发出电子邮件,告知人寿财险广东分公司华锋公司保险项目最终承保价格比之前分保slip略高,分入人寿财险广东分公司的份额为30%,并要求人寿财险广东分公司盖章确认。该邮件所附华锋公司保险项目Closing Instruction载明,华锋公司原保险项目的保险期间为2013年1月2日至2014年1月1日,险种包括财产一切险(保额为615000000元、保费为80073元、保险费率为0.01302%)、财产险项下营业中断险(保额为93000000元、保费为21204元、保险费率为0.0228%)、机器损坏险(保额为221696000元、保费为36579.84元、保险费率为0.0165%)、机损项下营业中断险(保额为93000000元、保费为21204元、保险费率为0.0228%)。

2012年12月31日20时18分,人寿财险广东分公司向万利公司发出电子邮件,该邮件所附华锋公司保险项目Closing Instruction(最终确认单)最后一页中盖有人寿财险广州分公司承保业务专用章,确认接受分入份额为30%。

2013年1月4日15时55分,万利公司向人民财险广东分公司发出电子邮件,该邮件所附华锋公司保险项目Closing Instruction上盖有万利公司业务专用章及手写批注"30% share by 中国人寿财产保险股份有限公司广州分公司",同时载明华锋公司原保险项目的保险期间为2013年1月2日至2014年1月1日,险种包括财产一切险(保额为615000000元、保费为133455元、保险费率为

0.0217%)、财产险项下营业中断险(保额为 93000000 元、保费为 35340、保险费率为 0.038%)、机器损坏险(保额为 221696000 元、保费为 60966 元、保险费率为 0.0275%)、机损项下营业中断险(保额为 93000000 元、保费为 35340 元、保险费率为 0.038%)。

2013 年 1 月 10 日,人民财险广东分公司开出华锋公司原保险项目的发票,其中财产一切险保费为 133455 元、财产险项下营业中断险保费为 35340 元、机器损坏险保费为 60966.40 元、机损项下营业中断险保费为 35340 元,合计 265101.40 元。

前述案例事实表明,在再保险合同的订立过程中,再保险经纪人的作用至关重要,是再保险分出人和再保险接收人的桥梁和纽带。再保险合同的订立是通过再保险经纪人完成的,再保险人分出人与再保险的接受人均通过再保险经纪人进行沟通联系,双方并不直接进行沟通和联系。

第三节 保险合同的成立

保险合同成立是投保和承保缔约过程的终结,是经投保人与保险人磋商并对保险事项达成合意的结果,即投保人与保险人之间缔结的保险合同存在的事实。投保人与保险人之间的合意是保险合同成立的唯一要件,如果当事人没有特别约定,保险合同从成立时生效。例如,在中国太平洋财产保险股份有限公司北京分公司保险人代位求偿权纠纷案中,最高人民法院再审认为,除非当事人在保险合同中约定缴纳保费为保险合同的生效要件。否则,投保人提出保险要求,经保险人同意承保,保险合同即成立并生效。保险费的缴纳是保险合同生效后投保人应履行的合同义务,而非保险合同的生效要件。

一、保险合同的形式

合同形式是合同内容的外在表现形式,是合同双方当事人意思表示一致的表现形式。在不同的历史时期,人们对合同形式表现出不同的态度。在人类社会早期,合同的形式要件超过了实质要件,只要合同的形式要件符合规定,合同就有效。重形式轻意思是古代合同法的一般原则,法律对合同形式采取了"要式主义",表明了人们对交易安全的重视超过了交易的效率。[1]随着社会经济的发展,法律要求废除合同形式的"要式主义",要求注重当事人之间的意思表示,采取"不要式主义"。在保证交易安全的前提下,合同形式经历了从注重形式到注重意思的发展过程,是适应不断发展的社会经济,越来越注重交易效率的结果。

---

[1] 参见郑云瑞:《合同法学》(第四版),北京大学出版社 2021 年版,第 78—79 页。

在兼顾交易安全与效率的基础上,现代世界各国合同立法对合同形式采取了以不要式主义为原则[①],以要式主义为例外的立法模式。《保险法》第 13 条对合同形式的要求,也符合《民法典》第 469 条对合同形式要求的规定。

从《民法典》对普通合同形式的一般要求到《保险法》对保险合同形式的具体要求看,保险合同既可采取口头形式,也可采取书面形式。[②]但是,从保险实务方面来看,保险合同通常采取书面形式,以免一旦发生纠纷缺乏证明当事人之间权利义务关系的书面凭证。根据《保险法》第 13 条和第 20 条的规定,保险合同的书面形式主要有投保单、暂保单、保险单和保险凭证等四种形式。

(一)投保单

投保单(application)是指投保人向保险人发出的订立保险合同的书面要约,又称为投保书。投保人在投保时均要填写投保单,且投保单一经保险人接受,即成为保险合同的一部分。投保单记载了保险合同的基本条款,如投保人与被保险人姓名和住所、保险标的、保险价值、保险金额、保险险别、保险费率、保险期限等。

在保险实务中,投保单通常是由保险人事先统一印制,具有统一格式,列出保险条款的主要内容,留下空白供投保人填写。投保人按照要求逐一填写,以便保险人决定是否承保,或者选择相应的保险条款和保险费率。投保单一经保险人同意,签发暂保单或者保险单,即为承诺,保险合同即告成立。例如,在江苏省海外企业集团有限公司海上货物运输保险合同纠纷案中,上海海事法院认为,保险人接受投保单的行为,不仅仅被看作是接受要约,同时也被看作是作出承诺。只要保险人全盘接受被保险人在投保单中列出的投保条件,无论保险人当时是否出具保险单,均应认为海上保险合同已经成立。

---

① "普通法对保险合同的形式没有任何形式要件上的规定,但是作为例外情形,成文法创设了海上保险合同、保证合同以及丧葬费简易人寿保险必须采取书面形式。" Nicholas Legh-Jones, *MacGillivray on Insurance Law*, 9th edition, Sweet & Maxwell, 1997, p. 110.

② 我国大陆保险法学界大多数学者认为保险合同是非要式合同。参见覃有土主编:《保险法概论》(第二版),北京大学出版社 2001 年版,第 100—105 页;魏华林主编:《保险法学》(第二版),中国金融出版社 2007 年版,第 73 页;陈欣:《保险法》(第二版),北京大学出版社 2006 年版,第 17 页;温世扬主编:《保险法》(第二版),法律出版社 2007 年版,第 50 页、第 77 页;李玉泉:《保险法》(第二版),法律出版社 2003 年版,第 113—116 页。

我国台湾地区大多数保险法学者也认为保险合同为非要式合同,如施文森先生认为:"虽然保险契约成立之后,保险人无不出给保险单或暂保单,但保险单及暂保单之签发并非契约之效力要件。保险契约于一方为要约,他方为承诺即告成立,保险单或暂保单为保险之凭证。因此,英、美保险立法例上均认为保险契约为非要式契约,与一般契约之成立无异。"施文森:《保险法判决之研究》(上册),五南图书出版公司 1983 年第三版,第 95 页。刘宗荣先生也认为保险合同是非要式合同。参见刘宗荣:《保险法》,三民书局 1995 年初版,第 36—38 页。

英国学者也认为保险合同没有形式上的要求,"普通法规则对保险合同没有任何形式的要求,但是,成文法对海上保险、保证保险、工业事故丧葬费保险等明文规定必须采取书面形式"。Nicholas Legh-Jones, *MacGillivray on Insurance Law*, 9th edition, Sweet & Maxwell, 1997, p. 110.

投保单本身并非正式保险合同文本,但投保单一经保险人接受,即成为保险合同的一部分,与保险单、批改申请、批单等重要凭证共同组成了保险合同。投保人填写投保单的内容不实或者故意隐瞒、欺诈,均直接影响保险合同效力。

投保单是投保人向保险人发出订立保险合同的书面要约,充分体现了投保人的真实意思。在投保单与保险单或者保险凭证出现不一致的情况时,通常以投保人的投保单为准,以保护投保人利益,如《保险法司法解释(二)》第14条规定。例如,在玉门昌源水电有限责任公司保险纠纷案中①,最高人民法院再审作出了对保险人不利的判决,认为保险人提供的保险单与投保单上关于免赔率的标准约定不一致,保险人既没有提供证据证明对保险单、投保单上免赔率记载不一致的事实和理由作出合理解释,又未提供证据证明其对免赔率的含义、内容以书面或者口头形式向被保险人作出明确说明。涉案投保单上投保人盖章的"投保人声明"中关于保险人就责任免除内容进行了说明的表述,并不能证明保险人对免赔额(率)的内容也做了明确说明,故原审认定涉案保险单、投保单上关于免赔额(率)的约定对投保人不具有约束力并无不妥。

但是,并非所有的投保单与保险单不一致的情形下,司法审判实践均会作出对投保人有利的判决,也有例外情形。例如,在南通市申海工业技术科技有限公司财产损失保险合同纠纷案中②,最高人民法院终审认为,涉案保险单和投保单就保险标的、保险价值和保险金额的确定方式表述不一致。因保险单签发时间在投保单之后,在二者内容冲突的情况下,应以保险单所载内容为准。涉案保险单记载保险标的为四项:流动资产、代保管资产、固定资产和在建工程;保险价值确定方式为:流动资产按出险时账面余额,代保管资产、固定资产、在建工程均按出险时重置价格;保险金额确定方式为:流动资产按账面余额,代保管资产按估价,固定资产、在建工程按账面原值。

(二) 暂保单

暂保单(binder)是指在签发正式保险单之前,保险人向投保人所签发的临时性保险证明文件,又称为临时保险单。暂保单有效期较短,通常在30天以内。保险单签发之后,暂保单自动失效。暂保单效力与正式保险单效力相同,是保险人签发正式保险单之前所承担的责任范围的证明文件。暂保单内容较为简单,

---

① 在玉门昌源水电有限责任公司诉永安财产保险股份有限公司酒泉中心支公司保险纠纷案(〔2015〕甘民二终字第20号、〔2015〕民申字第2744号)中,法院裁判摘要认为,投保单上投保人盖章的"投保人声明"中关于保险人就责任免除内容进行了说明的表述,并不能证明保险人对免赔额(率)的内容也做了明确说明,涉案保险单、投保单上关于免赔额(率)的约定对投保人不具有约束力。

② 在南通市申海工业技术科技有限公司诉天安财产保险股份有限公司财产损失保险合同纠纷案(〔2012〕苏商初字第0016号、〔2015〕民二终字第15号)中,法院裁判摘要认为,在财产保险中,在投保时保险标的是确定的,是指投保人与保险人就保险标的达成一致意思表示,而非保险标的的实物形态在投保时确定并在保险合同生效后一成不变。作为涉案保险标的的被保险人的流动资产处于不断变化之中,如果在投保之后取得的流动资产不能作为保险标的,则保险合同对投保人失去意义。

仅表明投保人办理了保险手续,等待保险人签发正式保险单,一般仅记载被保险人姓名、保险标的、保险金额、承保危险种类等重要事项;其他未列明的内容,如保险费率、保险期限、保险责任范围、责任免除等均以保险单规定的内容为准。暂保单既不是保险合同的最终凭证,也不是保险合同订立的必经程序,仅为签发正式保险单之前的权宜之计。例如,在中国人民财产保险股份有限公司大足分公司保险合同纠纷案中[1],重庆市大足区人民法院认为,保险合同的订立须经过投保和承保两个阶段,投保是投保人向保险人提出保险请求的单方意思表示,是订立保险合同的要约,表现形式通常为书面的投保单;承保是保险人承诺投保人的保险要约的意思表示,是保险合同的承诺,表现形式为保险单或者保险凭证或者暂保单。保险单必须明确完整地记载保险双方的权利义务内容,是保险合同双方当事人履行合同的依据。

暂保单通常出现在以下四种情形:[2]

(1) 保险代理人签发的暂保单。保险代理人获得保险业务但保险人未正式签发保险单之前,由保险代理人向投保人签发保险凭证,以证明保险合同关系的存在。

(2) 保险人分支机构签发的暂保单。审批权限在总公司的业务在获准之前,保险公司分支机构签发书面凭证,以证明保险合同关系的存在。

(3) 保险人签发的暂保单。投保人与保险人对保险合同的主要条款达成协议,但一些具体条款仍需进一步协商,保险人签发书面凭证,以证明保险合同关系的存在。

(4) 出口结汇的暂保单。被保险人办理货物出口贸易结汇,在保险单签发之前,保险人出具保险证明文件作为结汇的文件之一,以证明被保险人出口货物已经办理保险。

(三) 保险单

保险单(policy)是保险人向投保人签发的正式书面保险凭证,以证明投保人与保险人之间所订立的保险合同,是双方当事人权利和义务的依据,简称保单。保险单应当明确、完整地记载投保人和保险人的权利义务。保险单根据投保人申请,由保险人签署,交由被保险人收执。保险单是被保险人在保险标的遭受意外事故发生损失时,向保险人索赔的主要凭证,同时也是保险人收取保险费的依据。例如,在海南丰海粮油工业有限公司海上货物运输保险合同纠纷案中,

---

[1] 在中国人民财产保险股份有限公司大足分公司诉包头北奔重型汽车有限公司销售分公司、包头北奔重型汽车有限公司保险合同纠纷案([2009]九法民初字第1997号)中,法院裁判摘要认为,保险合同采取要约、承诺方式订立。承保是保险人对投保人保险要约承诺的意思表示,保险合同成立并生效,保险人未能提供足够证据证明实行"见费出单"的合法性,即双方当事人签订的所有文件中并没有任何关于"见费出单"的约定。

[2] 参见覃有土主编:《保险法概论》(第二版),北京大学出版社2001年版,第168页。

最高人民法院再审认为，投保人依约向保险人支付了保险费，保险人向投保人签发了海洋货物运输保险单，表明当事人之间订立的保险合同合法有效，双方的权利义务应受保险单及所附保险条款的约束。

保险单正面记载了保险人和投保人名称、被保险货物（标的物）的名称、数量或者重量、唛头、运输工具、保险起讫日期、承保险别、保险金额、出单日期等，保险单的背面则列有保险人责任范围以及保险人与被保险人各自的权利、义务等方面的详细条款，是最完整的保险单据。保险单可由被保险人背书，随物权的转移而转让，是一份独立保险单据。例如，在江苏省海外企业集团有限公司海上货物运输保险合同纠纷案中，上海海事法院认为，涉案保险单背面载有法律适用条款，且对依保险单背面条款的约定适用1906年《海上保险法》解决案件纠纷均无异议。保险人接受投保单的行为，不仅仅被看作是接受要约。同时，也被看作是作出承诺。

在保险实务中，保险单等同于保险合同，但实际上两者是有区别的，保险单并不是保险合同的全部，并不构成保险合同成立的条件。根据《保险法》第13条的规定，只要投保人与保险人就保险事宜，双方达成一致意见，保险合同即告成立，即使保险事故发生在保险单交付之前，保险人仍然应当承担合同所规定的保险责任，除非双方当事人约定保险单交付是保险合同生效的条件。此外，保险单交付是保险人的法定义务。

前述相关案例判决表明，保险合同的成立时间与保险单的签发时间是有区别的，保险合同的成立通常要早于保险单的签发。保险合同的成立时间，取决于保险承诺到达要约人的时间。保险单仅反映保险合同磋商过程，或者仅仅是经磋商成立的保险合同凭证而已，并非保险合同本身。保险单是否签发以及何时签发，并不影响保险合同的成立。例如，在绍兴市顶味商贸有限责任公司保险合同纠纷案中[①]，绍兴市中级人民法院终审认为，从投保人提出投保申请，到保险人正式签发保险单之前的"保险真空期间"，保险合同已成立，保险人应承担损失补偿责任。保险单是否签发，并不影响保险合同的成立。

《保险法司法解释（二）》第4条填补了法律漏洞，该规定进一步说明了保险单是否签发并不影响保险合同的成立和生效。在保险人接受了投保人的投保单并收取了保险费，但未决定是否承保时，发生保险事故的，如果投保单符合承保条件，被保险人或者受益人请求保险人按照保险合同的约定承担保险责任的，保

---

① 在绍兴市顶味商贸有限责任公司诉中国太平洋财产保险股份有限公司绍兴中心支公司保险合同纠纷案（〔2009〕绍越商初字第807号、〔2010〕浙绍商终字第212号）中，法院裁判摘要认为，从投保人提出投保申请，到保险人正式签发保险单之前的期间属于"保险真空期间"。这段特殊期间内发生保险事故，保险人应承担保险责任。保险人签发保险单或者其他保险凭证，仅为保险人应当履行的合同义务，并非判断合同是否成立的标准。

险人应承担保险责任。前述司法解释规定的情形,多见于人身保险合同纠纷案中。

（四）保险凭证

保险凭证(insurance certificate)是保险人向投保人签发的证明保险合同已经成立的书面文件,又称为小保单。保险凭证是一种简化的保险单,内容较为简单,但效力与保险单相同。保险凭证不记载具体保险条款,仅记载保险人与投保人约定的主要内容,未记载内容则以同一险种的保险单所载的条款内容为准,保险凭证所记载的内容与相应保险单的内容不一致时,应以保险凭证所记载的内容为准。保险人向投保人签发保险凭证的,就不再签发保险单。例如,在艾斯欧洲集团有限公司航次租船合同纠纷案中①,上海海事法院指出,保险人为投保人签发了保险凭证,认为上海明日签发的涉案十三套提单相对应的保险凭证,以证明保险人已对前述提单项下的货物分别出具了保险凭证,确认承保涉案货物在运输途中的一切险。又如,在华泰财产保险股份有限公司保险合同纠纷案中,北京市高级人民法院认为,《保险协议》是当事人之间以将来确定的保险标的为条件,就未来一定时间内分批交付的拟投保财产预先订立的一个意向性、总括性协议,待日后标的确定时再由投保人通知保险人,保险人根据具体情况出具内容不同的保险单。由于《保险协议》的订立具有事先性,并不具备明确具体的保险标的、保险期限、保险金额、保险费等保险合同必备条款,与保险合同密切相关的购车人、投保人也处于不确定状态,仅仅依据《保险协议》,无法对双方当事人的权利义务关系产生实质性的约束力,涉案的《保险协议》不是实质意义上的保险合同。保险单上投保双方依据《保险协议》上投保单、购车合同,就特定财产的保险事项作出的具体约定,使得具体保险利益、保险标的、保险金额、保险期限、被保险人的义务等内容最终确定下来,是保险合同的正式书面凭证,是实质意义上的保险合同,每一份保险单的记载内容均构成一份独立的保险合同。最高人民法院终审认为,华泰保险公司与神龙公司先行签订的《保险协议》仅约定双方同意由神龙公司或者购车人向华泰保险公司购买分期付款购车保险,并在每一份保险单中分别确定保险标的等条款,因无确定的保险合同主体和客体,故并未形成完整意义上的保险合同。根据保险单所载明的内容,保险协议与保险单载明的其他条款共同构成了保险合同的内容。保险协议与保险条款所规定的内容是一种互为补充、相辅相成的关系,且即使出现冲突,因保险单形成在后,是对保险协

---

① 在艾斯欧洲集团有限公司诉连云港明日国际海运有限公司、上海明日国际船务有限公司航次租船合同纠纷案(〔2009〕沪海法商初字第243号、〔2010〕沪高民四(海)终字第71号、〔2011〕民提字第16号)中,法院裁判摘要认为,航次租船合同的当事人为出租人和承租人。在航次租船合同有明确约定的情形下,出租人应当按照航次租船合同的约定履行义务,并履行《海商法》第47条、第49条规定的义务。在航次租船合同没有约定或者没有不同约定时,出租人和承租人的权利义务适用《海商法》第四章有关海上货物运输合同承运人和托运人权利义务的规定(2011年最高人民法院公报案例)。

议的具体化、确定化,也应以保险单所载条款为准。

保险凭证是保险人出具给被保险人以证明保险合同存在的文件,与保险单有相同效力,而并非保险合同本身。例如,在云南福运物流有限公司财产损失保险合同纠纷案中①,最高人民法院再审认为,投保人提出保险要求,经保险人同意承保,保险合同成立。保险凭证签发是保险合同成立的证明,是保险人的法定义务,而并非合同成立的必要条件。

保险人签发保险凭证,通常主要在以下三种情形:

(1) 货物运输保险。在采取预约保险方式的情况下,保险人可以向货物运输保险的投保人签发保险凭证。

(2) 汽车保险。在多辆汽车仅签发一张保险单的情况下,保险人应当为每辆汽车签发单独保险凭证,可以随车同行。

(3) 团体财产保险。在团体财产保险中,保险人通常仅为被保险人所在团体出具一张集体保险单,证明团体保险业务中被保险人的身份,保险人有时需要给每个被保险人签发单独保险凭证,每个被保险人仅能获得保险凭证。

二、保险合同的成立

根据《民法典》第471条的规定,合同订立可以采取要约、承诺的方式或者其他方式。保险合同是一种民商事合同,根据《民法典》第134条的规定,双方当事人意思表示一致,合同即告成立。保险合同虽然是一种格式合同,但在法律结构上,仍然是以要约、承诺方式订立的。保险合同的订立只要双方当事人意思表示一致即可,口头和书面保险合同均为有效的保险合同。根据《保险法》第13条的规定,保险合同的订立是一个要约与承诺的过程,投保人向保险人发出要约,保险人接受投保人要约,表明双方当事人意思表示一致,保险合同即告成立。在保险实务中,保险人或者代理人向潜在的投保人提供空白投保单的行为,属于要约邀请;投保人将填写完毕的投保单交给保险人或者保险代理人的行为,属于要约;保险人审核投保人的投保单后同意承保,则属于承诺。根据《民法典》第483条的规定,承诺生效时保险合同成立。例如,在卫勤俭渔船保险合同纠纷案中,广州海事法院一审认为,渔船保险合同成立于保险单或者其他保险单证签发之前。渔船保险合同的内容虽然是由保险单载明,但保险单不等于渔船保险合同。

---

① 在云南福运物流有限公司诉中国人寿财产保险股份有限公司曲靖中心支公司财产损失保险合同纠纷案([2011]曲中民初字第114号、[2012]云高民二终字第110号、[2013]民申字第1567号)中,法院裁判摘要认为,保险合同以当事人双方意思表示一致为成立要件。保险单的签发属于保险人的行为,是对保险合同的内容加以确立,便于当事人知晓保险合同的内容,产生证明的效果。根据《保险法》第13条之规定,保险单的签发并非保险合同成立时所必须具备的形式(2016年最高人民法院公报案例)。

广东省高级人民法院二审认为,由于投保人卫勤俭与保险代理人农行营业所已经对渔船保险达成一致的意思表示,特别是卫勤俭已经履行了交纳保险费的义务,且此项费用已经被农行营业所存入保险费账户,农行营业所代理保险人台山保险公司与卫勤俭订立的保险合同成立。保险手续仅为保险合同的一种书面记载,并不能等同于保险合同。卫勤俭作为投保人,符合其意思表示的投保单已经填写完毕,并缴纳全部保险费,投保人在保险合同中的义务已经完成。承保手续应当由保险人或者其代理人完成。

(一)要约——投保

要约(offer)是希望和他人订立合同的意思表示,这种意思表示的内容必须具体确定,且表明经受要约人承诺,要约人即受该意思表示约束。结合《民法典》第472条的规定,保险合同订立过程中一个有效要约必须具备如下三个要件[1]:

(1)要约对象的特定性。要约必须是要约人向特定人所作出订立合同的意思表示,即投保人向特定保险人发出订立保险合同的意思表示,而向不特定保险人发出订立保险合同的意思表示则是要约邀请。

(2)要约内容的确定性。要约内容应具体确定,即投保单内容应具体明确,应包含保险合同的基本条款,如投保人与被保险人姓名和住所、保险标的、保险价值、保险金额、保险险别、保险费率、保险期限等。

(3)要约效力的有效性。要约必须表明一经受要约人承诺,要约人即受该意思表示约束。要约应当具有订立合同的目的,不以订立合同为目的的意思表示,不构成一个有效要约。投保人的投保单一旦为保险人接受,投保人即受到投保单约束。

发出要约的一方当事人为要约人,而接受要约的一方当事人为受要约人。关于要约效力,各国规定不一,有大陆法系的到达生效原则和英美法系的投邮生效原则两种不同的立法例。我国采纳了到达生效原则,根据《民法典》第137条、第474条、第475条、第476条和第477条的规定,要约到达受要约人时生效,且要约可以撤回、撤销。

在保险合同订立过程中,要约称为投保,是投保人向保险人发出要求订立保险合同的意思表示。投保人的要约是订立保险合同的必经程序,投保人一般以投保单形式向保险人发出要求订立保险合同的要约,投保单是投保人向保险人全面表达投保意思的书面说明,内容包括保险标的、危险种类、保险金额、保险期间、保险费、投保人和被保险人姓名与住址等。投保单通常事先由保险人印制,投保人仅需在投保单上按保险人要求如实填写即可。投保人既可向保险人或者

---

[1] 参见郑云瑞:《合同法学》(第四版),北京大学出版社2021年版,第55页。

保险代理人投保,又可委托保险经纪人向保险人投保。例如,在金小吾、李福珠、金华民、金华芳机动车交通事故责任纠纷案中[①],苏州市中级人民法院认为,投保单是投保人向保险人发出的希望订立保险合同的要约;保险单是保险人同意按照保险条款和投保单的约定订立保险合同的承诺,也是保险合同成立的证明。

在通常情况下,投保人为要约人,保险人为受要约人。但是,保险人也可以为要约人,而投保人也可以为受要约人。例如,保险公司在煤气缴费单上所印制的保险条款,即为保险人的要约,作为投保人的煤气用户仅需向银行或者其他缴费机构交纳保险条款所规定的保险费,即为接受保险人要约(对要约的承诺),双方当事人之间的保险合同成立。又如,在机场所设置的柜台销售航空旅客意外伤害保险,保险人将保险的主要条款印制成投保单,投保人仅需交纳保险费,即完成保险合同的订立。又如,在汽车保险电话销售中,保险公司的业务员电话销售保险单的行为是要约,而投保人购买汽车保险的行为则是承诺。在这种情况下,保险人的行为同样构成了要约,而投保人的行为却构成了承诺。[②]

(二) 承诺——承保

承诺(acceptance)是指受要约人接受要约人要约的意思表示,即受要约人同意接受要约规定的条件,与要约人订立合同的意思表示。受要约人一旦作出接受要约的意思表示并送达要约人,受要约人与要约人之间的合同即告成立。在合同的订立过程中,受要约人对要约的承诺是合同成立的关键。保险合同订立过程中,一个有效承诺应符合以下四个要件[③]:

(1) 承诺的主体。承诺主体应当是受领要约的主体,即投保人对其发出投保单的保险人或者代理人为承诺主体。只有保险人及其代理人发出同意接受投保人投保单的行为,才能构成一个有效承诺。

(2) 承诺的方式。根据《民法典》第 480 条的规定,承诺通常以通知或者要约规定的其他方式发出。在保险合同中,保险人通常以暂保单、保险单和保险凭证等方式对投保人要约作出承诺。例如,在昆明锦荣饲料有限公司财产保险合

---

① 在金小吾、李福珠、金华民、金华芳诉中国太平洋财产保险股份有限公司无锡市北塘支公司、苏州工业园区大宝市政工程有限公司、余金柱机动车交通事故责任纠纷案([2014]吴中民初字第 00660 号、[2015]苏中民终字第 02024 号)中,法院裁判摘要认为,商业三责险保险条款是保险人向投保人提供的格式条款,但并未明确载明关于禁止投保车辆私自加高栏板及后防撞护栏且违反该装载规定导致商业三责险免责的条款。保险人向投保人尽到明确说明义务的范围仅限于商业三责险保险条款,并不明确包括在保险单上的"特别约定",且并未举证证实就"特别约定"条款尽到了明确说明义务。因此,该"特别约定"条款依法不发生效力。

② See Andre McGee, *Modern Law of Insurance*, Butterworths, 2002, p. 28.

③ 参见郑云瑞:《合同法学》(第四版),北京大学出版社 2021 年版,第 63—65 页。

同纠纷案中①,昆明市中级人民法院认为,投保单是投保人为订立保险合同向保险人发出的要约,保险人同意该要约内容后签发的保险单是订立保险合同的承诺。

（3）承诺的内容。承诺应包含明确同意要约人要约的意思表示,即保险人同意接受投保人的投保单。保险人应当全部接受投保单的内容,不得对投保单的内容有任何形式的变更。保险人接受投保单表明双方当事人对保险交易达成合意,保险合同即告成立。

（4）承诺的期限。受要约人应在合理期限内对要约作出承诺,即保险人应当在合理期限内签发保险单。但在保险实务中,保险人提供的投保单并没有规定保险人作出承诺的期限,即保险人作出承诺的期限任由保险人自行确定,这对投保人极为不利。

在保险合同中,承诺称为承保,是保险人同意投保人发出要求订立保险合同的意思表示,即保险人接受投保人的投保单。保险人同意承保的意思表示,既可由保险人自己直接向投保人作出,又可由保险代理人向投保人作出。根据《民法典》第137条和第484条的规定,承诺通知到达要约人时生效。《民法典》第483条规定,承诺生效,保险合同即告成立。例如,在中国太平洋财产保险股份有限公司北京分公司保险人代位求偿权纠纷案中,最高人民法院认为,除非当事人在保险合同中约定缴纳保费为保险合同的生效要件,否则,投保人提出保险要求,经保险人同意承保,保险合同即有效成立。缴纳保险费是保险合同生效后投保人应履行的合同义务,而非保险合同的生效要件。涉案保险费缴纳与否,属于保险合同的履行问题,并不影响保险合同的成立与生效。

承诺可以撤回,但不能撤销。②根据《民法典》第485条的规定,撤回承诺的通知,应当在承诺通知到达要约人之前到达,或者与承诺通知同时到达要约人。如果保险人对投保人的投保单提出修改意见,保险人的意思表示不是承诺,而是构成了一个新的要约——反要约,这个要约只有经投保人同意,保险合同才告成立。在保险实务中,保险人接到投保人的投保单之后,对投保单进行审核,分别作出全部接受、部分接受和拒绝接受的意思表示。保险人完全接受投保单时,保险人同意承保的意思表示构成了对投保的承诺,保险合同成立;保险人部分接受

---

① 在昆明锦荣饲料有限公司诉永安保险公司云南分公司财产保险合同纠纷案（〔2015〕五法民三初字第163号、〔2015〕昆民四终字第336号）中,法院裁判摘要认为,从订立财产保险合同的初衷来看,投保人向保险人购买保险是为当财产因发生保险事故而遭到损失时,能够在合情、合理、合法的范围内得到最大限度的补偿。从投保人投保的目的来看,库存商品应当是包括存放于仓库中的所有用于商业生产和销售的成品饲料、半成品饲料、加工饲料用的原材料、包装物、物料用品、产成品、低值易耗品等物品。因此,涉案保险标的应当为存货项下包含的原材料、包装物、物料用品、产成品、低值易耗品。

② 承诺一旦生效,则意味着保险合同生效。承诺的撤销,则意味着保险合同的撤销。

投保单时，保险人的意思表示构成了一个新的要约，保险合同没有成立；保险人拒绝接受投保单，即为要约的拒绝，保险合同不成立。

保险合同的成立仅宣告保险合同订立过程的完成，解决了保险合同是否存在的事实问题。保险合同生效属于法律判断问题，即《民法典》《保险法》等法律对已经成立的保险合同作出的肯定性评价。已经成立的保险合同，如果不符合保险合同的生效要件，不能产生法律上的约束力。符合生效要件的已经成立的保险合同，从成立时起具有法律约束力。换言之，保险合同成立即告生效。保险合同成立是生效的前提，只有在保险合同成立之后，才涉及保险合同的生效问题。例如，在中谷集团上海粮油有限公司海上保险合同纠纷案中[1]，最高人民法院再审认为，案件审查重点是涉案海上货物运输保险合同是否成立。根据《海商法》第221条的规定，被保险人提出保险要求，经保险人同意承保，并就海上保险合同的条款达成协议后，海上货物运输保险合同成立。保险人应当及时向被保险人签发保单或者其他保险单证，并在保险单或者其他单证中载明当事人双方约定的合同内容。根据原审查明的事实，即使投保人提交的短信和通话记录可以证明投保人曾经向保险人提出保险要求，但并不能证明保险人同意承保，且已经就保险合同条款达成协议。中谷公司提交的其他货物保险单只能证明中谷公司的其他货物是由保险公司承保，并不能证明涉案货物保险合同成立，且其他货物的保险单上记载的保单签发日期基本均是在启运日期当天或之前，并不能证明双方当事人长期存在电话投保以及事后签发保单的交易习惯。中谷公司在涉案事故发生之后向保险公司支付了保险费，而保险公司提供证据证明该费用已经退回，故中谷公司支付保险费的事实并不能推定保险公司已经同意承保。因此，原审判决涉案海上货物运输保险合同不成立并无不当。

第四节　保险合同的生效

保险合同生效是指已经成立的保险合同，在当事人之间产生一定的法律约束力。保险合同生效体现了法律对已经成立的保险合同的态度和评价。如果法律对保险合同的评价是肯定的，则保险合同生效；如果是否定的，则保险合同无效。

保险合同生效是保险实务中一个非常重要的问题，标志着合同当事人开始

---

[1] 在中谷集团上海粮油有限公司诉中国人民财产保险股份有限公司大连市分公司、中国人民财产保险股份有限公司大连市甘井子支公司海上保险合同纠纷案〔2013〕辽民三终字第230号、〔2014〕民申字第568号）中，法院裁判摘要认为，投保人提供的证据不能证明双方当事人长期存在电话投保以及事后签发保单的交易习惯。在涉案事故发生之后，投保人向保险人支付了保险费，而保险人提供证据证明保险费用已经退回，从而投保人支付保险费的事实并不能推定保险公司已经同意承保。因此，海上货物运输保险合同不成立。

受到保险合同的约束,不仅是保险人开始承担保险责任的起算点,还是投保人告知义务的终止点。[①]因此,保险合同生效的时间具有重要的法律意义。

一、保险合同生效的条件

根据《民法典》第 502 条和《保险法》第 13 条的规定,保险合同自合同成立时生效,即保险人同意承保时,保险合同生效。由于保险合同的特殊性,投保人交付保险费之后,保险人是否履行赔付保险金义务,完全取决于保险事故的发生。根据《保险法》第 15 条的规定,在某些情形下,投保人在保险合同成立之后仍然可以要求解除保险合同。但是,保险人却不享有解除合同的权利,合同生效之后对投保人和保险人产生了法律约束力,投保人和保险人承担相应义务。

保险合同生效的条件是指已经成立的保险合同产生法律上的约束力所应具备的条件。保险合同只有具备了法律所规定的条件,才能发生法律效力,对保险合同双方当事人产生法律上的约束力。根据《民法典》第 143 条和《保险法》第 12 条、第 31 条的规定,保险合同生效应符合以下四个构成要件[②]:

(1) 保险合同主体适格。保险合同双方当事人即保险人和投保人必须具有订立保险合同的资格。就保险人而言,必须是经依法核准从事保险业务的主体,财产保险公司不得从事人寿保险业务,而人寿保险公司不得从事财产保险业务。人寿保险公司与投保人之间订立的财产保险合同,因保险人的主体资格问题导致保险合同无效。财产保险公司经保险监管机构批准可以经营短期健康保险和意外伤害保险,因而财产保险公司与投保人之间签订的短期健康保险合同和意外伤害保险合同有效。投保人既可以是自然人,也可以是法人或者非法人组织,自然人订立保险合同必须具有完全行为能力。

(2) 意思表示真实。投保人与保险人意思表示一致,保险合同成立,但只有当事人意思表示真实,保险合同才能生效。当事人意思表示真实是指投保人与保险人的外在表示与内在意思完全一致,且意思完全是基于自己的正确认识自愿形成的,并没有受到外界的不法干预或者不正当的影响。如果当事人意思表示不真实,当事人所表达出来的并不是当事人真实的效果意思,那就不能使真实的效果意思发生效力。[③] 一旦证明投保人或者保险人的意思表示不真实,则保险合同无效,如根据《民法典》第 146 条规定以虚假意思表示所订立的保险合同无效。

(3) 保险合同内容合法。保险合同内容不得违反法律、法规的强制性规定,

[①] See Andre McGee, *Modern Law of Insurance*, Butterworths, 2002, p. 27.
[②] 主体适格、意思表示真实和内容合法是民商事合同生效的一般要件。参见郑云瑞:《合同法学》(第四版),北京大学出版社 2021 年版,第 105 页。
[③] 参见郑云瑞:《民法总论》(第九版),北京大学出版社 2021 年版,第 304—305 页。

不得违反公序良俗原则。保险合同标的必须是法律所允许的财产、财产利益或者人身利益,且当事人的约定不得违反保险基本原理,如双方当事人约定,投保人免交保险费,则属于内容违法。只有合同内容合法,才能达到当事人预期目的。

(4) 保险利益。保险利益是投保人或者被保险人对保险标的具有的法律上承认的利益。在订立保险合同时,投保人对被保险人具有保险利益,是《保险法》第12条和第31条对人身保险合同生效的基本要求。保险利益是保险合同区别于赌博合同的关键。

以上四个条件是保险合同的一般生效要件,缺一不可。其中前三个要件属于普通民商事合同的一般生效要件,最后一个则是人身保险合同的特别生效要件。但是,根据《保险法》第34条的规定,以死亡为给付保险金条件的人身保险合同,应获得被保险人的同意并认可保险金额。[1]否则,保险合同无效。例如,在李祥人身保险合同纠纷案中[2],北京铁路运输法院认为,无论投保人与被保险人之间是否具有特定的人身关系(被保险人为投保人的未成年子女的除外),投保人与保险人订立以被保险人死亡为给付保险金条件的人身保险合同,需要征得被保险人的同意并认可保险金额。北京市第四中级人民法院维持了原审判决。

保险司法审判实务形成了确认被保险人同意的形式和时间的具体规则,被保险人同意的形式可以是书面形式,也可以是口头形式,也可以是其他形式;被保险人同意的时间可以是订立合同时,也可以是订立合同后追认。

二、保险合同生效的时间

保险合同生效的时间是指保险合同开始产生法律效力的时间。一般而言,保险合同成立的时间,也就是保险合同生效的时间。根据《民法典》第483条的规定,承诺生效时保险合同成立,而承诺是在到达要约人时生效的。根据《保险法》第13条第3款的规定,保险合同自成立时生效,但当事人可以约定保险合同的生效条件,如以保险单的签发或者保险费的缴纳为保险合同的生效条件。

在保险实务中,大多数保险合同属于附生效条件的合同,投保人与保险人在保险合同中约定以交付保险费或者其他条件为合同发生法律效力的条件。如果保险人与投保人在保险合同中约定,以投保人交付保险费作为保险合同的生效

---

[1] 在保险实务中,被保险人的同意表现为被保险人在投保单上的签名。在实务中,实际上绝大多数以死亡为给付保险金条件的人身保险合同的被保险人并未在投保单上签名。保险人在签发保险单时放任投保人的这种行为,但是一旦发生保险事故,保险人则以没有被保险人签名为由,主张保险合同无效,从而拒绝给付保险金。此时保险人的行为违反了最大诚信原则。

[2] 在李祥诉中国人寿保险股份有限公司北京市分公司人身保险合同纠纷案(〔2016〕京7101民初442号、〔2017〕京04民终38号)中,法院裁判摘要认为,投保人与保险人订立以被保险人死亡为给付保险金条件的人身保险合同,需要征得被保险人的同意并认可保险金额。否则,保险合同无效。

条件,投保人交付保险费的时间,即为保险合同生效的时间。在投保人没有交付保险费之前,保险合同的生效条件没有成就,保险合同没有产生约束双方当事人的法律效力。此时,如果在投保人交付保险费之前发生保险事故的,保险人不承担损失补偿责任,损失由投保人自己承担。例如,在神龙汽车有限公司保险合同纠纷案中,江苏省高级人民法院认为,涉案保险合同成立后并未立即生效,而是根据当事人约定在保险费缴纳之后,保险合同生效。

在保险实务中,保险合同通常以保险费交付为保险合同的生效条件。[①]但是,保险费交付是否为保险合同的生效条件,涉及保险合同是实践性合同还是诺成性合同的问题。[②]根据《保险法》第13条的规定,保险合同是诺成性合同,而不是实践性合同。保险费交付不是合同生效的法定条件,而是保险合同生效的约定条件。司法解释认可了保险费交付作为保险合同生效的约定条件[③],司法审判实践也明确将保险费交付作为保险合同生效的约定条件,如在中国太平洋财产保险股份有限公司北京分公司保险人代位求偿权纠纷案中,最高人民法院再审指出,保险费的缴纳是保险合同生效后,投保人应履行的合同义务,而非保险合同的生效要件,除非当事人在保险合同中约定缴纳保费为保险合同的生效要件。

关于保险人是否有权强制要求投保人履行交付保险费,因保险标的不同而不同。《保险法》明文禁止以诉讼方式要求投保人交付人身保险合同的保险费,而对财产保险却没有规定。财产保险合同生效之后,如果投保人拒绝交付保险费的,保险人可以通过诉讼方式要求投保人履行合同所规定的交付义务。财产保险合同关系是一种债权债务关系,可以适用债权债务的一般规定。作为一种债权债务关系,一方当事人可以通过诉讼方式,强制另一方当事人履行义务。例如,在中华联合财产保险公司宁波分公司财产保险合同纠纷案中[④],宁波市中级人民法院认为,涉案的36份保险合同自成立时即生效。保险费的交纳属于保险

---

① 现代各国保险实务大多以保险费的缴付作为保险合同的生效条件。See Andre McGee, *Modern Law of Insurance*, Butterworths, 2002, p. 28.
② 在英国的保险实务中,保险费的交付是保险合同生效要件。"保险合同通常规定,投保人不支付第一笔保险费,保险人则不承担损失补偿责任。因此,投保人可能发现自己所签订的保险合同有这样的条款,即在交付保险费之前,保险合同既没有成立,也没有生效。"Nicholas Legh-Jones, *MacGillivray on Insurance Law*, 9th edition, Sweet & Maxwell, 1997, p. 102.
③ 最高人民法院《全国法院民商事审判工作会议纪要》第97条规定:"【未依约支付保险费的合同效力】当事人在财产保险合同中约定以投保人支付保险费作为合同生效条件,但对该生效条件是否为全额支付保险费约定不明,已经支付了部分保险费的投保人主张保险合同已经生效的,人民法院依法予以支持。"
④ 在中华联合财产保险公司宁波分公司诉浙江省宁波市明股汽车客运出租公司财产保险合同纠纷案(〔2006〕甬海民二初字第457号、〔2007〕甬民三终字第299号)中,法院裁判摘要认为,如果财产保险合同已生效,保险人原则上有权诉请投保人支付欠缴保费,投保人支付的保费与保险人承担的风险构成对价。保险合同约定以保险费缴付为保险责任承担的条件,则投保人未交保费,保险人无须承担保险责任。因此,在保险责任期满后保险人也无权要求投保人支付保险费。

合同履行的范畴,并不涉及合同的生效,但保险合同生效并不意味着保险责任的开始。由于涉案的29份机动车辆综合保险单中均特别约定"保险责任自保费到账之日起开始生效",而投保人在保险期限内一直未交纳保险费,故保险人的保险责任并未开始,即保险人在整个保险期间内均未承接自投保人处转移的风险,保险人要求投保人支付相应的对价——保险费,不仅有违保险制度设立的初衷,也不符合公平原则。此外,根据《保险法》规定,保险人对人身保险的保险费,不得用诉讼方式要求投保人支付,从而保险人诉请投保人支付7份人身保险的保费也不予支持。

三、追溯保险问题

保险合同生效是保险合同的核心问题,涉及保险合同当事人之间基本的权利义务关系。在保险实务中,保险合同生效问题所引发的纠纷通常是保险合同生效的时间。虽然《保险法》第13条明确规定了保险合同生效的时间——"保险人同意承保",但"保险人同意承保"在法律上无法界定,时间上可能是3天,也可能是5天,甚至十天半个月。保险合同的生效取决于保险人单方意思——保险人的同意,具有很大的不确定性和任意性,对投保人和被保险人极为不利。在投保人投保之后,保险单签发之前,被保险人的利益缺乏相应保险保障。在此期间一旦发生保险合同规定的保险事故,保险人可以保险合同未生效为由拒绝承担保险责任。在保险实务中,这类保险合同纠纷非常多,如在孙笑人寿保险合同纠纷案中,投保人已经缴付首期保费并参加了指定的医院体检,但保险人以投保人被害之前未签发保险单为由,拒绝承担保险责任。

《保险法》的历次修订并未从根本上解决在保险合同生效问题上对投保人和被保险人的保护,从而投保人和被保险人最基本的保险利益缺乏法律保障,对司法审判实践缺乏法律规范指引,导致大量相关案件以调解结案,以避免法律适用上的困境。追溯保险制度能够使被保险人利益在保险人承保之前得到有效保障。

(一) 追溯保险的概念

追溯保险(retrospective insurance)是指保险责任开始的时间追溯到投保申请后保险合同成立前某个时间点的保险合同,通常以在保险合同中规定相应条款来确立一个追溯期的方式实现。追溯保险的目的在于保护在保险合同生效前的投保人和被保险人利益,暂保单的作用与追溯保险相同,对合同双方当事人均具有法律效力。追溯保险是当事人约定或者法律规定的合法行为,为各国立法所确认。追溯保险有法定追溯保险和约定追溯保险之分,前者是保险人基于法律规定承担保险合同生效前发生保险事故的保险责任;后者则是保险人基于约定承担保险合同生效前发生保险事故的保险责任。德国和韩国保险法明文规定了追溯保险问题。美国保险惯例确立了投保人交付保险费后保险单签发前,保险人对被保险人意外事故承担保险责任。[1]日本多数判例认为,投保人交付了首期保险费之后,发生保险范围内的事故,不论保险人是否承保,保险人的保险责任均应追溯到投保人交付保险费之时。[2]根据英国保险惯例,保险人在签发正式保险单之前,保险人应向投保人签发临时保险单为投保人在正式保险单签发之前提供保险保障。[3]

《保险法》并未规定追溯保险制度,但《海商法》第 224 条[4]、《关于审理海上保险纠纷案件若干问题的规定》第 10 条[5]以及《保险法司法解释(二)》第 4 条[6]的规定涉及追溯保险。我国保险实务中采用追溯保险的做法较为普遍。在投保人投保之后,保险人接受投保人的投保申请签发保险单之前,保险人需要有一些时间对投保人的投保申请进行审核,通过审核的,签发保险单;未通过审核的,则拒绝投保人的投保申请。在我国保险实务中,保险人为吸引投保人参加保险,将追溯保险列为保险合同条款,从而追溯保险以约定追溯保险形式出现在我国保险实务中。[7]

暂保单和追溯保险不仅可以有效地防止保险人故意拖延保险单签发的时间,从而使《保险法》对投保人、被保险人和受益人利益的保护落到实处。因此,《保险法》应借鉴外国保险制度,确立相应保护规则。

(二)追溯保险的起源

追溯保险起源于英国海上货物运输保险,即 18 世纪中叶英国海上保险合同的"无论损失与否"条款。在投保人投保时,船舶或者货物已经在海上或者其他国家,有可能在投保人不知情的情形下当时船舶或者货物已经遭受损失。"无论损失与否"(lost or not lost)表明在订立合同时投保人主观上不知道危险已经发生的,仍有保险的可能和必要。在包含"无论损失与否"条款的保险合同中,保险人缔结保险合同的时间,即接受保险的日期,与保险人保险责任承担的始期已经

---

[1] 参见周玉华编著:《最新保险法经典疑难案例判解》,法律出版社 2008 年版,第 80 页。

[2] 同上。

[3] See Nicholas Legh-Jones, *MacGillivray on Insurance Law*, 9 th edition, Sweet & Maxwell, 1997, p. 116.

[4] 《海商法》第 224 条规定:"订立合同时,被保险人已经知道或者应当知道保险标的已经因发生保险事故而遭受损失的,保险人不负赔偿责任,但是有权收取保险费;保险人已经知道或者应当知道保险标的已经不可能因发生保险事故而遭受损失的,被保险人有权收回已经支付的保险费。"

[5] 《关于审理海上保险纠纷案件若干问题的规定》第 10 条规定:"保险人与被保险人在订立保险合同时均不知道保险标的已经发生保险事故而遭受损失,或者保险标的已经不可能因发生保险事故而遭受损失的,不影响保险合同的效力。"

[6] 《保险法司法解释(二)》第 4 条规定:"保险人接受了投保人提交的投保单并收取了保险费,尚未作出是否承保的意思表示,发生保险事故,被保险人或者受益人请求保险人按照保险合同承担赔偿或者给付保险金责任,符合承保条件的,人民法院应予支持;不符合承保条件的,保险人不承担保险责任,但应当退还已经收取的保险费。保险人主张不符合承保条件的,应承担举证责任。"

[7] 参见许崇苗、李利:《中国保险法原理与适用》,法律出版社 2006 年版,第 166 页。

没有关系。此时保险人的责任追溯到航程的起点,保险责任早已开始,保险期间开始前已经发生或者未发生的损失被纳入承保范围内,对相关损失承担补偿责任。"无论损失与否"条款表面与保险利益原则冲突,实质上却是商业利益的需要,在经济上具有合理性,从而允许双方当事人均为善意时,即使被保险人的保险利益已经不存在,保险人仍然按照保险合同约定补偿被保险人的损失。

现代海上保险法确立了追溯保险制度,以规制海上保险合同"无论损失与否"条款的效力。1906年《海上保险法》第6条规定的追溯保险制度,为世界各国保险立法所效仿。保险法对追溯保险制度的设计,是以"知晓规则"认定"无论损失与否"条款的效力。由于信息不存在状况的存在,尽管可能在缔结保险合同时,客观上损失已经发生,但在主观上双方当事人并不知晓损失的发生,从而损失发生与否在主观上仍然具备"不确定性",投保人仍然具有保险利益,法律承认其有效性。现代通信技术使得"无论损失与否"条款已经变得无足轻重了,但保险仍然是一个对信息具有高度依赖性的行业,从而追溯保险制度仍然有充分的信息经济学依据。德国、日本、韩国等国家将追溯保险从海上保险引入到普通保险之中,扩大了追溯保险的适用范围。

我国追溯保险制度沿袭了前述大陆法系国家保险法的发展路径,首先出现在海上保险制度即《海商法》第224条之中,《保险法》并未有相关的规定,有关司法解释填补了追溯保险的制度漏洞。

(三)追溯保险的法理基础

追溯保险制度是通过立法得以确立的,如1906年《海上保险法》第6条规定:"如果保险标的是按'无论损失与否'条款进行保险,被保险人在保险标的发生损失时可获得赔偿,除非在订立保险合同时,被保险人已经知道损失发生而保险人却不知道。"[1]《德国保险合同法》第2条规定:"保险合同的效力可以约定溯及合同订立前适合的时点开始……"《韩国商法》第643条规定:"保险合同可以约定将该合同签订之前的某一时点为保险期间的开始日期。"前述立法表明追溯保险已经确立为保险制度的一部分,追溯保险制度的确立有法理基础。追溯保险的合法性来源于意思自治原则、损失补偿原则和保险利益原则。

(1)私法自治原则的体现。追溯保险制度体现了私法自治原则,私法自治原则是私法领域的基本原则,保险法作为私法的组成部分,应当遵循私法自治原则。私法自治原则在合同领域表现为意思自治,保险合同作为商事合同应遵循意思自治原则。在平等协商的基础上,投保人与保险人经意思表示一致达成追溯保险合同。在追溯保险合同中,保险人自愿扩大保险责任期间,将保险责任期

---

[1] "Provided that where the subject-matter is insured 'lost or not lost', the assured may recover although he may not have acquired his interest until after the loss, unless at the time of effecting the contract of insurance the assured was aware of the loss, and the insurer was not."

限追溯到保险合同成立之前的某一个时间点,保险人扩大保障义务的范围并未违反法律和公序良俗,且未侵害第三人利益,在此基础上订立的合同符合意思自治原则,法律没有理由不承认这种合同效力。

(2) 损失补偿原则的运用。保险最为重要的功能是补偿被保险人利益损失,而损失补偿是以损失发生为前提条件。分散风险和损失补偿体现了保险最基本的价值,如果追溯保险中被保险人的保险标的确实发生了损失,且在投保时投保人并不知情,保险人自愿将保险责任期间追溯到保险合同成立之前,既是保险人展业的需要,也是被保险人分散风险的需要。追溯保险对善意被保险人财产给予良好的保障作用,保险人及时赔付善意被保险人的损失,体现了保险的基本价值,符合保险的初衷,稳定了社会经济。

(3) 保险利益原则的存在。保险利益的存在可以有效地防止道德危险的发生,防止保险成为赌博工具。在追溯保险中,被保险人对保险标的同样具有保险利益,即在追溯期限内,保险标的损失或者灭失,被保险人会遭受经济上的损失。即使被保险人对保险标的没有直接利害关系,但保险标的遭受损失或者灭失的,在经济上可能遭受其他方面的损失,也视为具有保险利益。

追溯保险制度的确立有重大的实践意义,可以有效地减少保险纠纷,使投保人利益得到有效保护,规范保险人的经营行为。特别是以死亡为给付条件的人寿保险实务中,被保险人在保险人核保期间意外身故所引发的保险纠纷案,备受保险法理论界和实务界关注。在这类保险纠纷案件中,受益人以投保人已支付保费为由请求保险公司给付保险金,而保险公司则以保险合同没有成立为由拒绝承担保险责任。追溯保险制度能够妥善解决这类案件的纠纷,恢复保险公司的声誉和形象。例如,在孙笑人寿保险合同纠纷案中,广州市天河区人民法院认为,投保人(谢兴权)与保险代理人(黄汉尧)共同签署了《投保书》,《投保书》已列明投保人及保险人的权利义务,双方已就保险合同的条款达成一致意见,符合《保险法》第 13 条的规定,且投保人已于签署投保书的次日向保险人缴付了首期保费,已履行了作为投保人在保险合同成立后应负的主要义务,从而投保人与保险人的信诚智选投资连结保险合同及其附加合同成立。广州市中级人民法院二审认为,保险合同订立需经过投保、核保、承保三个阶段,其中投保是要约、承保是承诺。保险人与投保人签订《投保书》后,投保人应按照保险人的安排进行体检,还须向保险人提供相关的财务证明,故《投保书》仅能说明的是投保人向保险人投保的事实,并不当然意味着保险人已同意承保;从签订《投保书》至被保险人遇害身亡时,涉案保险合同仍处于核保阶段,保险人尚未作出同意承保的意思表示;保险合同的成立不以缴付保险费为必要条件,投保人缴付保险费与否,不影响保险合同的成立,保险公司只要同意承保,即使未交保险费,保险合同也成立,反之,投保人交了保险费,但保险公司不同意承保,保险合同依然不成立,保险费的缴付与合同的成立没有必然的联系。在被保险人遇害身亡时,保险人尚未作出核保的承诺,也未出具保单,从而不存在保险合同有无生效的问题。

2008年广州市中级人民法院的再审判决仍然维持了〔2003〕穗中法民二终字第993号判决。在孙笑人寿保险合同纠纷案中,一审、二审法院对保险合同是否成立的基本事实的判断截然不同,导致两种完全不同的判决结果,体现了不同的价值判断。一审法院从保护投保人权利出发,按照合同的一般订立的要约和承诺程序,认定保险合同成立并生效,且投保人还履行了缴纳保险费的合同义务。实际上,一审法院将保险代理人的行为视为要约,投保人的行为视为承诺,保险合同的体检条款作为合同的解除条件,具有一定的合理性,较好地平衡了投保人与保险人之间的权利义务关系,有利于维护保险市场健康有序发展。二审法院则严格遵循合同法、保险法的要约与承诺的缔约程序规则,保险人的核保未完成、保险单未签发,则保险合同未成立。二审和再审判决表明法院机械适用法律,导致法院判决偏离司法公正。最高人民法院在总结保险司法审判的基础上,针对前述案例的情形,规定了相应的解决措施,如《保险法司法解释(二)》第4条规定,保险人接受了投保人提交的投保单并收取了保险费,在还未作出是否承保的意思表示时发生保险事故的,对于符合承保条件的,被保险人或者受益人可以请求保险人按照保险合同承担赔偿或者给付保险金责任。最高人民法院的前述规定即确立了追溯保险规则,为司法审判实践提供了裁判准则。

(四) 追溯保险的构成

追溯保险扩展了保险责任期限,有效地保护了善意投保人财产,符合现代保险制度的基本理念。追溯保险的构成应符合以下两个要件:一是一般要件,即保险合同有效。保险合同成立和生效,是追溯保险生效的前提。二是特别要件,即追溯条款的设定、危险确定发生或者不发生、当事人善意。

(1) 追溯条款的设定。在平等自愿基础上,投保人与保险人约定的保险责任期间早于保险合同成立的时间,即保险人自愿扩大保险责任期间。保险人自愿扩大保险责任期间的行为,符合意思自治原则,并未对他人利益造成损失,当事人之间的合意应受到法律保护。实际上,保险人扩大保险责任期间的行为是为拓展业务需要。

(2) 危险确定发生或者不发生。在追溯期限内,客观上危险已经确定发生或者不发生,即保险标的状态在保险合同成立时已经是既成事实,真实状况仅仅为保险合同当事人不知晓而已。保险责任期间的始点确定为保险合同成立之前的某一个时间点,是追溯保险与普通保险的根本区别所在。

(3) 保险主体的善意。客观上,保险标的是否发生危险,已经是确定的事实;主观上,合同主体对保险标的真实状况并不知情。基于前述情况,保险人同意将保险责任期间扩展到合同成立前的某一个时间点,并未违反最大诚信原则,也未损害保险共同体利益。保险合同双方当事人均善意不知道保险标的真实状态,是追溯保险有效的条件。如果保险人在订立保险合同时已经知晓保险标的受损或者灭失,则保险人不可能同意承保;如果投保人在订立保险合同时已经知晓保险标的受损或者灭失,仍然向保险人隐瞒真实情况,则保险合同无效,且不得要求返还保险费。

追溯保险虽然为我国保险实务所认可,但关于追溯保险的纠纷却寥寥无几,从中国裁判文书网仅查到6个追溯保险案例,即福建省晋江市陈埭鸿利鞋服有限公司保险纠纷案[①]、张红运侵权责任纠纷案[②]、张国英人寿保险合同纠纷案[③]、广东快的物流有限公司保险纠纷案[④]、上海八面商贸有限公司海上保险合同纠纷案[⑤]和佛山市顺德区升德木制品有限公司人身保险合同纠纷案[⑥]。例如,在广东快的物流有限公司保险纠纷案中,广州市中级人民法院认为,涉案保险类型属追溯保险,不适合一般保险法调整,应参照《海商法》第224条的规定处理。追溯保险始于海上货物运输保险,与《保险法》调整的一般保险不同。一般保险的保险责任起始时间同时或者晚于保险合同成立时间,追溯保险的保险责任期间的起始时间被追溯到保险合同成立之前。涉案保险应属于典型的追溯保险。由于追溯保险扩大了保险人的保险责任期间,增加了保险人的责任风险,比一般保险需要更大程度的诚信和善意,即订立合同的双方对保险标的在追溯期内的状态为善意的不知情,不论保险事故是否真实发生。在订立合同时,追溯保险比一般保险所要求投保人履行的告知义务以及对违反告知义务的处理上更为严格。

[①] 福建省晋江市陈埭鸿利鞋服有限公司诉中国平安财产保险股份有限公司晋江支公司保险纠纷案(〔2008〕晋民初字第4569号、〔2011〕泉民终字第1736号、〔2013〕泉民再终字第5号)。

[②] 张红运诉济源环球运输有限公司、中国人寿财产保险股份有限公司济源市中心支公司侵权责任纠纷案(〔2016〕豫9001民初5349号、〔2017〕豫96民终617号)。

[③] 张国英诉中国人寿保险股份有限公司盐城市分公司人寿保险合同纠纷案(〔2015〕亭商初字第1500号、〔2016〕苏09民终2112号)。

[④] 广东快的物流有限公司诉中国人民财产保险股份有限公司广州市海珠支公司保险纠纷案(〔2014〕穗海法民二初字第47号、〔2014〕穗中法金民终字第906号)。

[⑤] 上海八面商贸有限公司诉中国太平洋财产保险股份有限公司上海分公司海上保险合同纠纷案(〔2021〕沪72民初1229号、〔2022〕沪民终702号)。

[⑥] 佛山市顺德区升德木制品有限公司诉中国大地财产保险股份有限公司佛山中心支公司人身保险合同纠纷案(〔2022〕粤0605民初26327号、〔2023〕粤06民终1518号)。

第四章 保险合同的效力

　　生效的保险合同产生一定的法律效力,即保险合同的效力。保险合同的效力主要表现为投保人和保险人之间的权利义务关系。鉴于权利义务具有对等性,本章从保险人和投保人各自的义务角度阐述保险合同效力。保险人义务主要有保险合同订立之前的义务和保险合同生效之后的义务;保险合同订立之前的义务主要有说明义务,保险合同生效之后的主要义务有通知义务和保险金赔付义务。投保人义务主要有订立合同之前的告知义务、保险合同生效之后的保险费给付与危险增加的通知义务。保险合同与其他商事合同不同,先合同义务——投保人告知义务和保险人说明义务在保险法上意义重大。保险合同效力还涉及保险合同的变更、中止、复效、解除、终止和解释等问题。

　　生效的保险合同对保险合同当事人产生法律上的约束力,即保险合同效力。保险合同效力表现为对保险人和投保人的约束力,即保险人和投保人作为或者不作为的义务。

第一节 保险人、投保人的义务

　　保险合同效力表现为保险合同当事人合同上的权利义务。先合同义务涉及保险人和被保险人在保险合同生效之后的权利,因而先合同义务也是保险合同效力的重要组成部分。如果双方当事人缔约未成,则违反先合同义务的一方当事人承担缔约过失责任。

　　保险合同是双务合同,双方当事人权利义务对等,一方当事人权利是另一方当事人义务,反之亦然。保险人与投保人是保险合同当事人,保险人权利体现为投保人义务,投保人权利也体现为保险人义务。因此,从保险人和投保人各自的义务能够了解到投保人和保险人各自的权利。

一、保险人的义务

　　保险人所承担的义务有保险合同订立前的义务和保险合同生效后的义务之

分,即先合同义务和合同义务。保险合同订立之前的义务主要有说明义务,而保险合同生效之后的主要义务有通知义务和保险金赔付义务。

(一) 说明义务

保险人的说明义务是保险合同效力的主要内容,既是保险法立法的关注焦点,也是保险合同司法的审判重点。根据《保险法》第 17 条的规定,保险人的说明义务是合同订立之前保险人所承担的义务,属于法定义务,是最大诚信原则的具体表现。[①]

1. 说明义务的意义

保险人的说明义务是指在订立保险合同时保险人应当向投保人解释合同条款的具体内容、专业术语含义,特别是免责条款内容,以便使投保人能够准确地理解自己的权利义务。《保险法》规定保险人的明确说明义务的目的,是通过保险人向投保人履行明确说明义务,将有关格式条款和免责条款的概念、内容及其法律后果向投保人进行充分解释和详细说明,使投保人能够准确理解格式条款和免责条款的真实含义和法律后果,从而使投保人能够基于自己真实的意思表示与保险人订立保险合同,避免在实质缔约地位上的不平等,以公平保护投保人的合法权益。例如,在仇玉亮、卞光林意外伤害保险合同纠纷案中[②],连云港市灌云县人民法院一审认为,关于校(园)方责任保险条款(2007 版)中出现的对精神损害赔偿责任免除条款,因保险人未提供相关证据证明已尽到明确说明义务,该条款不产生效力。连云港市中级人民法院二审维持了原审判决。

《保险法》第 17 条规定的保险人说明义务,属于法律的强制性规定,保险人不能通过格式合同条款排除说明义务。保险合同通常是由保险人单方拟定的,专业性非常强,非专业的投保人难以理解保险合同条款的内容。如果保险人对保险合同条款不予说明,甚至误导投保人[③],投保人可能基于对保险合同条款的误解或者误导订立保险合同。例如,在杨树岭保险合同纠纷案中,天津市中级人

---

① "保险合同是法律规定的最大诚信合同之一,每一方当事人在订立合同之前均有义务披露重要事实。"Nicholas Legh-Jones, *MacGillivray on Insurance Law*, 9 th edition, Sweet & Maxwell, 1997, p. 390.

② 在仇玉亮、卞光林诉中国人民财产保险股份有限公司灌云支公司、中国人民财产保险股份有限公司江苏省分公司意外伤害保险合同纠纷案([2015]连商终字第 126 号)中,法院裁判摘要认为,学校的教学环境、活动设施必须符合安全性要求,以保障学生生命健康不受侵害。如果因可归责于学校的原因导致学生生命健康权受损,按照投保的校园方责任保险应由学校承担赔偿责任的,应当依据保险合同约定由保险公司代为赔偿。学校以免除己方责任为条件与家长签订人道主义援助补偿协议,应主要认定其所具有的补偿性,而非免除保险公司的赔偿责任,在学校怠于请求保险赔偿时,不应依据该协议剥夺受害人的保险索赔权(2017 年最高人民法院公报案例)。

③ 在保险实务中,经常出现保险人或者其代理人误导投保人投保的情形。例如,在我国沿海地区,渔民打鱼为业,在海上作业承担巨大风险。基于渔民的保险需求,保险人或者保险代理人向渔民的家属兜售人身保险,由于渔民家属对保险的无知,保险单上的投保人和被保险人为渔民的家属,从而导致渔民在海上作业遇难后,保险人拒绝保险赔付的事件屡屡发生。

民法院认为,保险合同是专业性较强的合同,涉及专业术语较多,保险人有义务向投保人予以明确说明。平安保险宝坻支公司虽然在涉案机动车辆第三者责任险保险合同文本中以黑体字提示了免责条款,但仅是尽到了提醒投保人注意的义务,根据涉案事实、证据,不能认定平安保险宝坻支公司已经履行了就免责条款的概念、内容及其法律后果等以书面或者口头形式向投保人或者代理人作出解释,以使投保人明了该条款的真实含义和法律后果的明确说明义务。

保险人违反说明义务并不要求存在过错或者过失,只要有违反说明义务的客观事实存在,即构成说明义务的违反。不论在何种情形下,保险人均有义务在订立保险合同时说明合同的主要条款,并对投保人有关保险合同事宜的询问,作出直接、如实的回答。关于保险人说明义务的方式,《保险法》并未作出明确规定,以书面、口头形式甚至其他方式对保险合同条款进行说明,均可认为是有效的说明,如《保险法司法解释(二)》第11条之规定。保险人采取书面方式说明的,在投保人办理保险手续时,应将保险单主要条款的解释交给投保人阅读。对投保人的疑义,保险人应及时解答。如果投保人没有疑义,应签字确认已经阅读保险人所提供的书面解释文件。保险人采取口头形式说明的,应当面向投保人解释保险合同条款的具体含义,并对投保人的询问给予解答。口头形式的说明简便易行,但缺少证明保险人履行说明义务的证据,实践中一般采取视频录像的方式固定保险人履行说明义务的证据。保险人既可以口头也可以书面方式向投保人履行说明义务,但在实践中,书面说明可使投保人清楚明了地了解合同条款含义,从而最大限度地避免因无知或者误解订立保险合同,减少了保险合同纠纷。例如,在韩龙梅、刘娜、刘凯、刘元贞、王月兰意外伤害保险合同纠纷案中,南京市鼓楼区人民法院认为,保险人违反了保险合同条款的说明义务。保险人未能举证证明涉案保险卡由刘继自己激活,也未能举证证明在收取保险费时对刘继的职业提出了书面询问,可以认定保险人未能全面履行对保险合同条款的说明义务。

《保险法》第17条对免责条款的说明作出了特别规定。保险人不仅要履行说明义务,而且应当对投保人作出特别明确的说明,如果保险人对免责条款没有作出特别明确的说明,该免责条款不产生法律约束力。行政规章也对保险人的说明义务进一步作出了细致规定,即对于除外责任或者责任免除、退保、费用扣除、现金价值和犹豫期等事项,保险人应采取明确的方式对投保人给予特别提示,如《保险公司管理规定》第46条之规定。例如,在刘大卫保险合同纠纷案中①,南阳市中级人民法院认为,《保险法》第17条将保险人的说明义务分为两

---

① 在刘大卫诉中华联合财产保险股份有限公司南阳中心支公司保险合同纠纷案(〔2013〕唐民一初字第827号、〔2014〕南民一终字第00051号)中,法院裁判摘要认为,保险人向投保人提供的投保单应当附格式条款,对保险合同中免除保险人责任的条款,保险人应当对该条款的内容以书面或者口头形式向投保人作出明确说明;未作提示或者明确说明的,该条款不产生效力。

种：一是对格式条款的一般说明义务，二是对免责条款的明确说明义务。保险人的说明义务是先合同义务，也是法定义务。保险人对免责条款未履行明确说明义务的，该条款不产生效力。所谓"明确说明"是指保险人在与投保人订立保险合同之前或者订立保险合同之时，对于保险合同中所约定的免责条款，除了在保险单上提示投保人注意外，还应当对有关免责条款的概念、内容及其法律后果等，以书面或者口头形式向投保人或者代理人做出解释，以使投保人明了该条款的真实含义和法律后果，从而使投保人能够基于自己的真实意思表示与保险人订立保险合同，避免在实质缔约地位上的不平等，以公平保护投保人的合法权益。说明义务是保险人的法定义务，根据"谁主张、谁举证"的证据规则，保险人要证明其履行了明确说明义务，应对此承担举证责任。

保险人对免责条款的明确说明义务，不同于保险合同格式条款的说明义务。这就意味着免责条款不能像保险合同格式条款那样印在保险单上或者仅提请投保人注意免责条款的存在即可，还要求保险人向投保人明确解释免责条款对投保人权利的影响，以便投保人决定是否投保。换言之，保险人应将免责条款的含义准确无误地向投保人作出解释，履行明确说明义务应达到使投保人理解的效果。免责条款直接关系到保险人损失补偿责任和投保人利益，如果保险人不给予明确的说明，投保人可能忽视免责条款对其利益的影响。此外，免责条款所用术语大多为保险业专业术语，具有特定的内涵和外延，即使投保人充分地注意到免责条款的存在，也很难全面准确地理解免责条款的确切含义。如果保险人未向投保人明确说明，投保人就很难对免责条款作出正确的判断，从而影响了保险合同效力。例如，在段天国保险合同纠纷案中，南京市江宁区人民法院认为，保险合同是最大的诚信合同，保险合同的免责条款决定着投保人的投保风险和投保根本利益，对于投保人是否投保具有决定性的影响。保险人在订立保险合同时必须向投保人就责任免除条款作明确说明，前述义务是法定义务，也是特别告知义务，这种义务不仅是指经过专业培训而具有从事保险资格的保险人要在保险单上提示投保人特别注意，更重要的是要对有关免责条款内容作出明确解释，如合同当事人对保险人对保险合同的免责条款是否明确说明发生争议，保险人应当负有证明责任，即保险人还必须提供对有关免责条款内容作出明确解释的相关证据。否则，该免责条款不产生效力。

2. 说明义务的主体及说明方式

保险人和保险代理人是说明义务主体。虽然法律仅规定了保险人的说明义务，但在保险实务中，保险合同订立通常是由保险代理人与投保人接洽完成的，因而保险人的说明义务转嫁给了保险代理人，所以在保险实务中，保险人的说明义务通常是由保险代理人实施的。根据《民法典》第 162 条的规定，保险代理人的行为后果应由保险人承受。例如，在赵长青人寿保险合同纠纷案中①，菏泽市中级人民法院认为，保险代理人与保险人为保险委托代理关系。保险代理关系是保险代理人在委托人的授权范围内，以委托人名义向第三人销售保险产品，签署保险合同，由委托人承担保险责任的委托法律关系。根据保险人与赵梅贞签订的个人代理人保险代理合同中约定的代理保险业务范围、保费的收取和交付、佣金的支付以及双方的权利和义务，能够认定保险人与赵梅贞之间是保险代理关系。又如，在冯如发人寿保险合同纠纷案中②，重庆市第五中级人民法院认为，保险代理是一种民事代理，保险代理人作为保险人的代理人，以保险人的名义在业务范围内所为的行为均应视为保险人的行为，保险代理人所知道的一切事情，均应视为为保险人所知。涉案的保险事故发生在保险合同生效之前，《保险法》已赋予保险人解除合同并不承担赔偿或者给付保险金的责任的权利，但因保险人未在法定期间内行使并且以续收保费的行为放弃了解除权。

《保险法》第 17 条规定了保险人对保险合同中格式条款和免责条款的说明义务，对履行合同格式条款内容说明义务的方式没有明确规定，但明确规定了保险人免责条款的提示与明确说明义务的履行方式，保险人履行提示与明确说明义务的标准确定为两个方面：

(1) 保险人的提示义务。保险人在订立合同时应当在投保单、保险单或者其他保险凭证上作出足以引起投保人注意的提示。对投保人醒目的提示表现为：一是在投保单抬头部分打印特别提示、制作专门的投保提示与投保单同时使用，提示投保人详细阅读保险条款，并特别提醒注意有关免除保险人责任的条款；二是在投保单中对有关免除保险人责任的条款采用加粗字体、黑体字、加大字号的文字、符号、字体等特别标识，以区别于其他条款内容；三是在投保单的尾部设置投保人声明栏目，声明保险人已对保险条款特别是免除保险人责任的条款向投保人作了明确说明，投保人已充分理解并同意以本投保单作为订立保险合同依据，再由投保人签名确认。例如，在陈建刚机动车交通事故责任纠纷中③，吉林

---

① 在赵长青诉中国人寿保险股份有限公司菏泽分公司人寿保险合同纠纷案（〔2014〕菏开商初字第221号、〔2015〕菏商终字第35号）中，法院裁判摘要认为，保险委托代理关系中，保险代理人通过表见代理行为以委托人名义与投保人签署保险合同，保险代理人的代理行为有效，由保险人承担保险责任，保险人可以依法追究越权的保险代理人的责任。

② 在冯如发诉中国太平洋人寿保险股份有限公司重庆市万盛支公司人寿保险合同纠纷案（〔2013〕綦法民初字第03519号、〔2013〕渝五中法民终字第03724号）中，法院裁判摘要认为，《保险法司法解释（二）》第7条规定，保险人在保险合同成立后知道或者应当知道投保人未履行如实告知义务，仍然收取保险费，又依照《保险法》第16条第2款的规定主张解除合同的，法院不予支持。

③ 在陈建刚诉安邦财产保险股份有限公司吉林分公司、刘冠良、刘波、梁艳祥、吉林市亚通客运有限公司机动车交通事故责任纠纷（〔2016〕吉0202民初1268号、〔2017〕吉02民终455号）中，法院裁判摘要认为，保险人对保险合同中有关免除保险人责任条款的概念、内容及其法律后果以书面或者口头形式向投保人作出常人能够理解的解释说明的，应当认定保险人履行了《保险法》第17条第2款规定的明确说明义务。

市中级人民法院认为,保险人对于免责条款的提示程度应当达到"足以引起投保人注意"的标准,提示的目的是确保缔结格式条款的双方地位平等、信息对称,免责条款应当清晰明白,在通常情况下应能够使投保人注意到免责条款的存在。该提示应当能够唤起投保人是否缔约的印象,从而不应简单地将以对免责条款以文字、字体、符号等方式作出特别标识,即认定保险人已履行了提示义务。

(2)保险人的说明义务。保险人在订立合同时应当对免除保险人责任条款的内容、概念及法律后果以书面或者口头形式向投保人作出明确说明。根据《保险法司法解释(二)》第9条的规定,"免除保险人责任的条款"是指保险人提供的格式合同文本中的责任免除条款、免赔额、免赔率、比例赔付或者给付等免除或者减轻保险人责任的条款。

投保人具体情况各不相同,对免责条款解释的理解程度也有差异。保险人应对保险合同中有关免除保险人责任条款的概念、内容及其法律后果向投保人作出普通人能够理解的解释说明,即履行了保险人的说明义务,如《保险法司法解释(二)》第11条第2款之规定。保险人对自己履行说明义务承担举证义务,如《保险法司法解释(二)》第13条之规定。

保险人的说明义务应注意两个方面的内容:一是保险人应当加强营销人员、保险代理人以及保险代理机构的培训与管理,督促其依法向投保人履行明确说明义务。二是保险人在承办具体的保险业务活动中,应当注意保存"履行明确说明义务"的相关证据。例如,在杨树岭保险合同纠纷案中,天津市第一中级人民法院认为,保险人虽然在涉案机动车辆第三者责任险保险合同文本中以黑体字提示了免责条款,但仅是尽到了提醒投保人注意的义务,根据案件事实、证据,不能认定保险人已经履行了就免责条款的概念、内容及其法律后果等以书面或者口头形式向投保人或者代理人作出解释,以使投保人明了该条款的真实含义和法律后果的明确说明义务。

但在网络条件下保险人说明义务方式有其特殊性,根据《保险法司法解释(二)》第12条的规定,通过网络、电话等方式订立的保险合同,保险人以网页、音频、视频等形式对免除保险人责任条款予以提示和明确说明的,可以认定保险人履行了提示和说明义务。例如,在吴仕娟保险合同纠纷案中[1],景德镇市珠山区人民法院认为,涉案保险合同不是常规纸质保单而是电子保单,是一种新型的保险合同缔结形式。整个投保流程在网上点击操作生成,省略了传统的纸质媒介,

---

[1] 在吴仕娟诉中国人民财产保险股份有限公司景德镇市昌江支公司、景德镇市金桥国际旅行社有限公司保险合同纠纷案(〔2016〕赣0203民初118号、〔2016〕赣02民终463号)中,法院裁判摘要认为,投保人向保险人购买的《华夏游境内意外伤害保险》产品,是投保人委托旅行社在网上办理购买手续。投保人为有独立行为能力的自然人,应对委托行为产生的后果承担责任。投保人与保险人之间形成保险合同关系。双方订立的保险合同合法有效,对双方当事人具有拘束力。

也无须向投保人出具纸质保单,更没有要求投保人在保单或者条款上签字的环节。保险人履行说明义务的方式是在投保人最终确定投保并支付保费前,弹出保险条款进行提示,投保人仅在同意该条款时才会进行下一步交费或者填写信息的操作。投保人点击同意后,即可视为保险人履行了条款的说明、提示义务,从而保单的上方才会出现"鉴于投保人已仔细阅读了本保险所适用的条款……"的字样。保单上的文字已经很明确地记载了保单生成的前置条件是投保人阅读了保险条款,可以证明保险人已经履行保险条款的说明义务。

保险人虽然对投保人承担《保险法》规定的提示和明确说明义务,但对保险标的受让人却不承担提示和说明义务,如《保险法司法解释(四)》第 2 条之规定。

3. 说明义务的标准

关于对保险人说明义务的标准,存在保险人的理解、投保人的理解和普通第三人的理解三种不同判断标准:

(1) 保险人的理解。按照保险人的理解,只要保险人认为自己已经向投保人清楚明了地说明了保险合同条款,即可认为已经履行了说明义务。投保人是否确切了解保险合同条款的内容并非判断保险人说明义务的标准。

(2) 投保人的理解。按照投保人的理解,保险人必须向每个投保人说明保险合同条款,使投保人完全清楚明了合同条款的确切含义。换言之,保险人的说明义务因投保人的不同而不同,即投保人清楚明了合同条款的内容是判断说明义务的标准。

(3) 普通第三人的理解。普通第三人是指具有普通知识水平和智力水平的外行人而不是保险专业人士。如果普通外行人充分理解保险人对保险合同条款的说明和解释,即可认为保险人已经履行说明义务。《保险法司法解释(二)》第 11 条之规定采纳了这种学说。

在以上三种观点中,第一种、第二种观点偏袒对一方当事人利益的保护,忽视保险合同双方利益的平衡,主要表现为以下两个方面的不足:一方面投保人对保险合同所使用的专业术语不了解,在专业知识、交易能力和信息等方面的差异,使意思表示的自由受到了限制,从而导致投保人所作出的意思表示并非真意,出现了意思表示的无意不真实。[①]另一方面,每个投保人的知识水平、智力水平、生活经历等均存在重大差异,对保险条款的理解程度也存在不同,从而加重了保险人的说明义务,使保险人是否履行说明义务缺乏一个客观的判断标准,导致当事人权利的失衡,不利于保险业的健康、稳健发展。第三种观点则使保险人的说明义务有一个较为客观的评价标准,平衡了双方当事人之间的利益,维护了正常的保险市场交易秩序。此外,第三种观点更具可操作性。

---

① 参见郑云瑞:《民法总论》(第九版),北京大学出版社 2021 年版,第 314 页。

4. 说明义务违反的后果

保险人说明义务的违反,通常有以下两种情形:一是不实说明,即错误说明或者夸大说明;二是应说明而未说明,包括隐瞒和遗漏。保险人未履行说明义务,并不当然发生法律上的效果,只有对"重要事项"没有说明的,才产生一定的法律后果。说明事项是否重要,应视该事项对投保人的利益影响的大小而定。如果投保人知道说明事项的真实含义必然放弃订立合同的决定,或者由于不知情订立合同并因此遭受损失的,即属于未说明重要事实。反之,如果投保人知晓了说明事项的真实含义仍然会订立合同或者虽不知情但未遭受损失的,属于保险人履行说明义务有瑕疵。例如,在杨树岭保险合同纠纷案中,天津市第一中级人民法院认为,不能认定保险人已经履行了对免责条款的概念、内容及其法律后果等以书面或者口头形式向投保人或代理人作出解释,以使投保人明了该条款的真实含义和法律后果的明确说明义务。因此,涉案机动车辆第三者责任险保险合同约定的免责条款应归于无效。

保险人对于免责条款没有履行明确说明义务的,《保险法》明确规定该条款不产生法律效力。对于保险合同格式条款,保险人没有履行说明义务的,《保险法》没有明确规定法律后果。但《民法典》第496条对此却有明确规定,即保险人对格式条款没有履行提示或者说明义务,致使投保人没有注意或者理解与其有重大利害关系的条款的,投保人可以主张该格式条款不成为合同的内容。

基于既要保护在交易中处于弱势地位的投保人,又要维持以团体性、普遍性为特征的保险制度,《保险法》应当将保险人未尽说明义务的保险合同定位为可撤销合同,即保险合同的效力取决于投保人是否行使撤销权,而非当然无效。为防止权利人怠于行使权利而使保险人权利义务长期处于不确定状态,投保人撤销权的行使应有时间上的限制,《民法典》第152条规定,除重大误解外,撤销权行使的期间为1年,而财产保险合同的期限通常为1年,《民法典》的规定显然不能适用,而我国保险立法和司法审判实践又均无确切的期限规定。可参照国外立法例及我国保险实践,通常为自保险合同生效之日起1个月到3个月。该期间的性质为除斥期间,投保人在此期间内不行使撤销权,撤销权则绝对消灭,保险合同继续发生效力。

(二)保险单的交付义务

根据《保险法》第13条的规定,保险合同不是要式合同。保险单的交付并不构成保险合同的生效法定要件,保险单的交付是保险人的义务,且为保险人的法定义务。投保人及其利害关系人均可请求保险人交付保险单。但是,如果当事人约定以保险单的交付为保险合同生效的要件,则保险单的交付与保险合同的生效密切相关。在保险合同以保险单的交付为生效要件的情况下,投保人向保险人提出要约之后,保险人基于简化手续,通常以保险单交付的方式作出承诺,而不是以其他任何方式作出承诺的意思表示。例如，在云南福运物流有限公司财产损失保险合同纠纷案中，云南省高级人民法院认为，根据法律规定，保险人应当及时向投保人签发保险单或者其他保险凭证，但却没有明确限定具体的时间，而双方当事人对此也没有相应的约定，不能由此认定保险人违反了法定或者约定义务，承担没有及时签发保险单的责任。

保险单交付是意思表示的一种方式，即以非对话方式作出的意思表示生效，《民法典》第137条采纳了到达主义，而没有采纳表示主义、发信主义或者了解主义。① 到达主义对保险人极为有利，而发信主义则对投保人有利，对实施表意行为的保险人不利，即意思表示一旦离开表意人，表意人立即受到意思表示的约束，不能再任意改变意思。双方约定保险单交付为保险合同生效要件的，采纳发信主义则意味着保险单一旦离开表意人的支配范围时，交付行为宣告完成，保险合同即生效，显然对投保人较为有利。从投保人与保险人的相互地位看，投保人处于弱势地位，投保人的利益需要法律的特别保护。因此，《保险法》为保护投保人利益应确立有利于投保人的规则。

根据《保险法》第13条的规定，在保险合同生效之后，保险人应及时签发保险单，而暂保单在正式保单交付后立即失效。保险单是保险合同存在的证明文件，投保人或者被保险人可用以证明保险人对于保险单内所记载的事项确实已经作出承诺的意思表示。任何超出保险单记载范围之外的主张，投保人或者保险人均可以提出抗辩。例如，在沭阳县远征汽车运输服务中心保险合同纠纷案中②，宿迁市中级人民法院认为，投保人有权利向保险人索要保险单，保险人也有法定义务交付保险单。但是，保险单的交付对保险合同的成立以及保险人是否对保险免责条款尽说明义务之间无法律上的必然因果关系。

在保险合同生效之后，投保人有权要求保险人签发保险单，保险单上所载的权利归属于投保人。一旦发生保险事故，投保人向保险人提示保险单，请求给付保险赔偿金。即使保险单遗失，也不影响投保人向保险人理赔的权利，而持有遗失保险单的第三人也不因获得保险单而取得保险单上的权利。根据《保险法》第49条的规定，保险标的转让的，保险合同随之转让，标的受让人是保险合同的受让人，成为保险合同的被保险人后其有权向投保人请求交付保险单。即使在发生保险事故时，投保人仍然持有保险单，由于受让人是利益真正受到损失的人，因而受让人可以向保险人行使保险损失补偿请求权。投保人在保险利益转移给受让人之后丧失了保险利益，在保险事故发生时，投保人的利益没有受到损害，

---

① 参见郑云瑞：《民法总论》（第九版），北京大学出版社2021年版，第321页。
② 在沭阳县远征汽车运输服务中心诉中华联合财产保险公司宿迁中心支公司保险合同纠纷案（〔2007〕宿城民二初字第00039号、〔2007〕宿中民二终字第0092号）中，法院裁判摘要认为，投保人的投保单经保险人同意承保，保险合同成立。保险人应当及时向投保人签发保险单或者其他保险凭证。

因而保险损失补偿请求权不因持有保险单而归属于投保人。即使保险人在不知保险利益已经转让给受让人的情形下向投保人支付保险金,保险人仍然可以不当得利要求投保人返还保险金。

(三) 通知义务

保险人的说明义务与通知义务是有差异的,保险人的说明义务属于先合同义务,即在合同订立之前保险人所承担的义务;保险人的通知义务则属于合同义务,即在合同生效之后保险人所承担的义务。

1. 通知义务的意义

投保人通过保险制度将风险分散到保险团体,但是保险事故是否发生,在订立保险合同时,无论是投保人还是保险人均无法知晓,保险合同因而被称为射幸合同。保险人与投保人或者被保险人存在利益冲突,保险人希望收取高额的保险费,承担较少的保险责任;投保人或者被保险人则希望少交付保险费,并在保险事故发生之后获得高额的赔偿。

投保人或者被保险人对保险标的之性质与风险状况非常了解,保险人只能根据投保人或者被保险人告知的信息进行评估,所以《保险法》要求投保人或者被保险人控制保险标的之风险,在订立合同之前履行告知义务,订立合同之后履行危险通知义务。然而,随着保险制度的发展、保险合同的定型化和保险人对合同自由原则的滥用,投保人或者被保险人因保险专业知识的缺乏,无法了解保险合同条款的内容,通常在不知情的情况下违反了应尽的合同义务,导致保险事故发生时丧失了损失补偿请求权。现代保险法上的最大诚信原则发生了变化,从单方面约束投保人或者被保险人延伸到保险人,借以平衡合同双方当事人之间的利益。最大诚信原则对保险人的适用主要表现在保险人的通知义务,为投保人或者被保险人了解保险合同关系的变化提供了保证。

2. 通知义务违反的后果

《保险法》第36条规定了保险人的通知义务。保险人的通知事项通常为人寿保险和财产保险的投保人未交付陆续到期的保险费。[①] 德国、奥地利等国保险法也有类似的规定。保险合同属于一般的债的关系,保险费的给付是投保人基于这种债权债务关系应当履行的义务,未交付到期的保险费属于民法上的债的履行迟延,民法上债的履行迟延规则均可适用于保险法领域内。未能交付陆续到期的保险费的,如果保险人不进行催告,则不能终止保险合同效力。保险人要终止没有交付陆续到期的保险费的保险合同,应证明已经履行催告的义务。

保险人的催告义务比民法上的催告义务的履行更为严格,保险法上的催告不但要求书面形式,而且国外的立法例要求保险人在进行催告时,还应明确说明

---

① 参见江朝国:《保险法基础理论》,中国政法大学出版社2002年版,第355—360页。

保险费未交付的法律后果,否则不产生催告的法律效果。这种立法例对保护投保人或者被保险人的利益采取了较为周全的措施,有利于提升投保人或者被保险人对本身的不作为或者作为所产生的法律效果的了解,以平衡保险合同双方当事人的权利。① 虽然大多数财产保险合同要求一次性交付保险费,但也有财产保险允许分期交付保险费,财产保险也可能发生未交付陆续到期的保险费的情形。未能交付陆续到期的财产保险保险费的,财产保险合同的效力并不因未交付保险费而自动终止,而是应在保险人适当催告之后,保险人才能行使终止权。例如,在陆永芳保险合同纠纷案中,江苏省太仓市人民法院审理认为,当事人双方履行合同时遵循诚实信用原则,根据合同交易习惯履行通知、协助、保密等义务。涉案保险条款中并未约定具体的缴纳方式,根据多年来形成的固定缴费模式,应认定双方已成就了特定的交易习惯。2010年后,保险人已不再发送缴费通知书,单方改变了交易习惯,则无权依照《保险法》的规定和保险条款的约定中止合同效力并解除保险合同。

(四)保险金的赔付义务

保险合同生效之后,一旦发生合同规定的保险事故,保险人即应按照保险合同的规定,承担赔偿责任,这是保险合同的直接效力。基于保险合同的这种效力,保险人具有给付保险金的义务。对保险人而言,承担损失补偿责任是主要义务;对投保人而言,保险人承担损失补偿责任是订立保险合同的目的所在。保险人损失补偿义务的履行,充分体现了保险的损害补偿职能。《保险法》第23条明确规定了保险人所承担的损失补偿义务。保险人承担损失补偿责任的范围,通常包括以下四个方面:

(1)保险标的实际损失。保险的目的在于补偿被保险人在发生保险事故时所遭受的实际损失,使被保险人的财产恢复到保险事故发生之前的状态,保险人只能承担被保险人因保险事故所造成的实际损失,且最高限额不得超过保险金额。例如,在李钦敏财产保险合同纠纷案中②,聊城市中级人民法院认为,"使用被保险车辆"不仅应当包括车辆在行驶中的使用,也应当包括车辆处于静止状态时装货或者卸货的使用。受害人发生保险事故的,保险公司应当按照商业第三者责任险的约定承担支付保险金的赔付义务,即保险人应在李钦敏向受害人实际支付的赔偿金的限额以内向李钦敏承担理赔责任。

---

① 参见江朝国:《保险法基础理论》,中国政法大学出版社2002年版,第358页。
② 在李钦敏诉永城财险聊城公司财产保险合同纠纷案(〔2011〕聊东商重初字第5号、〔2012〕聊商终字第143号)中,法院裁判摘要认为,当事人可以在保险合同中针对保险事故作出明确约定。由于文字表述的局限性,任何保险合同均无法完整表达当事人的全部意图,从而需要对保险合同作出解释。根据《保险法》第30条规定的保险合同解释规则,涉案保险合同约定,保险人对被保险人在使用保险车辆过程中发生的意外事故承担赔付义务。不论是按照通常理解还是依据"不利于保险人"的解释原则,车辆在卸货过程中发生的意外事故应当属于保险事故,保险人应承担赔付义务。

（2）实施救助的费用。《保险法》第57条规定,保险事故发生之后,被保险人为减少保险标的之损失或者防止保险标的损失的扩大所采取的必要的措施而产生的必要的、合理的费用,应当由保险人承担;保险人承担上述费用的数额应当在保险标的损失赔偿金额以外另行计算,但保险人承担的责任不得超过保险金额的数额。

（3）勘查费用。《保险法》第64条规定,保险事故发生之后,保险人或者被保险人为查明保险事故的性质、保险事故产生的原因以及保险标的受损的实际程度而支付的必要的、合理的费用,应当由保险人承担。例如,在王记龙财产保险合同纠纷案中[1],上海金融法院认为,被保险人在侵权案件中主张的车损金额因未经保险人参与核定,对保险人不发生法律效力,保险人有权依据保险合同约定申请对被保险车辆的损失重新核定。经法院委托,上海达智资产评估有限公司对被保险车辆的损失进行重新鉴定,鉴定结论为被保险车辆的维修费应为222900元,保险人与被保险人对该鉴定结论均表示认可,法院据此认定保险人应当向被保险人支付的车辆损失保险金为222900元,扣除已经支付的2000元,保险人还应支付220900元。评估费5200元作为查明和确定事故的性质、原因和保险标的的损失程度所支付的必要的、合理的费用,应由保险人承担。

（4）诉讼或者仲裁费用。《保险法》第66条规定,责任保险的被保险人因被第三人起诉或者仲裁所产生的相关费用,应由保险人承担。保险事故发生之后,被保险人请求保险赔偿的,保险人应及时作出核定。对不属于保险责任范围的保险事故,保险人应当立即向被保险人发出拒绝保险赔偿通知书;对属于保险责任范围的保险事故,保险人应当在规定的时间内承担损失补偿责任。

保险人赔付保险金应以保险合同所规定的保险责任范围和保险金额为限。保险金额不得超过保险价值,超过部分无效。财产保险合同具有补偿性,保险金的赔付应适用补偿原则,不能使被保险人额外获得利益,保险金的确定应以保险合同所约定的保险金额和被保险人所实际发生的损害为准。例如,在青岛嘉堃

---

[1] 在王记龙诉中国人寿财产保险股份有限公司芜湖市中心支公司财产保险合同纠纷案(〔2018〕沪0112民初34823号、〔2019〕沪74民终238号)中,法院裁判摘要认为,被保险人起诉要求侵权人赔偿损失获生效判决支持但未实际执行到位的,有权要求保险人承担赔偿责任,保险人履行保险赔偿责任后依法获得保险代位求偿权。保险事故发生后,被保险人怠于通知致使保险人未能参与定损的,损害了保险人的知情权和参与定损权,其依据侵权生效判决所确认的损失金额主张保险理赔的,保险人有权申请重新鉴定(2021年最高人民法院公报案例)。

新型建材有限公司保险合同纠纷案中①,青岛市中级人民法院认为,投保人的员工在保险期间发生意外伤害事故,保险人负有按约给付保险金的赔付义务。根据保险合同的约定,保险人的赔偿范围包括医疗费、误工费、护理费、伙食补助费、伤残赔偿金。

保险金赔付的数额一旦确定,并与投保人或者被保险人达成一致协议,保险人应在合同规定的保险金赔付期限内给付保险金。当事人在合同中没有约定的,则根据法律规定的期限赔付保险金。未按照合同的规定或者法律规定的期限给付保险金的,保险人的行为构成违约,应承担违约责任。

除了前述先合同义务和合同义务之外,保险人还应承担后合同义务,即保密义务。根据《民法典》第501条和第558条的规定,保险人在保险合同订立和履行过程中,在询问保险标的或者被保险人有关情况时,涉及投保人、被保险人的经营状况、财产的情况或者个人隐私等,一旦这些情况对外公开或者传播,可能对投保人、被保险人造成损害。2009年修订之前的《保险法》也规定了保险人应承担的保密义务。②虽然《保险法》删除了保密义务,但根据《民法典》的规定,保险人仍然承担保密义务。

二、投保人的义务

投保人所承担的义务有保险合同订立前的义务和保险合同生效之后的义务,即先合同义务和合同义务。投保人的告知义务属于先合同义务,而保险费的给付与危险增加的通知义务则属于合同义务。

(一)告知义务

告知义务是指投保人在订立保险合同时应如实披露保险标的危险状况或者其他相关的事实情况。在合同订立阶段,告知义务是投保人的核心义务。"告知"来源于英国1906年《海上保险法》(Marine Insurance Act 1906)第18条的"disclosure"(披露)③,我国《保险法》第16条称之为"告知",《日本商法典》第644条也称之为"告知",从而告知义务的表述来源于日本。实际上,"披露义务"的表述可能更贴近汉语的语义和表述习惯,同时也与我国《证券法》中的"信息披

---

① 在青岛嘉塑新型建材有限公司诉中国人民财产保险股份有限公司即墨支公司保险合同纠纷案(〔2016〕鲁0282民初1655号、〔2016〕鲁02民终6424号)中,法院裁判摘要认为,当事人签订的雇主责任保险合同是双方当事人的真实意思表示,不违反法律行政法规的强制性规定,合法有效。投保人的员工在保险期间发生意外伤害事故的,保险人负有按约给付保险金的赔付义务。

② 《保险法》(2002年修正)第32条规定:"保险人或者再保险接受人对在办理保险业务中知道的投保人、被保险人、受益人或者再保险分出人的业务和财产情况及个人隐私,负有保密的义务。"

③ 《现代英汉综合大词典》将"disclosure"翻译为"泄露、暴露、揭发",而"disclosure"在法律上译为"披露"可能较为准确,与"告知"还存在一定语义上的差异。我国《证券法》则使用了"披露",如信息披露。

露义务"保持了立法表述的一致性。

1. 告知义务产生的原因

保险合同是最大诚信合同,如实告知则是保险合同中最大诚信原则的基本要求。保险人对保险标的风险及其程度的了解,依赖于投保人的如实告知。告知义务制度的产生,至少有以下两个方面的原因[①]:

(1) 信息的不对称。保险人与投保人对保险标的之危险状况或者相关事实的信息不对称[②],保险标的始终处在被保险人的控制之下,被保险人知晓保险标的之危险状况或者相关的事实,而保险人只有依赖于投保人对保险标的之客观陈述,并信赖投保人的陈述是没有任何隐瞒或者错误的,根据投保人的陈述决定是否承保以及确定承保的条件。告知义务的产生与早期的海上保险密切相关,海上保险合同通常是在航行开始之后才订立的,保险人无法对已经在海上的船舶或者货物进行实地检查或对保险标的风险进行评估,保险人对海上保险合同风险的评估有赖于投保人对保险标的准确无误的陈述。在 Carter v. Boehm 案(1766)中,英国曼斯菲尔德(Mansfield)法官确立了告知义务制度。[③]

(2) 交易成本的减少。根据制度经济学的观点,在考虑交易成本的条件下,初始权利的界定应有利于社会资源的最优化,最佳社会安排的选择也应有助于减低交易成本。保险法中的告知义务制度体现了这种要求。保险人确定保险费所需的重要事实,可以通过以下两种途径获得:一是保险人通过自己的调查获得;二是依赖于投保人的告知。投保人对保险标的之风险状况非常了解,投保人履行如实告知义务可以降低交易的成本。保险人通过投保人的如实告知可以获得相

[①] 关于告知义务的依据,主要有四种不同的主张:一是诚信说。该说认为保险合同是最大诚信合同,故订约时投保人应将有关危险的重要事项,据实告知保险人。二是合意说。该说认为保险合同的成立,以双方当事人对合同内容的危险程度及其范围等的意思完全一致为必要。三是担保说。该说认为保险合同是有偿合同,买卖合同是标准的有偿合同,卖方对买卖标的的权益,在买卖合同成立时有瑕疵担保义务;保险合同是有偿合同,因而投保人应为不实告知所产生的瑕疵承担法律责任。四是技术说。该说又称为危险测定说,认为保险合同的成立以能测定危险、计算保险费为前提条件,因而告知义务制度为保险技术上所必需。

[②] "现代契约理论认为,在放松了阿罗-德布鲁范式假设条件的情况下,仍存在一种在现实的约束条件下的最优契约,通常这不是帕雷托最优契约,而是一种次优的(即现实中最优的)契约。一个最优契约要满足以下条件:第一,要求委托人与代理人共同分担风险;第二,能够利用一切可能利用的信息,也就是说,在经济行为者隐藏行动和隐藏信息时,要利用贝叶斯统计推断来构造一个概率分布,并以此为基础设计契约;第三,在设计机制时,其报酬结构要因信息的性质不同而有所不同,委托人和代理人对未能解决的不确定性因素和避免风险的程度要十分敏感。"〔瑞〕拉斯·沃因·汉斯·韦坎德编:《契约经济学》,李风圣主译,经济科学出版社 1999 年版,第 17 页。

这种最优契约的形成需要通过一种制度要求信息占有方真实地披露信息,实现交易效率和公平。制度经济学的分析建立在信息不足的基础上,通过制度的设计来增加人们行为的可预见性,减少对信息的依赖,从而实现现实中的最优契约。信息不对称理论分析了这种状态。

[③] See Nicholas Legh-Jones, *MacGillivray on Insurance Law*, 9th edition, Sweet & Maxwell, 1997, p. 390.

关的信息，节约了不必要调查费用，从而减少了交易成本。交易成本的降低，减少了保险人的经营成本，投保人可以少交纳保险费。因此，投保人也从中受益。[①]

告知义务要求投保人陈述的事项应当真实、客观，即如实披露。从性质上看，这种告知义务为投保人订立保险合同时必须履行的法定义务。因为投保人在履行如实告知义务时，仍处于缔约阶段，保险合同尚未成立，所以如实告知义务是法律对投保人所设置的先合同义务，属于法定义务。如实告知只是对投保人主观上的要求，即只要投保人把自己知道或者应当知道的有关保险标的的主要危险情况向保险人如实披露，而并不要求投保人披露的情况与客观事实完全相吻合。有些情况虽然对保险人判定危险或是否接受保险至关重要，但投保人不知道或者不应当知道的，保险人也不能以投保人违反告知义务为由，要求解除合同或者拒绝承担赔付责任。

2. 告知义务的主体

《保险法》第 16 条的规定涉及投保人的如实告知义务。投保人作为保险合同的当事人，了解保险标的的危险情况，各国法律均规定应由投保人承担如实告知义务。根据《保险法》第 16 条的规定，投保人对保险人提出的有关保险标的或者被保险人情况的询问，应当如实披露。《保险法》仅规定投保人的如实告知义务，并未规定被保险人有如实告知的义务。换言之，投保人是告知义务的法定主体，即投保人承担披露保险标的或者被保险人的真实、客观情况的法定义务。[②]

当投保人为他人利益投保时，投保人与被保险人并非同一人，投保人对保险标的之危险情况又不甚了解，而被保险人又更为熟悉保险标的之危险情况。针对这种情况，世界各国立法对告知义务的主体有不同的规定，主要有三种立法例：

[①] 由于缺乏投保人个体风险信息，保险人面临逆向选择问题。逆向选择是指这样一种情形：保险人事先并不知道投保人的风险程度，即属于高风险类型还是低风险类型。如果保险人提高某险种的保费率，则低风险的投保人会停止购买该险种，而低风险的投保人本来就是最不可能要求保险赔偿的；高风险的投保人会继续购买该险种，且高风险的投保人也是最有可能发生保险事故，要求保险赔偿的。最终高风险投保人将低风险投保人驱逐出保险市场。这样保险人的利润就会下降，因为保险机制本身就是低风险投保人的财富向高风险投保人的转移，是一种社会范围内的财富再分配。

[②] 郑玉波先生认为，告知义务的主体仅为投保人，被保险人或者受益人没有告知的义务。参见郑玉波：《保险法论》，三民书局 1997 年修订版，第 73 页。但是英国保险学者存在以下三种观点：

(1) 投保人是告知义务的主体。"投保人和保险人在订立合同之前均有义务告知与风险相关的每个重大事实。"John Lowry, Philip Rawlings, *Insurance Law: Doctrines and Principles*, Bloomsbury Academic, 1999, p. 73.

(2) 被保险人是告知义务的主体。"被保险人应当向保险人告知所有的重要事实……"Nicholas Legh-Jones, *MacGillivray on Insurance Law*, 9th edition, Sweet & Maxwell, 1997, p. 391.

(3) 投保人和被保险人均为告知义务的主体。"在合同订立之前，投保人或者被保险人有告知重要事实的义务。"John Birds, Norma J. Hird, *Birds' Modern Insurance Law*, 5th edition, Sweet & Maxwell, 2001, p. 122.

(1) 投保人。告知义务的主体为投保人,如《德国保险合同法》第 16 条、《意大利民法典》第 1892 条和第 1893 条、《越南民法典》第 577 条、《俄罗斯民法典》第 944 条之规定。

(2) 投保人或者被保险人。告知义务的主体因财产保险与人寿保险之区分而有所不同,如《日本商法典》第 644 条规定,财产保险的投保人负有如实告知义务;《日本商法典》第 678 条规定,人寿保险的投保人和被保险人,均负有如实告知义务。

(3) 投保人和被保险人。投保人与被保险人均为告知义务的主体,如《韩国商法典》第 651 条规定,投保人和被保险人负有告知义务;美国一些州的保险法规定,投保人和被保险人均负有如实告知义务。

第二种立法例区别对待财产保险和人身保险,符合保险业务经营的内在运行规则,有助于保险业的健康有序发展。由于我国《保险法》仅规定了投保人的告知义务,我国学界对被保险人是否负有如实告知义务,存在肯定与否定两个观点:

(1) 否定说。该说认为《保险法》既明文规定投保人是如实告知的义务人,不应对《保险法》的规定作扩张解释,将如实告知义务的主体扩张到被保险人。

(2) 肯定说。该说认为被保险人也承担如实告知义务。被保险人承担如实告知义务,体现了保险合同最大诚信原则。在财产保险合同中,被保险人是财产的所有权人或者其他权利人,对保险标的状况最为熟悉了解;在人身保险合同中,被保险人对自身的状况最为了解。被保险人承担如实告知义务有助于保障保险人对保险标的风险的评估、承保条件和费率的确定,对保险人利益的保护和整个保险业的稳健发展均有益。1906 年《海上保险法》[1]、1984 年《澳大利亚保险合同法》[2]均明确规定,如实告知义务主体是被保险人而不是投保人。我国司法审判实践却对《保险法》第 16 条作了扩大解释,将告知义务的主体扩大到被保

---

[1] 1906 年《海上保险法》(Marine Insurance Act 1906)第 18 条规定:"(一)在契约订立前,被保险人应依本条之规定,将其所知之重要有关情节,尽量告知保险人。该被保险人应认为明了由通常事务中,所应明了之一切事务,如被保险人未为是项告知时,保险人得宣告契约失效……"((1)Subject to the provisions of this section, the assured must disclose to the insurer, before the contract is concluded, every material circumstance which is known to the assured, and the assured is deemed to know every circumstance which, in the ordinary course of business, ought to be known by him. If the assured fails to make such disclosure, the insurer may avoid the contract...)

[2] 《Insurance Contracts Act 1984》—SECT 21: The insured's duty of disclosure(1)Subject to this Act, an insured has a duty to disclose to the insurer, before the relevant contract of insurance is entered into, every matter that is known to the insured, being a matter that:(a) the insured knows to be a matter relevant to the decision of the insurer whether to accept the risk and, if so, on what terms;or (b) a reasonable person in the circumstances could be expected to know to be a matter so relevant...

险人。例如,在简炳燊、简骏隆、霍惠池、黄水娣人身保险合同纠纷案中①,广州市天河区人民法院认为,涉案的投保人和被保险人并非同一人,合同条款规定了投保人负有如实告知义务,但被保险人是否负有如实告知义务没有明确规定。人身保险合同中的被保险人对自己身体健康状况的了解比投保人更为清楚和透彻,如果被保险人不负有如实告知义务,不利于保险人全面掌握保险标的状况,也有悖于告知义务制度设计的目的和诚实信用原则,应对合同条款作扩张解释,如实告知义务的主体应该理解为包括投保人和被保险人。但是,《保险法》对于如实告知的方式采用的是询问告知模式,即告知范围仅限于保险人询问的问题,对于保险人没有询问的事项不需要告知。没有证据证明保险人向被保险人询问过被保险人身体的健康状况,保险人依法应当承担举证不能的法律后果。广州市中级人民法院二审则认为,投保人与被保险人并非同一主体,但投保人作为被保险人的用人单位在投保时理应了解被保险人的病史,并依保险合同及保险法的规定应当向保险人如实告知。投保人作为用人单位应当知道被保险人的病史但未向保险人履行如实告知义务,保险人有权解除保险合同。

《保险法》严格区分投保人和被保险人,投保人和被保险人不是同一人,被保险人对保险标的之危险状况比投保人了解更为全面,为保证保险人对危险估计的准确性、公平性,被保险人应承担如实告知义务。此外,被保险人作为保险合同的关系人,是保险事故发生后的受损者与受益者,即被保险人的财产或者人身受保险合同的保障,根据权利义务相一致原则,也应承担如实告知义务。如果被保险人不承担如实告知义务,可能会妨碍保险人对风险的评估;被保险人以财产或者人身受保险合同保障,要求其承担如实告知义务,妥当性不应受到怀疑。因此,有必要对《保险法》第16条的规定作扩张解释,被保险人应当视同投保人,承担如实告知义务。②

3. 告知义务的范围和方式

投保人的告知范围和告知方式应当具体明确;否则,对投保人是否履行告知义务缺乏一个合理的判断标准。世界各国关于告知义务的范围有无限告知义务主义(即主动告知)和询问回答义务主义(即被动告知)两种立法例:

(1) 无限告知义务主义。无限告知义务主义是指投保人或者被保险人应将与保险标的危险状况有关的重要事实向保险人披露,除了保险人书面询问的事

---

① 在简炳燊、简骏隆、霍惠池、黄水娣诉新华人寿保险股份有限公司广东分公司人身保险合同纠纷案(〔2013〕穗天法民二初字第63号、〔2013〕穗中法金民终字第1354号)中,法院裁判摘要认为,投保人故意或者因重大过失未履行如实告知义务,足以影响保险人决定是否同意承保或者提高保险费率的,保险人有权解除合同。

② 《保险法》对确定和控制危险的规定,如第21条、第22条规定的有关保险事故发生后的通知义务及资料提供义务,第49条规定的危险增加的通知义务等,义务履行主体均有被保险人,如实告知义务即属同类,被保险人当然具有依诚实信用原则将知晓事项告知保险人的义务。

项外,对于未作书面询问但事实上与保险标的有关的一切重要情况,被保险人均须如实披露。无限告知义务主义要求投保人应披露的事项,不以保险人的询问为限,只要是投保人所知悉的事项,即使保险人未询问,仍属披露义务的范围。早期保险立法多采用主动告知模式,要求被保险人在订立合同之前应将知道或应该知道的一切重要事项向保险人披露。被保险人未履行该项告知义务,保险人有权解除合同,对于保险事故造成的损失不承担赔偿或者给付保险金的责任。

根据无限告知义务主义的立法例,投保人应当披露的,不问自己是否确切知道,均应尽量向保险人披露,且应当与客观存在的事实相符合,保险人按照投保人披露的情况评估所承保风险的标准。在保险的早期,保险人缺乏经验,保险人对风险的估计以及保险费的厘定,有赖于投保人的告知,投保人承担无限告知义务成为必要。法国和比利时采取无限告知义务主义的立法例。

(2)询问回答义务主义。询问回答义务主义是指投保人或者被保险人的披露范围仅限于保险人的询问,对于未作询问的事项,则不必披露。换言之,在被动告知方式中,投保人仅对保险人询问的事项披露即可,保险人没有询问的事项,投保人没有披露义务。保险合同的专业性很强,投保人应当予以披露的事项,保险人作为保险业的经营者应当非常清楚,而投保人作为"外行"则难以知晓应当披露的事项。立法技术上从"无限告知义务主义"演变为"询问回答义务主义",以限制投保人应当告知的范围。[1]例如,在1939年以前,德国实行无限告知义务主义。询问回答义务主义的立法宗旨在于保护投保人的利益,防止保险人动辄以投保人违背义务为由,要求解除合同或者拒绝承担赔偿责任。如果肆意地扩大投保人的披露范围或者缺乏明确的披露标准,要求非专业的投保人来判断什么是重要事实并主动向保险人披露,显然违背了法律的公平原则。根据询问回答义务主义的立法例,保险人只有履行了向投保人说明保险合同条款内容的义务,并就保险标的或者被保险人的有关情况提出询问时,投保人才负有如实披露义务。保险人没有询问或者放弃询问权,则投保人没有披露义务,且日后保险人不得主张。被动告知的立法模式,避免了投保人在履行披露义务时遗漏,从而减少不当纠纷的发生。

根据询问回答义务主义的立法例,投保人只要据实回答保险人的询问即可。关于询问的方式,各国通常采取书面主义,由保险人提出一定格式的询问表,将投保人应当回答的问题全部包括在内,除了据实回答表上的问题之外,投保人不承担其他披露义务。例如,在韩龙梅、刘娜、刘凯、刘元贞、王月兰意外伤害保险

---

[1] 从"无限告知义务主义的立法例"到"询问回答义务主义的立法例"的演变,是告知义务制度的一场历史性的变革,保险人作为集中风险管理人,应当尽善良管理人的合理注意义务,即承担选择或者确立"重要事实"与"注意义务"的标准,在立法技术上则以"书面询问"的形式确立"重要事实"的范围。而投保人仅仅承担协助评估风险的义务,即在询问表所列事实范围内负有如实告知义务。

合同纠纷案中,南京市鼓楼区人民法院认为,投保人的告知义务的范围应当以保险人询问的事项为限,对保险人未询问的事项,投保人不负告知义务。涉案的保险卡是民兴代理公司内勤代为激活,民兴代理公司在激活过程中仅向业务员宗芹而未向投保人刘继进行询问,而宗芹并未询问过刘继的职业,使得刘继没有机会就职业状况履行如实告知义务,因而刘继并未违反投保人如实告知义务。阳光人保作为保险人认为刘继违反告知义务主张解除合同,要求免除相应的赔偿责任请求没有事实根据与法律依据。因此,保险合同合法有效。

我国保险立法对陆上保险与海上保险的告知义务范围分别作了不同的规定,《保险法》《海商法》采取了不同的立法例。《保险法》第 16 条采纳了询问回答义务主义的立法例①,即投保人应如实回答保险人对保险标的或者被保险人有关情况提出的询问。《保险法司法解释(二)》第 6 条明确规定,投保人的告知义务范围仅限于保险人询问的范围和内容。例如,在张卓研、翟子豪、张秋君、翟卯、刘桂荣保险合同纠纷案中②,广州市中级人民法院认为,根据《保险法》的相关规定,投保人的如实告知义务在告知方式上仅限于保险人询问的范围,在告知范围上仅限于投保人知悉的事实,在告知义务违反构成上,只有投保人主观上存在过错或者告知义务的内容与保险合同的订立或者保险事故的发生存在关系,才构成如实告知义务的违反。

《海商法》第 222 条则采取了无限告知义务主义的立法例。有学者认为,《海商法》第 222 条所规定的如实告知义务有失公允,投保人仅对保险人关于重要事实的询问负有如实告知义务。③这种观点对海上保险的理解存在偏差,海上保险之所以要求投保人履行主动告知义务,根源在于海上保险的特殊性。海上保险风险大,保险人很难控制,而投保人均为从事贸易活动的商人,掌握海上保险的专业知识,对保险标的风险有准确判断,履行主动告知义务符合最大诚信原则的要求。《海商法》的规定之所以不同于《保险法》,是基于海上保险合同主体的特殊性,即商事主体,而不是普通的民事主体。英国 1906 年《海上保险法》第 18 条对告知义务的规定就是极好的证明。例如,在(日本)西谷商事株式会社海上货

---

① 《保险法》第 16 条要求投保人仅对保险人的询问事项履行告知义务,即投保人如实告知的范围应以保险人在投保书中列明或者在订立保险合同时询问的事项为限。保险人没有询问的事项,投保人没有必要告知保险人。投保人或者被保险人履行如实告知义务,不以投保人或者被保险人本人亲自履行如实告知义务为限,可通过其授权签署保险合同的代理人履行如实告知义务。

② 在张卓研、翟子豪、张秋君、翟卯、刘桂荣诉中国平安人寿保险股份有限公司广东分公司保险合同纠纷案([2015]穗天法金民初字第 154 号、[2017]粤 01 民终 13675 号)中,法院裁判摘要认为,投保人与保险人之间的保险合同依法成立并发生法律效力,双方均应依约行使权利、履行义务。

③ 参见尹田主编:《中国保险市场的法律调控》,社会科学文献出版社 2000 年版,第 123 页。

物运输保险合同纠纷案中①,青岛海事法院认为,被保险人在海上保险中承担的是无限告知义务,如实告知义务是被保险人遵守最大诚信原则的主要方面。涉案货物装载于驳船甲板上由拖轮拖带运输的情况,对于一个合理谨慎的保险人来说,在考虑是否接受承保或确定保险费率的高低时,是绝对有影响的,可以认定该情况为《海商法》规定的"重要情况"。山东省高级人民法院认为,货物装在甲板上并用拖轮拖带运输这种方式有自己特殊的风险,能够影响保险人据以确定保险费率或是否同意承保的判断,构成《海商法》第222条规定的"重要情况"。投保人在投保时未将货物装载于驳船甲板上由拖轮拖带运输的"重要情况"告知保险人,即被保险人(与投保人为同一人)未尽如实告知义务。《海商法》第222条规定的如实告知义务,是用来约束被保险人的,被保险人有义务将所有"重要情况"如实告知保险人,如果是因为被保险人没有告知全部"重要情况",而要求保险人从被保险人告知的部分信息就推定其知道或者在通常业务中应当知道上述"重要情况",那么这种义务对于保险人来说,显然是不合理的。前述"重要情况"对涉案保险事故的发生有影响。根据《海商法》第223条第2款的规定,保险人不承担赔偿责任。

投保人履行告知义务的方式,大多数国家的法律并无明文规定,可以是口头的,也可以是书面的;可以是明示,也可以是默示。《保险法》第16条仅规定了投保人应如实回答保险人的询问,并未涉及告知的具体方式。保险实务中如当事人对告知方式有约定的,则从约定;如果没有约定的,则通常采用书面询问回答方式,即由保险人在投保书中附加询问表(questionaire),由投保人逐项据实填写说明,即表明投保人履行了如实告知义务,且推定保险人在询问表中所提出的事项,即为有关的重要事实(material circumstance)。法律规定投保人以书面形式履行告知义务,既可以避免当事人间举证之困难,也可以缩小投保人告知义务的范围,为当代各国保险立法所采纳。例如,在陈勇人身保险合同纠纷案中②,龙岩市新罗区人民法院认为,如实告知义务的方式为询问告知主义,即在保险人提供的《人身保险投保书》"健康告知"的"询问事项"栏中的"是"与"否"勾选框中打勾进行选择确认。《人身保险投保书〈电子版〉》是由保险人制作的格式文本,包括涉案争议的"健康告知"事项在内的相关内容和信息均由保险人的工

---

① 在(日本)西谷商事株式会社诉中国人民保险公司青岛市分公司海上货物运输保险合同纠纷案(〔2000〕青海法海商初字第207号、〔2002〕鲁民四终字第45号)中,法院裁判摘要认为,对于一个合理谨慎的保险人来说,在考虑是否接受承保或确定保险费率的高低时绝对有影响的情况,可以认定为《海商法》规定的"重要情况"。
② 在陈勇诉中国平安人寿保险股份有限公司龙岩中心支公司人身保险合同纠纷案(〔2015〕龙新民初字第6692号、〔2017〕闽08民终41号、〔2018〕闽民申1949号)中,法院裁判摘要认为,投保人对保险人提出的询问应如实告知是投保人的法定义务,当保险人有向投保人提出询问时,投保人即应当如实告知。

作人员在电脑中输入后制作形成,但保险人的工作人员在输入相关内容前应当对告知内容进行询问,即询问在前,告知在后。作为专业从事保险行业的保险公司,对前来购买保险服务的客户,应当具备记录、记载询问过程以固定相关证据的条件,从而降低争议产生的概率和保险公司的行业风险。在被保险人明确主张保险人的工作人员未进行询问的情况下,保险人有义务举证证明有进行询问,但保险人未提供充分的证据予以证明。因此,保险人以投保人未如实告知为由拒绝理赔的理由不能成立。

4. 告知义务的内容与时间

如实告知义务要求投保人在向保险人投保时,应将所有与保险标的风险相关的重要情况作充分、正确的陈述。如实告知仅为最大诚信原则对投保人主观上的要求,即仅要求投保人向保险人披露自己知道或者应该知道的有关保险标的危险情况,而无法要求投保人所披露的情况必须与客观事实完全吻合。有些情况虽然对保险人判断危险或者是否接受投保至关重要,但投保人不知道或者无法知道,如果要求投保人披露的情况必须与客观情况完全一致,显然不切实际。例如,在江苏省海外企业集团有限公司海上货物运输保险合同纠纷案中,上海海事法院认为,如实告知是指全部告知和正确告知;凡对某一重要情况的全部或者部分内容未告知或错误告知,均属未尽到如实告知义务。被保险人在发出要约、接受新的要约、作出承诺的整个过程中,均应依据最大诚信原则,向保险人如实告知知道或者在通常业务中应当知道的、可能影响保险人作出是否承保与是否增加保险费决定的任何重要情况。"被保险人知道"是指被保险人实际知情。"被保险人在通常业务中应当知道"既包括保险人已经询问到的情况,更包括在通常业务中应当由被保险人查询掌握的其他情况。被保险人履行如实告知义务的期限,应当自提出投保请求时开始,在双方协商过程中持续,直到保险合同成立时为止。

告知内容是指重要情况的披露,即披露保险标的过去和现在的实际情况,也即影响谨慎的保险人决定是否承保和确定收取保险费数额的危险情况。重要情况有客观和主观的双重标准:既包括对一个谨慎的保险人在决定是否承保或者以何种条件承保时会有影响的情形,又包括对保险人是否承保或者承保条件有实际影响的情形。作为普通社会公众的投保人难以确切了解重要事实的内容,法律信赖保险人的专业知识及诚信原则,授权保险业制订的询问内容,推定为重要事实。例如,在江苏省海外企业集团有限公司海上货物运输保险合同纠纷案中,上海海事法院认为,被保险人履行如实告知义务的期限,应当从投保时开始,贯穿于整个协商过程中,直到保险人承诺时为止。在双方协商期间被保险人才了解到的重要情况以及从不重要变为重要的情况,被保险人均有义务告知保险人。

在保险实务中，重要事实的判断标准考虑保险利益和保险标的两个方面的因素：

（1）保险利益情况。保险人所负担的风险与投保人或者被保险人对保险标的具有的保险利益性质和大小密切相关。在合同订立之际，保险人不仅要求被保险人必须具有保险利益，而且应当了解保险利益的来源及多少，在有些情况下，没有保险利益，则合同无效。保险利益影响保险合同的效力和内容。

（2）保险标的性质和状况。保险标的性质反映保险标的抵抗风险的能力，直接影响保险人责任的承担，如财产保险中建筑物的结构、位置、用途，人身保险中被保险人的年龄、性别、病史、身体状况和职业等，是危险估计的重要因素。根据《保险法司法解释（二）》第5条的规定，如实告知的内容是指在订立保险合同时，投保人明知的与保险标的或者被保险人有关的情况。

如果投保人披露的内容与实际情况相差甚远，与保险人原来对风险的评估不一致，保险人可以据此解除保险合同。但对非重要事实，即使投保人并未告知，保险人也不能据此解除保险合同。从保险实务看，非重要事实的告知主要有以下两种情形：

（1）信念的告知。投保人披露希望的将来可能发生的事情或者对将来事件的信念。希望不能实现或者信念错误的，保险人不能据以解除保险合同。

（2）转述的告知。投保人从无关的第三人处所得到的资料，转向保险人披露。如果转述并没有错误，虽然事后证明不确切，但与投保人没有关系，保险人不得据以解除保险合同。例如，在李瑛人身保险合同纠纷案中[①]，芜湖市中级人民法院认为，投保人未履行如实告知义务，保险人是否可以解除保险合同应视情况而定。法律要求投保人在订立保险合同时承担如实告知义务，是为帮助保险人搜集与保险标的风险相关信息，以更好地评估风险，决定是否承保，确定保险费率。投保人未如实告知的事项如属于一般事项，并非足以影响保险人决定是否同意承保或者提高保险费率的重要事项，保险人无权解除保险合同。保险事故发生后，投保人未如实告知的重要事项与保险事故的发生没有因果关系，保险人无权解除合同。投保人未如实告知，非自身原因，保险人无权解除保险合同。投保人未如实告知，但不属于故意或者重大过失，即主观上无过错，保险人无权解除保险合同。因此，投保人未履行如实告知义务，保险人并非一律可以解除保险合同。

投保人告知不实，可能导致保险合同无效。在保险合同订立时，保险标的之

[①] 在李瑛诉中国平安人寿保险股份有限公司芜湖中心支公司人身保险合同纠纷案（〔2016〕皖0202民初1718号、〔2016〕皖02民终1751号）中，法院裁判摘要认为，投保人未履行如实告知义务，保险人并非一律可以解除保险合同。保险人未举证证明投保人明知未告知的病史与保险责任疾病之间的因果关系，且保险人已尽明确询问义务，从而投保人不属于故意隐瞒病史恶意投保，保险人不得以此为由解除合同。

危险已发生或者保险标的已灭失的,则保险合同无效。世界各国保险法律规定,投保人在订立保险合同时不知危险已发生的,视为危险未发生;危险已消失的,视为危险未消灭,保险合同对双方当事人仍具有约束力。"无论损失与否"条款原为海上保险惯例,在不知道保险标的是否已经灭失的情况下,保险人和投保人签订的保险合同为有效合同,保险人应当承担赔偿责任,投保人也应当履行交付保险费的义务。"无论损失与否"条款现已发展成为追溯保险,并普遍适用于其他保险领域,如被保险人在订立人身保险合同时患有重病,保险人是不予承保的,但如果被保险人并不知道患重病的事实,而向保险公司投保死亡保险,被保险人在保险合同生效后因病去世,保险人则不得以违反如实告知义务为由,主张合同无效而拒绝赔偿,受益人有权取得保险赔偿金。投保人是否履行如实告知义务的判断,不应以披露情况与客观事实是否吻合为标准,而应以主观上的认识为依据。客观上虽属"重要事项",但投保人主观上无故意或者重大过失,即使披露情况与事实不符,也不构成对告知义务的违反。

告知时间也是告知义务的重要内容。根据《保险法》第16条的规定,投保人应在合同订立时履行告知义务。在保险人承诺之前——即承保之前,投保人应负有告知义务。例如,在江苏省海外企业集团有限公司海上货物运输保险合同纠纷案中,上海海事法院认为,被保险人履行如实告知义务的期限,应当自提出投保请求时开始,在双方协商过程中持续,直到保险合同成立时为止。

从保险合同成立后到保险事故发生前,如果保险标的之危险状况发生变化,则应适用《保险法》第52条"危险增加通知义务"的规定而不适用第16条,但下列情况除外:

(1)人寿保险合同复效。保险合同的复效本质上仍属原合同的继续,而不是订立新合同,投保人无须再履行第16条的如实告知义务。对人寿保险合同效力中止之后复效时,投保人是否应负告知义务,国外学说和判例争议较大,有肯定说与否定说之分。德国理论认为合同复效时,投保人或者被保险人是否具有告知义务,取决于对复效合同性质的认定。人寿保险合同效力中止之后复效的,本质上仍然是原来合同效力的延续,而不是一个新的合同,因而投保人或者被保险人无须履行告知义务,保险人也不得要求再次履行告知义务。美国实践则持相反态度。虽然美国少数法院认为复效之后的保险合同,是一个新的保险合同,而不是原保险合同的延续,大多数法院也认为复效之后的保险合同是原保险合同的延续,而并非一个新的保险合同;但是,美国各州保险监管制度规定,投保人或者被保险人在复效时应履行告知义务,保险人有权对复效申请中的不实告知行使抗辩权。①

---

① 参见樊启荣:《保险契约告知义务制度论》,中国政法大学出版社2004年版,第170—171页。

（2）保险合同续约。保险合同的续约是指保险合同的保险期限届满之后，当事人为使原保险合同的效力不终止，约定使合同效力继续的情况。保险合同的续约分两种情况：一是合同期限届满后，双方当事人协商续约，此时即属两个合同，续约在法律上为再订约，则告知义务人承担如实告知义务；二是在原合同中订有自动续约之条款，即表示双方当事人有意以原合同的内容不加改变而延续合同效力，保险人接受义务人在原合同订立时所告知的内容，从而义务人无须再履行如实告知义务。

（3）保险合同内容变更。合同内容的变更是指保险关系依双方当事人的同意而变更。合同变更并不属于新合同而是原合同的继续，但如果合同内容的改变是实质性的，影响到保险人对危险估计时，则属于新合同，义务人则重新负有如实告知义务，如增加保险标的或者保险灾害。

5. 告知义务违反的法律后果

投保人违反告知义务主要有两种情形：一是告知不实（misrepresentation）[1]；二是应告知而未告知，包括隐瞒和遗漏（concealment & omission）。根据行为人的心理状态，《保险法》将不履行告知义务分为故意或者重大过失两种情形。投保人对已经知道的事实，故意不告知保险人，或者仅告知部分事实而不是全部事实，为故意隐瞒事实不履行如实告知义务，后果是影响到保险人对风险的评估。投保人因重大过失错误地告知或者遗漏，构成违反告知义务的后一种情形。

告知义务违反的构成要件，有主观要件与客观要件之分。主观要件是指投保人或者被保险人的未告知或者不实的告知为故意或者过失所致。客观要件是指投保人或者被保险人不披露有关重要事项或者有关事项作不实披露。《保险法》第16条规定了故意和重大过失两种违反告知义务的情形，对告知义务违反的主观要件采取主观过错说。主观过错说注重对恶意投保人的惩罚，与最大诚信原则相符，有利于防止保险诈骗。对故意和重大过失两种不同情形的法律后果加以区别，既对恶意投保人进行了惩罚，又对过失的投保人给予了适当保护。告知义务违反的客观构成要件，主要有三种立法例[2]：

（1）危险评估说。在危险评估说的立法例下，投保人或者被保险人违反告知的事项足以影响保险人对危险的评估，只要对重要事项没有履行如实告知义务，保险人就享有合同解除权，至于保险事故的发生与未如实告知之事项之间是否存在因果关系，则在所不问。

---

[1] 英国的告知不实（misrepresentation）有两种形式，即欺诈性的告知不实（fraudulent misrepresentation）和过失性的告知不实（innocent misrepresentation）。See Nicholas Legh-Jones, *MacGillivray on Insurance Law*, 9th edition, Sweet & Maxwell, 1997, pp. 364-369.

[2] 参见郑玉波：《保险法论》，三民书局1997年修订版，第76页。

（2）因果关系说。在因果关系说的立法例下，保险事故的发生是基于未如实告知的事项，如果告知义务的违反与保险事故的发生没有因果关系，则保险人不得解除保险合同。

（3）危险评估兼因果关系说。危险评估兼因果关系说是以危险评估说为前提，投保人或者被保险人在违反如实告知义务时，保险人原则上享有保险合同的解除权，但如果投保人或者被保险人能够证明告知不实的事项与保险事故的发生之间不存在因果关系，则不构成告知义务的违反。

《保险法》第16条规定，投保人故意或者因重大过失未履行如实告知义务，影响到保险人决定是否同意承保或者提高保险费率的，保险人有权解除合同。换言之，投保人的主观心态是故意的，不论未如实告知事项是否在实际上影响了对危险的评估，均推定影响了危险的评估，构成告知义务的违反，保险人享有保险合同的解除权；投保人的主观心态是过失的，只有当如实告知义务的违反严重影响保险人风险评估时，保险人才享有保险合同的解除权。《保险法》上违反告知义务的客观构成要件采纳了危险评估说。违反告知义务的行为，影响了保险人对风险的评估，对保险人造成了损害。因此，我国保险法对违反告知义务的客观构成要件采纳危险评估说是合理的。

世界各国对违反如实告知义务的法律后果，有无效主义和解约主义两种不同的立法例：

（1）无效主义。根据无效主义的立法例，投保人或者被保险人违反告知义务的，保险合同自始无效。无效主义不区分违反告知义务的内容，一律宣告合同无效，不符合鼓励交易原则，且对保险人也未必有利。只有俄罗斯等少数国家采取无效主义。

（2）解约主义。根据解约主义的立法例，投保人或者被保险人违反告知义务的，保险人可以选择解除合同或者通过加收保险费或者减少保险金额使保险合同继续有效。在合同解除之前，保险合同已经成立并生效。解约主义赋予保险人区分违反告知义务的内容后决定是否解除合同的权利。保险人可以根据情况作出对其有利的选择，符合意思自治原则和鼓励交易原则。英国、日本、德国等大多数国家采取解约主义的立法例。

我国《保险法》采纳了解约主义的立法例。投保人或者被保险人违反告知义务的，保险合同成立且生效，但保险人享有保险合同的解除权，主要有以下两种情形：

（1）故意违反如实告知义务。投保人故意违反如实告知义务的，保险人享有保险合同的解除权。保险人行使合同解除权，既可在保险事故发生前，也可在保险事故发生后。对解除前发生的保险事故，保险人不承担给付保险金的责任，且不退还保险费。例如,在郑群娣保险合同纠纷案中①,珠海市中级人民法院认为,投保人未如实告知足以影响保险人是否同意承保或者提高保险费率的重要事实,保险人有权解除合同。

(2) 重大过失违反如实告知义务。投保人因重大过失违反如实告知义务的,如果影响到保险人决定是否同意承保的,保险人有权解除保险合同,对解除前的保险事故不承担赔偿或者给付保险金的责任,但可以退还保险费。

保险人单方行使解除权即可解除保险合同,无须征得投保人同意。解除权的行使应以通知方式,但《民法典》《保险法》没有规定是否应以书面通知为准。为避免举证困难,保险人解除权的行使应以书面形式通知投保人。如果保险人没有发出解除合同通知,保险合同仍然有效,投保人对告知义务的违反,并不当然发生保险合同解除之效果。保险人的合同解除权可以在保险事故发生前行使,也可以在保险事故发生之后行使,但是保险人的合同解除权受到除斥期间的限制。保险人应在知道合同解除事由之日起 30 日内行使解除权,否则,保险人的合同解除权消灭。从合同成立之日起超过 2 年的,保险人不能解除合同;发生保险事故的,保险人应承担给付保险金的责任。例如,在陈强人身保险合同纠纷案中②,乐山市中级人民法院认为,保险合同成立时保险事故已发生,不属于《保险法》第 16 条第 3 款适用的情形(即合同解除权),保险人仍享有解除权。被保险人、受益人以《保险法》第 16 条第 3 款进行的抗辩,是对该条文的断章取义,对此不予支持。

在保险人享有合同解除权的情形下,保险人应当及时行使解除权,避免使保险合同关系处于一种不确定状态,维护投保人和被保险人的合法权益。例如,在周林莉财产保险合同纠纷案中③,威海市环翠区人民法院认为,在订立保险合同时,保险人就保险标的或者被保险人的有关情况提出询问的,投保人应当如实告知;投保人故意或者因重大过失未履行如实告知义务,足以影响保险人决定是否

---

① 在郑群娣诉中国人寿保险股份有限公司珠海分公司保险合同纠纷案(〔2006〕斗民二初字第 422 号、〔2007〕珠中法民二终字第 60 号)中,法院裁判摘要认为,基于人身保险合同保险标的之特殊性,订立保险合同必须以诚实信用为原则,如实告知义务则是基于诚实信用原则而为投保人设定的法定义务。《保险法》第 17 条对投保人的如实告知义务进行了明确规定,投保人如在订立保险合同时故意将关于保险标的的重要事实,即对保险人作出是否承保决定和确定保险费率有影响的事实加以隐瞒,保险人有权解除保险合同,并对于保险合同解除前发生的保险事故,不承担赔偿或者给付保险金的责任,且有权不退还保险费。

② 在陈强诉中国平安人寿保险股份有限公司乐山中心支公司人身保险合同纠纷案(〔2014〕乐民初字第 1286 号、〔2014〕乐民终字第 1079 号)中,法院裁判摘要认为,投保人未履行如实告知义务,保险人不得解除合同的前提是自合同成立之日起 2 年后新发生保险事故。保险合同成立时保险事故已发生,不属于不可抗辩条款适用的情形,保险人仍享有解除权。

③ 在周林莉诉太平人寿财产保险股份有限公司山东省分公司财产保险合同纠纷案(〔2016〕鲁 1002 民初 668 号)中,法院裁判摘要认为,保险人主张解除保险合同的,保险合同自通知到达投保人时解除。投保人对合同解除有异议的,可以请求法院或者仲裁机构确认解除合同的效力,但在解除合同通知到达 3 个月后才向法院起诉的,不予支持。

同意承保或者提高保险费率的,保险人有权解除合同;该合同解除权,自保险人知道有解除事由之日起超过30日不行使而消灭;投保人故意不履行如实告知义务的,保险人对于合同解除前发生的保险事故,不承担赔偿或者给付保险金的责任。

如实告知义务制度旨在保障保险人风险评估的准确性,投保人或者被保险人对重大事项故意不履行如实告知义务或者因重大过失未履行如实告知义务,直接影响到保险人决定是否同意承保或者提高保险费率的,保险人有权解除保险合同。但是,如果保险人对该事项已知晓或者应当知晓的,即不会产生对风险评估产生错误的情形,应当免除投保人或者被保险人的告知义务。否则,有悖于最大诚信原则。保险人为保险合同的相对人,在合同订立时也应承担合同当事人应具有的注意义务。保险人所知道或者应当知道的,即使投保人有隐匿、遗漏或不实告知的情形,保险人不得解除保险合同。投保人对解除合同有异议的,投保人或者保险人均可请求法院或者仲裁机构确认解除行为的效力,如《民法典》第565条之规定。

(二) 保险费的给付义务(缴付)

保险费是投保人交付给保险人,作为保险人承担保险损失补偿责任对价的金钱。①保险费的交付是投保人的主要义务,涉及投保人切身的经济利益,对于维护保险合同当事人的合法利益以及我国保险业的健康发展,均有重大意义。

保险法理论对保险费问题缺乏系统的分析研究,导致了保险实务中的混乱。关于保险费的法律性质,理论界与实务界均存在不同的认识,主要有成立要件说、生效要件说和约定说三种学说:

(1) 成立要件说。该说认为保险合同是实践性合同,是以保险费的交付为保险合同的成立要件。②

(2) 生效要件说。该说认为保险费交付前,保险合同不生效,在投保人交付保险费的次日,保险人开始承担保险责任。③

(3) 约定说。该说认为保险合同是诺成性合同,而非要式合同或者实践性

---

① See John Birds, Norma J. Hird, *Birds'Modern Insurance Law*, 5th edition, Sweet & Maxwell, 2001, p.158.
"保险契约若无保险费之约定者,无效。"桂裕:《保险法》,三民书局1983年增订初版,第70页。

② "保险费是要保人交付保险人作为其负担危险责任对价的金钱。由此可知:①保险费的标的,限于金钱。②保险费的作用,系要保人给予保险人,作为其负担危险责任的对价,也就是保险人所应获得之报酬,而为保险契约的成立要件。"郑玉波:《保险法论》,三民书局1997年修订版,第85页。

③ "原则上于保险费给付之后,保险契约始生效力。"刘宗荣:《保险法》,三民书局1995年初版,第154页。
"保险契约订立保险费一次交付者,应先支付保险费,而后契约生效;契约订立保险费分期交付者,应先支付第一期保险费,而后契约生效,但于订约之际,若保险费未能确定者,则无论一次交付或分期交付,契约可先生效……"桂裕:《保险法》,三民书局1983年增订初版,第70—71页。

合同,且不以给付保险费为合同的成立要件。①根据合同自由原则的理论,当事人可以约定以保险费的交付为合同的生效条件。投保人交付保险费的时间由当事人约定,法律没有干涉的必要。②

约定说体现了合同自由原则。根据《保险法》第14条的规定,保险合同既不是实践性合同,也不是要式合同,保险合同的成立要件应为投保人与保险人意思表示合致。保险费的交付,既非法定的成立要件,也非法定的生效要件。但是,在保险实务中,当事人可以将保险费的交付作为保险合同生效的约定要件。例如,在中国太平洋财产保险股份有限公司北京分公司保险人代位求偿权纠纷案中,最高人民法院认为,除非当事人在保险合同中约定缴纳保费为保险合同的生效要件。否则,投保人提出保险要求,经保险人同意承保,保险合同即有效成立。缴纳保险费是保险合同有效成立后投保人应履行的合同义务,而非保险合同的生效要件。

在通常情况下,保险费的交付仅为保险合同生效后投保人应履行的主要合同义务。保险合同生效后,保险费即为既得债权,保险人可以允许投保人迟延交付保险费。如果投保人仍然不交付到期的保险费,则保险人有权终止合同或者请求投保人交付保险费。总之,保险合同的订立应遵循意思自治原则,只要双方当事人约定,一方承担给付保险费的义务,另一方在保险事故发生时承担给付保险金的义务,则保险合同成立并生效。

但如果将保险合同认定为实践性合同,以保险费交付为生效要件,则虽然保险合同已经成立,但由于投保人未给付保险费致使保险合同尚未生效,从而该保险合同将长期处于成立但未生效的不确定状态。此外,这还将使分期支付保险费的保险存续产生理论上的困难,如果投保人要使保险合同效力一直延续下去,应当在保险费到期之日或者到期之前交付。否则,保险合同便会失去效力,投保人对此后发生的保险事故不得行使损失补偿请求权,保险人也无法主张第二期以后的各期保险费的给付,这对投保人和保险人均是有害无益的。

保险合同为有偿合同,保险人承担保险赔付责任的对价是投保人交付保险费。投保人交付保险费是保险合同生效后应履行的合同义务,也是保险人承担保险责任的前提,如果投保人未能按时交付保险费,应当依照合同不履行的规

---

① "保险合同为诺成性合同,交付保险费是保险合同成立之后投保人应履行的主要合同义务之一,而不是保险合同的成立条件。"温世扬主编:《保险法》(第二版),法律出版社2007年版,第86页。

"即使当事人约定,保险合同须至保险费交清时才生效,也不能因此就认定为保险合同是实践性合同……生效的一种附加的延缓条件而已……"李玉泉:《保险法》(第二版),法律出版社2003年版,第113页。"除将保险单或暂保单之签发或保险费之交付约定为保险契约生效之停止要件外,保险契约之成立应以要约与承诺合致这时点为准。"林勋发:《保险法论著译作选集》,1991年自版,第28页。

② 参见施文森:《保险法总论》,三民书局1994年版,第70页。

定,承担违约责任。人身保险与财产保险的保险费在法律性质上存在差异[1],因而产生的法律后果也不同:

(1) 到期未缴付财产保险合同保险费的法律后果。对于合同约定为一次交付保险费而投保人未交付保险费,或者约定分期交付保险费而投保人未交付首期保险费的,保险合同有特别约定,应从其约定;保险合同没有特别约定的,保险人可以追究投保人债务不履行的违约责任,同时请求投保人给付保险费,保险人也可以经催告后解除保险合同。但是,保险人不得以投保人未交付保险费为由拒绝承担保险责任。在这种情况下,保险合同已经生效,当事人应当各自履行应尽的义务,保险人应自合同生效时起承担保险责任,不得在投保人尚未违约时便自行中止合同的履行。以保险费的交付为保险合同约定的生效要件,在保险费交付之前发生保险事故的,保险人无须承担给付保险金的责任,同时也不得向投保人请求交付保险费。保险人可以追究投保人的缔约过失责任,要求投保人偿付保险人为缔约所支付的相关费用,但不能请求投保人继续履行合同。

如果保险费是分期交付的,则陆续到期的保险费即成为投保人的债务,投保人有履行该债务的义务。对于任何一期保险费到期而未交付的,投保人应承担履行迟延的责任,保险人既可通过诉讼方式请求给付保险费,也可经催告后解除合同。例如,在河北省宣化县工业物资贸易中心财产保险合同纠纷案中[2],河北省宣化县人民法院判决认为,投保人逾期未付保险费,保险合同依旧有效。投保人交付保险费的义务与保险人承担的赔偿义务相互独立,投保人逾期未付保险费不能免除保险人履行给付保险赔偿金的合同义务。投保人未按约交付部分保险费,保险人扣减投保人欠交的保险费后支付保险赔偿金。

(2) 到期未缴付人身保险合同保险费的法律后果。鉴于人寿保险的保险费法律性质的特殊性,《保险法》第 38 条明确规定不得通过诉讼方式请求投保人缴付保险费。有学者认为:"在通常情况下,人寿保险合同须自保险费支付之日起开始发生效力。"[3]保险人对于首期保险费不得以诉讼请求给付,即表示人身保险合同在第一期保险费未交付前并未生效,这种观点有待商榷。《保险法》第 38 条的规定来源于保险惯例,是为保护投保人的利益[4],因为人身保险的保险费除

---

[1] "保险惯例,财产保险之保险费通常皆为一次交付且得以诉讼请求……人寿保险之保险费不得以诉讼请求……"桂裕:《保险法》,三民书局 1983 年增订初版,第 71 页。

[2] 在河北省宣化县工业物资贸易中心诉中国人民财产保险股份有限公司张家口宣化支公司财产保险合同纠纷案(〔2004〕宣区民二初字第 042 号)中,法院裁判摘要认为,涉案保险合同并未解除,合同权利义务未终止,投保人交付保险费的义务与保险人承担的赔偿义务二者相互独立,投保人虽存在违约行为,但不能免除保险人履行给付保险赔偿金的合同义务,对投保人的诉讼请求应予支持。

[3] 孙积禄:《保险法论》,中国法制出版社 1997 年版,第 102 页。

[4] "……只得终止保险契约或依契约所载条件减少保险金额或年金,意在保护要保人或被保险人于契约成立生效后,不因不愿继续具有长期性之人寿保险契约之约束而全部丧失其以前所缴保险费之利益。"江朝国:《保险法基础理论》,中国政法大学出版社 2002 年版,第 202 页。

了是保险人承担保险赔付责任的对价之外,还兼有储蓄的性质,不能简单地等同于普通债务。此外,人身保险合同一般为长期的持续性合同,投保人很有可能因各种原因不愿或者无力继续投保,如果强迫投保人交付保险费,有违公平原则。投保人对到期保险费均不负交付义务,如果他不按期付费,仅使保险合同失效,丧失保险合同规定的权利。但是,《保险法》第38条仅涉及"人寿保险","健康保险"和"意外伤害险"的保险费仍然可以通过诉讼方式请求投保人交付。《保险法》第36条规定,投保人自保险人催告之日起超过30日未支付当期保险费,或者超过规定期限60日未支付当期保险费的,合同效力中止,或者由保险人按照合同约定的条件减少保险金额。如果保险人按照约定减少保险金额,保险合同仍然继续有效;如果合同效力中止,可能产生两种不同的法律后果:

一是保险合同恢复效力。《保险法》第37条规定,经保险人与投保人协商并达成协议,在投保人补交保险费后,合同效力恢复。该规定属于强行性规定,当事人不得变更,从而有效地保护了投保人和被保险人,避免因当期保险费未付而丧失以前所缴保险费所产生的利益,保证了合同当事人之间利益的平衡。但是,第37条在效力恢复的时间上规定得过于简单,合同效力恢复的时间关系到保险人承担保险责任的时间,而《保险法》规定的恢复时间过于模糊,不具有可操作性,不利于保护投保人的利益。例如,在邹巧芸保险合同纠纷案中[①],镇江市中级人民法院认为,投保人补交保险费及延迟利息时,保险人并未对复效期、复效申请以及方式作出解释说明,也未要求对被保险人是否具有疾病进行观察及观察的具体时间,且保险人在此之后继续收取了被保险人缴纳的保险费,合同效力应当从保险人收取保险费之日起恢复。被保险人发生保险合同约定的重大疾病时,保险人应当承担保险责任,保险人以复效观察期作为抗辩理由不能成立。

二是保险人解除合同。根据《保险法》第37条的规定,自合同效力中止之日起满2年双方未达成协议的,保险人有权解除合同。在合同中止效力后,即使保险人尚未解除合同,如果投保人始终未交付保险费,发生保险事故的,保险人不承担给付保险金的责任。例如,在田某保险合同纠纷案中[②],佛山市中级人民法院认为,投保人与保险人之间保险合同的效力因投保人未及时交纳保险费而中

[①] 在邹巧芸诉中国人寿保险股份有限公司扬中支公司保险合同纠纷案([2012]扬商初字第429号、[2013]镇商终字第73号)中,法院裁判摘要认为,在重大疾病保险等寿险类保险合同中,由于保险期限较长,投保人可以分期缴纳保险费用。投保人未及时缴纳保险费的,此时合同处于中止状态。投保人向保险公司补交保险费及延期利息的,保险合同效力应即恢复,被恢复的保险合同的效力期间应当从原合同中止之日起连续计算,而并非从补交保险费之日起重新计算。

[②] 在田某诉某人寿保险公司佛山中心支公司保险合同纠纷案([2008]佛禅法民二初字第998号、[2008]佛中法民二终字第875号)中,法院裁判摘要认为,在申请复效时投保人负有如实告知的义务,在保险合同中止期间投保人的各种情况可能发生变化,对保险人就有关情况尤其是重要事项的询问应当如实告知。投保人没有按照合同约定的时间及时向佛山公司交纳保险费,致使保险合同的效力中止。在申请保单合同效力恢复时,投保人应当对于保险人的询问履行如实告知的义务,如有不实告知之处,法律后果与最初投保时不实告知的后果完全相同。

止,投保人向保险人提出复效申请后未得到保险人的认可,从而使双方就保险合同效力之恢复无法达成协议。根据《保险法》规定,从合同效力中止之日起2年内双方未达成协议的,保险人有权解除合同。保险人与投保人就保险合同效力恢复达不成协议,从而有权做出拒绝复效的决定。

《保险法》第36条明确规定了人身保险合同保险费的催告期间和宽限期。在宽限期间内发生保险事故的,保险人仍应按照合同的约定承担给付保险金的责任。在宽限期间届满后,如果保险人行使合同解除权,保险人的保险责任消灭。

根据保险合同投保人与被保险人或者受益人之间的关系不同,保险合同有利己保险合同和利益第三人保险合同之分,前者是指投保人指定自己为被保险人(财产保险)或者受益人(人身保险)的保险合同;后者是指投保人指定第三人为被保险人(财产保险)或者受益人(人身保险)的保险合同。在利己保险合同和利益第三人保险合同中,只有投保人是保险合同的当事人,因而投保人才具有交付保险费的义务。法律对投保人交付保险费的义务作出了明确的规定,投保人应交付的保险费数额由保险人确定,保险人根据保险金额来决定投保人须交付的保险费。保险费并非是一成不变的,根据《保险法》的规定,保险合同成立之后,保险费仍然有可能增加或者减少:

(1)保险费的增加。在以下两种情形,保险人有权增加保险费:其一,投保人、被保险人未按照合同的规定保护保险标的安全,如《保险法》第51条之规定;其二,保险标的危险程度增加,如《保险法》第52条之规定。

(2)保险费的减少。根据《保险法》第53条的规定,在以下两种情形,保险人应当减少保险费:其一,保险标的危险程度减少,确定保险费率的基础发生了变化;其二,保险标的价值明显减少。

财产保险合同的保险费一般采取一次性交付的方式[①],人身保险合同保险费的交付方式不同于财产保险合同,通常采取分期交付保险费的方式,而不是趸交的方式。

保险费的交付地点,《保险法》没有明确的规定,各国保险法的规定也不一致。根据《民法典》第511条的规定,给付货币的应当在接受给付一方当事人的所在地履行。投保人应当到保险人营业地交付保险费,但在保险实务中,也有保险人到投保人住所或者营业地催缴保险费的。

---

① 《企业财产保险条款》第14条规定:"被保险人应当在签订保险合同之日起十五天内按照保险费率规章的规定一次交清保险费。"

《沿海内河船舶保险条款》第16条规定:"被保险人应在签订保险合同时一次缴清保险费。除合同另有书面约定外,保险合同在被保险人交付保险费后才能生效。"

(三) 危险通知义务

危险通知义务是指在保险责任期间内,一旦保险标的危险程度显著增加或者危险发生,投保人或者被保险人应当立即通知保险人。危险通知义务属于法定的合同义务,包含危险增加通知义务和危险发生通知义务两个方面。

保险是分散危险和消化损失的制度,保险合同的中心内容在于投保人以支付保险费为代价获得保险人承担约定的风险,从而实现风险的转移。保险合同在保险精算的科学基础上,要求风险与保险费必须遵循一定的规则。保险标的风险通常处于不断变化之中,订立合同阶段的风险与履约阶段的风险通常有一定的差异,如果风险严重超出订立合同时保险合同所承保的程度,则提高了保险事故发生的概率,破坏了合同订立的基础,因而保险法要求投保人或者被保险人承担危险增加的通知义务。《保险法》中的"危险增加"是指作为保险合同基础的原风险状况改变为对保险人严重不利的状况,通常是指保险标的用途的改变、保险标的使用范围的改变、保险标的所处环境的变化、保险标的因改装等原因引起的变化、保险标的使用人或者管理人的改变、危险程度增加持续的时间等。例如,在程春颖机动车交通事故责任纠纷案中,南京市江宁区人民法院认为,保险合同订立后,如果危险程度显著增加,保险事故发生的概率超过了保险人在订立保险合同时对事故发生的合理预估,如果仍然按照之前保险合同的约定要求保险人承担保险责任,对保险人显失公平。保险公司根据被保险车辆的用途,将其分为家庭自用和营运车辆两种,并设置了不同的保险费率,营运车辆的保费接近家庭自用的两倍。营运车辆的运行里程多,使用频率高,发生交通事故的概率也自然更大,车辆的危险程度与保险费是对价关系,家庭自用车辆的风险小,支付的保费低;营运车辆风险大,支付的保费高。以家庭自用名义投保的车辆,从事营运活动,车辆的风险显著增加,投保人应当及时通知保险公司,保险公司可以增加保费或者解除合同并返还剩余保费,投保人未通知保险公司而要求保险公司赔偿营运造成的事故损失,显失公平。涉案投保人营运行为使被保险车辆危险程度显著增加,投保人应当及时通知保险人,保险人可以增加保险费或者解除合同返还剩余保险费。

在保险合同履行过程中,保险标的风险状况由于无法控制的因素的影响导致危险增加时,投保人或者被保险人应当通知保险人。《保险法》的危险增加,应具备如下三个要件[1]:

(1) 对保险人利益影响重大。保险合同订立后,保险人所承保标的的危险状况变化,使保险人不增加保险费不能满足承保条件或者以任何条件均不能承保。我国《保险法》对此没有作出任何说明,其他国家和地区的保险立法则有不

---

[1] 参见梁宇贤:《保险法新论》,瑞兴图书股份有限公司2001年修订新版,第171—172页。

同体现。《保险法》上的"危险增加"应作目的限缩性解释,从实质性标准来说,应当是指"重要风险增加"或者"危险显著变化"。例如,在李俊潇保险合同纠纷案中①,北京市西城区人民法院一审认为,被保险人借助"嘀嗒出行"平台发布行程并与顺风车乘客达成合乘合意,信息服务平台根据乘客人数及行驶里程计算出乘车费并推送给乘双方。被保险人有固定职业,没有以顺风车业务谋生的动机,且涉诉行程的始发地与被保险人工作地点接近,目的地与被保险人居住地区域接近。被保险人收取的乘车费用的数额由信息服务平台确定,在保险人无证据证明被保险人曾向乘客收取过超过平台计算标准的费用的情形下,被保险人驾驶运送搭乘者的行为应界定为顺风车,不具有营运性质。北京市第二中级人民法院二审认为,一审法院依据查明的被保险人职业状况、涉诉行程的始发地与被保险人工作地点的距离,目的地与被保险人居住地区域的距离以及乘车费用等因素,综合认定被保险人驾驶车辆运送搭乘者的行为为顺风车,不具有营运性质,具有较充分的事实依据,从而维持了原审判决。

我国司法审判实践认为,"危险程度显著增加"应当综合考虑的因素包括保险标的用途的改变、保险标的使用范围的改变、保险标的所处环境的变化、保险标的因改装等原因引起的变化、保险标的使用人或者管理人的改变、危险程度增加持续的时间和其他可能导致危险程度显著增加的因素,如《保险法司法解释(四)》第4条之规定。

(2) 危险状况改变的持续性。如果原危险状况改变之后立即促使保险事故发生,则属于"保险事故发生的促成",效果按照有关保险事故发生的规定处理,而不是"危险增加"。如果危险状况只是一时地改变,而随后立即消失的,也不构成危险增加。例如,酒后驾驶不是危险增加,虽然提高了保险标的的危险状况,但没有持续一定期间,属于保险事故的促成。再如,机动车辆责任保险中,汽车的刹车系统有问题,但管理人未能及时修理并持续两三天继续性地使用该车,构成危险增加。

(3) 不可预见性。根据《保险法司法解释(四)》第4条,保险标的危险程度虽然增加,但增加的危险属于保险合同订立时保险人预见或者应当预见的保险合同承保范围的,不构成危险程度显著增加。换言之,在订立保险合同时,双方当事人没有把该危险严重增加的状况计算在保险合同约定承担的风险中,并核定相应的保险费。例如,机动车辆责任保险中,保险人可能会预见到汽车的使用会使刹车系统老化而导致危险增加,但已包括在承保风险中。再如,在人身保险

---

① 在李俊潇诉中国平安财产保险股份有限公司北京分公司保险合同纠纷案([2019]京0102民初9552号、[2019]京02民终8037号)中,法院裁判摘要认为,顺风车通过分摊出行成本或免费互助方式,达到缓解拥堵、方便出行的目的。从事顺风车是否改变被保险车辆的使用性质,应结合收取费用情况、车辆行驶区间、车辆所有人职业状况以及接单频率等情况予以综合判定(2021年最高人民法院公报案例)。

中,保险人应当考虑到被保险人将来有变动职业的可能,在合同中约定变动职业时应通知保险人。在这种情况下,危险增加显然已被保险人预见,而不是不可预见。投保人将家用轿车变为网约车,即为不可预见。例如,在郑诗琦财产保险合同纠纷案中,上海市闵行区人民法院认为,保险合同约定的涉案车辆用途为"非营业个人",排除了对涉案车辆以营利为目的的商业性使用。投保人将涉案车辆出租给案外人宋某,宋某又将涉案车辆转租给次承租人。涉案车辆的使用性质已经不同于双方当事人约定的"非营业个人",而是转变为以获取利润为目的的商业性使用。涉案车辆的用途改变导致危险程度显著增加且超出保险人应当预见的范围。涉案车辆危险程度的增加体现在两个方面:一是投保人将车辆出租给案外人的宋某,而宋某又通过网络低价招揽租车用户,客观上大幅提高了车辆的出行频率,扩大了出行范围,大幅度提高了车辆在运行过程中出险的几率,导致保险人所承担的风险远超保险合同约定的按"非营业个人"的用途所确定保费的承受范围。二是涉案车辆用途的改变同时也改变了车辆管理人与使用人。投保人将车辆交付宋某和次承租人管理,而无证据证明宋某和次承租人具备经营车辆租赁所必需的对车辆进行规范管理、维护、对客户进行风险管控的专业能力。车辆管理人的改变足以导致危险几率的提高,投保人与宋某对危险几率的提高均采取了放任的态度,从而涉案车辆危险程度的增加完全超出了保险人可预见的范围。如果由保险人来承担风险,将违反财产保险合同中对价平衡的原则,不利于保险业的健康长久稳定发展。

《保险法》在"第二章保险合同"的"第三节财产保险合同"中,规定了被保险人有危险增加的通知义务,将该通知义务规定在"财产保险合同"项下而不是在《保险法》总则中规定,能否简单地类推适用到人身保险合同中,还存在疑问。根据《保险法》第52条的规定,通知义务的主体只有财产保险中的被保险人。这与世界其他国家或者地区的保险立法存在差异,国外的立法例将通知义务同时适用于财产保险和人身保险,并将投保人和被保险人均列为通知义务的主体。由于投保人是向保险人发出要约、交付保险费并与保险人订立合同的当事人,法律还要求其对保险标的具有保险利益。因此,投保人也应是通知义务主体。

《保险法》没有明确规定危险增加的通知方式。在保险实务中,保险单通常有"凡有本保险单之一切通知,被保险人均应以书面方式通知"之类的条款。但这些条款的效力,还有待进一步探讨。保险合同是双务合同,双方当事人遵循合同自由原则,对合同具体的事项进行约定,在不违反法律的强制性规定的情况下,当事人的约定排除合同法的任意性规定。虽然《保险法》为民法特别法,但由于保险业的技术性及附合合同性质,双方的缔约地位事实上并不平等。如果完全适用合同自由原则,强调保险合同是投保人与保险人的合意,投保人或者被保险人的合法利益将受到损害。保险人在保险合同中将通知义务单方规定为要式行为,势必增加通知义务主体的交易成本。保险人通常以通知义务主体未能履行书面通知义务为由,拒绝承担保险责任,使处于弱势地位的投保人更加不利。《保险法》对于危险增加通知义务的履行方式没有特别规定,是不要式行为,根据《民法典》合同编所确立的原则,既可以书面方式为之,也可以口头方式为之,属于相对强制性规定。如果通知义务主体以口头方式履行通知义务,根据"谁主张,谁举证"的原则,义务主体应承担举证责任。

保险事故发生之后,投保人或者被保险人应当及时通知保险人,以便保险人及时调查保险事故发生的原因、损失的范围,准备必要的赔偿金额。但是,《保险法》第 21 条并未对通知的期限作出具体的规定,世界各国保险法对该问题的规定各不相同。至于危险发生通知的方式,《保险法》也没有明文规定,但如果保险合同对此有特别规定的,应从其规定。

(四) 防灾减损义务

在保险合同成立之后,投保人或者被保险人应维护保险标的安全,谨慎管理、妥当保管保险标的,对保险标的不能采取放任态度,应注意保险标的之防灾工作,如《保险法》第 51 条之规定。投保人或者被保险人应当以合理的注意,防止保险标的发生意外事故。

投保人或者被保险人收到保险人提出消除保险标的不安全因素和隐患的书面建议之后,应积极采取各种有效的措施,在尽可能短的时间内消除保险标的之不安全因素以及事故隐患。否则,保险人有权要求增加保险费或者解除保险合同。

此外,根据《保险法》第 57 条的规定,在保险事故发生之后,投保人或者被保险人应当积极采取各种必要的措施,以防止或者减少损失,投保人或者被保险人没有及时采取必要措施而导致损失扩大的,投保人或者被保险人无权要求保险人承担扩大部分的损失补偿责任。例如,在吴峥机动车交通事故责任纠纷案中[①],长沙市中级人民法院认为,吴峥未在事故发生以后及时对车辆进行拆检维修,致使车辆因长时间未得到修理而使损失扩大。吴峥在事故发生以后未尽到防灾减损的义务,本身也有一定的过错,故对车辆扩大的损失应当由吴峥本人承担。

(五) 单证提示和协助义务

在保险事故发生之后,被保险人按照保险合同的规定请求保险人给付保险金时,应当提供有关证明、资料,如《保险法》第 22 条之规定。此外,被保险人还

---

① 在吴峥诉阳光财产保险股份有限公司湖南省分公司、李斌机动车交通事故责任纠纷案(〔2015〕芙民初字第 2298 号、〔2016〕湘 01 民终 7009 号)中,法院裁判摘要认为,被保险人在保险事故发生后未尽到防灾减损的义务,被保险人对扩大部分损失承担责任。

应向保险人提供其他有关单证。①单证提示义务的履行有利于确保被保险人及时获得保险赔付。

为更有效地保护被保险人的权利,及时获得保险人的保险金,《保险法》第22条规定,如果有关的证明和资料不完整,保险人应当及时地一次性通知投保人、被保险人或者受益人补充提供。

保险事故是由第三人的行为所引起的,被保险人应当将对第三人的损失补偿请求权转让给保险人,并协助保险人行使对第三人的追偿权,如《保险法》第60条、第61条和第63条之规定。协助义务的履行有利于保障保险人保险代位求偿权的行使。例如,在王记龙财产保险合同纠纷案中,上海金融法院认为,当事人之间的保险合同约定发生保险事故后被保险人应及时通知保险人,但设立该通知义务的目的是保险人查明保险事故的性质、原因和损失程度,保险人也仅是对无法确定的损失不承担赔偿责任。在保险事故发生后,被保险人未向保险人报案,而是待侵权案件生效后依据生效判决所认定的车损金额向保险人申请理赔,违反了保险合同的约定,有违诚实信用,损害了保险人在保险合同项下的权利,致使其无法在法定期限内对标的车辆进行定损。被保险人在侵权案件中主张的车损金额因未经保险人参与核定,对保险人不发生法律效力,保险人有权依据保险合同约定申请对被保险车辆的损失重新核定。

第二节 保险合同的变更、中止与复效

保险合同生效后,涉及保险合同的履行。保险合同履行是指保险合同当事人双方依法全面完成合同约定义务的行为。保险合同履行可能涉及保险合同的变更、中止与复效。

一、保险合同的变更

保险合同的变更(modification of insurance contract)是指在合同有效期限内,合同的主体或者内容发生变化。保险合同的变更有两个方面的内容,即主体变更和内容变更。保险合同的变更不同于普通合同的变更,普通合同变更有广义和狭义之分,广义的普通合同变更包括主体、客体和内容的变更;狭义的普通

---

① 《沿海内河船舶保险条款》第6条规定:"被保险人索赔时,应及时按保险人的要求提供有效单证,如保险单、港监签证、航海(行)日志、轮机日志、海事报告、船舶法定检验证书、船舶入籍证书、船舶营运证书、船员证书(副本)、运输合同载货记录、事故责任调解书、裁决书、损失清单及其他有关文件。"
《海洋运输货物保险条款》(PICC 2009)第4条第4款规定:"在向保险人索赔时,必须提供下列单证:保险单正本、提单、发票、装箱单、磅码单、货损货差证明、检验报告及索赔清单。如涉及第三者责任,还须提供向责任方追偿的有关函电及其他必要单证或文件。"

合同变更是指合同主体不变,而内容发生变更。

(一) 保险合同主体的变更

保险合同主体的变更是指保险合同当事人的变更,即投保人或者保险人的变更。主体变更的结果是合同的转让,保险合同权利和义务至少对一方当事人不再具有约束力,而且在合同的转让过程中涉及第三人的利益。保险合同的转让主要涉及投保人或者被保险人;只有在保险人宣告破产、被撤销或者被兼并的情形下,才会出现保险人的转让。保险合同转让有人寿保险合同的转让和财产保险合同的转让两种情形。

1. 人寿保险合同的转让

根据《保险法》第34条的规定,在被保险人同意的情况下,人寿保险合同可以转让。在保险实务中,人寿保险合同经常发生转让。在人寿保险合同中,无论是投保人的变更还是保险人的变更,均为合同权利义务的一并转让。人寿保险合同转让的主体仅为保险人和投保人,而不是被保险人和受益人。同时,根据《保险法》的前述规定,人寿保险合同的转让,未经被保险人的同意,合同转让行为无效。

在保险实务中,人寿保险合同的转让主要体现为投保人的变更。但在特殊情形下,也会出现保险人转让人寿保险合同的情况。保险人可以在获得投保人同意的情况下,与其他保险公司达成合同转让的协议,变更保险人。此外,根据《保险法》第92条的规定,在保险人发生破产或者依法被撤销的情况下,也会出现人寿保险合同批量转让的情形。在这种情况下,合同转让无须获得投保人同意。

人寿保险合同转让生效后,转让人退出保险合同关系,不再享有合同权利、承担合同义务。合同的受让人成为合同当事人,享有合同权利、承担合同义务。

2. 财产保险合同的转让

财产保险合同转让制度涉及交易安全和交易效率,直接影响到经济的稳定和发展。财产保险合同的转让有同意主义、自动主义和折中主义三种立法例:

(1) 同意主义立法例。该立法例认为,保险标的转让并不直接发生保险合同转让的效力,保险人同意是保险合同转让的前提。否则,保险合同终止。同意主义立法例强调对被保险人的保护,而不是对保险标的(投保的财产)的保护。在受让人未得到保险人同意之前,所受让的财产失去保险保障,不利于对交易的保障。但这种立法例却有利于保险人对转让后的风险进行重新评估和界定。2009年修订之前的《保险法》采纳这种立法例,《海商法》第230条关于船舶的转让也采纳这种立法例。

(2) 自动主义立法例。该立法例认为,保险标的转让直接发生保险合同转让的效力。自动主义立法例强调对保险标的之保护,受让人在受让保险标的之后,同时获得保险保障,保险合同随保险标的同时转移,这对受让人较为有利,但保险人则没有重新评估风险的机会。现行《保险法》第49条和《海商法》第229条采纳了这种立法例。

(3)折中主义立法例。该立法例认为,保险标的为不动产时,则采取自动主义立法例;而保险标的为动产时,则采取同意主义立法例。

根据《保险法》第49条的规定,保险标的转让,保险合同也随之转让,但被保险人或者受让人应及时通知保险人。被保险人转让保险标的,保险合同继续有效。保险标的转让的,保险标的受让人继受被保险人的权利义务。例如,在刘华兵保险合同纠纷案中①,无锡市中级人民法院认为,保险标的的转让引发保险合同转让时,保险公司在对保单批改后,无须对新的投保人履行免责条款告知义务。

根据《海商法》第229条的规定,海上货物运输保险合同中的保险标的,投保人可以直接转让,不仅无须获得保险人的同意,也无须通知保险人。在保险标的的运输过程中,投保人并不控制保险标的,从风险控制角度来看,保险标的的转让也并不影响保险人的利益,即不会增加保险人所承担的保险责任。此外,保险标的从起运地到目的地,可能发生数次转让,如果每次均要获得保险人的同意,势必影响货物的流通,不利于货物的交易。为加速货物的流通,提高保险的效用,各国保险立法均规定,海上货物运输保险合同可以随货物的转让且以背书方式转让,无须得到保险人同意或者批注。例如,在康地华美饲料(武汉)有限公司海上货物运输保险合同赔偿纠纷案中②,上海市高级人民法院认为,保险合同的转让没有形式方面的要求,是一种不要式合同行为,仅需转让双方当事人之间达成合意即可。在海上货物运输保险合同中,转让无须通知保险人。保险合同的转让既可以包括明示转让,也可以包括默示转让。

船舶保险合同转让是一种例外情形。根据《海商法》第230条的规定,因船舶转让而转让船舶保险合同的,应获得保险人的同意。否则,从船舶转让之时起,保险人可解除船舶保险合同。换言之,此时保险标的转让必须获得保险人的

---

① 在刘华兵诉中华联合财产保险股份有限公司无锡市惠山支公司保险合同纠纷案(〔2010〕崇商初字第0853号、〔2010〕锡商终字第452号)中,法院裁判摘要认为,保险合同的转让是指保险合同当事人一方依法将合同权利义务全部或者部分地转让给第三人的行为,该第三人代替转让人成为保险合同的一方当事人。保险公司在对投保人履行了相应的免责条款说明义务之后,投保人将被保险车辆转卖,则保险合同随保险标的之转让而同时转移。保险公司办理了批改手续的行为是确认投保人变更后继续履行承保义务的确认行为,该行为并不产生新的法律关系和义务,而仅发生确认保险合同主体的效果。

② 在康地华美饲料(武汉)有限公司诉中国人民财产保险股份有限公司江西省分公司海上货物运输保险合同赔偿纠纷案(〔2003〕沪海法商重字第2号、〔2004〕沪高民四(海)终字第151号)中,法院判决摘要认为,《海商法》第236条和第252条规定,一旦保险事故发生,被保险人应当立即通知保险人,并采取必要的合理措施,防止或减少损失。同时,被保险人应当尽力协助保险人行使追偿权,即积极救助和尽力协助均为被保险人的法定义务。如果被保险人不履行救助义务防止或者减少事故损失,保险人则对于扩大的损失不负赔偿责任;由于被保险人不积极行使其要求第三人赔偿的权利,致使保险人不能行使其代位求偿权,保险人则可以相应扣减保险赔偿。

同意。保险标的的转让未经保险人同意,或者保险人拒绝继续承保的,保险合同在受让人与保险人之间不发生法律效力,保险合同从转让时起失去效力。保险人对保险合同转让的同意权,是为维护保险人的利益而设立,赋予保险人对受让人进行选择和评估风险的权利。合同受让人的情况不同,对保险标的所产生的风险不同,因而保险人所应承担的风险责任就不同。

(二)保险合同内容的变更

保险合同内容的变更是指保险合同主体不变的情况下,合同当事人修改合同条款的规定。保险标的种类的变化、保险标的数量的增加或者减少、保险标的存放地、用途、危险程度、保险期限、保险金额的变化等,均为保险合同内容的变更。当事人变更保险合同的,通常由保险人在保险单或者其他保险凭证上批注或者附贴批单,或者由投保人和保险人订立变更的书面协议。根据《保险法》的规定,保险合同内容的变更有以下两种情形:

(1)法定变更。根据《保险法》第 51 条、第 52 条和第 53 条的规定,一方当事人可以提出变更保险合同。《保险法》仅规定了保险人可以变更合同的情形,但对被保险人变更合同条款的情形却没有明文规定。

(2)约定变更。在多数情况下,合同双方当事人协商变更合同的规定。保险合同生效之后,投保人根据客观情况的变化,可以要求保险人变更保险合同条款,如延长或者缩短合同的有效期、增加或者减少保险金额等。投保人变更保险合同的请求经保险人同意并办理相关手续之后,保险合同内容的变更立即生效。例如,在佛山市中联伟业纸品有限公司财产保险合同纠纷案中[1],广东省高级人民法院认为,关于双方对涉案保险合同的变更是否生效的问题,根据《保险法》第 20 条的规定,批单是变更保险合同的合法形式。变更合同应当采取要约、承诺的形式。中联伟业公司向太平洋保险公司提出书面批改申请,是变更保险合同的要约,太平洋保险公司作出批单同意中联伟业公司的批改申请,该批单应认定为同意变更保险合同的承诺。中联伟业公司未能举证推翻太平洋保险公司于 2015 年 6 月 3 日作出的批单,但太平洋保险公司未举证证明批单存在无须通知到达中联伟业公司即可生效的情形,涉案批单应自到达中联伟业公司时生效。

二、保险合同的中止

保险合同中止(suspension of insurance contract)是指在保险合同有效期间内,由于投保人未能在约定或者法定期间内交付当期保险费,保险合同的效力暂

---

[1] 在佛山市中联伟业纸品有限公司诉中国太平洋财产保险股份有限公司佛山分公司财产保险合同纠纷案(〔2016〕粤 06 民终 5825 号、〔2017〕粤民申 4211 号)中,法院裁判摘要认为,投保人向保险人提出书面批改申请,是变更保险合同的要约,保险人作出批单同意投保人的批改申请,该批单应认定为同意变更保险合同的承诺。

时处于停止状态。在保险合同中止之后,保险合同效力恢复之前,即使发生保险事故,保险人不承担保险金给付责任。保险合同的中止仅适用于人身保险合同。保险合同中止的事由是投保人欠缴保险费,而在趸交保险费的保险合同中,不会出现保险合同中止的问题。在期限较长的保险合同中,通常约定由投保人分期支付保险费,投保人支付第一期保险费之后,超过了合同规定的期限没有支付当期保险费的,合同效力中止。

人身保险合同的期限较长,投保人需要几十年按期交付保险费,可能出现因投保人疏忽或者经济困难而未按期交付保险费的情形,为保护投保人的利益,法律赋予投保人交付保险费的宽限期。在宽限期内,投保人未及时交付当期的保险费,保险合同效力仍然存在。在宽限期内,被保险人发生保险事故,保险人仍然承担赔付保险金的义务,但必须在赔付的保险金中扣除未交付的保险费及其利息。宽限期届满,投保人仍然没有交付保险费的,保险合同效力中止。在保险合同效力中止时,发生保险事故的,保险人没有赔付保险金的义务。

根据《保险法》第36条的规定,保险合同效力中止应当具备以下三个条件:

(1) 保险费逾期未交。在交纳首期保险费后,投保人未能在保险合同约定的保险费交纳日期或者期限内向保险人交纳陆续到期的保险费。

(2) 宽限期届满。自保险人催告之日起超过30日或者超过合同约定的交费约定期限60日(最后日为节假日的顺延),即在宽限期届满之后,投保人没有交纳当期保险费。在宽限期内,保险合同仍然有效。在此期间发生保险事故的,保险人不得拒绝承担保险责任。

(3) 其他补救办法的缺失。保险合同对于处理投保人未交保险费的情形,没有约定中止合同效力以外的其他解决办法,如保险合同失效、解除保险合同、减少保险金额、保险费自动垫交等。

只有满足前述三个条件的,保险合同效力才可以中止。在我国保险实务中,保险合同中止不仅适用于人身保险合同,而且也适用于某些财产保险合同。保险合同的中止并非终止,而是合同的效力暂时停止,当条件具备时,效力被中止的合同即可恢复效力。

三、保险合同的复效

保险合同复效(reinstatement of insurance contract)是指保险合同中止事由消除之后,投保人与保险人协商并达成协议后,保险合同效力恢复。《保险法》第37条规定了保险合同的复效,其意义在于保险合同效力中止之后,经投保人申请并与保险人达成协议,保险人继续承担保险责任。

保险合同的复效仅适用于效力中止的人寿保险合同。保险合同效力中止后,如果希望恢复保险合同的效力,投保人应当正式向保险人提出复效请求,保险人决定是否同意保险合同的复效,只有经过保险人同意,保险合同才能恢复效力。如果保险人与投保人关于保险合同的复效不能达成协议,原保险合同不能恢复效力。

中止效力的保险合同一旦具备复效的条件,合同效力即可恢复。复效后的保险合同是复效前保险合同的继续,而不是两个保险合同。从世界各国的立法看,中止效力的保险合同复效的日期,通常以投保人补缴保险费的时间来确定。保险合同复效之后,保险合同中止期间仍然计算在内,保险期间视为从未间断。例如,在罗德良人寿保险合同纠纷案中[①],成都市青羊区人民法院认为,保险合同复效,即保险合同效力的恢复,是指在因投保人未如期交付保险费而导致保险合同效力中止的情况下,依据一定程序,被中止的合同效力得以恢复。保险合同复效应同时具备三个条件:一是投保人应当向保险人提出合同复效的请求;二是投保人应当与保险人就合同复效达成协议;三是投保人补交保险费。保险合同效力中止后,并不因投保人恢复效力的单方意思表示而恢复效力,其必须是保险人与投保人合意的结果,即保险人接受了投保人的复效申请。考虑到复效制度在于恢复原有合同的效力而非订立新合同,因而应考虑投保人一方利益,权衡合同成立的条件是否发生重大变化,是否出现接受复效会导致严重影响保险人利益的不公平事由。

第三节 保险合同的解除与终止

保险合同的解除和终止均导致保险合同当事人权利义务的消灭,但两者适用范围不同、适用条件不同、法律效力不同。保险合同解除是基于一方或者双方当事人意思表示使保险合同的权利义务归于消灭,是保险合同终止的原因之一。

一、保险合同的解除

保险合同的解除(discharge of insurance contract)是指在保险合同成立之后但在合同有效期限届满之前,经双方当事人协商,或者根据法律规定,或者根据合同规定行使解除权导致保险合同关系归于消灭的行为。一般说来,合同双方当事人法律地位平等,双方在平等、自愿的基础上订立合同,在行使合同解除权时也应具有平等的权利。从《保险法》的规定看,投保人行使解除权的法定条件比《民法典》所规定的合同解除条件更为宽松;保险人行使解除权的法定条件

[①] 在罗德良诉中国人寿保险股份有限公司成都市分公司人寿保险合同纠纷案(〔2012〕青羊民初字第272号、〔2012〕成民终字第5475号)中,法院裁判摘要认为,根据法律规定以及当事人的约定,保险合同是否复效,应当由双方当事人通过协商方式解决。涉案保险合同效力中止是由于投保人未按合同约定交付保费而导致,投保人应当承担因不按约缴费而带来的风险和后果。

却又更为严格。从表面看,《保险法》的规定似乎违反合同当事人法律地位平等原则,但《保险法》所追求的是保险合同当事人法律地位的实质上的平等。《保险法》之所以这样规定,主要是由保险合同的附合性决定的,保险合同是由保险人事先印制的,投保人要么全部接受,要么全部拒绝,没有其他选择。很显然,保险人所提供的格式条款有利于自己而不利于投保人,即在合同订立时,投保人就处于劣势地位,而保险人处于优势地位。为平衡当事人的法律地位,《保险法》充分扩大投保人合同的解除权而限制保险人的合同解除权,从而使在订立合同时处于劣势地位的投保人,在合同解除时处于优势地位,达到平衡保险人与投保人的权利的目的,实现了法律的公平性。例如,在王玉忠机动车交通事故责任强制保险合同纠纷案中①,北京市东城区人民法院认为,根据保险法规定,除本法另有规定或者保险合同另有约定外,保险合同生效后,投保人可以解除保险合同。

《保险法》第 15 条不仅规定了行使保险合同解除权的原则,而且还进一步明确规定了投保人和保险人行使法定解除权的具体条件。根据《保险法》的原则性规定,投保人可以随时解除保险合同,既可在保险责任开始之前,也可在保险责任开始之后;既可在保险事故发生之前,也可在保险事故发生部分损失之后;投保人既可部分解除合同,也可全部解除合同。尽管如此,投保人并不能随心所欲地解除保险合同,投保人的合同解除权并非没有任何限制。在货物运输保险合同和运输工具航程保险合同中,保险责任开始后,投保人不得解除合同,如《保险法》第 50 条之规定。

与投保人的法定解除权相比,保险人的法定解除权行使的条件规定得更为具体,限制得更为严格。根据《保险法》第 15 条的规定,在保险合同成立之后,保险人不能解除合同,这意味着没有法律的明文规定,保险人不得行使法定解除权。根据《保险法》的规定,在以下四种情形中,保险人可以例外地行使法定解除权:第一,投保人违反如实告知义务,如《保险法》第 16 条之规定;第二,被保险人或者受益人违反诚实信用原则,如《保险法》第 27 条之规定;第三,投保人或者被保险人违反防灾防损义务,如《保险法》第 51 条之规定;第四,被保险人违反危险增加通知义务,如《保险法》第 52 条之规定。例如,在中国人寿保险股份有限公司如皋支公司债权人撤销权纠纷案中②,南通市中级人民法院认为,《合同法》第 54 条规定了合同当事人的撤销权,《保险法》第 16 条规定了保险人的解除权,保

---

① 在王玉忠诉阳光财产保险股份有限公司北京分公司机动车交通事故责任强制保险合同纠纷案(〔2008〕东民初字第 05467 号)中,法院裁判摘要认为,机动车交通事故责任强制保险为道路交通安全法所规定,投保人的解除权除应适用保险法外,还应适用特别法,即《道路交通安全法》《机动车交通事故责任强制保险条例》。

② 在中国人寿保险股份有限公司如皋支公司诉王桂凤债权人撤销权纠纷案(〔2014〕皋商初字第 0449 号、〔2014〕通中商终字第 0585 号)中,法院裁判摘要认为,《合同法》《保险法》是普通法与特别法的关系,特别法应优先于普通法的适用。

险公司一般应当适用特别法即《保险法》的规定行使解除权以维护权利。

保险合同解除的效力是指合同解除之后所产生的法律后果,即合同当事人之间的权利义务消灭。保险合同的解除是否具有溯及力,涉及保险合同当事人对已经履行的行为的处理问题。大陆法系国家基本上认为合同的解除具有溯及力,但《民法典》第566条对合同解除的溯及力问题作了较为灵活的规定。《保险法》对保险合同解除是否具有溯及力的问题,有不同的规定:

(1) 保险合同的解除不具有溯及力。投保人解除保险合同的,不具有溯及力。保险合同是典型的补偿性合同,投保人订立保险合同的目的在于补偿被保险人因保险事故所遭受的损害,而保险人承担损失补偿责任的前提是投保人交纳保险费。投保人要求解除保险合同的,应根据保险人是否承担保险责任来区分:其一,保险人没有开始承担保险责任的,投保人没有支付保险费的义务,投保人已经交付保险费的,保险人应返还,但因保险人为订立保险合同付出了相应的代价,投保人应向保险人支付手续费。其二,保险人已经开始承担保险责任的,保险人应收取自保险责任开始之日到解除期间的保险费,如《保险法》第54条之规定。

(2) 保险合同的解除具有溯及力。保险人解除保险合同的,具有溯及力。投保人因过失没有履行如实告知义务对保险事故的发生有严重影响的,保险人解除保险合同时应退还保险费,但保险人不承担赔付责任,如《保险法》第16条之规定。

二、保险合同的终止

保险合同的终止(termination of insurance contract)是指保险合同双方当事人的权利义务在客观上已经不复存在,即合同失去法律效力,又称为保险合同的消灭。保险合同终止与保险合同解除均使保险合同效力归于消灭,但两者还存在差异,保险合同解除是保险合同终止的一种原因;保险合同解除的效力能够溯及既往,而保险合同终止的其他情形则不具有溯及既往的效力。

《民法典》第557条规定了合同终止的具体情形。除了因解除导致保险合同终止之外,保险合同终止还有以下四种情形:

(1) 保险合同的有效期届满。保险合同的期间是双方当事人所约定的保险合同有效期间,在该期间内投保人的财产或者财产利益获得保险保障,而保险人承担保险责任。保险责任期限届满,保险人不再承担保险责任。保险合同有效期届满是一种最普遍、最基本的保险合同终止方式。

(2) 保险合同完全履行。保险合同所规定的主要义务是保险人给付保险金,在保险事故发生并造成保险标的全部损失之后,保险人按照合同规定赔付保险金的,保险合同即告终止。例如,在连云港海通金陵集装箱运输有限公司财产损失保险合同纠纷案中①,江苏省高级人民法院再审认为,营业用汽车损失保险条款明确约定,在被保险机动车发生全损的情况下,保险人支付赔款后,保险合同终止,保险人不退还营业用汽车损失保险及其附加险的保险费。双方当事人之间的营业用汽车损失保险合同的终止时间为保险人支付赔款之后,且该合同终止的同时,保险人根据约定无须退还相应保险费。

(3) 保险合同部分履行。保险标的因保险事故发生而造成部分损失,保险人按照合同的规定承担部分损失补偿责任的,保险合同并不因保险人履行部分赔偿义务而终止,保险人仍然对保险标的没有受到损害的部分继续承担保险责任。但是,合同当事人可以解除保险合同,如《保险法》第58条之规定。

(4) 保险标的灭失或者全部损毁。保险合同因保险标的灭失或者全部损毁而终止,如投保水险的房屋因发生火灾而全部坍塌,因火灾并非保险合同所规定的保险事故,保险人不承担赔偿责任,但由于保险标的已经不复存在,故保险合同终止。

第四节 保险合同的解释

保险合同的解释(insurance contract interpretation)是指当事人对保险合同条款的理解不一致时,对合同条款真实意思所作的理解和说明。在当事人订立的保险合同发生争议时,如何解释与之相关的保险合同的条款,应当首先考虑适用合同解释的一般原则。②合同解释的一般原则为意图解释,解释合同的一般方法有文义解释、上下文解释、补充解释等。在保险合同解释时,法院或者仲裁机构首先应适用合同解释的一般原则解释保险合同争议,应当尊重当事人的意思表示,不能通过解释随意扩大或者限缩保险合同的条款内容。保险合同的解释同时还具有保险合同自身的特性。

(一) 文义解释原则

即按照合同条款文字通常的含义并结合上下文,阐明合同条款的内容。保险合同是通过语言文字表现出来的,因而文义解释应是保险合同解释的主要方法。文义解释方法的运用,应尊重保险合同条款所使用词句以及所使用的文字,按照文字所具有的通常意义进行解释③,而保险合同所使用的法律或者保险专

---

① 在连云港海通金陵集装箱运输有限公司诉中国大地财产保险股份有限公司连云港中心支公司财产损失保险合同纠纷案([2014]新商初字第0011号、[2014]连商终字第0334号、[2015]苏审二商申字第00377号)中,法院裁判摘要认为,关于营业用汽车损失保险,保险合同明确约定车辆发生全损,保险人承担赔偿责任后,保险合同终止,且保险人不应退还保险费。

② See Andre McGee, *Modern Law of Insurance*, Butterworths, 2002, p. 211.

③ See Nicholas Legh-Jones, *MacGillivray on Insurance Law*, 9th edition, Sweet & Maxwell, 1997, p. 266.

业术语,应按照该术语所具有的特殊含义进行解释。[①]例如,保险危险中的"暴风""暴雨"具有特殊的含义。"暴风"是指风速在17.2米/秒以上,相当于风力等级表中的8级的大风;"暴雨"是指每小时降雨量达16毫米以上,或者连续12小时降雨量达30毫米以上,或者连续24小时降雨量达50毫米以上的大雨。不符合上述标准的大风、大雨所造成的保险财产损失,均不构成保险危险,保险人不承担损失补偿责任。

(二) 目的解释原则

在保险合同中某些条款含糊不清时,则应把合同条款的真实含义与订立合同时的背景情况进行综合的分析判断,探求当事人订立合同时的真实意图。目的解释原则的运用,应遵循以下规则:一是书面规定与口头约定发生冲突的,应以书面内容为准;二是保险单中的内容与投保单或者其他保险凭证中的内容发生冲突的,应以保险单中的内容为准;三是特约条款中的内容与基本条款中的内容发生冲突的,应以特约条款内容为准;四是保险合同内容以不同方式记载且内容发生冲突的,批贴优于原文,打字的优于印刷的,手写的优于打字的。

(三) 不利解释原则

不利解释原则,又称疑义利益解释原则,源于古罗马的一条法谚,即"有疑义应为表意者不利益之解释",目的是针对保险条款格式化、附合性之弊端,为在交易能力上处于弱势地位的投保人或者被保险人提供一种事后的司法救济机制。不利解释原则是《民法典》《保险法》确立的格式条款解释的基本原则。根据法律确立的解释原则,格式条款一旦发生争议,应按通常理解进行解释。如果有两种以上解释的,则作出不利于格式条款提供方的解释。例如,在郑克宝道路交通事故人身损害赔偿纠纷案中,湖州市中级人民法院认为,对于涉案机动车辆第三者责任险免责条款所称的"本车上其他人员"可能作出其他解释,也因该条款系格式条款,在存在争议的情况下,应依法作出不利于该格式条款的提供者的解释。

对保险合同作不利于保险人的解释,原因在于保险合同是格式合同,保险合同的条款是由保险人事先拟订并印制的。在制定保险合同条款时,保险人往往偏重保护自身的利益,而不注重保护投保人的利益。再者,在订立保险合同时,由于受到时间限制,且缺乏保险专业知识,投保人通常不可能认真、细致地研究保险合同条款。在订立保险合同时,投保人只能表示接受或者不接受保险人拟定的合同条款。保险合同的格式化也实现了合同术语的专业化,保险合同所用术语并非普通投保人所能理解的,在客观上有利于保险人利益。为保护被保险人或者受益人利益,世界各国在长期的保险实务中渐次形成了不利解释原则,以对被保险人或者受益人给予救济。在格式保险合同的条款文义不清或者有多种

[①] See Andre McGee, *Modern Law of Insurance*, Butterworths, 2002, p. 212.

解释时,应当作不利于保险人的解释;作不利于保险人的解释,实际上是作有利于被保险人的解释。不利解释原则对于被保险人和受益人利益的维护具有十分重大的意义。例如,在烟台宏辉食品有限公司财产保险合同纠纷案中,最高人民法院认为,保险合同是由保险人提供,对于保险合同主要条款约定不明的法律后果,保险人应当明知,保险合同约定不明的责任应由合同条款提供人承担。涉案保险人与投保人对合同标的存在争议,应当作出有利于投保人的解释。在保险人不能提供证据证明对保险标的有明确约定的情况下,按照不利解释原则,应当认定保险标的为被保险人厂区内的全部建筑物。

不利解释原则仅仅为解释保险合同的歧义条款提供了一种手段或者途径,它本身并不能取代合同解释的一般原则,更没有提供解释保险合同的方法;不利解释原则不能排除一般合同解释原则的适用,以对保险合同任意作不利于保险人的解释;其应当以合同解释的一般原则和基本方法为基础,并只能运用于保险合同所用文字语义不清或者有多种含义的情形下。当保险合同的语言文字语义清晰、当事人订立保险合同的意图明确以及法律对保险合同的内容已有规定时,尽管当事人对保险合同的内容存在争议,也不能运用不利解释原则。不利解释原则与其他解释合同的原则和方法是一个有机的结合体,共同构成保险合同的解释规则的体系。正确适用不利解释原则,目的在于对保险合同的条款或者争议作出公正、合理的解释,以维护投保人或者被保险人和保险人双方的利益。例如,在段天国保险合同纠纷案中,南京市江宁区人民法院认为,在涉案保险合同争议条款的含义不明确的情况下,应当作出不利于保险人的解释。关于涉案保险合同的争议条款能否理解为"医保外用药不予理赔"的问题,法院认为国家基本医疗保险是为补偿劳动者因疾病风险造成的经济损失而建立的一项具有福利性的社会保险制度。为控制医疗保险药品费用的支出,国家基本医疗保险限定了药品的使用范围。涉案保险合同是一份商业性的保险合同,保险人收取的保费金额远远高于国家基本医疗保险,投保人对于加入保险的利益期待也远远高于国家基本医疗保险。如果按照保险人"医保外用药"不予理赔的主张对争议条款进行解释,明显降低了保险人的风险,减少了保险人的义务,限制了被保险人的权利。保险人按照商业性保险收取保费,却按照国家基本医疗保险的标准理赔,有违诚实信用原则。

第五章　人身保险合同

人身保险包括人寿保险、健康保险和意外伤害保险。由于健康保险和意外伤害保险与人寿保险之间的差异较大，本章介绍的保险规则主要适用于人寿保险。自杀条款、不丧失现金价值条款、年龄误告条款、宽限期条款、复效条款和不可抗辩条款等是人寿保险合同特有的条款，对投保人和被保险人权利的保护意义重大。受益人是人身保险合同特有的概念。由于人身保险单产生现金价值，在人身保险合同基础上产生了保险单质押制度。

保险分为人身保险与财产保险两大类。人身保险是指以人的生命或者身体为保险标的，当被保险人在保险期限内死亡、伤残、疾病、年老或者生存至保险期满时，由保险人给付保险金的保险，包括人寿保险、健康保险和意外伤害保险。虽然健康保险、意外伤害保险和人寿保险一样，是以人的身体或者寿命作为保险标的，但是健康保险、意外伤害保险与财产保险却在精算基础和会计核算基础两方面相同。健康保险、意外伤害保险与人寿保险的经营活动存在巨大的差异，人寿保险的大多数规则并不适用于健康保险和意外伤害保险。

第一节　人寿保险合同通用条款

人寿保险（life assurance）是以被保险人的生命作为保险标的，以被保险人的生存或者死亡作为保险事故，在保险期间内发生保险事故的，保险人按照保险合同的约定给付一定保险金额的一种人身保险，也称为生命险。与意外伤害保险和健康保险不同，人寿保险的保险期限一般较长。从人身保险业的实际情况看，大多数人寿保险险种的保险期限在十几年甚至几十年以上。为避免出现逆向选择现象，人寿保险采用均衡保险费法。在人寿保险业务中，无论被保险人生存到保险期届满，还是在保险期间内死亡，保险人均要支付保险金。在人寿保险中，生存和死亡均为保险事故，保险事故的发生是确定的。在意外伤害保险和健康保险中，保险事故是否发生是不确定的。

人寿保险合同的条款大致可以分为三类：第一类是普通商事合同应具有的条款；第二类是保险合同应具备的条款；第三类是人寿保险合同应具备的特别条

款,即人寿保险合同的通用条款。人寿保险合同的通用条款,主要有自杀条款、不丧失现金价值条款、年龄误告条款、宽限期条款、复效条款和不可抗辩条款等。

一、自杀条款

自杀条款(suicide clause)是指在以被保险人死亡为给付保险金条件的保险合同中作如下约定的条款:从合同生效后或者合同效力恢复之日起2年内,被保险人自杀死亡属于除外责任,保险人不给付保险金,仅退还所缴纳的保险费,如《保险法》第44条之规定,因而又称为自杀免责条款。自杀条款是人寿保险合同的通用条款。人寿保险合同中的自杀条款是为免除责任的条款设计的,即把自杀作为保险的除外责任。但是,保险合同生效满2年期限后被保险人自杀死亡的,保险人仍要承担保险责任,按照约定的保险金额向受益人给付保险金。自杀条款的制度价值在于,既要防止道德危险的发生以保护保险人利益,又要保护被保险人家属或者受益人利益。被保险人自杀除外责任的适用时间限制在保险合同生效或者复效后的2年内。

（一）自杀的主观状态

自杀的主观状态涉及保险人的保险赔付责任,世界各国对此有不同的态度。自杀的主观状态有故意自杀模式和非故意自杀模式两种立法例：

(1) 故意自杀模式。德国、法国保险法采纳了故意自杀模式的立法例,即在被保险人故意自杀的情形下,保险人不承担保险金的赔付责任,如《德国保险合同法》第161条规定:"在终身寿险情形下,如果被保险人在保险合同订立后三年内故意自杀,保险人不承担赔付保险金之义务。但如果被保险人受精神上病理状态的干扰无法自由决定其意志时,保险人应承担保险金的赔付责任。"

(2) 非故意自杀模式。美国、意大利、日本保险法采纳了非故意自杀模式的立法例,即并不强调被保险人的自杀应为"故意自杀"。只要出现被保险人自杀的保险事故,保险人均免除保险金赔付责任,如《意大利民法典》第1927条规定:"在被保险人自杀的情况下,除非有相反的规定,对合同订立不足二年时发生的,保险人不承担支付保险金的责任。"

我国《保险法》第44条对自杀的主观状态的规定不明确,理论上对自杀有故意和非故意之争,保险司法审判实践却采纳了故意自杀模式。例如,在张敏华保险合同理赔纠纷案中[1],新余市渝水区人民法院审理认为,保险法意义上的自杀

---

[1] 在张敏华诉中国人寿保险公司新余分公司保险合同理赔纠纷案（〔2000〕渝经初字第160号、〔2001〕余经终字第0005号）中,法院裁判摘要认为,《保险法》规定的自杀除外责任条款,是为避免蓄意自杀者通过保险谋取保险金,防止保险欺诈。保险法意义上的自杀应当具有主观上的故意,企图剥夺自己生命的行为。被保险人自杀是精神失常的行为所致,情形不符合保险法所特指的蓄意自杀。保险公司依法应当给付被保险人保险金,不能免责。

应当具有主观上的故意,涉案被保险人自杀是精神失常不能控制自己的行为所致,情形不符合保险法所特指的蓄意自杀。保险公司应当依法向受益人给付保险金。新余市中级人民法院在二审中向江西省高级人民法院请示"自杀"的含义,江西省高级人民法院又向最高人民法院请示,最高人民法院答复为:"本案被保险人在投保后两年内因患精神病,在不能控制自己行为的情况下溺水身亡,不属于主动剥夺自己生命的行为,亦不具有骗取保险金的目的,故保险人应按合同约定承担保险责任。"新余市中级人民法院认为,"自杀"作为除外责任条款,是为避免蓄意自杀者通过保险谋取保险金——即防止诈保,从而保险法意义上的"自杀"就必须是具有主观上的故意,企图剥夺自己生命的行为。涉案被保险人强烈的无法抑制的自杀意图是一种病态,是患抑郁症而精神失常、失控的表现。被保险人跳水身亡并不是出于自己的主观故意,而是因病人心智失常,失去控制,不能按常规支配自己的行为。被保险人的情形不符合保险法所特指的蓄意自杀。二审法院维持了一审判决。

张敏华保险合同理赔纠纷案的判决不能完全等代表司法审判实践的基本态度,但有审理该案时请示最高人民法院关于"自杀"含义的答复函,即〔2001〕民二他字第18号,从而判决中关于"自杀"仅指是故意自杀的观点体现了最高人民法院的态度。

(二)自杀条款的适用范围

自杀条款仅适用于人寿保险合同,而不适用于健康保险合同和意外保险合同。根据《保险法》第44条的规定,自杀条款适用于以死亡为给付保险金条件的保险合同,且出现在人身保险合同一节,应属于人身保险合同范畴。人身保险中的人寿保险、健康保险、意外伤害保险,均可能存在死亡保障。自杀条款适用于死亡保险合同,意味着所有涉及死亡保障的人寿保险、健康保险、意外伤害保险合同,均有适用自杀条款的可能。因此,《保险法》的规定有不当之处。

在世界各国立法例中,德国、法国、美国等均将自杀条款的适用范围仅限于人寿保险合同,而将意外伤害保险合同和健康保险合同排除在外。自杀条款不适用于意外伤害保险,理由在于自杀本身并非意外事件。自杀条款中的"自杀"仅限于故意自杀,被保险人主观上应有自杀的故意。意外伤害保险所保障的"意外"应具有外来性、突发性、不可预见性等特征,故意自杀明显不具备前述特征。因此,自杀条款在意外伤害保险中没有适用的可能。

自杀条款不适用于健康保险,是因自杀本身并不是疾病,不属于健康保险保障范围。根据自杀条款的规定,被保险人在2年之内自杀的,保险人可以拒赔;被保险人在2年之后自杀的,保险人却应向受益人赔付。但是健康保险并不保障自杀,意味着无论2年之内还是2年之外的被保险人自杀,保险人均可拒赔,即健康保险不适用自杀条款。实务中的保险合同呈复杂状态,人寿保险合同中可能出现对意外或者健康的保障,健康保险合同中也可能出现对人寿或者意外的保障,判断是否适用自杀条款,还须仔细辨别死亡保障究属人寿保障,还是意外或者健康保障。例如,在邱双阶、彭桂华保险合同纠纷案中①,广州市天河区人民法院一审认为,被保险人的法定继承人可作为被保险人意外身故的保险受益人,对保险有效期内发生的被保险人因遭受意外伤害事故而身故的保险事故享有保险金请求权。被保险人在保险有效期内坠楼身亡并经公安机关认定为高坠身亡,符合《意外伤害08》条款关于"意外伤害"释义的条件,属于《平安鑫盛终身寿险(分红型)》约定的保险责任范围。广州市中级人民法院二审认为,案件争议焦点为被保险人是否属于自杀身亡。保险人主张被保险人是自杀,但保险人提供的被保险人坠楼大厦天台照片以及申请一审法院调取的公安机关的询问笔录等证据均不能证实被保险人是自杀身亡,保险人的举证不充分,主张无事实依据,不予采纳。

(三) 自杀条款的例外

《保险法》第44条规定了自杀条款的例外情形,即无行为能力人不适用自杀条款的规定。根据《民法典》第20条和第21条的规定,不能辨认自己行为的成年人和8周岁以下的未成年人属于无行为能力人,但8周岁以下的未成年人的标准似乎有欠妥当,年龄标准过低,不利于对相关权利人的保护。8周岁以上某些年龄段的未成年人的智力发育还不够,对事物的认识能力还非常有限,而以刑事责任能力年龄12周岁为标准可能较为妥当,能够较好地保护相关当事人的正当权益。例如,在章其田、葛仙芬人身保险合同纠纷案中②,宁波市中级人民法院认为,被保险人在保险合同生效后2年内自杀,死亡时已年满14周岁,为限制民事行为能力人,保险人主张适用自杀条款拒绝赔付理由成立。

二、不丧失现金价值条款

不丧失现金价值条款(nonforfeiture clause)是指规定在保险单正式生效并经过一段时间后,投保人因某种原因不愿意或者不能持续交费,保险单已经产生

---

① 在邱双阶、彭桂华诉中国平安人寿保险股份有限公司广东分公司保险合同纠纷案(〔2013〕穗天法民二初字第2426号、〔2014〕穗中法金民终字第363号)中,法院裁判摘要认为,投保人邱琼莹与保险人平安人寿公司已形成人身保险合同法律关系。邱双阶、彭桂华为被保险人邱琼莹的法定继承人,可作为被保险人邱琼莹意外身故的保险受益人,对保险有效期内发生的被保险人邱琼莹因遭受意外伤害事故而身故的保险事故享有保险金请求权。被保险人邱琼莹在保险有效期内坠楼身亡并经公安机关认定为高坠身亡,属于《平安鑫盛终身寿险(分红型)》约定的保险责任范围。
② 在章其田、葛仙芬诉天安财产保险股份有限公司宁海支公司人身保险合同纠纷案(〔2016〕浙0226民初103号、〔2016〕浙02终2325号)中,法院裁判摘要认为,以被保险人死亡为给付保险金条件的合同,自合同成立或者合同效力恢复之日起2年内,被保险人自杀的,保险人不承担给付保险金的责任,但被保险人自杀时为无民事行为能力人的除外。2020年《中华人民共和国刑法修正案(十一)》将刑事责任年龄修改为12周岁。

的现金价值不会因此消失,仍归属于投保人的条款。人寿保险合同的投保人享有保险单现金价值的权利,不因保险合同效力的消灭而丧失。投保人处理失效保险单的现金价值有以下两种方式:

(1) 现金价值。投保人领取保险单的现金价值,即投保人放弃保险,办理退保手续,领取保险单的现金价值,如《保险法》第47条之规定。

(2) 保费趸交。投保人将原保险单改为交清保险,即将保险合同的现金价值作为趸交保费,保险合同则继续有效。被保险人仍然享有保险保障,但减少了保险金额。如果保险金额不变,保险合同则由原来的终身保险改为定期保险。

(一) 现金价值的意义

现金价值(cash value)是指带有储蓄性质的人寿保险合同的投保人交付保险费2年以上,在保险合同效力消灭时,保险人应当退还投保人、被保险人或者受益人该保险合同项下的责任准备金。在保险实务中,现金价值又称为"解约退还金"或者"退保价值"。现金价值并非法律术语,而是保险学上的术语。

人寿保险的保险费是保险产品的价格,是投保人转嫁风险的代价,也是保险人进行经营活动的物质基础。人寿保险的保险费由纯保险费(net premium)和附加保险费(loading)两部分构成。纯保险费用于保险金的给付,附加保险费用于保险人的经营活动。纯保险费和附加保险费之和称为毛保费(gross premium)或者营业保费(office or business premium)。

早期人寿保险的保险费的交付方式是自然法,即随着被保险人年龄的增加,死亡率的上升,投保人交付的保险费随之增加,这种交费方法可能使大多数人在年老的时候因保险费负担过重而无力负担保险费,同时因年龄增加、体力下降可能导致收入减少,从而失去保险保障,于是出现了趸交保险费法和均衡保险费法。由于趸交保险费法一次交付保险费的数额较大,投保人难以承受,在保险实务中较少采用,通常采纳分期交付保险费的均衡保费法,将整个缴费期间应缴的保险费,"均匀"地分摊到整个交费期内,使得每年所交保险费有一个固定标准,不会随年龄而不断增加。年轻时"多"交一些,年龄大时"少"交一些。在保险合同生效后,"多"交的保险费便"存"在保险合同上,这部分"存"起来的保险费,即为人寿保险合同的现金价值。保险合同的现金价值用以保证保险公司履行将来的给付义务,投保人退保的,保险公司应当按现金价值表,退还投保人一笔现金。

为履行保险合同的保险金赔付责任,保险人应提存责任准备金。责任准备金是保险人为保证将来给付而从纯保险费和利息、投资收入中专门提存的资金。换言之,责任准备金是保险人为承担未来到期的给付责任而预先提留的相应资金。责任准备金又有理论责任准备金和实际责任准备金之分。责任准备金关系到保险人的经营安全和稳定,涉及千家万户的利益,法律确立了较为严格的监管措施,如《保险法》第98条之规定。如果投保人在交付保险费满2年而要求退保的,保险人以该保险合同的责任准备金作为给付解约退还金。

在保险合同成立2年内,保险公司的承保制单、结算代理人手续费、员工工资等各项管理费用开支较大,在2年内退保的,保险公司扣除各项手续费后应退还的保险费非常少,因而《保险法》没有现金退还的规定。即使以后中途退保,虽然保险单现金价值会随缴费年限不断增加,也不可能高于保险公司的满期给付的保险金。保险人要在解除保险合同时进行扣除而不是将全部提存的责任准备金退给被保险人,主要是基于以下三个方面的原因:

(1) 死亡逆选择增加。在保险实务中,体弱者一般不会提前提出解除保险合同,而大量的身体健康者则可能提前解除保险合同,身体健康者解除保险合同的结果是使被保险人的平均死亡率提高。

(2) 资金运用的影响。投保人提前解除人寿保险合同的,人寿保险人必须抽出一定数量的资金及时支付给解除合同的投保人或者被保险人,导致保险人投资利益产生损失。

(3) 附加费用的摊还。保险人签发保险单的第一年超额费用因被保险人退保、解除保险合同而停止缴付费用,使一部分附加保险费无法收回。此外,保险人办理保险合同的解除还需要支付一定的费用。

（二）现金价值的退还

现金价值的退还是人寿保险业的一个国际惯例。现金价值退还的依据是人寿保险合同的现金价值是由投保人交付的保险费及其保险费增值形成的,具有储蓄的性质。现金价值的所有权应归属于投保人、被保险人或者受益人,无论是否因投保人、被保险人或者受益人的原因导致人寿保险合同效力归于消灭,保险人不得以任何理由拒绝返还,否则,保险人的行为就构成不当得利。

人寿保险合同的现金价值的返还,有保险合同解除和保险合同终止两种情形。保险合同的解除有两种情形:

(1) 投保人解除人寿保险合同。根据《保险法》第15条的规定,在人寿保险合同生效之后,投保人可以基于任何原因,任意地解除保险合同,保险人应退还保险单的现金价值,如《保险法》第47条之规定。但是,《保险法》没有规定保险合同的现金价值的返还对象。有观点认为,保险合同的现金价值是由保险费积累及其增值而形成的,而保险费是由投保人支付的,因而投保人享有保险合同的现金价值。[①]《保险法司法解释（三）》第16条采纳了前述观点。但是,人寿保险合同是为被保险人或者受益人利益订立的,保险合同的现金价值应归属于被保险人或者受益人。与被保险人相比,受益人是人寿保险合同的受益者,从而受益人应当是人寿保险合同现金价值的归属者。

---

① 参见覃有土主编:《保险法概论》(第二版),北京大学出版社2001年版,第372页。

（2）保险人解除人寿保险合同。根据《保险法》第 15 条的规定，保险人在人寿保险合同成立之后，不得任意解除保险合同。但是，《保险法》第 32 条和第 37 条分别规定了保险人享有合同解除权的两种情形：第一种情形是投保人申报的被保险人年龄不真实，且被保险人真实年龄不符合合同规定的年龄限制的，从保险合同成立之日起 2 年内，保险人可以解除合同，并返还保险单的现金价值，如《保险法》第 32 条之规定。第二种情形是投保人未能交付保险费且超过法律规定的期限的，保险人可以解除保险合同。如果合同约定分期支付保险费，投保人支付首期保险费后，投保人经保险人催告后 30 日内未支付当期保险费，或者超过规定的期限 60 日未支付当期保险费的，合同效力中止，或者由保险人按照合同约定的条件减少保险金额。从合同效力中止之日起满 2 年投保人与保险人未达成协议的，保险人有权解除合同。保险合同解除时，保险人应返还保险单的现金价值，如《保险法》第 37 条之规定。

被保险人死亡之后，保险标的不存在，人寿保险合同已经没有存在的价值和意义，因而人寿保险合同从被保险人死亡之日起终止。虽然保险人无须承担保险责任，即支付保险金的义务，但保险合同满 2 年已经产生现金价值，保险人应退还保险合同的现金价值。《保险法》规定了人寿保险合同终止的三种情形：

（1）投保人、受益人故意造成被保险人死亡、伤残或者疾病的。根据《保险法》第 43 条的规定，投保人、受益人故意造成被保险人死亡、伤残或者疾病的，保险人不承担给付保险金的责任。投保人已交足 2 年以上保险费的，保险人应当按照合同约定向其他权利人退还保险单的现金价值。

（2）被保险人自杀的。根据《保险法》第 44 条的规定，以死亡为给付保险金条件的合同，被保险人自杀的，如果按照规定保险人不承担给付保险金的责任，对投保人已支付的保险费，保险人应按照保险单退还现金价值。

（3）被保险人故意犯罪导致自身伤残或者死亡的。根据《保险法》第 45 条的规定，被保险人故意犯罪导致自身伤残或者死亡的，保险人不承担给付保险金的责任。投保人已交足 2 年以上保险费的，保险人应当按照保险单退还现金价值。

总之，如果被保险人的死亡属于除外责任，保险人虽然不承担保险金的给付责任，但是不能拒绝返还保险合同的现金价值。否则，保险人的行为构成不当得利。

三、年龄误告条款

年龄误告条款（misstatement of age clause）是指涉及投保人所申报的被保险人年龄与实际年龄不符，且被保险人的真实年龄不符合保险合同规定的年龄限制这一情况的条款。被保险人的年龄是保险人决定保险费率的重要依据，也是承保时评估危险程度决定是否承保的重要依据。不同年龄的人死亡率不同，即使被保险人投保的险种和保险期限相同，所缴纳的保险费也不相同。

在年龄申报不实的案例中，有许多并非出于投保人的故意，保险人在出险时解除合同不予赔付，显然对被保险人是极不公平的。法律规定了一个选择期，在此期间内保险人可以行使选择权。一旦该期间经过，保险人则不能再以同样的理由拒绝履行合同，保险人的行为构成弃权。①

年龄误告条款就是处理被保险人年龄申报错误的依据。根据《保险法》第32条的规定，误告被保险人年龄的，应按真实年龄予以更正。被保险人的年龄误告有以下四种效果：

（1）保险合同不发生效力。被保险人的真实年龄超过承保年龄限制，保险人有权解除保险合同。保险人一旦行使合同解除权，保险合同自始不发生效力。按照保险合同的约定，保险人向投保人或者被保险人退还保险单的现金价值。例如，在孙治林健康保险合同纠纷案中②，张掖市甘州区人民法院一审认为，被保险人订立合同时已经超过50周岁，即超过保险合同所能承保的最大年龄，符合合同解除的条件，但保险人应返还保险合同的现金价值。张掖市中级人民法院二审认为，因保险人的业务员未就现金价值条款尽一般说明义务，使投保人与保险人未能就该条款达成合意，应认定该条款不发生效力。根据《合同法》第97条的规定，合同解除后，已经履行的，应当根据履行情况和合同性质，当事人可以要求恢复原状、采取其他补救措施，并有权要求赔偿损失，从而支持了投保人要求返还保险费的请求。

（2）保险合同生效时间的延后。被保险人的真实年龄小于最低承保年龄的，从被保险人达到最低承保年龄时，保险合同生效。

（3）多交保险费的退还。被保险人误报年龄大于真实年龄的，投保人实际交付的保险费多于应交付的保险费，即构成了保险费溢缴，保险人应向投保人退还溢缴部分的保险费。

（4）少交保险费的补交。投保人申报的被保险人年龄小于真实年龄的，投保人应交付的保险费少于应交付的保险费，投保人应向保险人补交欠交的保险

---

① 参见郑云瑞：《民法总论》（第九版），北京大学出版社2021年版，第145页。
② 在孙治林诉泰康人寿保险股份有限公司张掖中心支公司健康保险合同纠纷案（〔2012〕甘民初字第3497号、〔2013〕张中民终字第33号）中，法院裁判摘要认为，订立保险合同采用保险人提供的格式条款的，保险人向投保人提供的投保单应当附格式条款，保险人应当向投保人说明合同的内容。该说明义务是保险人的法定义务、先合同义务、不以投保人的询问为前提。因保险公司业务员未就现金价值条款尽一般说明义务，使投保人与保险人未能就该条款达成合意，应认定该条款不发生效力。

费及利息。例如,在赵明远人寿保险合同纠纷案中[①],江西省进贤县人民法院一审认为,被保险人身份证登记的出生日期为 1950 年 2 月 26 日,投保人在投保时填写的出生日期为 1952 年 2 月 26 日。依据《保险法》第 32 条的规定,投保人应就年龄误差向保险人补缴相应的保费。南昌市中级人民法院二审和江西省高级人民法院再审均维持了一审判决。

被保险人的年龄既是决定可否承保的重要依据,也是决定保险费率的重要依据。在通常情形下,年龄越大,危险也越大。在订立人身保险合同时,保险人通常不核实被保险人的实际年龄,而是在发生保险事故或者在年金保险开始要发放年金时,才逐一核实被保险人的年龄。这就不可避免地产生许多年龄申报不实的情形,有些是投保人故意的,有些是出于投保人的疏忽或者过失,这对保险公司控制风险是非常不利的。《保险法》规定投保人申报的被保险人年龄不真实,且真实年龄不符合合同约定的年龄限制的,保险人可以解除合同,并在扣除手续费后向投保人退还保险费。

在保险合同成立 2 年之后,保险人发现投保人在投保时误告被保险人年龄的,即使被保险人的年龄超过承保年龄限制,保险人也不能解除保险合同。根据《保险法》第 32 条和第 16 条的规定,年龄误告属于不可抗辩条款的内容之一。

年龄误告条款从维护投保人利益出发,使保险基本原理在合同中得到了充分的体现,且不违反民商事合同意思自治原则,是国际保险市场上通行的惯例。这种遵循实现整体公平而非个体公平的理念所设计出来的合理安排,成为保险业的基本规则。

四、宽限期条款

宽限期条款(grace period clause)是指在以分期交付保险费的人寿保险合同中,投保人在交付首期保险费之后,对陆续到期没有及时交付的保险费,保险人给予一定的宽限期间,允许投保人在规定的期限内补交当期保险费的条款,又称为保险费的宽限期间,或者优惠期间。宽限期条款是长期性人寿保险合同中常见的条款之一,如《保险法》第 36 条之规定,设立的目的主要是为避免因投保人暂时未交付保险费而导致保险合同失效。

由于人身保险合同属于长期性合同,投保人需要几年或者几十年不间断地按期交付保险费,可能由于投保人的疏忽或者经济上的原因导致不能按期交付保险费,从而影响保险合同的效力。保险合同一旦无效,对投保人和保险人双方

---

① 在赵明远诉中国太平洋人寿保险股份有限公司南昌中心支公司人寿保险合同纠纷案(〔2014〕进民二初字第 286 号、〔2015〕洪民四终字第 322 号、〔2016〕赣民申 268 号)中,法院裁判摘要认为,投保人申报的被保险人年龄不真实,致使投保人支付的保险费少于应付保险费的,保险人有权更正并要求投保人补交保险费,或者在给付保险金时按照实付保险费与应付保险费的比例支付。

当事人均不利。根据宽限期条款,投保人未按照约定交付保险费,只要在宽限期内,保险合同仍然继续有效。在宽限期内发生保险事故的,保险人仍然应当根据保险合同的约定承担给付保险金的义务。但是,在这个期间内应交付的保险费,投保人仍然必须补交,或者由保险人在应给付的保险金中予以扣除,以免发生不履行缴付保险费义务而仍能享受保险权利的不合理现象。例如,在昆山维信纺织工业有限公司保险合同纠纷案中[①],苏州市中级人民法院认为,在保险合同中约定,投保人将新入职员工以批单形式向保险人报批有一个月的宽限期。员工在宽限期内发生保险事故的,投保人只要能够提供最新全体雇员信息,并提供合理证明文件说明受伤雇员是在宽限期内入职未申报,即符合合同约定,保险人对该员工发生的保险事故即负有赔偿义务。涉案受伤员工史存政是2013年6月21日与投保人签订劳动合同,事故发生时尚未经过1个月。因此,保险人对涉案保险事故造成雇主投保人的损失应予赔偿。

在宽限期内,投保人必须缴纳当期应交付的保险费,逾宽限期而仍未交付的,保险合同效力中止。例如,在宋义红人身保险合同纠纷案中[②],山东省荣成市人民法院认为,保险人与投保人在保险合同约定了宽限期条款和效力中止条款。续期保险费的交纳、宽限期条款约定,合同续期保险费应按保险单所载明的交费方式和交费日期交纳,交纳保险费的具体日期为当年的保险单生效对应日,如到期未交纳,自保险单所载明的交费日期的次日零时起60日为宽限期,宽限期内发生保险事故的,保险人承担保险责任,但在给付保险金时将扣减投保人欠交的保险费。合同效力中止条款约定,逾宽限期仍未交纳续期保险费的,保险合同自宽限期满的次日零时起效力中止。合同效力中止期间发生保险事故的,公司不承担保险责任,且中止保险单分红。

超过宽限期仍未交付保险费的,仅仅影响保险合同的效力,保险人无权要求投保人必须交付,在人寿保险中也不能通过诉讼强制要求投保人交付保险费,如《保险法》第38条之规定。宽限期的规定不仅保护了投保人的利益,使投保人得以从容交付保险费,不致因漏交保险费而导致保险合同失效,且也有利于保护保险人的利益,保险人的业务得以巩固和延续,扩大了保险人的市场份额。例如,

---

① 在昆山维信纺织工业有限公司诉国泰财产保险合同有限责任公司江苏分公司昆山营销服务部保险纠纷案(〔2014〕昆商初字第01625号、〔2015〕苏中商终字第01245号)中,法院裁判摘要认为,维信公司与国泰保险在保险合同中约定,维信公司将新入职员工以批单形式向国泰保险报批有一个月的宽限期。员工在宽限期内发生保险事故的,维信公司只要能够提供最新全体雇员信息,并提供合理证明文件说明受伤雇员系在宽限期内入职未申报,即符合合同约定,保险公司对该员工发生的保险事故即负有赔偿义务。

② 在宋义红诉新华人寿保险股份有限公司威海中心支公司人身保险合同纠纷案(〔2014〕荣商初字第140号)中,法院裁判摘要认为,合同约定分期交付保险费,投保人支付首期保险费后,除合同另有约定外,投保人自保险人催告之日起超过30日未支付当期保险费,或者超过约定的期限60日未支付当期保险费的,合同效力中止。合同效力中止期间发生保险事故的,保险人不承担保险责任,且中止保单分红。

在陆永芳保险合同纠纷案中,苏州太仓市人民法院审理查明,投保人与保险人之间的保险合同约定,缴费期限的次月为宽限期,宽限期内保险人仍承担保险责任。如果在宽限期内仍未缴纳保险费,保险单自动失效,保险人不承担保险责任。

宽限期的产生有两种方式:

(1) 约定期限。投保人与保险人可以在人寿保险合同中约定投保人交付保险费的宽限期。投保人和保险人有约定的,从其约定。保险合同的约定期限符合民商法的意思自治原则。

(2) 法定期间。投保人与保险人对交付保险费的宽限期没有特别约定的,则按照《保险法》规定的宽限期交付保险费。根据《保险法》第36条的规定,投保人经保险人催告后30日内未支付当期保险费,或者超过规定的期限60日未支付当期保险费的,合同效力中止。换言之,投保人未能按照保险合同约定期限交付当期保险费的,保险人未催告交付保险费的,投保人交付保险费的日期可以延续到该期限届满后60日。投保人在60日之内交付保险费的,即使发生保险事故,保险人仍然承担保险金的赔付责任。但是,如果超过60日投保人仍然没有交付保险费的,则保险合同效力中止,保险人可以拒绝承担保险责任。

在宽限期届满时,投保人仍然没有交付当期保险费的,将承担对其不利的法律后果,法律后果有以下两种情形:

(1) 合同效力的中止。保险合同的效力自动停止,如果发生保险事故,保险人无须承担保险责任,无须支付保险合同规定的保险金。例如,在宋义红人身保险合同纠纷案中,山东省荣成市人民法院审理查明,保险合同效力中止条款约定,逾宽限期仍未交纳续期保险费的,保险合同效力中止,保险合同效力中止期间发生保险事故的,保险公司不承担保险责任且中止保险单分红。

(2) 保险人按照合同约定减少保险金额。这种法律后果的发生以投保人与保险人的事先约定为前提,如果当事人没有事先在保险合同中约定,则不发生这种法律后果。例如,在胡红霞人身保险合同纠纷案中[①],平顶山市中级人民法院认为,根据《保险法》第36条的规定,由保险人按照合同约定的条件减少保险金额。被保险人在规定期限内发生保险事故的,保险人应当按照合同约定给付保险金,但可以扣减欠交的保险费。因保险人未按原收费方式收取投保人现金存在账户上由保险人从该账户划款,且保险人未按规定通知投保人催缴当期保

---

① 在胡红霞诉合众人寿保险股份有限公司平顶山中心支公司人身保险合同纠纷案([2014]新民金初字第23号、[2015]平民金终字第2号)中,法院裁判摘要认为,投保人与保险人签订的人身保险合同,是双方的真实意思表示,不违反相关法律规定,为有效协议。该保险合同是以死亡为给付保险金条件的合同,保险期间自保险责任开始当日起至被保险人身故时止。被保险人在保险期间死亡是事实,故保险人应按合同约定承担保险责任并支付身故保险金。

费,故保险合同效力未中止,被保险人在保险期限内发生保险事故,保险人应承担保险责任,并按照合同约定给付保险金,但应当扣减投保人欠交的 2012 年当期保险费。

五、复效条款

人寿保险合同的复效条款(reinstatement clause)是指因投保人未能在宽限期内交付当期的保险费而导致保险合同的效力中止之后又重新恢复的条款,即恢复已经中止效力的保险合同的效力。人寿保险合同的复效条款是与宽限期条款相关联的一个通用条款。《保险法》第 37 条和《保险法司法解释(三)》第 8 条规定了人寿保险合同的复效条款。

在人寿保险合同中,投保人在交付首期保险费之后,在宽限期内仍然没有交付当期的保险费,宽限期届满保险合同效力中止。合同中止与合同终止是有差异的。合同中止是合同效力的暂时停止,而合同终止是指合同效力的完全丧失。保险合同效力中止之后,投保人在一定期限内并满足一定的条件,仍然可以恢复保险合同的效力。

(一)复效条款的立法例

关于人身保险合同复效条款的适用,世界各国主要有同意主义、可保主义、自动复效主义以及折中主义等立法例。

(1)同意主义立法例。该立法例是指保险合同复效应当经保险人同意,保险人对复效与否拥有决定权,如《韩国商法典》第 650 条之规定。

(2)可保主义立法例。该立法例是指在投保人证明被保险人仍具备可保性时,保险人不得拒绝保险合同复效,如《纽约州保险法》第 3203 条和《加拿大魁北克民法典》第 2431 条之规定。

(3)自动复效主义立法例。该立法例是指投保人仅须提出复效申请并补交保险费及利息而无须提交可保证明,保险合同即可自动复效,如《德国保险合同法》第 38 条之规定。

(4)折中主义立法例。折中主义是指保险合同效力中止期间分为两个阶段,前一阶段采纳自动主义模式,投保人仅须提出复效申请并补交保险费及利息而无须提交可保证明,保险合同自动复效;后一阶段则采纳可保主义模式,应当由投保人提出符合要求的可保证明,保险合同才能复效,如我国台湾地区"保险法"第 116 条之规定。

《保险法》第 37 条规定的"经保险人与投保人协商并达成协议",体现了双方当事人协商复效主要取决于保险人的态度,即保险人有权决定是否同意投保人的申请而使合同复效,从而可以认为《保险法》第 37 条采纳了同意主义模式。《保险法司法解释(三)》第 8 条第 1 款采纳了自动主义模式,而第 2 款则采纳了同意主义模式。我国司法审判实践采纳了同意主义模式,如在陈平人身保险合同纠纷案中[①],松原市中级人民法院认为,合同复效应当经保险人与投保人协商并达成协议,投保人有权决定是否申请复效,保险人也有权决定是否同意申请而使合同复效,保险人明确表示不同意复效申请,符合法律规定。

(二)复效条款适用的法理基础

保险合同的效力因投保人在宽限期届满后仍然欠缴保险费而暂时停止,但仍有恢复效力的可能;如果保险事故发生于宽限期内,保险人仍承担保险责任;投保人在宽限期内交付保险费的,保险合同的效力即继续不间断。如果保险事故发生在效力中止期间,则保险人不承担保险责任;在符合法定条件或者约定的条件时,保险合同的效力可以恢复。否则,保险人可以解除保险合同。

保险合同复效的前提是保险合同效力中止,而保险合同效力中止通常应满足两个条件:一是投保人逾期未交保险费,且逾期未交保险费期间已经超过宽限期;二是保险合同未约定其他补救办法,如减少保险金额、保险费自动垫缴等。保险合同复效制度的产生基于两个方面的原因:

(1)人身保险的特殊性。人身保险缔约的目的不同于财产保险,人身保险是一种投资和储蓄的手段,一部分保险费成为保险人的债务。在保险合同生效以后,人身保险合同中的保险费是否缴付,仅由投保人自行决定,保险人不得以诉讼方式强制投保人缴付保险费,但投保人不按期支付保险费可能产生对其不利的法律后果。如果仅因投保人疏忽或者经济困难延迟交付到期保险费而丧失保险金给付请求权,对人身保险的投保人有失公平。通过中止与复效制度,法律给予投保人维持人身保险合同效力的机会,以弥补因合同解除给未来生活带来的损失。

(2)保险利益共同体。保险合同复效比订立新的保险合同,对投保人更为有利。随着被保险人年龄增大,新保险单通常规定了较高的费率和更为严格的核保条件,且可能已经超过了投保年龄的限制而失去保险保障。在合同效力中止后,保险人虽然无须承担保险责任,但也意味着丧失了一笔交易,从巩固已有的业务出发,合同效力恢复也符合保险人的意志和利益。因此,保险合同的复效制度对合同双方当事人均有益无害。

(三)复效条款适用的条件

根据《保险法》第37条的规定,投保人在保险合同中止后2年之内,经与保险人协商同意,并在补交保险费之后,保险合同效力即可恢复。

人寿保险合同的复效应由投保人向保险人提出复效申请,在与保险人协商

---

① 在陈平诉中国人寿保险股份有限公司松原分公司人身保险合同纠纷案([2013]宁民初字第2337号、[2014]松民一终字第287号)中,法院裁判摘要认为,合同效力中止的,经保险人与投保人协商并达成协议,在投保人补交保险费后,合同效力恢复。

一致,达成复效协议之后即告复效。保险合同的复效应满足以下三个条件:

(1) 复效的时间。任何权利的行使均受到时效制度的限制。如果权利人不行使自己的权利,经过一定的期间,则权利消灭。时效制度的目的在于防止权利人怠于行使权利,对他人和社会造成不利的后果。对权利行使的时效包括消灭时效和除斥期间。[①]《保险法》规定的投保人申请保险合同复效期间,属于除斥期间。投保人只有在该期间内才能行使申请复效的权利。否则,期间一旦经过,投保人申请复效的权利消灭。《保险法》第37条规定,申请复效的期间为2年,超过2年的,保险合同终止,保险人向受益人退还保险费或者现金价值。

(2) 告知义务的履行。在保险合同效力中止期间,被保险人的情况可能会发生变化,有可能不符合保险人的承保条件。如果情况变化后不符合保险人规定的承保条件的,保险人可以拒绝投保人的复效请求。投保人的告知义务的履行应如同申请投保一样,告知保险人在保险合同中止期间有关被保险人健康状况的信息,只要被保险人的健康状况没有明显的恶化,保险人就不得拒绝复效申请。

(3) 保险费的补交。投保人申请人寿保险合同复效的,应补交保险费及其利息,但是,保险人不承担人寿保险合同效力停止期间发生的保险责任。补交的保险费应当包括保险合同效力中止前欠交的保险费和保险合同效力中止期间应当支付的保险费。保险费的欠交是引起保险合同中止的事由,保险费的补交是消除保险合同中止的因素,从而实现保险合同效力的恢复。

例如,在曾燕妮人身保险合同纠纷案中[②],泉州市中级人民法院认为,复效条款约定的观察期实质上是为整个保险期间另外设立一个甚至更多的观察期,从而变相地免除保险人在观察期的保险责任,排除被保险人的主要权利,故关于复效之后再设一年观察期的条款无效。保险人在复效时应采取体检、询问等措施对投保人的身体状况进行实质核查。涉案保险人通过格式条款予以简单拒绝,违反保险法规定的公平原则。投保人在办理复效手续时,向保险人补交了合同中止期间的保险费,保险人应当对中止期间发生的保险事故,承担相应的保险责任。

六、不可抗辩条款

不可抗辩条款(incontestability clause)是指人寿保险合同从合同成立之日起超过2年的,保险人不得以投保人或者被保险人在订立合同时违反告知义务为由要求解除保险合同的条款。不可抗辩条款是国际上通用的人寿保险标准条

---

① 参见郑云瑞:《民法总论》(第九版),北京大学出版社2021年版,第396页。
② 在曾燕妮诉泰康人寿保险有限责任公司福建泉州中心支公司人身保险合同纠纷案([2016]闽0502民初2379号、[2017]闽05民终2918号)中,法院裁判摘要认为,根据《合同法》第40条的规定,提供格式条款一方免除其责任、加重对方责任、排除对方主要权利的,该条款无效。

款之一。

（一）不可抗辩条款的起源

不可抗辩条款起源于英国，1848年英国伦敦信用人寿保险公司的产品出现了最早的不可抗辩条款。19世纪之前，英国寿险市场并未普遍实行严格的保证制度，即保险合同的效力取决于投保人的告知与保证义务的履行。受益人在索赔时，只要保险人发现投保人有违反不如实告知的行为，保险人均可以此为由解除合同，拒绝保险理赔。被保险人一旦死亡，受益人难以获得保险理赔。受益人难以知晓被保险人的情况，因投保人告知不实产生大量的合同纠纷案，造成保险公司声誉不断下降，严重影响保险业的健康发展。英国伦敦信用人寿保险公司创设的不可抗辩条款，受到了投保人的欢迎，极大地改善了保险人与投保人之间的关系，为人寿保险公司重新赢得了信任和声誉，其他人寿保险公司也纷纷仿效。

美国曼哈顿人寿保险公司又向前推进了一步，将主动放弃抗辩权变为销售寿险产品的固定合同条款。1930年，美国纽约州保险监督管理部门将不可抗辩条款作为法定条款，要求所有寿险保险单均包含不可抗辩条款。可见，不可抗辩条款是保险市场发展的必然结果，是由寿险合同的特殊性所决定的，旨在保护保险单持有人的利益和防止保险人不当得利，以维护保险市场健康有序发展。

（二）不可抗辩条款的法理基础

不可抗辩条款以最大诚信原则和公平原则为基础。不可抗辩条款具有确立保险人和投保人行为规则和平衡他们之间利益的功能，体现了最大诚信原则。不可抗辩条款的产生与发展，也体现了保险法对公平正义原则的追求。投保人告知制度既是投保人遵循最大诚信原则以平衡双方利益的结果，也是实现投保人与保险人之间权利义务的平衡和公平交易的必然要求。为保障保险人的合同自由、防止投保人的欺诈行为、平衡保险人和投保人之间的利益，保险法赋予了保险人一定条件下的合同解除权和拒赔权。由于保险人具有较强的优势地位，而保险法对解除权又缺乏必要限制，保险人经常滥用解除权，损害被保险人和受益人利益。为合理配置保险人和投保人之间的权利义务，不可抗辩条款对保险人合同解除权在行使时间上作出限制，是保险法对公平交易关系保护的结果，也是对公平正义等法律价值追求的结果。

保险合同是最大诚信合同，要求投保人或者被保险人在投保时如实回答保险人的询问。否则，保险人有权解除合同。但是，在人寿保险实务中，保险人经常滥用保险法的规定，特别是许多长期性的保险单，在发生保险事故之后，保险人却以投保人在投保时没有履行如实告知义务为由而宣告合同无效。这不仅损害了被保险人的利益，也使保险人的声誉受到损害。世界各国通过不可抗辩条款，限制保险人权利的滥用，从而保护被保险人或者受益人的利益不受侵害。例如,在范红梅人身保险合同纠纷案中①,汉江市中级人民法院认为,根据《保险法》第16条规定的不可抗辩条款,涉案保险合同成立已逾2年,保险人以投保人在订立合同时违反诚实信用原则、未履行如实告知义务为由,主张解除合同,不能成立。

(三) 不可抗辩条款的适用

1995年的《保险法》并未承认不可抗辩条款,2009年修订的《保险法》第16条第3款规定了不可抗辩条款,《保险法司法解释(一)》第4条又再次确认了不可抗辩条款。在《保险法》修订之前,不可抗辩条款的缺失,导致了两个方面的不良影响:一方面保险公司在没有条款约束的情况下放宽了投保审核条件,使某些投保人以为有机可乘,纷纷投保,存在大量有不诚信隐患的保险单;另一方面人寿保险是长期的,那些因过失而未如实告知的投保人和被保险人,多年以后突然发现自己失去了保险保障,而保险人仍对投保人或者被保险人的不实告知享有永久解除权,这种对保险人权益的过分保护,损害了被保险人的利益,对投保人极不公平。不可抗辩条款的确立能够有效遏制保险业的销售误导,在一定程度上缓解了理赔难问题。例如,在中国平安人寿保险股份有限公司人身保险合同纠纷案中②,厦门市中级人民法院认为,对于投保人的欺诈行为,《保险法》既已赋予了保险人依据第16条进行救济的权利,在2年的可抗辩期间内,保险人怠于行使该解除权,再以欺诈为由主张撤销合同,将导致《保险法》的不可抗辩条款形同具文。

最大诚信原则要求人寿保险合同投保人或者被保险人,在投保时或者申请复效时,必须履行如实告知义务,如果因故意或者重大过失告知不实,影响保险人对于危险的估计的,保险人可以在规定时间内行使合同解除权。在这个期间内,即使发生保险事故,也不影响保险人合同解除权的行使。保险人无须承担给付保险金的责任,甚至可以不返还已经收受的保险费。例如,在陈国安、祝双凤、朱春香等保险纠纷案中③,镇江市中级人民法院认为,投保人与保险人签订的两

---

① 在范红梅诉新华人寿保险股份有限公司潜江中心支公司人身保险合同纠纷([2015]鄂潜江民初字第01037号、[2016]鄂96民终102号)中,法院裁判摘要认为,保险人就保险标的或者被保险人的有关情况提出询问的,投保人应当如实告知。投保人故意或者因重大过失未履行如实告知义务,足以影响保险人决定是否同意承保或者提高保险费率的,保险人有权解除合同。自合同成立之日起超过2年的,保险人不得解除合同;发生保险事故的,保险人应当承担赔偿或者给付保险金的责任。

② 在中国平安人寿保险股份有限公司诉陈建平人身保险合同纠纷案([2015]思民初字第17977号、[2016]闽02民终1539号)中,法院裁判摘要认为,在保险合同成立2年后,保险人发现投保人故意未履行如实告知义务且足以影响保险人决定是否同意承保的,依据《保险法》第16条之规定保险人丧失解除合同的权利,并承担赔偿或给付保险金责任。

③ 在陈国安、祝双凤、朱春香等诉中国人寿保险股份有限公司江苏省分公司保险纠纷案([2015]镇经民初字第00625号、[2015]镇商终字第00473号)中,法院裁判摘要认为,两份涉案保险合同均合法有效。根据《保险法》的规定,自保险合同成立之日起超过2年的,保险人不得解除合同。涉案保险人解除权的行使超过2年,保险人的解除权行使行为无效。

份涉案保险合同均为双方当事人的真实意思表示,不违反相关法律法规的强制性规定,应为合法有效,对双方均有约束力。两份保险合同的成立时间分别为2006年10月9日和2012年6月13日,在2014年11月7日保险人才通知解除两份保险合同,已超出法律规定的2年期限。关于该2年期限的规定为不可抗辩条款,是对保险人在投保人或者被保险人违反如实告知义务的情况下行使解除权的一种限制,以保障被保险人的合理期待和信赖利益。

我国司法审判实践并非均遵循不可抗辩条款,也有例外情形。例如,在李立彬人身保险合同纠纷案中,北京市西城区人民法院认为,在"大数法则"下,如果投保人补偿请求得到支持,将会影响每个被保险人在"保险基金"当中利益的一致性,影响其他被保险人的合法利益,也将违背《保险法》的基本原则即诚实信用原则。在保险合同成立之前已经现实发生的致损事件,由于该事件所造成结果的确定性,因而既不属于保险意义上的危险,也不构成保险事故。投保人的慢性肾功能衰竭尿毒症期是在合同成立之前已经发生的事实,由于该事实具有确定性和现实性,因而既不是保险意义上的"危险",也不是保险意义上的"保险事故"。北京市第二中级人民法院维持了原审判决。

但是,我国不可抗辩条款的规定,存在明确的立法缺陷。不可抗辩条款不能适用于所有保险合同,财产保险合同不适用不可抗辩条款,不可抗辩条款应当仅适用于人寿保险合同。《保险法》将不可抗辩条款的规定置于保险合同总则部分,从立法技术上来说,是承认所有保险合同均适用不可抗辩条款。财产保险合同不适用的原因有以下两个方面:一方面财产保险合同大多数是短期保险合同,保险合同的期限不可能达到不可抗辩条款规定的2年期限;另一方面不可抗辩条款确立的目的,是保护受益人的生存价值,使被保险人的亲属在被保险人死亡之后基本生活有物质保障,与财产保险目的不符。

第二节 受益人的权利

受益人(beneficiary)是人身保险合同中为投保人或者被保险人指定的,在保险事故发生时享有保险金请求权的主体,通常为自然人。保险受益人是保险最大利益的享受者,是保险保障的对象,受益人是人身保险合同特有的概念。受益人并非保险合同当事人,仅享受保险合同的利益——即领取保险金,却不承担保险合同义务——即不承担缴纳保险费的义务和告知义务。

一、受益人的产生

保险受益人的产生方式有指定和继承两种方式。受益人通常是由投保人或者被保险人指定的,投保人或者被保险人也可以是受益人。如果投保人或者被保险人没有指定受益人,则被保险人的法定继承人为受益人。

(一) 受益人的指定

人身保险合同中的受益人是由投保人或者被保险人指定的,法律对受益人的范围和资格没有限制,可以是自然人,也可以是法人或非法人组织,但保险实务通常指定自然人为受益人。受益人可以是一人,也可以是数人。关于受益人的指定有投保人主义和被保险人主义两种立法例:

(1) 投保人主义。该立法例强调对投保人利益的保护,受益人的指定为保险合同当事人的权利,由投保人指定保险受益人,如日本和韩国保险法规定,投保人有权指定受益人,而不是被保险人。在保险存续期间受益人死亡的,如投保人未重新指定受益人,则由受益人的继承人为受益人。美国保险法则更为突出投保人的利益,投保人不仅指定受益人,而且在受益人先于被保险人死亡的情形下,如果投保人在重新指定受益人之前死亡的,保险金请求权则作为投保人的遗产,由投保人的继承人继承。投保人主义的立法例符合保险法的内在逻辑关系,投保人是保险合同的当事人,享有保险合同中的权利,而被保险人则不是保险合同的当事人,仅为保险合同的关系人。

(2) 被保险人主义。该立法例则强调对被保险人利益的保护,仅被保险人有权指定保险受益人,被保险人是唯一有权指定受益人的权利人。《保险法》第39条采纳了被保险人主义的立法例,被保险人享有指定受益人的权利,投保人仅享有建议权而不是指定权。投保人指定受益人时应经被保险人同意,如《保险法司法解释(三)》第9条规定,投保人指定受益人未经被保险人同意的,该指定行为无效。例如,在龚清玉人身保险合同纠纷案中①,重庆市第四中级人民法院认为,根据《保险法》规定,人身保险的受益人由被保险人或者投保人指定。投保人指定受益人时须经被保险人同意。被保险人或者投保人可以变更受益人并书面通知保险人。保险人收到变更受益人的书面通知后,应当在保险单上批注。投保人变更受益人时须经被保险人同意。因此,受益人的产生可通过被保险人指定或者投保人指定并经被保险人同意两种方式产生。

按照不同的标准,学理上受益人被划分为不同的类型。受益人通常有以下三种类型:

(1) 原始受益人。原始受益人是指在订立保险合同时由投保人或者被保险人指定的在被保险人死亡时领取保险金的人。在保险实务中,对保险合同中指定的原始受益人存在争议的,根据《保险法司法解释(三)》第9条的规定,按照以

---

① 在龚清玉诉中国平安财产保险股份有限公司黔江支公司人身保险合同纠纷案(〔2009〕黔法民初字第2675号、〔2010〕渝四中法民终字第104号)中,法院裁判摘要认为,当事人之间的保险合同合法有效,双方当事人都应当遵守,一方在履行义务时也应享有权利。投保人已履行交纳了保费等主要义务,依法应享有该保单中的权利,保险人在发生保险事故后就应承担赔偿义务。

下情形分别处理:一是原始受益人指定为法定或者法定继承人的,则以《民法典》规定的法定继承人为受益人;二是原始受益人仅指定为配偶等身份关系的,在投保人与被保险人为同一主体时,以保险事故发生时被保险人的身份关系确定受益人;在投保人与被保险人为不同主体时,则以保险合同成立时被保险人的身份关系确定受益人;三是原始受益人的指定包括姓名和身份关系的,保险事故发生时身份关系有变化的,则视为未指定原始受益人。

(2) 后继受益人。后继受益人是指在原始受益人死亡或者因其他原因被更换时,投保人或者被保险人另行指定的受益人。保险合同生效后,投保人或者被保险人可以撤销或者变更受益人,无须征得保险人的同意,但必须书面通知保险人,并由保险人在保险单上批注或者在其他保险凭证上附贴批单。投保人或者被保险人变更受益人未通知保险人的,不得对抗保险人。换言之,在保险事故发生后,保险人可以向投保人或者被保险人指定并通知保险人的受益人给付保险金,而拒绝向经投保人或者被保险人变更但未书面通知保险人的受益人(即变更的受益人)履行给付保险金的义务。

(3) 法定继承人。法定继承人是指没有指定受益人或者指定受益人不明无法确定、受益人先于被保险人死亡、受益人丧失或者放弃受益权等情形下,在被保险人死亡后,保险金成为被保险人的遗产,被保险人的法定继承人是受益人,如《保险法》第 42 条之规定。

为防止道德风险的发生,《保险法》第 39 条对受益人的指定进行了限制,主要有以下三个方面:一是投保人在指定受益人时,应经被保险人同意。二是投保人为雇员投保人身保险的,受益人仅限于被保险人本人或者其近亲属。三是被保险人是无行为能力人或者限制行为能力人的,受益人由监护人指定。

《保险法》对受益人的资格、指定受益人的时间和方法未作规定。受益人的资格,法律并没有任何限制,通常是自然人,例外时也可以是法人或非法人组织。如果受益人是无行为能力人或者限制行为能力人,受益人受领的保险金应由监护人或者法定代理人代为保管。受益人通常是在当事人订立保险合同时指定的。换言之,受益人的指定通常发生在保险合同订立时,投保人或者被保险人在订立保险合同时应明确受益人,即直接在投保单中填写受益人。在保险合同订立后指定受益人,还须书面通知保险人,并在保险单上批注。

在受益人为数人时,投保人或者被保险人应当明确受益人受益的顺位和受益份额,如《保险法》第 40 条之规定。如果受益份额没有确定的,则受益人按照相等份额享有受益权。《保险法司法解释(三)》第 12 条规定了受益人为数人的情况下,部分受益人在保险事故发生前死亡、放弃受益权或者丧失受益权的,在合同没有约定或者约定不明确时的处理规则:一是未约定受益顺序和受益份额的,由其他受益人平均享有;二是未约定受益顺序但约定受益份额的,由其他受益人按照相应比例享有;三是约定受益顺序但未约定受益份额的,由同顺序的其他受益人平均享有,同一顺序没有其他受益人的,由后一顺序的受益人平均享有;四是约定受益顺序和受益份额的,由同顺序的其他受益人按照相应比例享有,同一顺序没有其他受益人的,由后一顺序的受益人按照相应比例享有。

在《保险法司法解释(三)》第12条规定的四种情形中,第四种情形下的处理规则不甚合理。在约定受益顺序和受益份额的情形下,该受益人的受益份额应当由后一顺位的受益人按比例享有;如果没有后一顺位受益人的,则该受益人的受益份额应当作为被保险人的遗产,由法定继承人继承。

世界各国立法对受益人指定应包含的记载要素有不同的规定,如日本保险法仅规定记载受益人的名字,韩国保险法规定记载受益人的名字和地址。从世界各国保险法的规定看,受益人指定应包含的记载要素主要是姓名、地址和受益人的确定方法(被保险人与受益人的身份关系)等。《保险法司法解释(三)》第9条规定了当事人对指定的受益人有争议的处理规则。

(二) 受益人的变更

在保险期限内,经被保险人同意,投保人可以变更受益人并通知保险人对受益人的变更进行批准或者批单。受益人的变更应当在保险合同生效后到保险事故发生前实行。受益人变更包括受益人更换、增减,以及受益比例、受益顺序发生变化。在受益人为数人时,被保险人或者投保人可以确定受益顺序和受益份额;未确定受益份额的,受益人按照相等的份额享受受益权。世界各国对受益人的变更的立法例主要有两种:

(1) 保留主义。根据保留主义的立法例,投保人或者被保险人在指定受益人时,应同时声明保留处分权。否则,受益人一旦被指定,投保人或者被保险人再也无权变更受益人。

(2) 直接主义。根据直接主义的立法例,投保人或者被保险人指定受益人后,如果没有声明放弃处分权,仍然可以合同或者遗嘱的方式变更受益人。大多数国家采纳了直接主义,如德国、意大利、日本等国家。

我国《保险法》采纳了直接主义,投保人或者被保险人在指定受益人之后,可以变更受益人并书面通知保险人。投保人变更受益人时应获得被保险人的同意,未经被保险人同意,则变更受益人的行为无效。保险人收到变更受益人的书面通知后,应当在保险单或者其他保险凭证上批注或者附贴批单。例如,在辜琼丽人身保险合同纠纷案中[①],上海市第二中级人民法院认为,涉案保险合同受益

[①] 在辜琼丽诉中国人寿保险股份有限公司上海市分公司人身保险合同纠纷案([2016]沪0101民初20221号、[2017]沪02民终4574号)中,法院裁判摘要认为,保单受益变更关系到投保人、被保险人、受益人重大权益调整,保险人理应采取有效措施,确保受益人变更体现投保人或者被保险人的真实意思表示。

人的变更并非被保险人黄苹或者投保人辜琼丽亲自办理,而是由贝念珏(被保险人的配偶)代为办理。投保人辜琼丽对贝念珏的代办行为不予认可,而保险人和贝念珏均不能证明代办行为得到了辜琼丽的授权,也无法证明辜琼丽对代办行为知情。从保险人提供的操作规程来看,涉案受益人的变更,保险人仅要求代办人提交《变更申请书》、投保人身份证明(如投保人申请时)、被保险人身份证明、受托人身份证明,且保险人对《变更申请书》内容及签名的真实性不作实质审查,难以确保受益人变更为投保人或者被保险人真实意思表示。即使贝念珏变更受益人的过程符合中国人寿上海分公司自身操作规程,也难以认定该变更是投保人或者被保险人的真实意思表示。因此,保险单受益人的变更应为无效。

二、受益人的权利

保险受益人的权利即受益权是指在保险事故发生后,受益人对保险人具有的请求保险金给付的法律上权利。受益人的权利仅限于保险金请求权,保险合同变更和解除权、保险费返还请求权、保险单现金价值返请求权、人身保险单质押权等其他保险合同相关的权利,应属于投保人,不属于受益权的范畴。

受益人的权利涉及受益权的性质、受益权的保护、受益权的限制和受益权的丧失等四个方面的内容。

(一) 受益权的性质

受益权的性质涉及受益权产生、变动和消灭的时间和方式,受益权的可转让性,受益权是否可对抗保险人以及受益权与继承权等其他权利的关系等问题。受益权是财产权、固有权和期待权:

(1) 受益权是一种财产权。受益人通常为被保险人的近亲属,但受益权并非人身权,体现为一定的财产利益,并直接表现为一定数额的金钱,即以请求和受领保险金为内容的典型财产权。

(2) 受益权是固有权。从受益人的产生来看,受益人是由投保人或者被保险人指定产生的。表面上,受益人的保险金请求权来源于投保人或者被保险人的指定;实际上,受益人享有的保险金请求权,是基于保险合同产生的权利,属于原始取得而非继受取得。当被保险人与受益人同为一人时,受益权更具有固有性;即使在受益人和被保险人并非同一人时,也不能否认受益权的固有性,从而受益权是基于保险合同所产生的固有权利。受益权是固有权还是继受权,具有重要的理论意义。如果受益权是根据法律或者合同约定原始取得的,而并非从被保险人处继受取得,则受益权具有独立性,保险人对被保险人的抗辩不能适用于受益人。

(3) 受益权是一种期待权。在保险事故发生之前,受益权是期待权。只有在保险事故发生之后,受益权才从期待权转变为既得权。^① 换言之,仅在保险事故发生后,受益权才能实现,转变为现实的财产权。在保险事故发生前,受益人仅有某种期待利益。受益权在转换为既得权之前,可能因一定法律事实的出现导致受益人丧失受益权,如投保人或者被保险人变更受益人、受益人放弃受益权、受益人故意制造保险事故等。例如,在彭萍、施敏、名山县长城节能产品厂人身保险合同纠纷案中^②,雅安市中级人民法院指出,保险受益人因不符合规定依法丧失受益权导致没有受益人,保险人应当向被保险人的继承人履行给付保险金的义务。

在保险事故发生时,受益人仍然生存是受益权行使的前提条件。一旦受益人先于被保险人死亡,受益权归于消灭,保险金请求权归属于被保险人,被保险人可以重新指定受益人;被保险人没有指定受益人的,保险金则成为被保险人遗产,由法定继承人继承。在保险事故发生后,投保人或者被保险人则不得再变更受益人,受益人的受益权才最终确定,受益权从期待权转变为既得权。换言之,受益人只有在保险事故发生时仍然生存的情况下,才能真正取得和行使受益权。例如,在沈阳康利巴士有限公司保险合同纠纷案中^③,沈阳市中级人民法院认为,在保险事故发生前,受益人未经投保人和被保险人同意不得将保险受益权转让给他人。但在保险事故发生后,受益人可以将与本次保险事故相对应的全部或者部分保险金请求权转让给他人。

根据《保险法》第42条的规定,受益人与被保险人在同一事件中死亡,而又无法判断死亡的先后顺序的,推定受益人先死亡,保险金作为被保险人的遗产,由法定继承人继承。如果证据表明被保险人先于受益人死亡的,受益人的受益权实现,保险金成为受益人遗产而不是被保险人遗产。例如,在许建枫人身保险合同纠纷案中^④,江苏省太仓市人民法院认为,受益人与被保险人同时死亡,推定受益人先死亡,受益人的继承人无权继承保险金。

---

① 参见郑云瑞:《民法总论》(第九版),北京大学出版社2021年版,第121页。
② 在彭萍、施敏、名山县长城节能产品厂诉中国人寿保险公司雅安地区分公司名山县办事处人身保险合同纠纷案(〔2001〕名民初字第06号、〔2001〕雅安终字第68号)中,法院裁判摘要认为,投保人作为保险受益人,因不符合保险条款的明文约定,依法丧失了受益权,而其作为保险合同中唯一的受益人在依法丧失受益权后,就无其他被指定的受益人。被保险人因医疗意外死亡后的保险金依法应当作为被保险人的遗产,保险人应当向被保险人的继承人履行给付保险金的义务。
③ 在沈阳康利巴士有限公司诉中国人寿保险股份有限公司沈阳市分公司保险合同纠纷案(〔2015〕沈河民一初字第1047号、〔2015〕沈中民四终字第00670号)中,法院裁判摘要认为,在涉案保险合同中,投保人、被保险人和受益人为同一人。在保险事故发生后,保险金请求权属合同债权,可以转让。受益人将保险金请求权转让给第三人的行为符合法律规定,通过债权转让行为,第三人取得对保险人的保险金请求权。
④ 在许建枫诉中国人寿保险公司太仓支公司及苏州分公司人身保险合同纠纷案(〔2003〕苏中民二终字第202号)中,法院裁判摘要认为,人寿保险合同中习惯上通常认为投保人是为自己利益投保的,当发生受益人和被保险人同时死亡的情形,应当推定受益人先于被保险人死亡更符合投保人为自己利益投保的目的,受益权不能作为受益人的遗产由受益人的继承人予以继承。

（二）受益权的保护

对受益权的保护应当以遵循意思自治原则和保障受益人基本生存需要为出发点，但为保护债权人利益的需要，也要对受益权的保护进行一定的限制。世界各国保险法强调对受益权的保护，如德国、日本、韩国等保险法设定了介入权和法定受益人制度。介入权是指投保人在解除保险合同时应当通知被保险人或者受益人，被保险人或者受益人愿意支付相当于保险单现金价值的对价并承担继续缴纳保险费义务的，投保人不得解除保险合同，被保险人或者受益人即成为投保人。法定受益人制度是指在投保人没有指定受益人时，被保险人即为受益人（法定受益人）。如果受益人死亡，受益人的继承人即成为保险金的受领人。此外，世界各国保险法还规定受益权优先于继承权，以保障受益人的基本生存。我国保险法缺失前述外国保险法对受益权保护的制度。例如，在武甲人身保险合同纠纷案中[①]，上海市第二中级人民法院认为，当投保人与被保险人、受益人不为同一人的，投保人行使合同任意解除权时，无需征得被保险人、受益人的同意。案件的判决表明，我国司法审判实践并不承认介入权制度，否认了被保险人和受益人的相关权利。

对受益权的保护，《保险法》主要表现在两个方面的问题：

（1）受益人与被保险人的债权人之间的关系。在某些情况下，被保险人的债权人和受益人可能同时向保险人请求保险金的给付。被保险人的债权人试图取得保险单的现金价值，且在被保险人死亡后，债权人也可能主张对保险金具有优先受偿权。被保险人的生前债务不会影响受益人对保险金的受益权，被保险人的债权人不能对保险金主张权利。人身保险受益权的实现取决于保险合同是否合法有效地指定受益人，保险合同指定受益人的受益权受到法律保护，被保险人债权人的债务不能优于受益人对保险金的受益权。债权人对保险合同不存在任何利益关系，不能对保险合同提出给付请求。[②]

《保险法》第42条对保险金是否作为被保险人遗产的问题作了明确规定，体现了对受益权的保护。根据《保险法》第42条的规定，受益人的受益权是基于保险合同事先约定产生的，只要被保险人或者投保人在保险合同中明确指定了受益人，保险金就应由受益人领取，不能作为被保险人的遗产，因而也就不能用于

[①] 在武甲诉中国平安人寿保险股份有限公司上海分公司人身保险合同纠纷案（〔2010〕静民二（商）初字第397号、〔2011〕沪二中民六（商）终字第80号）中，法院裁判摘要认为，当投保人与被保险人、受益人不为同一人，投保人依法行使合同任意解除权时，除法律或合同另有禁止性或限制性规定的，无须取得被保险人、受益人的同意。投保人的解除通知到达保险人，即发生合同解除的效力。

[②] 英美法系国家对受益权的保护更为完善，自然人以自己生命投保人寿保险并指定其直系亲属为受益人的，被保险人的债权人不仅在保险事故发生时对保险金无请求权，而且在被保险人生存期间，债权人对保险单现金价值的请求权也受到排斥。如果赋予债权人对保险单现金价值的请求权，债权人实现保险单的现金价值可能会使保险单失效，从而违背了对受益人受益权的保护。

偿还被保险人生前的债务。只有在受益人丧失受益权、放弃受益权或者受益人先于被保险人死亡的情形下,即出现《保险法》第 42 条规定的情形时,保险金才被列为被保险人的遗产,才能用于清偿被保险人生前的有关债务,如有剩余再由被保险人的继承人继承。

(2) 受益人与保险单受让人之间的关系。投保人以自己生命为人身保险的标的的,可随时将保险合同利益转让给他人,不受任何限制;而根据《保险法》第 34 条的规定,投保人以他人生命投保并以死亡为给付条件的保险,未经被保险人书面同意,不得将保险单转让给他人。否则,保险单的转让行为无效。受益人经指定后,对保险合同仅有一种期待利益。保险单转让导致合同当事人发生变化,保险单转让行为生效后,转让人退出合同关系,不再享有合同权利和承担合同义务。受让人则成为合同当事人,取代转让人享受权利承担义务。当投保人将保险单转让给他人时,保险单受让人是否取得优于受益人对保险金的请求权,《保险法》及其司法解释没有规定。在英美法系国家,只要保险单的转让符合有关转让的程序性规定并经保险人批注,保险单受让人就能取得优于受益人的请求权,但如果转让未经保险人的批注,转让对保险人不生效,保险人仍然可以将保险金支付给保险单指定的受益人。受益人无权限制被保险人对保险单的合法转让,但基于对受益人期待利益的保护,保险单转让必须符合保险单规定的要求才有效。保险单转让并不否定受益人的受益权,仅仅使受益人的权利在一定程度上受制于受让人。

(三) 受益权的限制

人身保险合同具有储蓄性,特别是长期性的生存保险和生死两全保险,储蓄成分更大。投保人的保险费积累形成了保险人的责任准备金、解约时的现金价值以及未来给付保险金的大部分。如果投保人或者被保险人为逃避自身债务履行,将自己财产通过人寿保险的方式转赠于受益人,可能会导致自身丧失清偿债务的能力。一些国家和地区立法对投保人或者被保险人的债权人的权利给予了一定保护,同时又出于保护保险合同受益人合法权益的需要,对有关债权人的权利作了一定的限制。我国台湾地区保险有关规定和司法判例区分了以下两种情形:

(1) 将保险金列入破产财产。在投保人破产的情况下,如果投保人、被保险人和受益人是三位一体,在投保人破产后可以由破产管理人终止合同并收回未交清的保险费,列入破产财产的范围,如果被保险人恰好在该期间死亡的,所得的保险金额应列入破产财产的范围。

(2) 双方利益兼顾。如果保险合同中指定了受益人,在被保险人死亡后,保险合同的利益——保险金额归受益人享有,投保人或者被保险人的债权人不得要求强制执行。保险金能否被免除债务的追偿,主要取决于投保人、被保险人、受益人三者之间的关系,受益人产生方式以及投保人(被保险人)投保时是否出于恶意,同时兼顾被保险人债权人的利益,防止被保险人即债务人利用寿险机制转移财产,逃避债务的清偿。

前述对受益权限制的规定可资借鉴。《民法典》《保险法》《企业破产法》等民商事立法并未有直接限制受益人的法律规范,但在法理上受益权受到限制的情形如下:

(1) 投保人的破产。在投保人破产时,在投保人与被保险人或者受益人并非同一主体的情形下,保险单的现金价值属于投保人破产财产范围,但保险金则不属于破产财产范围;在投保人与被保险人、受益人三位一体的情形下,如果被保险人死亡,保险金则属于破产财产范围。

(2) 现金价值的执行。投资理财保险产品展现了人身保险产品类型的多元化,使基于人身保险合同所产生的债权与普通债权没有本质区别,如长期性的生存保险或者两全保险等寿险合同具有明显的储蓄性质,投保人缴纳保险费形成了保险人的保险责任准备金[①],在投保人退保时则表现为投保人的现金价值,从而具有财产属性,可以成为司法机关强制执行的标的。如果投保人的投保行为明显属于转移财产以逃避债务,符合债权人行使撤销权的情形,债权人可以要求投保人在保险单的现金价值范围内偿还债务。

(3) 债权人对保险金的权利。受益权是基于保险合同产生的原始权利,在保险事故发生时,受益人对保险人享有保险金请求权,保险金应归受益人所有,不能用于偿还被保险人的债务。死亡保险金也并非被保险人的遗产,只有在未指定受益人或者受益人丧失受益权的情形下,死亡保险金才作为被保险人的遗产用以偿还债务,被保险人的债权人对保险金才享有请求权。但是,在某些特殊情形下,即使有受益人存在,保险金也有可能成为被保险人债权人行使请求权的对象。这种特定情形仅指投保人的投保行为属于转移财产的行为,且明显有害于债权人,则此时被保险人的债权人或者破产管理人可申请法院撤销受益人指定。根据《民法典》第538条的规定,债务人有无偿转让财产等行为,对债权人造成损害的,债权人可以请求司法机关在债权范围内撤销债务人的行为。受益人指定通常为无偿行为,可以视为财产的无偿转让行为(即赠与行为),在投保人以自己生命为被保险人投保人身保险的情况下,如有负债无法偿还,且指定受益人明显有害债权人债权的实现,债权人可以行使撤销权,撤销投保人对受益人的指定,使保险金成为被保险人遗产并以遗产偿还债务。

[①] 保险责任准备金(insurance liability reserve)是指保险公司为承担未到期责任和处理未决赔偿而从保险费收入中提取的一种资金准备。为在保险合同有效期内履行赔偿或者给付保险金义务,保险公司根据法律规定将保险费予以提存。保险责任准备金不是保险公司的营业收入,而是保险公司的负债,保险公司将与保险责任准备金等值的资产作为储备以及时履行保险责任。

(四)受益权的丧失

受益权丧失是指在投保人或者被保险人指定受益人后,因受益人加害被保险人的意图或者行为导致受益人失去受益权。受益权的丧失主要有两种情形:

(1)受益人的违法行为。根据《保险法》第43条第2款的规定,只要受益人故意造成被保险人死亡、伤残、疾病或者故意杀害被保险人未遂的,即丧失受益权。根据《保险法》第42条的规定,只有在受益人丧失或者放弃受益权且没有其他受益人存在的情况下,保险金才可以作为被保险人的遗产。在受益人为数人时,其中一人或者数人依法丧失受益权或者放弃受益权的,其他善意受益人的权益仍受到法律保护,即其他善意受益人有权请求给付全部或者部分保险金。

(2)受益人为债权人。债权人经债务人指定为受益人,债权人所受领的保险金不得超过债权总额①,换言之,债权人仅在债权限度内对保险金主张权利,其余部分仍然应作为被保险人遗产由被保险人的继承人继承。在债务人死亡前,债权人已获得清偿或者不能证明债权存在的,即使仍然是保险合同受益人,也不得请求保险人给付保险金。在债务人清偿债务时,债权人丧失受益权,保险合同即作为债务人利益存在。债务人死后,如未另行指定受益人的,保险金成为债务人遗产。债权人也可以作为投保人以债务人为被保险人订立保险合同,但保险金额以债权人对债务人的债权额为限,超过部分因具有赌博的性质而归于无效。债务人清偿后,债权人因缺乏对债务人的保险利益而使保险合同归于消灭,债权人的受益权也随之丧失。

第三节 人寿保险合同的质押

人寿保险合同即人寿保险单,人寿保险合同质押是指人寿保险单质押。人寿保险合同质押是基于人寿保险合同的现金价值,即人寿保险合同的财产属性。人寿保险合同质押源于人寿保险合同质押贷款的需求,即在人寿保险合同生效满一定期限后,投保人按照合同约定将保险单的现金价值作为质押,向保险公司或者商业银行申请贷款。人寿保险合同质押贷款是长期人寿保险合同特有的功能,是一种被广泛运用的融资担保方式,具有一定的市场需求。

一、人寿保险合同质押的概念

人寿保险合同质押是指出质人以所持有的人寿保险合同作为质押标的物所设立的质权。人寿保险合同是投保人与保险人规定保险权利义务关系的协议,保险单是保险合同的主要形式,是保险人向投保人签发的,记载合同当事人之间

---

① 参见刘宗荣:《保险法》,三民书局1995年初版,第421页。

权利义务关系的书面凭证。保险单能够成为质押标的物是因为保险单本身具有现金价值。

在保险实务中,投保人或者被保险人通常在保险合同上设立质权。投保人交付保险费2年以上的,投保人可凭保险合同向保险人或者银行申请质押贷款。在保险实务中,保险单质押通常有两种情形:

(1) 保险公司。投保人把保险单直接质押给保险公司,从保险公司获得贷款。贷款到期之后,借款人不能履行还款义务,在贷款本息达到退保金额时,保险公司有权直接终止保险合同。保险公司为客户提供的短期资金融通,便利了客户的日常生活和生产经营活动,是保险公司服务客户的重要举措。

(2) 商业银行。投保人将保险单质押给商业银行,由商业银行给借款人放贷,当借款人到期不能履行还款义务时,商业银行可根据质押合同和保险单由保险公司偿还借款人的贷款本息。保险单质押贷款是优质贷款,扩大了商业银行的信贷范围,拓展了银保合作的新路径。

保险合同质押的前提条件,是保险合同本身具有现金价值。人身保险合同分为两类:一类是健康保险和意外伤害保险合同,这类合同属于损失补偿性合同,与财产保险合同一样,不可以作为质押物;另一类是具有储蓄功能的养老保险、投资分红型保险以及年金保险等人寿保险合同,这类保险合同只要投保人交付保险费2年以上的,人寿保险合同就具有了一定的现金价值,保险单的持有人可以保险合同的现金价值设立质权,这类人寿保险合同可以作为质押物。

二、人寿保险合同质押的设立

《民法典》并未明文规定保险单可以质押,但根据《民法典》第440条的规定,法律、法规允许出质的其他权利可以质押,因而保险合同可以质押。

《保险法》没有禁止在人寿保险合同上设定质权。根据《保险法》第34条的规定,保险单可以设定质权,而设定质权的条件是必须经被保险人书面同意。对质权设立主体、质权设立程序、质权效力范围等问题,《保险法》缺乏相应的规定。

保险合同所产生的现金价值是保险合同质押的前提和基础。保险合同质押到底是以债权还是以证券为担保标的物,存在两种截然不同的观点:

(1) 债权。这种观点认为债权是质押的标的。以债权为担保标的物,即以投保人将来可以请求保险人给付的责任准备金为担保标的物。[①]

(2) 保险单。这种观点则认为保险单是质押的标的。以证券为担保标的

---

① "债务人对债权人之债权,亦得为质权之标的物……保险契约之要保人以其保险契约(保险单)为质,向保险人借款,均是以债务人(客户、要保人)对债权人(银行、保险人)之债权设质之最佳例示。"谢在全:《民法物权论》(下册),中国政法大学出版社1999年版,第812页。

物,即把保险单视为有价证券。①在保险实务中,保险单被视为有价证券,投保人以具有现金价值的保险单,通过设定证券质权的方法,向保险人或者商业银行质押。

以人寿保险合同设定质押,是以人寿保险合同中的现金价值为质押标的设定质权,人寿保险合同本身并非质押标的。为债权人债权提供担保的并非保险单,而是保险单的现金价值。因此,质押标的是债权而不是保险单。

以人寿保险合同为质押向保险人或者商业银行贷款的,投保人应提出申请,与保险人或者银行订立书面质押合同,如《民法典》第427条之规定。投保人将人寿保险单交给保险公司或者商业银行时,质押合同生效,如《民法典》第441条之规定。在质押合同中,投保人是出质人,保险人或者商业银行是质权人。以人寿保险单质押的,除了符合《民法典》有关质押合同的生效要件的规定之外,还必须符合《保险法》关于人寿保险合同质押的相关规定,即以死亡为给付保险金条件的人寿保险合同的质押,应经被保险人书面同意。否则,因违反《保险法》第34条的强制性规定,质押合同无效。不是以死亡为给付保险金条件的人寿保险合同的质押,无须征得被保险人的同意。例如,在刘晖人身保险合同纠纷案中②,上海市第二中级人民法院认为,保险人与投保人签订长期人寿保险合同,投保人以该人寿保险单现金价值为质押,向保险人申请贷款,保险人随即发放了贷款,当事人间构成保险单质押贷款合同关系。当事人约定以涉案保险单现金价值为质押标的设立质权,并签订了《保单贷款申请书》《保险条款》等书面协议,为当事人真实意思表示,且不违反法律法规强制性规定,保险单质押合同已成立并生效。但保险单质押的质权是否设立并生效,还应符合法律法规的相关规定。根据《物权法》第224条的规定(即《民法典》第429条),质权自权利凭证交付质权人时设立。前述规定旨在设立质权时要求对所质押的权利进行一定方式的公示,以保护质权人、出质人和第三人的合法权益,这也符合质权作为担保物权所具优先受偿的排他效力的特点。当事人在设立诉争质权时没有交付权利凭证或者以适当形式公示登记,故该保险单质权并未设立,也不产生担保物权的效力。

三、人寿保险合同质押的效力

人寿保险合同质押的效力是指质权人就质押的人寿保险合同在担保的债权

---

① 参见刘宗荣:《保险法》,三民书局1995年初版,第410页。
② 在刘晖诉阳光人寿保险股份有限公司上海分公司、阳光人寿保险股份有限公司人身保险合同纠纷案([2015]静民四(商)初字第1118号、[2015]沪二中民六(商)终字第479号)中,法院裁判摘要认为,涉案当事人之间存在人寿保险合同和贷款合同关系两种法律关系,但投保人又约定以人寿保险的保单现金价值为质,作为向保险人贷款的担保。在当事人之间的人寿保险合同解除,产生保险人向投保人支付保单现金价值的债务时,如该保单现金价值仍处于有效质押状态中,则除非保险人同意,否则保险人可以此为由对抗投保人现金价值支付要求。

范围内优先受偿的效力以及质权对人寿保险合同上存在的其他权利的限制。人寿保险合同质权所担保的债权范围,由当事人在质押合同中约定,主要包括主债权、利息、实现质权的费用及违约金,如《民法典》第 389 条之规定。

人寿保险合同质权对质物的效力范围,包括两个方面:一是质物——保险合同的现金价值是质权行使的对象,当然属于质权的效力范围。二是孳息,即出质人寿保险合同现金价值所产生的利息。

人寿保险合同质押的对象实际上是保险单所代表的权利——保险单的现金价值。质权设立必须有确定的财产或者权利,是出质人对自己拥有的财产或者所享有的权利设定质权,而不能以他人财产或者权利设定质权。在人寿保险合同的质押中,投保人是出质人,而人寿保险合同的现金价值是由投保人的保险费积累形成的,投保人对现金价值享有权利,但对人寿保险合同的保险金却不享有权利。被保险人或者受益人是人寿保险合同保险金的权利人,投保人仅能以人寿保险合同的现金价值为质物,设定质权。换言之,人寿保险合同质押的效力仅及于现金价值而不能及于保险金。在行使质权时,作为债权人的保险公司或者商业银行不能要求以保险金来清偿到期债权。即使在以死亡为给付保险金条件的人寿保险合同中,经被保险人同意之后所设立的质押,债权人也不得以保险金清偿到期债权。被保险人的同意,是为避免道德风险的发生,并不是表明被保险人同意以保险金为质物设立质权。

人寿保险合同质权对质权人的效力是指保险单质押合同对质权人所产生的权利和义务。保险单质权人享有的权利主要有三个方面:

(1) 优先受偿权。质权人可就出质保险单的现金价值优先受偿。优先受偿权是质权人最重要的权利,主要体现在质权人就出质保险单的现金价值优先于出质人的其他债权人受清偿。

(2) 物上代位权。因出质保险合同被解除或者其他原因而得有赔偿金或者代替物时,质权及于该赔偿金或者代替物。保险人、投保人解除保险合同时保险合同所产生的现金价值,即为代位物。

(3) 质权权利的实现。债权到期之后,出质人不能偿还债务的,质权人有权行使质权以保证债权的实现。

保险单质权人所承担的义务主要表现为质权人妥善保管人寿保险合同和返还出质人的人寿保险合同两个方面。

第六章　财产保险合同

财产保险合同与人寿保险合同两者适用的基本原则不同、经营方式不同、经营主体不同。损失补偿原则是财产保险合同法的基本原则。损失补偿原则的核心是使被保险人因保险事故所受到的损失得到充分、合理的补偿，从而使被保险人的财产恢复到保险事故发生前的状态。损失补偿原则反映了财产保险合同的本质特征。基于损失补偿原则，各国保险法对保险金额超过保险财产实际价值的超额保险进行了限制。重复保险违反了损失补偿原则，为世界各国法律所禁止。保险代位求偿权和委付制度是损失补偿原则的具体表现，反映了损失补偿原则的属性。

财产保险合同与人寿保险合同之间存在巨大的差异。财产保险合同与人寿保险合同两者适用的基本原则不同、经营方式不同以及经营主体不同。财产保险合同是以损失补偿为原则的保险合同，而人寿保险合同因生命的无价不以损失补偿为原则。财产保险与人寿保险的业务性质不同、精算基础不同、准备金提取方式不同、会计核算基础不同。虽然健康保险、意外伤害保险和人寿保险的保险标的是人的身体和生命，但是健康保险、意外伤害保险与财产保险却有许多相同之处：一是两者的精算基础相同，均以损失率而非死亡率作为费率厘定的基础；二是两者的会计核算基础相同，大多为短期业务，可在短期内核算出成本和利润，责任准备金提取和运用方面也大致相同。健康保险和意外伤害保险应归于"第三领域"，人寿保险公司和财产保险公司均可经营，但性质上与财产保险相同。

财产保险是指以财产及其相关利益为保险标的，当被保险人财产及其相关利益因发生保险责任范围内的灾害事故遭受经济损失时，由保险人给予补偿的保险。损失补偿原则是财产保险合同法的基本原则，反映了财产保险合同法的基本属性。重复保险违反了损失补偿原则，为世界各国财产保险合同法所禁止。保险代位求偿权和委付制度，则是损失补偿原则的体现和延伸，反映了损失补偿原则的属性，为世界各国财产保险合同法所共同采纳。

第一节 损失补偿原则

损失补偿原则是财产保险合同法的基本原则,体现了财产保险的本质属性和内在运行规律,旨在确保被保险人通过保险获得经济补偿的同时,又防止被保险人从中获得额外利益。损失补偿原则既能有效地发挥保险的损失补偿功能,又能有效地防止道德风险的发生及逆选择行为的出现。损失补偿原则派生了保险代位求偿权制度、保险委付、追溯保险、定值保险[①]、重置成本保险[②]等制度。

一、损失补偿原则的概念

损失补偿原则(principle of indemnity)是指在保险事故发生之后,被保险人要求保险人对保险事故所造成的损失进行补偿的原则。损失补偿原则直接体现了保险的经济补偿功能,反映了财产保险的基本特征,表明被保险人不能获得超过实际损失的补偿。损失补偿是财产保险的基本功能,也是保险制度产生和发展的最初目的和终极目标。在被保险人遭受到损失时,保险人对被保险人进行补偿,以使被保险人恢复到保险事故发生前的经济状况,但被保险人不能因保险获得超过实际损失的额外利益。

保险法的损失补偿原则源于12世纪末的海上保险,到16世纪逐渐扩展到大陆上的财产保险,17世纪中期逐渐为英国保险法判例所确立,并成为世界各国保险法所共同承认的原则。保险补偿的对象是实际损失(actual loss),而实际损失的形态有全部损失与部分损失之分,全部损失又有实际全损(actual total loss)和推定全损(constructive total loss)之分。早期的海上保险仅有实际全损概念,即指保险标的物已经完全灭失,或者严重损毁而失去物的原有属性。15世纪的海上保险出现了推定全损概念,与实际全损相对,即将保险标的之部分损失视为全部损失,或者是否全损不明确时视为全损。推定全损是全损的一种拟制,即拟制全损,是介于实际全损与部分全损之间的中间状态。推定全损违反了损失补偿原则的基本法理,极易诱发道德风险。保险委付制度在近代海上保险法的确立,使推定全损符合损失补偿原则的基本法理。

[①] 定值保险(valued insurance)是指保险人和投保人在订立保险合同时明确约定作为保险标的的财产的全部价值,一旦发生保险标的的全损,保险人应当向被保险人支付保险合同约定的保险金额。定值保险避免了保险事故发生后价值鉴定的困扰和纠纷,是效率原则对损失补偿原则的适度限制。定值保险合同通常适用于某些保险标的的价值不易确定的财产保险合同,如古玩、字画、船舶等。补偿额度=约定价值(保险价值)×损失比例。

[②] 重置成本保险(replacement cost insurance)是指保险事故发生时,重新购置质量、型号等相同的保险标的所要耗费的成本,即保险事故发生时保险标的的实际价值。重置成本是指保险标的的原始成本减去标的的折旧,折旧是指保险标的在保险事故发生时因其实际使用年限、使用程度及老化程度等因素导致的贬值。补偿额度=实际现金价值=重置成本-折旧。

损失补偿原则仅适用于财产保险合同,不适用于人身保险合同,司法审判实践遵循这个规则。例如,在冯跃顺保险合同纠纷案中,[①]天津市和平区人民法院认为,意外伤害保险是指当被保险人由于遭受意外伤害时,保险人给予保险金的保险。意外伤害保险具有一些类似于财产保险的特点,如意外伤害造成医疗费用支出是一种经济损失,这种损失数额是可以确定的。但是,意外伤害保险从根本上讲是基于人身发生意外伤害所形成的保险,不能仅因涉及财产损失,而将其归属于财产性质的保险。作为人身保险的个人意外伤害保险不适用损失补偿原则。被保险人因涉案交通事故受伤后,在已经获得交通事故肇事司机赔偿损失的情况下,可以再向保险人主张保险理赔,保险人应依照保险合同给予保险理赔。根据涉案事实,被保险人因涉案交通事故住院治疗发生的治疗费用已逾7000元,而涉案个人意外伤害保险合同规定赔偿的最高限额为5000元,故保险人应给付被保险人保险金5000元。

在保险损失补偿时,必须扣除保险标的物的折旧,以恰好填补被保险人的损失为赔偿的原则。如果补偿过少,则不能充分填补被保险人因保险事故所遭受的实际损失;反之,如果补偿过多,则被保险人可能因保险事故的发生获得额外利益,诱发道德风险。例如,在杜寿林财产保险合同纠纷案中[②],上海市第一中级人民法院认为,损失补偿原则是保险法的基本原则,以确保投保人不得通过保险获得额外利益。在机动车财产保险中,保险人赔付的金额是被保险人因保险事故遭受的实际损失。虽然双方当事人均确认保险金额是按照新车购置价1172308元确定,但由于涉案车辆是被保险人从二手市场以19万元的对价购买所得,故被保险人因保险事故遭受的实际损失最多不超过19万元。

基于损失补偿原则,世界各国保险法对保险金额超过保险财产实际价值的超额保险进行了限制。对此有两种不同的立法例:一种立法例是根据投保人是善意还是恶意,来确定保险合同超额部分无效还是全部无效;另一种立法例则规定,凡是超过财产实际价值的超额部分一律无效而不管投保人是否具有恶意。《保险法》第55条属于后一种立法例,规定保险金额不得超过保险价值;超过保险价值的部分保险金额无效。

根据损失补偿原则,对被保险人的补偿包含三个方面的含义:

---

① 在冯跃顺诉光大永明人寿保险有限公司保险合同纠纷案(〔2005〕和民三初字第1592号)中,法院裁判摘要认为,根据《保险法》第92条第2款的规定,意外伤害保险属于人身保险,不适用财产保险中的"损失补偿原则"。被保险人或者受益人从实施致害行为的第三者处获得侵权赔偿后,仍然可以向保险人主张保险理赔,保险人不得以被保险人或者受益人已经获得侵权赔偿为由拒绝履行保险理赔责任(2011年最高人民法院公报案例)。

② 在杜寿林诉中国人寿财产保险股份有限公司上海市分公司财产保险合同纠纷案(〔2016〕沪0115民初52954号、〔2017〕沪01民终9948号)中,法院裁判摘要认为,损害补偿原则是保险法的基本原则,以确保投保人不得通过保险而额外获益。在机动车财产保险中,保险人赔付的金额应该是被保险人因保险事故遭受的实际损失。

(1) 无损失无补偿。投保人或者被保险人仅在遭受保险事故所造成的损失时，才能要求保险人对损失进行补偿，保险人仅对被保险人的实际损失承担补偿责任，从而使被保险人的经济状况恢复到保险事故发生之前。如果没有损失，则被保险人无权要求补偿。

(2) 禁止不当得利。被保险人不得因保险补偿获得超过损失的额外利益。禁止不当得利是损失补偿原则的核心，也可以有效地防止道德风险发生，维护正常的保险市场秩序。若对被保险人的补偿超过被保险人因保险事故所造成的实际损失，使被保险人从保险金给付中获利，则容易诱发道德风险。例如，在冯跃顺保险合同纠纷案中，天津市和平区人民法院认为，损失补偿原则是适用于财产保险的一项重要原则，即当保险事故发生并使被保险人遭受损失时，保险人必须在承担的保险金给付义务范围内履行合同义务，对被保险人所受实际损失进行填补。保险人履行给付义务旨在弥补被保险人因承保危险发生所失去的利益，被保险人不能因保险给付义务的履行获得额外利益。

(3) 损失补偿的充分性。在全额保险的情形下，对被保险人的补偿不应低于保险事故所造成的实际损失；在不足额保险的情形下，对被保险人补偿数额应低于被保险人的实际损失。但对被保险人损失的补偿应当以保险金额为限。保险金额是保险费的对价条件，保险人作为保险产品的提供者，对保险金额范围内的保险利益提供保险保障。保险人在保险金额范围内对被保险人进行补偿，也是保险法上对价平衡原则的要求。

二、损失补偿的范围

损失补偿作为财产保险活动的最后环节，涉及保险人和投保人权利义务关系的核心内容，直接体现了财产保险的经济补偿职能。

(一) 损失补偿范围的一般规定

在保险标的遭受保险责任范围的损失时，保险人应按照保险合同的约定，以货币形式补偿被保险人所受的损失，或者以实物赔偿，或者修复原标的。

(1) 以实际损失为限。在保险事故发生时，保险人按照保险标的实际发生的损失支付保险金，保险金的数额不得超过被保险人实际损失。被保险人财产实际损失的计算，通常是以损失发生时受损财产的实际现金价值为标准。例如，在深圳市弘茂土石方工程有限公司财产保险合同纠纷案中[①]，深圳市福田区人民法院认为，财产保险合同属于补偿性合同，适用损失补偿原则。损失补偿的范

[①] 在深圳市弘茂土石方工程有限公司诉中国太平洋财产保险股份有限公司深圳分公司财产保险合同纠纷案(〔2015〕深福法民二初字第11718号、〔2016〕粤03民终7709号)中，法院裁判摘要认为，财产保险合同属于补偿性合同，适用损失补偿原则。损失补偿的范围为承保风险内被保险人遭受的实际损失，主要是保险事故发生时保险标的的直接损失。

围为承保风险内被保险人遭受的实际损失,主要是保险事故发生时保险标的之直接损失(即汽车维修费 32545 元、吊机费 4000 元、拖车费 1850 元)。深圳市中级人民法院二审维持了原审判决。

(2) 以保险利益为限。保险利益是保险事故发生之后,投保人或者被保险人可以获得损失补偿的依据。财产保险合同中,被保险人在保险事故发生时对保险标的具有的保险利益,也是损失补偿的最高限度。例如,投保人以价值 100 万元的汽车向银行为抵押借款 70 万元,银行为保证贷款的安全,将抵押品向保险人投保,但由于银行仅享有 70 万元的保险利益,在汽车发生保险事故之际,根据对汽车的保险利益,银行只能向保险人要求 70 万元的损失补偿。

(3) 以合理支出费用为限。合理支出的费用主要有以下三个部分:一是施救费用,即保险事故发生之后,被保险人为防止或者减少保险标的损失所支付的必要的、合理的费用,如《保险法》第 57 条之规定。为鼓励被保险人在保险事故发生后及时采取施救、减损措施,最大限度减少损失的扩大,被保险人请求施救减损费用不应以该措施产生实际效果为前提,但该项费用仍应以"必要、合理"为前提,如《保险法司法解释(四)》第 6 条之规定。前述司法解释的规则改变了司法实践中保险人以施救或者减损措施未产生实际效果为由予以拒赔的做法。例如,在李伟财产保险合同纠纷案中①,朝阳市双塔区人民法院认为,按照《保险法》第 57 条的规定,保险事故发生后,被保险人为防止或者减少保险标的损失所支出的必要的、合理的费用,由保险人承担;保险人所承担的费用数额在保险标的损失赔偿金额以外另行计算,最高不超过保险金额的数额。前述规定是扩展了损失补偿的范围与额度,属于损失补偿原则的例外条款。朝阳市中级人民法院维持了原审判决。二是调查费用,即保险人、被保险人为查明和确定保险事故的性质、原因和保险标的损失程度所支付的必要的、合理的费用,如《保险法》第 64 条之规定。三是诉讼费用,即责任保险的被保险人因对第三者造成损害的保险事故而被提起仲裁或者诉讼,被保险人支付的仲裁或者诉讼费用以及其他必要的、合理的费用,如《保险法》第 66 条之规定。

(二) 高保低赔

在汽车保险中,高保低赔已经由来已久,一直饱受非议。在保险实务中,车辆损失险保险条款通常约定,保险金额的确定有新车购置价、车辆实际价值和协商确定三种方式,其中以新车购置价为主。在保险事故发生后,保险人有时又以损失补偿原则为由拒绝以新车购置价进行补偿。对此,保险司法审判实践态度

---

① 在李伟诉中国人民财产保险股份有限公司朝阳市双塔区支公司财产保险合同纠纷案(〔2017〕辽 1302 民初 808 号、〔2017〕辽 13 民终 1159 号)中,法院裁判摘要认为,《保险法》第 57 条的规定属于损失补偿的例外条款,扩展了损失补偿的范围,即被保险人为防止或者减少保险标的所支出的必要的、合理的费用应当由保险人承担。

不一,法律适用不统一,有按照保险标的实际价值和新车购置价两种标准进行裁判的做法:

(1)实际价值。保险司法审判实务部分判决是以保险标的的实际价值作为保险补偿的依据,这种判决有违最大诚信原则,违反了公平原则,纵容了保险人的不诚信行为。例如,在奚国平保险合同纠纷案中[1],宁波市海曙区人民法院认为,保险金额高于保险事故发生时被保险机动车实际价值的,按保险事故发生时被保险机动车的实际价值计算赔偿。宁波市中级人民法院维持了原审判决。

(2)新车购置价。在保险司法实务中,部分判决以新车购置价为依据要求保险人承担损失补偿责任,惩罚了保险人的不诚信行为,有利于构建和谐有序的保险市场。审判机关通常以保险人违反免责条款的说明义务为由,作出对保险人不利的判决。例如,在左广成保险合同纠纷案中[2],江苏省阜宁县人民法院认为,保险人在保险金额范围内对被保险人的损失承担赔偿责任。保险人对免除或者减轻自己责任的保险条款没有向投保人履行提示和明确说明义务,要求投保人高额投保,发生保险事故后,又以这些条款为据主张减轻或免除自己的责任,保险人的主张明显与情与理与法相悖,不能得到支持。

在签订保险合同时,保险人与投保人均应恪守诚实信用原则,遵循损失补偿原则,根据保险标的实际情况确定投保时保险标的的实际价值,并据此确定保险金额,核定保险费用。相对于提供格式条款的保险人,投保人处于只能选择接受保险格式条款的弱势地位。在认定保险标的实际价值、确定保险金额时,保险人作为专业从事保险业务的商业机构,应当严格遵循诚实信用原则和损失补偿原则的基本要求,履行承保时投保车辆状况的专业判断义务,认定保险标的实际价值,按投保时的保险标的实际价值确定保险金额,核定并收取保险费用,以确保合同关系中双方当事人的权利义务对等。此外,对保险条款内容有争议的,应当按照通常理解予以解释,有两种以上解释的,应作出有利于被保险人的解释。

三、损失补偿的方式

《保险法》对损失补偿的方式仅规定了现金赔付。对其他损失补偿方式,法律没有明文规定。从保险实务来看,保险人主要通过以下四种方式对被保险人

---

[1] 在奚国平诉中国人民财产保险股份有限公司宁波市分公司保险合同纠纷案(〔2011〕甬海商初字第 797 号、〔2011〕浙甬商终字第 972 号)中,法院裁判摘要认为,在普通保险合同中,保险金额的确定有新车购置价、车辆实际价值和协商确定三种方式。当被保险车辆发生损失计算车辆实际价值时,所依据的新车购置价是以保单上载明的新车购置价为准还是以被保险车辆最初购买价格为准,除双方另有约定外,应当以保险合同为准。

[2] 在左广成诉中国人民财产保险股份有限公司阜宁公司保险合同纠纷案(〔2013〕阜益商初字第 0001 号)中,法院裁判摘要认为,高保低赔条款是保险人为免除其部分赔偿责任设立的,属于免责条款;如保险人未对投保人进行提示和明确说明的,该条款对投保人不产生法律效力。

的损失进行补偿：

（1）现金赔付方式。大多数情况下，保险人将保险单项下应得的金额以现金或者支票的方式，直接支付给被保险人。现金赔付是损失补偿最为主要的方式，在责任保险、信用保险、保证保险等保险中，只能采取现金赔付方式。在责任保险中，保险人对责任保险的被保险人给第三人造成的损害，可以直接向受害人给付保险金，如《保险法》第65条之规定。

（2）修理方式。保险标的发生部分损失时，由保险人承担有关的修理费用。这种补偿方式通常适用于汽车保险，保险人以修理作为损失补偿的方式，授权修理厂从事受损汽车的修理工作。在汽车保险实务中，汽车发生保险事故之后，需要对受损汽车进行定损，确定修理的项目、方式和费用。汽车定损之后，受损汽车可以在保险人指定的修理厂修理，也可以由被保险人在定损金额范围内自行选择修理厂。

（3）更换方式。在保险标的发生部分损失或者全部损失时，保险人可以采取更换的方式。更换方式通常适用于玻璃保险，在采用更换方式时，应考虑到原来标的物的折旧。因此，保险人享有一定的折扣。

（4）重置方式。在标的物毁损、灭失的情况下，保险人负责重新购置与原标的物等价的物，以恢复被保险人财产的原有状态。这种方式主要适用于不动产保险，但在实务操作中有不少难度，因而保险人很少愿意采用。

以房屋火灾保险为例，说明保险实务中损失补偿的限度。房屋发生全部损坏时，实际损失是从房屋的复原费用中扣除折旧费后所得的金额。复原费用是重建新房屋所需的费用，是以损失发生时的工资材料为标准计算的，事后上涨的部分不包括在内。如果受损的原房屋本身就是新造的房屋，则不必扣除折旧费用。[1]

第二节 重 复 保 险

重复保险制度旨在防止投保人通过重复投保获得超额赔偿金。重复保险制度既能够最大程度地抑制保险制度的消极作用，又能最大限度地发挥保险制度的积极作用，对我国保险业的有序发展具有重要的理论和实践意义。

---

[1] 以美国发生房屋全损为例，纽约火灾保险单规定：保险人的赔偿责任是以"该财产在损失时的实际现金价值为限，但不得超过在损失后合理时间内以种类及品质相似之材料修复或替置之费用"。实际现金价值的计算方法，是从该房屋的重置成本中减去折旧后所剩下的余额。重置成本的意思等同于复原费用，即重建新房屋所需的费用。如果房屋仅仅是部分受到损坏，它的实际损失则是从修理费用中扣除折旧所得到的金额。同样，如果受损的原房屋本身是新造的房屋，则不必扣除折旧费用。

一、重复保险的概念

重复保险(double insurance)是指一个投保人与数个保险人订立数个保险合同,又称为复保险,有广义与狭义之分。① 广义的重复保险是指对同一保险利益、同一保险事故,投保人与数个保险人订立数个保险合同的行为。2002 修正的《保险法》第 41 条,采纳了广义重复保险的概念。狭义重复保险是指对同一保险标的、同一保险利益、同一保险事故,投保人与数个保险人订立数个保险合同,且保险金额的总额超过保险标的价值。我国《保险法》第 56 条和《海商法》第 225 条采纳了狭义的重复保险的概念,即保险金额总额超过保险价值的重复保险。此外,《日本商法典》第 632 条和英国 1906 年《海上保险法》第 32 条也采纳了狭义重复保险的概念。②

重复保险是否有效取决于保险金额的总额是否超过保险标的的价值。数个保险合同是否构成超额保险,是广义重复保险与狭义重复保险的区别所在。广义的重复保险与重复保险制度的立法意旨不相符,且没有任何实际意义。只有在数个保险合同的保险金额之总额超过保险标的之价值时,才能构成重复保险;而不是有数个保险合同即当然构成重复保险。换言之,投保人重复投保的行为并不当然构成重复保险。重复保险制度的意义体现在如下三个方面:

(1) 保险金额低于保险标的价值。投保人订立的数个保险合同的保险金额的总额,没有超过保险标的价值,并没有引发道德风险的可能,因而没有必要从法律上对其加以限制。

(2) 数个保险合同有助于分散风险。投保人向数个保险人投保,既可分散危险,又可增强安全保障,这种做法与保险的基本理念相吻合,没有违反保险的基本原理。

(3) 有名无实的重复保险。广义的重复保险仅有重复保险的形式,而不具备重复保险的实质。③ 此时保险金额并未超过保险价值,数个保险合同的效力不会因重复保险受到影响。各个保险人仅就各自所承保的风险按比例分担责任;投保人也不会获得不当得利。

对重复保险制度立法目的和宗旨的理解,有助于进一步认识狭义重复保险

---

① 参见陈云中:《保险学》(第三版),五南图书出版公司 1993 年版,第 190 页。
② 1906 年《海上保险法》(Marine Insurance Act 1906)第 32 条规定:"(一)当被保险人或其代表,就同一风险和利益或者其中的一部分订立了两个或者两个以上的保险合同,且保险金额超过本法所允许的赔偿额时,被保险人即被视为因重复保险而超额保险……"((1) Where two or more policies are effected by or on behalf of the assured on the same adventure and interest or any part thereof, and the sums insured exceed the indemnity allowed by this Act, the assured is said to be over-insured by double insurance...)
③ "在此情形,仅有复保险之形式,而无复保险之实质,因此,在法律上不影响其效力。"施文森:《保险法总论》,三民书局 1994 年版,第 220 页。

制度立法例的制度价值：

（1）超额保险的防止。损失补偿是保险制度的目的和意义所在，通过填补被保险人因保险事故所遭受的损失，达到消化危险、分担损失、安定社会的目的。因此，超额保险与保险制度"无损失无保险"的基本理念是格格不入的。

（2）不当得利的避免。保险制度的基本理念应为填补损失，而不是使投保人获得不当得利。投保人就同一风险分别与数个保险人订立数个不同的保险合同，一旦发生保险事故，如果投保人或者被保险人从数个保险人处均能够获得补偿，保险不仅使投保人或者被保险人填补了实际损失本身，而且还获得额外的利益。

（3）道德风险的制止。道德风险是"指因保险而引起之'幸灾乐祸'的心理，即有保险契约上之利益者或被保险者，在其内心深处所潜伏期望危险发生或扩大之私愿"。①保险所承保之危险绝不可基于故意行为引发。如果投保人或者被保险人"铤而走险"的情形成为常态，社会秩序将为之紊乱。为制止道德风险，实现保险制度本身的目的，应当有效调整重复保险关系。

二、重复保险的构成要件

投保人订立数个保险合同的行为构成重复保险应满足一定的构成要件。重复保险的构成要件不仅是保险法的理论问题，也是保险司法审判的实务问题。重复保险的构成应满足如下四个条件：

（1）数个保险合同。投保人与两个或者两个以上保险人订立两个或者两个以上保险合同。②在重复保险中，保险人是复数，保险合同也是复数，如果投保人与两个或者两个以上保险人订立一个保险合同，则是共同保险③，而不是重复保险。例如，在中国人民财产保险股份有限公司上海市分公司保险人代位求偿权纠纷案中④，上海市高级人民法院查明，涉案保险合同是由中国人民财产保险股份有限公司上海市分公司与上海广电 NEC 液晶显示器有限公司签订的，中国人民财产保险股份有限公司上海市分公司又与中国平安财产保险股份有限公司上海分公司等六家保险公司共同签订了《共保协议》。该协议约定由七家保险公

---

① 桂裕：《保险法论》，三民书局1983年增订初版，第11页。
② See Nicholas Legh-Jones, *MacGillivray on Insurance Law*, 9 th edition, Sweet & Maxwell, 1997, p. 574.
③ 共同保险是指就同一保险利益、同一保险事故，投保人同时与两个或者两个以上保险人订立一个保险合同。换言之，一个保险合同的保险标的由两个或者两个以上保险人承保的，则是共同保险。
④ 在中国人民财产保险股份有限公司上海市分公司诉中国电子系统工程第二建设有限公司保险人代位求偿权纠纷案（〔2011〕沪一中民六（商）初字第 17 号、〔2012〕沪高民五（商）终字第 18 号、〔2013〕民申字第 577 号）中，法院裁判摘要认为，案件为保险代位权诉讼纠纷，因发包人（被保险人）的赔偿请求权已依法转移给保险人，发包人不再是该部分权利的权利人。保险人已实际向发包人支付了保险赔偿金，有权代替发包人向应承担赔偿责任的承包人主张权利。

司为共同保险人承保上广电公司财产一切险、利润损失险、公众责任险,中国人民财产保险股份有限公司上海市分公司为共保牵头人,其余六家为共保人。由共保牵头人代表协议各方出具共同保险单,保险单中保险人签章由协议各方共同签订。

(2) 同一保险利益、同一保险事故。[①]同一保险标的通常可能具有不同的保险利益。以同一保险标的之不同保险利益订立数个保险合同,则不存在重复保险。此外,虽然以同一保险利益订立数个保险合同,如果约定的保险事故不同,也不构成重复保险问题。例如,货主为货物订立火灾保险合同,同时质权人为保障质权的安全,又以该货物订立火灾保险合同。

(3) 同一保险期间。数个保险合同必须同时存在,如果数个保险合同不是同时存在,则不是重复保险。例如,货主就货物与甲保险人订立火灾保险合同,期限1年,火灾保险合同期满之后,货主又与乙保险人订立同样的保险合同。重复保险的始期或者终期,并不以绝对相同为必要。

(4) 超额保险。投保人订立的数个保险合同的保险金额的总和,超过了保险标的价值。超额保险可能诱发道德风险,为法律所禁止。

同时符合前述四个条件的数个保险,构成重复保险。例如,在上海顺胤实业有限公司保险合同纠纷案中[②],江苏省高级人民法院再审认为,重复保险是投保人就同一保险标的、同一保险利益、同一保险事故分别与两个以上保险人订立保险合同,且保险金额总和超过保险价值的保险。涉案投保人仅与保险人一家保险公司签订保险合同,且保险金额未超过被保险人实际承担的雇主责任赔偿金,从而不属于《保险法》规定的重复保险。双方当事人已就变更保险合同内容达成一致意见,该变更后的保险合同是双方当事人的真实意思表示,内容合法有效,上海顺胤公司(投保人)已经就肖由金(被保险人)的雇主责任投保两份雇主责任险并支付相应保险费,平安保险苏州分公司应在保险事故发生后依约履行赔付义务,在不超过本案保险价值的情况下,按照每份20万元的保险限额向上海顺胤公司支付两份保险金。苏州市中级人民法院二审认定涉案保险合同是重复保险,投保人未将重复保险的情况明确通知保险人违反法律规定,属于法律适用错误。法院再审判决撤销了二审判决,维持了一审判决。

[①] See Nicholas Legh-Jones, *MacGillivray on Insurance Law*, 9th edition, Sweet & Maxwell 1997, p. 575.

[②] 在上海顺胤实业有限公司诉中国平安财产保险合同股份有限公司苏州分公司保险纠纷案(〔2014〕园商初字第2616号、〔2015〕苏中商终字第00408号、〔2017〕苏民再42号)中,法院裁判摘要认为,双方当事人已就变更保险合同内容达成一致意见,变更后的保险合同是双方当事人的真实意思表示,内容合法有效,上海顺胤公司已经就肖由金的雇主责任投保两份雇主责任险,并支付相应保险费,保险公司应在保险事故发生后依约履行赔付义务,在不超过涉案保险价值的情况下,按照每份20万元的保险限额向上海顺胤公司支付两份保险金。

对于重复保险的适用范围,理论界存在两种不同观点:

(1) 重复保险适用于所有保险合同。重复保险既可以适用于财产保险,又可以适用于人寿保险。①

(2) 重复保险仅适用于财产保险。重复保险制度来源于损失补偿原则,适用损失补偿的保险险种,才有适用重复保险的可能。人身保险的保险利益均是人身上利益,而不承认经济上利益,基于人身无价的理念,人身价值无法估量,不存在超额保险的情形。从保险的分类上,以人身上利益作为保险利益的保险,应归入到定额给付保险的范畴,与损失填补无关。例如,在李思佳人身保险合同纠纷案和冯跃顺保险合同纠纷案中,法院生效判决均认为《保险法》限制财产保险的重复投保,规定在财产保险中重复保险的保险金额总和超过保险价值的,各保险公司的赔偿金额的总和不得超过保险价值,且《保险法》对人身保险并无重复投保的限制。

三、重复保险中投保人的义务

在重复保险合同中,投保人的通知义务成为一种法定的义务,如《保险法》第56条之规定。根据前述条款的规定,重复保险的投保人,在订立重复保险合同之后,应当将有关情况通知各个保险人,但《保险法》未对"有关情况"作出明文规定。立法要求投保人履行通知义务的主要理由,无非是避免投保人利用重复保险合同,故意使保险金额的总额超过保险价值,从中渔利。一般来说,投保人违反通知义务的,在保险事故发生之前,保险人有权解除保险合同。在保险事故发生之后,保险人可以不承担赔偿责任。但是,关于投保人违反通知义务的法律后果,《保险法》没有明文规定。虽然《保险法》第56条规定重复保险的投保人负有通知义务,却没有直接规定违反通知义务的法律后果。例如,在王启明、王秀兰、蔡桂珍机动车交通事故责任纠纷案中②,广东省高级人民法院再审认为,依据《保险法》第56条的规定,重复保险的投保人应当将重复保险的有关情况通知各保险人。重复保险的各保险人赔偿保险金的总和不得超过保险价值,各保险人按照保险金额与保险金额总和的比例承担赔偿保险金的责任。重复保险的投保人可以就保险金额总和超过保险价值的部分,请求各保险人按比例返还保险费。

关于重复保险投保人履行通知义务的方式,世界各国立法没有明文规定。

---

① 台湾学者郑玉波先生持该观点,认为重复保险在台湾地区"保险法"的总则中出现,因而适用于所有的保险,而不仅仅是财产保险。参见郑玉波:《保险法论》,三民书局1997年修订版,第56页。
与其说是郑玉波先生的观点,还不如说是台湾地区保险立法存在的问题。

② 在王启明、王秀兰、蔡桂珍诉华泰财产保险股份有限公司深圳分公司、钟国旺机动车交通事故责任纠纷案([2015]惠博法杨民初字第95号、[2015]惠中法民四终字第857号、[2016]粤民申2842号)中,法院裁判摘要认为,重复保险是指投保人对同一保险标的、同一保险利益、同一保险事故分别与两个以上保险人订立保险合同,且保险金额总和超过保险价值的保险。

由于《保险法》也没有关于通知方式的特别规定,所以履行通知义务属于不要式行为,投保人可以口头方式履行通知义务,但是,如当事人在合同中约定以书面方式通知的,则从约定。投保人应主动向保险人履行通知义务,而无须保险人询问。重复保险的通知与《保险法》第 16 条规定的告知义务并不相同,因而不能适用告知义务的询问主义的立法模式。此外,保险人已经知道或者在通常的业务活动中应当知道的重复保险、经保险人申明不需告知的重复保险以及投保人按照默示或者明示担保条款不需告知的重复保险,投保人不必通知保险人。

四、重复保险的效力

世界各国的保险立法例对超额重复保险合同的效力,采取不同的态度。有两种不同的立法例:一种立法例规定超额保险合同无效;另一种立法例则规定善意超额保险合同有效,而恶意的超额保险合同无效。所谓恶意是指在订立保险合同时,投保人意图谋取不当利益,或者在保险合同有效期内知晓重复保险的存在而不履行通知义务,或者故意进行虚假通知。对于恶意重复保险,由于投保人企图谋取不法利益,破坏保险制度分散危险、填补损失的宗旨及功能,多数立法例规定恶意重复保险的各个保险合同均无效,如《意大利民法典》第 1910 条和《德国保险合同法》第 59 条之规定。我国《保险法》第 55 条则采纳了后一种立法例,确立了超额重复保险合同部分有效,部分无效的规则。《保险法》第 56 条规定,投保人有义务将重复保险的情况通知有关保险人,而第 16 条规定了投保人违反如实告知义务的,保险人可以解除保险合同。但是,从鼓励交易原则出发,不应适用《保险法》第 16 条的规定。否则,保险合同关系因被解除而消灭,保险人返还保险费,被保险人失去保险保障,保险合同双方当事人利益受到损害,也有害于保险市场的发展。

关于重复保险损失补偿责任的分摊问题,各个国家和地区的保险立法例有下列三种规定:

(1) 比例责任。在发生损失时,如果各个保险合同均有效,按照每个保险合同的保险金额与总的保险金额之间的比例摊派损失,但赔偿总额不得超过保险标的之价值。《法国保险合同法》《意大利民法典》《瑞士保险合同法》采纳了这种规定。《瑞士保险合同法》第 53 条和第 70 条规定,数个保险人中如果有一保险人给付不能时,其分担额由其他保险人按上述比例分担。除了《瑞士保险合同法》之外,这种立法例不能避免一部分保险人给付不能,使被保险人的利益受到损失的情况,且被保险人必须分别向每个保险人为给付保险金的请求。例如,在林恩良海上保险合同纠纷案中①,宁波海事法院认为,投保人在向保险人浙江省渔业互保协会投保互保综合责任险后,又向中国人寿财产保险股份有限公司舟山中心支公司投保沿海内河船舶一切险,构成对同一保险标的就同一保险事故向几个保险人重复订立合同的重复保险。根据《保险法》《海商法》的规定,被保险人获得的赔偿金额总和不得超过保险标的受损价值,各保险人按照各自承保的保险金额同保险金额总和的比例承担赔偿责任。

(2) 限额责任。如果重复保险的保险金额总和超过保险价值,各个保险人按照比例承担赔偿责任,则损失补偿的总额可能超过被保险人的实际损失。此时各个保险人应按照各自承保的保险金额在保险金额的总额中所占的比例,来分摊保险事故所造成的损失,支付损失补偿。以这种方式分摊损失,可使每个保险人所承担的损失补偿责任低于保险合同所规定的责任,损失补偿的总额为被保险人实际受到的损失。《保险法》第56条采纳了比例分摊方法,即各保险人按照各自保险金额与保险金额总和的比例承担赔偿责任。例如,在王启明、王秀兰、蔡桂珍机动车交通事故责任纠纷案中,广东省高级人民法院再审认为,重复保险的各保险人赔偿保险金的总和不得超过保险价值。除合同另有约定外,各保险人按照其保险金额与保险金额总和的比例承担赔偿保险金的责任。

(3) 顺序责任。在保险标的受损的情况下,首先由第一个保险人承担损失补偿责任,第二个保险人承担超出第一个保险人的保险金额的部分,如果仍然有超出部分,按照保险合同订立的顺序,由其他保险人依次赔偿。换言之,保险人按照保险合同成立的先后顺序,依次负担保险金的赔付责任,后订立的保险合同超过保险标的价值的部分无效,后顺位的保险人仅对不足部分承担填补损失责任。可见,后顺位保险人的保险责任因前顺位保险人的赔付减轻,这对各保险人之间责任的处理有失公平;如果前顺位保险人破产或者丧失清偿能力,则对被保险人不利。

第三节 保险代位求偿权

投保人以保险合同作为转嫁风险的手段,以交付保险费为对价,在保险标的发生保险事故后因保险标的遭受的损失,可以向保险人行使损失补偿请求权。在保险标的是因可归责于第三人的原因受到损失的情形下,被保险人依法有权向第三人请求损害赔偿,被保险人既对保险人享有损失补偿请求权,又对第三人

---

① 在林恩良诉浙江省渔业互保协会海上保险合同纠纷案(〔2015〕甬海法商初字第633号、〔2015〕浙海终字第284号)中,法院裁判摘要认为,投保人在投保互保综合责任险后,又向人寿财产舟山中心支公司投保沿海内河船舶一切险,构成对同一保险标的就同一保险事故向几个保险人重复订立合同的重复保险。各保险人按照承保的保险金额同保险金额总和的比例承担赔偿责任。

享有损害赔偿请求权。如果被保险人行使前述两种请求权,将因同一损失获得双重补偿,则违背了保险制度的宗旨。为避免被保险人获得两次补偿,保险代位求偿权制度应运而生。

一、保险代位求偿权的概念和性质

保险代位求偿权是损失补偿原则的派生制度,是为防止被保险人的不当得利可能引发的道德风险产生的。保险代位求偿权为保险人享有的法定权利,源于法律的直接规定,并非基于保险合同产生的约定权利。例如,在华泰财产保险有限公司北京分公司保险人代位求偿权纠纷案中[①],北京市东城区人民法院认为,根据《保险法》第 60 条的规定,保险人代位求偿权是指保险人依法享有的,代位行使被保险人向造成保险标的损害负有赔偿责任的第三者请求赔偿的权利。保险人代位求偿权源于法律的直接规定,属于保险人的法定权利,并非基于保险合同产生的约定权利。

(一)保险代位求偿权的概念

保险代位求偿权(right of subrogation)是指第三人对保险事故的发生或者保险标的损害负有赔偿责任的,保险人在给付保险金之后对已经承担的损失补偿的金额取得被保险人向第三人的损害赔偿请求权。[②] 保险代位求偿权是损失补偿原则的具体表现。《保险法》上并未出现保险代位求偿权这一术语,在理论和实务上还有其他各种不同的表述,如保险人代位求偿权、保险人代位权、保险代位权等,前述四种表述均出现了司法判决中,但司法审判实践却使用"保险人代位求偿权"居多,而《保险法司法解释(二)》第 16 条使用了"保险代位求偿权",《保险法司法解释(四)》第 9 条、第 12 条和第 13 条则使用了"代位求偿权"。一个非常有意思的现象是,即使是同一个案例的案件名称也有不同的表述。例如,在最高人民法院指导性案例中,中国平安财产保险股份有限公司江苏分公司诉江苏镇江安装集团有限公司保险人代位求偿权纠纷案使用"保险人代位求偿权"[③],而在最高人民法院公报案例中,中国平安财产保险股份有限公司江苏分

[①] 在华泰财产保险有限公司北京分公司诉李志贵、天安财产保险股份有限公司河北省分公司张家口支公司保险人代位求偿权纠纷案([2012]东民初字第 13663 号)中,法院裁判摘要认为,因第三者对保险标的的损害造成保险事故,保险人向被保险人赔偿保险金后,代位行使被保险人对第三者请求赔偿的权利而提起诉讼的,应当根据保险人所代位的被保险人与第三者之间的法律关系,而不应当根据保险合同法律关系确定管辖法院。第三者侵害被保险人合法权益的,因侵权行为提起的诉讼由侵权行为地或者被告住所地法院管辖(最高人民法院指导案例 25 号)。

[②] 代位权的概念起源于罗马法。See S. R. Derham, *Subrogation in Insurance Law*, The Law Book Company Limited, 1985, p. 4.

[③] 《指导案例 74 号:中国平安财产保险股份有限公司江苏分公司诉江苏镇江安装集团有限公司保险人代位求偿权案》,最高人民法院网,2017 年 1 月 3 日,https://www.court.gov.cn/shenpan/xiangqing/34312.html,2020 年 10 月 8 日访问。

公司诉江苏镇江安装集团有限公司保险代位求偿权纠纷案则使用"保险代位求偿权"①。在中国平安财产保险股份有限公司北京分公司诉国网湖北省电力公司武汉供电公司保险人代位求偿权纠纷案中,最高人民法院的判决书标题中使用"保险人代位权"一词,而在判决书的主文中出现"保险代位权"。例如,在中国平安财产保险股份有限公司北京分公司保险人代位求偿权纠纷案中②,最高人民法院认为,保险代位求偿权是保险人享有的,代位行使被保险人对造成保险标的损害负有赔偿责任的第三方索赔求偿权利,成立条件是被保险人因保险事故对第三人有损害赔偿请求权。

保险的目的在于填补被保险人所受到的损失,而不是为被保险人提供额外的利益。《保险法》规定了保险利益、超额保险以及保险赔偿金不得超过保险价值等制度,这些均为防止被保险人不当得利,从而避免使保险制度成为赌博的工具。此外,第三人对被保险人的侵权所应承担的损害赔偿责任与被保险人是否订立保险合同无关,第三人承担的侵权损害赔偿责任,不能因保险人对被保险人的损失补偿而被免除。否则,这相当于变相鼓励第三人凭借保险合同逃避应当承担的法律责任。③

第三人的侵权损害赔偿义务与保险人的保险损失补偿义务的冲突问题,产生了保险代位求偿权的制度需求。保险人在履行保险补偿义务之后,并在不妨害被保险人利益的情况下,代位行使被保险人对第三人的损害赔偿请求权。保险代位求偿权制度,一方面是为维护损害赔偿制度,即第三人不因受害人获得保险补偿而被免除损害赔偿责任;另一方面也使保险人不会因被保险人可从第三人处获得损害赔偿而免除保险补偿义务。

在保险事故发生之后,被保险人对第三人享有损害赔偿请求权,但该请求权在被保险人获得保险金之后转移给保险人。在保险人给付保险金之前,被保险人仍然保有对第三人的损害赔偿请求权,以免被保险人在该请求权转移给保险人之后,又无法及时从保险人处获得损失补偿。保险金的给付是被保险人对第三人的损害赔偿请求权转移的法定条件,而不是保险人对第三人实行代位权的条件,以保护被保险人的利益。因此,在保险人给付保险赔偿金之前,保险人不

---

① 《中国平安财产保险股份有限公司江苏分公司诉江苏镇江安装集团有限公司保险代位求偿权纠纷案》,中华人民共和国最高人民法院公报网站,http://gongbao.court.gov.cn/Details/b497c042575777fcf75b1b65342ef1.html,2020年10月8日访问。

② 在中国平安财产保险股份有限公司北京分公司诉国网湖北省电力公司武汉供电公司保险人代位求偿权纠纷案(〔2015〕鄂民二终字第00244号、〔2016〕最高法民申1907号)中,法院裁判摘要认为,保险代位求偿权是保险人享有的,代位行使被保险人对造成保险标的损害负有赔偿责任的第三方的索赔求偿的权利,成立条件是被保险人因保险事故对第三人有损害赔偿请求权。由于电力公司在履行供电合同过程中并未违反合同约定,保险人的诉讼请求缺乏事实和法律依据。

③ See Robert Merkin, *Colinvaux's Law of Insurance*, 7th edition, Sweet & Maxwell, 1997, p. 173.

能行使保险代位求偿权。

保险代位求偿权仅适用于财产保险,而不适用于人身保险。[①]这是因为人身保险的保险标的无法用金钱来衡量,即使人身保险的被保险人或者受益人同时从保险人和第三人处获得损害赔偿,也不属于不当得利。[②] 虽然《保险法》第60条没有明文规定保险代位求偿权仅适用于财产保险,但关于保险代位求偿权的规定是在第三节财产保险合同之中,不是在《保险法》总则或者保险合同的一般规定之中,且《保险法》第62条明确将人身保险排除在外,所以在我国保险法上保险代位求偿权也仅适用于财产保险,而不能适用于人身保险。即使人身保险的被保险人获得多方面的赔偿,也没有必要转让其对第三人的损害赔偿请求权,保险人也无权代位追偿。[③]

(二)保险代位求偿权的性质

关于保险代位求偿权的性质,有债权法定移转说、赔偿请求权附属说和广义形成权说三种学说:债权法定移转说认为,保险代位求偿权是基于法律规定由被保险人转移给保险人的债权;赔偿请求权附属说认为,保险代位求偿权性质上仍然是债权请求权,是保险人的法定权利且从属于被保险人对第三人的赔偿请求权;广义形成权说认为,保险代位求偿权是行使他人权利的权利,将导致被保险人与第三人之间的法律关系发生变更,被保险人不得再向第三人主张赔偿请求权。

债权法定转移说为保险代位求偿权在民法理论体系内找到了归宿,具有逻辑上的合理性,是对保险代位求偿权法律性质的合理解释。债权法定移转说为多数学者所支持[④],且成为立法依据,如《德国保险合同法》第67条和《日本商法典》第662条之规定。保险代位求偿权是保险人向第三人请求支付特定金额的权利,因而属于请求权。保险代位求偿权成立时,被保险人即丧失对第三人的债权。基于一定的目的,在符合法定条件后,法律将被保险人对于第三人的债权移转给保险人。例如,在中国人民财产保险股份有限公司广东省分公司等追

---

① 参见桂裕:《保险法》,三民书局1983年增订初版,第144页。

② 参见江朝国:《保险法基础理论》,中国政法大学出版社2002年版,第392页。
英国保险法学者也认为代位权仅适用于财产保险,人身保险不能适用代位权,R. M. Walmsley, *Subrogation and Contribution in Insurance Practice*, Witherby & Co LTD, 2001, p. 9.

③ 有观点认为,保险代位求偿权不仅适用于财产保险,也适用于部分人身保险。但人身保险应当具有损害填补性质,如健康保险以及意外伤害保险中的医疗、分娩及住院等费用给付。参见许谨良主编:《保险学》,上海财经大学出版社2003年版,第62页。

④ 参见孙积禄:《保险法论》,中国法制出版社1997年版,第117页;李玉泉:《保险法》(第二版),法律出版社2003年版,第228页;桂裕:《保险法论》,三民书局1983年增订初版,第153页;梁宇贤:《保险法新论》,瑞兴图书股份有限公司2001年修订新版,第183页。

偿权纠纷管辖权异议案中①,最高人民法院认为,保险人代位求偿权的基础是被保险人对第三者享有债权。根据《保险法》第60条的规定,因第三者对保险标的损害造成保险事故的,保险人自向被保险人赔偿保险金之日起,在赔偿金额范围内代位行使被保险人对第三者请求赔偿的权利。保险人代位求偿权源于法律的直接规定,属于保险人的法定权利而并非基于保险合同产生的约定权利。

(三) 保险代位求偿权的作用

代位权有债权代位权与保险代位求偿权两种,债权代位权的作用主要是保全债权,而保险代位求偿权的作用主要表现在以下三个方面:

(1) 被保险人的不当得利的避免。在受领保险赔付之后,被保险人在受领的保险赔付范围之内,对第三人的赔偿请求权应转移给保险人,防止被保险人既获得保险赔付,又基于损害赔偿请求权向第三人请求损害赔偿,构成双重赔偿。换言之,被保险人在填补损失之外,获得了不当得利,从而违反了《保险法》的损失补偿原则。

(2) 侵权加害人责任的承担。被保险人在获得保险赔付之后,损失得到了补偿,不应再向第三人行使损害赔偿请求权,但被保险人对第三人的损害赔偿请求权并未消灭,如果不将对第三人的损害赔偿请求权转移给保险人,则造成被保险人有权利不行使,而保险人要行使权利却没有权利,同时实施加害的第三人虽有赔偿义务,却无须承担损害赔偿责任的结果。保险代位求偿权制度的建立,可以避免实施加害的第三人逃脱损害赔偿责任,从而实现制裁违法行为的目的。

(3) 保险费率的降低。保险代位求偿权的行使,可以减轻保险人的负担,从而降低全社会的保险费负担。保险人向被保险人支付保险金之后,通过保险代位求偿权制度从第三人处获得了支付给被保险人的保险金,两者相互抵销。从个案来看,保险代位求偿权制度降低了保险人保险赔付的实际数额;从社会总体看,保险代位求偿权制度降低了保险人给付保险金的总额,从而降低了保险费率,而保险费率的降低,实际上减少了公众缴付保险费的数额。②

(四) 保险代位求偿权的产生

保险代位求偿权的产生必须是第三人行为致使保险标的遭受损失,被保险

---

① 在中国人民财产保险股份有限公司广东省分公司、中国太平洋财产保险股份有限公司广东分公司、中国平安财产保险股份有限公司佛山分公司诉上海电气集团股份有限公司追偿权纠纷管辖权异议案(〔2013〕佛中法民二初字第24-1号、〔2014〕粤高法立民终字第1663号、〔2015〕民提字第165号)中,法院裁判摘要认为,保险人代位求偿权源于法律的直接规定,属于保险人的法定权利而非基于保险合同所产生的约定权利。在提起保险代位求偿权诉讼中,应根据保险人所代位的被保险人与第三者之间的法律关系确定管辖法院。

② 从理论上讲,保险代位求偿权能够从整体上降低保险费率,但这种作用在实际中是否能够实现,还需统计资料加以验证,但国内还没有相关的统计资料。实际上,在技术手段发达、保险市场充分竞争的条件下,行使代位求偿权获得的赔偿数额必然通过竞争机制反映到保险产品的价格——保险费率上,保险人的高额利润不会持续存在,保险代位求偿权有可能会带来保险费率的降低,从而惠及社会大众。

人对第三人的损害赔偿请求权是保险代位求偿权产生的依据,对第三人的请求权可以是侵权损害赔偿请求权,也可以是违约损害赔偿请求权。例如,在中国平安财产保险股份有限公司江苏分公司保险人代位求偿权纠纷案中,镇江市京口区人民法院认为,保险代位求偿权制度旨在避免财产保险的被保险人因保险事故的发生,分别从保险人及第三者获得赔偿,获得超出实际损失的不当利益,从而增加道德风险。保险人行使代位求偿权应以被保险人对第三者享有损害赔偿请求权为前提,而损害赔偿请求权既可因第三者对保险标的实施的侵权行为产生,也可基于第三者的违约行为产生,不应仅限于侵权赔偿请求权。镇江市中级人民法院二审撤销了原审判决,而江苏省高级人民法院再审则维持一审判决,撤销了二审判决,认为根据《保险法》第60条文义及保险代位求偿权制度的立法目的可知,保险人行使代位求偿权,应以被保险人对第三者享有损害赔偿请求权为前提,而损害赔偿请求权既可因第三人对保险标的实施的侵权行为产生,也可基于第三人的违约行为等产生,不应仅限于侵权赔偿请求权。

第三人行为在保险代位求偿权中具有重要意义,第三人行为不仅有第三人不法行为,如侵权行为、违约行为等,而且还有其他合法行为。第三人行为主要有以下三种行为[①]:

(1) 侵权行为。第三人侵权行为导致被保险人保险标的遭受保险损失的,根据法律规定应当承担损害赔偿责任。例如,在房屋火灾保险中,因第三人纵火行为导致房屋灭失的,保险人在保险赔偿金范围内取得被保险人对第三人的损害赔偿请求权。又如,第三人违反交通规则,驾驶车辆造成交通事故,导致被保险人投保的车辆遭受损害的,应当承担损害赔偿责任。因产品质量问题,导致保险标的损失的,产品制造商或者经销商应承担侵权损害赔偿责任。例如,在东京海上日动火灾保险(中国)有限公司上海分公司保险人代位求偿权纠纷案中[②],上海市第二中级人民法院认为,承运人与托运人(被保险人)之间存在明确的运输合同,涉案货物为运输过程中因交通事故遭受损坏。承运人存在合同责任和侵权责任竞合的情形,托运人(被保险人)享有选择权,保险人依据保险代位权也享有同等权利。保险人明确请求权基础为侵权赔偿并行使保险代位求偿权,承运人应按照侵权责任赔偿。

---

① E. R. Hardy Ivamy, *General Principles of Insurance Law*, 6th edition, Butterworths, 1993, pp. 498-502.
② 在东京海上日动火灾保险(中国)有限公司上海分公司诉新杰物流集团股份有限公司保险人代位求偿权纠纷案([2016]沪0114民初5194号、[2017]沪02民终6914号)中,法院裁判摘要认为,货物运输合同履行过程中托运人财产遭受损失,在承运人存在侵权与合同责任竞合的情形下,允许托运人或其保险人依据《合同法》第122条选择侵权诉讼或合同诉讼。但是,托运人要求承运人承担侵权责任的,承运人仍然可以依据货物运输合同的有关约定进行抗辩。法院依据诚实信用原则,综合考虑合同条款效力、合同目的等因素确定赔偿范围(2019年最高人民法院公报案例)。

(2) 违约行为。第三人违反合同规定,造成保险标的损失的,根据合同约定,应当对保险标的承担违约损害赔偿责任。例如,在货物运输保险中,由于承运人的故意或者过失,造成运输货物损失的,根据运输合同的规定,承运人应当对被保险人承担违约损害赔偿责任。例如,在中国平安财产保险股份有限公司江苏分公司保险人代位求偿权纠纷案中,江苏省高级人民法院再审认为,第三者的违约行为给保险标的造成损害,保险人可以依法向第三者行使代位求偿权。保险人行使代位求偿权应以被保险人对第三者享有损害赔偿请求权为前提,赔偿请求权既可因第三者对保险标的实施的侵权行为产生,也可基于第三者的违约行为产生,不应仅限于侵权赔偿请求权。

　　(3) 合法行为。行为人的行为属于合法行为,但根据法律规定,第三人应当承担损害赔偿责任。例如,在海上保险中,货物损失是因共同海损所致,这种行为属于合法行为。货物保险人在赔付共同海损损失之后,在所赔付的保险赔偿金限度之内,可以就被保险人对其他共同海损债务人所有之分担请求权,享有代位权。例如,在中国人民财产保险股份有限公司上海卢湾支公司保险代位求偿权案中①,上海市第一中级人民法院认为,保险人代位行使的权利范围不限于因侵权行为产生的损害赔偿请求权,也包括因合同关系、第三者的其他行为等产生损害赔偿请求权。

　　(五) 保险代位求偿权的构成要件

　　保险代位求偿权是保险人所享有的法定权利,但保险代位求偿权的行使应当具备法定的条件。保险代位求偿权行使应具备的法定条件既是保险法理论问题,也是保险司法审判实务遵循的裁判准则。例如,在中国大地财产保险股份有限公司绵阳支公司保险人代位求偿权纠纷案中②,四川省高级人民法院认为,保险人代位求偿权的取得需满足以下条件:保险人与被保险人建立了保险合同关系;保险人已向被保险人赔偿了保险金;保险事故是第三者对保险标的的损害所致;保险人代位求偿金额未超过保险金赔偿范围且未超过第三者依法应当承担的赔偿责任。根据《保险法》《海商法》的相关规定,保险人行使保险代位求偿权,

---

① 在中国人民财产保险股份有限公司上海卢湾支公司诉予达货运有限公司保险代位求偿权案([2006]闵民二(商)初字第411号、[2006]沪一中民三(商)终字第158号)中,法院裁判摘要认为,保险代位求偿权是保险人依照法律规定所享有的,代位行使被保险人对造成保险事故并负有赔偿责任的第三者请求赔偿的权利。保险人的权利是源自被保险人对第三者的赔偿请求权,该赔偿请求权的基础并不限于因侵权行为产生的损害赔偿请求权,也应该包括因合同关系、第三者的其他行为等产生损害赔偿请求权。因此,保险人从被保险人处所取得的权利在其理赔的范围内,应与被保险人从承运人处所取得的赔偿请求权是一致的。

② 在中国大地财产保险股份有限公司绵阳支公司诉中远物流仓储配送有限公司保险人代位求偿权纠纷案([2013]绵民初字第42号、[2013]川民终字第626号)中,法院裁判摘要认为,保险人的代位求偿权是法定债权转移,即在自保险人向被保险人赔偿保险金之日起,被保险人对第三者请求赔偿的权利即法定地转移至保险人,保险人即可在赔偿保险金的范围内享有对第三者的赔偿请求权,不需以被保险人的意思表示和通知为成立要件。

应当具备以下条件：

(1) 被保险人对第三人享有损害赔偿请求权。保险人对被保险人所承担的保险金给付责任是因第三人行为引起的，保险人即可向第三人行使代位权。保险代位求偿权可能因第三人的侵权行为、债务不履行、不当得利、所有物返还、占有物返还等引起。保险代位求偿权的义务主体是承担损害赔偿责任的第三人。保险合同当事人之外的其他人均可能成为第三人。为保护被保险人利益，如果保险代位求偿权行使的相对人与被保险人有经济上或者生活上的利害关系，则保险人不得行使代位权。《保险法》第62条规定，第三人如果是被保险人的家属或者受雇佣人，则保险人不享有保险代位求偿权。家庭成员互负扶养义务，互享扶养权利，在经济上存在利害关系，如果保险人向被保险人给付之后，又向被保险人的家庭成员行使代位权请求返还，保险人所为保险给付的功能就不复存在。①但是，为防止道德危机，如果损失是由被保险人家庭成员或者其他组成人员故意行为造成的，保险人仍得行使代位权。例如，在中国平安财产保险股份有限公司北京分公司保险人代位求偿权纠纷案和中国人民财产保险股份有限公司广东省分公司等追偿权纠纷管辖权异议案中，最高人民法院认为，被保险人对第三人所享有的损害赔偿请求权是保险人代位求偿权的基础。

(2) 保险人已经给付保险金。在保险事故发生之后，保险人给付保险金之前，被保险人对第三人享有的损失赔偿请求权并未转移给保险人，保险人不得对造成损害的第三人行使保险代位求偿权。向被保险人给付保险金，是保险人取得保险代位权的代价。在保险人给付被保险人保险金之前，被保险人既可向保险人请求给付保险金，也可向第三人要求损害赔偿，这个阶段保险代位求偿权表现为期待权。②如果被保险人向第三人请求赔偿而获得部分或者全部赔偿，保险人在给付保险金时，应扣除被保险人已经获得的损害赔偿，如《保险法》第60条和《海商法》第254条之规定。只有在保险人给付保险金之后，保险人对第三人的代位权才由期待权转化为既得权，才能行使保险代位求偿权。可见，保险代位求偿权既不是成立于保险合同生效之时，也不是成立于保险事故发生之时，而是产生于保险人给付保险金之后。

在保险实务中，保险人在保险金给付前要求被保险人签发"权益转让书"，并作为保险人理赔的必经程序，而"权益转让书"仅有保险人取得保险代位求偿权的证据效力，是否取得及何时取得应以保险人给付保险金为唯一判断依据。在保险人支付保险赔偿金后，即使被保险人拒绝签署"权益转让书"，保险人也享有代位求偿权；如果保险人没有给付保险金，即便被保险人签署了"权益转让书"，

---

① 参见刘宗荣：《保险法》，三民书局1995年初版，第241页。
② 参见史尚宽：《民法总论》，中国政法大学出版社2000年版，第26页。

保险代位求偿权仍然不成立。法律规定保险代位求偿权应以保险金的给付为前提,并没有要求被保险人应有让与意思表示或者授权。换言之,保险金给付是保险人取得保险代位求偿权的法定条件,并非根据双方当事人约定成立。例如,在艾斯欧洲集团有限公司航次租船合同纠纷案中,上海市高级人民法院认为,艾斯公司作为保险人,在向玛吕莎公司及玛吕莎钢铁公司支付了保险赔偿金并取得相关权益转让书后,依法取得代位求偿权。

(3) 保险代位求偿权的范围不得超过保险赔偿范围。保险人行使代位权的范围应以保险人向被保险人给付的保险金数额为限,即不得超过保险人向被保险人已经给付的保险金数额。根据《保险法》第 60 条的规定,保险人在赔偿金额范围内代位行使被保险人对第三人的请求赔偿权。保险代位求偿权与被保险人的损害赔偿请求权相对独立,在保险金未完全给付之前,被保险人可以继续向造成损害的第三人要求赔偿。被保险人对第三人的损害赔偿请求权,并不妨碍保险人在保险给付范围之内向第三人行使代位权。在债权请求权平等的理念下,被保险人的赔偿请求权和保险人的代位求偿权,不存在何者优先受偿的问题。在填补被保险人的损失方面,如果两者的权利发生冲突,应当注重对补偿被保险人损失的合理化选择。在保险金给付不足以补偿被保险人损失时,保险人可以行使代位权,但如果第三人难以支付被保险人在保险金之外的损害赔偿请求,被保险人的损害赔偿请求应当优先清偿①,这符合《保险法》第 60 条的目的和宗旨。保险代位求偿权制度并不阻止被保险人损失得到完全的补偿,如《日本商法典》第 662 条和《德国保险合同法》第 67 条之规定。否则,保险丧失其应有的意义和价值。例如,在中国人民财产保险股份有限公司广东省分公司等追偿权纠纷管辖权异议案中,最高人民法院认为,保险人从向被保险人赔偿保险金之日起,在赔偿金额范围内代位行使被保险人对第三人的请求赔偿权利。

被保险人对第三人的损害赔偿请求权、保险人保险金的给付、代偿范围仅限于保险金给付范围内三个条件,是保险司法审判实践认定是否构成保险代位求偿权的准则。例如,在大众保险股份有限公司南通中心支公司保险代位求偿权纠纷案中②,南通市中级人民法院认为,保险人代位求偿权的行使应当满足以下三个条件:被保险人因保险事故,享有向第三人的赔偿请求权;保险人对被保险人必须已支付保险赔偿金;保险人以自己的名义向对保险标的损失负有赔偿责任的第三人行使代位求偿权。

---

① 参见江朝国:《保险法基础理论》,中国政法大学出版社 2002 年版,第 397 页。
② 在大众保险股份有限公司南通中心支公司诉挪威王国 NRS 公司保险代位求偿权纠纷案(〔2008〕通中民三初字第 0004 号)中,法院裁判摘要认为,保险代位求偿权的取得是由于保险人履行了赔偿义务,设立保险代位求偿权的目的在于保护被保险人的利益,同时也防止保险人获得双重利益,当保险人的赔偿金额高于被保险人享有的对第三人的损害赔偿请求权时,代位求偿权只能等于被保险人原有的对第三人的请求权,赔偿请求权的范围不得超过赔付金额,同时应受第三人应当承担的赔偿范围的限制。

二、保险代位求偿权的取得与行使

保险代位求偿权的基础是被保险人对第三人享有债权,即保险代位求偿权来源于被保险人对第三人的债权。保险代位求偿权的取得是保险代位求偿权行使的前提和基础,而保险代位求偿权的取得应当满足一定的条件。

(一)保险代位求偿权的取得

世界各国关于保险代位求偿权的取得方式,有自动代位主义和请求代位主义两种不同的立法例:

(1)自动代位主义。代位求偿权的取得以保险人给付保险金为条件,即保险人给付被保险人保险金之后,便自动取得保险代位求偿权。德国、意大利、日本等国家和地区保险立法采取自动代位主义。

(2)请求代位主义。在向被保险人给付保险金之后,保险人并不能自动取得保险代位求偿权,应当由被保险人向保险人转让其对第三人的损害赔偿请求权。

这两种立法例各有利弊。根据自动代位主义立法例,保险人能够在给付保险金之后立即取得保险代位求偿权,但对第三人的损害赔偿请求权让与的时间、范围均不够明确,且第三人也不清楚是向保险人履行赔偿义务,还是向被保险人履行赔偿义务。在向保险人与被保险人均承担赔偿义务的场合,第三人不清楚向保险人应当支付的赔偿数额。请求代位主义立法例正好避免了自动代位主义立法例的缺陷。

《保险法》第60条采纳了自动代位主义的立法例,即保险人在支付保险金之日起,即可获得被保险人对第三人的损害赔偿请求权,而没有必要获得被保险人的同意。在保险实务中,保险人在支付保险金时,通常要求被保险人签发保险金收据以及权益转让文件。在法律上,被保险人是否签发权益转让证明文件,并不妨碍保险人取得保险代位求偿权。实际上,权益转让文件能够证明保险人支付保险金的数额和支付的时间,可以明确保险人取得保险代位求偿权的时间和保险人行使代位权所能获得的最高赔偿数额。

(二)保险代位求偿权的行使

保险代位求偿权的行使是保险人实现求偿权的唯一手段,保险代位求偿权行使的方式直接关系到相关当事人的合法权益。保险人是以自己名义还是以被保险人名义行使代位权,是保险人行使保险代位求偿权首先必须解决的问题。在保险业早期,保险人以被保险人的名义行使保险代位求偿权,但随着保险业的发展以及保险制度的不断完善,世界各国司法实践基本上承认保险人在取得保险代位求偿权之后,既可以自己名义,也可以被保险人名义,向第三人行使保险代位求偿权。但在英国,长期以来保险人不得直接对第三人提起诉讼,而必须以被保险人名义进行①,这种代位求偿权的行使方法,被形象地称为保险人"踏进了被保险人的鞋"("stand in the shoes" of the injured party)。②

《保险法》没有对保险人以谁的名义行使代位权作出明文规定。理论上,保险人依法取得的代位权,虽然在权利性质上从属于被保险人,但终究还是独立于被保险人之外的权利,保险人不必获得被保险人的同意或者经被保险人的转让,即可直接以保险人自己名义向第三人行使被保险人对第三人所享有的损害赔偿请求权。换言之,保险人基于法律规定获得保险代位求偿权,保险人应当以自己名义行使代位权。

在《保险法司法解释(二)》之前,我国保险司法审判实践既承认保险人以自己名义行使代位权,又承认以被保险人名义行使代位权。《保险法司法解释(二)》第16条明确规定,保险人应以自己名义行使保险代位求偿权。保险法司法解释对保险代位求偿权行使方式的规定,统一了保险代位求偿权的行使方式。保险人以自己名义行使保险代位求偿权,具有独立的请求权人地位或者诉讼地位,可以避免以被保险人名义行使代位求偿权可能引起的种种不便。如果保险人以被保险人名义行使代位求偿权,则保险人不具有独立的诉讼地位,保险人行使代位求偿权受制于被保险人的意思,不利于保险代位求偿权制度的运行。

保险代位求偿权本质上是一种债权请求权,保险人在不违背法律和社会公共利益的前提下,可对代位求偿权进行自由处分。在保险实务中,保险人基于某种原因可能放弃代位求偿权,主要有以下三种情形:

(1) 因第三人原因放弃。因第三人没有履行债务能力,代位求偿难以顺利进行的,保险人可放弃或者部分放弃代位求偿权。在行使代位求偿权时,保险人通常要考虑第三人经济状况和受偿可能性:如果第三人经济状况好,有赔偿能力,则按先予给付的保险金数额向其追偿;如果经济状况不佳,无力支付代位求偿数额,则保险人应权衡利弊,决定是否放弃代位求偿权。

(2) 因保险人原因放弃。数个保险人因各自行使保险代位求偿权,可能导致利益的冲突,协议放弃代位权。在被保险人之间互有过错的情况下,可能产生这种结果。例如,汽车保险人之间存在"碰撞弃权"协议,如果在两家保险公司投保的两辆汽车因驾车人互有过错碰撞受损时,每个保险人均仅负责赔偿各自承保的被保险人损失,而放弃行使相应的代位权,不追究相对方的侵权责任。

(3) 因被保险人原因放弃。因被保险人与侵权第三人有某种利益联系,保险人可放弃相应的代位求偿权。例如,雇主责任险的保险人与被保险人约定,保

---

① See Robert Merkin, *Colinvaux's Law of Insurance*, 7th edition, Sweet & Maxwell, 1997, p. 182.
② R. M. Walmsley, *Subrogation and Contribution in Insurance Practice*, Witherby & Co LTD, 2001, p. 3.

险人不以雇主名义行使对有过失的雇员的追偿权。如果雇主的雇员因过失致客户或者他人利益受损,雇主从保险人处得到保险金补偿受害人损失后,保险人不再向有过失的雇员进行代位追偿。

三、保险代位求偿权的限制

保险代位求偿权的行使能够有效地避免被保险人不当得利,维护保险损失补偿原则,增强保险保障基金和保险人的偿付能力,降低保险费率水平,提高第三人的责任意识,降低保险事故发生的概率。但是,保险人行使保险代位求偿权是有限制的,保险代位求偿权的限制主要表现在保险代位求偿权的适用范围、保险代位求偿权行使的相对人、保险代位求偿权请求损害赔偿的范围以及保险代位求偿权的时效等方面。例如,在天平汽车保险股份有限公司苏州中心支公司追偿权纠纷案中[1],苏州市吴江区人民法院认为,王克忠在肇事后逃逸,违反了我国相关法律的规定。保险人已按照法院生效判决在交强险责任限额内向受害人予以赔付。在王克忠肇事后逃逸的情形下,保险人有权就其垫付的款项向王克忠进行追偿。苏州市中级人民法院维持了一审判决。江苏省高级人民法院再审认为,肇事逃逸系发生在交通事故之后,没有增加保险事故发生的概率和风险,与事故的本身并没有关联,与《机动车交通事故责任强制保险条例》第二十二条中规定的保险公司享有追偿权的情形存在本质区别。一审、二审法院支持保险人追偿的诉讼请求,违背了《机动车交通事故责任强制保险条例》的立法本意,也与侵权责任规范相悖,属于适用法律错误,依法应予以纠正。江苏省高级人民法院判决撤销一审、二审判决,驳回保险人的诉讼请求。

(一)保险代位求偿权的适用范围限制

关于保险代位求偿权的适用,《保险法》并未将其规定在保险合同的一般规定之中,而是规定在财产保险合同中,这充分说明了保险代位求偿权是财产保险合同所特有的制度。人身保险的保险标的,为被保险人的生命或者身体,保险利益为被保险人的人格利益,不能用金钱价值来衡量。被保险人或者受益人按照人身保险合同请求给付的保险金,并非被保险人人格利益的价值体现,不适用损失填补原则,从而不能适用保险代位求偿权。有学者进一步指出,人寿保险合同之所以不适用保险代位求偿权,是因为被保险人或者受益人对于第三人的损害赔偿请求权具有专属性。[2]人身保险有人寿保险、健康保险和意外伤害保险三大

---

[1] 在天平汽车保险股份有限公司苏州中心支公司诉王克忠追偿权纠纷案(〔2013〕吴江商初字第0660号、〔2013〕苏中商终字第0754号、〔2014〕苏民再提字第00136号)中,法院裁判摘要认为,《机动车交通事故责任强制保险条例》第22条规定,以下三种情形造成的道路交通事故,由保险公司在交强险责任限额内承担垫付责任,并有权向致害人追偿:驾驶人未取得驾驶资格或者醉酒;被保险机动车被盗抢期间肇事;被保险人故意制造道路交通事故的(2018年最高人民法院公报案例)。

[2] 参见郑玉波:《保险法论》,三民书局1997年修订版,第183页。

类,每一类具有自身固有的特点并具有较大的差异性,是否一律不得适用保险代位求偿权,世界各国的立法例和司法实务所采取的态度并不完全相同。人身保险中的意外伤害保险、健康保险在一定程度上具有填补损失的特征,为保险代位求偿权的适用提供了一定的条件;但由于本身具有的人身利益无价值属性,在相当程度上又排斥保险代位求偿权的适用。我国保险司法审判实践基本排斥在意外伤害保险、健康保险中适用保险代位求偿权。

(二)保险代位求偿权行使相对人的限制

保险代位求偿权中第三人的范围包括自然人、法人和非法人组织。从理论上说,第三人应当是除保险人与被保险人之外的任何人,但该第三人是被保险人的家属或者雇员时,则不能成为保险人行使代位权的对象。如果法律允许保险人对造成被保险人的损失的任何第三人行使保险代位求偿权,实际上,最终的损害赔偿责任还是由被保险人本人承担,这不仅对于被保险人的利益保护十分不利,而且违背了投保人订立保险合同的目的。如果放任这种结果,被保险人通过保险分散危险、消化损失的计划势必落空,保险功能也无从发挥;长此以往则最终损害保险人自身的利益,不利于保险市场的健康发展。为避免这种不合理的现象发生,保险人不得向被保险人的家庭成员或者其组成人员行使代位求偿权,除非被保险人的家庭成员或者其组成人员故意造成保险事故的发生,如《保险法》第62条之规定。对家庭成员利益的保护,实际上是保护被保险人的利益。如果保险人先行赔付被保险人保险金,然后又向被保险人的家属追偿损失,等于向被保险人追回保险补偿。被保险人的损失实际上得不到赔偿,保险的目的和功能不能实现。具体来说,《保险法》对保险人行使保险代位求偿权进行了两个方面的限制:

(1)被保险人的家庭成员除外。对被保险人家庭成员过失造成的保险事故,保险人不能行使代位权。被保险人的家庭成员应当是与被保险人共同生活、与被保险人拥有共同财产的人,或者由被保险人承担抚养或者赡养义务的人。被保险人的配偶、父母、子女,甚至兄弟姐妹以及其他人,均可能成为被保险人的家庭成员。但是,被保险人的家庭成员故意造成保险事故的,保险人可以行使代位权。被保险人与家庭成员具有共同财产和共同利益,如果保险人不对被保险人的家庭成员故意造成的保险事故行使代位权,则可能诱发被保险人与家庭成员之间的合谋,即由被保险人的家庭成员故意制造保险事故,以获取保险损害赔偿,从而导致道德风险的发生。例如,在中国太平洋财产保险股份有限公司珠海中心支公司保险人代位求偿权纠纷中[①],中山市中级人民法院认为,按照《保险

[①] 在中国太平洋财产保险股份有限公司珠海中心支公司诉中山市坦洲镇侠成农庄保险人代位求偿权纠纷案([2016]粤2071民初744号、[2016]粤20民终4180号)中,法院裁判摘要认为,被保险人在自己经营的农庄发生火灾导致停放车辆烧毁,如果保险人仍可向农庄代位追偿,则实际的责任承担者又是被保险人自己,与法相悖。

法》第 62 条的规定,除发现被保险人故意造成保险事故外,保险人不得向被保险人的家庭成员行使代位请求赔偿,当然更不得向被保险人本人行使。

(2) 被保险人的雇员除外。由于被保险人的雇员过失所造成的保险事故,保险人不能行使代位权。但是,被保险人的雇员在本职工作之外,由于过失造成保险事故的,保险人享有保险代位求偿权,如被保险人的司机在休息日私自驾驶被保险人的汽车,造成汽车的毁损,保险人享有代位权。例如,在中国大地财产保险股份有限公司北京分公司保险合同纠纷案中[1],北京市第一中级人民法院认为,保险人不得在机动车损失保险项下,向被保险人允许的合法驾驶人行使代位求偿权。

此外,司法审判实践肯定了保险人可以向投保人行使代位求偿权。在投保人和被保险人为不同主体,因投保人对保险标的的损害而造成保险事故时,保险人可依法主张代位行使被保险人对投保人请求赔偿的权利,如《保险法司法解释(四)》第 8 条之规定。但是,投保人可以通过合同约定的方式改变前述条文的规定,即在投保人与保险人协商一致并在保险合同中约定保险人不得向投保人追偿的情况下,只要约定不存在违反法律强制性规定的情形,则对保险人应具有约束力。保险人一旦同意放弃向投保人追偿的权利,则将来即便因为投保人的原因导致保险事故,也无权向投保人追偿。

(三) 保险代位求偿权请求损害赔偿的范围限制

保险人对第三人行使保险代位求偿权请求损害赔偿的范围,应当是以保险人对被保险人的保险赔偿额为限,主要表现在以下三个方面:

(1) 不得影响被保险人的其他权利。在赔偿金额范围内,保险人代位行使被保险人对第三人请求赔偿的权利,不影响被保险人就未取得赔偿的部分向第三人请求赔偿的权利。[2]

(2) 以给付的保险金为限。保险人行使保险代位求偿权不得超过所给付的保险金额,以防止保险人不当得利。但保险人行使保险代位求偿权的范围超出所给付的保险金,如果不损害被保险人利益,又可减轻被保险人向第三人请求损害赔偿的诉讼负担的,可以允许保险人超额行使保险代位求偿权,但超额部分应归被保险人所有,如《海商法》第 254 条之规定。例如,在安盛保险股份有限公司

---

[1] 在中国大地财产保险股份有限公司北京分公司诉北京冀东丰汽车销售服务有限公司保险合同纠纷案([2013]石民初字第 2694 号、[2013]一中民终字第 12431 号)中,法院裁判摘要认为,机动车损失保险项下,被保险人允许的合法驾驶人应排除在《保险法》第 60 条第 1 款规定的第三者范围之外。保险人不得在机动车损失保险项下,向被保险人允许的合法驾驶人行使代位求偿权。

[2] 在保险实务中存在错误的做法:保险人进行保险金给付之后,不管被保险人是否获得全部赔偿,其均因保险人取得代位求偿权丧失对第三人的赔偿请求权。

海上货物运输侵权损害赔偿纠纷案中[1],上海市高级人民法院认为,涉案货物在实际承运人卡斯滕·雷德·史契夫马克勒莱德利股份有限公司的责任期间内发生货损,承运人的过错行为致使收货人遭受了经济损失,承运人应当向行使代位求偿权的保险公司承担相应赔偿责任。涉案保险为共同保险,安盛保险股份有限公司占保险责任和份额的30%。因此,安盛保险公司应获得全部赔偿额的30%。

(3) 不得妨碍被保险人的损失得到完全补偿。在保险损害赔偿(不足额保险)和第三人侵权损害赔偿(限额赔偿责任)均不能弥补被保险人的损失的情况下,被保险人从保险人处获得保险赔偿之后,仍然有权向第三人请求损害赔偿,以填补不足额保险赔偿的损失。保险人仅在被保险人获得全部损失赔偿之后,才能对第三人行使保险代位求偿权。

但是,在某些情形下,保险人即使对被保险人进行了保险赔付,但仍有可能丧失保险代位求偿权。在被保险人已经从保险人处获赔的范围内,第三人又向被保险人作出赔偿,保险人则丧失被保险人对第三人的代位求偿权,但可以请求被保险人返还相应的保险金,如《保险法司法解释(四)》第10条之规定。

(四) 保险代位求偿权的时效限制

保险代位求偿权是保险人依法所享有的权利,性质上应当从属于被保险人对第三人的损害赔偿请求权。不管是因侵权还是违约产生,被保险人对第三人造成保险标的损害所享有的损害赔偿请求权,均属于债权请求权的范畴,债权请求权受诉讼时效的限制[2],因而保险代位求偿权受诉讼时效限制。诉讼时效完成,保险代位求偿权消灭。

保险代位求偿权的时效与保险金给付请求权的时效是两个不同的概念,《保险法》第26条和《海商法》第264条对保险金给付请求权的行使时效有明文规定,保险金给付请求权的时效是为促使被保险人在保险事故发生后积极向保险人报告并索赔,以利于保险人及时理赔,从而避免不必要的拖延和纠纷。但是,保险金给付请求权的时效并不适用于保险代位求偿权的时效。保险代位求偿权的时效,在《保险法》没有专门规定的情形下,由于《保险法》是民商事特别法,应当适用《民法典》中的诉讼时效制度。至于保险代位求偿权的时效类别、期间的长短以及起算,应当按照被保险人对第三人的请求权基础或者性质加以决定,保

---

[1] 在安盛保险股份有限公司诉卡斯滕·雷德·史契夫马克勒莱德利股份有限公司海上货物运输侵权损害赔偿纠纷案([2009]沪海法商初字第600号、[2011]沪高民四(海)终字第1号)中,法院裁判摘要认为,涉案货物在实际承运人卡斯滕公司的责任期间内发生货损,卡斯滕公司的过错行为致使收货人遭受了经济损失,卡斯滕公司应当向行使代位求偿权的保险公司承担相应赔偿责任。涉案保险为共同保险,安盛保险公司占保险责任和份额的30%。因此,安盛保险公司应获得全部赔偿额的30%。

[2] 参见郑云瑞:《民法总论》(第九版),北京大学出版社2021年版,第385页。

险代位求偿权的时效因为被保险人对第三人的请求权时效的完成而完成。保险代位求偿权的时效限制，根据我国现行法律规范，主要有两种：

(1) 普通诉讼时效。因第三人的侵权行为或者违约行为发生的保险事故，除其他法律对被保险人向第三人赔偿请求权的时效期间另有规定外，应当适用《民法典》第 188 条规定的普通诉讼时效——3 年。保险代位求偿权的诉讼时效期间应自其取得代位求偿权之日起算，如《保险法司法解释(二)》第 16 条之规定。

(2) 特别诉讼时效。保险事故因第三人的侵权行为或者违约行为发生，被保险人对第三人的赔偿请求权所适用的时效，《民法典》以外的其他法律有特别规定或者专门规定的，应当适用其他法律的规定。在这种情形下，保险人的代位求偿权所适用的诉讼时效，按照被保险人的赔偿请求权应当适用的特别法规定予以确定。例如，被保险人对于第三人因为海上货物运输、海上旅客运输、船舶租用合同、海上拖航合同、船舶碰撞、海难救助、船舶发生油污损害而享有的赔偿请求权，《海商法》第十三章专门规定了诉讼时效；保险人对第三人的代位求偿权，也应当按照《海商法》规定的时效予以确定。

例如，在中国大地财产保险股份有限公司营业部海上货物运输合同代位求偿纠纷案①中，上海海事法院认为，根据《最高人民法院关于如何确定沿海、内河货物运输赔偿请求权时效期间问题的批复》，沿海货物运输赔偿请求权的时效期间为 1 年。如果海上保险代位求偿涉及的被保险人与第三人的法律关系属于《海商法》调整的范围，保险人行使代位求偿权的诉讼时效期间应适用《海商法》第十三章的规定，自承运人交付或应当交付货物之日起算；如果被保险人与第三人的法律关系不属于《海商法》调整范围，而是应适用民法规定，那么保险人行使代位求偿权的诉讼时效期间起算点应适用《保险法司法解释(二)》第 16 条的规定，自保险人取得代位求偿权之日起算。涉案运输为中华人民共和国港口间的海上货物运输，被保险人(托运人)与承运人之间的货物运输合同权利义务关系不受《海商法》第四章调整，而是适用民法的规定，涉案保险人行使代位求偿权的诉讼时效期间的起算应适用《保险法解释(二)》第 16 条的规定，即自保险人取得代位求偿权之日起算。涉案保险人在 2014 年 3 月 31 日向法院起诉，自代位求偿权取得之日，即 2013 年 8 月 12 日起算，并未超过 1 年的诉讼时效期间，且涉案诉讼时效因保险人提起诉讼而中断。保险人撤诉后于 2014 年 8 月 27 日重新起诉，也未超过诉讼时效。

---

① 在中国大地财产保险股份有限公司营业部诉中海华东物流有限公司海上货物运输合同代位求偿纠纷案(〔2014〕沪海法商初字第 1509 号)中，法院裁判摘要认为，只有当海上保险代位求偿涉及的被保险人与第三人的法律关系属于《海商法》调整的对象时，诉讼时效的起算才能适用《海商法》相关规定。否则，应适用《保险法司法解释(二)》的规定。保险人就沿海、内河货物运输合同向承运人行使代位请求赔偿权利，诉讼时效应自保险人取得代位求偿权之日起算。

四、保险代位求偿中被保险人的义务

在保险代位求偿中,被保险人对保险人承担一定的义务。被保险人对保险人承担的义务主要表现为不得弃权和协助义务两个方面。

(一) 被保险人不得弃权的义务

在获得保险金之后,被保险人不得放弃对第三人的损害赔偿请求权。被保险人放弃对第三人的损害赔偿请求权的,弃权行为无效。根据《保险法》第60条的规定,保险事故是由第三人造成的,从保险人给付保险金之日起,保险人取得被保险人对第三人的损害赔偿请求权。被保险人对第三人的损害赔偿请求权,在保险人赔偿金额以内的部分属于保险人,被保险人无权对这部分进行处分。保险人在向被保险人支付保险赔款之后,被保险人未经保险人同意,不得放弃对第三人的损害赔偿请求权。

如果被保险人故意放弃对第三人的损害赔偿请求权,损害了保险人利益,被保险人的弃权行为无效,保险人仍然有权向第三人行使代位求偿权。但是,在某些情况下,被保险人虽然没有明确表示放弃对第三人的损害赔偿请求权,但其行为在客观上妨碍了保险人行使代位求偿权。[1]此时尽管保险人没有丧失代位权,但由于无法找到代位求偿权的对象,实际上无法行使代位求偿权。保险人无法行使代位求偿权是因被保险人的过错造成的,应由被保险人承担相应的法律后果,如《保险法》第61条之规定。例如,在上海汉虹精密机械有限公司海上保险合同纠纷案中[2],上海海事法院认为,根据法律的规定,由于被保险人的过失致使保险人不能行使追偿权利的,保险人可以相应扣减保险赔偿。被保险人向第三人主张赔偿的时效期间应当从承运人交付或者应当交付货物之日起算。涉案货物于2008年12月17日抵达目的港,诉讼时效至少应当从12月17日之后开始计算。被保险人于2009年12月11日向上海市浦东新区人民法院提起诉讼,保险人在收到相关应诉材料时,仍在诉讼时效内,保险人可以在诉讼时效内向第三人主张赔偿。因此,被保险人的行为并未导致保险人无法在诉讼时效内向第三人主张权利。

从英国保险实务看,在保险人给付保险金之前,被保险人与第三人之间所达成的减免第三人责任的有效协议,对保险人有效。[3]保险人对第三人行使代位

---

[1] 例如,被保险人的汽车被他人的汽车碰撞之后,被保险人以为损失可以由保险人赔偿,在不记录肇事车辆的汽车牌照、驾驶员姓名、地址的情况下,就放走了肇事车辆,也不向有关部门报案。

[2] 在上海汉虹精密机械有限公司诉太阳联合保险(中国)有限公司海上保险合同纠纷案([2010]沪海法商初字第714号)中,法院裁判摘要认为,被保险人因过失未履行如实告知义务的,保险人对于保险合同解除前发生的与未告知情况没有因果关系的保险事故造成的损失,应当负赔偿责任。涉案的保险人有权解除合同,但合同解除并不影响保险人承担保险赔偿责任。

[3] See Robert Merkin, *Colinvaux's Law of Insurance*, 7th edition, Sweet & Maxwell, 1997, p.177.

权,第三人可以对抗被保险人的理由对保险人行使抗辩权。[1]在保险人给付保险金之后,被保险人不得放弃对第三人的求偿权,或者与第三人达成和解以减轻第三人的责任。[2]被保险人因放弃求偿权或者达成和解损害保险代位求偿权的,应当对保险人承担债务不履行的责任或者损害赔偿责任。[3]

我国保险代位求偿权制度实务部分借鉴了前述英国的代位权制度。被保险人放弃对第三人的赔偿请求权的行为发生在保险合同成立前后,或者发生在保险人给付保险赔偿前后,具有不同法律效果。在保险合同订立前或者保险事故发生前,被保险人预先放弃对第三人的赔偿请求权的,《保险法》并未规定保险人行使代位权将会产生何种效果。根据《保险法司法解释(四)》第9条的规定,在保险人以第三人为被告提起的代位求偿权之诉中,第三人以被保险人在保险合同订立前已放弃对其请求赔偿的权利为由进行抗辩,且前述放弃行为合法有效的,保险人则不得行使代位求偿权。但是,保险人在订立保险合同时对放弃赔偿事项提出询问,投保人未如实告知而导致保险人不能代位行使赔偿请求权的,保险人可以请求返还相应保险金。如果保险人知道或者应当知道前述情形仍同意承保的,则不能请求返还保险金。在保险合同成立前,被保险人放弃对第三人的赔偿请求权,保险人在订立保险合同时已知弃权的事实,仍然与被保险人订立保险合同的,视为对被保险人弃权行为的同意。第三人获得的利益可有效对抗保险代位求偿权,保险人应当向被保险人承担给付保险金的责任。在保险事故发生时,保险人不得以被保险人预先放弃对第三人的赔偿请求权损害代位权为由,对抗被保险人的保险金给付请求权。

在保险事故发生后,保险人给付保险金之前,被保险人可以自由处分对第三人的求偿权。与第三人达成的和解协议及对第三人的弃权行为,均为有效法律行为。因被保险人的处分行为受益的第三人,可以和解协议对抗保险人。在实施前述处分行为后,被保险人向保险人请求给付保险金的,则产生保险人依法减免补偿责任的法律效果。被保险人放弃对第三人的损害赔偿请求权,严重侵害了保险人的利益的,保险人可以拒绝承担相应的保险责任。如果保险事故的发生应由第三人承担全部责任,被保险人放弃权利的,保险人则不承担给付保险金的责任,如《保险法》第61条之规定。如果被保险人仅部分放弃对第三人的损害赔偿请求权,保险人不能拒绝承担保险责任,如《海商法》第253条之规定。

在保险事故发生后,保险人没有给付损失补偿之前,被保险人放弃对第三人的损害赔偿请求权,而保险人不知弃权事实向被保险人给付损失补偿的,保险人

---

[1] See Robert Merkin,*Colinvaux's Law of Insurace*,7th edition,Sweet & Maxwell, 1997, p. 173.
[2] Ibid., p. 177.
[3] Ibid.

因被保险人的弃权行为而不能向第三人行使代位权,其既可向被保险人追回已经给付的保险金,也可以被保险人违反保险合同的代位权条款为理由,追究违约责任。例如,在浙江昱辉阳光能源江苏有限公司财产损失保险合同纠纷案中[①],江苏省宜兴市人民法院认为,由于被保险人的故意或者重大过失致使保险人不能行使代位请求赔偿权利的,保险人可以相应扣减保险赔偿金。涉案事实无法认定被保险人因故意或者重大过失致使保险人追偿权受到限制,保险人以此要求相应扣减保险赔偿金的主张理由不足,保险人应对被保险人因保险事故造成的实际损失承担赔偿责任。无锡市中级人民法院二审维持了原审判决。

(二)被保险人的协助义务

保险人行使代位权时,需要得到被保险人的协助。保险人代位向第三人行使被保险人对第三人所享有的损害赔偿请求权的,第三人对被保险人所享有的所有抗辩权,除法律规定不能对抗保险人之外,均可对抗行使代位权的保险人。例如,在东京海上日动火灾保险(中国)有限公司上海分公司保险人代位求偿权纠纷案中,上海市第二中级人民法院认为,保险人行使保险代位求偿权,权利义务应当与被保险人对承运人的权利义务一致。被保险人与承运人之间的权利义务,既受双方运输合同约束,也受《侵权责任法》调整。对于运输过程中货物损失的分担,被保险人与承运人在双方的运输合同中有明确约定,该约定是双方在各自商业经营风险预判基础上,根据自愿、平等原则达成的一致安排,对双方处理合同约定的货物损失具有约束力,该约束力不因被保险人选择侵权之诉而失效。尽管保险人代被保险人向承运人主张侵权赔偿,但是承运人与被保险人之间的运输合同是双方的基础法律关系,承运人依据涉案运输合同对被保险人享有的合同抗辩权,同样适用于保险人。因此,承运人依据涉案运输合同的相关内容进行抗辩是正当的。

如果被保险人不向行使代位权的保险人提供必要的协助,保险人可能难以行使代位权。《保险法》第63条和《海商法》第252条规定被保险人具有协助保险人行使代位权的义务。被保险人的协助义务,主要表现在以下三个方面:

(1)相关文件的提供。凡是与第三人造成保险标的损失有关的文件,被保险人应当尽可能提供给保险人。被保险人应当向保险人出具权利转让证书,以证明保险人向被保险人给付保险赔偿,取得保险代位求偿权。

(2)相关情况的提供。凡是与保险事故及与第三人有关的一切情况,被保

---

① 在浙江昱辉阳光能源江苏有限公司诉中国人寿财产保险股份有限公司宜兴市支公司财产损失保险合同纠纷案([〔2015〕宜商初字第0924号、〔2016〕苏02民终879号)中,法院裁判摘要认为,投保人与保险人之间的保险合同关系合法、有效,在发生保险事故后,投保人在保险利益范围内依据保险合同主张保险赔偿,保险人应依法予以理赔。保险人认为投保人与承运人之间的运输合同中的约定,对于承运人的赔偿责任进行了限缩,致使保险人的代位追偿权受到限制。但保险人未行使代位追偿权,并不能确认保险人的代位追偿权确实受到了限制。

险人应当向保险人提供,包括保险事故发生的时间、地点、性质、损失程度。保险人询问有关情况时,被保险人不得拒绝回答,应当将所了解的有关情况如实披露。

(3) 协助保险人向第三人追偿。被保险人可以作为诉讼第三人、证人或者证据提供者出庭参加诉讼,协助保险人赢得代位求偿的诉讼。被保险人作为保险事故的当事人和受害人,对保险事故及其责任的归属具有直接的认知,且认知程度远高于保险人通过其他调查、间接取证所得到的认识,所以被保险人参与诉讼,对从程序上保证保险代位求偿权的实现具有决定意义。在诉讼阶段,提供证据是被保险人的主要义务。被保险人提供的证据应具备以下三个要件:一是证据的真实性。一切证据材料都必须是客观存在的事实,不能有主观臆造的成分。二是证据的关联性。证据与待证实的事实有内在的联系,并能证明待证实事实的一部或者全部。三是证据的合法性。证据必须具有实体法规定的特定形式,并且必须按照法定程序调查、收集、核实和提供。只有所提供的证据满足上述三个方面的特征,才能认定被保险人从诉讼程序上履行了对保险人的协助义务。

根据《保险法司法解释(四)》第 11 条的规定,被保险人因故意或者重大过失未能履行前述协助义务,导致保险人未能行使或者未能全部行使代位请求赔偿的权利的,保险人可以主张在损失范围内扣减或者返还相应保险金。

五、保险代位求偿权与债权人代位权

保险代位求偿权与债权人代位权同名而异义,两种权利既有相同之处,也有本质的差别。保险代位求偿权与债权人代位权的相同之处表现为:两种权利均来源于法律的直接规定,属于法定权利,当事人不得依约定改变;两种权利的义务主体均为第三人,且权利的行使范围均不得超出原债权人债权;代位权与基础债权既相互牵连,又相互独立。然而,保险代位求偿权与债权人代位权又存在本质的区别:

(1) 两种权利的功能不同。债权人代位权的功能在于保全债权,为使债权人的债权不因债务人的懈怠而不能实现,债权人代位权制度的目的是恢复债务人的履行能力;保险代位求偿权的目的是为保险人实现被保险人对第三人的债权。保全债权与实现债权两者间不仅存在理论鸿沟,而且实际运用效果差异明显。债权人代位权行使的效果归债务人所有,并纳入债务人的一般财产,债务人的其他债权人因债权平等性对该结果均享受请求权;保险代位求偿权行使的效力归属于保险人,保险人有权直接处分实体权利。保险代位求偿权的权利内容实际是要求第三人向保险人自己履行,保险人享有第三人的履行利益;债权人代位权的内容是要求次债务人向债务人履行,获得的利益归债务人所有,但我国司法审判实践却认为次债务人直接向债权人履行清偿义务。①

(2) 两种权利的行使条件不同。保险代位求偿权的行使要件,是保险事故及其损失的发生与第三人的过错应有直接的因果关系,保险人与被保险人之间有保险合同关系,且保险人已经履行保险赔付义务。保险赔付义务的履行是保险人行使代位求偿权的前提条件,在保险赔付义务履行之前,保险人与第三人不发生任何法律关系,也无权过问被保险人对第三人请求权的行使。债权人代位权的行使要件是债务人对他人的债权业已到期却怠于行使,且已危及债权人利益。换言之,在有确定期限的债权履行期届满后,或者无确定期限的债权经催告后,为防止债务人权利的消灭、变更危及债权人的利益,债权人方可行使代位权。债权人代位权的行使还要求债务人怠于行使权利,如果债务人已经行使对第三人的债权,债权人代位权也就失去了行使的依据。

(3) 两种权利的行使范围不同。保险代位求偿权的行使范围以保险金的给付额为限,在保险事故发生后,如果被保险人已从第三人处获得损害赔偿,保险人可在给付保险金时相应扣减已获赔偿部分的金额,同时取得实际给付部分的代位权。但是,代位权的行使范围与被保险人对第三人的损害赔偿债权范围未必一致,因为被保险人对第三人的损害赔偿请求权可能还涵盖诸如精神损害赔偿之类的请求权。债权人代位权的行使范围来源于债务人对次债务人的权利范围,即债权人不可能对次债务人行使超过债务人对次债务人的权利的权利;同时,债权人代位权的行使范围还来源于债权人对债务人的债权范围,债权代位权人一般也不应该向次债务人行使超过债权人对债务人的债权的权利。例如,在成都市国土资源局武侯分局债权人代位权纠纷案中②,最高人民法院认为,武侯国土局对成都港招公司所享有的债权合法有效,成都港招公司对原招商局公司所享的债权也经生效法律文书所确定,合法有效并已到期;成都港招公司既未向武侯国土局承担注册资金不实的赔偿责任,又怠于行使其对招商局公司或者改制后的招商房地产公司的到期债权,致使武侯国土局的债权未能实现,故武侯国土局关于要求招商房地产公司承担原招商局公司所欠成都港招公司债务的再审请求和理由成立,应予以支持。

---

① 根据大陆法系国家的债权人代位权制度,次债务人应向债务人履行义务,而不是直接向债权人履行义务。最高人民法院司法解释的规定,使债权代位权制度成为债权人实现债权的手段,而不是保全债权的手段。可见,司法解释违背了债权代位权制度的根本目的。

② 在成都市国土资源武侯分局诉招商(蛇口)成都房地产开发有限责任公司、成都港招实业开发有限责任公司、海南民丰科技实业开发总公司债权人代位权纠纷案(〔2007〕成民初字第19号、〔2008〕川民终字第90号、〔2011〕民提字第210号)中,法院裁判摘要认为,因债务人怠于行使其到期债权,对债权人造成损害的,债权人可以向法院请求以自己的名义代位行使债务人的债权,但该债权专属于债务人自身的除外。债务人与次债务人约定以代物清偿方式清偿债务的,因代物清偿协议系实践性合同,故若次债务人未实际履行代物清偿协议,则次债务人与债务人之间的原金钱债务并未消灭,债权人仍有权代位行使债务人的债权(2012年最高人民法院公报案例)。

第四节 保险委付制度

保险委付是为应对海上风险的特殊性以及海上保险的特殊需要产生的，是海上保险法律关系制度化的产物。保险委付制度是损失补偿原则的衍生品，避免了被保险人的不当得利，是在更高层面上实现海上保险的补偿功能的制度。

一、保险委付制度的概念

委付（abandonment）是指保险事故的发生导致保险标的处于推定全损的状态时，被保险人明确表示将保险标的的一切权利移转给保险人，并请求保险人补偿全部保险金额的法律行为。全部损失有实际全损和推定全损之分。早期的海上保险仅有实际全损的概念，即指保险标的物已经完全灭失，或者严重损毁并失去了物的原有性质。15世纪的海上保险出现了推定全损的概念[①]，与实际全损相对，即将保险标的的部分损失视为全部损失，或者是否全损不明确时视为全损。推定全损的出现是海上保险商人性和风险特殊性的使然。海上保险的商人属性要求保险交易的便利和快捷，即保险标的损失评估与理赔的便捷；海上风险的特殊性导致对保险事故的实际损失评估极其困难，影响保险理赔的速度。推定全损免除了评估损失的困境，使被保险人能够及时获得保险金。但对推定全损的补偿，显然有违损失补偿原则，极易诱发道德风险。为矫正推定全损对损失补偿原则的偏离，保险委付制度由此诞生。

保险委付是海上保险所独有的理赔方式，最初表现为海上保险合同的一个条款，即"船舶航行方向不明而无任何消息时，视同丧失"。为适应航海以及海上贸易的特殊需要，逐步发展为有条件的委付，即在保险标的可能发生全损时，被保险人即可索赔全损。如果保险标的物嗣后又回到被保险人处的，被保险人则应将保险金退还保险人。委付制度逐渐发展为被保险人以让渡保险标的物所有

[①] 推定全损制度是损害补偿原则的例外。根据损害补偿原则，保险人应当承担被保险人因保险事故而实际产生的损害赔偿责任。如果被保险人不能证明保险事故造成保险标的部分损失或者全部损失，就不能获得相应损害赔偿。而根据推定全损制度，保险人要对尚未成就而仅据保险标的的遇险情况结合保险习惯进行逻辑分析得出的损失，承担损害赔偿责任。

推定全损制度的产生是海上风险的特殊性以及保险企业经营上的特殊需要。在海上保险中，标的物有时虽然并非全部损失，但却与全部损失相差无几；有时虽已全部损失，但因其难以证明或者手续繁杂需要耗费大量的时间以及巨额成本，致使被保险人的航运或者贸易成本无法及时获得保险赔付，对经营造成严重的不良后果。在保险实务中，为谋求实际便利以避免损失的进一步扩大，为保护被保险人和保险人的共同利益，在估计保险标的可能发生全损，但还不能确定的情况下，即视同全部损失，从而使被保险人可以抛弃并将保险标的上的一切权利转移给保险人而取得全部保险金额。正是由于海上保险的特殊性，几乎所有全损案件，被保险人都只能按推定全损索赔。参见邢海宝：《保险委付研究》，载《法学家》2000年第3期。

权为条件,取得保险人的保险赔偿的制度。到了 15—16 世纪,委付制度逐步为世界各国海商法所确认,成为海上保险的专门制度。①委付制度的设立旨在防止被保险人因保险金给付请求权与保险标的物所有权竞合所产生的"不当得利"问题,与保险代位求偿权禁止被保险人通过保险获得不当利益的目的是一致的。

保险代位求偿权和物上代位权是《保险法》代位制度的主要内容。保险代位求偿权是指请求权的代位,而物上代位权是指所有权的代位,即保险人赔付被保险人全部财产损失之后,即可取得有关保险标的的权利。换言之,保险人给付保险金之后,代位取得被保险人对保险标的物的权利。《保险法》第 59 条规定了物上代位权的取得,物上代位权制度主要适用于船舶保险与货物保险等财产保险业务。海上委付制度是典型的物上代位权。《海商法》第 249 条、第 250 条和第 256 条详细地规定了海上委付制度。

保险委付有两种情况:一是被保险人将保险标的之保险价值全部投保,一旦发生保险事故造成保险标的的推定全损的,保险人在支付全部保险金额之后取得被保险人对保险标的的权利;二是被保险人将保险标的价值的一部分投保,保险人则有权按照保险金额与保险价值之间的比例获得保险标的物。

二、保险委付的构成要件

保险委付起源于海上保险,但在现代保险实务中,保险委付已经渐次扩展到其他财产保险领域。保险委付必须满足一定的条件,从我国保险立法的有关规定看,保险委付成立应具备如下条件:

(1)以推定全损为条件。在保险标的发生实际全损的情况下,不存在所有权的转移问题。换言之,被保险人在无须转移权利的情况下,也可获得全部的赔偿。②根据《海商法》第 245 条的规定,保险标的发生保险事故后灭失,或者受到严重损坏完全失去原有形体、效用,或者不能再归被保险人所拥有的,为实际全损。《海商法》第 246 条规定,船舶发生保险事故后,认为实际全损已经不可避免,或者为避免发生实际全损所需支付的费用超过保险价值的,为推定全损。货物发生保险事故后,认为实际全损已经不可避免,或者为避免发生实际全损所需支付的费用与继续将货物运抵目的地的费用之和超过保险价值的,为推定全损。

(2)有明确的委付意思表示。英国实务中委付意思表示是通过"委付通知"

---

① 参见邢海宝:《保险委付研究》,载《法学家》2000 年第 3 期。
② 有观点认为,根据赔偿原则,被保险人向保险人请求全损保险赔偿时,不论是实际全损还是推定全损,被保险人都必须进行委付,放弃保险标的的权利,将保险标的转让给保险人。只不过法律只要求在推定全损的情况下,如果被保险人请求全损赔偿,就必须先向保险人发出委付通知。参见汪鹏南:《海上保险合同法详论》,大连海事大学出版社 1996 年版,第 152 页。

(notice of abandonment)来表示的。① 委付通知是被保险人向保险人发出的放弃财产并交由保险人处置的要约。对投保人或者被保险人，委付是一种权益的处分行为，应有当事人明确的行使权利的意思表示。在推定全损发生后，如果被保险人希望获得全损赔偿，就必须将保险标的物委付给保险人，即被保险人必须有向保险人转移保险标的物的明确的意思表示。关于委付通知的性质，两大法系存在不同的认识，大陆法系国家采纳单方行为主义，而英美法系国家则采纳双方行为主义。根据单方行为主义，一旦发出委付通知，被保险人就不得撤回。根据双方行为主义，被保险人在保险人接受前可以撤回，但在保险人接受后不得撤销委付。② 关于委付通知的生效时间，大陆法系国家采纳到达主义，而英美法系国家则采纳发信主义。关于委付通知的形式，1906 年《海上保险法》第 106 条有明确的规定，即对委付通知的形式，法律没有任何限制性的规定，可以用书面形式、口头形式、部分书面和部分口头形式以及其他任何可以表示委付意思的形式。但我国《海商法》没有规定委付的形式，显然不利于对委付行为的认定。法律对委付通知的形式、委付通知的发出主体、委付通知的接受主体、委付通知的发送期限、委付通知的接受和发出委付通知义务的例外等作出明文规定，有利于委付的顺利进行。此外，委付接受时限是个亟待规范的问题。在推定全损的场合，如果被保险人希望获得全损赔偿，必须向保险人委付保险标的，且委付仅在保险人接受后才能产生被保险人希望的法律效果，如《海商法》第 249 条之规定。"合理时间"在保险业发达国家虽然法律没有明文规定，但有行业惯例规定，司法审判实践尊重行业惯例，而我国并未形成"合理时间"的习惯标准，加之我国法官的自由裁量权还受到许多因素的制约，我国对"合理时间"的理解可能会产生重大分歧，不利于当事人之间法律关系的确定。

(3) 委付不得附条件。在发生推定全损时，被保险人可以选择是否委付，只有在被保险人要求按照全部损失赔偿时，才应当向保险人委付保险标的。如果被保险人考虑到委付程序的复杂性，且委付还依赖于保险人是否接受的决定，希望迅速获得保险标的部分损失赔偿，被保险人可以直接向保险人提出部分损失赔偿的请求。但是，为迅速解决当事人之间的不确定的法律关系，各国海商法设

---

① 1906 年《海上保险法》(Marine Insurance Act 1906)第 62 条规定："除另有规定外，如果被保险人选择将保险标的委付给保险人，必须发出委付通知。如果被保险人未发送委付通知，损失只能被视为部分损失。委付通知可以用书面形式或口头形式或部分书面、部分口头形式，被保险人可以用任何措辞，表示他愿意将保险标的权益无条件委付给保险人。"((1) Subject to the provisions of this section, where the assured elects to abandon to subject-matter insured to the insurer he must give notice of abandonment. If he fails to do so the loss can only be treated as a partial loss. (2) notice of abandonment may be given in writing, or by word of mouth, or partly in writing and partly by word of mouth, and may be given in any terms which indicate the intention of the assured to abandon his insured interest in the subject-matter insured unconditionally to the insurer.)

② 参见杨仁寿：《海商法论》(第三版)，三民书局 1986 年版，第 407 页。

立了委付制度。如果允许委付附带条件,必然使复杂的委付程序更加复杂,因而各国海商法明确规定委付不得附带条件,如《海商法》第 249 条之规定。即使保险人同意附加条件,也将违反《海商法》的强制性规定,从而归于无效。

(4) 具有不可分性。保险委付必须对保险标的全部提出请求,不能对保险标的的一部分提出委付,而其他部分不委付。如果保险标的由若干独立部分组成,而只有其中一部分发生委付原因,则可以将该部分保险标的请求委付。①在推定全损发生后,被保险人如果决定委付,就应将保险标的全部予以委付,不能一部分委付而另一部分不委付。这样既能防止将保险人和被保险人的关系复杂化,又能防范被保险人仅委付对其不利的保险标的,从而避免了显失公平的后果。但是,我国《海商法》对这个问题没有任何规定,存在立法上的漏洞。

(5) 保险人的承诺。被保险人向保险人发出要求委付的通知属于要约,保险人对被保险人要求委付的要约,既可以接受,也可以拒绝,但保险人应在合理的期限内将接受或者拒绝接受的意思通知被保险人。保险人接受被保险人要求委付的通知为承诺,被保险人收到保险人同意委付的通知的,委付成立并生效,保险人即可从被保险人处取得保险标的物的剩余部分以及一切权利,被保险人也可从保险人处获得全部保险金额的赔偿。例如,在王志刚、胡建君船舶保险合同纠纷案中②,最高人民法院再审认为,保险人没有依照《海商法》第 249 条第 1 款的规定,在合理时间内将接受委付或者不接受委付的决定通知被保险人,应认定保险人不接受委付,保险人不应取得对"荣盛"轮残值的权利。

三、保险委付的效力

保险委付一旦成立并生效,即不得撤销,而不是《海商法》第 294 条第 2 款规定的"撤回"。保险委付一旦生效,效力溯及至发生委付原因之日。在保险人赔偿全损后,保险人有权对保险标的主张权利。委付一旦成立并生效,即产生全额赔偿和转移保险标的物的一切权利的效力,既不允许仅接受保险标的物而不承担赔偿责任,也不允许索赔全损而不委付保险标的物。委付的效力主要表现为如下两个方面:

(1) 保险标的物的权利转移。《海商法》所谓的委付财产就是保险单所承保的被保险人对保险标的所具有的全部保险利益,而具有实际意义的委付通常是指保险标的物的所有权。然而,即使被保险人对保险标的所具有的保险利益不

---

① 参见杨仁寿:《海商法论》(第三版),三民书局 1986 年版,第 407 页。
② 在王志刚、胡建君诉中国太平洋保险(集团)股份有限公司船舶保险合同纠纷案([2007]鲁民监字第 62 号、[2011]民提字第 249 号)中,法院裁判摘要认为,案外人已将其债权转让给他人,又基于已转让的债权,对涉及该债权的生效民事调解书申请再审,没有法律依据,应予以驳回。合同双方当事人在损失能够基本得到补偿的情况下,各自出于对诉讼风险等因素的考虑而自愿达成调解协议,不宜认定为恶意串通放弃债权损害第三人利益(2012 年最高人民法院公报案例)。

是保险标的物的所有权,被保险人也可以委付,保险人也有权接受。保险人所接受的也仅限于被保险人所具有的保险利益而已,不能及于保险标的物的所有权或者其他利益。[①]权利转移完成后,保险人处理保险标的所得的利益,均由保险人享有,被保险人不得以任何理由提出异议。保险人在接到有效的委付通知后,还有权获得船舶遭受损失后的运费收益。根据1906年《海上保险法》的规定,船舶保险人对委付原因发生后获得的所有运费的权利优于运费保险人对运费本身的权利。[②]德国商法也有类似的规定,即在发生委付的情况下,运费保险人对运费不享有任何权利。保险人在接受委付、支付保险赔偿金额时,应从被保险人处取得授权书或者委付成立证明书,避免发生纠纷,借以确定所有权或者追偿权的转移。委付的实益是将管理和实现委付财产价值的责任转移给保险人。根据《海商法》第250条,保险人承担与保险标的物相关的义务,如因船舶沉没在航道而进行清除所需支出的费用、打捞船载货物的费用、清除油污的费用、向救助人支付的救助报酬、拖航费用、为赚取待收运费而支出的航次费用、各种船舶优先权等。但是,船舶保险人不因接受委付而承担在本次保险事故前,或者保险合同承保范围外的危险造成的基于船舶所有权的任何责任。货物保险人不因接受委付而承担被保险人应向承运人支付的运费。在重复保险的情况下,任何一个保险人有独立的权利选择是否接受委付,如果两个以上的保险人接受了委付通知,则各保险人便按保险金额的比例分享保险标的利益,分担保险标的上的义务。

(2)保险金的给付。保险人一旦接受被保险人的委付,应立即向被保险人支付保险金。即使在委付之后保险标的重新出现,保险人也不得拒付保险金。被保险人进行委付时,应将一切有关保险标的物的权利证书、各种合同与各种负担债务转移并通知保险人。在接到通知之前,保险人没有义务向被保险人支付保险金。在收到投保人或者被保险人各种证明文件后,保险人应在一定期限内给付保险金;如果对于投保人或者被保险人所提供的证明文件有疑问,在投保人或者被保险人提供担保的情况下,保险人仍应将保险金全部给付;在投保人或者被保险人拒绝提供担保的情况下,保险人可以拒绝承担保险金的全部给付义务。

保险代位求偿权与保险委付同属保险代位求偿权的范畴,保险人既是保险代位求偿权的主体,也是保险委付的主体。两者的产生均因保险人的保险金给付,因而在保险实务中容易产生混乱,两者的区别主要表现在下列四个方面:

[①] 参见汪鹏南:《海上保险合同法详论》,大连海事大学出版社1996年版,第158页。

[②] 1906年《海上保险法》(Marine Insurance Act 1906)第63条第2款规定:"(二)在船舶委付后,所有事变时及事变后,应获之运费,均归保险人所有,但在事变后,因获运费所发生之费用,应扣减之,如该船舶所运之货,系其所有人自有时,自事变时起,保险人应收相当报酬。"((2) Upon the abandonment of a ship the insurer thereof is entitled to any freight in course of being earned, and which is earned by her subsequent to the casualty causing the loss, less the expenses of earning it incurred after the casualty; and where the ship is carrying the owner's goods the insurer is entitled to a reasonable remuneration for the carriage of them subsequent to the casualty causing the loss.)

第一,产生的前提条件不同。保险代位求偿权的产生必须是因第三者的行为导致保险标的物实际受到损失,这种损失可以是全部损失,也可以是部分损失。保险委付仅适用于推定全损,致害的原因既可以是第三人行为,也可以是海啸、风暴等自然灾害。

第二,转移的权利性质不同。保险代位求偿权与保险委付虽均属于权利的移转,但所让渡的权利性质和权利范围存在差异。保险代位求偿权属于债权请求权的转移,即由保险人受让被保险人对第三人的损害赔偿请求权,保险代位求偿权的范围不应超出保险人给付的保险金。保险委付是物上代位,属于物权的转移,即由保险人代位取得被保险人对保险标的物的所有权,同时也要承担相应的义务和费用。这种权利义务的转移可能使保险人所享有的权利范围与给付的保险金数额存在差异:一是使保险人取得了超出保险金的价值[1],二是保险人因接受委付所承担的义务和费用可能会超出保险标的物的价值[2]。

第三,法律性质不同。保险委付是双方法律行为,被保险人所发出的委付通知,在性质上属于要约,保险人享有承诺或者拒绝的权利,即委付的成立与否全取决于保险人权衡利弊之后的意思表示。如果保险人向被保险人的委付通知进行承诺,则委付生效;如果保险人拒绝作出承诺,则委付关系不成立。保险代位求偿权的法律性质较为复杂,有法定代位和约定代位之分。在法定代位中,代位权的取得仅以理赔为条件,只要保险人向被保险人赔付,即可自动取得代位求偿权,无须获得被保险人的同意,在性质上属于单方法律行为。在约定代位中,保险人向被保险人给付保险金后并不当然取得代位权,还须向被保险人请求让渡其对第三人享有的损害赔偿请求权。这种权利性质类似于保险委付,也属于双方法律行为,所不同的是,被保险人享有是否向保险人让渡对第三人赔偿请求权的决定权。

第四,权利行使方式不同。保险代位求偿权是保险人代位被保险人行使对第三人的损害赔偿请求权,属于债权,可以部分转让。被保险人可保留对第三人的人身伤害或者精神损失的请求权,而仅将财物损失的请求权让渡给保险人。保险委付是保险人代位行使被保险人对保险标的物的所有权,属于物权。为确定委付的法律效力,各国保险法均规定委付具有不可分性,被保险人不得仅就保险标的物的一部分申请委付。

---

[1] 例如,在第一次世界大战中,德军捕获了一艘英国商船,承保战争险的保险人接受了船东的委付通知,并赔付了船东6.18万英镑。战后德国归还了英国商船,保险人将该船售出,售价高达16.8万英镑。后来被保险人与保险人围绕售船溢价款10.62万英镑产生了法律诉讼。根据物上代位权原则,法院认定保险人是商船及售船溢价款的所有人,驳回了被保险人对追回溢价款的诉讼请求。

[2] 例如,1948年中国保险公司承保的"永川轮"在长江口沉没,保险公司接受了该船的委付。1952年交通部清理航道时,因该轮阻塞航道,交通部要求作为船舶所有权人的保险公司支付清理费用,后经双方协商将沉船残骸折价成打捞费用处理。正是由于这个原因,世界各国保险法均允许保险人对被保险人提交的委付通知自行斟酌,决定是否接受委付。

第七章 再保险合同

本章主要介绍再保险制度、再保险方式、再保险合同和再保险合同的效力。再保险是在原保险合同的基础上,保险人以合同方式将自己承担的部分或者全部风险和责任转移给其他保险人的行为。再保险既是保险的重要组成部分,也是保险业稳健经营的保障。再保险制度主要来源于国际间再保险市场的惯例,世界各国的保险立法对再保险制度仅有原则性的规定。

第一节 再保险制度

再保险作为保险的保险,是保险行业发展的必然产物。再保险与保险相伴而生,起源于海上保险的再保险,渐次扩展到火灾保险的再保险和人身保险的再保险以及其他财产保险的再保险。再保险是保险人将自己承保的风险责任的一部分或者全部转嫁给其他保险人承担的保险制度,是保险业者之间分散风险责任的方法。

一、再保险的概念及性质

再保险是对保险的保险(the insurance of insurance)[1],是保险人之间转移风险的方法。再保险发生在保险同业之间,原保险人通过与再保险人订立再保险合同的方式将自己所承保的部分风险转嫁给再保险人。通过再保险和再再保险,保险人和再保险人各自承保的风险将分散于无形之中。

（一）再保险的概念

再保险(reinsurance)是指保险人在原保险合同的基础上,以合同方式将自己承担的部分或者全部风险和责任转移给其他保险人的行为,也称为分保。保险有直接保险和再保险之分,在英语中通常以 insurance 和 reinsurance 来分别表示财产保险和财产再保险,而以 assurance 和 reassurance 分别表示人身保险

---

[1] See R. L. Carter, *Reinsurance*, 3rd edition, Reactions Publishing Group, 1995, p. 3.

和人身再保险。直接保险发生在投保人与保险人之间,投保人向保险人交付一定数额的保险费,在发生约定的保险事故之后,保险人向被保险人或者受益人承担双方约定的保险金给付责任。再保险则发生在原保险人与再保险人之间——保险同业之间,保险人在与投保人订立保险合同之后,通过与其他保险人订立再保险合同的方式,将所承保的部分风险和责任转移给其他保险人,如《保险法》第28条之规定。一旦发生保险事故,原保险人先行向投保人承担保险责任,然后要求再保险接受人承担再保险责任。例如,在韦月芬保险纠纷案中[①],阳江市中级人民法院认为,再保险合同属于商业保险范畴,再保险合同是由原保险和再保险构成,原保险的保险人和再保险的保险人均为保险公司,再保险是原保险人将所承保的风险和责任向其他保险人进行保险的行为。涉案阳江市社保局为城乡居民向中保阳江公司投保补充医疗保险,是为解决城乡居民高额医疗费用负担,不是为分散自身的风险和责任向其他保险人进行投保,社保机构是城乡居民医保的经办机构,不是再保险合同中的原保险人。因此,涉案纠纷合同并非再保险合同。

在再保险制度中,原保险是指由投保人与保险人直接订立保险合同的保险业务,也称直接保险,是相对于再保险而言的保险。转分保是指再保险接受人将其分入的保险业务,转移给其他保险人的经营行为。合约分保是指保险人与其他保险人预先订立合同,约定将一定时期内其承担的部分保险业务,向其他保险人办理再保险,再保险接受人须按照约定的分保条件承担再保险责任的经营行为,也称合同再保险。临时分保是指保险人临时与其他保险人约定,将其承担的部分保险业务,向其他保险人逐保单办理再保险,再保险接受人须逐保单约定分保条件并承担再保险责任的经营行为,也称临时再保险。

在再保险关系中,分出保险业务的保险公司称为分出公司(ceding company)或者原保险人(original insurer)[②],原保险人分出的业务称为分保业务;接受再保险业务的保险公司称为接受公司(ceded company)或者分保接受人、再保险人(reinsurer)[③],再保险人接受的业务称为再保险业务。此外,再保险还涉及再保险分出人、再保险接受人、分出业务、分入业务、直接保险公司、保险联合体、再

[①] 在韦月芬诉中国人民财产保险股份有限公司阳江市分公司、中国人民财产保险股份有限公司阳春支公司、阳江市社会保险基金管理局阳春市分局、阳江市社会基金保险管理局保险纠纷案(〔2013〕阳春法民一初字第413号、〔2015〕阳中法民二终字第80号)中,法院裁判摘要认为,再保险合同属于商业保险范畴,是原保险人和再保险人之间的保险合同。原保险合同的被保险人与再保险人之间不存在直接的权利义务关系,被保险人不得请求再保险人承担保险金的赔付责任。

[②] 在英语中,还有如下术语:"direct insurer"(直接保险人),"initial insurer"(原保险人),"cedant"(分保分出人),但在习惯上,也称为 Principle Office。此外,历史上还有"primitive insurer"的术语,现已被废弃。

[③] 又称为 guaranteeing office。

保险经纪人等概念和术语。[1]

例如,在现代财产保险(中国)有限公司再保险合同纠纷案中[2],SK 海力士半导体(中国)有限公司和 SK 海力士半导体(无锡)有限公司及其下属子公司向现代财产保险(中国)有限公司投保的 2013 年财产保险(英国协会条款),包含财产一切险及营业中断保险责任(其中财产险保险项目总保额为物质损失 72.71 亿美元,利润损失 8.3 亿美元,总保额为 81.01 亿美元,保单赔偿限额为 23 亿美元)。SK 海力士半导体(中国)有限公司和 SK 海力士半导体(无锡)有限公司及其下属子公司为投保人和被保险人,现代财产保险(中国)有限公司为保险人(即原保险人),中华联合财产保险股份有限公司、三井住友海上火灾保险(中国)有限公司、日本财产保险(中国)有限公司等 48 家保险公司和再保险公司为再保险人。现代财产保险(中国)有限公司将所承保的财产一切险及营业中断保险责任向中华联合财产保险股份有限公司等购买再保险,中华联合财产保险股份有限公司等 48 家保险公司接受现代财产保险(中国)有限公司所分出的财产一切险及营业中断保险责任业务,现代财产保险(中国)有限公司向中华联合财产保险股份有限公司等再保险人支付约定的再保险费。现代财产保险(中国)有限公司是再保险业务的分出公司,中华联合财产保险股份有限公司等则是再保险业务的接受公司。

再再保险(retrocession)是指再保险人将再保险业务向其他保险公司投保的行为,又称为转分保,即再保险的再保险(the reinsurance of a reinsurance)。在再再保险关系中,分出再保险业务的一方当事人称为转分保分出人(retrocedant);接受再保险业务的一方当事人称为转分保接受人(retrocessionaire)。例如,在前例中,假设中国财产再保险股份有限公司将所分入的现代财产保险(中国)有限公司的再保险业务,部分转移给慕尼黑再保险公司,并支付的相应再保险费,中国财产再保险股份有限公司是转分保分出人,而慕尼黑再保险公司则是转分保接受人。被保险人与保险人之间形成直接保险关系,即 SK 海力士半导

---

[1] 《再保险业务管理规定》第 3 条规定:"本规定所称再保险分出人,是指将其承担的保险业务,部分转移给其他保险人的保险人;本规定所称再保险接受人,是指接受其他保险人转移的保险业务的保险人。本规定所称分出业务,是指保险分出人转移出的保险业务;本规定所称分入业务,是指再保险接受人接受分入的保险业务。本规定所称直接保险公司,也称原保险公司,是相对再保险人而言,是指直接与投保人订立保险合同的保险人。本规定所称保险联合体,是指为了处理单个保险人无法承担的特殊风险或者巨额保险业务,或者按照国际惯例,由两个或两个以上保险人联合组成,按照其章程约定共同经营保险业务的组织。本规定所称保险经纪人,是指接受再保险分出人委托,基于再保险分出人利益,为再保险分出人与再保险接受人办理再保险业务提供中介服务,并按约定收取佣金的保险经纪机构。"

[2] 在现代财产保险(中国)有限公司诉中华联合财产保险股份有限公司再保险合同纠纷案〔2014〕三中民初字第 01803 号、〔2016〕京民终 150 号、〔2017〕最高法民申 34 号〕中,法院裁判摘要认为,再保险是指保险人将自己的承保业务,部分转移给其他保险人的经营行为。临时分保是指保险人临时与其他保险人约定,将承保的业务,部分向其他保险人办理再保险的经营行为。再保险分出人是指将承保的业务,部分转移给其他保险人的保险人。再保险接受人是指接受其他保险人转移的保险业务的保险人。

体(中国)有限公司与现代财产保险(中国)有限公司之间的直接保险关系;原保险人与再保险人之间形成再保险关系,即现代财产保险(中国)有限公司与中国财产再保险股份有限公司之间的再保险关系;原再保险人与第二再保险人之间形成转分保关系,即中国财产再保险股份有限公司与慕尼黑再保险公司之间的转分保关系。

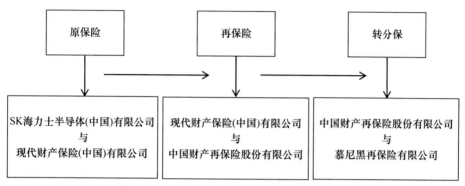

图7-1 原保险、再保险和转分保之间的关系图

原保险关系、再保险关系、转分保关系是相互独立的合同关系。例如,在中国人民财产保险股份有限公司广东省分公司再保险合同纠纷案中,广州市中级人民法院认为,原保险合同与再保险合同为相互独立的两个不同的合同。根据《保险法》第28条的相关规定,在再保险接受人提出要求的情况下,再保险分出人应当将自负责任及原保险的有关情况书面告知再保险接受人。否则,再保险接受人并不负有相应义务,且原保险费率并不影响再保险接受人对其在再保险合同中的权利义务的认知。再保险分出人及保险经纪人对再保险手续费的收取,同样不影响再保险接受人对其在再保险合同中的权利义务的认知。

转分保的目的是彻底分散保险公司所承担的风险。转分保接受人向转分保分出人所收取的费用,称为分保费。在承保业务时,分出公司有一定的成本开支,分出公司应向接受人收取一定的费用,这种费用称为分保手续费,通常称之为分保佣金(reinsurance commission)。例如,在中国人民财产保险股份有限公司广东省分公司再保险合同纠纷案中,广州市天河区人民法院审理查明,原保险人(中国人民财产保险股份有限公司广东省分公司)在电子邮件中要求再保险经纪人(上海万利保险经纪有限公司)安排分出份额为40%、分保手续费为25%的(华锋微线电子(惠州)工业有限公司)保险项目。

在再保险实务中,危险单位的划分极为重要。危险单位(risk unit)是指保险标的发生保险事故时可能造成的损失范围,即一次保险事故对一个保险标的造成的损失的最大范围。《保险法》第103条第1款规定:"保险公司对每一危险单位,即对一次保险事故可能造成的最大损失范围所承担的责任,不得超过其实有资本金加公积金总和的百分之十;超过的部分应当办理再保险。"

危险单位的划分非常复杂,且划分没有一个统一的标准,而是根据不同险种和不同的情形来决定,如汽车险是以每一辆汽车为危险单位,船舶和飞机等危险单位的划分也是如此。危险单位划分是评估可能最大损失(possible maximum loss)的基础。通过危险单位划分确定最大损失范围后,保险公司对最大损失范围内保险财产遭遇保险事故可能损失的程度进行进一步的估测,从而得出可能的最大损失的金额。以此为依据,保险公司可以确定自身在特定项目上的自留风险比例,并安排所需的各项再保险保障。

从再保险实务来看,危险单位的划分是由保险人决定的。《保险法》第104条却规定了危险单位的备案制度,且《财产保险危险单位划分方法指引》进一步规定了危险单位划分的基本方法:

(1)财产保险。一座建筑物有数个被保险人或者数张保单与其有关,建筑物以及建筑物内所有物品,包括相关的利润损失险、营业中断险和后果损失险都应被看作是一个危险单位。换言之,一座建筑物及其内含物品将作为一个危险单位,不应再次进行危险单位划分。

(2)建安工程险。同一地点一个工程涉及数个被保险人或数张保单时,都应将其视为一个危险单位,其中除建安工程险以外,也包括预期利润损失、延误开工和后果损失。工程项目属于新建、扩建还是内部改造应明确记录在案。

(3)其他保险。如果保险公司承保的附加风险受位于不同地点的风险影响时,包括但不限于由于物质损失引起的供应商、客户以及相互关联的风险,无论在标的物所在地或其他地点,每个地点均可被看作一个独立的危险单位,但利润损失风险不能划分;当标的包含已知和列明的位于其他地点的相关延伸风险,包括由于物质损失引起的但不限于供应商、客户以及相互关联的风险,而且在保险公司承保时记录在案时,每个地点可被看作一个独立的危险单位,但利润损失风险不能划分。

在财产保险、建安工程险等保险之外,《财产保险危险单位划分方法指引》还规定了水力发电企业、火力发电企业、航天风险和公路及桥梁等危险单位的划分。

对于每个危险单位,分出公司应根据自己承担责任的能力,确定自己应承担的责任的限额,这个限额称为自留额(retention)。根据再保险惯例,每项再保险业务,分出公司均应有自留额。我国过去的[1]和现行的[2]保险行政规章,均明确

---

[1] 已失效的《保险企业管理暂行条例》(1985年)第19条曾规定:"经营人身保险以外的各种保险业务的保险企业对每一危险单位的自负责任,除保险管理机关特别批准者外,不得超过实收资本加总准备金(或公积金)的总额10%。超过这个限额的部分,必须向中国人民保险公司办理再保险。"

[2] 《再保险业务管理规定》第12条第1款规定:"保险人应当依照《保险法》规定,确定当年总自留保险费和每一危险单位自留责任;超过的部分,应当办理再保险。"

规定了自留额;《保险法》第103条也明文规定了自留额。再保险人同意接受分入的保险份额,称为分保额或者分保责任。对再保险接受公司而言,分保额可以称为接受额或者接受责任。在再保险实务中,自留额和分保额均按照危险单位来确定。

(二) 再保险的性质

再保险是保险业者之间分散风险责任的方法,而责任转移是再保险的核心,以原保险人基于直接保险合同所承担的责任为保险的对象。从这个意义上说,再保险属于责任保险。[①]再保险合同当事人是原保险人与再保险人,再保险合同的目的是为原保险人将要支付的保险金所遭受的损失,由再保险人对保险人的损失给予补偿。换言之,原保险人因直接保险合同所规定的危险事故发生而承担损害赔偿责任时,再保险人根据再保险合同的规定承担原保险人的部分或者全部赔偿责任,因而又可称为损失补偿的保险合同。[②]再保险人是以原保险人向被保险人支付保险金为再保险事故,而以原保险人对被保险人所承保的责任为再保险标的。

实际上,再保险意义上的责任保险,并非通常意义上的责任保险,即直接保险中的责任保险。按照通常意义上的责任保险,保险责任的发生通常有两个方面的原因:一是被保险人对第三人依法应承担损害赔偿责任,二是第三人要求被保险人承担损害赔偿责任。但是,再保险则是以原保险人的填补责任发生为再保险人承担责任的要件,而不管发生原因或者被保险人是否具有损害赔偿请求权。此外,再保险合同的成立以原保险合同的存在为前提条件,再保险的填补责任以原保险的存在为必要,这是一般责任保险所不具备的。换言之,一般责任保险并非以任何保险为前提条件,而仅仅以是否存在赔偿责任为条件。再者,再保险的填补责任受到原保险合同内容和条件的约束,这是再保险合同的特殊性所在,因而再保险是有条件的责任保险。

(三) 再保险的作用

在传统上,保险人分出业务是为增加财务安全,减少经营风险。[③]原保险人为避免承保的标的遭受巨额损失,或者因灾害频繁发生影响正常的业务经营活动,因而将自己所承保的部分业务分出给其他保险人。根据大数法则,通过再保险,风险又一次分散。再保险将一些保险人的承保力量聚集到一起,在不增加保险人的情况下,提高了保险市场的承保能力,有效地降低了经营成本,提高了保

[①] "再保险的性质如何?说者不一,但近以'责任保险说'为通说。认为再保险就是以原保险人基于原保险合同所负的责任为对象的保险,所以属于责任保险的一种。"郑玉波:《保险法论》,三民书局1997年修订版,第59页。

[②] 参见桂裕:《保险法论》,三民书局1983年增订初版,第104页。

[③] See R. L. Carter, *Reinsurance*, 3rd edition, Reactions Publishing Group, 1995, p. 8.

险业整体的经营效益。再保险的作用,主要表现在以下三个方面[①]:

(1) 风险责任的分散、业务质量的提高。根据大数法则,保险人承保的业务数量越多,风险的分散就越彻底,保险经营的财务稳定性就越好。保险业务由保险人承保之后,其利用再保险方式,由接受再保险的公司按照一定的比例分担部分保险责任,从而减轻了原保险人承担的责任。再保险业务交换的结果体现为,一方面对不良风险尽可能地分散,另一方面尽量交换风险较少的业务,从而使所承保业务的平均质量有较大的提高。保险公司是经营风险的特殊行业,经营安全是保险业的最基本要求。保险公司必须将承担的风险及时分散,同时将自留的风险责任均衡化。

对于保险金额巨大的危险单位,虽然有非常可观的保险费收入,但通常风险责任过于集中,很可能影响保险公司经营的稳定性。保险公司为避免自己所承保的业务遭受巨额损失,影响保险公司的正常经营活动,要么放弃巨额风险业务或者仅承保一部分业务,将保险金额控制在一定范围之内;要么全额承保之后,再另行安排再保险,将部分风险转移给再保险公司。承保业务的保险公司,可以根据承保的责任大小,将超过部分安排再保险,通过层层再保险,巨额风险被一次又一次地平均化,使风险在众多的保险人之间分散。

(2) 承保能力的扩大、承保责任的减轻。保险人的承保能力受到资本金和责任准备金等因素的制约,资本较少的保险人难以承保巨额的保险业务,即使财力雄厚的保险人,承保能力也是有一定限度的,特别是承保巨额风险。原保险人在将承保的业务分出之后,减轻了本身所承保的责任,将风险分散到再保险公司,增加了自身的保险能力,从而可以接受超过自身财力的较大金额的风险。

为保护被保险人利益,保障保险公司经营的稳定性,世界各国的保险立法均规定,保险公司对每一危险单位的最高自留额不得超过实有资本金加公积金总额的一定比例,如我国《保险法》第103条的规定。关于该比例,有的国家规定为5%,有的国家则规定为10%。我国《保险法》规定为10%,超过部分则必须办理再保险。[②] 否则,保险监管机构将会给予行政处罚。超过法律规定的限度,保险

[①] 西方学者 R. Riegel 和 J. S. Miller 认为,再保险有如下八项功能:分散风险(Distribution of Risk)、停止营业(Retirement from Business)、加强履赔保障(Stronger Guarantee)、拓展业务(Obtaining Business)、安定利润(Stabilization of Profits)、增加利润(Increasing Profits)、减少准备金(Reduction of Reserves)以及风险评估(Evaluation of Risks)。参见陈继尧:《再保险——理论与实务》,智胜文化事业有限公司2002年版,第35—36页。

[②] 例如,甲保险公司的实有资本金加公积金总额为60亿元人民币,甲保险公司所承保的每笔保险业务或每个危险单位的最高自留额不得超过6亿元人民币。如果没有再保险制度,超过6亿元人民币的业务,甲保险公司就不能承保,这显然不利于甲保险公司与其他保险公司进行公平的竞争,且不能承保大额保险业务将严重影响甲保险公司保险费的收入。因此,保险公司通过再保险扩大了承保能力。

公司的赔偿能力则可能出现瑕疵,一旦发生特大保险赔偿,被保险人则很可能因保险公司丧失偿付能力而得不到应有的补偿,从而使保险制度失去其应有的意义和功能。此外,经营财产保险业务的保险公司当年自留保险费,不得超过其实有资本金加公积金总和的四倍,如《保险法》第 102 条之规定。

(3) 经营成果的稳定、经营收益的增加。在经营业务过程中,决定保险人是否盈利的主要因素,是保险费的收入和赔付的支出。如果保险赔付和经营成本超过保险费收入,则保险人出现亏损;如果保险赔付率非常低,则保险人盈利。每年的保险赔付率是不确定的,保险人难以对经营状况作出准确的判断。保险人通过再保险,可以减少保险赔付率的变动幅度,从而稳定业务经营。在损失较少的年份,虽然因付出再保险费减少了盈利的数额,但是在损失较多或者发生巨额损失时,则可以减少保险公司的赔偿责任。

保险公司通过再保险将自身责任控制在一定范围之内,从而每年能够获得均衡的利润。保险公司承保巨额风险时,如果不安排再保险或者危险单位划分不准确,发生巨额损失之后,不但保险公司将丧失偿付能力甚至最终破产,而且会损害被保险人利益。在安排再保险时,保险公司不能只顾及自身的利益,仅仅分出质量不好的业务,致使再保险责任趋于不平衡,恶化再保险业务质量,使再保险接受人蒙受损失。这种结果再保险人是不会同意的,即使双方订立了再保险合同,这种再保险交易关系也不会长久。

除了前述三个方面的作用之外,再保险还可以增加原保险人的收入。保险人分出业务应向再保险人支付相应的再保险费,这虽然导致保险费的外流,但由于保险人所承保的风险减少,扩大了自身的保险能力,最终增加了保险费的收入,主要表现在三个方面:

(1) 分保手续费的收取。分保手续费分为固定分保手续费和累进计算分保手续费,固定分保手续费按照分出保险费的一定百分比计算,而累进计算分保手续费则是根据赔付率在一定的范围内变动。不管再保险合同执行年度的经营结果如何,再保险人必须接受分入业务。因此,分保手续费对分出公司——即原保险人——来说是一种"旱涝保收"的收益。

(2) 保险费准备金的提留。在比例再保险合同中,根据保险惯例,分出公司通常要扣留 40% 的保险费准备金,一年后再返还给再保险人。扣留保险费准备金的目的防止再保险人一旦出现支付危机,可以用其承担未了的再保险责任。这在客观上增加了分出公司的运营资金,扩大了业务量,进而原保险人增加了收入。

(3) 分保费缴付时间差的利用。再保险合同的分保费一般按季度或者每半年缴付,分出公司从投保人收到保险费到缴付分保费之间有一个时间差。分出公司可以利用再保险费支付的时间差,把数量可观的分保费进行投资,从而获得一定收益。

原保险人所承保的业务在超过自身能够承担的危险责任时,必须通过某种方式减轻过重的责任。否则,原保险人可能丧失经营上的稳定性,甚至可能导致经营失败。责任的减轻属于风险责任的转移。原保险人责任的减轻,可以使其接受更多的保险业务。一方面,再保险使原保险人增加承保能力,获得了更多的保险费收入;另一方面,再保险使被保险人的财产和经济活动获得了又一次保障。再保险人则因承担风险责任的转移而获得再保险费收入,从而使原保险人与再保险人均从再保险中获益。原保险人与再保险人之间因风险转移所形成的利害关系,是一种风险共担的关系。任何一方当事人均不得利用风险责任转移关系,长期使另一方当事人受到损害。否则,双方当事人之间的再保险关系无法持续。

再保险制度在整个保险业建立起分散风险的网络,彻底分散了经营风险。与直接保险相比,再保险业务要求有较高的业务能力和管理水平,这有助于提高保险业的经营管理能力。此外,再保险业务离不开国际再保险市场,通过与国际再保险公司的分保联系,加强同国际保险公司的沟通,增进对国际保险业和保险市场的了解,学习国际保险技术和成功的保险经验,以促进我国保险和再保险健康、快速发展。

(四)再保险术语

在再保险制度的形成和发展过程中,逐渐形成了一些再保险术语,主要有再保险费、再保险佣金、盈余佣金、自留额、保险费准备金和线,这些再保险术语是理解和运用再保险制度的前提和基础。

(1)再保险费。再保险费(reinsurance premium)是指原保险人支付给再保险人的保险费。再保险费的计算是以再保险金额乘以再保险费率。在通常情况下,再保险合同的保险费率与原保险合同的保险费率相同。

(2)再保险佣金。再保险佣金(reinsurance commission)是指再保险人因原保险人分出业务给付的佣金,佣金数额的计算是按照再保险费约定的比例计算,又称为分保佣金(ceding commission)。分保佣金有固定分保佣金(fixed reinsurance commission)与累进计算分保佣金(sliding-scale reinsurance commission)之分。固定分保佣金通常按照分出保险费的一定百分比计算,如20%;累进计算分保佣金则是根据赔付率在一定范围内变动,无论再保险合同执行年度的经营成果如何,再保险接受人应当履行义务。

(3)盈余佣金。盈余佣金(profit commission)是指再保险合同的当事人约定,对再保险人因原保险人的分入业务所获得的利润,再保险人给予原保险人一定百分比的佣金。盈余佣金通常约定为该年度盈余的若干百分比,有时盈余佣金按照盈余的多少约定高低不同的百分比。再保险人盈余越多,则盈余佣金百分比就越高。再保险人通过这种方法鼓励原保险人谨慎地选择业务,降低业务风险。

(4) 自留额。自留额(retention,holding)是指原保险人将原保险业务部分分出给再保险人之后自己所存留的部分,又称为保有额。《保险法》第102条和第103条的规定涉及自留额。自留额的多少及如何决定,通常以保险种类、本身的财务状况、合同的数量、全年保费的收入、风险的大小等因素为标准。自留额过高时,原保险人所承担的风险大;自留额过低,原保险人所承担的风险降低,而收益将会减少。

(5) 保险费准备金。保险费准备金(premium reserve)是指原保险人在应付给再保险人的再保险费中,可以保留一部分作为再保险人对原保险人履行合同责任的保证,原保险人通常以再保险费的一定百分比率,提取保险费准备金,又称为保险费准备保险金(premium reserve deposit)。分出公司通常扣除40%的保险费准备金,一年以后支付给再保险接受人,用以承担未了责任。保险费准备金制度在客观上增加了分出公司的营运资金,可以借此扩大业务量,进而增加保险费收入。

(6) 线。线(line)是指倍数的意思。在再保险合同中,再保险金额的表示单位与自留额相等,再保险人所承保的金额,可能是一线、数线,也可能是1/2线、1/4线等。

《再保险业务管理规定》第2条、第3条规定了直接保险(原保险)、再保险、合约分保、临时分保、比例再保险、非比例再保险、再保险分出人、再保险接受人、分出业务、分入业务、直接保险公司(原保险公司)、保险联合体、再保险经纪人等概念,这些概念和术语在前文部分已经涉及,在本章后文中会陆续介绍。

二、再保险惯例

再保险交易基于原保险人与再保险人之间的一个协议发生,这种协议就是再保险合同,因而关于再保险制度的法律主要来源于合同法[①]和再保险实务中形成的惯例。

再保险制度发达的英国、法国、德国、瑞士、美国等,均没有再保险的专门立法,我国再保险制度的立法情况也大致如此,再保险制度散见于《保险法》的有关章节和政府规章之中。《保险法》并没有设立专门的章节规定再保险制度,再保险制度的有关规定体现在《保险法》第28条、第29条、第96条、第102条、第103条、第104条、第105条、第138条、第139条以及第164条等条款之中。《再保

---

① See C. E. Golding, *The Law and Practice of Reinsurance*, 5th edition, Witherby & Co. Ltd. 1987, p. 7.

险业务管理规定》(2021年修订)共六章43条,主要参考借鉴了国际间的再保险惯例。《财产保险公司再保险管理规范》(2012年制定)共有七章,详细规定了再保险各个方面的规则,规则更为细致。

再保险交易具有国际性,大多数交易超越国境,所以再保险市场也具有国际性,只有通过国际间的再保险交易,才能彻底分散保险人所承保的风险,化风险于无形。这导致即使通过国家立法,也难以协调再保险人与原保险人之间的利益冲突。再保险法主要是从长期的再保险实务中逐渐形成的再保险惯例,这些再保险惯例调整再保险人与原保险人之间的权利义务关系,调整再保险交易行为,维护再保险市场的基本秩序,从而确保了国际间的再保险业务顺利进行。

再保险惯例的形成与再保险业务的性质及其功能关系密切。保险人希望通过再保险分散承担的经营风险,实际上与直接保险中的投保人希望通过保险将风险转移给保险人,是完全一致的。在承保某一特定的风险之后,保险人认为由自己全部承担风险责任不安全,希望通过某种方式与其他人共同分担风险责任,以便一旦发生风险,保险人不会承担巨额的赔付责任。

在原保险中,投保人将大部分风险转嫁给保险人,投保人自己承担风险的份额表现为向保险人交付的保险费,投保人所交付的保险费与转嫁给保险人的风险相比,仅占相当小的份额。在再保险中,原保险人在分出分保业务时,仅将少量风险转移给再保险人,自己承担了大部分风险。保险人所关注的是承保的风险整体规模,确保整体业务不会因某一巨额风险受到严重的影响。这些清楚地说明了再保险结构,再保险结构实际上应归结到再保险人与原保险人在再保险中的地位和作用。无论是原保险人还是再保险人,均在再保险合同的订立中起着重要的作用,而且原保险人和再保险人均从相反的方向实现了自身的目的。

再保险的核心问题是原保险人分出保险业务的时间和方式。原保险人的业务保有的份额,不仅对原保险人具有重要意义,而且对再保险人也具有同等的意义。在通常情况下,自留额的确定取决于业务的质量。在再保险实务中,再保险人通过刚性的规则确立原保险人的自留额是不可取的,其通常通过一些弹性规则确立原保险人的自留额:

(1) 自留额大小的确定。原保险人根据自身能够承担的风险责任大小,确定再保险业务的自留额。自留额的大小不仅与所承保的业务有关,而且还与发生全损或者部分损失的可能性密切相关。

(2) 自留额确定的基础。业务的准确分类是建立自留额制度的前提,并成为现代再保险业务的一个重要特征,是现代再保险业务运作的基础。风险性质的确定是评估可能发生的损失的数额依据。风险等级越高的业务所产生的损失数额越大、耗费的成本越高。如果能够准确地估计损失,原保险人可以将名义自留额略微高于可能发生损失的数额。

（3）自留额确定的依据。保险人的损害赔偿责任是自留额的确定依据。原保险人可能承担的损害赔偿责任，应当与自身的财务状况，如保险费收入、资本准备金、偿付准备金等保持适当的比例。

无论是原保险人还是再保险人，对最大损失的估计均不可能非常准确，只能根据以往的经验计算出可能的损失额，且可能事后证明这些估计是错误的。再保险真正的功能在于处理溢额风险，而不是仅仅处理不良风险。

保险人有权保留风险等级较低的业务，而分出风险等级较高的业务。然而，如果再保险的功能是分出少量优质业务，分出大量不良业务，那么，再保险业务的经营将失去均衡，打破了再保险运作的常规，使再保险人蒙受巨额损失，长此以往再保险人将无法维持正常的经营，最终导致原保险人失去再保险的保障。因此，原保险人必须部分让利于再保险人，在好的年份出让部分溢额利润，而在不好的年份获得损失的补偿。

为维持正常的再保险经营活动，再保险人遵循特定的经营原则，清楚地识别临时再保险与合同再保险之间的差异。在临时再保险中，再保险人能够有效地控制分入业务的风险，降低损失赔偿，控制财务支出。而在合同再保险中，再保险人不能自行控制分入业务的风险质量。

总之，再保险惯例贯穿于整个再保险交易活动的过程之中，再保险交易活动体现了再保险惯例。再保险惯例明确了原保险人、再保险人各自的地位与作用，确立了原保险人、再保险人各自的权利与义务，是原保险人、再保险人从事再保险交易活动的行为规范。

三、再保险与直接保险

再保险与直接保险之间的关系密切，两者相互依存，共同发展。从再保险与原保险、再保险与共同保险以及保险单与分保条三方面，可以准确地认识再保险与直接保险之间的关系。

（一）再保险与原保险之间的关系

再保险是以原保险为基础的，没有原保险就不可能有再保险，离开原保险，再保险就成为无源之水。再保险是原保险的后盾和保障，离开再保险的支撑，原保险便失去保障，原保险的发展将受到制约。总之，再保险与原保险相辅相成，相互促进，共同发展。原保险合同是在自然人、法人或者非法人组织与保险人之间订立的，而再保险合同则是两个保险人之间订立的，其中一个是直接保险人（原保险人），另一个是再保险人。再保险人可以将所分入的保险业务再转移给其他保险人，即转分保。再保险与原保险均为分散和转移风险和责任。在原保险中，投保人将可能发生的风险转移给保险人，保险人在承担风险责任之后，将所承担的风险分散在众多的投保人之中。如果保险人认为必要,可以将一部分风险责任转移给再保险人。再保险人则向原保险人收取相应的分保费,将风险分散到众多的原保险人之中,如果再保险人认为必要,可以将承担的一部分风险再转分给其他的再保险人,从而进一步分散所承担的风险。

再保险与原保险之间具有连续性;同时,再保险虽建立在原保险的基础上,但原保险人是否安排再保险,完全取决于承担风险的能力和经营状况,因而再保险具有相对的独立性。原保险人通过再保险分散了风险,获得了再保险保障,提高了承保能力,可以尽其所能拓展业务,增加营业收入。再保险人通过承担风险责任,获得了再保险费的收入。换言之,原保险人和再保险人均从风险转移中获得了各自利益,促进了各自的发展。

此外,在国际再保险市场上的各方主体按照相互往来、平等互利原则安排分出与分入再保险业务,原保险人与再保险人的角色经常处于不断交替互换之中。但是,投保人与再保险人并不直接发生关系,一旦发生保险事故,投保人无权直接向再保险人提出索赔请求,而且原保险人不得以再保险人拒绝承担赔付责任为由,拒绝或者迟延履行对被保险人的赔付义务。同样,再保险人无权直接要求原保险合同中的投保人直接交付保险费。根据合同相对性原则,再保险合同与原保险合同是各自独立的合同,再保险合同的双方当事人仅为原保险人和再保险人。[①] 例如,在中国人民财产保险股份有限公司广东省分公司再保险合同纠纷案中,广州市中级人民法院判决认为,原保险合同与再保险合同为相互独立的两个不同的合同。原保险费率并不影响再保险接受人在再保险合同中的权利义务,再保险分出人及保险经纪人对再保险手续费的收取同样不影响再保险接受人在再保险合同中的权利义务。

对于涉及原保险合同的保险事故,原保险人可以向再保险人提出赔偿请求,以弥补对被保险人的赔偿,而被保险人与再保险人没有直接关系,不能直接向再保险人行使赔偿请求权。在原保险中,损害补偿原则仅适用于财产保险,人身保险不适用损害补偿原则。但在再保险中,所有的再保险合同,不管是财产再保险合同,还是人身再保险合同,均无一例外地适用损害补偿原则。在再保险实务

[①] "合同的相对性(privity of contract)指合同仅在特定的合同当事人之间发生法律约束力,合同一方当事人基于合同向对方当事人提出请求,而不能向与其无合同关系的第三人提出合同上的请求,同时也不能为第三人设定合同义务,合同债权也主要受合同法的保护……合同的相对性最早起源于罗马法,即指合同仅于缔约人之间发生效力,对合同外第三人不发生效力;合同缔约人不得以合同约定涉及第三人利益的事项,任何一方缔约人不与第三人发生权利义务关系。罗马法的规则影响了现代大陆法系的合同法,《法国民法典》第1119条和第1165条明文规定了合同的相对性原则。德国、瑞士、日本等大陆法系民法虽未明文规定,但理论予以承认。英美法系国家的合同相对性原则是通过 Tweddle v. Atkinson 案确立的。"郑云瑞:《合同法学》(第四版),北京大学出版社2021年版,第153页。

中,所有的再保险合同均提供部分补偿,而不是全部补偿。①

(二) 再保险与共同保险之间的关系

共同保险(coinsurance)是投保人与数个保险人之间就同一保险利益、同一风险共同订立一个保险合同。数个保险人可能以某一保险人的名义签发保险单,每个保险人按照约定的比例承担保险责任。虽然在保险实务上,投保人仅需与一个保险人接洽,而不是与所有的保险人;但在法律上,投保人仍然与所有的保险人直接发生关系。共同保险与再保险均体现了风险分散原则的应用,保险人为保证保险业务收支平衡与稳健的经营,使风险的种类与程度以及保险金额的承担相平衡,尽可能使用大数法则,扩大分散风险的范围,再保险与共同保险均是最为有效的手段。

共同保险的出现早于再保险。再保险富于融通性,但相对于再保险而言,共同保险存在两个方面的明显不足:一是要求共同保险人必须在同一地点,只有劳合社保险市场才能满足这个要求,其他保险市场难以办到;二是共同保险手续烦琐、费时费力,投保人必须与每个保险人商洽有关的保险事项,而保险人之间的商洽也颇为繁杂、费时,因而共同保险在实务中较少采用。

从风险的分担角度看,共同保险是风险的第一次分担,而再保险是风险的第二次分担。从投保人与保险人之间的关系看,在共同保险中,投保人与保险人之间建立的保险关系是横向的,但投保人与每个保险人之间有直接的法律关系;在再保险中,投保人与再保险人之间没有直接的法律关系,再保险人仅与原保险人之间有直接的法律关系,投保人无权向再保险人提出索赔请求,而再保险人同样也无权请求投保人交付保险费。

从近年的发展趋势看,共同保险与再保险虽然存在一些差异,但两者并非背道而驰,而是渐趋接近,彼此之间相辅相成。在现代社会中,各种保险标的风险累计增大,保险金额大量增加。在保险市场中,共同保险与再保险结合采用,已经司空见惯,这可以达到风险迅速彻底分散的效果。例如,在现代财产保险(中国)有限公司再保险合同纠纷案中,现代财产保险(中国)有限公司一直是海力士财产(包含营业中断险)保险项目的主要承保人,2013年现代财产保险的共保份额为50%,另4家中国境内的共保人合计共保份额50%,具体如下图所示。现代财产保险(中国)有限公司又将所承保的财产一切险及营业中断保险责任向中华联合财产保险股份有限公司、三井住友海上火灾保险(中国)有限公司、日本财产保险(中国)有限公司等48家保险公司购买再保险,中华联合财产保险股份有限公司等48家保险公司接受现代财产保险(中国)有限公司所分出的财产一切险及营业中断保险责任业务,具体见下文"现代财产保险(中国)有限公司再保

---

① See R. L. Carter, *Reinsurance*, 3rd edition, Reactions Publishing Group, 1995, p. 4.

险合同纠纷案海力士项目再保险安排情况表"(表7-2)。

表7-1 海力士财产险的共同保险情况表

共保人	共保份额
现代财产保险(中国)有限公司	50%
中国人民财产保险股份有限公司无锡分公司	35%
中国大地财产保险股份有限公司无锡分公司	5%
中国太平洋财产保险股份有限公司无锡分公司	5%
乐爱金(LIG)保险(中国)有限公司	5%

　　共同保险在具体的做法上逐渐趋向于再保险化,主要表现在以下两个方面:
　　(1)首席共保人制度。对并列式的共同保险,实行首席共保人制度。首席共保人制度就是在若干个共同保险人中推举一个保险人作为首席共保人,由首席共保人全权处理每个共同保险事务。首席共保人制度的设立,实际上采纳了再保险合同的首席再保险人制度,是共同保险的再保险化的具体表现。例如,在中国人民财产保险股份有限公司上海市分公司保险人代位求偿权纠纷案中,上海市高级人民法院认为,中国人民财产保险股份有限公司上海市分公司与中国平安财产保险股份有限公司上海分公司等六家保险公司共同签订《共保协议》约定:七家保险公司为共同保险人承保上广电公司财产一切险、利润损失险、公众责任险,中国人民财产保险股份有限公司上海市分公司为共保牵头人,其余六家为共保人。由共保牵头人代表协议各方出具共同保险单,保险单中保险人签章由协议各方共同签订。但是,被保险人上广电公司并未在该共保协议上签字,中国人民财产保险股份有限公司上海市分公司所出具的保险单上也无其他保险公司作为共保人签章。因此,该份保险单认定为共保保单的依据不足。
　　(2)连带式的共同保险方式。连带式的共同保险方式,就是由承保同一风险的各个共保人承担连带责任。所有共同保险人对被保险人的保险赔偿承担连带的责任,每个共同保险人均有义务赔偿被保险人的全部损失,但共同保险人在向被保险人履行全部赔偿义务之后,应向其他共同保险人要求承担所分摊的份额。这种形式的共同保险,在具体做法上完全再保险化。例如,在艾斯欧洲集团有限公司航次租船合同纠纷案中,上海海事法院查明,艾斯欧洲集团有限公司作为共同保险人连同简威亨有限公司、纳塔斯有限公司、福迪斯保险有限公司、爱克莎比利时有限公司、比戴姆保险人有限公司、和第戈林威克林有限公司、凯特林比利时有限公司、阿威罗比利时保险有限公司向被保险人玛吕莎公司和玛吕莎钢铁公司共同出具 NR.T099281200601 号保险单,承保被保险人在全球范围内的运输货物风险,险种为一切险,并分别出具了保险凭证。

在共同保险再保险化的同时,再保险也采纳了共同保险的某些做法,出现了再保险的共同保险化的趋势。再保险与直接保险之间在经济上已经形成了共同保险关系,近年来伦敦保险市场的做法,表现了再保险与共同保险共存的趋势。在再保险合同内明确规定,再保险人要与原保险人为共同保险人,通过这种方式,再保险人可以直接参与直接保险业务。显而易见,原保险人与再保险人对同一危险承担共同责任的做法,是再保险的共同保险化的具体表现。

(三) 保险单与分保条之间的关系

在保险合同与再保险合同的称谓上,两者之间存在差异,有保险单和分保条之分。保险单是证明投保人与保险人之间保险关系的书面凭证,通常由保险人签发给被保险人,简称保单。保险单的主要内容有声明事项、保险期限、保险范围、除外责任以及投保条件等,体现了投保人与保险人之间的权利义务关系,是保险合同的书面证据。除了最常见的保险单之外,对于某些重大保险项目,还须签订保险合同。此外,还有其他保险文件,如申报单、投保单、暂保单以及保险凭证等。

分保条(slip,reinsurance slip)是指再保险分出公司向再保险接受人所出具的一种书面凭证,简明概要记载了某项分保业务项目的情况,主要内容包括分出公司的名称、险别、分保方式、费率、自留额、分保限额、分保手续费、保费准备金等。再保险人以分保条作为判断是否接受再保险业务的依据。分保条的功能与保险单相同,是当事人之间保险合同关系的书面证明。虽然分保条中的基本条款与原保险单相同,但增加了部分内容,如分保方式、自留额、分保限额、分保手续费、保费准备金等。分保条一旦被签发,则成为分出公司与再保险接受人之间确立再保险业务关系的证明。

四、再保险分类

不同类型的再保险,具有不同的含义,原保险人与再保险人的权利义务不同,适用的范围不同,其中临时再保险、合同再保险与预约再保险的分类方式是再保险实务中最为重要的分类。

(一) 自愿再保险与强制再保险

按再保险的实施方式,再保险可以分为自愿再保险与强制再保险。自愿再保险(voluntary reinsurance)是指原保险人与再保险人因业务的需要自愿进行的分保交易,又称为商业再保险。在再保险业务中,大部分业务属于自愿再保险。原保险人是否安排再保险,向哪一个再保险人分出分保业务,完全根据自己的意愿来决定。原保险人根据自身业务的实际情况以及公司本身的偿付能力决定自留额。

强制再保险(compulsory reinsurance)是指原保险人根据法律规定将承保

业务按照一定的比例向指定的再保险公司安排分保,又称为法定再保险。强制再保险是政府对保险和再保险进行管理的一种方式,能降低保险公司所承担的风险,保持保险公司的最低偿付能力,有效地保护保险单持有人的正当权益,同时还可以控制本国外汇资金的流出,有效地支持本国经济的发展。从 20 世纪 20 年代开始,南美洲的智利和乌拉圭最先对再保险业务实行国家干预;第二次世界大战之后,许多国家在独立之后,加强了对保险、再保险的监管,规定了强制再保险制度。例如,伊朗规定所有的业务只能向国家再保险集团安排再保险;阿根廷规定本国保险公司 100% 的业务,外国保险公司 60% 的业务应向英迪再保险公司安排再保险;埃及规定的强制再保险为 30%;伊拉克为 25%;印度、苏丹、肯尼亚、尼日利亚和加纳等国规定为 20%;叙利亚、突尼斯、摩洛哥和喀麦隆则为 10%;新加坡则为 5%。

我国再保险经历了从法定再保险向自愿再保险发展的过程。1985 年的《保险企业管理暂行条例》第 18 条规定:"按本条例第六条规定设立的保险企业必须至少将其经营的全部保险业务的 30% 向中国人民保险公司办理再保险。"1995 年的《保险法》同样规定了法定再保险制度,即经营财产保险业务的保险公司必须将 20% 的业务优先向中国境内的保险公司办理再保险。根据我国加入世界贸易组织的承诺,我国将在加入世界贸易组织四年之后,完全取消法定再保险的强制性规定。根据这种要求,我国在 2002 年对保险法进行了修改,保险法取消了法定再保险制度,实行自愿再保险制度。现行《保险法》第 102 条和第 103 条以及《再保险业务管理规定》第 12 条的规定涉及相关问题,保险公司应当确定当年的总自留保险费和每一危险单位自留责任;超过的部分,应当办理再保险。此外,经营财产保险业务的保险公司当年的自留保险费,不得超过实有资本金加公积金总和的四倍。

(二)人身再保险与财产再保险

按照再保险险种,再保险可以分为人身再保险与财产再保险。人身再保险是指以人的寿命和身体为保险标的的再保险,可再分为人寿再保险、健康再保险和人身意外再保险三类。由于人身保险通常以自然人为承保对象,保险金额较小,危险通常具有独立性、稳定性和规律性,因而人身保险对再保险的需求远远低于财产保险。人身保险业务需要办理再保险的,大多为体弱保险、高额保险和人身意外伤害保险。

财产再保险又可再分为火灾再保险、水灾再保险、责任再保险等。火灾再保险是指原保险人对所承保的火灾保险向其他保险人进行的再保险行为。火灾保险主要包括家庭财产火灾保险与工业财产火灾保险两大类,两者的保险金额相差悬殊,且特点各不相同。在安排火灾再保险时,家庭财产火灾再保险与工业财产火灾再保险的自留额与分保额的基础不同。

水灾再保险是指原保险人对所承保的海上和内陆水上运输货物或者船舶,向其他保险人进行再保险的行为。由于保险标的具有流动性,原保险人不易掌握每个危险单位所承保的责任,可能发生不可预知的责任累积,而且对港口和码头仓库的责任累积也难以预料。不论货物运输险还是船舶险,遭受全损的可能性比其他财产再保险更大,一旦出现保险事故,通常涉及多个国家的法律。因此,水灾再保险较其他财产再保险更复杂。

责任再保险是指以法律责任危险为保险标的的一种再保险。无论是自然人还是法人,在日常生活和生产经营活动中,可能因各种原因导致第三人的财产或者人身受到损害或者伤害,需要承担损害赔偿责任,加害人因向保险人投保将损害赔偿责任转嫁给保险人,保险人将所承保的损害赔偿责任向再保险人安排再保险,便将该赔偿责任转嫁给再保险人。

(三) 普通再保险与转分再保险

按照再保险安排的次数,再保险可以分为普通再保险与转分再保险。普通再保险是指再保险业务第一次分出与分入,以上所论述的再保险均为普通再保险。转分再保险(retrocession)是指再保险人将接受的各种分保业务的一部分,分出给其他再保险人,以减轻所承担的赔偿责任,又称之为再再保险(the reinsurance of a reinsurance)。其他再保险人是转分再保险人(retrocessionaire)。换言之,转分再保险是再保险业务的第二次分出与分入。在再保险业务中,转分再保险具有重要地位,特别对专业再保险公司具有特别的意义。专业再保险公司仅经营再保险业务,并不经营直接保险业务,其业务分布的范围非常广泛,接受全球各地原保险人分出的分保业务。由于所接受的分保业务可能集中在某一个国家或者地区,难免有累积的危险超过承保能力的可能,因而为保护再保险人自身利益,将所分入的分保业务的一部分,分出给其他再保险人。再保险公司之间通过转分再保险合同进行再保险业务的交换,可以使再保险人保持应有的保险费数量和利润,同时也享有转分再保险所带来的利益。在再保险实务中,转分再保险既可采取临时再保险,也可采取合同再保险。

(四) 比例再保险与非比例再保险

按照责任限制的方式,再保险可分为比例再保险和非比例再保险。比例再保险(proportional reinsurance)是指以保险金额为基础来确定自留额和分保额。在比例再保险中,原保险人与再保险人的保险责任、保险权益与保险金额之间有固定的比例关系,这种比例关系是原保险人和再保险人双方当事人分配保险费和分摊赔款的依据。比例再保险又可分为成数再保险(quota share reinsurance)、溢额再保险(surplus reinsurance)和成数与溢额混合再保险(combined quota share and surplus reinsurance)。

非比例再保险(non-proportional reinsurance)是指以损失为基础来确定原

保险人与再保险人之间的责任分配,是损失再保险,因而有时又称为超额赔款再保险(excess of loss reinsurance)。非比例再保险大约产生于19世纪末,最初只有劳合社接受这种再保险方式,广泛应用于汽车保险业务中。在非比例再保险中,对超过原保险人所承担的赔偿限额的部分,再保险才承担赔偿责任,原保险人与再保险人之间对赔偿责任的承担,并没有一定的比例关系。原保险人按照双方的约定,将保险费收入的一部分支付给再保险人,分保费与原来的保险费率没有关系,分保费的数额一般较低,数额的大小与起赔点的高低有关。起赔点高的再保险,则意味着再保险人承担赔偿的概率较低,因而原保险人支付的分保费较少;反之,如果起赔点较低,则意味着再保险人承担赔偿的概率较高,因而原保险人支付的分保费越多。非比例再保险的优点在于原保险人无须逐一安排再保险并进行再保险登记,只是在发生损失之后,原保险人才向再保险人寄送报表,简便易行,成本较低;再保险人能够及时收取最低预付的分保费,无须被扣除分保费准备金和赔款准备金,也无须向原保险人支付再保险手续费。非比例再保险的缺陷在于原保险人不能获得交换的分保业务,因而原保险人不能得到回头业务。非比例再保险可再分为险位超赔再保险、事故超赔再保险和累积超赔再保险。

(五) 临时再保险、合同再保险与预约再保险

从再保险的安排方式上,再保险可以分为临时再保险(facultative reinsurance)、合同再保险(treaty reinsurance)与预约再保险(open cover reinsurance)三种,具体内容详见下文重点叙述。

第二节 再保险方式

再保险方式有临时再保险、合同再保险和预约再保险三种方式。临时再保险是最早出现的再保险方式,当保险业务有再保险需要时,保险人逐一将保险业务安排分保,是合同再保险方式产生之前已经在实务中被广泛使用的一种再保险方式。[①] 20世纪70年代、80年代,合同再保险方式基本上取代了临时再保险。临时再保险在再保险结构所确立的地位虽然不如往日重要,但毕竟是最初的再保险方式,在再保险制度的历史发展中具有重要的作用,所以近年来临时再保险方式又日渐为人们所广泛使用。[②] 预约再保险是介于临时再保险与合同再保险之间的一种再保险方式,既有临时再保险的特征,又有合同再保险的特征。

---

① 临时再保险有各种各样的称谓,如随意再保险、随时再保险、个别再保险、自由再保险、特别再保险、零售再保险等,由于临时再保险较为通俗,因而广为使用。日本的临时再保险称为"任意再保险"。

② See C. E. Golding, *The Law and Practice of Reinsurance*, 5th edition, Witherby & Co. Ltd., 1987, p. 36.

一、临时再保险方式

在人类社会发展早期,囿于经济发展条件,社会对保险的需求不是很旺盛,且保险标的和条件并不呈现出规律性,保险合同的订立大多数时候表现出很大的随意性,缺乏规律性,再保险也呈现出临时性,表现为通过个别的方式安排再保险。临时再保险的核心在于再保险当事人是否安排再保险,具有完全的自主权。[①]换言之,原保险人对于某一危险单位,是否需要安排再保险以及分出的份额大小,完全由原保险人根据自身所承受的风险累积情况以及自留额的大小来决定,逐一向再保险人接洽安排分保。同样,再保险人对于原保险人分出的业务,可以根据风险的性质、自身的承保能力、已经接受风险的累积情况以及与原保险人之间的业务关系等,决定是否接受、接受多少、接受方式以及接受再保险的条件。

从临时再保险的性质上看,再保险交易双方当事人在涉及安排再保险事务方面具有绝对的自由选择权。原保险人可以向任何可能接受再保险业务的再保险人发出要约,而再保险人则完全自由地作出判断,决定是否接受原保险人分出业务的要约。[②]每项分出的业务应单独安排再保险,每个临时再保险均形成一个完整的再保险合同,这仍然是临时再保险的一个基本原则。安排临时再保险一般须经过以下三个程序[③]:

(1)原保险人准备分保条。如果是由中介公司安排分保,则由中介公司准备分保条,载明拟分出业务的简要情况。分保条一般包括原保险人的名称、地址、直接保险中被保险人的情况、承保风险、承保总额、再保险形式、再保险期间、需接受的分保额、原保险人的自留额、再保险费率、免赔额等,以上这些均为再保险人在决定是否接受分保业务时应考虑的重要因素。

(2)向再保险人兜售分保条。原保险人或者再保险经纪人向承保临时分保业务的再保险人兜售再保险分保条,每个再保险人行使选择权。如果再保险人接受分保业务,必须草签分保条,确定拟分入的分保额。从草签分保条之日起,再保险人开始承担再保险责任。在所有的再保险人草签分保条之前,原保险人缺乏再保险保障,对再保险人是否能够接受分出的业务也不确定。这就意味着在原保险人向被保险人承保之前,必须安排再保险。在获得业务所有的详细事实之前,原保险人起草分保条。在这种情形下,再保险人在没有了解充分事实情况的前提下就同意接受分保业务,因而在分保承诺中通常载有"有待进一步的调查""按照直接保险的费率"等。实际上,这些条款充分说明了再保险人对原保险

---

① 参见陈继尧:《再保险——理论与实务》,智胜文化事业有限公司2002年版,第84页。
② See R. L. Carter, *Reinsurance*, 3rd edition, Reactions Publishing Group, 1995, p. 293.
③ R. L. Carter, supra note ②, pp. 295-298.

人的承诺是有条件的,一旦事实与分保条所载明的事实有重大出入,再保险人可以终止再保险合同,拒绝承担再保险责任。例如,在现代财产保险(中国)有限公司再保险合同纠纷案中,最高人民法院认为,现代财险公司向中华财险公司发送邮件,就所承保的海力士项目向中华财险公司发出临时分保的要约。

在一项业务的大部分风险需要对外分保时,原保险人就必须向数个再保险人逐一兜售分保条,但是要获得每个再保险人同意接受分出的分保额,通常需要耗费原保险人大量的人力,同时原保险人无法知晓是否能够成功兜售所要分出的分保额。即使再保险人能够接受需要的分保额,可能也会在接洽过程中耽误时机。从原保险人签发保险单到全部妥善安排再保险期间,原保险人处于无保障状态。这个特征说明了临时再保险方式的重大缺陷,而且随着保险业务的不断发展,大量的保险业务越来越频繁地需要安排分保,这种缺陷变得非常明显。①

再保险合同是通过要约和承诺方式订立的。保险人向再保险人兜售分保条的行为,在法律上表现为保险人向再保险人发出订立再保险合同的要约行为。再保险人对分保条内容的实质性修改,则为新的要约;再保险人同意分保条内容的行为,在法律上表现为承诺。例如,在现代财产保险(中国)有限公司再保险合同纠纷案中,最高人民法院经审查认为,2013年7月25日,现代财险公司向中华财险公司发送邮件,就其所承保的海力士项目向中华财险公司发出临时分保的要约。2013年8月1日,中华财险公司就该要约向现代财险公司函复,因函复提出的条件2"收到贵司的确认以前没有已知的或已报案的损失发生"以及条件3"最优的条件"系针对保险标的、价款提出新的要求,该两项变更超出现代财险公司要约的内容,该变更构成新的要约。该新要约第4条载明,有效期自2013年8月1日起为30天,即现代财险公司应在2013年8月30日予以确认。否则,新要约失效。2013年8月22日,中华财险公司向现代财险公司发出邮件,将与现代财险公司之间因业务往来存在的应收保费要求该公司予以核对并要求其在2013年第三季度未结清付款。该账务核对表包括涉案海力士项目,表中所载明的海力士项目分入保费、净分入保费金额即是按照现代财险公司向中华财险公司发出的原要约内容计算的。现代财险公司次日将核对情况函复中华财险公司,就涉案海力士项目的答复是"没到应收期,还未给贵司账单"。依据现代保险公司的要约计算了涉案海力士项目净分入保费金额,并要求该公司限期支付的行为,是接受了现代财险公司发出的要约,涉案再保险合同于2013年8月1日成立。最高人民法院对涉案事实认定有误,7月25日是现代财险公司向

---

① 合同再保险的出现消除了这种缺陷,临时保险方式中所表现出来的缺陷与不足,在合同再保险中已经不存在。

中华财险公司发出的临时分保的要约,8月1日中华财险公司的回复函已经实质性修改了临时分保要约的内容,现代财险公司的要约失效,中华财险公司的回复构成一个新要约。在8月1日发出的要约快到期时,8月22日中华财险公司又向现代财险公司发出了一个新要约。次日,现代财险公司的回复构成了承诺,临时再保险合同成立并生效。

(3) 分保条的草签。再保险人草签分保条,则是对保险人发出再保险要约的承诺,宣告再保险合同成立并生效,表明再保险合同在原保险人与再保险人之间发生法律效力,再保险合同条款所规定的权利义务对原保险人与再保险人产生约束力。再保险人草签了分保条之后,原保险人或者再保险经纪人向每个接受分保业务的再保险人签发再保险凭证,再保险凭证记载了再保险的起止时间、承保风险、承保数额、直接保险中的被保险人名称、原保险人的自留额等事项。

再保险单的签发标志着临时再保险手续的最后完成,是对再保险合同的书面确认。在签发再保险单之后,原保险人应及时向再保险人寄送再保险单的副本,或者按照再保险人的要求详细载明如下事项:名称、地址、直接保险中被保险人的职业、被保险财产的描述、所承保风险、保险单有效期、直接保险的保费、分出给再保险人的分保额和保险费。例如,在国泰财产保险有限责任公司江苏分公司苏州营销服务部再保险合同纠纷案中,最高人民法院审理查明,涉案再保险合同的订立经过如下协商过程:

(1) 向再保险人发出再保险要约。2011年11月3日,国泰保险苏州服务部(原保险人)将《FW:3C询价函》通过邮件方式发给北京中汇国际保险经纪公司江苏分公司(再保险经纪人),邮件附件为江苏定律保险经纪有限公司制作的关于原保险被保险人广川公司等公司的再保险询价参考资料。中汇国际保险经纪公司随后将该函发给了永安财产保险股份有限公司陕西分公司。

(2) 受要约人对再保险要约的确认函。11月9日,中汇国际保险经纪公司收到中间人周涛转发的永安保险陕西分公司的确认即《广川公司等七家公司财产综合保险及机器损失保险再保意向回复》。该确认函载明:"江苏定律保险经纪有限公司,我公司已详细阅读贵司递交的保险资料,并知悉各项再保条件,现回复你司并承诺如下:我司愿意作为共保公司按照保险资料再保广川公司等七家公司的财产综合保险及机器损失保险,可接受的再保份额为20%,费率为0.1%。我公司承诺按照以上所填写的再保意向及承诺份额。"

(3) 原保险人对再保险人确认函的回复。11月26日,国泰保险苏州服务部又将《广川科技(广州)有限公司等7家公司财产一切险再保意向回复》通过中汇国际保险经纪公司发给永安财产陕西分公司。

(4) 再保险人对原保险人回复函的回复。11月28日,永安保险陕西分公司通过中介人向国泰保险苏州服务部发送了有永安保险陕西分公司盖章的《广川公司等七家公司财产一切险再保意向回复》,载明:"国泰财产保险有限公司,我公司已详细阅读贵司递交的保险资料,并知悉各项再保条件,现回复你司并承诺如下:我司愿意作为再保公司按照保险资料临分接入广州公司等七家公司的财产综合保险,可接受的再保份额为30%,费率为0.35‰。我公司承诺按照以上所填写的再保意向及承诺份额。"

(5)原保险人对再保险人回复函的确认。11月28日,国泰保险苏州服务部将共保协议约定的十家公司投保确认函及财产一切险条款通过电子邮件发送给中汇经纪公司。该投保确认函载明:国泰保险苏州服务部承保份额为总保额的30%,可分出份额为总保额的20%,再保险保费为353995元,再保险费用中含中汇经纪公司佣金86728.78元(再保险保费的24.5%),营业税19469.73元(再保险保费的5.5%)。再保险合同双方当事人此时就临时再保险事宜达成了合意。

最高人民法院认为,永安保险陕西分公司与国泰保险苏州服务部之间已经成立以2011年11月28日国泰保险苏州服务部发送的投保确认函为基本内容的再保险合同,永安保险陕西分公司在此后发送的《2012国泰江苏再保分入业务清单》中对20%承保份额予以认可,并接受了相应的再保险费。

前述案例表明,再保险合同订立是以要约与承诺方式并通过再保险经纪人完成的。再保险分出公司(国泰保险苏州服务部)通过再保险经纪人(北京中汇国际保险经纪公司江苏分公司)向再保险分入公司(永安财产保险股份有限公司陕西分公司)发出再保险要约,再保险分入公司又通过再保险经纪人向分出公司发出对再保险要约的承诺。

二、合同再保险方式

欧洲的工业革命带来了欧洲经济的快速成长与繁荣,以机器代替了手工操作,各种新的生产技术的涌现,极大地促进了生产力的发展。伴随工业化和商品经济的不断发展,工业和贸易中心城市的形成,交通运输的发达,社会财富的日益增加与集中,科学技术在生产领域的广泛应用,这些都使一次灾害性事故可能造成的物质损失和人身伤害的程度扩大。保险标的越来越大,风险集中的情形则更为严峻。人们认识到如果保险人仅依赖于临时再保险,可能难以应对保险市场的新情况。为应对这种情形,一种新再保险方式——合同再保险(treaty reinsurance)应运而生。

合同再保险方式具有临时再保险方式所不具备的一些优点,而这些优点满足了现代保险发展的需要。合同再保险条款确立了当事人之间的强制再保险关系,原保险人有义务按照合同的约定分出保险业务,而再保险人也有义务按照合同的规定接受分入的分保额。这是合同再保险与其他再保险方式的根本性区别所在。

在再保险实务中,合同再保险的强制性直接影响原保险人与再保险人的权利义务。在合同再保险方式中,分出公司不再具有临时再保险合同中的权利,不能在各个再保险人之间自由安排分保业务。一旦分出公司与再保险人订立合同再保险协议,分出公司必须将合同范围内的所有业务纳入合同再保险;同样,再保险人应当接受这种分保业务。对合同再保险协议所规定的业务,无论是分出公司还是再保险人均无选择权。再保险人不能接受某项业务而拒绝接受另一项业务,再保险人选择接受分保业务的权利已经不复存在,因而再保险人对所接受的业务质量缺乏控制。

在合同再保险中,再保险人通过一个单一的再保险合同分入大量风险。在临时再保险中,每项业务形成一个单一、独立的再保险合同,每个合同条款均是独立的,即使是类似的交易,他们之间也没有联系。在合同再保险方式下,分出公司分出大量的再保险项目,这些分出的项目均受同一再保险合同所规定的条件约束,且所有交易均与原始交易——合同再保险协议的订立——密切相关。这对合同双方当事人均会产生必然影响。再保险人能够获得稳定、连续的业务流;分出公司为自己所承保的业务提供了再保险保障,不管承保风险的实际品质如何,均可以根据再保险合同的约定向再保险人安排分保,从而降低自己承保的风险。

合同再保险是一些再保险方式的总称,包括许多不同形式的再保险方式。在再保险实务中,合同再保险可以分为比例再保险和非比例再保险两大类。在比例再保险中,原保险人与再保险人共同承担风险;在非比例再保险中,再保险人仅对超过双方同意数额部分的损失承担赔偿责任。合同再保险已经成为一种主要的再保险安排方式,为全球保险业所共同采用。合同再保险方式,主要有以下四种形式:

(1) 溢额合同再保险。溢额合同再保险(surplus treaty reinsurance)是指在合同有效期限内,原保险人有义务将合同规定的业务种类中每笔业务超过自留额的部分分出给再保险人承保,是应用最为广泛的合同再保险。溢额再保险合同的最高限额,由合同中所包括的线数(lines)决定,每线的最高责任额应当与原保险人的自留额相等。[①]在再保险实务中,原保险人通常与数个再保险人订立再

---

① 例如,原保险人与再保险人订立了10线的再保险合同,假设自留额为人民币4万元,合同分保限额为人民币40万元,连同原保险人的自留额,总共为44万元。如果原保险人的保险金额不超过人民币4万元,则原保险人无须分出业务。

保险合同。换言之，分出公司将分保业务分入数个分入公司。①溢额再保险合同可以分层设计，原保险人为顺利安排保险金额巨大或者危险性质特殊的业务，可以在第一溢额再保险合同(first surplus treaty)之外，安排第二溢额再保险合同(second surplus treaty)，甚至安排第三溢额再保险合同(third surplus treaty)，或者安排更多的溢额再保险合同。溢额合同的再保险人按照再保险金额与原保险金额的比例分摊损失，而原保险人则按照全部保险费的同一比例，向再保险人支付再保险费。原保险人仍然可以向再保险人索取再保险佣金以及盈余佣金。

(2) 成数再保险。成数再保险(quota share treaty reinsurance)是指原保险人与再保险人事先约定，对每个危险承保的金额，原保险人必须按照一定百分比分出，而再保险人必须接受原保险人分出的分保业务，又称之为定额合同再保险。在再保险合同规定的每笔业务中，原保险人自留额并非确定的②，而是按照再保险合同规定的百分比确定自留额；再保险人按照再保险合同规定的百分比分别接受原保险人分出的分保业务。③在成数再保险合同中，通常对再保险人的最高赔偿额规定限制。④成数再保险的缺点在于保险业务金额小时，也必须按照合同规定的百分比分出给再保险人，而禁止自己保留全部业务，导致原保险人保险费外流。这种再保险方式不如溢额合同再保险方式使用广泛，通常由规模较小的保险公司采用，或者在某种保险业务属于创办阶段，缺乏必要的经验时采用。

(3) 超额损失合同再保险。超额损失合同再保险(excess of loss treaty reinsurance)是指原保险人与再保险人订立再保险合同，规定超过自负额(underlying retention)⑤的损失由再保险人按照双方约定的金额或者比例来承担，但是再保险人所承担的责任有最高限额。超额损失合同再保险是一种较新的再保险方式，又称为超额赔款再保险，原保险人与再保险人之间承担责任的基础

---

① 例如，原保险人将分保业务分出给甲、乙、丙、丁四个再保险人，每个再保险人各自分入全部溢额的 25%，假如原保险人分出了 10 线合同，每个再保险人的责任是 2.5 线(四个再保险人共计 10 线)。假设直接保险业务的保险金额为 52 万元人民币，在扣除 4 万元人民币的自留额之后，溢额应为 48 万元人民币，但是由于分保业务为 10 线合同，四个再保险应接受的再保险金额为 40 万元人民币，即每个再保险人各自承担 2.5 线，承担的责任为 10 万元人民币。此外，还剩余 2 线，如果原保险人已经同其他再保险人订立第二溢额合同，应分入给第二溢额再保险人。否则，原保险人除了通过临时再保险方式将剩余部分安排再保险人之外，只能由自己承担。

② 在溢额合同再保险中，原保险人的自留额是固定的，不管原保险人承保业务的保险金额大小。而在比例再保险中，原保险人的自留额根据其所承保业务保险金额的大小来确定，即其所承保的业务保险金额大，则自留额大，反之则自留额小。

③ 例如，假设根据再保险合同规定，原保险人自留额为 10%，再保险人甲、乙、丙、丁分入分保业务的比例为 15%、20%、25%、30%，那么，原保险人与甲、乙、丙、丁四个再保险人承担赔偿责任的比例分别为 10%、15%、20%、25%、30%。

④ 例如，再保险人的分保比例为 40%，以 200 万元为最高限额。如果再保险人接受的 40% 的分入业务超过了 200 万元，那么再保险人仍然以 200 万元为保险金额，超过部分不承担责任。

⑤ 自负额是指原保险人自行承担的约定金额或者比率，以一次事故所引起的一次赔款为基准。

是赔款而不是保险金额。① 超额损失再保险的保险费由原保险人与再保险人协商决定,再保险人无须向原保险人支付再保险佣金和盈余佣金。这种再保险方式在意外保险中广泛适用,财产保险也偶尔用之。

(4) 超赔款率合同再保险。超赔款率合同再保险(excess of loss ratio treaty reinsurance)是指将预先约定的赔款率作为比较的标准,在约定的限度内就超过部分承担赔偿责任,又称为年度超额赔款再保险。这种再保险方式主要是为保护原保险人的利益,使其不至于在一年内因连续所发生的中、小额赔偿的累积结果,导致赔款率超过正常的赔款率,具有稳定原保险人经营业绩的效果。原保险人向再保险人支付的再保险费,应以原保险费的一定百分比计算,而且再保险人无须向原保险人支付再保险佣金和盈余佣金。

三、预约再保险方式

预约再保险(open cover reinsurance)是介于临时再保险与合同再保险之间的一种再保险方式,既有临时再保险的特征,又有合同再保险的特征②,又称为临时固定再保险(facultative obligatory reinsurance)。"facultative"是指原保险人有自由安排再保险的权利,"obligatory"是指再保险人只有接受分保业务的义务。对分出公司而言,预约再保险与临时再保险方式一样,可以选择是否分出以及分出的份额;对再保险人而言,却与合同再保险方式一样,必须在合同范围内接受分出公司分入的业务,没有选择的权利。换言之,预约再保险对分出公司具有临时再保险的性质,而对再保险人则具有合同再保险的性质。

预约再保险由当事人事先签订再保险合同,对再保险的业务范围和条件虽有明文规定,但分出公司有选择权,不一定将所有业务按照合同约定分出。预约再保险合同对再保险接受人则具有强制性,只要是合同约定范围内的业务,分出公司决定分出的,再保险接受公司必须接受,不得拒绝。由于分出公司可以任意将合同范围内的业务分给再保险接受公司,而再保险接受公司却只能被动地接受,再保险接受公司对预约再保险合同所分入的业务质量缺乏控制。此外,分出公司通常将稳定性较好的业务自留,而将稳定性较差的业务按照预约再保险合

---

① 例如,原保险人关于火灾保险,每次火灾事故只准备承担 10 万元的赔偿责任,于是同再保险人订立超额损失再保险合同,规定每次火灾损失 10 万元以上的部分由再保险人承担,10 万元以下部分的损失由原保险人自己承担。

② 关于再保险的形态,有两种不同的分类方法:一是分为临时再保险方式与合同再保险方式两种,将预约再保险方式作为临时再保险方式的一种形态;另一种分为临时再保险方式、合同再保险方式和预约再保险方式三种。台湾地区再保险学者陈继尧先生也将再保险的形态分为临时再保险、合同再保险和预约再保险三种,认为预约再保险是一种独立的再保险方式,而不是临时再保险的一种形态。参见陈继尧:《再保险——理论与实务》,智胜文化事业有限公司 2002 年版,第 83 页。

同的约定分出,从而有利于稳定分出公司的经营,而不利于稳定再保险接受公司的经营。

临时再保险的优势在于手续简便、时间节约,对于再保险接受公司而言,相当于合同再保险,从而避免了临时再保险方式烦琐的手续和反复商洽的过程。在再保险实务中,预约再保险通常是对合同再保险的一种补充。在合同再保险限额之外,巨额业务仍有一定的溢额需要办理再保险时,如果安排临时再保险,则手续烦琐、时间紧迫;如果安排另一个合同再保险,则业务量又不够,而安排预约再保险作为合同再保险的补充,可以及时分散风险,又无须与再保险接受公司临时商洽,逐一办理再保险手续。

虽然预约再保险能够适用于所有的保险领域,但最为常见的是适用于火灾保险和海上保险,主要目的在于为一些事故发生没有规律的风险提供保障。例如,在火灾保险中,预约再保险适用于某些特定种类或者特定区域内的风险,或是在一年中的某个季节,所承保的标的如西印度群岛的蔗糖、澳大利亚的羊毛等大量增加的情形。在海上保险中,预约再保险可以适用于某种商队的线路或者从事特殊贸易的船舶。这些风险不适用普通的合同再保险方式,并没有特别的理由,而是由于这些业务具有偶发性的特点,以预约再保险方式安排分保较为简便而已,而且预约再保险可以作为合同再保险的补充,在合同再保险方式已经足额的情况下,安排剩余业务。通过这种方式,预约再保险在现代再保险实务中仍然有较为广阔的使用空间。

附:

表7-2 现代财产保险(中国)有限公司再保险合同纠纷案海力士项目再保险安排情况表

再保险形式	再保险接受人	接受份额
现代财险公司自留		1%
比例临时再保险	日本兴亚财产保险(中国)有限公司	30.4%
	三井住友海上火灾保险(中国)有限公司	
	中华联合财产保险股份有限公司	
	日本财产保险(中国)有限公司	
	韩国韩华财产保险有限公司	
	大韩再保险公司	

(续表)

再保险形式	再保险接受人	接受份额
比例合同再保险	大韩再保险公司 首尔保证保险公司 伯克利再保险公司 中国人民财产保险股份有限公司 德高保险有限公司 欧亚大陆的保险公司 Santam Limited 永安财产保险股份有限公司 日本财产保险公司 非洲再保险公司 Milli Re(Turkey)-F. A. I. R. Reinsurance Pool Milli Reasurans T. A. S.（Singapore）	3.6%
非比例临时再保险	新印度保险公司 Lloyd's U/W Syndicate No. 2232 AWH QBE Insurance Europe Ltd 美亚财产保险(中国)有限公司 法国再保险亚洲有限公司 安联保险集团 中国财产再保险股份有限公司 印度国际保险公司 日本财产保险(中国)有限公司 阳光财产保险股份有限公司 太平再保险股份有限公司北京分公司 HDI-Gerling Industries Vericherung—AG HK 汉诺威再保险股份有限公司上海分公司 中意财产保险有限公司 苏黎世财产保险(中国)有限公司 欧亚大陆的保险公司 东部火灾海上保险公司 俄罗斯再保险公司 卡塔尔再保险公司 第一资本保险有限公司(新加坡)	15%
合计		50%

　　海力士保险项目总保险金额为 81 亿美元,保单赔偿限额为 23 亿美元,再保险分出安排为:临时再保险分出 45.4%份额,合同再保险分出 3.6%份额,现代财险自留 1%份额,合计 50%份额。现代财险公司份额项下共有 48 家再保险接受人参与了分保,其中境外的再保接受人为 31 家,境内(包含香港)的再保险接受人为 17 家,涉及境内外再保险经纪人共 11 家。

第三节 再保险合同的种类和合同条款

再保险合同(reinsurance contract)是指原保险人与再保险人之间就再保险业务的分出与分入问题所达成的关于彼此之间的权利义务关系的合意,又称为分保合同。根据再保险合同的规定,原保险人应当将所承保风险的一部分或者全部分出给再保险人,按照双方约定的再保险费率支付再保险费,诚实地履行告知和通知义务;再保险人应当接受原保险人分出的全部再保险业务,不得拒绝,并对再保险合同项下原保险人所发生的保险赔付承担约定的赔偿责任。

从世界各国的再保险立法来看,均不存在专门的再保险立法,我国也没有再保险和再保险合同的专门立法,关于再保险制度的规定散见于保险法的有关章节之中,行政规章有《再保险业务管理规定》《财产保险公司再保险管理规范》。世界其他国家的再保险立法的情况,也大致如此,如美国和英国等国家并没有制定有关再保险合同的特别规则,仅适用一般的合同法和保险合同的规则。

一、再保险合同的性质

再保险人对原保险人在直接保险合同中所承担的责任,可能承担部分责任,也可能承担全部责任。再保险合同是再保险人与保险人之间的合同,原保险合同的投保人并非再保险合同的一方当事人,再保险合同独立于直接保险合同[①],如《保险法》第29条之规定。就像其他保险一样,再保险合同并不能提供完全、充分的赔偿。通常情况下,原保险人仅能从再保险人处获得部分的赔偿,只有在少数情况下,再保险人赔偿原保险人的全部损失。再保险合同所承保的风险与原保险合同相同,合同标的相同。虽然原保险的安排通常先于再保险,即遵循英国法官曼斯菲尔德(Lord Mansfield)在 Delver v. Barnes(1807)案件中所确立的规则,保险合同先于再保险合同;但在现代保险实务中,有时原保险与再保险的成立顺序背离了传统规则,如在 General Accident Fire and Life Assurance Corporation v. Tanter, the Zephyr(1984)案中,保险经纪人公司对 Zephyr 安排海上保险,首先安排再保险人提供全额的再保险,在两个星期之后,再与一些保险人商谈直接保险事务,其中一些保险人在得知已经安排全额再保险的情况下同意承保。[②]

对再保险合同是否为保险合同的问题,存在不同的观点。一般认为再保险合同特征符合公认的保险合同特征。在再保险人与保险人订立了具有约束力的

---

① See Andre McGee, *Modern Law of Insurance*, Butterworths, 2002, p.587.
② See R. L. Carter, *Reinsurance*, 3rd edition, Reactions Publishing Group, 1995, pp.108-109.

协议之后,一旦原保险合同的保险人因发生保险事故承担损失补偿责任,再保险人应向保险人承担损失补偿责任。英美法系国家的判例遵循曼斯菲尔德判决,认为再保险合同是保险合同。再保险合同并非合伙关系,也在 Re Norwich Equitable Fire(1887)案件中得以强调。此前,英美法系国家的判例一直认为,成数再保险合同在再保险人与分出公司之间构成了代理合同。在 20 世纪初的 Scrutton 案件中,对临时固定再保险合同是否构成代理的问题,也持相反的观点。[①]再保险合同是否属于保险合同的核心问题,是保险人在将保险业务转让给再保险人时,对分保明细表作用的认识。

再保险合同的标的是再保险合同的客体,即原保险人与再保险人之间权利义务所共同指向的对象。直接保险的标的是被保险人可能的损失或者是保单持有人所投保的可能承担的法律责任;保险合同的标的是保单持有人对财产的经济利益或者责任。按照一般逻辑推理,原保险人将保险业务安排再保险,原保险人在原保险合同中所承担的保险责任成为再保险合同的标的,从而再保险合同为责任保险合同。但是,再保险人并非直接对原保险合同保险标的的损失给予补偿,而是对原保险人所承担的损失补偿责任给予补偿。再保险合同的保险标的是以原保险合同的保险标的为基础的,离开原保险合同的保险标的,就不存在再保险合同的保险标的,两者之间关系密切。

正是由于再保险合同的保险标的是原保险人的损失补偿责任,再保险合同才具有责任保险的性质。但是,英美法系国家判例一直认为再保险合同的保险标的与原保险合同的保险标的是一致的。换言之,如果原保险单对船舶、其他财产或者责任承保,再保险合同的保险标的将受到原保险合同的影响,再保险合同的保险标的应同样为船舶、其他财产或者责任。在 Glasgow Assurance Corporation(Liquidators)$v.$ Welsh Insurance Corporation(1914)案和 Forsikringsaktiesel National of Copenhagen $v.$ Attorney General(1924)案中,法院确认了再保险与直接保险的保险标的的同一性。在这些案件的判决中,法官不仅适用了先前的判例,还适用了英国的成文法。

二、再保险合同的种类

再保险合同当事人享有的权利、承担的义务,因再保险合同的种类的不同而存在巨大的差异。在再保险实务中,再保险合同的种类繁多。原保险人和再保险人可根据自身的特点和业务的需要选择适用不同种类的再保险合同。

（一）再保险合同的分类

再保险合同的分类非常复杂,按照不同的标准,有不同的分类。在再保险实

[①] See R. L. Carter,*Reinsurance*,3rd edition,Reactions Publishing Group,1995,pp. 108-109.

务中,再保险合同主要有以下三种不同的分类方式:

(1) 临时再保险合同、合同再保险合同和预约再保险合同。这是按照再保险安排方式的不同,对再保险合同进行的分类,是再保险合同的最主要的分类方式。临时再保险是最早出现的一种再保险方式,也是一种基本的再保险方式。在临时再保险中,再保险人有权选择是否接受特定的风险。合同再保险是一种最为广泛使用的基本再保险方式,再保险人无权选择原保险人所分出的分保业务,必须全部接受原保险人分出的分保业务。预约再保险是临时再保险与合同再保险的混合,具有两者的特点,原保险人对分出的分保业务有选择权,即原保险人可以确定哪些业务分出以及分出的份额,但再保险人必须接受原保险人分入的分保业务,即再保险人没有选择权。

(2) 财产再保险合同和人身再保险合同。这是按照再保险对象的不同,对再保险合同进行的分类。在再保险合同中,财产再保险合同占重要地位。在通常情况下,人身保险合同的保险金额较小,对再保险的需求不大;当然,遇到大额的人身保险合同,或者为避免风险的累积,保险人也会借助再保险保障分散风险,减少自己承担的保险责任。

(3) 比例再保险合同和非比例再保险合同。这是按照再保险责任分配方式的不同,对再保险合同进行的分类。比例再保险合同又可再分为成数再保险合同、溢额再保险合同和成数与溢额混合再保险合同。非比例再保险合同又可再分为超额赔款再保险合同和超额赔款率再保险合同。

(二) 再保险合同主要的种类

比例再保险合同和非比例再保险合同,是再保险实务中最为常见的再保险合同种类。根据保险业务风险的不同,原保险人分别采取比例或者非比例再保险合同方式将业务风险转嫁给再保险人。

1. 比例再保险合同

比例再保险合同(proportional reinsurance treaty)是指以保险金额为基础来确定原保险人的自留额和再保险人分保额的再保险合同。在比例再保险合同中,合同双方当事人——原保险人和再保险人的保险责任、保险权益与保险金额之间均保持固定的比例关系[①],这种比例也是原保险人与再保险人分配保险费以及承担赔偿责任的依据。换言之,原保险人与再保险人对于保险费收入和承担赔偿责任,均按照双方约定的分配额的同一比例进行分配。比例再保险最大限度地体现了再保险合同双方当事人共命运的原则。在再保险业务中,比例再保险合同运用十分广泛,不论是一般性的大额再保险业务,还是巨灾再保险业务,均可以适用比例再保险合同。

---

① 实际上,在比例再保险中,分出公司的自留额与接受公司的分保额均表示为保险金额的一定比例。

比例再保险合同又分为成数再保险合同(quota share reinsurance treaty)①、溢额再保险合同(surplus reinsurance treaty)②和成数与溢额混合再保险合同(combined quota share and surplus reinsurance treaty)三种形式：

(1) 成数再保险合同。成数再保险合同是指原保险人将每个危险单位的保险金额，按照与再保险人约定的比率分出给再保险人进行再保险的协议。③凡是属于再保险合同范围内的每一笔保险业务，原保险人没有固定自留额，而是按照双方约定的成数安排所承保业务的自留额，所剩余的成数自动安排给再保险人，再保险人必须全部接受原保险人分出的业务，不得以任何理由加以拒绝。在成数再保险合同中，保险费的分配与保险责任的承担均按照双方各自所占的成数份额办理，通常规定原保险人拥有较高的自留额，原保险人的自留额与再保险人的分保额之间的比例大约在40%—50%之间。再保险人通过加重原保险人的责任，加强与原保险人共命运条款的效果。成数再保险合同对每个危险单位，均按一定的比率分配责任，一旦遇到巨额风险责任，原保险人与再保险人可能承担巨额损失赔偿责任。为限制原保险人与再保险人所承担的责任，维持正常的再保险交易秩序，保障原保险人与再保险的稳定经营，成数再保险合同对每一危险单位均规定最高责任限额，原保险人与再保险人在合同规定的最高责任限额内，按照规定的比例承担相应的赔偿责任。④

(2) 溢额再保险合同。溢额再保险合同是指原保险人与再保险人约定，对每个危险单位规定一个由原保险人承担责任的自留额(retention, retained line or amount)，超过自留额以上的部分称为溢额(surplus)，溢额部分分出给再保险人承担的协议。⑤在再保险业务中，超过原保险人自身承保能力的保险责任，或者原保险人不愿意自留的保险金额，被称为溢额，溢额又称为分出额或者分保额。溢额是以自留额的若干倍数，即以线数来表示。原保险人并非将所承保的每一单直接保险业务安排分保，只是将溢额部分安排分保，且溢额必须以合同方

---

① 袁宗蔚先生称为"定额再保险"，陈继尧先生则称为"比率再保险"。参见陈继尧：《再保险——理论与实务》，智胜文化事业有限公司2002年版，第97页。

② 溢额通常用"surplus"来表示，"sur"是"cover"的意思，"plus"是"more"的意思，该词的含义为溢盈；但是，在海上保险中，则用"excess"来表示溢额，溢额再保称为"excess cover"或者"excess of line reinsurance"。

③ See Robert Kiln, *Reinsurance in Practice*, 3rd edition, Witherby & Co. Ltd, 1991, p. 33.

④ 例如，原保险人与再保险人签订的火灾成数再保险合同规定，每个危险单位的最高限额为500万美元，原保险人的自留额为30%，再保险人的分入额为70%。假设原保险人承保了一笔保险金额为400万美元的火灾业务，那么，根据再保险合同的规定，原保险自留额为120万美元，再保险人的分保额为280万美元。又假设原保险人承保的一笔保险金额为600万美元的火灾业务，那么，由于再保险合同规定的每个危险单位的最高限额为500万美元，原保险人与再保险人在500万美元的限额内安排再保险业务，原保险人的自留额为150万美元，再保险人350万美元。超过500万美元的部分——100万美元应由原保险人通过其他再保险形式安排再保险，否则，就由原保险人独自承担责任。可见，成数再保险还必须借助其他的再保险方式来分散风险。

⑤ See Robert Kiln, *Reinsurance in Practice*, 3rd edition, Witherby & Co. Ltd, 1991, p. 71.

式安排。以容器与容量为例,可以形象地说明自留额与溢额之间的关系,假设自留和再保险是消化风险的容器,各个容器的容量分别为自留额与溢额。凡是经保险人所承保的业务,先放入自留容器,待放入的额度——保险金额——盈满自留容器(自留额满)之后,再放入再保险容器来承受。这就是风险责任的分散与转嫁,体现了溢额再保险的主要功能。容器的一定容量,即为承受保险金额的平均化。风险的平均化是溢额再保险的主要目的。与成数再保险合同一样,溢额再保险合同是以保险金额为基础,确定原保险人与再保险人之间的再保险合同关系,因而属于比例再保险合同。自留额与总保险金额之间的比例称为自留比例,而分出额与总保险金额之间的比例称为再保险比例。

(3) 成数与溢额混合再保险合同。成数与溢额混合再保险合同是指将成数再保险与溢额再保险两种再保险方式相结合,安排再保险的合同。在混合再保险合同中,双方当事人以成数再保险的限额作为溢额再保险的起点,来确定溢额再保险的限额。在再保险实务中,混合再保险合同的安排有两种方式:

一是成数再保险在先、溢额再保险在后。原保险人与再保险人在订立的再保险合同中先安排一个成数再保险合同,约定自留额和最高限额,一旦成数再保险合同的保险金额超过双方当事人所规定的限额,则按照双方当事人规定的溢额再保险合同方式安排再保险。实际上,这种混合方式是先用成数再保险安排小额业务,当保险金额较大——保险金额超过成数再保险合同的限额时,使用溢额再保险合同安排再保险,以降低原保险人所承担的风险。在这种混合再保险合同中,成数再保险合同中的最高责任限额,是溢额再保险合同的自留额。在溢额再保险合同分配之前,这部分业务由成数再保险合同的再保险人优先接受;但是,成数再保险合同的再保险人是否接受溢额部分的再保险业务,则完全由该再保险人自行决定,没有强制接受溢额再保险业务的义务。①

二是溢额再保险在先、成数再保险在后。原保险人在订立的再保险合同中,先安排一个溢额再保险合同,由于自留额部分较大,再另行安排一个成数再保险合同,以降低原保险人所承担的保险责任,从而实现再保险分散风险的目的。②

---

① 例如,原保险人与再保险人订立一个成数再保险合同,成数再保险合同规定某种危险的最高责任额为 300 万元人民币,保险金额在 300 万元人民币以下的业务,全部由成数再保险合同处理,其中分出公司自留额为 40%,即 120 万元人民币;其余 60%,即 180 万元人民币则按照合同规定的百分比分配给数个再保险公司。在上述成数再保险合同之上,原保险人又商洽订立一个 10 线的溢额再保险合同,溢额再保险合同规定,原保险人的自留额为 300 万元人民币,即为成数再保险合同的最高责任限额,一线为 300 万元人民币,溢额再保险合同的最高责任限额为 3000 万元人民币。在该危险业务的保险金额超过 300 万元人民币时,超过部分就由溢额再保险合同处理。

② 例如,一个 5 线的溢额再保险合同的自留额为 100 万美元,分出公司认为自留额偏高,于是在溢额再保险合同的基础上,又订立一个成数再保险合同,以溢额再保险合同的自留额为成数再保险合同的最高责任限额,即 100 万美元,其中自留额为 30%,即 30 万美元;分保额为 70%,即 70 万美元。因而在成数和溢额再保险合同中,分出公司的自留责任,即自留额从 100 万美元降低到 30 万美元,极大减轻了分出公司的保险责任。

2. 非比例再保险合同

非比例再保险合同(non-proportional reinsurance treaty)是指以损失为基础来确定原保险人与再保险人之间的责任分配——原保险人的自负责任与再保险人的再保险责任的协议。[①]换言之,非比例再保险合同中,原保险人与再保险人的保险责任和有关权益与保险金额之间没有固定的比例关系,因而称为非比例再保险。超额赔款再保险(excess of loss reinsurance)有时成为非比例再保险的总称,但多数情形下又仅指非比例再保险中的一种分类。这是由于超额赔款再保险是非比例再保险的典型代表。在非比例再保险合同中,首先规定原保险人承担的赔偿限额,超过原保险人赔偿限额(再保险人的起赔点)的赔偿责任由再保险人承担,原保险人与再保险人之间所承担的赔款责任,并无一定的比例关系。原保险人根据再保险合同的规定,向再保险人支付一定的再保险费,再保险费与直接保险费率无关,再保险费的大小与再保险人的起赔点密切相关。再保险人的起赔点高,则意味着再保险人承担赔偿责任的概率较低,因而再保险人获得的再保险费就较少;再保险人的起赔点低,则意味着再保险人承担的赔偿责任概率较高,因而再保险人应获得较多的再保险费。

非比例再保险合同分为超额赔款再保险合同和超额赔款率再保险合同(excess of loss ratio reinsurance treaty)两种形式。

(1) 超额赔款再保险合同。超额赔款再保险合同是指以赔款额为基础来确定原保险人的自负责任和再保险人分保责任的一种非比例再保险协议。[②]第一次世界大战之后,这种再保险方式的地位已经与溢额再保险和成数再保险旗鼓相当。

在再保险实务中,超额赔款再保险合同又可分为险位超赔再保险和事故超赔再保险两种形式:

[①] 非比例再保险又称为损失再保险,起源于19世纪末的英国,在第一次世界大战之后因科学技术的发展,才得到广泛的运用。随着汽车成为大众化的交通工具,以及国际间的信息交流的及时便捷与准确,非比例再保险方式首先运用在汽车保险业务中。汽车保险数量繁多,事故发生的概率远远高于其他财产保险,但其赔款的数额却不高;此外,汽车保险通常发生集体伤亡事件(客运汽车发生交通事故,造成大量乘客的伤亡),或者车辆集中的损毁(突降暴雨造成某一地区车辆被淹)。汽车保险的以上特点要求保险手续非常简便,以减轻保单数量繁多而造成的承保工作的压力,同时,必须确保群体损失所产生的巨额赔偿责任的分担。而传统的再保险方式不能满足汽车保险的需求,非比例再保险恰好符合汽车保险的特点。此后,意外保险的情形与汽车保险相似,也采取非比例再保险方式。

在20世纪30年代之后,伴随航空业的飞速发展,飞机乘客的责任和飞机机身等巨额风险的不断出现,保险金额不断攀升,风险日益集中。特别是20世纪航空航天技术和核工业技术的发展,导致传统的再保险方式不能满足现代社会发展的需要,从而使非比例再保险方式取代了传统的再保险方式,成为主要以巨灾风险为对象的再保险方式。由于非比例再保险手续简便,能节约原保险人的经营成本,有效地防止原保险人的经营亏损,因而受到原保险人的欢迎,使这种再保险方式逐渐在国际再保险市场上流行开来。

[②] See Robert Kiln, *Reinsurance in Practice*, 3rd edition, Witherby & Co. Ltd, 1991, p.157.
超额赔款再保险合同究竟什么时候产生,现在没有确切的时间记录,大约在1880—1889年之间为劳合社的Culbert Heath先生所创立。第一个独立的超额赔款再保险合同文本出现在1906年,用以解决巨灾再保险问题。

一是险位超赔再保险。险位超赔再保险（excess of loss per risk basis）是指以每一危险单位所发生的赔款为基础，计算自负责任额和再保险责任额的一种超赔再保险方式，又称为一般超赔保障。如果总赔款额在免赔额范围之内，由原保险人全部承担赔付责任；如果总赔款额超过免赔额，超过免赔额部分由再保险接受公司在最高责任限额范围之内承担赔偿责任。

二是事故超赔再保险。事故超赔再保险（excess of loss on event basis）是指以一次事故造成的赔款总额为基础，计算原保险人的自负责任和再保险人再保险责任的一种超赔再保险方式，又称为巨灾超赔保障。事故超赔再保险合同所承保的保险金额较高，但为减轻再保险人所承担的再保险责任，可以根据保险业务的需要，与溢额再保险合同一样，将再保险责任分成若干层次。第一层事故超赔再保险（first layer of excess of loss on event basis）的最高限额是第二层的起赔点，而第二层事故超赔再保险（second layer of excess of loss on event basis）的最高限额是第三层事故超赔再保险（third layer of excess of loss on event basis）的起赔点，依此类推。接受第一层业务的再保险人，没有义务必须接受第二层业务，但也可以同时接受若干层次的再保险业务。一旦发生赔款，先由原保险人承担自留额的赔款，其次由第一层的再保险人承担，如果还有损失，则由第二层的再保险人承担，依此类推，依次由高层的再保险人摊付。不同的再保险人可以根据自身的需要选择接受不同的层次的再保险业务。①

（2）超额赔款率再保险合同。超额赔款率再保险合同是指按照特定期间内（通常以一年为限）原保险人的累积赔款金额与保险费总收入的一定比率，计算自留责任和再保险责任，又称为超额赔付率再保险合同或者超赔率再保险合同。

---

① 例如，原保险人为了更好地分散风险，可以把一个标的为1亿美元的事故超赔再保险合同分为以下四层：
第一层为超过500万美元；
第二层为超过1500万美元；
第三层为超过2500万美元；
第四层为超过5000万美元。
在以上四层事故超赔再保险中，分出公司和各层再保险接受人所承担的责任如下：
原保险人的自留额为500万美元；
第一层再保险接受人（A）的最高责任额为500万美元；
第二层再保险接受人（B）的最高责任额为1500万美元；
第三层再保险接受人（C）的最高责任额为2500万美元；
第四层再保险接受人（D）的最高责任额为5000万美元。
从上述例子中，可以看到事故超赔的各层之间，既是有联系的再保险合同，又是相互之间独立的再保险合同。第一层的最高限额就是第二层的起赔点；第二层的最高限额又是第三层的起赔点；第三层的最高限额又是第四层的起赔点。第一层再保险人既可以参加其他层的再保险，也可以不参加。一旦发生赔款，先由第一层再保险人承担责任，如果有余额，再依次由其他各个层次的再保险人承担赔偿责任。
假设前例中原保险合同发生的保险事故的赔付额为1亿美元，原保险人与各个再保险人各自应承担的赔付责任为：原保险人500万美元；A再保险人为500万美元；B再保险人为1500万美元；C再保险人为2500万美元；D再保险人为5000万美元；合计总赔付额为1亿美元。原保险人将1亿美元的保险赔付通过再保险分散到各个再保险人，自己仅承担500万美元的赔付责任，成功地转移了风险。

在超额赔款率再保险合同中,只有在原保险人赔款较多、遭受损失较大、超过合同规定的赔付率的情况下,再保险人才承担超过部分的赔偿责任,一直达到规定的赔付率或者限定的金额。

超额赔款率再保险是在其他再保险方式已经完成赔付之后,承担赔款责任的最后一种再保险方式,是险位超赔再保险或者事故超赔再保险方式在时间上的延伸,因而又称为损失终止超赔再保险(stop loss reinsurance)或者累积超赔再保险。超额赔款率再保险是超额赔款再保险第三个阶段发展的产物。超额赔款再保险最初是以个别风险所造成的赔款为对象,这是超额赔款再保险的发展基础,也是发展的第一个阶段。第二个阶段是以一次事故所造成的赔款为对象,在这个阶段超额赔款再保险得到了全面的发展,但是在具体的再保险实务中对若干风险如何认定为一次事故,存在不少困难。第三个阶段的发展,是对保险事故的次数不加限制,仅规定一定的期间内以所有危险所产生的累积为对象,这是超额赔款再保险的最高层次的发展。可见,超额赔款率再保险是超额赔款再保险发展的最高阶段。

在超额赔款率再保险合同中,原保险人的自留责任与再保险人的再保险责任,均以双方约定的赔付率标准为限制。双方约定的赔付率标准,既要能够在原保险人赔款较多、遭受损失过重的时候给予充分的保障,又不能使原保险人借此从中牟利,损害再保险人的利益。因此,超额赔款率再保险合同充分平衡了原保险人与再保险人之间的利益。

同超额赔款再保险合同一样,超额赔款率再保险合同通常规定对再保险人交付最低预付保险费,最后再根据保险费数量给予相应的调整。在个别情况下,其可能仅规定一个固定的金额作为超额赔款率再保险合同的全年保险费,而同分出公司全年净保险费收入和支付的赔款无关。超额赔款率再保险合同通常适用于小额损失多、累积比较严重且在短期内又难以缓解的保险业务,如汽车车身保险。汽车损失金额不大,但发生损失的次数却非常多,如果对汽车车身安排超额赔款再保险合同,必须将起赔点定得非常低,如果这样的话,原保险人必须支付较多的再保险费,这对原保险人极为不利。如果要使这些小额的损失保险业务,在一定的期限内的赔款总额不超过同期所收到的保险费,或者不超过保险费总收入的一定比率,最为简便的办法就是使用超额赔款率再保险合同。[①]

[①] 例如,在冰雹保险中,通常运用超额赔款率再保险的方式来分散风险。冰雹灾害的发生不仅会造成巨额的损失,且难以确定一次事故的界线,一次事故的范围又直接涉及再保险人与原保险人的责任。为此,曾采取各种措施解决该问题,如在规定地区内 24 小时内所遭受的冰雹,视为一次事故;在规定地区内,连续降雹,不论是否超过 24 小时,均视为一次事故。这些方法均有不足之处,而采用超额赔款率再保险方式,则可以避免一次事故的认定,使得不论损失如何发生,对于原保险人的年度经营业绩可以在合理的范围内保护,避免过分亏损。在伦敦、欧洲大陆、美国再保险市场,通常采用超额赔款率再保险保护冰雹保险的原保险人。

三、再保险合同的基本原则

涉及再保险的法规极为简单,甚至有的国家的保险法没有再保险的规定。究其原因,在原保险中,由于被保险人可能对保险一无所知,为保护被保险人的利益,保险法必须详细规定保险人的行为;在再保险中,双方当事人均为保险业者,是从事保险业的专业商事组织,无须对任何一方的利益作出特别的规定。此外,再保险合同的基本内容是以直接保险合同为基础的,保险合同法的基本原则可用以解决再保险合同所产生的法律问题。但再保险合同毕竟是一种特殊类型的保险合同,保险合同法的基本原则适用于再保险合同,同时应当反映再保险合同的特殊性,有别于保险合同法普通基本原则的内容和要求。[1]可适用于再保险合同的保险合同法的基本原则主要有最大诚信原则、保险利益原则和损失填补原则。

(一) 最大诚信原则

在再保险合同中,最大诚信原则是最为重要的基本原则。再保险合同订立与履行的特点[2],决定了其对最大诚信原则的要求超过直接保险合同。

最大诚信原则是诚实信用原则在保险领域的具体表现,不仅适用于直接保险合同,还适用于再保险合同。再保险合同的基本要求是最大诚信原则,大多数再保险交易是在全球范围内进行的,再保险业务的接受与再保险合同的订立,均根据原保险人提供的情况,再保险人无法进行深入的调查:一方面再保险人是否决定接受分保,分保份额的大小,仅凭借对原保险人的信赖,如果原保险人与再保险人之间缺乏相互信赖,再保险业务的交易就无法进行;另一方面如果原保险人对再保险人是否会履行赔偿义务缺乏必要的信任,再保险交易同样无法进行,原保险人只能信赖再保险人的诚信。

再保险合同是在保险同业之间订立的,当事人深知最大诚信原则的内涵和在再保险领域内的特殊要求。在再保险合同的订立、变更、理赔以及其他有关再保险事务的处理中,当事人均应遵循最大诚信原则。

在再保险合同中,如实告知义务是最大诚信原则的具体体现。再保险合同的如实告知义务有订立之前的如实告知义务和合同履行过程中的如实告知义务。仅要求再保险合同当事人不得告知不实是远远不够的,其有义务完全披露全部重要事实,这种义务对再保险合同的双方当事人均适用。

---

[1] See Robert Merkin, *Colinvaux's Law of Insurance*, 7th edition, Sweet & Maxwell, 1997, p.241.
[2] 再保险合同的当事人,即原保险人和再保险人,可能一方在东半球,另一方在西半球,在订立再保险合同时,再保险人无法对保险标的进行实地的考察,全凭原保险人的如实告知,一旦原保险人违反诚信原则,实施欺诈行为,那么,再保险人将蒙受巨大损失,因而再保险合同对最大诚信原则提出了更高的要求,以确保再保险人的权益。

第七章 再保险合同

最大诚信原则虽然要求双方当事人均有披露信息的义务,但是披露信息的主要义务主体是分出公司[①],而并非分入公司。分出公司了解分出业务的一切情况,而分入公司则对所分入的业务一无所知。从合同法理论看,再保险分出公司具有如实告知义务,是由于再保险合同的射幸特征,为平衡再保险分出公司和分入公司之间的权利义务关系,法律和惯例对再保险分出公司作出的特别要求。例如,在 Sun Mutual Ins. Co. v. Ocean Ins. Co.(1883)案中,判决指出重大事实的告知义务在再保险和直接保险中均属于最大诚信,而且原保险人的告知义务比被保险人的告知义务要求更高。原保险人必须向再保险人披露全部的重要事实,或者法律上认为再保险人应当知道的事实,而这些事实再保险人是不知道的或者再保险人被认为是不知道的。这些事实与所承保的风险密切相关,即一个谨慎的保险人在决定是否承保以及承保的条件时应当考虑的因素。

再保险中原保险人的告知义务和直接保险中被保险人的告知义务是相同的,告知不实与欺诈[②]或者重大事项未告知,均属于违反如实告知义务。原保险人违反告知义务,且再保险人是因原保险人告知不实或者虚假陈述而订立再保险合同的,再保险人有权解除再保险合同。[③]

分出公司的告知义务因再保险方式的不同而有所差异。根据保险业务的性质,分出公司应当知晓的这些事实必须予以告知。否则,再保险人可能会认为,根据再保险业务的种类,原保险合同应当满足所有的条件,因而分出公司应告知原保险合同中的任何非正常的遗漏。在临时再保险合同中,分出公司义务如同原保险合同中被保险人的义务。除了这些与直接保险标的相关的事实之外,任何其他可能使原保险单持有人发生道德风险相关的事实以及与再保险合同本身相关的事实,可能也是重大事实。分保业务通常是以分保条的方式进行的,风险所有的重要细节必须在分保条上一一载明。[④]

分出公司的重大事实的告知义务仅限于合同订立之前,但合同的订立仅仅是再保险业务活动的开始,而并非再保险业务的终结,每次按照再保险合同分入再保险业务,实际上表明了再保险业务的启动。虽然再保险人获得的信息是非常有限的,但在再保险合同的实际运作中,分出公司对再保险人承担最大诚信义

---

① 英国保险法学者特别强调"在再保险合同订立之前,再保险分出人具有完全披露信息的义务"。Robert Merkin, *Colinvaux's Law of Insurance*, 7th edition, Sweet & Maxwell, 1997, p. 241.

② 原保险人的沉默并不构成告知不实,除非原保险人有说明的义务。

③ See Nicholas Legh-Jones, *MacGillivray on Insurance Law*, 9th edition, Sweet & Maxwell, 1997, p. 899.

④ 分保条主要包括以下内容:(1)保险单的性质与分出公司纯自留额;(2)原保险的形式,以便再保险人知晓分出公司在原保险合同中所承担的责任;(3)原保险合同中任何可能导致再保险人责任增加的条款;(4)分出公司因保险事故所造成损失的详细情况;(5)可能影响再保险人承担保险标的发生风险可能性的任何其他事实,包括被保险人先前的保险经历,特别是对待保险事故的态度。

务,却发生在再保险合同订立之后。①分出公司的披露义务因环境和时间的不同而有所不同,所以分出公司应当向再保险人披露原保险中被保险人所告知的一切。但是信息技术的发展极大地提高了再保险人收集、整理、分析他们所从事的交易业务信息的能力,伴随市场管理标准的发展,信息披露义务的准则也应该反映这种发展和变化。当事人不仅在订立再保险合同时适用最大诚信原则,而且在再保险合同履行时,也应适用最大诚信原则。②

  分出公司所告知的信息,直接影响分入公司订立再保险合同的决定,以及再保险合同的终止条件。在原保险合同的被保险人违反告知义务或者告知不实义务的情况下,再保险合同的效力取决于再保险合同的约定。根据再保险惯例,原保险中的被保险人将虚假的事实告知保险人,而保险人在没有审查真实性的前提下,将这些虚假的事实告知再保险人,再保险人有权解除再保险合同。③在原保险合同订立之前,如果被保险人作出了不正确的陈述,原保险人向再保险人保证原保险单中事实的真实性,而这些陈述又成为订立再保险合同的基础,再保险人一旦发现事实的真相,有权拒绝承担再保险责任。④再保险合同条款可以载明,只有在原保险人信赖被保险人的陈述,并保证陈述的准确性的前提下,再保险合同才生效。一旦证明被保险人的陈述是虚假的,再保险合同因违反最大诚信原则而无效。

  在合同再保险合同中,最大诚信原则作了较大的修正。合同再保险的目的是为避免分出公司对每项分保业务向再保险人提交特定风险的详细情况和自留额。实际上,在成数再保险合同和非比例再保险合同中,再保险人自动接纳分出公司按照合同规定所承保的新保险业务,分出公司没有适用告知义务的可能。然而,溢额再保险合同和预约再保险合同,情形又有所不同,在溢额再保险合同和大多数预约再保险合同中,再保险人必须接受分入的所有分保业务,无权拒绝合同所规定的任何一项分保业务。在比例再保险合同中,再保险人通常很少知道或者根本不知道分入的业务。即使在通常情况下,分出公司没有义务告知所分出业务的有关信息,最大诚信义务仍然存在。一旦原保险人违反最大诚信原则,再保险人享有原保险人在原保险中所享有的权利,再保险人可以行使撤销权。一旦再保险人行使对再保险合同的撤销权,再保险合同则自始无效。如果再保险人在合理期限内没有行使撤销权,再保险人的权利消灭,再保险合同仍然

---

① See C. E. Golding, *The Law and Practice of Reinsurance*, 5th edition, Witherby & Co. Ltd., p. 11.
② 最大诚信原则贯穿于整个再保险合同的始终。See Kenneth Sutton, *Insurance Law in Australia*, 3rd edition, LBC Information Services, 1999, p. 1285.
③ Highland Insurance Co v. Continental Insurance Co(1987), Lloyd's Rep 109.
④ Australian Widows Fund Life v. National Mutual Life Association of Australia Ltd., (1914) A. C. 634.

有效①,如《民法典》第 152 条之规定。如果再保险人行使撤销权,致使再保险合同自始无效,根据英国 1906 年《海上保险法》第 84 条的规定,分出公司有权要求再保险人全额返还再保险费。

(二) 保险利益原则

在再保险合同中,再保险的保险标的与直接保险的保险标的不同。直接保险的标的是指发生保险事故的标的,如火灾保险中的被保险建筑物、海上货物运输保险中的被保险货物、海上船舶保险中的被保险船舶等;再保险的标的则是原保险人的保险责任。原保险人对再保险的标的具有法律上承认的利益,这种利益因直接保险的保险事故发生受到损害;如果不发生保险事故,原保险人则继续享有这种利益,这种利益就是再保险的保险利益,是再保险合同生效的要件。英国 1906 年《海上保险法》最早承认了直接保险与再保险之间的保险利益关系。②再保险因原保险人分散风险的需要而产生,直接保险一旦成立,原保险人即取得因有效的直接保险合同所产生利益的保险利益,再保险合同即告成立并生效,如果直接保险合同解除或者终止,再保险合同也随之解除或者终止。

再保险的保险利益以直接保险的保险责任范围为限。再保险的保险利益受到损害的保险事故,是与直接保险的保险事故相同的。再保险的保险利益限度,因再保险方式的不同而存在差异。在比例再保险中,根据再保险金额确定再保险的保险利益;在非比例再保险中,则根据损失的数额确定再保险的保险利益。以再保险金额为确定再保险的保险利益依据的,是金额再保险;以损失数额为确定再保险的保险利益依据的,是损失再保险。

再保险的保险利益在转分保中较为特殊,转分保虽然是再保险的再保险,转分保合同仍然规定按照原保险合同的规定承担赔偿责任(As Per Original),但是转分保接受人对于保险标的的利益,有时与转分保分出人并不完全一致。换言之,转分保分出人所支付的再保险赔款,有时不能根据转分保合同的规定从转分保接受人处获得补偿。例如,根据英国海上保险条款规定的损害防止条款(Sue and Labour Clause),即在被保险财产遇到危险时,被保险人应采取一切合理措施避免或者减少损害的发生,由此产生的费用由保险人承担,以此作为海上保险条款的附约。假设,有一船东甲将船舶委付给保险人乙,船舶的保险金额为 2000 万元人民币。乙保险人向再保险人丙安排再保险。甲为船舶救助支出了

---

① See R. L. Carter, *Reinsurance*, 3rd edition, Reactions Publishing Group, 1995, p. 125.
② 1906 年《海上保险法》(Marine Insurance Act 1906)第 9 条规定:"(1) 海上保险合同中的保险人对其承保的风险具有保险利益,并可将有关风险再保险。(2) 除保险合同另有规定外,原被保险人,对于再保险,无任何权利或利益。"((1) The insurer under a contract of marine insurance has an insurable interest in his risk, and may re-insure in respect of it. (2) Unless the policy otherwise provides, the original assured has no right or interest in respect of such re-insurance.)

50万元人民币,但救助没有成功并且发生全损。乙保险人除了向被保险人支付全损赔偿之外,还应支付50万元人民币的损害防止费用。乙保险人不仅可以从丙再保险人处获得全损赔偿,而且还可以获得损害防止费用的赔偿。但是,如果丙再保险人再向转分保接受人丁安排转分保,而且再保险合同和转分保合同均有"按照原保险合同规定的损害防止条款",丁转分保接受人无须向丙再保险人支付50万元人民币的损害防止费用,因为丙再保险人如果要从丁转分保接受人获得损害防止费用的补偿,那么丙再保险人或者其代理人必须为该船舶的安全支付这项费用,而支付损害防止费用的是乙保险人而不是丙再保险人,丙再保险人因履行再保险合同的债务而向乙保险人支付了全损赔偿和损害防止费用,因而只能从丁转分保接受人获得全损赔偿,损害防止费用不能获得补偿。

总之,再保险的保险利益,虽然范围与原保险的保险利益相同,但限度却因再保险方式的不同而有所不同。在转分保方面,因所涉及的经济利益,再保险的保险利益应根据具体案件的情况来确定。

(三)损失填补原则

损失填补是财产保险的基础,在保险事故发生之后,投保人或者被保险人只能按照实际受到的损害,请求保险人进行赔偿,不能获得额外的利益。再保险属于责任保险,因而在再保险合同中适用损失填补原则,只有原保险人有权向再保险人请求赔偿。损失的补偿发生在原保险人与再保险人之间,原保险人是否已经履行对被保险人的义务,与再保险人没有任何关系。换言之,再保险人不得以原保险人没有履行对直接保险中的被保险人的义务为由,拒绝履行对原保险人的义务。此外,原保险人同样也不得以再保险人没有履行赔付义务为由,拒绝向直接保险中的被保险人履行赔付义务,如《保险法》第29条之规定。例如,在华安财产保险股份有限公司深圳分公司再保险合同纠纷案中[1],厦门市海沧区人民法院认为,在该再保险法律关系中,华安财保深圳公司是再保险分出人,人保白山公司是再保险接受人。依照《保险法》第30条的规定,再保险分出人不得以再保险接受人未履行再保险责任为由,拒绝履行或迟延履行原保险责任。即保险赔案发生后,华安财保深圳公司作为再保险分出人,不得以人保白山公司未履行再保险责任为由,拒绝向天安保险公司支付保险赔款。

在原保险人破产的情况下,再保险人的填补责任以原保险人的赔偿责任为准,再保险人应当支付的赔款,归破产管理人所有,成为破产的保险人财产的一

---

[1] 在华安财产保险股份有限公司深圳分公司诉中国人民财产保险股份有限公司白山市分公司再保险合同纠纷案([2009]海民初字第963号、[2010]厦民终字第11号)中,法院裁判摘要认为,华安财保深圳公司与人保白山公司双方签订的《共保协议》,是双方当事人真实意思表示,内容未违反法律法规的禁止性规定,合法有效。人保白山公司与华安财保深圳公司签订的《共保协议》,实质上是再保险合同,华安财保深圳公司通过协议将所承担的保险业务部分转移给人保白山公司。

部分,由债权人参与分配。直接保险合同中的被保险人不得直接向再保险人行使赔偿请求权。但是,由于被保险人只能以普通债权人的身份参与被破产的保险人财产分配,被保险人利益缺乏必要的保障。为保护被保险人利益,英美法对被保险人直接向再保险人行使请求权,采取肯定的态度。被保险人通过在再保险合同中规定直接索赔条款(cut-through clause),便可以直接向再保险人行使赔偿请求权。

再保险人填补损失的范围,是以再保险标的的范围为准,即使有优惠赔款(ex-gratia payment)也必须在再保险合同有规定时才可以实施。再保险人对于直接保险合同规定范围之外的损失,不承担赔偿责任。例如,在 Merchants Marine Ins. Co. v. Liverpool Marine and General Ins. Co. (1894)案中,按照保险单的规定,原保险人在没有赔偿责任的情况下对被保险人给予了赔付,原保险人以再保险合同中的"To Pay As May Be Paid Thereon"条款为由,请求再保险人摊付赔款。法院却认为,这句话的意思为"To Pay As Liable to Pay Thereon",而不是"Liable to Pay",即有赔偿责任,因而再保险人不必承担摊赔责任。

此外,再保险人在向原保险人履行填补损失的赔付义务时,有权要求原保险人提示损失的证据,原保险人应为此承担举证责任。否则,再保险人有权拒绝承担赔偿责任。即使原保险合同所规定的保险事故发生,且属于再保险合同承保的责任范围,但是再保险人的填补责任并不当然发生,应根据再保险方式而定。再保险方式不同,再保险人的填补责任也大不相同。例如,在超额赔款再保险合同等非比例再保险合同中,如果原保险人的赔偿金额没有超过起赔额,则再保险人无须承担填补损失的责任。

四、再保险合同的条款

在国际再保险市场,没有标准的再保险合同。再保险合同由分出公司与再保险人双方协商,共同拟定再保险合同的主要条款。在再保险合同中,如果只有一个再保险人时,再保险人对原保险人限制较多。在合同订立之前,对再保险合同的主要条款,原保险人以分保条的形式传递给再保险人,作为订立合同的条件。再保险合同种类繁多,因再保险方式和业务类别的不同,再保险合同条款有重大的差异。在再保险实务中,根据再保险合同条款的性质不同,可以分为与原保险合同相同的条款、通用基本条款、直接索赔条款和再保险合同的基本条款。

(一) 与原保险合同条款相同的条款

原保险合同与再保险合同之间的关系,是再保险法的核心问题之一。虽然原保险合同与再保险合同是两个相互独立的合同,但是由于再保险合同是以原保险合同为基础的,是为分散原保险合同所承担的风险订立的,因而再保险合同与原保险合同关系密切。再保险合同的条款以原保险合同为基础,甚至与原保险合同条款相同,再保险合同所适用的准据法也与原保险合同的准据法相同。

1. 与原保险合同条款相同的条款

在比例再保险的分保条中,有一个通用的术语——"再保险合同条款与原保险合同条款相同"(subject to the same terms and conditions as original),通常简称"与原保险合同条款相同的条款"(as original)。[①]这就是劳埃德 J1 表格(Lloyd's J1 form)中所谓的"完全再保险条款"(full reinsurance clause)。这些条款的本意为再保险合同是紧随原保险合同之后的,原保险合同条款并入再保险合同之中,再保险人完全承担原保险人所承担的责任。但该种形式对再保险人有不利之处,即再保险人通常无法知晓原保险合同的具体条款,根据再保险合同条款与原保险合同条款相同的规定,再保险人可能同意接受根本不知晓的合同条款的约束。这对再保险人极为不利,合同是当事人意思表示一致的结果,再保险合同应当是原保险人与再保险人的意思表示一致的产物。如果将原保险合同的全部条款并入再保险合同中,这些条款可能并不符合再保险合同当事人的"真实"意思,因而再保险合同当事人在订立再保险合同之时必须明确其真实意思表示。

"再保险合同条款与原保险合同条款相同",可能既不是法律意义上的,也不是商业意义上的,对该条款的理解不应当停留在字面意义上。在原保险合同与再保险合同条款发生冲突与矛盾时,法院应当采取务实的态度,即认定符合再保险商业目的的条款有效。[②] 例如,在 Home Insurance Co. of New York v. Victoria-Montreal Fire Insurance Co. (1907)案中[③],维多利亚—蒙特利尔火灾保险公司以原保险合同条款并入转分再保险合同为由进行抗辩,即纽约霍姆保险公司必须在火灾保险事故发生 12 个月之内提起诉讼,否则其丧失诉讼权利。加拿大初审法院作出了有利于纽约霍姆保险公司的判决,加拿大最高法院却作出了有利于维多利亚—蒙特利尔火灾保险公司的判决。但是,英国枢密院推翻了加拿大最高法院的判决,认为纽约霍姆保险公司根据再保险合同所享有的权利不受原始的火灾保险单中的 12 个月期限限制的约束。

2. 再保险合同准据法

再保险业务的国际性,决定了再保险和保险合同适用不同的法律,实际上大

---

① See P. T. O'Neill, J. W. Woloniecki, *The Law of Reinsurance in England and Bermuda*, Sweet & Maxwell, 1998, p. 92.

② Ibid., p. 93.

③ 加拿大西部保险公司向加拿大太平洋铁路公司签发了一张火灾保险单,该公司又将保险单 20% 的份额向纽约霍姆保险公司安排分保。纽约霍姆保险公司在接受分保之后,又向维多利亚—蒙特利尔火灾保险公司安排部分转分保。再保险合同与转分保合同均为同一形式,即为当时美国所通行的火灾保险标准合同,直接火灾保险的原始保险单条款就构成了转分保合同的条款。该原始保险单的条款规定:权利人必须在火灾保险事故发生之日起 12 个月内提起诉讼。在火灾保险事故发生 12 个月之后,纽约霍姆保险公司向维多利亚—蒙特利尔火灾保险公司提起诉讼。

多数再保险和保险合同是使用不同的文字来表述的。例如,在 Axa Re v. Field(1996)和 Municipal Mutual v. Sea Insurance(1996)案中,英国法院认为,保险合同与再保险合同的文字表述的含义是一致的,两个合同具有相同的意思,即使两个合同适用不同国家的法律,情况也是如此。英国法院主张,再保险合同所适用的法律与原保险合同所适用的法律是相同的。例如,在 Forsikrings Vesta v. Butcher(1989)案中,在僻静的挪威海峡中有一个养鱼场,该养鱼场被大风暴所毁坏,该养鱼场的所有权人事先向挪威保险公司投保,而挪威保险公司又将所承保的90%的保险业务向劳埃德再保险人安排分保。再保险单是劳埃德J1表格,该再保险单规定,再保险合同的条款与原保险合同条款相同,在原保险合同与再保险合同中均规定了被保险人应二十四小时看护渔场的条款。但是,有证据表明渔场并没有进行二十四小时的看护,在发生大风暴之际,恰好无人看护养鱼场。然而,即使当时有人看护,也对损害的发生于事无补。原保险合同明确规定适用挪威的法律,合同规定被保险人必须保证进行二十四小时的看护,被保险人违反了保险合同规定的保证义务。根据挪威法律的规定,被保险人虽然违反保证义务,但由于其并非造成损害的原因,保险人并不能据此要求解除保险合同而免除损失补偿责任。保险人将所承保的业务在伦敦再保险市场安排分保,并将直接保险条款并入再保险合同中。根据英国法律,有任何违反担保义务的行为,不管是被保险人还是原保险人作出的,再保险人均可以因此解除再保险合同而免除损失补偿责任。英国上议院认为,虽然再保险合同适用英国的法律,但是再保险合同条款与挪威直接保险合同条款是一致的,这就意味着再保险保证问题必须适用挪威的法律进行解释,因而再保险人不能因原保险合同中的被保险人违反担保义务而享有解除合同的权利。因此,再保险合同适用原保险合同适用的法律。

(二)通用基本条款

根据国际惯例,再保险合同有一些通用基本条款,这些条款的内容无须原保险人和再保险人约定,只需在再保险合同中载明这些条款——共命运条款、错误与遗漏、仲裁条款即可。《财产保险公司再保险管理规范》的规定涉及共命运条款、错误与遗漏、仲裁条款等内容。

1. 共命运条款(follow-the-fortunes)

在国际再保险市场上,共命运条款被广泛使用并得到了普遍的承认。在再保险合同中,共命运条款的一般表述为:"兹双方当事人特别约定,凡属本合同约定的任何事项,再保险人在利害关系范围内与原保险人同一命运。"(It is agreed that in all things coming within the scope of this agreement the Reinsurer shall follow to the extent of its interest the fortunes of the Company.)共命运条款的含义是,与原保险人有关的诉讼结果对再保险人有约束力,且原保险人根据诚实信用原则所作出的非诉讼赔偿,也对再保险人有约束力。①但是,原保险人因调查和抗辩保单持有人的权利请求所支出的费用,再保险人不予负担。

因原保险人没有及时处理或者没有按照诚实信用原则处理损害赔偿,对保单持有人造成损害的,根据英国法律,再保险人通常不承担责任。再保险人承担责任的前提条件是必须有对价。否则,再保险人不承担任何责任。根据美国的共命运条款的规定,此时再保险人应承担责任②;但是,共命运条款不能要求再保险人承担超过合同规定限额的损失,以及合同规定的责任范围之外的灾害性事故所造成的损害。我国再保险实践的情况也不例外,如在中国人寿财产保险股份有限公司北京市分公司再保险合同纠纷案中③,北京金融法院认为,共命运条款作为再保险合同的基本条款,一般是指凡是有关保险费收取、赔款结付、对受损标的的施救、损失收回、向第三者追偿等事项,授权由原保险人为维护再保险双方共同利益作出决定,由此产生的一切权利与义务由双方按达成的协议规定共同分享和分担。最大诚信原则是保险合同当事人订立合同及在合同有效期内,应依法向对方提供影响对方作出订约与履约决定的全部重要事实,绝对信守合同的约定。审慎尽职厘定保险实际损失,即要求再保险分出人在处理赔偿时进行合理务实的调查,处理赔偿时避免出现重大过失或者过于草率。否则,再保险分入人可相应降低赔偿责任。

共命运条款并非没有限制,应限制在"再保险人的利害关系范围内"。④ 这种利害关系是保险上的利害关系。换言之,再保险人与原保险人共命运的是保险上的命运,而不是商业上的命运。根据保险上的命运,原保险人根据保险单规定所承担的责任,再保险人必须承担原保险人所承担的责任,与原保险人同一命运。

---

① See Kenneth Sutton, *Insurance Law in Australia*, 3rd edition, LBC Information Services, 1999, p.1283.
但是,有学者认为,共命运条款不仅限于诉讼赔偿和非诉讼赔偿,即"凡是有关保费收取、赔款结付、对受损标的的施救;损失收回、向第三者追偿、避免诉讼或提起诉讼等事项,都由原保险人为维护共同利益作出决定,或出面签订协议"。胡炳志:《再保险通论》,武汉大学出版社1996年版,第50页。

② See Robert Merkin, *Colinvaux's Law of Insurance*, 7th edition, Sweet & Maxwell, 1997, p.251.

③ 在中国人寿财产保险股份有限公司北京市分公司诉中国人民财产保险股份有限公司沈阳市分公司营业部再保险合同纠纷案(〔2019〕京0105民初68668号、〔2021〕京74民终534号)中,法院裁判摘要认为,共同保险与再保险区分应结合参与主体、权利义务、保险费收取、责任分摊等因素,注重从合同条款及公共利益出发认定名为"共保"实为"再保"的合同效力。对于再保险的具体赔偿款分摊,法院应结合双方当事人合同履行情况着重审查再保险分出人是否尽到最大诚信原则以及尽职厘定损失义务,准确适用再保险"共命运"原则及其除外条款进行裁判。

④ 《财产保险公司再保险管理规范》第三章第一节第6条规定:"赔款摊回适用'共命运'原则,即在分出公司根据保险条款尽职厘定损失的前提下,分出公司的理赔决定自动适用于再保险接受人。再保险接受人的赔偿责任限于原保单以及再保险合同约定的保险责任范围,分出公司自身的坏账、倒闭等财务风险,以及未经再保险公司同意的通融赔付(分出公司明知无实际赔偿责任的自愿赔付)等除外。"

从共命运条款的历史发展来看,早期在再保险合同中表现为"按约赔偿"(Pay as may be paid thereon)。"按约赔偿"通常具有两种含义:一是涉及再保险人被迫支付的赔款;二是涉及再保险人被迫支付赔款的条件与数额,即按照原保险人所同意的条件进行保险赔付。[1]这是19世纪末期按约赔偿的含义以及保险人对按约赔偿的通常理解。

"按约赔偿"条款最早可以追溯到 Uzielli & Co. v. The Boston Marine Insurance Co.(1884)案,但最具权威的案件是 Chippendale v. Holt(1895)案,该案的初步问题发生在再保险人与转分保接受人之间,再保险人认为只须向转分保接受人证明其诚实地向原保险人履行了再保险责任,但该案法官 Mathew 却认为,再保险人必须证明损害是在原保险单的责任范围之内,将其作为向转分保接受人要求承担责任的基础。紧随其后,在 China Traders Insurance Co. Ltd v. Royal Exchange Assurance Corporation Ltd(1898),Marten v. Steamship Owners Underwriting Association Ltd(1902)和 Western Assurance Co. of Toronto v. Poole(1903)案中,法院确立了同样的原则。在 Insurance Company of Africa v. Scor(U.K.)Reinsurance Co. Ltd(1985)案中,斯蒂芬森(Stephenson)法官阐述了"按约赔偿"规则。

"按约赔偿"要求再保险人在不进一步询问原保险人的情况下,向原保险人支付给被保险人的任何赔款。按照英国保险法学者麦克阿瑟的观点,[2]如果再保险合同中没有"按约赔偿"的规定,原保险人要获得再保险人的赔偿应满足以下两个条件:一是证明损害赔偿责任,二是证明再保险的责任范围。如果再保险合同中有"按约赔偿"的规定,原保险人要获得再保险人的赔偿只要满足以下两个方面的条件:一是基于诚实信用原则对被保险人进行保险赔偿,二是证明再保险的责任范围。[3]

共命运条款实际上起源于欧洲大陆国家,并非英国普通法。法国再保险合同最早规定了共命运条款。当时英国法律禁止再保险合同,认为再保险合同是非法的。根据法国保险惯例,再保险合同所包含的明示条款规定,再保险人必须偿还原保险人所支付的保险赔偿,只要原保险的补偿行为是基于诚实信用作出的,且能够提交补偿凭证。在再保险法律实务中,英国法院判例确立了"follow the settlements"规则,再保险合同授权原保险人与保单持有人达成合理的赔偿解决方案,再保险人受到原保险人与保单持有人之间协议的约束。[4]但是,英国

---

[1] See P. T. O'Neill, J. W. Woloniecki, *The Law of Reinsurance in England and Bermuda*, Sweet & Maxwell, 1998, p.125.

[2] 麦克阿瑟(McArthur)著有《海上保险合同》(the Contract of Marine Insurance,2rd edition,Stevens,1890)。

[3] P. T. O'Neill, J. W. Woloniecki, supra note [1], p.126.

[4] See Robert Merkin, *Colinvaux's Law of Insurance*, 7th edition, Sweet & Maxwell 1997, p.251.

保险法学者 E. J. MacGillivray 认为,"follow the settlements"规则与共命运条款是两回事。[①]美国学者认为,起初这两个条款具有不同的含义,而现在这两个条款均指再保险人有义务接受原保险人的赔偿或者纠纷解决方案,或者执行法院或仲裁对原保险人的判决或裁决。实际上,美国法官和律师相互交替地适用这两个条款。[②]共命运条款和"follow the settlements"的目的在于最大限度地在众多原保险人和再保险人之间有效地分散风险,法院在不同程度上接受并在司法实践中广泛适用这些原则。在再保险实务中,共命运条款已经成为再保险惯例。在所有的再保险合同中,均有共命运条款的约定,即使当事人没有约定,也不妨碍共命运条款在再保险合同中的适用。换言之,在再保险业务中,无须原保险人作出任何表示,共命运条款当然适用,再保险人同样受到该条款的约束,即一旦再保险人接受分保业务,再保险人的命运就与原保险人相随与共。

共命运条款所确立的一般性原则,要求再保险人必须履行原保险人已经履行的义务,禁止再保险人对原保险人基于诚实信用原则所作出的补偿决定提起诉讼,只要原保险人所作出的补偿是基于合理原则和诚实信用原则的,再保险人必须受到约束。禁止再保险人对原保险人提起诉讼,不仅适用于原保险人基于诚实信用作出的补偿行为,还适用于原保险人作出的基于诚实信用而放弃抗辩的决定。法院故意降低对原保险人行为的审查标准,以实现完全排除对原保险人决策程序的新审查标准。虽然再保险人有权调查原保险人与被保险人之间关于保险范围的最终处理决定,但是再保险人不能重新审查这些最终处理决定。共命运条款通过禁止法院或者仲裁庭重新审查原保险人的补偿行为,创设了重新审查合同解释的一种例外。

共命运条款强制再保险人偿付原保险人的保险赔偿,除非再保险人能够证明原保险人的赔偿行为具有恶意,或者没有进行适当的调查。换言之,共命运条款的唯一例外,就是再保险人能够证明原保险人的决策过程是具有欺诈性的、具有恶意的,或者与被保险人串通,或者原保险人所作出的补偿明显不属于保险范围。在审查原保险人是否具有恶意时,法院通常适用较高的标准,并要求有证据表明原保险人有重大过失或者原保险人的赔偿不属于再保险责任范围。美国早期判例法表明,在再保险合同没有明示条款的情形下,法院不愿意将共命运条款直接并入再保险合同中。但是,近年来的判例法却表明,不管再保险合同是否有共命运条款的明示条款,共命运条款均适用于全部的再保险合同。我国保险司法审判实践也承认共命运条款。例如,在国泰财产保险有限责任公司江苏分公

---

① See Nicholas Legh-Jones, *MacGillivray on Insurance Law*, 9th edition, Sweet & Maxwell 1997, p. 920.

② 实际上,在英国也存在这种情况。See P. T. O'Neill, J. W. Woloniecki, *The Law of Reinsurance in England and Bermuda*, Sweet & Maxwell, 1998, p. 123.

司苏州营销服务部再保险合同纠纷案中,最高人民法院判决适用了共命运条款,即赔款摊回适用"共命运"原则,即在分出公司根据保险条款尽职厘定损失的前提下,分出公司的理赔决定自动适用于再保险接受人。原保险合同与再保险合同是不同的保险法律关系,再保险接受人与原保险的投保人、被保险人、受益人之间,不存在直接的权利义务关系,不享有原保险合同约定的原保险人的合同权利。除非当事人在再保险合同中明确约定,否则在保险事故发生后,再保险接受人因并非原保险合同的当事人,其承担再保险责任并不以直接参与现场查勘、定损为前提。

2. 错误与遗漏(errors and omissions)

原保险人与再保险人之间的合同关系,通常是一种长期、互惠的关系。再保险合同当事人所承担的相互义务,是由公平和诚实信用原则派生出来的,而最大诚信原则将原保险人与再保险人之间的义务推到了极点。在再保险实务中,再保险合同通常被视为值得人们信赖的允诺,是按照保险业惯例和默契所作出的陈述,应当包含当事人应具备的意思表示,而并非仅限于对再保险合同条款所作出的刻板的解释。这并非否定认真细致地起草、清晰明了地表述再保险合同条款的重要性。但是,在再保险实务中时常发生错误与遗漏,如将错误的业务分出到错误的再保险方式之中,再保险费的遗漏等,或者在处理再保险合同中发生的其他错误。这足以说明在大多数再保险合同中必须具备相应的条款,以保证原保险人与再保险人之间的沟通与交流,以免危及再保险当事人之间的关系。因此在大多数再保险合同中,均有错误与遗漏条款。

错误与遗漏条款旨在保护原保险人的利益,避免因过错或者遗漏产生极为不利的后果。再保险手续十分繁杂,从风险的分配与安排,到账单的编制以及再保险费的支付等,可能不时会有过错、遗漏和迟延等情形发生,因而有可能影响再保险合同的效力。为避免由此而引发双方之间的纠纷,影响正常再保险业务的开展,在再保险合同中,原保险人与再保险人通常规定了错误与遗漏条款。根据错误与遗漏条款的规定,原保险人在分保业务分出过程中发生错误、遗漏或者迟延的,再保险人不得以对方当事人的错误、遗漏或者迟延为由拒绝承担原有责任。但是,原保险人发生的错误、遗漏或者迟延,必须在主观上不存在故意;否则,因违反最大诚信原则而不能适用错误与遗漏条款的规定。原保险人一旦发现错误、遗漏或者迟延的,应立即通知再保险人并及时纠正错误、遗漏,以避免违反再保险合同义务所产生的严重法律后果。

错误与遗漏条款并不影响其他合同条款的效力,特别是当事人协商一致的条款。例如,原保险人应及时、准确地告知再保险人赔偿请求权相关的条款。为确保再保险当事人基本目的的实现,错误与遗漏条款必须保证书写上的错误不会影响再保险责任的范围,且不会由于错误发生同时免除了再保险人更大的责任范围:一方面错误与遗漏条款的目的在于防止因疏忽而未报告再保险人以及不正确报告再保险人,导致再保险合同解除,因而只要错误与遗漏一经发现,原保险人必须立即更正;另一方面错误与遗漏条款是为防止再保险人拒绝承担正当的再保险责任范围,要求即使原保险人遗漏必要的信息或者提供错误信息,再保险人也要与原保险人共命运。

错误与遗漏条款功能的多样性同样也显示了该条款的缺陷,但要避免这些缺陷,必须认真地起草和清晰地表述该条款的范围。例如,在成数再保险合同中,如果因错误产生损害,错误与遗漏条款整体无效。在其他再保险合同中,错误与遗漏条款可能包含更正条件,要求原保险人一旦发现错误就立即更改,以试图确保对原保险人的公平待遇。像其他再保险合同条款一样,错误与遗漏条款的起草应当经过细致、周密的考虑。

3. 仲裁条款(arbitration clause)

一般说来,在原保险合同和再保险合同中,均有专门的仲裁条款。仲裁条款的通常表述为:本合同以及本合同项下的再保险业务所发生的纠纷,在友好协商不能解决时,应提交某某仲裁机构解决。仲裁庭由双方各指派一名仲裁员,并由双方所指派的两名仲裁员指派一名首席仲裁员组成。

在再保险合同中,原保险人与再保险人通常以仲裁的方式解决双方的纠纷。再保险合同的订立与履行,涉及世界不同的国家和地区。仲裁条款为双方当事人之间纠纷的解决提供了一种双方所认可的准则,保障了纠纷结果的可预见性,从而促进了再保险交易的发展。

仲裁条款是原保险人与再保险人在自愿的基础上达成的纠纷解决方式,表明双方当事人愿意在发生纠纷时,如果不能自行协商解决,就将双方之间的争议提交仲裁机构解决。在订立再保险合同时,原保险人与再保险人必须明确约定将有关再保险合同的纠纷提交仲裁的条款。否则,在发生有关再保险合同的纠纷时,一方当事人不得自行要求提交仲裁,除非另一方当事人同意。

在仲裁条款中,一般规定了仲裁地点、仲裁机构、仲裁规则、仲裁程序以及仲裁裁决的法律效力等。在国际再保险领域内,长期形成的惯例规定,仲裁人不受严格的法律规则的约束,而是根据公平原则处理再保险合同当事人之间的纠纷。

再保险的仲裁地点通常为原保险人所在地——即分出公司所在地。这是再保险仲裁条款的主要内容,与保险仲裁的结果密切相关。根据一般的再保险仲裁惯例,如果原保险人与再保险人在再保险合同中没有选择适用的法律,则适用仲裁所在地的法律,可能对原保险人更为有利。在订立再保险合同时,原保险人与再保险人通常力争在本国仲裁,再保险合同的当事人对本国的法律和仲裁规则非常了解,且没有文化和语言的障碍。之所以再保险合同的仲裁地点通常约定在原保险人所在地,是由于直接保险的标的在原保险人所在地,有利于仲裁活动的开展,有利于调查、取证。

仲裁庭由原保险人和再保险人各指定一名仲裁员,再由这两名仲裁员共同推选一名首席仲裁员共同组成。如果双方指定的仲裁员在 30 天内不能推选出首席仲裁员,则由仲裁所在地的保险同业公会理事长指定首席仲裁员。仲裁员必须具备丰富的保险和再保险的业务知识和实践经验,且能够公正妥善地处理纠纷,一般为保险公司或者再保险公司的高级管理人员,与再保险合同纠纷没有利害关系。在再保险仲裁时,再保险仲裁员不是严格按照法律对再保险合同作出解释,而是从实际出发,根据保险、再保险惯例和公平原则对再保险合同作出解释,并以此对双方当事人之间的再保险纠纷作出裁决。仲裁员必须在仲裁庭成立之后 6 个月内作出仲裁裁决,仲裁庭所作出的仲裁裁决对双方当事人均有约束力。

仲裁机构有临时仲裁庭与常设仲裁机构之分。临时仲裁庭是根据原保险人与再保险人的协议,由双方选定的仲裁员组成的仲裁庭,在审理并作出仲裁之后,自行解散。常设仲裁机构是一个固定的组织,有自己的组织章程、仲裁规则、办事机构和行政管理制度。常设仲裁机构一般有可供选择的仲裁员名单。常设的仲裁机构有三类:一是国际性的仲裁机构,如联合国国际贸易法委员会和国际商会仲裁院;二是全国性的仲裁机构,如英国伦敦仲裁院、美国仲裁协会、瑞典斯德哥尔摩商会仲裁院、日本国际商事仲裁协会以及中国国际经济贸易仲裁委员会;三是专业仲裁委员会,包括中国海事仲裁委员会、投资争议解决仲裁委员会、咖啡贸易仲裁委员会、棉花贸易仲裁委员会等。

仲裁程序规定了从仲裁开始到仲裁结束的全过程,包括仲裁申请的提出与仲裁申请的受理、仲裁庭的组成、仲裁的开庭和仲裁裁决的作出。

根据《仲裁法》的规定,仲裁裁决应当按照多数仲裁员的意见作出,少数仲裁员的不同意见可以记入笔录。仲裁庭不能形成多数意见时,裁决应当按照首席仲裁员的意见作出。仲裁裁决必须以书面的方式作出,并写明仲裁请求、争议事实、裁决理由、裁决结果、仲裁费用的负担和裁决日期。裁决书由仲裁员签名,加盖仲裁委员会印章。对裁决持不同意见的仲裁员,可以签名,也可以不签名。仲裁庭的裁决是终局的,原保险人和再保险人均不得向法院或者其他机构提出变更。

(三)直接索赔条款

直接索赔条款(cut-through clause)是指在再保险合同中特别规定,允许指名的保单持有人直接向再保险人行使索赔权。在通常情况下,直接保险合同的保单持有人不得直接向再保险人行使赔偿请求权,直接保险合同的保单持有人并非再保险合同当事人。一旦原保险人丧失偿付能力,再保险人可向直接保险合同的保单持有人直接支付应向原保险人承担的赔款。

根据直接索赔条款,被保险人直接对再保险人享有赔偿请求权,由此产生了两个问题:一是直接索赔条款的有效性问题,二是这种做法是否将再保险人转变为原保险人。从而直接索赔条款的设立与现行的合同制度有冲突,即突破了合同相对性原则。在某些情形下,再保险人可以直接向保单持有人支付赔偿,但必须采取有效的保护措施,以避免遭到原保险人的起诉。被保险人的直接索赔权是有限制的,直接索赔权的行使仅限于直接索赔条款规定的特别事项。直接索赔条款既可以特别条款的形式,也可以补充条款的形式出现。在原保险人的偿付能力有限的情形下,原保险人通常采取直接索赔条款的方式吸引大的商业保险客户,为保险客户提供担保。一旦原保险人发生丧失偿付能力、付款迟延、清算等情形,被保险人便可适用该条款,直接要求再保险人承担保险责任。

在再保险实务中,再保险合同除了直接索赔条款之外,还有直接索赔补充条款。直接索赔补充条款是再保险人与直接保险的被保险人之间的独立协议,但最终成为再保险合同的一部分。就像直接索赔条款一样,直接索赔补充条款通常也适用于原保险人丧失偿付能力的情形,当然也适用于当事人约定的其他情形。

在再保险合同中,不论是适用直接索赔条款还是直接索赔补充条款,再保险人仍然承担完全相同的责任。直接索赔条款使直接保险合同的被保险人成为再保险合同的受益人。对再保险人来说,无论相对人是原保险人还是被保险人,再保险人均承担同样的责任,因而再保险人通常愿意订立直接索赔条款,直接向第三人而不向原保险人付款。[①]

对原保险人来说,在缺乏充分的财务支持的情况下,为吸引大的商业保险客户,直接索赔条款是非常有效的。再保险人通过直接向被保险人付款的方式支持原保险人,从而使原保险人扩大承保巨额商业风险的能力。再保险人本身也从中获益,增加了分保的保险费收入、其他费用以及促进了市场的渗透。但是,在再保险实务中,有许多限制直接索赔条款适用的理由,主要有以下两个方面:

(1) 违反公平原则。直接索赔条款可能与保险和清算的法律、法规相冲突,且根据保险法可能被认为是不公平的歧视。一些美国法院认为,直接索赔条款在破产程序中将产生不公平的优先权现象,如 Cummings Wholesale Electric Co. v. Home Owners Ins. Co. (1974) 案。此外,直接索赔条款在被保险人之间可能产生不公平的歧视。然而,通常只有大型商业被保险人在签订保险合同时才具有协商能力并获得直接索赔条款,基于这样的事实,强制执行直接索赔条

[①] 通过直接索赔条款,再保险人能够进入没有被合法准入的市场,为保险客户提供保险服务。再保险分出公司代表再保险人签发符合当地标准的基本保险单,而由再保险人制订保险计划,包括处理理赔事务和支付保险赔偿。直接索赔条款为再保险人提供了机会帮助新设立的且偿付能力有限的原保险人,为今后的再保险业务发展了一个客户。

款不会对中小被保险人或者个体被保险人构成歧视,违反平等保护原则。

(2) 违反合同相对性原则。直接索赔条款违反了合同相对性原则,被保险人直接向再保险人行使保险人的权利,但是法院能够基于第三方受益理论强制执行这个权利,如美国的 Bruckner-Michell Inc. v. Sun Indemnity Co. (1936) 案。在1999年之前的英国,直接索赔条款因违反了合同的相对性原则而不能强制执行,而1999年《第三人权利的合同法案》(The Contracts (Rights of Third Parties) Act 1999)赋予第三人强制执行合同规定的权利,在英国法和美国法上直接索赔条款均能强制执行。实际上,合同相对性的突破,在现代大陆法系和英美法系均为一个不争的事实,其弥补了合同相对性原则的不足,平衡了合同当事人和第三人的利益,体现了权利不可侵性的现代合同法理念。《民法典》第535条规定的代位权制度和第538条规定的撤销权制度均突破了合同的相对性。此外,人身保险合同、信托合同也突破了合同的相对性。

(四) 再保险合同的基本条款

在再保险实务中,不同类型的再保险合同,对合同的基本条款有不同的规定;即使是相同类型的再保险合同,再保险合同条款也可能因各国保险监管机构对保险监管要求的差异而有所不同。大型再保险公司通常有一套完整的再保险合同标准文本,以适用于不同要求的再保险业务。但是,不管再保险公司、保险公司的要求如何、再保险方式的不同,再保险合同均应具备如下基本条款:

(1) 合同双方当事人的名称。合同双方当事人名称条款记载了原保险人和再保险人的名称、地址、联系方式等,是民商事合同通用的合同基本条款。

(2) 再保险合同的期限。再保险合同期限条款记载的再保险合同期限因再保险合同类型不同而不同,非比例再保险合同通常以一年为期限,而比例再保险合同通常是不定期的。再保险合同的期限涉及再保险合同当事人权利和义务的始期和终期,是民商事合同通用的合同基本条款。

(3) 再保险业务条款。再保险业务条款记载的内容包括再保险合同种类(成数再保险合同、溢额再保险合同、超额损失再保险合同、超额赔款率再保险合同等)、再保险业务的种类(水险、火险、货物运输险等)、区域范围(全球、本国或者本地区),这些条款是再保险合同特有的合同基本条款。

(4) 除外责任条款。除外责任条款记载了再保险人不承担再保险责任的情形,即责任免除条款。除外责任条款进一步明确了再保险人的再保险责任范围,是再保险人不承担风险和责任的范围,是对再保险人责任的限制条款。除外责任条款是保险合同通用的合同基本条款。

(5) 共命运条款。共命运条款记载了有关保险费的收取、赔款赔付、对受损标的物的施救、损余的收回、向第三人追偿、避免诉讼、提起诉讼等事项,授权由原保险人为维护共同利益作出决定,或者出面签订协议。共命运条款是再保合同特有的合同基本条款。

（6）错误与遗漏条款。错误与遗漏条款记载了原保险人因过失造成错误、遗漏或者延迟的，应立即通知再保险人，并及时纠正错误、遗漏的义务。错误与遗漏条款旨在保护原保险人的利益，以避免因错误与遗漏所产生的对其不利的法律后果，是再保险合同特有的合同基本条款。

（7）再保险费条款。再保险费条款记载了再保险费率、再保险费的计算方式和基础、再保险费的账期、再保险费结算的币种、再保险准备金，以及再保险人需要支付给保险人的税款和其他费用。再保险费条款是再保险合同特有的基本条款。

（8）再保险手续费条款。再保险手续费条款记载了再保险人向原保险人支付手续费以及计算手续费的方法。再保险手续费即再保险佣金，是成数再保险合同和溢额再保险合同的重要合同条款。再保险手续费条款是再保险合同特有的合同基本条款。

（9）再保险赔付条款。再保险赔付条款记载了原保险人处理直接保险中被保险人获取保险赔偿的权限和程序，通常授权原保险人全权处理赔偿事宜，包括全部赔付、部分赔付、融通赔付和拒绝赔付等情形。如果直接保险发生巨额赔款，原保险人可以要求再保险人进行现金摊付。再保险赔付条款是再保险合同特有的合同基本条款。

（10）账务条款。账务条款记载了分保账务的编制、寄送以及账务结算事项，包括自留额与分保额、保险单号码、被保险人姓名与名称、保险标的物及地址、保险期限、限额号码、地段号码和再保险号码等，原保险人根据前述内容编制业务明细表和再保险费账单。账务条款是再保险合同特有的合同基本条款。

（11）仲裁条款。仲裁条款记载了提交仲裁的范围、仲裁的地点、仲裁机构、仲裁程序和仲裁的效力等事项，是民商事合同通用的合同基本条款。

（12）再保险合同终止条款。再保险合同终止条款记载了终止再保险合同程序和方法，是民商事合同通用的合同基本条款。

五、再保险合同的订立

保险合同订立的一般规则均适用于再保险合同，再保险合同订立通常采取要约、承诺方式。根据《民法典》第471条的规定，当事人订立合同，可以采取要约、承诺方式或者其他方式。在再保险合同订立过程中，涉及对要约和承诺的认识问题。要约人（原保险人）收到受要约人（再保险人）不接受或者部分接受要约的通知，要约因被拒绝或者修改而导致其效力终止。在再保险实务中，再保险人对原保险人订立再保险合同要约内容的修改，构成一个新要约，原保险人的要约失效。在原保险人的要约失效后，即使再保险人对要约作出承诺，再保险合同也不能成立。原保险人对再保险人新要约的承诺，即构成一个再保险合同；原保险人对再保险人新要约内容的修改，又构成一个新要约，再保险合同没有成立。在再保险合同订立过程中，一直到一方当事人对另一方当事人的再保险合同要约完全同意，再保险合同才宣告成立并生效。例如，在中国人民财产保险股份有限公司广东省分公司再保险合同纠纷案中，原保险人中国人民财产保险股份有限公司广东省分公司与再保险人中国人寿财产保险股份有限公司广东省分公司之间存在要约、反要约和承诺的缔约过程。

在大多数情况下，再保险合同是双方当事人通过再保险经纪人以分保条的形式订立的。一些再保险市场惯例的法律地位仍处于不确定状态，对某些行为的性质认识不一，导致再保险合同纠纷产生，从而妨碍了再保险交易的顺利进行。在国际再保险实务中，再保险合同订立中涉及再保险合同生效的主要有三个方面的问题：

（1）分保条的地位。再保险市场长期以来所形成的惯例认为再保险人签署的分保条创设了再保险合同。分保条的签发是承诺，而不是要约。我国再保险司法审判实践缺乏对分保条性质认定的案例。但是，对再保险人的签署行为的性质，英国法院对此存在不同的观点。例如，在 Jaglom v. Excess Insurance Co (1972)案中，Donaldson 法官认为签署行为是要约，而不是承诺。在 General Reinsurance Corpn v. Forsikringsaktiebolaget Fennia Patria(1983)案中，英国上诉法院判决认为，分保条一旦签发，保险人（或者再保险人）不能取消协议。从分保条签发之时起，再保险合同生效。[①]

（2）分保条与保险单之间的差异。分保条是一个有效的再保险合同。如果再保险人签发了保险单，而再保险人所签发的保险单条款与分保条的条款不一致时，再保险人的保险单则构成一个反要约。如果分出公司不愿意接受再保险人提出的反要约，既可以拒绝，也可以根据分保条的条款对保险单进行修改。例如，在 Youell v. Bland Welch(1990)案中，英国法院判决确立了分保条与保险单之间的关系。该案件的初审法官 Phillips 认为，分保条是再保险合同的简要形式，条款既不清楚明了，也不完整，如果分保条中的文字与包含在保险单中的正式合同文字有所不同，保险单中的文字体现了再保险合同当事人之间的协议。上诉法院肯定了 Phillips 法官的判决，上诉法院的 Beldam 法官指出，虽然原保险人签发的分保条记载了当事人之间的原始协议，但是如果该协议所包含的文字表明其意图将条款并入保险单中，在保险单签发之后，是保险单而非分保条构

---

① See P. T. O'Neill, J. W. Woloniecki, *The Law of Reinsurance in England and Bermuda*, Sweet & Maxwell, 1998, p. 87.

成再保险合同。[1]

(3) 对承保人所作出的陈述。原保险人对承保人所作出的陈述,是再保险合同是否有效的关键。在 Bank Leumi Le Issrael BV v. British National Insurance Co Ltd(1992)案中,英国法院判决认为,原保险人的虚假陈述仅对首席承保人作出,但并未对其他的承保人作出这种陈述的,只有首席承保人有权撤销再保险合同,而其他承保人无权撤销再保险合同。英国法院的态度不利于保护其他承保人的正当权益,其他承保人也是因原保险人的虚假陈述作出承保决定的,且承保的决定受到首席承保人承保决定的影响。英国法院判决仅赋予首席承保人享有撤销合同的权利,而否定了其他承保人撤销合同的权利,使法律失去了公正性。

六、再保险合同的成立与生效

《民法典》第 134 条规定了合同成立条件,第 143 条规定了合同生效条件;《保险法》第 13 条规定了保险合同的成立和生效规则。保险合同的成立和生效规则,均适用于再保险合同。再保险合同主要以要约与承诺方式订立,再保险合同的主体均为商业保险公司,双方当事人可能会有一个充分的协商过程,即再保险合同的订立可能要经过要约、反要约、承诺等反复不断的磋商过程。双方当事人意思表示一致的,再保险合同成立。如当事人没有其他约定,再保险合同在成立的同时即告生效,即对双方当事人产生约束力。例如,在现代财产保险(中国)有限公司再保险合同纠纷案中,北京市第一中级人民法院判决认为,现代财险与中华财险之间的再保险合同未能成立。2013 年 7 月 25 日现代财险公司就海力士项目向中华财险公司发出要约后,双方虽然对于分保份额和手续费比例初步达成一致,并具有协商订立合同的意思表示,但中华财险公司在 2013 年 8 月 1 日的邮件中附加了 6 个条款,对现代财险公司的要约进行了实质性变更,构成新要约。现代财险公司应当在有效期内作出相应的反确认。现代财险公司未在有效期内对新要约作出反确认,双方之间的再保险合同未能成立。

北京市高级人民法院二审认为,原审法院认定事实基本清楚,但适用法律错误,撤销了原审判决,判决现代财险公司与中华财险公司之间的 SK 海力士半导体项目物质损失一切险及营业中断险的再保险合同成立。现代财险公司按照原保险合同承担保险份额总计支付赔款为 2680021810.13 元人民币,中华财险公司按照 5% 的份额承担再保险赔偿金。

最高人民法院再审判决维持了二审判决,认定再保险合同成立。2013 年 7

---

[1] P. T. O'Neill, J. W. Woloniecki, *The Law of Reinsurance in England and Bermuda*, Sweet & Maxwell, 1998, p. 81.

月25日,现代财险公司向中华保险公司发送邮件,就所承保的海力士项目向中华财险公司发出临时分保的要约。8月1日,中华财险公司就该要约向现代财险公司函复,因函复提出的条件2"收到贵司的确认以前没有已知的或已报案的损失发生"以及条件3"最优的条件"是针对保险标的、价款提出新的要求,该两项变更超出现代财险公司要约的内容。根据《合同法》第30条的规定,该变更构成新的要约。该新要约第4条载明,有效期自8月1日起为30天。即现代财险公司应在8月30日之前予以确认,否则新要约失效。8月22日,中华财险公司向现代财险公司发出邮件,将与现代财险公司之间因业务往来存在的应收保费要求该公司予以核对并要求现代财险公司在2013年第三季度未结清付款。该账务核对表包括涉案海力士项目,表中所载明的海力士项目分入保费、净分入保费金额即是按照现代财险公司向中华财险公司发出的原要约内容计算的。现代财险公司次日将核对情况函复中华财险公司,就涉案海力士项目的答复是"没到应收期,还未给贵司账单"。中华财险公司在现代财险公司就新要约期限届满之前,即依据现代财险公司的要约计算了涉案海力士项目净分入保费金额,并要求该公司限期支付的行为,是接受了现代财险公司向中华财险公司发出的要约,涉案再保险合同于2013年8月1日成立。

现代财险公司再保险合同纠纷案的核心问题是再保险合同是否成立,三个审级的法院对中华财险公司8月1日所发邮件的性质认识一致,即中华财险公司对要约的实质性修改构成一个新的要约。二审和再审法院认定中华财险公司8月22日所发邮件构成对7月25日现代财险公司的要约的承诺,且承诺时间为8月1日。实际上,二审和再审法院对8月22日的邮件所包含意思表示的性质认识存在偏差。中华财险公司8月1日的邮件构成对要约的实质性修改,即对要约的拒绝[1],现代财险公司7月25日的要约失效。失效的要约不存在承诺问题,而是中华财险公司见新要约期限马上要届满,8月22日对现代财险公司发出的又一个新要约,次日现代财险公司的复函构成对该要约的承诺。因此,再保险合同的成立日期应为8月23日而不是8月1日。

在我国再保险实务中,一些再保险合同纠纷表现为合同的成立与生效问题,实质为再保险人以再保险合同未成立为由拒绝承担再保险责任。例如,在国泰财产保险有限责任公司江苏分公司苏州营销服务部再保险合同纠纷案中,最高人民法院判决认为,永安保险陕西分公司与国泰保险苏州服务部之间再保险合同的订立过程,反映了当事人的真实意思表示,符合《合同法》关于要约与承诺的规定,不违反保险业监督管理部门对于再保险业务的规范要求,并且没有证据证明与当事人之间的交易习惯相悖,双方之间已经成立再保险合同法律关系,不违

---

[1] 参见郑云瑞:《合同法学》(第四版),北京大学出版社2021年版,第59页。

反法律、行政法规的强制性规定,合法有效,当事人应当依约履行。

又如,在中国人民财产保险股份有限公司广东省分公司再保险合同纠纷案中,一审、二审的争议焦点涉及再保险合同是否成立问题,再保险人认为双方当事人未对涉案再保险合同达成合意,而原保险人则认为双方对再保险合同已经达成合意。法院一审、二审均认为再保险合同已经成立并生效,再保险人应承担再保险责任。广州市中级人民法院判决认为,原保险人通过再保险经纪人向再保险人问询涉案再保险分出事宜,双方当事人通过再保险经纪人反复磋商,确认了分出份额和再保险费,由此双方当事人对涉案的再保险合同达成合意,再保险合同成立并生效。

2012年12月25日,涉案的人民财险广东分公司(原保险人)通过万利公司向人寿财险广东分公司(再保险人)问询包括华锋公司(被保险人)保险项目在内的再保险分出事宜,经过反复磋商,2012年12月31日,人寿财险广东分公司通过电子邮件方式确认接受华锋公司保险项目30%份额。2013年7月19日,人寿财险广东分公司对华锋公司保险项目的再保险费进行核对并明确应收保费为47718.25元。2013年7月30日,人寿财险广东分公司要求人民财险广东分公司支付华锋公司保险项目的再保险保费,并明确该再保险费已确认无误。2013年9月12日,人民财险广东分公司通过万利公司向人寿财险广东分公司支付了华锋公司保险项目的再保险保险费47718.25元,人寿财险广东分公司也确认收取。可见,人寿财险广东分公司作为专业的保险机构,对于以47718.25元保费接受华锋公司保险项目的30%份额是明晰且没有异议的,人民财险广东分公司与人寿财险广东分公司之间已就涉案再保险合同达成合意,可以认定该再保险合同成立并生效。

第四节 再保险合同的效力

再保险合同是原保险人和再保险人之间订立的,原保险人与再保险人是再保险合同的当事人。虽然在多数情况下,再保险合同是通过再保险经纪人订立的,且再保险合同的履行也离不开再保险经纪人,但再保险经纪人在再保险合同中既不享有权利,也不承担任何义务。再保险经纪人是再保险合同的辅助人,而不是再保险合同的当事人。再保险合同的效力,表现为原保险人和再保险人的权利和义务。

一、原保险人的权利与义务

原保险人作为再保险合同的当事人,享有再保险合同的权利,承担再保险合同的义务。

(一) 原保险人的权利

在再保险合同中,原保险人享有如下四个方面的权利:

(1) 原保险人有权处理与再保险相关的业务——直接保险业务的承保。在再保险合同订立时,再保险人应授予原保险人处分有关保险业务的权利。在合同再保险合同中,一般有条款规定再保险责任与原保险责任同时发生,如果原保险人在订立保险合同时,对于风险的选择、保险费率的厘定与承保条件的确定,均须与再保险人协商,获得再保险人的同意,原保险人的保险业务则难以开展,甚至无法开展。因而原保险人有权根据业务风险的性质,自行判断是否接受业务以及接受业务的条件。此外,原保险人办理保险业务的有关条件,如果必须获得再保险人的同意,将耗费大量的人力和物力,增加原保险人和再保险人的经营成本,降低了经营效率;且原保险人开展直接保险业务时如果因受制于再保险人使得业务难以开展,再保险人的再保险业务也将受到影响。一旦原保险人的直接保险业务萎缩,再保险业务将成为无源之水,此时无论是原保险人、投保人还是再保险人的利益均将受到损害。

(2) 原保险人有权决定危险单位的划分标准。在再保险实务中,危险单位的划分是再保险业务的基础,是原保险人给付再保险人再保险费以及再保险人承担赔偿责任的依据。再保险业务是以动态的危险为对象,因而对危险单位的划分与危险单位的变动,以及因危险单位变动而重新划分危险单位的范围,是原保险人安排再保险业务的核心工作。在再保险合同中,通常规定由原保险人分配和安排危险单位,一经原保险人决定,再保险人不得提出任何异议。危险单位的划分、危险单位的分配与安排,既是原保险人的权利,也是原保险人应承担的义务。这是由再保险的特点决定的,再保险人与保险标的远隔千山万水,无法直接接触保险标的,了解实际情况,而原保险人则与保险标的直接接触,了解保险标的的实际状况。原保险人在危险单位的划分、危险单位的分配与安排等事务中,应充分考虑再保险人的利益,平衡原保险人与再保险人之间的利益。如果原保险人处理再保险事务仅有利于原保险人,而损害再保险人的利益,原保险人的行为将因违反最大诚信原则导致再保险合同无效。

(3) 原保险人有权处理与再保险相关的业务——赔付保险金以及其他再保险实务的相关事宜。再保险合同生效之后,凡是再保险合同所规定的业务,原保险人均应分出给再保险人。从理论上看,凡是分入的再保险业务均应由再保险人自己处理,但是有关风险以及承保的所有原始资料、文件等均由原保险人保管。为简化手续、便利双方当事人,在再保险实务中,仍然由原保险人办理与再保险相关的事宜。但是,如果原保险人滥用权利,再保险人则有权拒绝承担给付保险金的责任,并仍然有权收取再保险费。原保险人对赔款处理的自由裁量权,是再保险与原保险人共命运的具体表现。原保险人按照保险单条款的规定处理有关事务,再保险人不得有异议。

此外,在再保险合同中,双方当事人通常规定,原保险人如果采取优惠赔款①或者协商解决赔偿方式给付保险赔偿的,原保险人应当承担相应的法律责任。在通常情况下,再保险人不承担由此产生的赔偿责任。例如,在 Fireman's Fund Insurance Co. Ltd $v.$ Western Australia Co. Ltd(1927) 案中,法官 Bateson 认为原保险人放弃了被保险人不适航的抗辩,再保险人有权拒绝支付原保险人的赔款。原因在于原保险人没有对被保险人的保险赔偿请求权进行必要的调查,从而无从知晓不适航的抗辩理由的存在。在再保险合同中,如果原保险人希望以优惠赔偿或者协商解决赔偿方式向被保险人给付保险金,应当事先获得再保险人的明示同意。② 以优惠赔偿或者协商解决赔偿方式向被保险人给付保险金,是再保险人的权利而不是原保险人的权利。③

(4) 向再保险人行使现金摊赔请求权。现金摊赔是指在一次赔款或者在一定期间内的赔款累积达到一定数额时,原保险人可以随时向再保险人请求以现金方式摊付赔款。现金摊赔有两种方式:一是原保险人在理赔之后,向再保险人摊回;二是原保险人在理赔之前,先行估计损失额向再保险人摊回。再保险合同一般规定再保险人应当在 10 天或者两周内汇付,赔款以现金摊付,原保险人仍然应在月账单或者季账单内列记,即现金摊赔在借贷两方均予以记载。

(二) 原保险人的义务

再保险合同中,原保险人在享有前述的权利同时,还承担如下义务:

(1) 告知、通知与保密义务。原保险人对再保险人就分出的分保业务,负有告知与通知义务。原保险人负有告知、通知义务,是为使再保险人能够正确评估自己所承担的风险。

原保险人对再保险人所承担的义务分为先合同义务、合同义务以及后合同义务。告知义务属于先合同义务,即原保险人在订立再保险合同之前,应向再保

---

① 优惠赔款(Ex Gratia Payment)是指在原保险人对被保险人不承担责任或者享有抗辩权(如被保险人没有披露或者违反担保条件等),但原保险人放弃抗辩权的情形下,原保险人基于善意以及恰当的、合理的商业方式处理被保险人的损失,但这些损害赔偿不在再保险单的赔偿范围之内。这种优惠赔偿,不管原保险人如何善意或者出于商业上的考虑,再保险人可以拒绝支付。但是,如果再保险合同有共命运条款的,原保险人的优惠赔款可以要求再保险人支付。See P. T. O'Neill, J. W. Woloniecki,*The Law of Reinsurance in England and Bermuda*,Sweet & Maxwell, 1998, pp.157-158.

② "合约更同意以协议方式,或以优惠赔偿(ex gratia)方式,或以任何方式去处理,所支付赔款,再保险人均须依其再保险比例分摊。协议或优惠方式之赔款,并非所有合约均规定任由原保险人处理。若干种类特殊之保险,例如营造保险对于协议或优惠方式,合约往往要约束原保险人应事先获得再保险人之同意。"陈继尧:《再保险——理论与实务》,智胜文化事业有限公司 2002 年版,第 171 页。

③ "由于近年来,在一般合同内,几乎全部同意优惠赔款等赔偿方式由原保险人自行决定,应认为是再保险人放弃权利,不能认为是原保险人的当然权利。"胡炳志:《再保险法通论》,武汉大学出版社 1996 年版,第 41 页。

险人如实说明分出分保业务的重要事项①,如保险标的的内容、性质、地点、种类、保险金额、保险费率,使再保险人能够正确认识承担的风险,以便决定是否接受分保以及分保的保险费率等。原保险人的告知义务,主要是将原保险合同中的投保人所有的陈述与有关危险的通知转告给再保险人。

在再保险合同成立之后,原保险人应按时将各分保账户的所有分保业务,以书面方式通知再保险人。通知义务属于合同义务,在再保险合同生效之后,再保险的危险发生变化时,原保险人应及时通知再保险人,以便使再保险人能够对风险的变化采取必要的措施,切实保护合法权益。原保险人无论是违反告知义务还是违反通知义务,再保险人均有权解除再保险合同,而且原保险人因违反告知或者通知义务给再保险人造成损失的,还应承担损害赔偿责任。例如,在中国人民财产保险股份有限公司广东省分公司再保险合同纠纷案中,广州市中级人民法院认为,在再保险接受人提出要求的情况下,再保险分出人应当将自负责任及原保险的有关情况书面告知再保险接受人。否则,再保险接受人并不承担相应义务。

保密义务是后合同义务,在再保险合同终止之后,无论是原保险人还是再保险人均承担保密义务,不得以任何方式泄露对方当事人的商业秘密。否则,违约方应承担因此造成的损失。

(2)自留额。在分出分保业务时,原保险人应有自留额。原保险人对自己所承保的业务决定向谁安排分保业务、分保业务的份额大小等事项,均为原保险人权利,但原保险人必须保留一定的自留额。再保险合同规定原保险人必须有一定自留额,主要有如下三个方面的原因:

一是道德风险的避免。原保险人有一定的自留额,可以避免再保险成为赌博或者投机性交易的工具,其原因在于原保险人保留一定的自留额,一旦保险事故发生,原保险人同样会遭受损失。

二是保险利益。保险利益对保险合同生效而言十分重要,再保险合同也是如此。一旦原保险人没有自留额,即使发生保险事故,原保险人也不用承担任何补偿责任。此时保险事故发生与否,与原保险人没有利害关系。因此,原保险人对再保险应有保险利益。

三是共命运规则。如果原保险人对承保的业务全部分出而没有自留额,原保险人在选择业务时不会慎重对业务风险进行甄别,不利于在原保险人与再保险人之间形成一种风雨同舟、利害与共的关系,从而损害再保险人的利益,不利于再保险业务的健康发展,最终损害保险业本身的发展。

---

① See P. T. O'Neill, J. W. Woloniecki, *The Law of Reinsurance in England and Bermuda*, Sweet & Maxwell, 1998, pp. 220-221.

原保险人在分出分保业务时,告知再保险人有一定的自留额,而实际上没有自留额的,这种虚假的陈述违反了告知义务,再保险人有权解除再保险合同。在再保险合同订立之后,如果原保险人取消了自留额责任,原保险人应立即通知再保险人;原保险人没有通知再保险人的,违反了危险变更的通知义务,再保险人有权解除再保险合同。

(3) 再保险费的交付。原保险人对分出的分保业务应向再保险人交付再保险费。原保险人向再保险人支付再保险费,是原保险人要求再保险人承担再保险责任的前提,是再保险人承诺承担损害赔偿责任的对价。再保险费率的高低取决于原保险费率的高低,即其以原保险费率为基础,主要是由原保险人决定的。在少数情况下,再保险人也可以根据自己的经验,确定再保险费率。再保险人对保险标的的了解是通过原保险人获取的,一般是间接的,而原保险人对保险标的接触与了解是直接的、具体的,因而对费率的决定可能更为客观、合理。在通常情况下,再保险人基于对原保险人所确定的费率的信赖,以原保险的费率为再保险费率;只有在个别情况下,在与原保险人协商之后,再保险人可以对再保险费率进行适当调整。

(4) 被保险人的行为不能对抗再保险人。原保险人不得以被保险人的行为或者再保险人的行为为由,拒绝或者迟延履行对再保险人或者被保险人所承担的义务。保险费是保险人对投保人承担保险责任的对价,投保人应按照保险合同规定的时间、地点、数额向保险人交付保险费;再保险费是再保险人向原保险人承担再保险责任的对价,原保险人应按照再保险惯例,向再保险人支付再保险费。再保险人从承担再保险责任到获得再保险费,通常要半年左右时间。换言之,原保险人获得保险费在先,交付再保险费在后,其间有相当长的一段时间。再保险人的赔偿责任因原保险人的赔偿责任的产生而产生,从赔偿责任的时间点上看,再保险人的赔偿责任与原保险人的赔偿责任应属同时发生;但在保险赔付的实务上,通常是原保险人理赔时或者理赔之后,再向再保险人摊回赔款。具体操作上,除了大额赔款先行以现金摊派赔款之外,通常由原保险人从再保险费中直接扣抵赔款。

由于直接保险合同与再保险合同是两个独立的保险合同,再保险人与直接保险合同中的被保险人没有直接法律关系,因而原保险人不得以被保险人拒绝交付保险费为由,对再保险人的再保险费请求权进行抗辩,即拒绝给付或者迟延给付再保险费;同样,原保险人不得以再保险人拒绝摊付赔款为由,对被保险人的损害赔偿请求权进行抗辩,即拒绝承担赔偿责任或者迟延给付损害赔偿。在原保险人拒绝交付再保险费的情况下,再保险人不能直接要求被保险人交付再保险费;同样,在原保险人拒绝给付保险赔偿时,被保险人不得直接要求再保险人支付保险赔偿。

(5) 损害扩大的防止及通知义务。根据最大诚信原则,再保险合同订立之后,原保险人应诚实地履行义务,有关再保险合同的任何重要事项,原保险人均应以最大善意尽快通知再保险人。在发生保险事故之后,一旦可能涉及再保险人承担赔偿责任的情形时,原保险人应立即通知再保险人。在再保险实务中,原保险人通常将损失初步通知书发送给再保险人,以便再保险人全面了解保险事故发生的时间、地点、原因、标的物损毁情况、损失金额等,据此估算本身应摊负的赔偿责任。初步通知书不仅在巨额损失发生时用作通知,还表现为原保险人向再保险人行使赔偿请求权的依据。在保险事故发生之后,原保险人应防止损失进一步扩大,其应尽可能采取必要的措施减轻损失。虽然在再保险合同中,原保险人与再保险人之间通常没有类似的约定,但是,由于当事人均为保险业务的经营者,防止损失扩大是原保险人应尽的义务,属于默示事项。原保险人为防止损害扩大所支出的费用,再保险人也应承担赔偿责任。

二、再保险人的权利与义务

再保险人作为再保险合同的当事人,享有再保险合同的权利,也承担再保险合同的义务。

(一)再保险人的权利

在再保险合同中,再保险人享有如下权利:

(1) 检查再保险业务的权利。[1]再保险合同通常规定,再保险人有权检查原保险人的业务记录。即使在再保险合同缺乏明示规定的情况下,再保险人的这种权利也成为再保险合同的默示条款。无论再保险合同是否明示规定再保险人的检查权,再保险人均享有这项权利。原保险人安排再保险事务,如危险单位的划分、危险单位的分配与安排、保险标的的风险评估、自留额、再保险费率等事项,再保险人有权进行检查。检查的目的是为保护再保险人的利益,当再保险人对再保险合同的履行产生疑问,需要检查原保险人的业务时,再保险人应事先通知原保险人,并承担查账和复印文件的所有费用。一旦发现原保险人违反最大诚信原则或者没有履行原保险人义务的,再保险人不仅有权要求原保险人改正,还有权解除再保险合同。

在再保险实务中,再保险人很少行使检查权,因为再保险合同的订立与履行,是基于原保险人与再保险人之间的诚实信用与相互信赖。但是,对原保险人的账户与再保险人的检查权引发广泛的争议,这并非表示再保险市场道德水平下降。例如,在 New Fenix Compagnie Anonyme D'Assurance De Madrid v.

---

[1] See P. T. O'Neill, J. W. Woloniecki, *The Law of Reinsurance in England and Bermuda*, Sweet & Maxwell, 1998, pp. 196-200.

General Accident, Fire, and Life Assurance Corp. Ltd(1911)案中,根据1904年和1907年的数个再保险合同,New Fenix 向 General Accident 安排再保险业务。在1910年,General Accident 因账户结余问题对 New Fenix 提起诉讼,New Fenix 对 General Accident 的诉讼请求提起反诉。该案虽然没有解决在合同条款没有明确规定检查权的范围时,再保险人如何行使权利的问题,但可以肯定的是再保险人的权利不仅仅限于了解账户的信息。如何合理地行使检查权——对原保险人的再保险业务记录进行检查,可能在原保险人与再保险人的检查代表之间产生纠纷。如果再保险人可以没有任何限制地检查相关的记录,可能招致原保险人反对,因为可能涉及原保险人其他业务信息。检查权的行使可能产生一些操作性困难,如在 The Yasuda Fire& Marine Insurance Company of Europe Ltd v. Orion Marine Insurance Underwriting Agency Ltd(1995)案中,原告参加了被告组织的再保险集团,且再保险合同明确规定了检查记录条款。在10个月的期间内,原告代表详细检查了代理记录,涉及对16000个风险文件的审查并复印了77000个复本。在原告进入被告电脑系统查阅记录信息的权限问题上,双方当事人发生了纠纷,但本案的法官 Colman 判决强制执行检查条款。

(2) 再保险费收取的权利。[①]再保险费是再保险人承担再保险责任的前提条件。但是,这并非指原保险人交付再保险费在先,再保险人承担再保险责任在后。根据再保险业的惯例,再保险费通常是按季度或者每半年支付。在再保险实务中,再保险人有可能在未收到任何再保险费的情形下,先行承担再保险赔偿责任。如果原保险人明确表示拒绝支付再保险费,再保险人可以据此解除再保险合同。否则,在原保险人没有支付再保险费或者延期支付再保险费的情形下,再保险人不得自行解除再保险合同。在原保险人认为不需要再保险转嫁所承保的风险时,原保险人不得单方擅自解除再保险合同,但经再保险人同意解除再保险的,原保险人必须支付相应的再保险费;然而,再保险人并没有必须同意原保险人解除再保险合同的请求的法律上的义务。

(3) 代位权(subrogation)。代位权适用于所有的保险合同,再保险合同也不例外。在直接保险中,保险人在给付保险赔偿之后,取得了对被保险人的代位求偿权,防止了被保险人不当得利的可能性,使保险法的补偿原则彻底得到执行。保险人如果安排了再保险,在支付保险赔偿之后,便可要求再保险人承担赔偿责任,同时如果保险事故的发生是由于第三人侵权所为,保险人可以向第三人行使代位权。如果直接保险的保险人既向再保险人要求赔偿,又向第三人行使

[①] See P. T. O'Neill, J. W. Woloniecki, *The Law of Reinsurance in England and Bermuda*, Sweet & Maxwell, 1998, pp. 196-197.

代位权,则构成了不当得利,从而违反了保险法的补偿原则。所以在一些情形中,再保险人在向原保险人履行义务之后,便获得了对第三人的代位求偿权。

再保险合同中的代位权不同于直接保险合同中的代位求偿权。在直接保险合同中,保险人履行赔付义务之后,在赔付范围内立即取得对第三人的代位求偿权。在再保险合同中,再保险人行使代位求偿权因再保险方式的不同存在较大的差异。在某些再保险方式下,即使损害是因第三人的侵权行为所造成的,再保险人也无权行使代位权,原保险人行使代位权所获得的赔偿归自己所有。在临时再保险合同中,再保险人可以行使代位权。例如,在 Scor 案中,Robert Goff 法官认为,虽然根据共命运条款的规定,再保险人必须支付原保险人基于善意和诚信作出的赔偿,但是再保险人可以对直接保险合同中的被保险人行使代位权,并以欺诈为由提起诉讼要求撤销原保险人的赔偿协议。

在合同再保险合同中,再保险人却难以行使代位求偿权。在比例再保险合同中,成数再保险人和原保险人按照各自的份额承担赔偿责任,再保险合同所规定的由再保险人承担的比例责任,可能是原保险人自身承担限额责任之外的损失。

（二）再保险人的义务

在再保险合同中,再保险人享有前述权利的同时,承担如下义务:

(1) 分保的接受与损失的补偿。在再保险合同成立之后,再保险人不得在再保险合同的有效期内,拒绝接受原保险人分入的任何分保业务。特别是在合同再保险中,基于再保险合同的规定,再保险人应当自动接受原保险人分入的分保业务,不得拒绝接受原保险人基于再保险合同规定分出的任何再保险业务。在再保险事故发生之后,再保险人应在再保险合同规定的责任范围内承担损失补偿责任。再保险人的补偿责任是为弥补原保险人的损失,但原保险人实际是否已经向被保险人履行补偿责任,则与再保险人无关,再保险人不得以原保险人未向再保险合同的被保险人履行赔付义务为由,拒绝履行根据再保险合同向原保险人所应承担的补偿责任。

(2) 保险费准备金的提存、再保险佣金和盈余佣金的支付。由于再保险业务大多是在国际再保险市场办理的,一些国家对再保险业务缺乏相关的监管措施。实际上,任何国家均难以对国际间的再保险业务实施严密的监管措施。原保险人如何获得再保险人承担再保险责任的保证,就显得尤为重要。如果像直接保险一样,再保险费收取在先,而损害赔偿责任承担在后,再保险事故是否发生、何时发生则是未知数。原保险人在办理分出分保业务之后,必须弄清再保险人是否有能力履行再保险合同义务。再保险人在分入分保义务时,必须向原保险人提供关于履约能力的保证。作为一种保证方式,原保险人在应付的再保险费中预留一部分作为保险费准备金。再保险人应承认原保险人有提取和运用保险费准备金的权利,运用保险费准备金所获得的收益应归原保险人所有。根据再保险惯例,再保险人应当向原保险人支付一定百分比的再保险佣金,通常约为30%。除了再保险佣金之外,为鼓励原保险人不断分入优质的再保险业务,在再保险业务的盈余中,再保险人通常提取一定的百分比作为盈余佣金以奖励原保险人,通常约为5%。

(3) 再保险金额与再保险费的减少。在直接保险合同有效期限内,保险标的的价值明显减少,直接保险合同中的保险人与被保险人一致同意减少保险金额和保险费的,原保险人也可以请求再保险人减少保险金额和再保险费,再保险人应当接受原保险人的请求,减少再保险合同的保险金额和原保险人应交付的再保险费。

第二编　保险业法

第八章 保险组织的监管

保险监管制度的安排体现了国家经济金融背景、保险公司产权制度、保险市场结构、市场行为因素,属于行政法的范畴,具有公法属性。保险组织的监管属于保险业法的范畴。本章的主要内容是保险组织形式、保险组织的设立与变更、保险组织的解散、破产与清算、保险组织的整顿与接管,涉及保险组织的成立、变更和终止的全过程,与公司法关系密切。对保险组织监管的最终目的是保护投保人和被保险人的利益,维护保险业的安全和稳定,借以促进保险业有序公平竞争。

市场经济是一种开放性的自由竞争经济,市场经济条件下的保险市场则更是一种开放型的保险市场。保险业通过市场配置保险资源,自由竞争,优胜劣汰,实现保险业的自我净化,自我发展。由于保险公司的赔付支出所具有的滞后性,保险公司经营失败给社会所造成的损害,远远超过对保险公司股东所造成的损害,从而影响经济发展、国民生活安定和社会稳定。世界各国对保险市场准入、保险公司经营规则和保险市场退出均进行较为严格的监管,以立法形式要求建立专门的基金,以建立和完善保险公司退出保障机制。保险业的组织形式主要采取公司制,相互保险公司、相互保险社、保险合作社等非公司制的保险业组织形式占比非常少,对保险市场影响有限。国务院保险监督管理机构对保险业的监管主要聚焦对保险公司这种组织形式的监管,涉及保险公司的设立、变更、解散、破产和清算等,对其他保险业组织形式的监管则参照其执行。

第一节 保险业的组织形式

保险业是经营风险管理的行业,直接关系到公共利益和社会的稳定。为保证被保险人合法利益以及维护社会稳定和发展,世界各国保险法对保险业务经营均实行许可制,非经保险监督管理机关批准,任何机构和个人不得经营商业保险业务。保险业组织形式将影响保险经营和监管,世界各国保险法对保险业组织形式均有特别规定。① 从世界各国立法和保险实务来看,经营保险业务的企业组织形式主要有两种形式,即公司制与非公司制。公司制有股份有限公司、有限责任公司、相互公司等形式,非公司制包括保险合作社以及其他类型的互助团体。

一、公司制的组织形式

保险业组织形式通常采取公司制——股份有限公司和有限责任公司,公司制是我国保险业的主要组织形式。1995年《保险法》第69条规定的保险公司组织形式仅为股份有限公司和国有独资公司,由于银行业和证券业等金融机构的组织形式均为有限责任公司,而且国有独资公司也属于有限责任公司,2009年修订之后的《保险法》未对公司的组织形式作出明文规定,而直接适用《公司法》的规定,即有限责任公司和股份有限公司。此外,2009年《保险法》第186条规定了其他组织形式,如合作制、相互制等形式的保险组织。②因此,我国保险业可以采取公司以外的其他组织形式。

(一) 股份有限公司

我国保险业的主要组织形式是股份有限公司和有限责任公司。股份有限公司是指全部资本分为等额股份,股东以所持股份为限对公司承担责任,公司则以全部资产对公司债务承担责任的公司组织形式。股份有限公司最早起源于1600年英国东印度公司(British East India Company)和1602年荷兰东印度公司(Dutch East India Company)。通过股份募集到公司经营所需资金,股份有限公司为资本主义原始积累提供了巨额的资金。这种组织形式较为适合保险经营,世界各国的保险公司大多采取这种组织形式。荷兰和法国分别在1629年和1688年以股份有限公司作为保险公司的组织形式,此后纷纷为其他国家保险业所效仿。现在仍然存在的最为古老的保险股份有限公司是1720年成立的英国皇家交易保险公司和伦敦保险公司。股份有限公司组织严密健全,现在仍然是各国保险公司的主要组织形式。股份有限公司具有如下特点:

(1) 资本的社会性。通过公开向社会公众募集资本,保险公司容易获得巨额资本,从而增强保险公司的资本实力,提高保险公司的偿付能力,减少了保险公司的经营风险,被保险人的利益得到充分可靠的保障。

---

① 现在除英国等少数国家外,世界各国均已禁止个人经营保险业务,保险企业必须是法人组织。
② "……国外保险业中普遍存在相互制保险公司的组织形式。相互制公司具有合作性质,比较适合在县域保险等领域发挥作用。经国务院批准,2004年底阳光农业相互保险公司作为我国第一家相互制保险公司开始了有益的尝试。《国务院关于保险业改革发展的若干意见》提出,'探索发展相互制、合作制等多种形式的农业保险组织'。为给相互制、合作制等保险组织以法律地位,修订草案增加规定,相互制、合作制等形式的保险组织由法律、行政法规另行规定,其保险业务活动适用本法规定……"摘自中国保险监督管理委员会《关于〈中华人民共和国保险法(修订草案)〉的说明》(2008年8月25日公布)。

(2) 公司的公开性。法律要求股份有限公司向社会公开经营业绩,披露重大经营事宜,以便使广大股东了解股份有限公司的经营状况。股份有限公司的社会性与保险行业的社会性有机地结合在一起,恰好符合保险经营公开性和透明度的要求,有效地保护了被保险人的利益。

(3) 经营的稳健性。股份有限公司实行所有者与经营者相分离的制度,公司股东以所认购的股份为限对公司的债务承担责任,股东具有高度的流动性和不确定性,股东直接对公司经营管理的相对较少,公司经营管理通常由经营管理层负责,并接受股东和社会的监督,从而增加了公司经营的稳健性。股份有限公司由权力机构、经营管理机构和监督机构三部分组成。股东会是保险公司权力机构,由全体股东构成;董事会是保险公司经营管理机构,股东会选举产生董事,董事组成董事会。董事会向股东会负责,并向股东会报告工作,提出建议方案、执行决议等。监事会是保险公司监督机构,由股东代表和适当比例的公司职工代表构成。

我国大部分保险公司采取股份有限公司为公司组织形式,以股份有限公司为保险集团公司的有中国人民保险集团股份有限公司、华泰保险集团股份有限公司、中国再保险(集团)股份有限公司、中国太平洋保险(集团)股份有限公司、中华联合保险集团股份有限公司、中国平安保险(集团)股份有限公司、阳光保险集团股份有限公司、泰康保险集团股份有限公司、富德保险控股股份有限公司等9家集团公司。

(二) 有限责任公司

有限责任公司是指由50人以下的股东共同出资,每个股东以所认缴的出资额对公司承担有限责任,公司以全部资产对债务承担责任的公司组织形式。有限责任公司是最晚出现的一种公司组织形式,是立法创设的,首次出现于19世纪末的德国《有限责任公司法》。有限责任公司是介于无限责任公司或者两合公司与股份有限公司之间的一种公司组织形式,既有无限责任公司或者两合公司股东的凝聚力,又有股份有限公司的有限责任。从有限责任公司制度实施以来,其数量持续稳定增长,成为世界各国最为广泛使用的公司组织形式。有限责任公司具备如下法律特征:

(1) 公司的独立性。有限责任公司是企业法人,公司股东以出资额为限对公司债务承担责任,公司以全部资产对公司债务承担责任,公司股东对公司债务不承担连带责任。股东责任的有限性是有限责任公司最基本的特征。

(2) 股东人数的有限性。有限责任公司股东人数是有严格限制的。世界各国对有限责任公司股东人数规定不尽相同。我国《公司法》第42条规定股东人数为50人以下,但一人公司和国有独资公司的股东人数为一人。

(3) 资合加人合。有限责任公司是资合公司,但同时具有较强的人合因素。

公司股东人数有限，一般相互认识，具有一定程度的信任感，股份转让受到一定限制，向股东以外的第三人转让股权应得到其他股东过半数同意。

（4）资本的非公开性。有限责任公司只能通过发起方式设立，不能向社会公开募集公司资本，不能发行股票，股东对公司的出资在公司设立后称为股权。有限责任公司的设立程序较股份有限公司的设立程序简单。

以有限责任公司为组织形式的保险集团公司仅有大家保险集团有限责任公司和中国太平保险集团有限责任公司。我国大部分财产保险公司采取股份有限公司形式，只有少部分的财产保险公司采取有限责任公司形式，如中银保险有限公司、亚太财产保险有限公司、建信财产保险有限公司、中意财产保险有限公司等财产保险公司。

二、非公司制的组织形式

国际通行的保险业组织形式有相互保险公司、相互保险社、保险合作社以及其他保险组织的特殊形式。《保险法》第184条、《农业保险条例》第2条和《相互保险组织监管试行办法》第2条规定了其他保险组织形式。非公司制的保险组织形式主要表现为相互保险，相互保险是指具有同质风险保障需求的法人、非法人组织或者自然人，通过订立合同成为会员，并缴纳保费形成互助基金，由该基金对合同约定的事故发生所造成的损失承担赔偿责任，或者当被保险人死亡、伤残、疾病或达到合同约定的年龄、期限等条件时给付保险金的保险活动。

相互保险历史悠久，萌芽于古埃及骆驼商队的互助共济行为和古罗马"格雷基亚"互助共济组织，起源于1762年英国公平人寿保险公司和1778年德国汉堡的Hamburgische Allgemeine Versorgungsanstalt。相互保险在19世纪进入快速发展阶段，20世纪进入发展高峰期，进入21世纪后一些相互保险组织转为股份制公司。相互保险组织与普通保险公司最大的不同在于不以追求利润为目标。投保人在相互保险机构投保后，即成为会员而不是普通的保险公司客户。

（一）相互保险公司

相互保险公司（mutual insurance company）是国外普遍存在的、保险业所特有的组织形式，是以社员相互保险为目的的一种社团法人[1]，既不是公益法人，也不是营利法人，是一种中间法人。[2]相互保险公司的经营方式有别于股份有限公司，其在设立之际，由社员出资，用以支付设立费用以及作为事业资金和担保资金。社员出资不称为股本，而是称为基金，这与股份有限公司的资本不同。股份有限公司的资本属于公司所有，而相互保险公司的基金则属于公司债务，偿还

---

[1] 参见郑云瑞：《民法总论》（第九版），北京大学出版社2021年版，第208页。
[2] 参见陈云中：《保险学》（第三版），五南图书出版公司1993年版，第217页。

时还应支付利息。只有在摊销所有设立费用和业务费用,并减去损失补偿准备金后,仍然具备同等数额积存金的情况下,才能偿还基金。由于没有股东分配盈余,在相互保险公司经营有盈余的情况下,盈余完全由社员共享,或者分别摊还,或者拨付为公积金或者准备金。在经营入不敷出的情况下,基金的亏损则按照剩余金、公积金以及法定准备金的顺序予以补充;如果还不能弥补,则采取减少赔偿数额的办法,即减少保险金的一部分。这是因为相互保险公司采取确定保险费制,免除了被保险人补缴保险费的义务,减少保险金是唯一可行的办法。相互保险公司的社员——投保人,一方面因参加保险成立了保险关系,另一方面也取得了社员资格,在保险合同终止时,保险公司终止,社员资格也随之消灭。相互保险公司的相互性是指保险参加人对公司进行管理,实行所谓的公司自治。然而,在现代大规模的相互保险公司中,公司自治并非易事,公司与保险参加人之间的关系仅徒有虚名而已,实际上,这种相互性早已不复存在。此外,在公司经营方面,相互保险公司与股份有限公司已经没有很大的差别了。例如,在经营组织、技术设施、保险合同订立、保险费计算方式以及保险资金运用等,两者均遵从保险原则,完全一致。现代相互保险公司同早期相互保险公司,已经大相径庭,性质与营利保险更为接近。由于各种保险业务的性质不尽相同,相互保险公司并非适用于所有的保险业务,其大多为人寿保险业务所采用,且在保险业中占的比例非常大,但是近年来,随着保险经营技术的进步,相互保险公司的组织形式已经陆续为财产保险业务所采用。

2005年,黑龙江垦区设立了我国第一家相互保险公司——阳光农业相互保险公司。阳光农业相互保险公司是相互农险公司,主要险种有水稻、玉米、大豆、小麦、马铃薯等在内的种植业保险,奶牛、肉牛、育肥猪、能繁母猪等在内的养殖业保险以及财产保险、责任保险、机动车辆保险和其他涉农保险等。此外,我国还有中国渔业互保协会(中国渔业互助保险社)、中国船东互保协会、中国职工保险互助会等。

(二)相互保险社

相互保险社(mutual insurance association)是保险组织的原始形态,至今在欧美各国仍非常普遍。德国称之为小相互保险社,以区别于相互保险公司。相互保险社组织与经营均较为简单,以区域范围或者行业类别为业务范围。相互保险社社员即为保险参加人,所需要的保险赔偿基金和管理成本,均由社员共同分担。但保险费计算并无数理基础,而是采取赋课方式,根据赔付保险金数额,确定社员分担额。社员的缴费方式有三种:

(1)共同分担损失制。在投保时,社员仅缴付少量保险单费用,在保险事故发生之后,按照实际赔偿数额,由各个社员分担缴付。

(2)差额补偿制。在投保时,社员缴付部分保险费以支付业务开支和小额赔付,由社员出具一定金额的保险费凭单。在保险事故发生时,如果实际赔付数额超过预缴保险费,社员则根据保险费凭单所规定的责任范围,补缴应分摊数额。

(3) 分摊缴付制。在投保时,社员缴付部分保险费用以支付业务开支和小额赔付。在保险事故发生之后,如果实际赔付数额超过预缴保险费,则由每个社员分摊缴付。

保单持有人是相互保险社社员,由于各保险单的保险金额差别甚小,因而每个社员具有相等的投票权来选举理事和高级管理人员。在通常情况下,相互保险社设一专职或者兼职秘书,领取工资,实际上是相互保险社的负责人。由于相互保险社的经营对象仅限于社员,并不对外公开营业,因而其组织规模较小,完全是为社员彼此之间的互助。以相互保险社作为组织形式经营保险业务的,既有经营人寿保险业务的,也有经营财产保险业务的。例如,在人寿保险方面,有英国友爱社(Friendly Society);火灾保险方面,有美国本地相互保险(Local Mutual);海上保险方面,有英国保护与赔偿协会(Protection and Indemnity Association)、船东保险协会(Shipowner's Mutual Insurance Association)等。

为加强对相互保险组织的监督管理,促进相互保险组织规范健康发展,国务院保险监督管理机构 2015 年颁布的《相互保险组织监管试行办法》规定了相互保险组织及其设立条件、经营规则和监管规则等内容。相互保险组织是指在平等自愿、民主管理的基础上,由全体会员持有并以互助合作方式为会员提供保险服务的组织,包括一般相互保险组织,专业性、区域性相互保险组织等组织形式。相互保险组织的设立应当获得国务院保险监督管理机构的批准,名称中必须有"相互"或者"互助"字样,如慈溪市龙山镇伏龙农村保险互助社(2011 年)、慈溪市龙山农村保险互助联社(2013 年)、瑞安市兴民农村保险互助社(2015 年)等。一般相互保险组织的设立应有不低于 1 亿元人民币的初始运营资金,专业性、区域性相互保险组织的设立应有不低于 1000 万元的初始运营资金,涉农相互保险组织的设立应有不低于 100 万元的初始运营资金。初始运营资金由主要发起的会员负责筹集,可以来自他人捐赠或者借款,必须以实缴货币资金形式注入。相互保险组织的经营活动应遵循《保险法》的规定。

2016 年国务院保险监督管理机构正式批准筹建众惠财产相互保险社、汇友建工财产相互保险社和信美人寿相互保险社,2022 年中国渔业互助保险社获批筹建。

(三) 保险合作社

保险合作社(cooperative insurance society)是由社员共同出资,共同经营并共同享有利益的一种特殊相互保险组织形态,是社团法人。一方面社员是合作社成员;另一方面保险合作社为保险人,而社员又称为被保险人。保险合作社不经营非本社社员的保险业务,但是保险关系的消灭并不影响社员关系的存在。保险合作社的资金来源主要有社员缴纳股金和合作社向社员或者非社员借入基金。合作社基金是合作社债务,应当偿还社员或者非社员。保险合作社采取确定保险费制,社员缴付规定保险费之后不再补缴。

在理论上,保险合作社是一种理想的组织形式,最早的合作保险组织可以追溯到1867年英国合作保险公司,后日渐发展,至今已经遍布世界30多个国家,其中仍然以英国保险合作社数量最多,范围较大,是世界合作保险中心。我国保险立法也规定了保险合作社,如1985年《保险企业管理暂行条例》第5条规定:"国家鼓励保险企业发展农村业务,为农民提供保险服务。保险企业应支持农民在自愿的基础上集股设立农村互助保险合作社,其业务范围和管理办法另行制定。"

保险合作社与相互保险社很相似,两者被认为是质同而形异的保险组织形式。根据保险的发展来推理,可以认为相互保险社是相互保险组织的最初形态,后来发展成为两种形式:一是根据相互公司组织规定设立的相互保险公司,二是根据合作社组织章程设立的保险合作社。但是,保险合作社、相互保险社和相互保险公司之间还存在以下三个方面的不同[①]:

一是对股本金的要求不同。相互保险社与相互保险公司均没有股本要求,而保险合作社则要求在社员加入时须缴纳一定金额的股本。

二是与社员的关系不同。相互保险社或者相互保险公司与社员之间的关系是临时的,随着保险关系终止,社员关系也自动解除;在保险合作社中,保险合作社与社员之间的关系是长期的,即社员关系与保险关系各自独立,社员关系因缴纳股金入社产生,保险关系因购买本社保险产生,所以保险关系消灭并不影响社员关系存在。

三是保险费的缴纳方式不同。相互保险社社员所缴纳的保险费根据事后实际损失或者需要分担,事先并不确定;保险合作社则采取定额保险费制,事后不再补缴,这也是相互保险公司与保险合作社的相同点。

除了前述保险组织形式之外,保险业还有一些特殊形式的保险组织,即自我保险与专属自营保险。自我保险是分散风险的一种特殊形态,也是保险组织的特殊形态,是指企业通过对自己拥有足够数量风险单位的损失频率与损失程度的估计,预先提存一笔基金以弥补损失的一种财务安排。自我保险也是运用保险原理与经营技术,主动承担自身风险的一种风险处理技术。专属自营保险也是承担风险措施的一种特殊形态,是指若干非保险类的大企业或企业集团为节省费用(主要是租税)及承保自己所拥有的风险单位,而投资设立附属机构,也称

---

① 参见袁宗蔚:《保险学——危险与保险》,首都经济贸易大学出版社2000年版,第179页。

为专属自营保险公司。由于专属自营保险公司以公司所有保险业务为主要业务,因而被保风险标的所有人也就是专属自营保险公司资产所有人。从1950年以来,专属自营保险公司逐渐受到大型企业的重视。跨国公司由于业务规模庞大,资产遍布世界各地,如果所有各种风险完全通过在当地购买保险来分散,则很不经济,因而选择在保险税负比较轻的国家或者地区设立专属自营保险公司,借以减免租税负担,并可提供传统保险市场所不能提供的保险保障。

2013年,由中国石油天然气集团公司和中国石油天然气股份有限公司发起设立的中石油专属财产保险股份有限公司,是中国境内首家自我保险公司。此外,中海石油保险有限公司、中国铁路财产保险自保有限公司、中石化保险有限公司、中远海运财产保险自保有限公司等,也是大型企业设立的专属自营保险公司,大多数在香港设立。

第二节 保险组织的设立和变更

保险业监管是指对保险企业市场准入和退出的监管,即保险企业设立、整顿、接管、分立、合并以及破产清算等方面的监管。我国保险业监管工作是从1985年开始的。为保障保险业的健康、有序发展,1985年《保险企业管理暂行条例》规定了保险企业的设立、中国人民保险公司、偿付能力和保险准备金、再保险等方面内容。1991年《关于对保险业务和机构进一步清理整顿和加强管理的通知》对保险条款和保险费率、保险机构资金运用、保险代理机构和保险机构业务报表等作出了规定。前述通知是《保险法》颁布之前,国家对保险业务和保险机构监管的重要依据。1995年《保险法》首次以法律形式规定了我国保险业监管制度。1996年《保险管理暂行规定》将《保险法》关于保险业监管的规定具体化,增强了保险法的可操作性。2007年《保险公司独立董事管理暂行办法》旨在完善保险公司治理结构,促进科学决策和充分监督,形成了保险业独立董事制度的基本框架。[①] 2018年《保险机构独立董事管理办法》对《保险公司独立董事管理暂行办法》进行了修订,目的在于健全独立董事制度运行机制,明确主体责任,规范主体行为,强化监管约束,形成更加有利于独立董事发挥作用的内外部环境,强化公司治理监管措施,切实提升行业公司治理的有效性。2021年《银行保险机构公司治理准则》明确了各治理主体的职责,强化了治理机制运行的规范性,设置了专门章节规范独立董事履职及保障机制,并突出强调了独立董事的独立性、专业性要求。

---

① 独立董事是指在所任职的保险机构不担任除董事外的其他职务,并与保险机构股东、实际控制人不存在可能影响其对公司事务进行独立客观判断的关系的董事。独立董事制度是推动公司完善治理结构,提升治理能力,促进有效制衡、科学决策的重要制度。

国务院保险监督管理机构加强了对保险业的监管,制定了一系列规章和规范性文件,使保险业的监管全面化,贯穿事前、事中和事后。

一、保险公司的设立

世界多数国家对保险公司的设立实行核准主义,即任何保险机构的设立都必须经国家批准,领取经营保险业务许可证,并办理商事登记手续,领取营业执照,之后方可从事保险业务活动。保险公司设立不同于保险公司成立,保险公司设立是指为使保险公司成立而按照法定程序进行的一系列法律行为的总称,是保险公司成立的过程;保险公司成立则是依法取得保险业务经营权,是保险公司设立的结果。我国保险公司设立必须经国务院保险监督管理机构批准,如《保险法》第67条之规定。保险公司组织形式有股份有限公司和有限责任公司两种形式。根据《公司法》第91条的规定,股份有限公司设立有发起设立和募集设立方式两种,而有限责任公司仅以发起方式设立。

(一)保险公司的设立条件

根据《公司法》《保险法》《保险公司管理规定》《保险公司股权管理办法》及其他相关法律、法规规定,保险公司设立应符合以下条件[①]:

(1)股东资格。《保险公司股权管理办法》第4条将保险公司股东分为财务Ⅰ类股东、财务Ⅱ类股东、战略类股东和控制类股东四种类型。[②]保险公司所有类型股东均应具有持续盈利能力、信誉良好、最近3年内无重大违法违规记录,其中战略类股东净资产不低于10亿元人民币,且权益性投资余额不得超过净资产;控制类股东总资产不得低于100亿元人民币,且最近一年末净资产不低于总资产的30%。此外,境外金融机构入股条件是最近一年末总资产不少于20亿美元,且最近3年内国际评级机构对长期信用评级为A级以上。

保险公司作为发起人或者作为控制类股东设立保险公司,还应满足的条件有:已经开业3年;净资产不低于30亿元人民币;公司治理良好,内控健全;最近四个季度核心偿付能力充足率不低于75%,综合偿付能力充足率不低于150%,风险综合评级不低于B类。

《保险公司股权管理办法》第18条规定了不得成为保险公司股东的七种情形,第19条规定了不得成为控制类股东的十种情形。前述两个规定属于保险公

[①] 关于公司设立的条件,参见郑云瑞:《公司法学》(第二版),北京大学出版社2019年版,第288—290页。

[②] 财务Ⅰ类股东是指持有保险公司股权不足5%的股东。财务Ⅱ类股东是指持有保险公司股权5%以上,但不足15%的股东。战略类股东是指持有保险公司股权15%以上但不足1/3的股东,或者出资额、持有的股份所享有的表决权已足以对保险公司股东(大)会的决议产生重大影响的股东。控制类股东是指持有保险公司股权1/3以上,或者出资额、持有的股份所享有的表决权已足以对保险公司股东(大)会的决议产生控制性影响的股东。

司股东的消极条件。因此,保险公司股东必须符合法律、法规规定的积极条件和消极条件。

(2) 注册资本。根据《保险法》《保险公司管理规定》的规定,保险公司注册资本应是实缴货币资本,且不得低于人民币 2 亿元。法律和行政法规强调全部注册资本必须是实缴货币资本,从而增加了保险公司的资本充足率。

(3) 公司章程。公司设立必须按照《公司法》《保险公司章程指引》的规定制定公司章程。公司章程是公司组织和行为的基本准则,规定了公司设立目的、经营范围、组织机构、活动原则、资本金结构等基本问题,是公司设立不可或缺的文件。公司章程对公司股东、董事会、监事会以及总经理等高级管理人员均有约束力,公司经营活动必须遵循公司章程规定。《公司法》《保险法》《保险公司管理规定》《保险公司章程指引》均规定了公司章程是公司设立的必要条件。

(4) 高管任职资格及提名。保险公司董事、监事和高级管理人员应当具有良好的品行,熟悉了解保险相关法律、行政法规,具有履行职责所需的经营管理能力,并在任职前取得国务院保险监督管理机构核准的任职资格。例如,2017 年 2 月 24 日,国务院保险监督管理机构对前海人寿保险股份有限公司及时任董事长姚振华给予撤销任职资格并禁入保险业 10 年的处罚(保监罚〔2017〕13 号)。2017 年 7 月 10 日,国务院保险监督管理机构对合众人寿保险股份有限公司部分人员未取得任职资格实际履行监事及高管职责以及虚列费用的违法行为共处罚 11 名相关责任人(保监罚〔2017〕22 号)。

单独或者合计持有银行保险机构有表决权股份总数 3% 以上的股东、董事会提名委员会有权提出非独立董事候选人。同一股东及其关联方提名的董事原则上不得超过董事会成员总数的 1/3。单独或者合计持有银行保险机构有表决权股份总数 1% 以上股东、董事会提名委员会、监事会可以提出独立董事候选人。

(5) 组织机构和管理制度。健全的组织机构是指保险公司必须具备健全的权力机构、经营机构和监督机构。公司股东大会是权力机构,由全体股东组成,决定公司经营方针和投资计划以及决定公司其他重大事项;董事会是公司经营决策机构,董事会对股东会负责,执行股东会决议,决定公司经营计划和投资方案;监事会由股东代表和适当比例的公司职工代表组成,监督公司董事、高级管理人员行为是否违反法律和公司章程规定,检查公司财务等。三个机构相互独立、相互制约,既保证了投资人利益,也保证了公司能够依法独立地开展保险业务活动。此外,保险公司规范运作,不仅需要健全的机构,还需要完备的规章制度。因此,保险公司应制定人事、财务、核保、核赔、代理、再保险等管理制度。

(6) 经营场所和设施。保险公司必须具有符合要求的经营场所,保险公司持有大量现金、有价证券以及重要的凭证,营业场所必须符合消防、安全等方面的要求。此外,经营保险业务必须具备必要设施,如电脑设备、通信设备以及相应的电脑软件。

(二)保险公司的设立程序

根据《保险法》《保险公司管理规定》的规定,保险公司设立必须经过筹建和开业两个阶段。申请人设立保险公司,首先应向国务院保险监督管理机构提出申请,经批准后开始筹建工作。筹建完毕,经验收合格,由国务院保险监督管理机构颁发经营保险业务许可证,并向工商管理机构办理登记手续,领取营业执照,宣告开业。

1. 保险公司的筹建

在保险公司筹建阶段,发起人向国务院保险监督管理机构申请设立保险公司。根据《保险公司管理规定》的规定,保险公司的发起人应向国务院保险监督管理机构提交以下有关文件和资料:

(1) 设立申请书。保险公司设立申请书是指保险公司的发起人向国务院保险监督管理机构所提交的,要求设立保险公司的正式书面申请文件,是保险公司设立的基本文件。保险公司设立申请书必须说明拟设立的保险公司的名称、组织形式、注册资本、业务范围、发起人的名称、筹建负责人的姓名等。

(2) 可行性研究报告。可行性研究报告是指对拟设立的保险公司的基本情况、资本投入、业务范围、市场的拓展、业务风险、资本积累、偿付能力、资金运用等涉及保险公司经营的主要方面进行分析、预测的结论性报告。可行性研究报告主要包括两方面的内容:一是分析公司所在地的保险市场状况——已有的保险机构数量、保险品种、业务量、可保资源、对保险的社会需求、公众的保险购买力等;二是根据拟设立公司的资金、人才、技术力量、业务特长等,拟订经营计划,使其能够实现长期持续经营的目标。

(3) 公司的筹建方案。发起人还应提交保险公司筹建方案,投资人营业执照或者其他背景资料,经审计的财务会计报告,筹建负责人和拟担任保险公司董事长、经理名单及本人认可的证明。

国务院保险监督管理机构从收到筹建保险公司申请文件之日起,6个月内作出批准或者不批准的决定并书面通知申请人。决定不批准的,国务院保险监督管理机构应当说明不批准的理由。

拟设立保险公司的申请,经国务院保险监督管理机构初步审查合格的,发起人应按照《公司法》《保险法》以及有关法律、行政法规规定,开始保险公司筹建工作。发起人应从收到批准筹建通知之日起在1年内完成保险公司筹建工作。如果逾期没有完成保险公司筹建工作,原批准筹建文件自动失效。发起人在筹建期间不得从事保险经营活动。

保险股份有限公司筹建,发起人应进行如下工作:第一,根据《公司法》《保险

法》《保险公司章程指引》的规定起草公司章程;第二,发起人认购公司全部股份;第三,办理验资手续;第四,组建公司经营管理机构,召开股东会,选举产生董事会和监事会成员,通过公司章程;第五,向社会招募高级管理人员,编制公司经营方针和计划,选定办公场所等。

2. 保险公司的开业

筹建工作完成并具备《保险法》第68条所规定的设立条件的,申请人可以向国务院保险监督管理机构提交正式开业申请并附有关文件。《保险公司管理规定》第13条规定了开业申请应提交的文件。在收到设立保险公司的正式申请之日起60日内,国务院保险监督管理机构应当作出批准或者不批准开业的决定。根据《保险法》第73条的规定,国务院保险监督管理机构作出批准开业决定的,颁发经营保险业务的许可证;决定不批准开业的,国务院保险监督管理机构应书面通知申请人并说明不批准的理由。

申请人凭经营保险业务许可证向工商行政管理部门办理企业注册登记手续,领取营业执照,开业经营保险业务。在领取保险业务经营许可证之后,申请人必须在6个月之内办理企业工商登记手续。否则,保险业务经营许可证失效。在设立之后,保险公司应当按照注册资本总额的20%提取保险保证金,存入国务院保险监督管理机构指定银行,成为保险公司偿付能力准备金。

保险公司分支机构的设立必须符合法律的规定。在境内设立分支机构,保险公司应向国务院保险监督管理机构提出书面申请并附相关的材料。经国务院保险监督管理机构批准,保险公司取得分支机构的经营保险业务许可证,在领取营业执照后方可从事保险经营活动。例如,2017年9月12日,国务院保险监督管理机构对永安财产保险股份有限公司(以下简称永安财险)未经批准设立分支机构的行为进行处罚,即永安财险未经保险监管部门批准设立营业部。该营业部具有固定办公场所并配备领导班子和工作人员,配备出单设备,刻制公章,对外开展保险业务经营活动,从2014年3月至2016年10月累计实现保费2962.02万元(保监罚〔2017〕27号)。

(三)外资保险公司的设立

为适应保险市场对外开放的需要,加强和完善对外资保险公司的监督管理,《外资保险公司管理条例》规定了外资保险公司的设立条件和程序。

外资保险公司是指外国保险公司在中国境内设立的合资保险公司、独资保险公司和外国保险公司分公司。申请设立外资保险公司的外国保险公司,应当具备下列条件:提出设立申请前1年年末总资产不少于50亿美元;所在国家或者地区有完善的保险监管制度,且该外国保险公司已经受到所在国家或者地区有关主管当局的有效监管;符合所在国家或者地区的偿付能力标准;所在国家或者地区有关主管当局同意其申请;国务院保险监督管理机构规定的其他审慎性条件。

外资保险公司设立,必须经国务院保险监督管理机构批准。外资保险公司设立人应当向国务院保险监督管理机构提出书面申请并提交规定资料。国务院保险监督管理机构对设立外资保险公司申请进行初步审查,从收到完整申请文件之日起6个月内作出受理或者不受理决定。国务院保险监督管理机构决定受理的,发给正式申请表;决定不受理的,应当书面通知申请人并说明理由。申请人应当自接到正式申请表之日起1年内完成筹建工作;在规定期限内未完成筹建工作,有正当理由的,经国务院保险监督管理机构批准,可以延长3个月。

在筹建工作完成后,申请人应当将开业申请表连同规定的文件报国务院保险监督管理机构审批。从收到设立外资保险公司完整的正式申请文件之日起60日内,国务院保险监督管理机构作出批准或者不批准的决定。决定批准的,国务院保险监督管理机构颁发经营保险业务许可证;决定不批准的,国务院保险监督管理机构应当书面通知申请人并说明理由。经批准设立外资保险公司的,申请人凭经营保险业务许可证向市场监督管理部门办理登记,领取营业执照。

二、保险公司的变更

保险公司变更是指在保险公司设立后的运行过程中,保险公司组织机能或者基本形态变化,有保险公司合并与分立、保险公司资本增减、保险公司组织形态变更以及保险公司章程修改等四种类型,这些变更直接关系到保险公司运作和保险合同相对人利益,保险公司变更必须经国务院保险监督管理机构批准并办理工商变更登记。否则,对第三人不能发生变更效力。

(一)保险公司的合并

保险公司合并是指两个以上保险公司达成合并协议,并按照法律规定程序合并成为一个保险公司。

保险公司合并是保险市场发展的必然结果。在保险市场激烈竞争中,保险公司为求得生存和发展,通过合并实现自己的经营目标和战略,使自己达到一个适度的规模,使自己的产品结构符合市场需要。随着我国保险市场逐步走向成熟,保险公司之间的合并日趋增多。保险公司合并将导致保险公司数量减少,保险资源重新配置,所以法律对保险公司合并应给予一定限制。保险公司合并有创设合并和吸收合并两种形式:

(1)创设合并。创设合并是指两个以上的保险公司合并为一个新保险公司,而原来各个保险公司则不复存在。例如,甲、乙、丙三个保险公司合并成立丁保险公司,甲、乙、丙保险公司均解散,三个公司的资产和负债均由丁保险公司承受。甲、乙、丙保险公司名称均被废弃,合并成立的新保险公司仅使用丁保险公司名称。例如,1886年,仁和水险公司与济和水火险公司,合并设立仁济和水火险公司。

(2) 吸收合并。吸收合并是指两个以上保险公司合并时,其中一保险公司仍然存续,而其他保险公司则并入该存续公司。存续的保险公司主体资格仍然继续存在,并承受其他保险公司的债权与债务。例如,甲、乙保险公司并入丙保险公司,甲、乙保险公司均解散,主体资格不复存在,由丙保险公司承受甲、乙公司的资产和负债。例如,2016年安达保险集团(ACE Ltd)通过现金加股票交易以283亿美元价格收购丘博保险集团(Chubb)。又如,1951年由太平、安平、中国天一、太安丰、华商联合、福安、宝隆、建国、大丰、大信、裕民、扬子等十二家上海保险公司以及大昌、中安、中国平安等三家天津保险公司合并组成太平保险公司。[1] 2011年,中美大都会和联泰大都会合并成为中美联泰大都会人寿保险有限公司。

在通常情况下,保险公司兼并就是指吸收合并。保险公司合并不仅涉及有关保险公司股东和员工利益,而且涉及投保人、债权人和社会公众利益。为保障各方当事人利益,保险公司合并必须遵从一定程序。保险公司合并应遵从下列程序:[2]

(1) 董事会拟订合并方案。根据合并方案,保险公司代表与其他保险公司就合并事宜进行协商,达成一致意见并签订合并协议。但是,法律并没有明确规定股东会决议与合并协议的先后顺序问题。从法律原则上看,公司合并应事先由股东会作出决议,但合并是一个非常复杂的事情,先由股东会作出合并决议,可能是一种既不经济又不切合实际的程序。从公司合并实务看,一般是先有合并协议,然后股东会对合并事宜进行表决,这可能是一种既经济又切合实际的程序,股东权益同样能够得到保护。

(2) 股东会作出合并决议。保险公司合并事关股东利益,必须由股东会作出决议。在公司与合并各方达成协议之后,应将合并协议提交股东会批准。由于公司合并属于特别事项,在股份有限公司中必须由出席股东会的股东所持表决票的2/3以上通过;在有限责任公司中必须经代表2/3以上表决权的股东通过。

(3) 报经国务院保险监督管理机构批准。根据《保险法》《保险公司股权管理办法》的规定,保险公司合并必须经国务院保险监督管理机构批准。

(4) 编制资产负债表。除签订协议之外,保险公司还应当编制资产负债表以及财产清单。资产负债表应明确公司资产状况,财产清单应将公司所有的动产、不动产、债权、债务以及其他各种财产一一载明。资产负债表和财产清单,一

---

[1] 参见中国保险学会、《中国保险史》编审委员会编:《中国保险史》,中国金融出版社1998年版,第228页。
[2] 参见郑云瑞:《公司法学》(第二版),北京大学出版社2019年版,第502页。

方面可以使合并各方详细了解参与合并的各保险公司资产和负债状况,是处理合并各方债权债务以及提出合并条件的依据;另一方面也可以供债权人查询,以便行使自己的权利。

(5) 通知债权人。在合并决议作出之后,保险公司应将合并决议通知债权人,以便债权人及时行使权利。根据《公司法》第220条的规定,公司应当自作出合并决议之日起10日内通知债权人,并于30日内在报纸上或者国家企业信用信息公示系统公告。债权人自接到通知书之日起30日内,未接到通知书的自公告之日起45日内,有权要求公司清偿债务或者提供相应的担保。

(6) 实施合并协议。在催告债权程序完毕之后,合并各保险公司即可着手实施合并协议,进行资本合并以及财产的转移。各保险公司在财产、资本合并之后,存续保险公司或者新设保险公司应召开股东会,报告合并事宜,修改公司章程。

(7) 办理登记手续。在完成上述事宜之后,合并之后的保险公司应当在法定期限内到市场监督管理部门办理公司变更登记手续。变更登记完毕,公司合并的程序即告结束。

(二) 保险公司的分立

保险公司的分立是指保险公司依据法律规定的程序分成两个以上的保险公司。同保险公司合并一样,保险公司的分立也是保险公司资源的重新配置和组合。保险公司的分立有新设分立和派生分立两种:

(1) 新设分立。由一个保险公司分成两个以上新保险公司,原保险公司主体资格消灭。例如,甲保险公司分成乙、丙、丁三家保险公司,甲保险公司解散。1998年10月,根据国务院对中国保险业的整体改革方案,中国人民保险(集团)公司的四家子公司独立。1999年中国人民保险公司、中国再保险公司、中国人寿保险公司和中国保险股份有限公司设立。

(2) 派生分立。由一个保险公司派生出至少一个新保险公司,原保险公司仍然存在。例如,甲保险公司将资产的一部分分出成立乙公司,甲公司仍然存在,但资产减少。保险公司派生分立不同于保险公司设立分支机构,虽然分支机构设立也需办理登记手续,但分支机构不具有法人资格。

保险公司的分立程序与合并程序基本相同。

(三) 股权变更

随着我国保险市场容量扩大、保险机构数量增多,保险业对各种资本的吸引力越来越大,保险公司成为资本追逐的目标。

早年成立保险公司的部分中资、外资股东在选择性退出时,民营地产、医药实业和电商巨头,基于寿险的长期资金输血功能,或者健康险在医疗改革中的关键杠杆作用,或者财产险灵活多变的场景附属黏性,或者前三种功能的融合变种,通过股权收购方式进入保险业。2015年来出现的股权收购案主要有:万达集团收购百年人寿11.55%股权(2019年万达集团将股权全部转让给绿城房地产集团),恒大地产收购中新大东方(后更名"恒大人寿")50%股权,中银保险收购中航三星人寿(后更名"中银三星人寿")51%股权,鸿商集团收购中法人寿50%股权,武汉中央商务区建设投资收购民安财险51%股权,同方股份收购海康人寿(后更名"同方全球人寿")50%股份,镇江和融房地产收购弘康人寿19%股权,华邦控股收购华农财险20%股份,蚂蚁金服收购国泰产险51%股权等。

保险公司股权变更涉及《公司法》《保险公司股权管理规定》的相关规定,主要有两个方面的问题:股东优先购买权和国务院保险监督管理机构批准。根据《公司法》第84条的规定,公司股东享有对股权转让的优先购买权。

保险公司股权变更应获得国务院保险监督管理机构批准或者备案,股权变更有两种情形:

(1) 占注册资本5%以上的股东。《保险公司股权管理办法》第53条规定,保险公司变更持有5%以上股权的股东,应当经国务院保险监管机构批准。《保险公司股权管理办法》第55条规定,投资人通过购买股票持有上市保险公司总股本的5%、15%以及1/3时,应当自交易之日起5个工作日内向保险公司书面报告,保险公司应当在收到报告后10个工作日内报国务院保险监督管理机构批准。

(2) 占注册资本5%以下股东。《保险公司股权管理办法》第53条、第54条规定,保险公司变更持有不足5%股权的股东,应当在股权转让协议书签署后的3个月内,就股权变更报国务院保险监督管理机构备案。

例如,在福州天策实业有限公司营业信托纠纷案中[①],最高人民法院认为,代持保险公司股权协议依法应认定无效。天策公司、伟杰公司签订的《信托持股协议》违反《保险公司股权管理办法》第8条关于"任何单位或者个人不得委托他人或者接受他人委托持有保险公司的股权"的规定。对该《信托持股协议》效力审查应从《保险公司股权管理办法》禁止代持保险公司股权规定的规范目的、内容实质以及实践中允许代持保险公司股权可能出现的危害后果三个方面进行分析认定:

(1) 禁止代持保险公司股权的制定依据和目的。尽管《保险公司股权管理办法》在法律规范的效力位阶上属于部门规章,并非法律、行政法规,但依据《保

[①] 在福州天策实业有限公司诉福建伟杰投资有限公司营业信托纠纷案〔〔2015〕闽民初字第129号、〔2017〕最高法民终529号)中,法院裁判摘要认为,《信托持股协议》违反了《保险公司股权管理办法》的禁止性规定,损害了社会公共利益,应认定为无效。《保险公司股权管理办法》不与更高层级的相关法律、行政法规的规定相抵触,也未与具有同层级效力的其他规范相冲突,制定和发布也未违反法定程序。因此,关于禁止代持保险公司股权规定具有实质上的正当性与合法性。

险法》第134条关于"国务院保险监督管理机构依照法律、行政法规制定并发布有关保险业监督管理的规章"的明确授权,为保证保险公司的稳定经营,保护投资人和被保险人的合法权益,加强保险公司的股权监管而制定。据此可以看出,该管理办法关于禁止代持保险公司股权的规定与《保险法》的立法目的一致,均为加强对保险业的监督管理,维护社会经济秩序和社会公共利益,促进保险事业的健康发展。

(2)禁止代持保险公司股权规定的内容。禁止代持保险公司股权是国务院保险监督管理机构在职责权限范围内,根据加强保险业监督管理的实际需要而具体制定,不与相关法律、行政法规的规定相抵触,《保险公司股权管理办法》关于禁止代持保险公司股权的规定具有实质上的正当性与合法性。

(3)代持保险公司股权的危害性。如果允许隐名持有保险公司股权,将使得真正的保险公司投资人游离于国家有关职能部门监管之外,势必加大保险公司的经营风险,有害于保险行业的健康有序发展。由于保险行业涉及众多不特定被保险人的切身利益,这种潜在经营风险在一定情况下还将危及金融秩序和社会稳定,直接损害社会公共利益。

第三节 保险组织的解散、破产与清算

保险公司解散和破产是保险公司终止的主要原因,而保险公司终止后保险公司法人人格消灭。保险公司解散是指保险公司基于一定法定事由而停止公司经营活动,为处理公司未了事务以及清理债权债务关系所实施的法律行为。保险公司破产是指保险公司因不能清偿到期债务,无法继续经营,被法院宣告停止营业,进入清理债权债务的状态。保险公司解散和破产均会引发保险公司清算,保险公司清算是保险公司终止的必经法定程序。

一、保险组织的解散

保险公司解散是指保险公司在经营过程中因法律规定或者章程规定的解散事由出现,经国务院保险监督管理机构批准,从而停止对外业务活动,并开始处理没有了结的事务。按照解散性质进行划分,保险公司解散可以分为任意解散和强制解散。保险公司解散包括如下事由:

(1)保险公司章程的规定。公司章程规定的营业期届满,或者公司章程规定的解散事由出现,从而导致保险公司解散。保险公司的解散事由是公司章程应载明的重要内容之一。

(2)股东会的决议。根据《公司法》第66条和第116条的规定,保险公司解散,必须经代表2/3以上表决权的股东通过或者出席会议的股东所持表决权的

2/3 以上通过。

（3）保险公司的分立和合并。一个保险公司分成两个以上的保险公司，原来的保险公司不存在，这是由保险公司分立而导致原保险公司解散的情形；一个保险公司被另一个保险公司兼并（即吸收合并），被兼并保险公司因兼并解散；两个以上保险公司合并成立一个新保险公司，参加合并的保险公司因新设合并解散。

（4）依法被撤销。保险公司违反《公司法》《保险法》《保险公司管理规定》以及其他有关的法律、行政法规规定的，国务院保险监督管理机构有权吊销经营保险业务许可证，保险公司即告撤销。

为保障债权人和股东合法权益，保险公司解散应当遵循一定的程序。保险公司解散应按照下列程序进行：一是由董事会提议解散保险公司，并提出解散保险公司的方案；二是保险公司将解散保险公司的提案交由股东会表决，股东会应以股东所持表决权的 2/3 以上或出席会议的股东所持表决权的 2/3 通过；三是保险公司向国务院保险监督管理机构提出申请，要求解散保险公司；四是在经国务院保险监督管理机构批准解散后，保险公司进行清算程序；五是在清算完毕之后，办理公司解散登记手续并公告。

二、保险组织的破产

保险公司破产是指保险公司因不能清偿到期债务，依法被宣告破产，通过一定程序将财产在全体债权人之间分配，从而免除无法偿还的债务，如《公司法》第 242 条和《企业破产法》第 2 条之规定。保险业关系到社会的稳定，在宣告破产前，应报经国务院保险监督管理机构批准，如《保险法》第 90 条之规定。保险公司宣告破产的情形大致有以下两种：

（1）不能清偿到期债务。保险公司不能支付到期的债务，经国务院保险监督管理机构同意之后，可以向法院申请宣告破产，法院可以依法宣告破产。

（2）资不抵债。保险公司解散或者依法被撤销的，清算组在清算过程中，发现保险公司资不抵债，报经国务院保险监督管理机构批准后，向法院提出破产申请。

保险公司的破产申请，既可由保险公司自己提出，也可由债权人提出。法院受理破产申请的，应当在裁定作出之日起 5 日内送达破产申请人。债务人应当自裁定送达之日起 15 日内，向法院提交财产状况说明、债务清册、债权清册、有关财务会计报告以及职工工资的支付和社会保险费用的缴纳情况。法院应当确定债权人申报债权的期限，债权申报期限从法院发布受理破产申请公告之日起计算，最短不得少于 30 日，最长不得超过 3 个月。在申报债权时，债权人应当书面说明债权的数额和有无财产担保并提交有关证据。

债权人会议由全体债权人组成,是所有债权人组成的临时机构。债权人会议主席由法院从有表决权的债权人中指定。第一次债权人会议由法院召集,应当在债权申报期限届满后15日内召开。以后的债权人会议,在法院认为必要时,或者管理人、债权人委员会、占债权总额1/4以上的债权人向债权人会议主席提议时召开。

(1) 债权核查。债权人会议审查有关债权证明材料,确认债权有无财产担保及其数额。当债权人就债权存在与否以及数额发生争议时,应由法院裁定债权是否存在以及数额多少。

(2) 管理人更换和监督。管理人直接关系到债权人合法利益能否得到更大保护,监督管理人是债权人会议维护全体债权人利益的需要,债权人会议有权向法院要求申请更换管理人、审查管理人费用和报酬,体现了债权人会议对管理人的监督。

(3) 破产财产处理和分配方案。清算组提出破产财产处理和分配方案,经债权人会议讨论通过。除非另有规定,债权人会议讨论通过破产财产处理和分配方案,应由出席会议的有表决权的债权人的半数通过,而且所代表债权额必须占无财产担保债权总额半数以上。债权人会议决议,对全体破产债权人均有约束力。

在保险公司破产时,有关权利人可以行使取回权、别除权和抵销权。取回权是指被宣告破产的保险公司占有他人财产,财产权利人可以不通过破产程序,直接对财产行使权利,从破产保险公司取回财产的权利。这是权利人从破产保险公司取回不属于破产公司的财产的一种请求权。取回权标的物并非破产保险公司财产,仅是破产保险公司基于某种合同关系而临时占有或者使用的他人财产。该财产不能列入破产财产,权利人可以基于自身对该财产的权利而排除破产清算组支配,取回财产。例如,破产保险公司基于租赁、委托、保管等合同关系而占有他人财产时,财产权利人应行使取回权,取回财产。别除权是指权利人就破产保险公司特定财产可以个别地优先受偿的权利。在保险公司破产前,对保险公司财产有抵押权、质权、留置权以及其他优先权的权利人,就特定财产享有别除权。别除权的权利人可以主张并行使别除权,就标的物变价优先受偿,并将不能受偿的债权列入破产债权。抵销权是指债权人在保险公司被宣告破产时,对破产保险公司负有债务的,无论给付种类是否相同,可以不通过破产程序进行抵销的权利。

三、保险组织的清算

经批准解散后,保险公司应依法成立清算组进行清算。根据《公司法》第232条的规定,在保险公司任意解散的情况下,保险公司应当从解散之日起15

日内成立清算组。如果在规定期限内未成立清算组的,利害关系人可以申请法院指定有关人员组成清算组进行清算。法院应当受理该申请,并及时指定清算组的成员。清算工作由国务院保险监督管理机构指导。清算组是保险公司清算事务的执行人,应当全面清理被清算保险公司的债权和债务,不得从事清算之外的其他事务。在清算期间,清算组行使一定的职权。保险公司清算程序如下:

(1) 成立清算组并通知或者公告债权人。清算组依法成立之后,应从成立之日起10日内通知债权人,并在60日内在报纸上或者国家企业信息公示系统公告。债权人应当自接到通知书之日起30日内,未接到通知书的自公告之日起45日内,向清算组申报债权。债权人申报债权,应当说明债权的有关事项,并提供证明材料。清算组应当对债权进行登记。债权人没有在规定期限内申报债权的,不得按《企业破产法》规定的程序行使权利。

(2) 清理公司财产制订清算方案。清算组成立之后,应立即着手清理保险公司财产,在清理保险公司财产、编制资产负债表和财产清单后,应制订清算方案,并报股东会或者有关主管机关确认。如果清算组发现保险公司的财产不足以清偿债务的,应向法院申请宣告破产。法院受理破产申请后,清算组应将清算事务移交给法院。

(3) 清偿债务分配剩余财产。清算方案得到确认之后,保险公司进行清算。破产费用和共益债务由债务人财产随时清偿。①债务人财产不足以清偿所有破产费用和共益债务的,先行清偿破产费用。债务人财产不足以清偿所有破产费用或者共益债务的,按照比例清偿。清算完毕之后,破产财产按照下列顺序进行分配:一是破产人所欠职工的工资和医疗、伤残补助、抚恤费用,所欠的应当划入职工个人账户的基本养老保险、基本医疗保险费用,以及法律、行政法规规定应当支付给职工的补偿金;二是破产人欠缴的除前项规定以外的社会保险费用和破产人所欠税款;三是普通破产债权。破产财产不足以清偿同一顺序的清偿要求的,按照比例分配。

(4) 报送清算报告办理注销登记。保险公司清算结束后,清算组应制作清算报告,报股东会或者法院确认,并报送公司登记机关,申请注销保险公司登记。

---

① 破产费用包括:破产案件的诉讼费用;管理、变价和分配债务人财产的费用;管理人执行职务的费用、报酬和聘用工作人员的费用。
共益债务包括:因管理人或者债务人请求对方当事人履行双方均未履行完毕的合同所产生的债务;债务人财产受无因管理所产生的债务;因债务人不当得利所产生的债务;为债务人继续营业而应支付的劳动报酬和社会保险费用以及由此产生的其他债务;管理人或者相关人员执行职务致人损害所产生的债务;债务人财产致人损害所产生的债务。

第四节　保险组织的整顿与接管

国务院保险监督管理机构依据法律赋予的职权,对出现问题的保险公司实施一定的行政干预措施,整顿或者接管仅为其行使行政干预的手段。保险公司偿付能力达到"严重不足"标准,或违反法律法规、损害社会公共利益、可能严重危及或者已经严重危及公司的偿付能力的,此时国务院保险监督管理机构可以决定对其实施接管措施。我国保险实务中出现了多起整顿与接管保险公司的案例。

一、保险组织的整顿

保险公司的整顿是指因为保险公司不能在限期内执行国务院保险监督管理机构纠正其不法行为的措施,而由国务院保险监督管理机构监督保险公司清理整治业务状况、财务状况或者资金运作情况以及经营管理状况,如《保险法》第140条之规定。

整顿保险公司的目的,是为纠正保险公司的违法行为。根据《保险法》的规定,保险监管机构有权检查保险公司的业务状况、财务状况及资金运用状况,并要求保险公司在规定的期限内,提供有关的书面报告和资料。保险公司应接受保险监管机构的监督检查。保险公司没有按照《保险法》的规定提取或者结转各项准备金,或者未按照《保险法》的规定办理再保险,或者严重违反《保险法》关于资金运用的规定的,由保险监管机构责令保险公司限期改正,并可以责令调整负责人及有关管理人员。

保险公司在接到国务院保险监督管理机构作出限期改正的决定之后,如果在规定的期限内对上述情形仍然没有改正的,国务院保险监督管理机构可以对保险公司进行整顿。

国务院保险监督管理机构作出整改决定后,可以选派保险专业人员以及指定被整顿保险公司的有关人员组成整顿组,对被整顿保险公司进行整顿。整顿决定应当载明被整顿保险公司名称、整顿理由、整顿组成员和整顿期限,并予以公告。在整顿过程中,整顿组有权监督被整顿保险公司日常业务。被整顿保险公司负责人及有关管理人员,应当在整顿组的监督下行使自己职权。被整顿保险公司可以继续经营原有业务,但是国务院保险监督管理机构有权责令其停止接受新业务或者停止部分原有业务,以调整资金运用。被整顿保险公司经整顿之后,已纠正违反《保险法》规定的行为,恢复正常经营状况的,由整顿组提出报告,经国务院保险监督管理机构批准,整顿结束。

二、保险组织的接管

对保险公司接管是国务院保险监督管理机构在清理保险公司经营状况时,所采取的较为强硬的措施。保险公司偿付能力严重不足,或者违反《保险法》规定,损害社会公共利益,可能严重危及或者已经严重危及保险公司偿付能力的,国务院保险监督管理机构可以对该保险公司实行接管。接管的目的是对被接管保险公司采取必要措施,以保护被保险人利益,恢复保险公司正常经营,但被接管的保险公司的债权债务关系不因接管发生变化。在接管期间,国务院保险监督管理机构委派接管组直接介入保险公司的日常经营活动,接管组负责保险公司的全部经营活动。接管保险公司不同于整顿保险公司,整顿保险公司是国务院保险监督管理机构在清理保险公司经营状况时,所采取的较为温和的措施,并不直接介入被整顿保险公司的日常经营活动,仅对保险公司经营活动进行监督而已。

例如,在永安财产保险股份有限公司的接管案中,1997年12月1日经中国人民银行批准,中国人民银行陕西省分行发布公告,依法对永安财产保险股份有限公司进行接管,接管的期限为1997年12月1日至1998年5月31日。永安保险公司被接管主要有两个问题:一是违规经营,即存在异地展业问题,包括未经批准擅自设立分支机构,违规开办保险业务等违法行为。二是资本金问题,即资本金不足,公司的注册资本为6.8亿元人民币,而实收资本金却不足1亿元人民币,《保险法》规定的最低注册资本为2亿元人民币。接管组行使该公司一切经营管理权,代为行使原公司董事会、监事会的职责,被接管公司的债权债务不因接管发生变化。在接管期间内,公司照常办理业务,并接受已经承保业务的赔偿案件。通过对永安财产保险股份有限公司的接管,重新募集资本金,调整了股权结构,重新选举董事会和监事会,该公司在接管结束后步入正常的经营。1999年,永安保险公司实现扭亏为盈。

在作出接管保险公司的决定之后,国务院保险监督管理机构应及时成立接管组并制定各种执行接管的措施。在接管期间,保险公司原股东会、董事会以及高级管理人员均停止行使权力,保险公司经营管理权全部由接管组行使。在接管保险公司之后,接管组为改善保险公司经营状况,可以采取停止保险公司新业务、停止部分业务、改组保险公司经营管理机构、调整部分管理人员等措施,以确保保险公司能够恢复正常营业。被接管保险公司债权债务关系不因接管而发生变化,如2023年海港人寿保险股份有限公司整体受让恒大人寿保险有限公司的保险业务及相应的资产、负债,履行以恒大人寿保险有限公司名义签署的保险合同义务。接管期限届满,国务院保险监督管理机构可以决定延期,但接管期限最长不得超过2年。接管期限届满,有两种处理结果:第一,被接管保险公司已恢复正常经营能力的,国务院保险监督管理机构可以决定接管终止;第二,被接管保险公司财产已不足以清偿所负债务的,国务院保险监督管理机构可以依法向法院申请对该保险公司进行重整或者破产清算。

例如,在新华人寿保险股份有限公司被接管案中,2006年新华人寿保险股份有限公司出现原董事长关国亮挪用巨额公司资金的事件。国务院保险监督管理机构调查发现关国亮8年间共挪用公司资金130亿元,但检察院仅指控关国亮涉嫌职务侵占300万元,挪用资金2.6亿元。2007年国务院保险监督管理机构第一次使用保险保障基金接管新华人寿保险股份有限公司,先后收购了隆鑫集团有限公司、海南格林岛投资有限公司等所持的新华人寿股份有限公司股权,收购价格为5.99元/股,持股数约为4.6亿股,占新华人寿股权的38.815%,成为第一大股东。2009年中国保险保障基金有限责任公司(以下简称保险保障基金公司)以每股8.7元的价格将新华人寿保险股份有限公司38.815%的股权,整体转让给中央汇金投资有限责任公司。保险保障基金公司在本次交易中盈利12.5亿元。

在中华联合财产保险股份有限公司(以下简称中华联合保险公司)接管案中,中华联合保险公司被接管的主要原因是公司巨额亏损和偿付能力不足。2007年中华联合保险巨额亏损达64亿元,2009年新疆生产建设兵团将所持有的61%中华联合保险公司的股权交由国务院保险监督管理机构托管,国务院保险监督管理机构开始介入中华联合保险公司。2011年保险保障基金公司控股中华联合保险公司,持有约8.6亿股,持股比例为57.43%。2012年保险保障基金公司再度增持中华联合保险股权公司。同年,中华联合保险公司对外宣布公司重组完成,东方资产管理公司以债转股方式注资78.1亿,控股51%成为第一大股东,占据了近一半的董事会席位,保险保障基金公司列居第二大股东,持股比例为44.82%。

在安邦保险集团股份有限公司(以下简称安邦集团)接管案(保监发改〔2018〕58号)中,鉴于安邦集团存在违反法律法规的经营行为①,严重危及公司偿付能力,为保持安邦集团照常经营,保护保险消费者合法权益,依照《保险法》有关规定,国务院保险监督管理机构决定于2018年2月23日起,对安邦集团实施接管,全面接管安邦集团经营管理,全权行使安邦集团三会一层职责,接管期

---

① 有两个方面的原因:一是该公司原董事长、总经理吴小晖个人涉嫌经济犯罪,被依法提起公诉。2018年5月10日,上海市第一中级人民法院判决吴小晖有期徒刑18年、没收财产105亿元。二是安邦集团违反法律法规的经营行为,可能严重危及公司偿付能力。

2014年1月,安邦集团完成第六次增资(从120亿元增资到300亿元)时,引进了17家企业法人"新股东"。同年9月,安邦集团再次从300亿元增资到619亿元时,又引进了14家企业法人"新股东"。安邦集团股东结构复杂,存在大量隐秘的关联股东关系,多个安邦集团股东及其控股公司在2012年至2014年之间注册成立,甚至同一天注册或者注册地相同。

限为一年。同年3月28日,国务院保险监督管理机构批复同意保险保障基金公司向安邦集团增资608.04亿元;6月22日,国务院保险监督管理机构公布对安邦集团变更股本结构的批复,即安邦集团的总股本为619亿股,分别由上海汽车工业(集团)总公司持有1.22%、中国石油化工集团公司持有0.55%、中国保险保障基金有限责任公司持有98.23%。保险保障基金注资的目的是确保安邦集团偿付能力充足、公司稳定经营、保护投保人利益。引入行业风险救助基金参与行业风险处置,是国际上常用的风险处置手段。保险保障基金作为非政府性行业风险救助基金,主要用于救助保单持有人、保单受让公司或者处置保险业风险。国务院保险监督管理机构在引入保险保障基金注资的同时,同步启动战略股东遴选工作,尽快引入优质民营资本作为公司的战略性股东,实现保险保障基金有序安全退出,并保持安邦集团民营性质不变。

2019年2月22日,国务院保险监督管理机构将安邦集团接管期限延长一年,自2019年2月23日起至2020年2月22日止。2019年4月16日,经安邦集团接管工作组决议,公司拟减少注册资本,注册资本将由人民币619亿元变更为人民币约415.39亿元。2020年2月22日,国务院保险监督管理机构依法结束对安邦集团的接管。

经国务院保险监督管理机构批准,由中国保险保障基金有限责任公司、中国石油化工集团有限公司、上海汽车工业(集团)总公司共同出资,设立大家保险集团有限责任公司,注册资本203.6亿元。

在天安财产保险股份有限公司等四家保险公司接管案中,鉴于天安财产保险股份有限公司、华夏人寿保险股份有限公司、天安人寿保险股份有限公司、易安财产保险股份有限公司触发了《保险法》第144条规定的接管条件,为保护保险活动当事人合法权益,维护社会公共利益,中国银行保险监督管理委员会决定对上述六家机构从2020年7月17日开始实施接管,期限为一年。从接管之日起,被接管机构的股东会、董事会、监事会停止履行职责,相关职能全部由接管组承担。接管组行使被接管机构的经营管理权,接管组组长行使被接管机构法定代表人的职责。未经接管组批准的对外签约一律无效。接管不改变六家机构对外的债权债务关系。

第九章 保险经营的监管

保险经营监管是保险监管的基本内容,主要涉及产品报备审批、财务监督检查、合规和制度、偿付能力、资金运用、信息统计与披露等多方面内容。保险监管实行公示与实体监管相结合的监管模式。本章对分业经营规则、保险条款和保险费率、保险资金的运用、偿付能力进行了论述。

我国保险业监管机构经历了从财政部、中国人民银行、中国保险监督管理委员会、中国银行保险监督管理委员会到国家金融监督管理总局的发展过程。国家金融监督管理总局在中国银行保险监督管理委员会基础上组建,将中国人民银行对金融控股公司等金融集团的日常监管职责、有关金融消费者保护职责划入国家金融监督管理总局。国家金融监督管理总局作为国务院直属机构,其职责在于强化机构监管、行为监管、功能监管、穿透式监管、持续监管,统筹负责金融消费者权益保护,加强风险管理和防范处置,依法查处违法违规行为。

《保险公司治理结构核心原则》《保险公司治理结构指引》《保险监管核心原则》等保险公司治理国际准则,确立了偿付能力监管、市场行为监管和公司治理结构监管三位一体的监管制度。偿付能力监管处于保险监管制度的核心地位,市场行为监管和公司治理监管与偿付能力监管关系密切。

第一节 保险分业经营

根据世界各国通例,现代保险依法由专门保险机构经营。保险业经营有混业经营和分业经营之分,保险业从发展之初到20世纪30年代之前,一直实行混业经营——同一保险机构既可经营财产保险业务,也可经营人寿保险业务。在保险业发展史上,经营财产保险业务的保险机构发展最早,在财产保险制度确立很长一段时间之后,才出现专门的人寿保险机构,财产保险机构开始兼营人寿保险业务。例如,在20世纪30年代之前,美国实行财产保险和人寿保险混业经营。1929—1933年大危机使人们认识到混业经营所隐藏的巨大风险,从此确立了财产保险与人寿保险分业经营原则,即任何保险机构不得同时经营财产保险业务和人寿保险业务。20世纪70年代末期,伴随保险服务业务规模的日渐扩大,特别是计算机和精算技术的发展与应用普及,进一步提高了人们管理风险的能力,再加上兼并浪潮层出不穷,严格分业经营管理已经难以适应现代保险业发展。特别是进入20世纪80年代之后,在世界经济全球化、一体化和自由化的大趋势下,为适应客户多元化的金融服务需求,在降低经营成本、提高经营效率和提高国际竞争力的压力下,保险业要求取消严格的财产保险与人寿保险分业经营限制,允许部分综合性保险公司存在。

在《保险法》颁布之前,我国实行混业经营,原中国人民保险公司、中国平安保险股份有限公司、中国太平洋保险公司、新疆兵团保险公司是四家综合性保险公司,同时经营财产保险和人身保险业务。从20世纪80年代以来,一方面我国保险市场规模不断扩大,保险专业人才数量不断增加,积累了越来越多的保险经营管理经验;另一方面混业经营所产生的风险日渐显现,金融机构资产质量、透明度、专业化管理、内部控制等问题,在银行业、保险业、证券业之间引发连带风险。1995年《保险法》实行财产保险与人寿保险分业经营,是为防止风险在财产保险业和人寿保险业之间引发连带风险。此后,中国保险业进行了一系列分业改革。中国人民保险公司分业改革经历了两个阶段:

(1) 以保险集团改组方式实现分业经营。1996年,根据国务院的决定,中国人民保险公司改为中国人民保险(集团)公司,下设中保财产保险有限责任公司、中保人寿保险有限责任公司、中保再保险有限责任公司三个专业子公司,分别经营财产保险业务、人寿保险业务和再保险业务。

(2) 中国人民保险(集团)公司的撤销。1998年,根据国务院的决定,撤销了中国人民保险(集团)公司,保留了集团下属的中国人民保险公司、中国人寿保险公司、中国再保险公司,从而初步完成了中国人民保险公司的分业改革。

2000年经原中国保险监督委员会批准,新疆兵团保险公司改组为新疆兵团财产保险公司,经营财产保险业务,完成了分业经营改革。中国太平洋保险(集团)股份有限公司实现了财产保险、人寿保险分业经营机构体制改革,集团公司下设中国太平洋财产保险股份有限公司和中国太平洋人寿保险股份有限公司,分别经营财产保险业务和人寿保险业务,从而完成了保险分业改革。2003年2月14日,中国平安保险股份有限公司正式完成分业重组,更名为中国平安保险(集团)股份有限公司,下设中国平安财产保险股份有限公司和中国平安人寿保险股份有限公司,分别经营财产保险业务和人寿保险业务,从而完成了保险分业改革。2003年,中国再保险公司完成了中国再保险(集团)公司的组建,控股设立中国财产再保险股份有限公司、中国人寿再保险股份有限公司和中国大地财产保险股份有限公司,分别经营财产再保险业务、人寿再保险业务和直接财产保险业务,从而将财产保险、人寿保险混业经营的现状改变为国际通行的分业经营,防范和化解了经营风险。中国大地财产保险股份有限公司作为一家财产险直接保险公司,将经营直接财产保险业务。中国再保险公司重组改制的完成,标志着我国保险业彻底实行分业经营。

保险业经营成败对社会影响巨大,世界各国法律均限制了保险业营业范围,实行分业经营原则,即同一保险公司不能既经营财产保险,又经营人身保险,而只能经营财产保险或者人身保险中的一种。实行分业经营的目的在于防范混业经营风险,对保险业经营限制主要基于以下两个方面的原因:

(1) 技术方面的原因。人身保险与财产保险性质不同,承保手续、保险费的计算基础以及保险金给付的方法均有明显的区别。如果同一保险公司兼营人身保险与财产保险,则难免顾此失彼,造成经营失败。

(2) 经济方面的原因。如果保险公司兼营人身保险与财产保险,保险业务过于庞杂,保险资金混用,容易出现人身保险与财产保险同时亏损的情形,也容易引发连带风险,资金方面可能难以应付自如,势必造成公司支付能力的减弱,从而影响投保人利益和社会公共利益。①

纵观世界各国保险立法,多数国家限制保险公司兼营人身保险与财产保险业务。这是现代保险法的一种发展趋势,如美国、日本等国家实行分业经营,禁止混业经营;欧洲国家既有实行严格分业经营的,也有实行混业经营的,但欧盟保险指令规定,新设立保险公司一律实行分业经营。

从世界各国保险业分业组织形式来看,符合保险分业经营原则规定的分业模式包括集团控股模式、专业公司控股模式以及专业分设控股模式三种。从西方保险业发展历史来看,专业分设控股模式是一种初级分业模式,专业公司控股模式则是一种过渡分业模式,而集团控股模式才是适应国际保险市场发展趋势的高级形式。

(1) 集团控股模式。集团控股模式是指由一个保险集团公司全资拥有财产保险公司、人寿保险公司和资产管理公司,由集团公司对业务、财务、投资、人事、计划和风险等重大决策进行统一管理的分业模式。保险集团公司是指依法登记注册并经国务院保险监督管理机构批准设立,名称中具有"保险集团"或"保险控股"字样,对保险集团成员公司实施控制、共同控制或有重大影响的公司。② 保险集团公司不经营具体保险业务,而是集中精力研究制定整个集团战略规划、投资管理、组织架构、风险控制和人力资源规划等重大事项。集团控股模式有利于提高本国保险业竞争力,满足了世界经济一体化和保险业竞争国际化的发展趋势,因而受到各国政府鼓励并为各国保险公司所普遍采纳。世界排名前二十的保险公司中有十五家就是通过集团控股实现保险分业经营,如法国安盛集团、德

---

① 参见郑玉波:《保险法论》,三民书局1997年修订版,第243页。
② 《保险集团公司监督管理办法》第4条和第6条规定了保险集团公司的设立条件。

国安联保险集团、美国国际集团、英国 RSA 保险集团等。这种集团控股分业模式也为我国保险业所采纳,中国太平保险集团有限责任公司[①]、中国人民保险集团股份有限公司[②]、中国人寿保险(集团)公司、中国再保险(集团)股份有限公司、中国太平洋保险(集团)股份有限公司[③]、中国平安保险(集团)股份有限公司[④]、阳光保险集团股份有限公司[⑤]以及大家保险集团有限责任公司[⑥]等通过集团控股模式实现了保险分业经营。

(2) 专业公司控股模式。专业公司控股模式是指由财产保险公司(或者人身保险公司)作为母公司全资拥有人身保险子公司(或者财产保险子公司)的分业模式,如建信人寿保险股份有限公司设立建信财产保险有限公司。在专业公司控股模式下,母公司经营具体保险业务的同时,还对子公司进行资产管理,但母公司和子公司是两个独立法人,彼此之间业务严格分开。

(3) 专业分设控股模式。专业分设模式是指人身保险公司和财产保险公司之间没有股权关系,成为两个相互独立公司,从而实现分业经营的组织形式。我国大部分保险公司实行专业分设模式。专业分设模式主要是在保险市场发展初期,为避免财产保险和人身保险混业经营风险产生的。专业分设模式虽然可以避免混业经营,但可能导致保险公司具有规模不大、竞争力不强、成本高、偿付能力低、经营风险高等缺陷,从而不为各国的保险业所采纳。实际上,20 世纪末以来的全球保险业在激烈竞争中的兼并与重组,反映了在国际保险市场发展和竞争需求下,由专业分设控股模式向集团分业模式和专业公司控股模式的转变,是提高保险业国际竞争力的必然选择。

为适应保险市场发展需要,《保险法》第 95 条规定遵循了国际惯例,确立了分业经营原则。《保险法》所确立的保险分业经营规则,经历了从人身保险与财产保险分立,到人寿保险与财产保险分立的过程。在《保险法》2002 年修正之

[①] 中国太平保险集团有限责任公司旗下的财产和人寿保险公司有太平人寿保险有限公司、太平财产保险有限公司、太平养老保险股份有限公司、太平再保险(中国)有限公司等。
[②] 中国人民保险集团股份有限公司旗下的财产和人寿保险公司有中国人民财产保险股份有限公司、中国人民健康保险股份有限公司、中国人民人寿保险股份有限公司、中国人民保险(香港)有限公司等。
[③] 中国太平洋保险集团股份有限公司旗下的财产和人寿保险公司有中国太平洋财产保险股份有限公司、太平洋安信农业保险股份有限公司、中国太平洋人寿保险股份有限公司、长江养老保险股份有限公司、太平洋健康保险股份有限公司、太平洋保险养老产业投资管理有限责任公司等。
[④] 中国平安保险集团股份有限公司旗下的财产和人寿保险公司有中国平安人寿保险股份有限公司、中国平安财产保险股份有限公司、平安养老保险股份有限公司、平安健康保险股份有限公司等。
[⑤] 阳光保险集团股份有限公司旗下的财产和人寿保险公司有阳光财产保险股份有限公司、阳光人寿保险股份有限公司、阳光信用保证保险股份有限公司等。
[⑥] 大家保险集团有限责任公司旗下有大家财产保险有限责任公司、大家人寿保险股份有限公司、大家资产管理有限责任公司、大家养老保险股份有限公司、大家健康养老产业投资管理有限公司、大家投资控股有限责任公司。

前,我国所确立的保险分业经营规则为人身保险与财产保险分立,即财产保险公司不得经营任何人身保险业务——也包括意外伤害保险与健康保险。意外伤害保险与健康保险尽管归属于人身保险范畴,但性质却与财产保险更为相近。意外伤害保险与健康保险的保险期限短,不具有储蓄性质却具有财产保险性质,而且保险准备金的提取以及会计核算方式、保险费率的厘定等方面与财产保险并无任何差异。正是由于意外伤害保险与健康保险具有人身保险和财产保险的双重特性,世界各国大多准许财产保险公司兼营意外伤害保险与健康保险。有鉴于此,2002年在修正《保险法》时,扩大了财产保险公司的业务经营范围,准许财产保险公司经营意外伤害保险与健康保险。这是《保险法》的一个进步,符合国际保险市场通行规则和惯例。

2002年《保险法》规定的保险公司业务范围仅限于人身保险、财产保险及其再保险业务,已不适应保险业发展和养老、医疗体制改革需要。实际上,保险公司业务范围依据有关规定已有所拓展,如从事企业补充保险受托管理业务,参与失地农民养老保险、新型农村合作医疗制度改革试点工作等。为适应我国保险市场现实需要,2009年修订的《保险法》第95条借鉴《商业银行法》《证券法》和国外有关立法例,规定保险公司可以从事国务院保险监督管理机构批准的与保险有关的其他业务。

现行我国《保险法》借鉴《商业银行法》《证券法》的制度,规定保险业和银行业、证券业、信托业实行分业经营、分业管理,保险公司与银行、证券、信托业务机构分别设立,但删除了2002年《保险法》第105条第3款"保险公司的资金不得用于设立证券经营机构,不得用于设立保险公司以外的企业"的规定,为金融集团通过子公司实现银行、证券、保险综合经营,预留了法律发展空间。实际上,我国已经在金融集团层面上实现了综合经营,大部分国有商业银行设立信托、证券、保险子公司,中国中信集团有限公司、中国光大集团股份公司、招商局集团有限公司、中国平安保险(集团)股份有限公司均有银行、保险、证券和信托等业务。①

---

① 截至2023年6月30日,中央汇金投资有限责任公司直接持有19家金融机构股权。中央汇金公司控股参股的银行有国家开发银行有限责任公司、中国工商银行股份有限公司、中国农业银行股份有限公司、中国银行股份有限公司、中国建设银行股份有限公司、恒丰银行股份有限公司、湖南银行股份有限公司;控股参股的综合性机构有中国光大集团股份公司、中国建银投资有限责任公司、中国银河金融控股有限责任公司、申万宏源集团股份有限公司、中国银河资产管理有限责任公司、国泰君安投资管理股份有限公司;控股参股的保险公司有中国出口信用保险公司、中国再保险(集团)股份有限公司、新华人寿保险股份有限公司、中汇人寿保险股份有限公司;控股参股的证券、投资和资产管理公司有中国国际金融股份有限公司、中信建投证券有限责任公司。参见 http://www.huijin-inv.cn/huijin-inv/Investments/index.Shtml,2024年3月10日访问。

第二节 保险条款和保险费率

保险条款是保险人与投保人之间关于保险权利义务的约定。保险业是一个专业性非常强的行业,没有受过专业训练的人员不仅无法知晓保险合同应具备的条款及其内容,而且难以理解保险合同条款的内容。保险人根据本身的承保能力和技术特点,确定承保基本条件,规定双方权利义务。投保人只能根据保险人所设定的不同险种的格式合同进行选择,没有协商的可能,要么全部接受,要么拒绝。此时保险人处于强势地位,而投保人处于弱势地位。从表面上看,保险人并未强迫投保人订立保险合同,投保人"自愿"同意保险合同条款。在这种情形下,为平衡投保人与保险人之间的权利义务关系,保护投保人合法权益,世界各国保险法对保险合同条款规定了较为严格的监管措施,从而达到公平合理的目的,我国《保险法》也不例外。

保险费率是指特定保险险种中每个危险单位的保险价格,即单位保险金额所应收取的保险费。保险费厘定是建立在对实际风险发生率精确统计基础上的,具有一定的复杂性。这种复杂性要求保险公司在厘定保险费率时,必须达到主观预测与客观实际的一致性。保险费率由纯保险费率和附加保险费率组成,纯保险费率用于保险损害赔偿,而附加保险费率则用于支付营业费用、提供损失准备、实现预期补偿职能。保险费率是投保人购买保险的代价,受价值规律影响。价格低,则购买人多;价格高,则购买人少。所以在厘定保险费率时,保险公司应遵循合理性、公平性、充分性以及稳定性原则。世界各国均将保险费率作为保险监管的重要内容。

我国对保险合同条款和保险费率实行较为严格的监管制度。根据保险合同条款和保险费率的不同性质,《保险法》第135条、《人身保险公司保险条款和保险费率管理办法》第19条和第20条、《财产保险公司保险条款和保险费率管理办法》第14条对保险合同条款和保险费率的监管采取两种方式:

(1) 保险合同条款和保险费率的审批制。涉及社会公众利益的保险险种、依法实行强制保险的险种和新开发的人寿保险险种等的保险条款和保险费率实行审批制,由保险人报国务院保险监督管理机构审批。在遵循保护社会公众利益和防止不正当竞争原则下,保险监督管理机构对保险人申报保险合同条款和保险费率进行实质性审查。国务院保险监督管理机构批准后,保险人才可使用该保险合同条款和保险费率。

(2) 保险合同条款和保险费率的备案制。在财产保险中,除关系社会公众利益的保险险种、依法实行强制保险的险种和国务院保险监督管理机构规定的其他险种,财产保险人应当将所有险种的保险条款和保险费率报国务院保险监督管理机构备案;在人身保险中,除关系社会公众利益的保险险种、依法实行强制保险的险种和国务院保险监督管理机构规定的新开发人寿保险险种和国务院保险监督管理机构规定的其他险种,人身保险人也应当将所有险种的保险条款和保险费率报国务院保险监督管理机构备案。在使用合同条款和保险费率后10日内,保险人应向国务院保险监督管理机构备案。保险监督管理机构不对保险人提交的保险合同条款和保险费率进行实质审查。例如,2016年5月24日,原中国保险监督管理委员会对太平人寿保险有限公司(保监罚〔2016〕11号)和太平养老保险股份有限公司(保监罚〔2016〕12号)未按照规定使用经批准或者备案的保险条款的行为分别进行处罚。太平养老保险股份有限公司2014年承保的团险保单中,存在非被保险人的父母为无民事行为能力人投保以死亡为给付保险金条件的保险的问题。其中,被保险人年龄小于16周岁的无民事行为能力人共计190332人。公司团险业务承保时,核心系统未设置对未成年人保额限制的校验功能,系统无法自动识别。上述行为违反了《保险法》第33条的规定。根据该法第164条,太平养老保险股份有限公司被处以5万元罚款。

2017年12月18日,原中国保险监督管理委员会对浙商财产保险股份有限公司未按照规定使用经批准或者备案的保险条款、保险费率的行为进行处罚(保监罚〔2017〕50号),即2014年浙商财险承保两年期的有关保证保险业务时,在仅有一年期货币债券履约保证保险产品的情况下,采取连续出具两张一年期保单的方式承保,违反了《财产保险公司保险条款和保险费率管理办法》等有关产品管理的规定。

国务院保险监督管理机构发现保险公司使用的保险条款和保险费率有下列情形的,有权责令停止使用,限期修改;情节严重的,可以在一定期限内禁止申报新的保险条款和保险费率:损害社会公共利益;内容显失公平或者形成价格垄断,侵害投保人、被保险人或者受益人的合法权益;条款设计或者费率厘定不当,可能危及保险公司偿付能力;违反法律、行政法规或者监督管理机构的其他规定。

第三节 保险资金的运用

保险资金运用是指保险公司将保险资金进行各种法律所许可的投资,从而产生最大经济效益的经营活动,也称为保险投资。保险资金是保险公司偿付能力的保证,从某种意义上讲,保险资金仅限于偿付被保险人的损害赔偿,而不能用于投资经营。但是,保险公司为提高经营效益,增强偿付能力,就必须进行各种投资活动,从而使保险资金达到保值、增值的目的。保险公司对保险资金的运用,不仅增强了自身的竞争力,还使保险公司从单纯仅具有补偿职能的组织转变为既有补偿职能,又有金融服务职能的综合性服务组织。可见,保险资金运用的主体是保险公司,保险资金运用的客体是保险资金,保险资金运用的结果是为保险公司创造最大的价值。

一、保险资金运用的历史沿革

我国保险资金的运用业务是伴随保险业的恢复和发展以及保险基金的不断积累而发展起来的,但在整个保险业务中始终处于从属地位,被列为保险公司的兼营业务。从我国保险资金的运用历史来看,可以《保险法》的颁布为分界线,划分为建立阶段与完善阶段。新中国成立初期,我国保险公司的资金按规定只能存入银行,所得利息全部上缴国家财政,无任何保险投资可言。经过 20 年的停办以后,我国保险业随着改革开放获得新生。中国人民保险公司于 1980 年开始恢复办理国内保险业务,并积极发展国外保险业务。1985 年《保险企业管理暂行条例》又明确了保险公司可以自主运用保险资金。这不仅是我国保险体制改革的一次重大突破,也是增强我国保险业活力的一项战略性措施,对加快我国保险业发展产生了深远的影响。我国保险业投资大体可以分为以下五个阶段:

(1) 单一投资阶段(1980—1987 年)。我国保险业处于恢复时期,经营主体属于综合性保险公司,财产保险和人身保险没有实行分业经营,财产保险资产和人身保险资产并没有分开管理。保险资金投资形式单一,基本上以银行存款为主。对投资活动实行严格管理,主要表现在两个方面:一是对资金运用规模实行计划控制,如 1986 年中国人民银行对中国人民保险公司下达 2 亿元投资额度。二是对资金运用的方式与方向作了严格规定,如 1986 年中国人民保险公司的资金运用被限定为投资地方自筹的固定资产项目。

(2) 自由发展阶段(1987—1995 年)。尽管仍未实现财产保险和人身保险分业经营,但投资渠道已经放宽,保险资金全面介入房地产、有价证券、信托投资等领域。资金运用范围限定为流动资金贷款、企业技术改造贷款、购买金融债券和银行同业拆借。保险投资处于探索阶段,在缺乏经验、内部风险管理和外部监管宽松的背景下,出现了很多不良资产,影响了保险业偿付能力,也直接促进了《保险法》对保险投资的严格限制。

(3) 严格限制阶段(1995—2002 年)。《保险法》对保险公司的投资范围进行了严格限制,加大了监管力度,保险资金运用步入规范发展的阶段。根据《保险管理暂行规定》《保险公司财务制度》的规定,保险资金的运用方式仅限于银行存款、买卖政府债券、买卖金融债券、资金拆借和国务院规定的其他资金运用方式。原有的综合性保险公司完成了财产保险和人身保险分业经营,对资金进行了分账管理,人身保险管理的资产逐步超过财产保险,成为保险投资的主导力量。尽管经国务院批准,从 1998 年开始允许保险公司进入银行间同业拆借市场、进行债券现券交易,1999年允许保险公司购买AA+以上铁路、电力等企业债券,投资证券投资基金,但投资渠道狭窄的问题并没有根本解决。加上管理经验不足和金融衍生工具的缺乏,保险资产规模矛盾和结构矛盾日益突出。

(4) 专业经营阶段(2002—2006年)。随着《保险法》修正并实施,投资范围进一步放宽。2004年《保险外汇资金境外运用管理暂行办法》允许保险外汇资金境外运用,《保险机构投资者股票投资管理暂行办法》允许保险资金直接投资股票市场。此外,国家允许保险公司投资银行次级债和可转换公司债券,并将保险公司投资企业债的比例由20%提高至30%。国务院保险监督管理机构和保险公司均非常重视资产管理专业化。原中国保险监督管理委员会成立了专门的资金运用管理部,2003年多家保险公司成立了独立资产管理公司,保险业资产管理进入了一个新发展时期。

(5) 市场化经营阶段(2006—)。保险资金运用进入了一个新阶段,主要表现在以下三个方面:一是运用渠道不断拓宽,从原来的存款、国债、金融债,拓宽到可投资有担保企业债、公司债,到证券投资基金,再到直接股票投资、基础设施项目投资、优质企业股权投资、境外投资等,如2006年《国务院关于保险业改革发展的若干意见》之规定。二是制度体系不断完善,逐步建立起涵盖资金运营管理、资产托管管理、产品业务管理、风险管理的较为完善的制度体系,使保险资金运用基本能够做到有法可依、有规可循。三是保险资金运用管理体制改革不断深入,保险资产管理公司管理资产占整个行业资产的90%,逐步建立保险资金运用和资产管理专业队伍,专业化水平不断提高。到2023年四季度末,我国已经有33家资产管理公司,保险资产管理公司总资产1052亿元[1],管理资金规模281574亿元[2]。

二、保险资金的运用方式

根据《保险资金运用管理办法》第3条的规定,保险资金是指保险集团(控股)公司、保险公司以本外币计价的资本金、公积金、未分配利润、各项准备金以及其他资金。保险资金运用应当以服务保险业为主要目标,坚持稳健审慎和安全性原则,符合偿付能力监管要求,根据保险资金性质实行资产负债管理和全面风险管理,实现集约化、专业化、规范化和市场化。保险资金运用的目的在于为社会经济活动直接提供资金,增强保险公司经营活力,扩大保险承保和偿付能

---

[1] 参见《2023年四季度银行业保险业主要监管指标数据情况》,国家金融监督管理总局网站,2024年2月21日,https://www.cbirc.gov.cn/cn/view/pages/ItemDetail.html?docId=1152858&itemId=915,2024年3月16日访问。

[2] 参见《2023年4季度保险业资金运用情况表》,国家金融监督管理总局网站,2024年2月21日,https://www.cbirc.gov.cn/cn/view/pages/ItemDetail.html?docId=1152868&itemId=954&generaltype=0,2024年3月16日访问。

力,降低保险费率,以更好地服务于被保险人。

(一)保险资金运用存在的问题

随着保险业自身规模不断扩大以及传统业务竞争加剧,保险资金运用渐次成为保险业获取收益、支持自身发展的一个重要手段。在实践中,世界各国保险资金运用实践却是各有不同。从表面上看,保险资金运用状况是由所在国保险监管部门决定的,但更深层次上,其反映了保险业整体发展的内在需要,同时受到外部经济环境、金融体系结构以及金融发展阶段等多种因素的深刻影响。从结构角度来看,世界各国金融体系可以分为直接融资为主的金融体系与间接融资为主的金融体系。从微观上看,保险公司的保险资金运用策略需要与公司发展策略相适应,与自身产品结构相适应,尤其是要进行收益与风险之间的理性权衡。

在西方发达国家,保险资金的运用在经济领域内具有重要的意义,不仅投资巨大而且发展迅猛,已经成为现代保险经营活动中不可或缺的部分。保险业从单纯经营负债发展为同时经营资产业务,是保险业发展的一个重要的里程碑。保险资金运用已经成为西方保险经营的生命线,保险投资收益不仅能够弥补保险业务经营亏损,而且能使绝大多数保险公司获得净收益并得以发展壮大。在外国证券市场中,保险资金具有举足轻重的地位。

我国保险资金入市是保险业自身生存发展需要,同时保险公司作为资本市场上的重要机构投资者,在资本市场上的成长对于资本市场的发展无疑是一种很大的促进。我国长期以来仅重视保险的经济补偿职能,对保险资金融通职能没有给予高度重视。近年来,虽然保险资金运用取得了一些成就,但与西方发达国家之间的差距仍然巨大。2003年以来,保险资金运用开始逐步走上集中化、专业化、规范化的良性发展轨道。保险资产管理公司的成立,标志着保险资金运用开启了集中化和专业化的管理体制改革。保险资金运用开始尝试市场化运作模式,除委托保险资产管理公司外,保险资金还可以委托符合条件的券商和基金等业外机构运作保险资金。2009年修订的《保险法》将证券投资作为保险资金的投资标的,拓宽了保险资金的投资范围。

2015年至2016年期间,前海人寿保险股份有限公司和恒大人寿保险有限公司等保险机构的激进经营和激进投资行为[①],使保险资金成为大股东投资控股的工具,背离了保险资金运用的审慎稳健的投资理念,引发了国务院保险监督管理机构的关注。国务院保险监督管理机构对六家公司给予重罚并出台一系列

---

① 2016年,保险资金在A股市场举牌投资超过了120家上市公司。前海人寿买入8.7亿股万科A(000002),涉及资金合计逾110亿元,买入10.04%南玻A(000012),买入4.13%格力电器(000651)。恒大人寿大举买入万科A(000002)、廊坊发展(600149)、嘉凯城(000918)。此外,安邦保险、国华人寿、阳光保险、亚太财险等纷纷举牌。

监管举措,释放了保险监管将更加严格的强烈信号。2018年,国务院保险监督管理机构对六家保险机构均基于险资运用的不合规行为而作出处罚。

鉴于前述情形,2018年《保险资金运用管理办法》贯彻了保险资金运用应当以服务保险业为主要目标,坚持独立运作保险资金,不受股东违规干预的原则,同时坚持长期投资、价值投资、多元化投资原则。投资标的以固定收益类产品为主,以股权等非固定收益类产品为辅;股权投资应当以财务投资为主,以战略投资为辅;即使进行战略投资,也应当以参股为主。

(二)保险资金运用的方式

根据《保险法》《保险资金运用管理办法》的规定,保险公司资金运用必须稳健,遵循安全性原则。保险资金运用主要有以下方式:

(1)银行存款。从恢复国内保险业的10余年时间内,保险资金基本以银行存款形式存在。伴随市场利率环境不断走低导致协议存款利率下降,银行存款在保险资金运用中的占比也不断下降。银行存款以银行作为保险资金的投资中介,保险公司承担风险较小,安全性较高但收益相对较低。近年来保险业的银行存款额与资产总额的占比呈明显下降趋势。例如,2017年2月24日,中国保险监督管理委员会对前海人寿保险股份有限公司2014年至2016年在某银行办理T+0结构性存款业务的行为进行处罚(保监罚〔2017〕13号)。

(2)政府债券、金融债券。保险公司债券投资和银行存款均属于固定收益类资产,具有较低的风险和较高的流动性。《保险法》明确规定保险资金可以用于购买政府债券和金融债券后,保险资金投资于债券的范围逐步放开以及债券品种的日益丰富,为债券投资创造了更大空间。保险资金运用的整体趋势体现为:银行存款占比持续下降,债券投资占比持续上升。

(3)证券投资基金及股票。资本市场发展,特别是股票市场逐步完善,给保险资金运用提供了新渠道。保险资金参与股票市场投资,经历了由"间接入市"到"直接入市"的过程。1999年年底,证券投资基金市场向保险业开放,保险资金"间接入市"。随后,保险资金可间接入市的比例持续增长,寿险公司投资连结型保险的基金投资比例逐步放开到100%。一系列对保险投资开放和鼓励的政策,极大地提高了保险资金投资证券投资基金的积极性。2005年保险资金正式获准进入股票市场。保险资金直接入市对保险业拓宽投资渠道、提高投资收益、分散投资风险具有重要意义。保险资金的直接入市加强了保险公司对保险资金的控制,有利于作出自己的投资策略、实现灵活的投资取向以及逐步培养保险机构投资者的资金运用能力。从保险资金直接入市以来,保险公司已逐渐成为股票市场上举足轻重的机构投资者。例如,2017年2月24日,中国保险监督管理委员会对前海人寿保险股份有限公司权益类投资比例超过总资产30%后投资非蓝筹股票的行为进行处罚(保监罚〔2017〕13号)。2017年2月25日,中国保险监督管理委员会对恒大人寿保险有限公司股票交易违规行为进行处罚(保监罚〔2017〕14号),即恒大人寿有限公司在2016年1—11月期间未按照保险资金委托投资管理要求开展股票投资,股票投资交易笔数2480笔,股票平均持有期73天,其中9月下旬至11月上旬短期炒作相关股票造成恶劣社会影响。

(4) 直接股权投资和基础设施投资。2004年国务院明确"支持保险资金以多种方式直接投资资本市场"。保险资金运用渠道进一步拓宽,除直接投资股票市场外,还可以购买非上市银行的股权、投入固定资产(基础设施)和开展境外投资等。2006年保险资金的股权投资取得了较大进展,基础设施投资试点不断推进。保险公司对中国银行、工商银行、中信证券及南方电网等企业进行股权投资,初步实现了保险资金从金融投资到实业投资的突破。此外,允许保险资金间接投资基础设施项目,即委托人将保险资金委托给受托人,由受托人按委托人意愿以自己的名义设立投资计划,投资基础设施项目,为受益人利益或者特定目的进行管理或者处分。

(5) 不动产投资。不动产投资体现于2009年修订《保险法》的规定中,拓展了保险资金的运用范围。2010年公布的《保险资金投资不动产暂行办法》规范了保险资金投资不动产的行为,规定了不动产投资标的、投资方式以及风险控制等,设置了不动产投资的比例和单一不动产投资的最高限额。[①] 将保险资金投资于不动产也是国外保险业的做法,国外对保险资金投资于不动产也有严格的比例限制。例如,根据欧盟保险指令的规定,保险资金投资于不动产有最高比例限制。此外,对单一不动产项目的投资也有投资比例限制,从而有效地降低了投资风险。

(6) 股权投资。股权投资计划应当投资符合国家宏观政策导向和监管政策规定的未上市企业股权或者私募股权投资基金份额。股权投资计划投资私募股权投资基金的,所投资金额不得超过该基金实际募集金额的80%。《保险资金运用管理办法》第12条规定,保险资金投资的股权应当为境内依法设立和注册登记且未在证券交易所公开上市的股份有限公司股份和有限责任公司股权。实现控股的股权投资仅限于如下企业:一是保险类企业,包括保险公司、保险资产管理机构以及保险专业代理机构、保险经纪机构、保险公估机构;二是非保险类金融企业;三是与保险业务相关的企业。

(三) 保险资金运用的模式

伴随保险资金运用重要性的提升,保险资金运用模式不断发生变化。保险

---

① 《保险资金投资不动产暂行办法》第14条规定:"保险公司投资不动产(不含自用性不动产),应当符合以下比例规定:(一) 投资不动产的账面余额,不高于本公司上季度末总资产的10%,投资不动产相关金融产品的账面余额,不高于本公司上季度末总资产的3%;投资不动产及不动产相关金融产品的账面余额,合计不高于本公司上季度末总资产的10%。(二) 投资单一不动产投资计划的账面余额,不高于该计划发行规模的50%,投资其他不动产相关金融产品的,不高于该产品发行规模的20%。"

资金运用模式通常分为三类：一是保险公司设立投资部或者投资管理中心，二是委托其他管理公司托管，三是成立专门的保险资产管理公司。2003年以前，保险公司通过在公司设立投资部门从事资金运用管理。这种保险资金运用模式对小规模公司，具有管理成本低、管控便利等优势。但随着国内保险资金迅速积累以及外部投资环境变化，公司内设投资部门的模式已不能满足保险资产管理向专业化方向发展的需要。保险公司将资金委托给专业保险资产管理公司或者其他投资机构管理，实施专业化运作，已成为当今国际保险业资金运用的主流趋势。

2003年起，多家保险资产管理公司成立，揭开了保险资金管理体制改革的序幕。保险业务和投资业务的分离，标志着保险资金管理业务向专业化和集中化的运作方向迈进。到2022年年初，我国保险市场有33家资产管理公司，基本形成了保险资产管理的专业化团队，初步建立起保险资产管理的基本运行框架。

2010年《保险资金投资股权暂行办法》和2012年《关于保险资金投资股权和不动产有关问题的通知》对使用保险资金直接、间接投资境内未公开上市股权、投资股权投资基金、发起设立基金管理机构作出了规定。2014年、2015年国务院保险监督管理机构对险资投资创业投资基金、设立私募基金的范围及投资方向作出了进一步规定。

另外，保险资金运用范围的扩大对保险公司保险投资管理提出了更高要求。在投资决策和业务流方面，保险公司成立了高级管理层、投资、财务、精算等多方参与的投资决策委员会。在资产配置层面，保险公司建立了产品开发部门与投资部门分工合作的运作方式。在风险管理方面，保险公司实现投资业务前台、中台、后台业务的分离，初步建立了信用风险评估体系，构建了以公司风险管控为基础的，内部控制与外部监督相结合的全面风险管理制度。伴随保险资金的集约化、专业化运用使得资金运用收益不断提高，保险公司资金管理能力逐步增强。然而，市场利率波动凸显的保险资产负债不匹配、新型投资工具的风险管理的问题，以及保险境内外投资、多渠道投资监管的问题仍是现阶段保险公司亟待解决的重大课题。

据原中国银行保险监督管理委员会相关资料显示，到2021年年末，保险资金投资债券、股票、股权三者的占比保持在近60%。保险资金运用余额23.2万亿元，其中投资债券9.1万亿元，股票2.5万亿元，股票型基金0.7万亿元。保险资管公司发行管理的组合类保险资管产品余额3.2万亿元，主要投向债券、股票等。

三、保险资金运用的原则

保险资金由资本金和各种责任准备金构成。资本金是指属于保险公司股东的所有资金,包括实收资本、资本公积金、盈余公积金和未分配利润。世界各国对保险公司资本金均有明确规定,要求在保险经营过程中必须符合最低资本要求。我国《保险法》规定,保险公司设立的法定注册资本为实收 2 亿元人民币。《保险法》对保险公司最低资本金的明确规定,目的在于保证保险公司经营稳定性。在各种责任准备金不足以承担损害赔偿责任时,可以使用资本金承担损害赔偿责任。在通常情况下,除按照法律规定上缴部分准备金之外,保险公司资本金绝大部分时间处于闲置状态,闲置资本金成为保险投资的重要来源。保险公司责任准备金的形式非常多,有未到期责任准备金、未决赔款准备金、长期责任准备金、巨灾责任准备金、总准备金等,这些准备金也是保险资金运用的重要来源。保险资金运用不但可以增强保险公司偿付能力和竞争力,而且还可以提高保险资金的社会效益。

保险资金随时承担保险损害赔偿责任,保险公司在运用保险资金时,必须遵循安全性原则、收益性原则和流动性原则:

(1) 安全性原则。安全性原则是保险资金运用的首要原则和最为基本的要求。保险资金不完全是保险公司的盈利,也不是可以无期限流出该企业的闲置资金,其中绝大部分为保险公司对投保人的负债,最终将用于保险赔付。保险资金运用只是将暂时闲置的资金进行投资,因而必须注意保险资金安全。在一般投资中,风险与收益是成正比的,收益最大化,通常伴随风险最大化。为避免保险公司过度追求收益最大化形成保险资金风险,保险公司在运用保险资金时,必须对投资项目、投资环境、投资方式、投资金额等进行全面、细致的分析,应当确保保险资金能够到期收回。此外,保险公司要注意投资多样化,以使危险普遍分散,盈亏相互弥补。安全性原则是保持和促进保险公司稳定、健康发展的内在要求。

(2) 收益性原则。收益性原则要求保险资金在安全性原则的前提下获得收益,即保险资金既要保本,又要有一定收益。这是保险资金运用的内在要求,良好收益不仅可以给保险公司带来利益,还会产生非常好的社会效益。保险资金运用效益的提高,可以增强保险公司的偿付能力,降低保险费率,扩大业务规模,提高保险公司竞争力,从而维护投保人合法权益。

(3) 流动性原则。由于保险事故的发生具有很大的偶然性,损失金额也具有很大的不确定性,保险公司必须能够随时支付被保险人的保险损害赔偿。这就要求保险资金在运用中必须保持足够的流动性。换言之,所运用的保险资金必须保证能够随时收回,并在不损失价值的前提下能够立即变现。由于财产保险期限较短,危险发生的频率和损失程度变化较大,财产保险公司对保险资金的流动性要求高于人身保险公司。

以上三个原则既相互联系又相互制约,安全性是保险资金运用的前提,收益性是保险资金运用的目标,流动性是保险资金运用的保障。

第四节 偿 付 能 力

随着保险市场日益全球化和国际化,国际保险市场的形成,增加了保险监管的难度。在金融监管放松的国际大趋势下,世界各国纷纷放松保险监管,导致保险市场竞争加剧。市场监管放松表现在对商业保险机构设立限制、费率管制、保险产品监管等方面。对保险公司偿付能力由传统的静态监管向现代的动态监管转变,保险监管进入加强保险偿付能力监管的阶段。但各国对偿付能力监管的内容和方式有所不同,如英国偿付能力监管表现为对保险公司资产和负债及其匹配关系的监管,美国偿付能力监管表现为风险资本监管。

偿付能力(insurance solvency)是指保险公司偿付到期债务的能力,即保险公司的资金力量与所承担保险的危险赔偿责任之间的差额。狭义的偿付能力仅指保险公司对保单持有人履行赔付义务的能力。[①] 偿付能力是衡量保险业经营稳定性和风险控制程度的关键指标,偿付能力监管已经成为保险监督管理机构对保险业监管的核心。从保险监管的角度看,保险公司偿付能力有两种含义:

(1) 保险公司的实际偿付能力。保险公司的实际偿付能力是指在某一特定时间点上保险公司资产与负债之间的一定差额。换言之,保险公司认可资产减去认可负债的差额不得低于国务院保险监督管理机构规定的金额,否则,保险公司即被认定为偿付能力不足。

(2) 保险公司的最低偿付能力。保险公司的最低偿付能力是指由保险法规定的保险公司在存续期间所应达到的资产与负债之间的差额标准,是保险公司必须满足的要求。

保险监督管理机构对偿付能力的监管也有两种:

(1) 普通偿付能力的监管。在没有巨灾发生的保险年度里,保险监督管理机构仅对保险公司规定的保险费率是否适当、公平、合理,资本金是否充足,各项责任准备金提取是否准确、科学,单个风险自留额控制情况等进行监管,以确保保险公司偿付能力;

(2) 偿付能力额度监管。偿付能力额度类似于银行资本充足率。在发生巨灾损失时,保险公司实际赔付金额超过正常保险年度,投资收益实际值也可能与期望值有偏差,按正常年度收取保险费和提取责任准备金无法足额应付实际发

[①] 《保险公司偿付能力管理规定》(2008 年)第 2 条第 2 款规定:"本规定所称保险公司偿付能力是指保险公司偿还债务的能力。"

《保险公司偿付能力管理规定》(2021 年)第 3 条规定:"本规定所称偿付能力,是保险公司对保单持有人履行赔付义务的能力。"

生的赔款,从而要求保险监督管理机构对保险公司的偿付能力进行有效监管。

一、保险公司偿付能力的历史沿革

我国保险监督管理机构对保险公司偿付能力的监管是一个从无到有、逐步发展的过程,大致可以分为以下三个阶段:

(1) 市场行为监管(1995年之前)。在《保险法》颁布之前,对保险业监管的主体是中国人民银行。中国人民银行对保险业的监管以市场行为监管为主,很少涉及偿付能力监管。从20世纪80年代中期恢复保险业起,我国开始对保险业实行监管。《保险企业管理暂行条例》虽然规定了保险企业设立、中国人民保险公司地位、偿付能力和保险准备金及再保险等方面的内容,但受当时历史条件所限,对保险企业经营活动准则规定较少,对违规行为也未规定罚则,混淆了偿付能力和偿付能力额度。

(2) 市场行为监管和偿付能力监管并重(1995—2002年)。根据当时的《保险法》规定,保险公司应当具有与业务规模相适应的最低偿付能力。保险公司实际资产减去实际负债的差额不得低于金融监督管理部门规定的数额;低于规定数额的,应当增加资本金,补足差额。1996年《保险管理暂行规定》和2000年《保险公司管理规定》均对偿付能力确定了标准。2001年《保险公司最低偿付能力及监管指标管理规定》制定了两套针对保险公司偿付能力的监管规定。

(3) 偿付能力监管为核心(2002年之后)。2002年修正的《保险法》标志着我国保险业监管由市场行为监管和偿付能力监管并重转变为以偿付能力监管为核心。根据《保险法》的规定,保险监督管理机构应当建立健全保险公司偿付能力监管指标体系,对保险公司最低偿付能力实施监控。2003年《保险公司偿付能力额度及监管指标管理规定》的出台标志着我国保险业监管将进入一个新阶段,即以偿付能力监管为主的阶段。随着我国保险市场的进一步开放,为与国际形势接轨,在商业保险领域更多地引入竞争机制,逐步放松对市场行为监管,加强偿付能力监管是大方向。2008年《保险公司偿付能力管理规定》的立场从原来的偿付能力额度监管变为偿付能力充足率监管,要求保险公司建立偿付能力制度,强化资本约束,保证公司充足偿付能力,公司董事会和管理层对公司偿付能力管理负责。2021年《保险公司偿付能力管理规定》确立的偿付能力监管指标包括:核心偿付能力充足率,即核心资本与最低资本的比值,衡量保险公司高质量资本的充足状况,且核心偿付能力充足率不低于50%;综合偿付能力充足率,即实际资本与最低资本的比值,衡量保险公司资本的总体充足状况,且综合偿付能力充足率不低于100%;风险综合评级,即对保险公司偿付能力综合风险的评价,衡量保险公司总体偿付能力风险的大小,且风险综合评级在B类及以上。

2015年,国务院保险监督管理机构公布了17项保险公司偿付能力监管规则,并决定从2016年起开始实施中国风险导向的偿付能力体系(即第二代偿付能力监管制度体系)。

二、保险公司偿付能力的概念

偿付能力是指企业偿还债务的能力,表现为保险公司拥有充足资产以应对负债,即保险公司资产与负债之间比较的结果。保险市场是一个非即时清结的市场,特别是人寿保险合同,合同期限通常为十几年甚至是几十年;保险交易双方当事人通过订立合同确立双方当事人权利与义务,仅仅表明保险交易开始,保险交易最终完成取决于保险事故是否发生。保险人需要具备充足的偿付能力,以保证保险交易的最终完成,才能对被保险人起到真正的保障作用,增强投保人信心,维护保险业健康、有序发展。

一般说来,保险公司的实际偿付能力低于保险公司资产负债表上的所有者权益金额。从偿付债务能力的角度看,有些资产虽然有账面价值,但实际上已经部分或者全部地丧失了偿付债务能力。对于这些资产,在计算保险公司的偿付能力时,必须予以扣除。保险公司负债虽然没有发生变化,但实际资产已经小于账面资产,因而偿付能力实际上小于所有者账面权益。世界各国均将对保险公司偿付能力的监管作为保险监管的核心内容,要求保险公司所认可的资产与负债的差额,必须高于保险法所规定的数额;一旦低于这个数额,保险公司即被认为偿付能力不足。

保险公司偿付能力不足产生的原因有:

(1) 保险费率过低。保险费率是保险产品买卖的价格,过低的价格可以使保险公司在保险市场中处于有利地位,获得较大市场份额,但也容易入不敷出,形成亏损。

(2) 责任准备金计算错误。保险责任准备金是应对未来事件的一种资金准备,建立在对未来的风险估计上,但如果估计方法不当,就可能出现保险责任准备金与实际保险责任不符合的情形,因而出现偿付能力不足。

(3) 风险程度增加。保险公司的经营对象是风险,如果所考虑的风险因素以及各种因素对保险事故影响的程度不准确,一旦发生异常风险,将给保险公司带来严重亏损。

三、保险公司偿付能力监管

对保险公司偿付能力监管,主要有以下五个方面的内容:

(一) 资本充足性规则

保持适当资本是对保险公司偿付能力监管的核心之一,资本金、资本公积金、盈余公积金和未分配利润，既是所有者权益，又是保险公司保持适当偿付能力的关键。从保险业发展来看，对保险公司资本实行最低资本限额和风险资本管理两种方式。最低资本限额是指法律规定保险公司申请设立时应具备的最低限度资本。最低资本限额既是保险公司获得市场准入资格的条件，又是持续经营保险业务的基本要求，一旦保险公司最低资本限额低于法律规定的限额，就被认为偿付能力不足。《保险法》第69条和《保险公司管理规定》第7条对保险公司最低资本限额，作出了明文规定，根据保险公司组织形式、业务种类和经营区域范围，确定了保险公司最低资本限额。《保险法》授权保险监督管理机构根据保险业发展和经济发展状况，相应地提高保险公司最低资本限额，根据《保险法》授权，《保险公司管理规定》第7条规定了货币资本金不低于人民币2亿元。

保险公司注册资本有授权资本与实缴资本之分。授权资本是指保险公司根据公司章程规定可以筹集全部资本，但不必在公司成立之际就足额认缴，可以在公司成立之后，根据业务需要来认缴。实缴资本则是保险公司在设立之际就应当足额认缴公司所发行股份。我国保险业实行实缴资本制，不得以货币之外的其他实物资本和无形资产缴付资本金，原因是保险公司是经营风险业务的服务性行业，主要以货币形式承担保险责任，出资者应当以货币形式出资。但最低资本限额存在一些无法克服的缺陷，如没有考虑保险公司资产和负债的风险性以及不同保险业务种类中所隐藏的风险；一旦达到法律所规定的最低资本限额，就难以区分保险公司优劣，因而无法为保险监督管理机构提供有用信息。由于最低资本限额的缺陷，最低资本限额日渐为风险资本管理所取代。风险资本管理是由美国联邦保险监督管理机构在总结监管实践经验的基础上，为克服最低资本限额缺陷，保障保险公司偿付能力，维护保险人合法权益，提出的一个新资本管理概念。风险资本管理是按照保险公司经营管理中的实际风险，要求保险公司保持与所承担风险相一致的认可资产。[①]美国率先实行风险资本管理制度，欧盟、日本、新加坡等国家和地区纷纷采取风险资本管理制度。

（二）保险保证金的缴存规则

保险保证金(insurance deposit)是指法律规定在保险公司成立时按照注册资本的一定比例向国家缴存的保证资金。保险保证金按照规定上缴国库或者存入指定银行，只有在特殊情况下，经保险监督管理机构批准，保险公司才可以提取使用保险保证金。通过保险保证金，国家控制保险公司一部分货币资金，用以

---

① 风险资本(Risk—Based Capital)管理是保险公司应该持有与业务规模和所承担的风险相对应的最小资本金，以保证偿付能力。风险资本把寿险的风险分为资产风险、保险风险、利率风险和业务风险四类；对于非寿险则分为资产风险、信用风险、承保风险和表外风险四类，通过确定不同资产的风险系数，经过风险加权求得累加的风险资本值，与调整后的资本总额进行比较，根据比较的结果，将保险公司分成不同的等级。

确保保险公司变现资金的数额。保险保证金缴存是保险监督管理机构控制保险公司偿付能力的有效办法。保险保证金只有在保险公司破产或者责任准备金难以承担保险责任时,才可以在经保险监督管理机构批准之后使用。可见,保险保证金制度是被保险人利益的最后保障。按照《保险法》第97条的规定,保险公司缴存保险保证金的比例为注册资本的20%。世界大多数国家和地区均有缴存保险保证金的规定。保险保证金必须以现金方式缴纳,但经主管机构批准,可以公债或者国库券代缴。保险保证金只有在保险公司清算完毕之后,才可以返还给保险公司。

(三)保险保障基金的提取规则

保险保障基金(insurance fund)是为保护被保险人利益所设立的行业公共基金,资金来源是被保险人所缴纳的保险费,是保险监督管理机构根据法律规定要求保险公司设立的。保险保障基金又被称为"破产基金",是保险公司的一种或有负债,具有行业公用性质。从世界各国保险实践看,保险保障基金一般来自整个保险行业。根据《保险法》的规定,《保险保障基金管理办法》第14条对保险保障基金缴存数额作出了具体规定,《保险保障基金管理办法》第15条规定,保险保障基金数额达到一定数额时,保险公司停止缴付保险保障基金。例如,2017年12月18日,原中国保险监督管理委员会对浙商财产保险股份有限公司(以下简称浙商财险)未按规定提取准备金行为进行处罚(保监罚〔2017〕50号)。一是人为调整准备金评估基础数据。2016年12月26日、28日,在赔案损失没有任何变化的情况下,浙商财险对5笔赔案的估损金额进行了人为调整,目的是降低年底入账的估损金额;2016年12月30日,浙商财险在准备金评估基础数据中删除了上述5笔赔案估损数据,目的是在2016年年底的准备金评估中完全不反映上述赔案的影响。人为调整估损和删除估损数据两项行为合计导致公司2016年年末未决赔款准备金少提3.66亿元。二是超时限延迟立案。2017年3月,浙商财险承保的有关保证保险业务有4笔赔案报案,公司在2017年3月6日进行了接报案处理,但延迟至4月10日才进行立案处理,导致未能及时提取未决赔款准备金,上述4笔赔案立案金额合计2.95亿元。

世界各国对保险保障基金有两种不同的筹集方式:

(1)事先筹集保险保障基金。保险监督管理机构事先按照各保险公司保险费收入比例向保险公司筹集,并由保险监督管理机构组织集中管理使用。

(2)事后筹集保险保障基金。这种保险保障基金筹集方式仅规定基金筹集办法但不实际筹集,而是在需要使用保险保障基金来清偿破产保险公司债务时,由保险监督管理机构根据法律规定,按照实际需要清偿债务数额,要求各保险公司按照保险费收入比例分担。

根据我国《保险法》第100条的规定,保险保障基金采用事先筹集保险保障基金的方式,基金所有权属于整个保险行业。保险保障基金的设立目的是保护被保险人权益,为全体被保险人所拥有。2008年成立的中国保险保障基金有限责任公司,负责保险保障基金运营,对保险保障基金集中管理,统筹使用,用于救助保单持有人、保单受让公司或者处置保险业风险。截至2022年12月31日,保险保障基金余额(汇算清缴前)为2032.98亿元,其中财产保险保障基金1244.03亿元,占61.19%;人身保险保障基金788.95亿元,占38.81%。[1]

从世界各国保险立法和实践看,保险保障基金主要有两个用途:

(1) 对被保险人或者受益人提供救济。在保险公司破产时,由保险保障基金向破产保险公司的被保险人赔付保险赔偿。有的国家实行全额赔付,有的国家则实行按比例赔付。我国保险实务采取全额赔付和部分赔付相结合的原则,如《保险保障基金管理办法》第20条之规定。

(2) 对保险公司提供救济。在保险公司经营出现困难时,保险监督管理机构动用保险保障基金为保险公司提供资金援助,防止保险公司破产,如《保险保障基金管理办法》第22条之规定。

例如,在中华联合保险控股股份有限公司风险处置案中,2012年中国保险保障基金有限责任公司以保险保障基金公司名义向中华联合保险控股股份有限公司注资60亿元人民币。2015年中国保险保障基金有限责任公司成功地将中华联合保险控股股份有限公司的股权在北京金融资产交易所公开出让,成交总价格144.05亿元人民币,较资产评估值溢价99.97%,实现了保险保障基金安全平稳退出,标志着对中华联合保险控股股份有限公司风险处置任务圆满完成。

(四) 公积金的提取规则

公积金(reserve)是指保险公司为弥补公司的亏损、扩大公司生产经营或者转为增加公司资本,按照法律和公司章程规定,从公司盈余或者资本中提取积累的资金。《保险法》第99条对公积金提取仅有原则性规定,公积金提取和使用规则应适用《公司法》规定。

公积金可以分为法定公积金和任意公积金两种,其中法定公积金根据来源不同又可再分为资本公积金和盈余公积金。

(1) 法定公积金。法定公积金(legal reserve)是根据法律规定强制提取的公积金。根据《公司法》第210条的规定,公司分配当年税后利润时,应当提取利润的10%列入公司法定公积金。公司法定公积金累计额为公司注册资本的50%以上的,可以不再提取。公司法定公积金不足以弥补以前年度亏损的,在提取法定公积金之前,应当先用当年利润弥补亏损。

(2) 资本公积金。资本公积金(capital reserve)是直接由资本或者其他原因

---

[1] http://www.cisf.cn/jjcj/jjgm/index.jsp. 2023年10月9日访问。

所形成的公积金。根据《公司法》第213条的规定,公司以超过股票票面金额的发行价格发行股份所得的溢价款、发行无面额股所得股款未计入注册资本的金额以及国务院财政部门规定列入资本公积金的其他收入,应当列为公司资本公积金。

(3) 盈余公积金。盈余公积金(surplus reserve)是从公司营业盈余中提取的公积金。根据盈余公积金提取方式的不同,盈余公积金可以分为法定公积金和任意公积金。

(4) 任意公积金。任意公积金(optional reserve)是根据公司股东会决议或者公司章程规定提取的公积金。根据《公司法》第210条的规定,从税后利润中提取法定公积金后,经股东会决议,公司还可以从税后利润中提取任意公积金。

法律对公积金使用有明确规定。根据《公司法》第214条的规定,公司公积金用于弥补公司亏损、扩大公司生产经营或者转为增加公司资本。在使用任意公积金和法定公积金仍不能弥补公司亏损时,可以按照规定使用资本公积金。

(五) 保险责任准备金

保险责任准备金(insurance reserve)是保险人为承担未到期责任和处理未决赔款而从保险费收入中提取的一种资金准备;换言之,其是保险人为履行未来赔偿或者给付而在每一会计年度末提取的资金准备。保险责任准备金不是保险公司营业收入而是保险公司负债。保险责任准备金提取,是为确保保险公司具有充足的偿付能力。

由于种种原因,超过正常年景的损失和巨灾损失是不可避免的,保险公司保险费收入从每个财务年度来说,不是都能足以支付保险赔偿的,从而要求保险公司应不断提取责任准备金,保证偿付能力,并应有与保险责任准备金等值的资产作为保障,才能完全履行保险责任。世界各国保险法均规定了保险责任准备金提存及标准。在我国,保险责任准备金可分为未到期责任准备金和未决赔款准备金:

(1) 未到期责任准备金。未到期责任准备金(unearnedpremiumreserve)是指保险人在会计年度决算时,将保险责任尚未满期的保险费提存出来所形成的责任准备金。自留保险费则是指保险人从所收取的全部保险费中扣除因分出业务而支出保险费的剩余。由于会计年度与保险业务年度通常不一致,保险公司在年度决算时不能把所收取的保险费全部当作营业收益,对于保险责任还没有届满,应属于下一年度的保险费,必须从当年的保险费收入中以责任准备金的形式提存出来。未到期责任准备金应在会计年度决算时一次计算提取。财产保险未到期责任准备金的计算方法有年度平均估算法、季度平均估算法和月平均估算法。《保险法》并未规定保险责任准备金提取方式和数额,但规定当年自留保险费不得超过其实有资本金加公积金总和的四倍。

(2)未决赔款准备金。未决赔款准备金(outstanding loss reserve)是指保险人在会计年度末决算时,为本会计年度末之前已经发生保险事故应付而未付的保险赔款所提存的资金准备。在提存未决赔款准备金时,保险人应逐一对本会计年度内全部未决赔款案件进行估算,然后,从当年保险费收入中提存相应资金转入下一年度。

未决赔款准备金与未到期责任准备金均为保险人为承担将来赔偿或给付责任而从保险费收入中提取的一种资金准备,但两者在提取原因、提取和支付方式及标准等方面又有差异。未决赔款准备金提取主要有以下五种情形:一是保险公司已知发生保险事故,但还未收到被保险人或受益人通知;二是被保险人或受益人已将保险事故发生通知保险公司,但还未提出具体赔付金额;三是被保险人或受益人已向保险公司提出赔付请求,但保险公司还未核实予以赔付;四是保险公司对发生保险事故已经核实确定赔付金额,但尚未给付赔款;五是分保业务未决赔款等。

四、第二代偿付能力监管制度体系

自1998年国务院保险监督管理机构成立以来,国家加强和完善了偿付能力监管,形成了完善的偿付能力监管制度体系,即第一代偿付能力监管制度体系。第一代偿付能力监管制度发源于1995年《保险法》,即保险公司应当有与规模相适应的最低偿付能力,最低偿付能力是指保险公司实际资产减去实际负债的差额不得低于保险监督管理部门规定数额,如果低于规定数额,应当增加准备金,以补足差额。1996年《保险管理暂行规定》第七章规定了"保险公司偿付能力管理"。2001年《保险公司最低偿付能力及监管指标管理规定》要求如实反映偿付能力状况,填报1998年、1999年和2000年三个年度公司实际偿付能力及监管指标报告,从而基本摸清了各个保险公司的偿付能力状况,为逐步建立以偿付能力为核心的监管方式积累了数据和经验。

2002年《保险法》第108条规定了偿付能力监管指标体系、最低偿付能力监管。2003年《保险公司偿付能力额度及监管指标管理规定》规定了保险责任准备金、偿付能力预警指标体系、偿付能力报告制度等。2012年国务院保险监督管理机构启动了第二代偿付能力监管制度体系建设,标志着我国偿付能力监管制度改革正式进入了一个新的阶段。

(一)整体框架

第一代偿付能力监管制度由公司内部风险管理、偿付能力报告、财务分析和财务检查、适时监管干预和破产救济等内容组成。第一代偿付能力监管制度是当时历史条件和环境下的现实选择,使我国保险监管步入制度化和规范化的轨道,为构建第二代偿付能力监管制度体系——即中国风险导向的偿付能力体系——奠定了基础。

2015年《保险公司偿付能力监管规则(1—17号)》的整体框架仅规定了资本充足要求、风险管理要求、信息披露要求。第二代偿付能力监管制度体系17项监管规则的实施要求包括：

(1) 关于定量资本要求。保险公司应当按照第二代偿付能力监管规则第1—第9号要求评估实际资本和最低资本，计算核心偿付能力充足率和综合偿付能力充足率并开展压力测试。

(2) 关于定性监管要求。保险公司应当按照第二代偿付能力监管规则第10—第12号要求，建立健全自身的偿付能力风险管理体系，加强各类风险的识别、评估与管理。国务院保险监督管理机构通过第二代偿付能力监管体系风险综合评级(IRR)、偿付能力风险管理要求与评估(SARMRA)、监管分析与检查等工具，对保险公司风险进行定性监管。

(3) 关于市场约束机制。市场约束机制体现在《保险公司偿付能力监管规则第13号：偿付能力信息公开披露》《保险公司偿付能力监管规则第14号：偿付能力信息交流》《保险公司偿付能力监管规则第15号：保险公司信用评级》的有关要求。

(4) 关于保险集团。保险集团应当按照《保险公司偿付能力监管规则第17号：保险集团》的要求，评估整个集团的实际资本和最低资本，计算核心偿付能力充足率和综合偿付能力充足率，不断完善偿付能力风险管理的制度和流程，提升风险管理能力。

保险公司应当按照第二代偿付能力监管规则的要求编制偿付能力报告，并向国务院保险监督管理机构报告，编制报告的要求如下：

(1) 编报范围。保险公司和保险集团应当按照第二代偿付能力监管规则编制偿付能力报告，仅经营受托型业务的养老保险公司不编制偿付能力报告。

(2) 报送时间。保险公司应当按照《保险公司偿付能力监管规则第9号：压力测试》《保险公司偿付能力监管规则第16号：偿付能力报告》的要求，在每季度结束后12日内报送上一季度的偿付能力季度快报，每季度结束后25日内报送上一季度的偿付能力季度报告，每年4月30日前报送上一年度第四季度偿付能力报告的审计报告，每年5月31日前报送经独立第三方机构审核的压力测试报告。保险集团应当按照《保险公司偿付能力监管规则第17号：保险集团》的要求，每年5月31日前报送经审计的上一年度偿付能力报告，每年9月15日前报送半年度偿付能力报告。

(3) 报送方式。保险公司和保险集团应向保险监督机构报送纸质报告一份，通过国务院保险监督管理机构第二代偿付能力监管信息系统报送上述报告的电子文本。

第二代偿付能力监管制度体系对财产保险公司的影响主要体现在以下四个方面：

(1) 资本管理领域。从资产的认可方式，到负债的认可方式，到资本的分级管理，再到最低资本的构成和计量方式均发生了较大的变化，均影响到偿付能力管理体系。资本的分级管理制度对资本补充方式的选择产生了较大的影响。

(2) 风险管理领域。第二代偿付能力监管制度的最低资本要求，提出了控制风险的最低资本，即根据保险公司风险管理能力的高低来增加或者减少资本要求，风险管理能力优秀的公司的最低资本要求可以降低10%，而风险管理能力差的保险公司的最低资本要求则可以最多增加40%。

(3) 投资管理领域。不同的投资资产项目有不同的风险因子，股票、拟上市股权等权益类资本占用大幅度提高，同一投资资产由于估价方式不同导致风险资本要求不同。在战略性资产配置、收益率测算时，资本占用情况是必须考虑的因素。

(4) 再保险领域。在以风险管理为导向的偿付能力监管体系中，再保险对尾部风险管理功能定位更为清晰，有利于发挥再保险风险转移功能的实现。例如，2017年12月18日，中国保险监督管理委员会对浙商财产保险股份有限公司（以下简称浙商财险）未按规定办理再保险的行为进行处罚（保监罚〔2017〕50号），即2014年浙商财险承保两笔保证保险业务，保额均为5.73亿元。根据浙商财险2014年度资产负债表，单一风险单位即每笔私募债占比超过《保险法》规定实有资本金加公积金总和的10%。

2021年《保险公司偿付能力监管规则（Ⅱ）》替代了2015年《保险公司偿付能力监管规则（1—17号）》，对第二代偿付能力监管规则进行了全面修订升级，以提升偿付能力监管制度的科学性、有效性和全面性。为有效防范和化解保险业风险，新规则进一步完善了资本定义，增加了外生性要求；将长期寿险保单的预期未来盈余根据保单剩余期限，分别计入核心资本或者附属资本，借以夯实资本质量。新规则规定计入核心资本的保单未来盈余不得超过核心资本的35%，保险公司及保险集团公司的偿付能力充足率将受到影响，核心偿付能力充足率应会大幅下降；将资产分为基础资产、非基础资产，将保险公司持有的非基础资产穿透到底层，根据底层现金流的情况计算实际的最低要求资本。新规则完善了长期股权投资的实际资本和最低资本计量标准，大幅提升了风险因子，对具有控制权的长期股权投资，实施资本100%全额扣除，促使保险公司专注主业，防止资本在金融领域野蛮生长。偿付能力报告要求，保险公司季度披露内容应增加投资收益率、综合投资收益率等，财险公司还需列报综合成本率、赔付率及费用率等指标，寿险公司需列报效益指标（剩余边际、新业务利润率、新业务价值等）、规模指标（新单保费、长险新单、渠道保费、代理人数量等）、品质类指标（13

个月继续率、件均保费、人均保费、代理人脱落率等)。

(二) 偿付能力充足指标

在第二代偿付能力监管规则下,核心偿付能力充足率、综合偿付能力充足率和风险综合评级,是评价保险公司偿付能力状况的三个指标。核心偿付能力充足率,是指核心资本与最低资本的比率,反映保险公司核心资本的充足状况。综合偿付能力充足率,是指实际资本与最低资本的比率,反映保险公司总体资本的充足状况。实际资本是指保险公司在持续经营或破产清算状态下可以吸收损失的财务资源。实际资本等于认可资产减去认可负债后的余额。核心偿付能力充足率和综合偿付能力充足率二者的区别在于,综合偿付能力充足率的资本构成中含有附属资本,来自保险公司发行的次级债、资本补充债券等工具。核心偿付能力充足率和综合偿付能力充足率的最低监管要求分别为 50%、100%。

风险综合评级,是综合第一支柱对能够量化的风险的定量评价和第二支柱对难以量化的风险的定性评价,对保险公司总体的偿付能力风险水平进行全面评价所得到的评级,评级结果反映了保险公司综合的偿付能力风险。核心偿付能力充足率、综合偿付能力充足率反映公司量化风险的资本充足状况,风险综合评级反映公司与偿付能力相关的全部风险的状况。

案例索引表

1. 艾斯欧洲集团有限公司航次租船合同纠纷案(〔2011〕民提字第 16 号)　　127,237,270
2. 安盛保险股份有限公司海上货物运输侵权损害赔偿纠纷案(〔2011〕沪高民四(海)终字第 1 号)　　243
3. 北海华洋海运有限责任公司船舶保险合同纠纷案(〔2013〕厦海法商初字第 255 号)　　111
4. 常州市瓯潮纺织有限公司、常州市升亮纺织有限公司财产保险合同纠纷案(〔2014〕苏审二商申字第 036 号)　　61
5. 陈国安、祝双凤、朱春香等保险纠纷案(〔2015〕镇商终字第 00473 号)　　203
6. 陈家意人身保险合同纠纷案(〔2015〕闽民申字第 1059 号)　　46
7. 陈平人身保险合同纠纷案(〔2014〕松民一终字第 287 号)　　200
8. 陈强人身保险合同纠纷案(〔2014〕乐民终字第 1079 号)　　167
9. 陈永夏财产损失保险合同纠纷案(〔2016〕苏 02 民终 959 号)　　98
10. 陈勇人身保险合同纠纷案(〔2018〕闽民申 1949 号)　　161
11. 程春颖机动车交通事故责任纠纷案(〔2016〕苏 0115 民初 5756 号)　　79,173
12. 成都市国土资源局武侯分局债权人代位权纠纷案(〔2011〕民提字第 210 号)　　249
13. 重庆华伟汽车运输有限公司保险合同纠纷案(〔2009〕渝一中法民终字第 4046 号)　　68
14. 大众保险股份有限公司南通中心支公司保险代位求偿权纠纷案(〔2008〕通中民三初字第 0004 号)　　237
15. 东京海上日动火灾保险(中国)有限公司上海分公司保险人代位求偿权纠纷案(〔2017〕沪 02 民终 6914 号)　　234,247
16. 杜寿林财产保险合同纠纷案(〔2017〕沪 01 民终 9948 号)　　219
17. 段天国保险合同纠纷案(〔2010〕江宁商初字第 5 号)　　37,86,145,187
18. 冯跃顺保险合同纠纷案(〔2005〕和民三初字第 1592 号)　　219,220,227
19. 福清恒耀房地产开发有限公司财产保险合同纠纷案(〔2014〕民申字第 1007 号)　　117
20. 福州天策实业有限公司营业信托纠纷案(〔2017〕最高法民终 529 号)　　338
21. 阜新东达物资贸易经销中心财产保险合同纠纷案(〔2016〕辽民再 334 号)　　99
22. 佛山市顺德区乐从镇宏景家具厂财产保险合同纠纷案(〔2014〕佛中法民二终字第 124 号)　　56
23. 佛山市中联伟业纸品有限公司财产保险合同纠纷案(〔2017〕粤民申 4211 号)　　180
24. 龚清玉人身保险合同纠纷案(〔2010〕渝四中法民终字第 104 号)　　205
25. 国泰财产保险有限责任公司江苏分公司苏州营销服务部再保险合同纠纷案(〔2016〕最高法民申 2934 号)　　101
26. 广东快的物流有限公司保险纠纷案(〔2014〕穗中法金民终字第 906 号)　　141
27. 广州辉锐进出口有限公司航次租船合同纠纷案(〔2012〕民申字第 28 号)　　41

28. 广州珠江电力燃料有限公司等货轮公司船舶碰撞损害责任纠纷案(〔2012〕粤高法民四终字第 109 号)   101
29. 海南丰海粮油工业有限公司海上货物运输保险合同纠纷案(〔2003〕民四提字第 5 号)   85,125
30. 韩龙梅、刘娜、刘凯、刘元贞、王月兰意外伤害保险合同纠纷案(〔2009〕鼓民二初字第 1079 号)   38,144,160
31. 河北省宣化县工业物资贸易中心财产保险合同纠纷案(〔2004〕宣区民二初字第 042 号)   170
32. 何丽红保险合同纠纷案(〔2005〕佛中法民二终字第 817 号)   47,78,85
33. 胡红霞人身保险合同纠纷案(〔2015〕平民金终字第 2 号)   198
34. 华安财产保险股份有限公司深圳分公司再保险合同纠纷案(〔2010〕厦民终字第 11 号)   296
35. 华南产物保险股份有限公司保险人代位求偿权纠纷案(〔2008〕苏民三终字第 0086 号)   66
36. 华泰财产保险股份有限公司保险合同纠纷案(〔2002〕民二终字第 152 号)   86,127
37. 华泰财产保险有限公司北京分公司保险人代位求偿权纠纷案(〔2012〕东民初字第 13663 号)   230
38. 侯秀兰保险合同纠纷案(〔2017〕鲁民再 112 号)   51
39. 黄华、沈雨晨保险合同纠纷案(〔2003〕沪一中民三(商)终字第 458 号)   71,91
40. 黄春发有限公司海上运输货物保险合同纠纷案(〔2001〕粤高法经二终字第 147 号)   57,58
41. 健懋国际船务有限公司海上保险合同纠纷案(〔2011〕闽民终字第 169 号)   41
42. 简炳燊、简骏隆、霍惠池、黄水娣人身保险合同纠纷案(〔2013〕穗中法金民终字第 1354 号)   158
43. 江苏省海外企业集团有限公司海上货物运输保险合同纠纷案(〔2001〕沪海法商初字第 398 号)   35,37,75,87,123,126,162,164
44. 姜有生保险合同纠纷案(〔2015〕辽审四民申字第 101 号)   95
45. 金小吾、李福珠、金华民、金华芳机动车交通事故责任纠纷案(〔2015〕苏中民终字第 02024 号)   130
46. 康地华美饲料(武汉)有限公司海上货物运输保险合同赔偿纠纷案(〔2004〕沪高民四(海)终字第 151 号)   179
47. 昆明锦荣饲料有限公司财产保险合同纠纷案(〔2015〕昆民四终字第 336 号)   131
48. 昆山维信纺织工业有限公司保险合同纠纷案(〔2015〕苏中商终字第 01245 号)   197
49. 李立彬人身保险合同纠纷案(〔2013〕二中民终字第 15882 号)   77,204
50. 李俊潇保险合同纠纷案(〔2019〕京 02 民终 8037 号)   174
51. 李钦敏财产保险合同纠纷案(〔2012〕聊商终字第 143 号)   152
52. 李思佳人身保险合同纠纷案(〔2004〕西民初字第 334 号)   42,81,227
53. 李伟财产保险合同纠纷案(〔2017〕辽 13 民终 1159 号)   221
54. 李祥人身保险合同纠纷案(〔2017〕京 04 民终 38 号)   134
55. 李瑛人身保险合同纠纷案(〔2016〕皖 02 民终 1751 号)   163

56. 连云港海通金陵集装箱运输有限公司财产损失保险合同纠纷案(〔2015〕苏审二商申字第00377号) 185
57. 林恩良海上保险合同纠纷案(〔2015〕浙海终字第284号) 229
58. 刘华兵保险合同纠纷案(〔2010〕锡商终字第452号) 179
59. 刘晖人身保险合同纠纷案(〔2015〕沪二中民六(商)终字第479号) 215
60. 刘大卫保险合同纠纷案(〔2014〕南民一终字第00051号) 144
61. 刘元侠机动车交通事故责任纠纷案(〔2017〕苏03民终2398号) 67
62. 刘向前保险合同纠纷案(〔2011〕宿中商终字第0344号) 44
63. 刘雷交通事故人身损害赔偿纠纷案(〔2008〕苏中民一终字第0640号) 114
64. 罗德良人寿保险合同纠纷案(〔2012〕成民终字第5475号) 182
65. 陆永芳保险合同纠纷案(〔2013〕苏中商终字第0067号) 36,152,197
66. 南通市申海工业技术科技有限公司财产损失保险合同纠纷案(〔2015〕民二终字第15号) 124
67. 若羌银河油脂工贸有限公司保险合同纠纷案(〔2016〕新民终680号) 58
68. 彭萍、施敏、名山县长城节能产品厂人身保险合同纠纷案(〔2001〕雅民终字第68号) 209
69. 青岛嘉堃新型建材有限公司保险合同纠纷案(〔2016〕鲁02民终6424号) 154
70. 泉州鸿圣轻工有限公司国际海上运输货物保险合同纠纷案(〔2010〕闽民终字第548号) 64
71. 邱双阶、彭桂华保险合同纠纷案(〔2014〕穗中法金民终字第363号) 191
72. 仇玉亮、卞光林意外伤害保险合同纠纷案(〔2015〕连商终字第126号) 143
73. 荣宝英机动车交通事故责任纠纷案(〔2013〕锡民终字第497号) 68
74. 上海汉虹精密机械有限公司海上保险合同纠纷案(〔2010〕沪海法商初字第714号) 245
75. 上海鲁海国际物流有限公司财产保险合同纠纷案(〔2010〕沪一中民六(商)终字第107号) 100
76. 上海顺胤实业有限公司保险合同纠纷案(〔2017〕苏民再42号) 226
77. 绍兴市顶味商贸有限责任公司保险合同纠纷案(〔2010〕浙绍商终字第212号) 126
78. 神龙汽车有限公司保险合同纠纷案(〔2000〕苏经终字第43号) 77,109,135
79. 沈阳玉龙木制品有限公司财产保险合同纠纷案(〔2016〕辽民再224号) 97
80. 沈阳康利巴士有限公司保险合同纠纷案(〔2015〕沈中民四终字第00670号) 209
81. 深圳市弘茂土石方工程有限公司财产保险合同纠纷案(〔2016〕粤03民终7709号) 220
82. 石良武人身保险合同纠纷案(〔2014〕深中法民终字第203号) 49
83. 沭阳县远征汽车运输服务中心保险合同纠纷案(〔2007〕宿中民二终字第0092号) 150
84. 宋义红人身保险合同纠纷案(〔2014〕荣商初字第140号) 197,198
85. 苏克玲财产保险合同纠纷案(〔2016〕皖01民终1062号) 69
86. 孙治林健康保险合同纠纷案(〔2013〕张中民终字第33号) 195
87. 孙笑人寿保险合同纠纷案(〔2003〕穗中法民二终字第993号) 89,136,139,140
88. 泰州市信诚船务有限公司财产保险合同纠纷案(〔2013〕沪二中民六(商)终字第24号) 40
89. 天平汽车保险股份有限公司苏州中心支公司追偿权纠纷案(〔2014〕苏民再提字第00136

号)	240
90. 田某保险合同纠纷案(〔2008〕佛中法民二终字第875号)	171
91. 涂奎才通海水域保险合同纠纷案(〔2013〕桂民四终字第31号)	43
92. 王记龙财产保险合同纠纷案(〔2019〕沪74民终238号)	153,177
93. 王连顺保险合同纠纷案(〔2000〕永民再字第1号)	60,63
94. 王启明、王秀兰、蔡桂珍机动车交通事故责任纠纷案(〔2016〕粤民申2842号)	227,229
95. 王祥玲、周文博人寿保险合同纠纷案(〔2015〕新民申字第481号)	94
96. 王玉忠机动车交通事故责任强制保险合同纠纷案(〔2008〕东民初字第05467号)	183
97. 王玉国保险合同纠纷案(〔2012〕淮中商终字第0244号)	84
98. 王志刚、胡建君船舶保险合同纠纷案(〔2011〕民提字第249号)	253
99. 汪洋财产保险合同纠纷案(〔2015〕渝二中法民终字第00758号)	84
100. 卫勤俭渔船保险合同纠纷案(〔1999〕广海法事字第116号)	88,103,113,128
101. 韦月芬保险纠纷案(〔2015〕阳中法民二终字第80号)	257
102. 魏浩财产保险合同纠纷案(〔2008〕一中民终字第15250号)	42
103. 无锡永发电镀有限公司财产损失保险合同纠纷案(〔2012〕锡法商初字第0595号)	72
104. 武华芬人寿保险合同纠纷案(〔2016〕渝民终547号)	55,94
105. 武甲人身保险合同纠纷案(〔2011〕沪二中民六(商)终字第80号)	210
106. 吴仕娟保险合同纠纷案(〔2016〕赣02民终463号)	147
107. 吴艳芝机动车交通事故责任纠纷案(〔2016〕黑12民终972号)	147
108. 吴峥机动车交通事故责任纠纷案(〔2016〕湘01民终7009号)	176
109. 奚国平保险合同纠纷案(〔2011〕浙甬商终字第972号)	222
110. 西谷商事株式会社海上货物运输保险合同纠纷案(〔2002〕鲁民四终字第45号)	161
111. 现代财产保险(中国)有限公司再保险合同纠纷案(〔2017〕最高法民申34号) 258,269,270,276,282,310	
112. 兴亚损害保险株式会社保险人代位求偿权纠纷案(〔2009〕苏民三终字第0153号)	60
113. 邢菊子、郭祥谦人身保险合同纠纷案(〔2011〕沪一中民六(商)终字第193号)	70
114. 徐海峰财产损失保险合同纠纷案(〔2014〕苏审二商申字第0355号)	97,99
115. 许建枫人身保险合同纠纷案(〔2003〕苏中民二终字第202号)	209
116. 烟台宏辉食品有限公司财产保险合同纠纷案(〔2013〕民提字第121号)	83,187
117. 杨树岭保险合同纠纷案(〔2006〕一中民二终字第527号)	76,81,101,104,143,147,149
118. 玉门昌源水电有限责任公司保险纠纷案(〔2015〕民申字第2744号)	124
119. 余燕宾、顾云福、朱日凤、翟步芳保险合同纠纷案(〔2013〕宁商终字第167号)	113
120. 云南福运物流有限公司财产损失保险合同纠纷案(〔2013〕民申字第1567号)	128,150
121. 曾燕妮、泰康人寿保险有限责任公司福建泉州中心支公司人身保险合同纠纷案(〔2017〕闽05民终2918号)	201
122. 张掖甘州农村合作银行借款担保合同、保险合同纠纷案(〔2014〕张中民终字第378号)	90
123. 张敏华保险合同理赔纠纷案(〔2001〕余经终字第0005号)	189,190

124. 张卓研、翟子豪、张秋君、翟卯、刘桂荣保险合同纠纷案(〔2017〕粤 01 民终 13675 号) 160
125. 章其田、葛仙芬人身保险合同纠纷案(〔2016〕浙 02 民终 2325 号) 191
126. 赵彬人身保险合同保险金纠纷案(〔2003〕沪二中民三(商)终字第 85 号) 78
127. 赵明远人寿保险合同纠纷案(〔2016〕赣民申 268 号) 196
128. 浙江老板娘食品有限公司老板娘新光大酒店财产保险合同纠纷案(〔2006〕甬仑民二初字第 624 号) 70
129. 浙江昱辉阳光能源江苏有限公司财产损失保险合同纠纷案(〔2015〕宜商初字第 0924 号) 247
130. 浙江省乐清运鸿海运有限公司、虞元飞、叶选美、王高才海上保赔合同纠纷案(〔2003〕厦海法商初字第 217 号) 116
131. 郑群娣保险合同纠纷案(〔2007〕珠中法民二终字第 60 号) 167
132. 郑克宝道路交通事故人身损害赔偿纠纷案(〔2006〕湖民一终字第 258 号) 82,186
133. 郑诗琦财产保险合同纠纷案(〔2019〕沪 0112 民初 18496 号) 80,101,175
134. 中国大地财产保险股份有限公司北京分公司保险合同纠纷案(〔2013〕一中民终字第 12431 号) 242
135. 中国大地财产保险股份有限公司绵阳支公司保险人代位求偿权纠纷案(〔2013〕川民终字第 626 号) 235
136. 中国大地财产保险股份有限公司营业部海上货物运输合同代位求偿纠纷案(〔2014〕沪海法商初字第 1509 号) 244
137. 中国平安财产保险股份有限公司北京分公司保险人代位求偿权纠纷案(〔2016〕最高法民申 1907 号) 231,236
138. 中国平安财产保险股份有限公司江苏分公司保险人代位求偿权纠纷案(〔2012〕苏商再提字第 0035 号) 54,234,235
139. 中国平安人寿保险股份有限公司人身保险合同纠纷案(〔2016〕闽 02 民终 1539 号) 203
140. 中国人民财产保险股份有限公司大足分公司保险合同纠纷案(〔2009〕九法民初字第 1997 号) 125
141. 中国人民财产保险股份有限公司广东省分公司等追偿权纠纷管辖权异议案(〔2015〕民提字第 165 号) 233,236,237
142. 中国人民财产保险股份有限公司广东省分公司再保险合同纠纷案(〔2017〕粤 01 民终 10971 号) 119,259,268,309,312,315
143. 中国人民财产保险股份有限公司宁波市分公司船舶保险合同纠纷案(〔2007〕鄂民四终字第 5 号) 44
144. 中国人民财产保险股份有限公司上海市分公司保险人代位求偿权纠纷案(〔2013〕民申字第 577 号) 225,270
145. 中国人民财产保险股份有限公司上海卢湾支公司保险代位求偿权案(〔2006〕沪一中民三(商)终字第 158 号) 235
146. 中国人寿财产保险股份有限公司北京市分公司再保险合同纠纷案(〔2021〕京 74 民终 534 号) 300

147. 中国人寿保险股份有限公司如皋支公司债权人撤销权纠纷案（〔2014〕通中商终字第 0585 号） 183
148. 中国太平洋财产保险股份有限公司北京分公司保险人代位求偿权纠纷案（〔2015〕民申字第 496 号） 116,122,131,135,169
149. 中国太平洋财产保险股份有限公司珠海中心支公司保险人代位求偿权纠纷案（〔2016〕粤 20 民终 4180 号） 241
150. 中国航空技术上海有限公司财产保险合同纠纷案（〔2018〕沪 02 民终 10680 号） 53
151. 中谷集团上海粮油有限公司海上保险合同纠纷案（〔2014〕民申字第 568 号） 132
152. 中华联合财产保险公司宁波分公司财产保险合同纠纷案（〔2007〕甬民三终字第 299 号） 135
153. 中意人寿保险有限公司江苏省分公司保险合同纠纷案（〔2014〕宁商终字第 1107 号） 89
154. 左广成保险合同纠纷案（〔2013〕阜益商初字第 0001 号） 222
155. 周林莉财产保险合同纠纷案（〔2016〕鲁 1002 民初 668 号） 167
156. 邹巧芸保险合同纠纷案（〔2013〕镇商终字第 73 号） 171
157. 世嘉有限公司海上保险合同纠纷案（〔2021〕沪民终 359 号） 40,71
158. 上海惠骏物流有限公司财产保险合同纠纷案（〔2021〕沪 74 民终 368 号） 74,101
159. 赵青、朱玉芳意外伤害保险合同纠纷案（〔2016〕苏 0106 民初 7397 号） 93
160. 三和贸易有限公司水路运输货物保险合同纠纷案（〔2000〕桂经终第 62 号） 50

法律、法规及司法解释缩略语

《民法典》——《中华人民共和国民法典》
《保险法》——《中华人民共和国保险法》
《公司法》——《中华人民共和国公司法》
《证券法》——《中华人民共和国证券法》
《信托法》——《中华人民共和国信托法》
《海商法》——《中华人民共和国海商法》
《仲裁法》——《中华人民共和国仲裁法》
《合同法》——《中华人民共和国合同法》
《商业银行法》——《中华人民共和国商业银行法》
《企业破产法》——《中华人民共和国企业破产法》
《财产保险合同条例》——《中华人民共和国财产保险合同条例》
《外资保险公司管理条例》——《中华人民共和国外资保险公司管理条例》
《合同法司法解释(一)》——《关于适用〈中华人民共和国合同法〉若干问题的解释(一)》
《保险法司法解释(一)》——《关于适用〈中华人民共和国保险法〉若干问题的解释(一)》
《保险法司法解释(二)》——《关于适用〈中华人民共和国保险法〉若干问题的解释(二)》
《保险法司法解释(三)》——《关于适用〈中华人民共和国保险法〉若干问题的解释(三)》
《保险法司法解释(四)》——《关于适用〈中华人民共和国保险法〉若干问题的解释(四)》